Le gouverneur civil au Portugal

5-7, rue de l'École polytechnique, 75005 Paris

http://www.harmattan.fr
diffusion.harmattan@wanadoo.fr
harmattan1@wanadoo.fr

ISBN : 978-2-343-05244-1
EAN : 9782343052441

Manuel Nabais Ramos

Le gouverneur civil au Portugal

Préface d'Arnaud Martin

L'Harmattan

Droit comparé

Collection dirigée par Arnaud Martin

Parce que le droit ne peut plus être considéré dans sa seule dimension nationale et que son étude doit s'ouvrir aux droits étrangers, que l'analyse comparative permet de s'échapper des déterminismes qui faussent l'étude des systèmes juridiques et que l'étude des systèmes normatifs étrangers peut faciliter la recherche de réponses aux questions juridiques, la collection Droit comparé met à la disposition des chercheurs et des praticiens du droit un ensemble de travaux destinés à alimenter leur réflexion tout en donnant aux objectifs, aux méthodes et à l'utilité de l'analyse comparative une plus grande visibilité.

Elle publie des recherches en droit comparé ou accordant une place importante au comparatisme juridique, que ce soit en droit public ou en droit privé, en droit français ou en droit étranger, que celles-ci prennent la forme d'essais, d'actes de colloques ou de séminaires ou de thèses.

Elle est naturellement ouverte à toutes les écoles de pensée juridique, ainsi qu'aux recherches pluridisciplinaires dès lors qu'elles présentent une dominante juridique.

À Margarida, Marie et Mickaël,
À mes parents.

REMERCIEMENTS

La rédaction d'une thèse est une construction de l'esprit, issue d'une rencontre entre l'auteur et son sujet. Elle n'aurait pu se concrétiser sans de précieux soutiens.

Ma reconnaissance va à l'Université Montesquieu - Bordeaux IV. Au sein de la faculté de droit, c'est en tant que doctorant membre du Centre d'études et de recherches comparatives sur les constitutions, les libertés et l'État dirigé par Monsieur le professeur Ferdinand Mélin-Soucramanien que j'ai mené ce travail.

Je tiens à remercier Monsieur Arnaud Martin, maître de conférences HDR à l'Université Montesquieu - Bordeaux IV, pour m'avoir conseillé et orienté en qualité de directeur de thèse.

À Madame le professeur Frédérique Rueda, de l'Université Toulouse 1 Capitole, j'adresse mes remerciements pour avoir accepté de participer au jury de thèse, ainsi qu'à Monsieur le professeur Pascal Combeau de l'Université Montesquieu - Bordeaux IV. Il en est de même pour Monsieur le professeur et conseiller d'État Marcelo Nuno Duarte Rebelo de Sousa, professeur de sciences juridiques et politiques à la faculté de droit de l'Université de Lisbonne.

Merci à Monsieur Rui Carlos Pereira, ancien ministre de l'Administration interne, pour les échanges que nous avons eus au ministère, et pour sa disponibilité permanente. Je ne saurais oublier la sympathie dont a fait preuve Madame Maria da Glória Ferreira Pinto Dias Garcia, professeur de sciences juridiques et politiques à la faculté de droit de l'Université Catholique de Lisbonne. Une très amicale pensée pour Monsieur Acácio Pinto qui fut gouverneur civil du district de Viseu et Monsieur Paulo Fonseca qui fut gouverneur civil du district de Santarém pour leur coopération dynamique et leur accueil.

Aux personnes travaillant aux Archives nationales de la *Torre do Tombo*, aux archives du district de Guarda, à la bibliothèque et aux archives de l'Assemblée de la République, à la Bibliothèque nationale de Lisbonne, à Monsieur Carlos José de Sousa Mendes, secrétaire de la *Procuradoria* générale de la République et à Monsieur Rogério Martins Pereira, administrateur du Tribunal administratif suprême, je tiens à témoigner ici ma sympathie pour leur indispensable contribution durant mes enquêtes de terrain.

SOMMAIRE

PRÉFACE

Le gouverneur civil a occupé au Portugal, durant près de 180 ans et jusqu'à sa suppression en 2011, une place centrale au cœur du paysage politico-administratif. Par-delà l'instabilité politique et les changements constitutionnels qu'a traversés le Portugal, il est demeuré un îlot de stabilité remarquable, à tel point que bien que sa suppression fût décidée au lendemain de la Révolution des Œillets, en 1974, ce n'est que trente-sept ans plus tard que celle-ci fut rendue effective par le décret du 21 juin 2011 qui mit fin, dans la surprise générale, à une situation pour le moins anachronique.

Pourtant, rien ne laissait présager une disparition paradoxalement précipitée du gouverneur civil après plusieurs décennies d'une apparente procrastination des gouvernements successifs. Il est vrai que s'il était le symbole de l'ancien régime renversé par la Révolution de 1974, ce qui pouvait expliquer la volonté de le supprimer, le gouverneur civil était aussi le relais indispensable du gouvernement au niveau local dans le cadre d'un État centralisé : œil, oreille, bouche et bras du gouvernement portugais, il était tout à la fois la clef de voûte de l'organisation territoriale portugaise et le serviteur zélé du pouvoir central. Le gouverneur civil était également le symbole de la continuité politico-administrative de l'État par-delà les changements de régime, le Portugal ayant longtemps hésité entre la monarchie et la république, la dictature et la démocratie. Mais plus encore, les conditions du maintien et de la suppression du gouverneur civil reflètent la difficulté qu'il peut y avoir à réformer les institutions. Il est vrai que l'exercice du pouvoir est fort complexe, et qu'une réforme peut s'expliquer par des raisons politiques, administratives, financières, économiques, sociétales, *etc.*, qui évoluent parfois plus vite que le rythme même de leur mise en œuvre, rendant leur réalisation fort complexe, ne serait-ce que parce qu'elles doivent s'inscrire dans la continuité des pouvoirs publics et de l'État même quand les majorités alternent au pouvoir.

Il fallait donc un réel courage pour oser inscrire dans les faits la suppression du gouverneur civil décidée dans un contexte politique pour le moins exceptionnel. Il en fallait également pour choisir d'étudier cette institution dont les jours étaient *a priori* comptés sans que nul ne puisse dater précisément la fin. C'est pourtant le choix qu'a fait Manuel Nabais Ramos, en toute connaissance de cause.

Titulaire d'un doctorat d'histoire, avec une thèse soutenue en 2003 sur les *Structurations et mutations territoriales au Portugal : XIXe et XXe siècles. Pour une gestion administrative et politique des espaces*, Manuel Nabais

Ramos connaissait très bien les difficultés auxquelles il allait devoir faire face : la recherche documentaire s'annonçait longue et hasardeuse, l'analyse des données difficile sur le plan méthodologique, car se situant à la croisée du droit, de la science politique et de l'histoire, et la réflexion de fond – sans laquelle il n'est pas de véritable thèse de doctorat – et la rédaction ardues en raison d'une formation universitaire d'historien qui ne l'avait pas préparée à se lancer dans des recherches juridiques de haut niveau.

Pour autant, le fruit de ses années de recherches est en tout point d'une grande qualité. Sa thèse de doctorat en droit sur *Le gouverneur civil au Portugal*, soutenue en 2012 à l'Université Montesquieu - Bordeaux IV, dont est tiré le présent ouvrage, fera incontestablement date dans la littérature juridique et sera un outil incontournable pour tout chercheur ou étudiant s'intéressant à cette institution remarquable du paysage administratif portugais.

En publiant aujourd'hui cet ouvrage, Manuel Nabais Ramos fait œuvre utile, en venant combler une grave lacune de la littérature juridique et politique. En effet, et cela peut sembler étonnant *a priori*, le gouverneur civil n'avait, jusqu'alors, fait l'objet d'aucune recherche d'envergure, que ce soit en droit ou en science politique. Les travaux universitaires et les publications qui lui sont consacrés, y compris au Portugal, sont rarissimes et se résument, pour l'essentiel, à quelques chapitres de traités de droit administratif ou d'ouvrages consacrés à l'administration territoriale portugaise et à quelques articles de revues. Il est vrai que l'on peut légitimement éprouver quelques réticences à s'aventurer sur des terrains inexplorés au risque de s'engager dans une voie sans issue.

De plus, l'intérêt de l'étude du gouverneur civil portugais dépassait très largement celle de la connaissance d'une institution administrative et politique majeure : il s'agissait, en effet, de se pencher sur les raisons du maintien d'un gouverneur civil que l'on ne voulait – ou que l'on ne pouvait – ni conserver ni supprimer. Il y avait là un sujet de recherches passionnant dont l'étude nécessitait une connaissance parfaite du système politique et administratif portugais, sur un plan à la fois juridique, sociologique, politique et historique, et une grande capacité d'analyse et de synthèse.

Manuel Nabais Ramos réunissait ces différentes qualités, et le résultat est à la hauteur des exigences que l'on était en droit d'attendre de lui.

Cet ouvrage vient donc fort utilement enrichir la littérature juridique sur les institutions administratives et politiques portugaises, et l'on peut être certain que son œuvre fera référence.

Arnaud Martin
Maître de conférences HDR en droit public
Université de Bordeaux

« Une vérité s'impose : au Portugal les premières institutions administratives forment à travers le pays un corps[1] de police supérieur émanant directement du gouvernement [central]. Elles ne sont pas des institutions disposant d'une police qui leur est rattachée, capables d'actions immédiates, non : ce sont simplement des commis[2] du ministère qui, dans leurs administrations surveillent, intriguent, minent les diverses oppositions, flattent les amitiés et travaillent avec acharnement en période électorale. Ils ne font rien d'autre. Absolument inutiles à l'évolution sociale du pays, ils ne servent seulement qu'à représenter un certain nombre de noms dans leur localité, afin d'appliquer les volontés des ministères. »

J.-M. Eça de Queiroz, « Textos do Distrito de Évora », *in As Farpas,* Porto, Livraria Clássica Editora, 1988, p. 303-304.

---

[1] Au Portugal, s'il existait un cadre juridique commun à chacun des dix-huit gouverneurs civils, on ne saurait parler de culture commune, puisque l'on se trouvait face à une institution fragmentée en dix-huit pôles locaux de représentations, et il n'y eut jamais de véritable cohésion entre eux. Le gouverneur civil n'a jamais formé un « corps » à l'exemple du « corps » préfectoral français. *Cf.* définition *infra.*

[2] En ce qui concerne le gouverneur civil au Portugal, le syntagme « commis du gouvernement » ou du « parti politique au pouvoir » l'a souvent emporté sur celui de « serviteur de l'État ».

INTRODUCTION

Après deux siècles d'existence[1], le gouverneur civil a été supprimé le 21 juin 2011[2]. Cette décision prise par le XIXe gouvernement constitutionnel[3], pour des raisons plus politiques et symboliques que financières[4], ne lui a pas prévu un schéma de substitution[5].

Le décret n° 23 du 16 mai 1832, en créant le *prefeito*, a répondu à l'impérieuse nécessité d'établir une séparation des pouvoirs au sein des provinces pour mieux y renforcer la présence et l'autorité du pouvoir central. Mais on doit dépasser ce truisme car, en s'inspirant de l'institution préfectorale française, José Xavier Mouzinho da Silveira[6] a fait preuve d'une grande

---

[1] Décret du 18 juillet 1835 portant sur l'« Organisation administrative » avec la création officielle des districts à la nomination du XIXe gouvernement constitutionnel, le 21 juin 2011.

[2] *Diário da República*, I-Série-A, n° 230, 30 novembre 2011, loi organique n° 1/2011 du 30 novembre 2011, p. 5117-5128. Cependant, il ne sera supprimé *de jure* que lors de la huitième révision constitutionnelle, laquelle devrait avoir lieu après les élections municipales prévues pour le mois d'octobre 2013.

[3] Le « gouvernement central » est l'ensemble des ministères qui composent le pouvoir exécutif. Pour éviter toute confusion avec le « gouvernement civil », on a opté pour la désignation de « gouvernement » ou de « gouvernement central ».

[4] Cependant, le règlement du Conseil de l'Union européenne n° 407/2010 du 11 mai 2010 qui avait établi le Mécanisme européen de stabilité financière, puis l'article 3 (5) le Mémorandum d'Entente sur les conditionnalités de la politique économique telles qu'elles sont définies dans la Décision du Conseil de l'Union européenne se référant à l'assistance financière de l'Union européenne au Portugal. C'est ainsi que le 8 avril 2011, les ministres de l'Eurogroupe et de l'ECOFIN ont mis en exergue que le soutien financier de l'Union européenne et de la facilité européenne de stabilité financière ne serait accordé qu'aux conditions rigoureuses d'un plan politique global d'économies qui intégrerait les principaux partis politiques et soumis aux impératifs financiers exigés par le FMI, la BCE et la Commission européenne.

[5] Dans l'élaboration de sa politique budgétaire pour 2011, le gouvernement central portugais s'était engagé à ne pas dépasser un déficit « des administrations publiques » qui ne soit pas supérieur à 10 068 millions d'euros en 2011 (5,9 % du PIB), à 7 645 millions d'euros en 2012 (4,5 % du PIB), et à 5 224 millions d'euros en 2013 (3 % du PIB). Un autre objectif est de réduire le nombre de fonctionnaires de 1 % entre 2012 et 2014 dans l'administration centrale et de 2 % dans l'administration locale et centrale.

[6] José Xavier Mouzinho da Silveira (12 juillet 1780 - 4 avril 1849) fut magistrat, ministre, puis élu à la Chambre des députés en tant que député de la province de l'Alentejo. Il a participé à la création du Tribunal suprême de justice et à la restructuration du ministère public. Du 3 mars 1832 au 2 décembre 1832 il fut ministre et secrétaire d'État à l'Administration des finances et ministre par intérim de la Justice et du Culte dans le gouvernement que le roi Dom Pedro 1er avait formé lors de son exil, dans l'île de Terceira, aux Açores. Les quarante-quatre décrets de 1832 dont il a été à l'origine ont réorganisé en profondeur l'administration, les finances publiques et le système judiciaire, notamment en les séparant. L'historien Alexandre Herculano a fort bien défini l'action réformatrice de José Xavier Mouzinho da Silveira dans « Mouzinho da Silveira ou La Révolution portugaise », *Opúsculos*, tome II, 5e éd., Livraria

audace en implantant au Portugal une structure administrative[1], en la personne du *prefeito*[2], auquel devait succéder le gouverneur civil. Ce changement d'appellation a somme toute été voulu par le législateur portugais pour qu'il puisse se réapproprier l'institution, en gommant le schéma français qui lui avait servi de modèle. Il est par ailleurs indéniable que les alternances politiques et les codes administratifs successifs ont fait du *prefeito*[3], du gouverneur civil[4], de l'administrateur général[5], puis de nouveau du gouverneur civil un personnage central de la vie administrative et politique locale.

Dans le droit positif portugais, le gouverneur civil fut, de par son statut juridique, un magistrat administratif[6]. Mais sa position officieuse en a tou-

---

Bertrand, s/d, p. 167-218 : « Je puis essayer de vous faire comprendre pourquoi ceux qui voient les choses d'une certaine hauteur regardent Mouzinho da Silveira comme un homme supérieur, je dirais plus, un génie. La raison en est que Mouzinho fut un verbe, une idée faite chair : il a été la personnification d'un grand idéal social, d'une révolution qui est sortie de sa tête et qui, en bouleversant la société portugaise de fond en comble, a tué notre passé et créé notre avenir. »

[1] C'est durant son exil politique à Paris, du 15 avril 1828 au 25 janvier 1832, que José Xavier Mouzinho da Silveira a pu voir vivre et étudier l'institution préfectorale française.

[2] Le décret-loi n° 23 du 16 mai 1832, au titre II « Des magistrats administratifs », chapitre I « Du *prefeito* », article 29, disposait : « Le *prefeito* est l'unique chef de toute l'administration de la province, et le délégué de l'Autorité du Roi, et en tant que tel, il est investi de toutes les attributions afin qu'il puisse veiller au bien-être et aux besoins des populations. Ses fonctions qui sont toutes administratives et de bienfaisance ne participeront en rien du pouvoir judiciaire, ou fiscal, ou de n'importe quel autre. »

[3] Le décret-loi n° 23 du 16 mai 1832, titre I, chapitre II, « De l'organisation générale de l'administration », disposait à l'article 4 : « La province est administrée par un chef unique, lequel a le nom de *prefeito*. »

[4] Le décret du 18 juillet 1835 portant sur l'« Organisation administrative » avec la création officielle des districts, a disposé, au chapitre II « Du personnel de l'administration », article 5 : « Il y aura dans chaque district administratif un magistrat administratif ayant la désignation de gouverneur civil. »

[5] *Código administrativo português de 1836*, Lisbonne, Imprensa Rua de São Julião, n° 5, 1837, p. 42-49.

[6] On donne traditionnellement la désignation honorifique de « magistrat administratif » aux délégués du gouvernement dans les circonscriptions administratives, en tant qu'entités locales de l'administration générale et commune de l'État. Dans le code administratif de 1836, les magistrats administratifs étaient l'administrateur général dans le district, l'administrateur du *concelho* dans le *concelho*, et le *regedor* de *freguesia* dans chaque *paróquia*. ». *Cf.* Article 6 du *Código administrativo português de 1836,* Lisbonne, Imprensa Rua de São Julião, n° 5, éd. de 1837, 110 p.. De même, dans les dispositions du code administratif de 1878, les personnes qui exerçaient les fonctions de magistrats administratifs étaient le gouverneur civil dans le district, l'administrateur du *concelho* dans la circonscription du *concelho*, et le *regedor* dans la *paróquia*. Dans le code administratif de 1940, les magistrats administratifs étaient le président de la *Câmara municipal* (article 79), l'administrateur du *bairro* (arrondissement) dans les *concelhos* de Lisbonne et de Porto, et le gouverneur civil (article 404). Diogo Freitas do Amaral écrit que les magistrats administratifs sont « Les organes locaux de l'État qui, dans les circonscriptions administratives respectives, exercent une fonction de représentants du Gouvernement à des fins d'administration générale et de sécurité publique ». Freitas do Amaral (D.), *Curso de direito administrativo*, Coimbra, Almedina, 3e éd., 2010, p. 327.

jours fait, incontestablement, un acteur politique[1]. Entre grandeur et décadence, paradoxes et ambiguïtés, le gouverneur civil fut l'âme et le corps du pouvoir central dans sa représentation périphérique de l'État dont il a assuré l'unité, la continuité, la souveraineté et l'autorité.

De même, on ne pouvait faire l'impasse sur l'anthropologie sociale et culturelle de l'institution qui a personnifié le pouvoir exécutif dans le district. Il fallait rompre avec l'approche univoque et la rhétorique sommaire, généralement admises, lesquelles ne voyaient dans le gouverneur civil qu'un simple agent du parti politique au pouvoir, et cela alors même qu'il demeurait une énigme constitutionnelle mais continuait à être coopté et nommé par le gouvernement[2] et pouvait, à ce titre, être révoqué *ad nutum* par son ministre de tutelle[3].

La définition juridique du statut du gouverneur civil[4] dans les codes administratifs portugais a été extrêmement laconique. Il n'y a jamais eu de « feuille de route » qui aurait pu préciser quelle image l'État entendait donner de lui, par l'intermédiaire de son représentant local, et comment celui-ci pouvait être le symbole physique de l'État dans son abstraction[5]. Néanmoins,

---

[1] Bourdieu (P.), Chamboredon (J.-C.) et Passeron (J.-C.), *Le métier de sociologue*, Berlin, New York, Mouton de Gruyter, 5e éd., 1983, p. 100. Le gouverneur civil ne peut pas être inséré dans un « *êthos* de classe ou professionnelle », à l'exemple du préfet français, comme on développe dans ce travail.

[2] Dans cette étude on désigne par « gouvernement » l'ensemble des membres qui composent le Conseil des ministres. Le gouvernement civil désignait l'ensemble des fonctionnaires qui travaillaient avec le gouverneur civil et l'immeuble en tant que siège d'exercice de l'activité de l'institution. Le décret-loi n° 203/2006 dans son article 14 disposait : « Les gouvernements civils constituent des structures de support logistique et administratif et le siège de l'exercice des compétences du gouverneur civil, nommément, celles d'assurer, au niveau local, la représentation déconcentrée du Gouvernement, la coordination dans l'aire respective, des forces et services de sécurité et de protection civile, et l'articulation des services de l'administration centrale agissant dans sa zone de responsabilité. » *Cf. Diário da República,* I-Série, n° 208, décret-loi n° 203/2006, du 27 octobre 2006, p. 7445.

[3] Il dépendait successivement du ministre du Royaume, de l'Intérieur puis de l'Administration interne.

[4] *Cf.* Première partie.

[5] *Diário da República,* I-Série-A, n° 268, décret-loi n° 252/92, du 19 novembre 1992, p. 5334-5338. L'article 2 « Définition » énonçait : « Le gouverneur civil est l'organe qui représente le Gouvernement dans le cadre du district, au-delà des compétences qui lui sont attribuées. » L'article 2 du décret-loi n° 252/92, du 19 novembre 1992 fut très légèrement modifié par l'article 2 du décret-loi n° 316/95, du 28 novembre 1995 qui disposait : « Le gouverneur civil est l'entité qui représente le Gouvernement dans le district et qui, dans cet espace géographique, exerce les compétences que lui confère la loi. » Cf. *Diário da República,* I-Série-A, n° 275/95, décret-loi n° 316/95, du 28 novembre 1995, p. 7375-7382. L'article 2 du décret-loi n° 213/2001, du 2 août 2001 a donné une nouvelle rédaction de l'article 2 du décret-loi n° 316/95, du 28 novembre 1995 sans y apporter des modifications significatives puisque : « Le gouverneur civil est, dans les termes de la Constitution, le représentant du Gouvernement dans l'aire du district, et y exerce les fonctions et les compétences qui lui sont conférées par la loi. » Cf. *Diário da República*, I-Série-A, n° 178, 2 août 2001, décret-loi n° 213/2001 du 2 août 2001. p. 4702-4705. On verra tout au long des divers déve-

il n'y a jamais eu de véritable typification[1] du *prefeito*[2] et du gouverneur civil, quand bien même il y a eu au Portugal de « grands » gouverneurs civils comme il a pu y avoir de « grands » préfets en France[3]. Au Portugal, l'ingérence des caciques locaux dans les arcanes du processus de nomination fut souvent décisive.

La nomination du gouverneur civil était entérinée, *in fine,* par un décret-loi en Conseil des ministres sur proposition du ministre du Royaume, durant la monarchie[4], puis du ministre de l'Intérieur et de l'Administration interne, après le 25 avril 1974[5]. Le texte portant sur sa nomination était publié au *Journal officiel*[6] et sa destitution suivait le même processus, mais dans le

---

loppements que la définition générale des fonctions et du statut du prefeito puis du gouverneur civil si elle était précise lors de son instauration est devenue, progressivement, de plus en plus laconique.

[1] Schutz (A.), « Selective Attention: Relevances and Typification », *in On phenomenology and social relations*, Chicago, The University of Chicago Press, p. 111. En ce qui concerne le gouverneur civil, on ne peut l'inclure aisément dans un schéma standardisé, compte tenu de ses multiples origines et formations.

[2] Si le *prefeito* portugais a été calqué sur le préfet français, ce dernier a trouvé son origine dans le *præfectus prætorio*, le préfet du prétoire romain créé par l'empereur Auguste (63 av. J.- C-14 ap. J.-C.). Le *præfectus prætorio* est devenu ensuite le *prefetto* italien.

[3] Pour mieux percevoir la finalité de la création de l'institution préfectorale française, telle que la concevait Napoléon Bonaparte, la citation doit être mentionnée dans son intégralité : « Les Préfets avec toute l'autorité et les ressources locales dont ils se trouvaient investis, disait Napoléon, étaient eux-mêmes des "Empereurs au petit pied" ; et comme ils n'avaient de force que par l'impulsion première, dont ils n'étaient que les organes, que toute leur influence ne dérivait que de leur emploi du moment, qu'ils n'en avaient point de personnelle, qu'ils ne tenaient nullement au sol qu'ils régissaient, ils avaient tous les avantages des anciens grands agents absolus sans aucun de leurs inconvénients. Il avait bien fallu leur créer toute cette puissance, disait l'Empereur, je me trouvais dictateur, la force des circonstances le voulait ainsi, il fallait donc que tous les filaments issus de moi se trouvassent en harmonie avec la cause première, sous peine de manquer de résultat. Le réseau gouvernant dont je couvris le sol requérait une furieuse tension, une prodigieuse force d'élasticité, si l'on voulait pouvoir faire rebondir au loin les terribles coups dont on nous ajustait sans cesse. Aussi la plupart de ces ressorts n'étaient-ils, dans ma pensée, que des institutions de dictature, des armes de guerre. Quand le temps fût venu pour moi de relâcher les rênes, tous les filaments aussi se seraient sympathiquement distendus, et nous aurions alors procédé à notre établissement de paix, à nos institutions locales. » *Cf.* Las Cases (E.), *Mémorial de Sainte-Hélène,* Paris, De l'Imprimerie de Lebègue, tome septième, réimpression, 1824, p. 230-231.

[4] De l'instauration du *prefeito* en 1832 à l'instauration de la République le 5 octobre 1910.

[5] Le ministère de l'Intérieur est resté en place du 5 octobre 1910 jusqu'au décret-loi n° 203/74 du 15 mai 1974, date à laquelle le ministère de l'Administration interne a remplacé l'ancien ministère de l'Intérieur. *Cf. Diário do Governo*, I-Série, n° 113, décret-loi n° 203/74 du 15 mai 1974, p. 623

[6] À titre d'exemple, le décret-loi n° 252/92, du 19 novembre 1992 disposait à l'article 3 : « Nomination et révocation », « 1. Le gouverneur civil est nommé et révoqué en Conseil des ministres, sur proposition du ministre de l'Administration interne dont il dépend hiérarchiquement et organiquement.

« 2. Le ministre de l'Administration interne peut proposer un vice-gouverneur dans certains districts si cela est jugé nécessaire par le Conseil des ministres, il sera nommé et révoqué dans

sens inverse. Au regard de ces particularités et de la pluralité des fonctions, l'analyse du gouverneur civil au Portugal, dans le cadre d'une recherche en droit public, s'inscrit dans une ouverture vers d'autres disciplines, notamment la science politique et l'histoire.

D'un point de vue historique, le gouverneur civil a été un intervenant majeur de la vie locale.

D'un point de vue constitutionnel, il a occupé une place ambiguë qui lui a été conférée au gré des alternances politiques et des réformes administratives.

Dans une approche heuristique et comparative, on a établi des homologies et des différences avec des représentants locaux de l'État en dépassant le cadre européen[1].

D'un point de vue culturel, on a interrogé la littérature portugaise pour savoir comment le gouverneur civil était perçu. Il fut souvent caricaturé par de multiples veines satiriques, notamment par les romanciers du XIXe siècle.

D'un point de vue pragmatique, a dû remonter à la législation qui a précédé la mise en place du gouverneur civil[2].

Ab initio le législateur portugais s'est inspiré de l'institution préfectorale française[3] et de la loi[4] du 28 pluviôse an VIII, laquelle avait confié la responsabilité du département au préfet[5]. On peut affirmer que si le modèle du pré-

---

les mêmes conditions mentionnées au numéro antérieur ».V. *Diário da República*, I-Série-A, n° 268, 19 novembre 1992, p. 5334-5338.

[1] On aborde dans un cadre comparatif plus large la représentation locale de l'État en Turquie et au Japon.

[2] *Código administrativo português de 1836,* Lisbonne, Imprensa Rua de São Julião, n° 5, 1837, 110 p.. La Constitution de 1822 désignait déjà « l'administrateur général » en tant que délégué du pouvoir royal dans le district (article 212) qui était alors une division fiscale. Dans le code administratif de 1836, il était le représentant du gouvernement dans le district, en remplacement du gouverneur civil. Ainsi, le code administratif de 1836 dans son article 102 disposait « Dans chaque district administratif il y aura un chef supérieur de l'administration désigné par administrateur général ».

[3] Las Cases (E.), *Mémorial de Sainte-Hélène*, Paris, De l'Imprimerie de Lebègue, tome septième, réimpression, 1824, p. 228 : « Napoléon parlant de son organisation impériale, disait qu'il en avait fait le gouvernement le plus compact, de la circulation la plus rapide, et des efforts les plus nerveux qui eût jamais existé. Et il ne fallait rien moins que tout cela, remarquait-il, pour pouvoir triompher des immenses difficultés dont nous étions entourés, et produire toutes les merveilles que nous avons accomplies ; l'organisation des préfectures, leur action, les résultats étaient admirables et prodigieux. La même impulsion se trouvait donnée au même instant à plus de 40 millions d'hommes ; et, à l'idée de ces centres d'activité locale, le mouvement était aussi rapide à toutes les extrémités qu'au cœur même. Les étrangers qui nous visitaient, et qui savaient voir et juger, en étaient émerveillés. »

[4] Chevallier (J.), *La loi du 28 pluviôse an VIII deux cents ans après : survivance ou pérennité ?*, (ouvrage coll.), Paris, PUF, 2000, p. 269 : « La loi du 28 pluviôse an VIII constitue une de ces "Tables de la loi", une de ces "masses de granit" pourrait-on dire en transposant la célèbre formule de l'Empereur, sur lesquelles repose toute la construction du droit administratif moderne et, au-delà, de l'administration française […]. »

[5] Sauvé (J.-M.), « Quel modèle d'administration territoriale pour demain ? », *IFSA*, Paris, 13 décembre 2010, p. 2 : « Après la loi du 28 pluviôse an VIII, la circulaire du 21 ventôse an

fet français[1] a été copié[2] dans divers pays, avec plus ou moins de réussite, on peut s'étonner que le *prefeito* n'ait été instauré qu'en 1832 si l'on se rapporte à l'influence française[3] sur le droit portugais bien avant cette date, comme le note Mário Júlio de Almeida Costa[4]. L'influence administrative française au Portugal a cependant été antérieure à la réforme de José Xavier Mouzinho da Silveira. Les ouvrages de Charles-Jean Baptiste Bonnin avaient été traduits en portugais dès 1812[5]. Comme le souligne Maria da Gloria Ferreira Pinto Dias Garcia[6], en 1828, les députés Alexandre Tomaz Morais Sarmento et Francisco da Paula Travassos, puis Luís Augusto Rebelo da Silva s'étaient inspiré des travaux de Charles-Jean Baptiste Bonnin pour élaborer un projet de division du territoire en « cherchant le modèle de leur projet dans l'administration française[7] ».

À l'évidence, la réforme administrative, judiciaire et politique de José Xavier Mouzinho da Silveira a reconfiguré en profondeur la représentation de l'État au plan local. Il s'ensuit que le décret-loi n° 23 du 16 mai 1832 a créé un nouveau personnage administratif et politique pour en faire le « gardien de l'État[8] ». Dans son titre I, chapitre II « De l'organisation générale de l'administration », il stipulait clairement à l'article 4 : « La province est ad-

---

VIII [...] exhortait aussi les représentants de l'État à faire « que la France date son bonheur de l'établissement des préfectures. »

[1] Blanchet (B.), « La robe et l'olivier. Les rapports entre le procureur et le préfet », *RFDA*, Paris, n° 6, 2010, p. 1191 : « Depuis 1800, le préfet est l'homme du pouvoir et un haut fonctionnaire chargé d'innombrables tâches, mais il se caractérise aussi par un monisme fonctionnel. »

[2] Bouquet (J.-J.), *Histoire de la Suisse,* Paris, éd. Presses Universitaires de France, 8e éd., 2011, p. 45.

[3] Espinosa Gomes da Silva (N.-J.), *História do direito português-Fontes de Direito*, Lisbonne, Fundação Calouste Gulbenkian, 2000, p. 390 : « L'influence illuministe au Portugal avait commencé à se faire sentir au travers de l'œuvre de ceux que l'on appelait les "étrangers", c'est-à-dire, des Portugais qui, vivant à l'étranger, ont ressenti le vif désir de faire en sorte que notre pays communie dans le mouvement de rénovation qui traversait l'Europe. »

[4] Almeida Costa de (M.-J.), *História do Direito Português*, Coimbra, Édition Almedina, 3e éd., 2001, p. 386. « L'idée de la promulgation, dans notre pays, des codifications françaises de l'époque, principalement du Code civil, a été conçue en 1808, lors de la première invasion des troupes napoléoniennes. »

[5] Bonnin (C.-J.-B.), *De l'importance et de la nécessité d'un code administratif,* Paris, chez Garnery, 1808, 70 p.. Du même auteur, voir également *Principes d'administration publique pour servir à l'étude des lois administratives et considérations sur l'importance et la nécessité d'un code administratif, suivies du projet de ce Code,* Paris, Aux Archives du Droit Français, 2e éd., 1809, 308 p. ; *Principes d'administration publique,* Paris, Chez Renaudière, Imprimeur-Libraire, 3e éd., vol. I 497 p., vol. II, 379 p., 1812, 538 p. ; et *Abrégé des Principes d'Administration*, Paris, Amable-Costes, Libraire-Éditeur, 3e éd., 1829, 538 p..

[6] Ferreira Pinto Dias Garcia (M. da G.), *Do Conselho de Estado ao Actual Supremo Tribunal Administrativo*, Coimbra, Édition Almedina, 2006, 153 p..

[7] *Ibid.*, p. 27-30 et p. 38-39.

[8] On emprunte ici le vocable de « gardien de l'État » à la thèse de doctorat en Sciences politiques de Jean-Michel Eymeri-Douzans, *Les gardiens de l'État. Une sociologie des énarques de ministère*, Paris, Université Paris 1, Panthéon-Sorbonne, 1999, 936 p.

ministrée par un chef unique, lequel a le nom de *prefeito*. Dans les *comarcas* où ne réside pas le *prefeito,* il y aura un délégué désigné par *subprefeito*[1]. » Le décret du 18 juillet 1835[2], qui a remplacé le *prefeito* par le gouverneur civil, a stipulé au chapitre II « Du personnel de l'administration », article 5 : « Il y aura dans chaque district[3] administratif un magistrat administratif ayant la désignation de gouverneur civil. » Comme le fut initialement le *prefeito*, le gouverneur civil était chargé d'appliquer *ad litteram* les ordres du pouvoir central, mais dès sa création, il a été maintenu dans un clair-obscur, entre fonctions administratives officielles et attributions politiques officieuses[4]. Paradoxalement, la figure familière et omniprésente du *prefeito*, de l'administrateur général puis du gouverneur civil[5] n'a jamais suscité de véritable intérêt universitaire, et ceci pour trois raisons.

Tout d'abord, il y a l'hétérogénéité et la supposée complexité de la structure portugaise de représentation locale du gouvernement. Il y a aussi une certaine propension des chercheurs portugais à s'intéresser à l'étude « par le haut » des élites politiques nationales et à en oublier les perspectives de recherches « par le bas ». La troisième hypothèse est que les recherches universitaires sont souvent tournées vers les institutions des anciennes colonies dans des approches lusocentrées[6].

---

[1] Au titre II « Des magistrats administratifs », chapitre I « Du *prefeito* », l'article 29 disposait : « Le *prefeito* est l'unique chef de toute l'administration de la province, et le délégué de l'Autorité du Roi, et en tant que tel, il est investi de toutes les attributions afin qu'il puisse veiller au bien-être et aux besoins des populations. Ses fonctions qui sont toutes administratives et de bienfaisance, ne participeront en rien du pouvoir judiciaire, ou fiscal, ou de n'importe quel autre. »

[2] Décret du 18 juillet 1835 portant sur l'« Organisation administrative » avec la création officielle des districts.

[3] Le vocable avait déjà été employé dans les débats aux *Cortes* avant la réforme de 1835 (V. *infra*).

[4] Eça de Queiroz (J.-M.), *Les Maias,* Paris, Édition Chandeigne, Unesco, série Lusitane, 1996, 773 p. José-Maria Eça de Queiroz décrit dans ce roman, avec l'ironie qui le caractérisait, l'influence réelle et celle qu'il croyait avoir, du gouverneur civil sur la vie locale.

[5] Le *prefeito* est devenu le gouverneur civil le 25 juillet 1835, lors de la réforme administrative de Rodrigo da Fonseca Magalhães qui a créé les dix-sept districts.

[6] Les travaux existants se limitent au gouvernement civil d'un district et ne prennent pas en considération l'évolution de l'institution dans les anciennes colonies portugaises, comme au Brésil, par exemple. Au Brésil et dans les colonies portugaises, le *prefeito* ou le gouverneur civil a eu des significations différentes. La Constitution de la République Fédérative du Brésil dans sa version de 1988 a désigné par *prefeito*, le fonctionnaire public du pouvoir exécutif municipal, élu pour quatre ans [*Constituição da República Federativa do Brasil*, Brasília, Edição do Senado Federal, 1990, 169 p.]. Dans son chapitre III « Des États fédéraux », l'article 28 de la Constitution fédérative de la République du Brésil énonce : « L'élection du gouverneur et du vice-gouverneur de l'État se fait pour un mandat de quatre ans », et l'article 32, § 2e dispose : « L'élection du Gouverneur et du vice-gouverneur, observées les règles de l'article 77, et les Députés des districts coïncidera avec celle des Gouverneurs et Députés des États, pour un mandat d'égale durée [...] ». *Constituição da República Federativa do Brasil*, publiée au *Diário Oficial da União*, n° 191-A, le 5 octobre 1988.

Ceci indiqué, les études qui ont été menées sur le rôle du chef du gouvernement civil se composent essentiellement de monographies historiques[1], de prosopographies et de biographies de personnages politiques, civils ou militaires, ayant occupé le poste de gouverneur. On devait ainsi étudier la praxéologie de l'institution, en interrogeant l'histoire et la sociologie politique[2], tout en restant dans un cadre juridique.

Quant au devenir du gouverneur civil, il s'est véritablement posé dès le 25 avril 1974 puisque les dix-huit gouverneurs civils en place ont été démis *sine die*. Néanmoins, si la Constitution de 1976 a confirmé la volonté de supprimer les districts[3], elle les a maintenus, en attendant que les régions administratives soient instaurées. C'est dans cet esprit que l'on propose un schéma régional de réforme étatique avec l'instauration d'un *prefeito* régional[4].

Toutefois, si la disparition du gouverneur civil dans le district était une nécessité, celle-ci a été faite de manière précipitée à la suite des élections législatives du 5 juin 2011[5] qui ont porté au pouvoir la coalition gouvernementale composée des partis de centre-droit et conservateurs PPD/PSD et CDS/PP[6]. Le XIXe gouvernement constitutionnel a été formé le 21 juin 2011

---

[1] Sousa Pereira de (F.-A.) et Veiga e Silva Gonçalves (M.-J.), *Os governadores civis do Distrito de Vila Real*. *Cf.* aussi Tengarrinha (J.), *História do Governo Civil de Lisboa* et Viana França (P.-C.), *O Governo Civil do distrito de Viseu.*

[2] Des historiens et sociologues tels Marina Costa Lobo, Maria Antónia Pires de Almeida, António Pinto Costa et Pedro Tavares de Almeida travaillent sur les élites politiques locales portugaises, mais pas spécifiquement sur le gouverneur civil.

[3] *Diário da República*, I-Série, n° 86, décret d'approbation de la Constitution du 10 avril 1976, p. 738-778. L'article 262 intitulé « Représentant du gouvernement » disposait « Près de chaque région il y aura un représentant du gouvernement nommé en Conseil des ministres dont la compétence s'exerce près des collectivités existant dans l'aire respective » (p. 769). Pour sa part, l'article 263 énonçait : « 1. Tant que les régions administratives n'auront pas été instaurées, la division en districts subsistera,

« 2. Il y aura dans chaque district, selon les termes à définir par la loi, une assemblée délibérative, composée de représentants des municípios et présidée par le gouverneur civil,

« 3. Il est de la compétence du gouverneur civil, assisté d'un conseil, de représenter le gouvernement et d'exercer les pouvoirs dans l'aire du district ».

La Constitution de 1976, dans sa septième révision constitutionnelle, a remplacé l'ancien article 263 par l'article 291. Les numéros 1 et 3 de l'article 291 sont restés quasiment inchangés, alors que le n° 2 est ainsi rédigé « Il y aura dans chaque district, selon les termes à définir par la loi, une assemblée délibérative, composée de représentants des municípios ». *Cf. Diário da República*, I-Série A, n° 155, loi constitutionnelle n° 1/2005, du 12 août 2005, p. 4642-4686. *Cf.* également Rebelo de Sousa (M.) et Melo Alexandrino de (J.), (dir.), *Constituição da República Portuguesa Comentada*, Lisbonne, Édition Lex, 2000, p. 436. Le maintien à titre transitoire des districts relève du domaine du « définitif appréciable ».

[4] Seconde partie.

[5] PPD/PSD = 108 députés ; CDS/PP = 24 députés ; PS = 74 députés ; PCP/PEV = 16 ; BE = 8.

[6] *Diário da República*, I-Série-A, n° 116, 17 juin 2011. Résultats officiels des élections législatives qui se sont déroulées le 5 juin 2011. Supplément avec les résultats de la CNE, n° 6-A/2011, p. 3300-3300 (7).

et a immédiatement décidé de ne plus nommer de gouverneur civil[1]. La résolution du 30 juin 2011[2] émanant du Conseil des ministres a entériné cette suppression générale. Le 8 septembre 2011, le Conseil des ministres a approuvé la proposition de loi n° 14/XII/1er (Gvt) de « transfert des compétences des gouvernements civils et des gouverneurs civils vers d'autres entités de l'administration publique, sous réserve de compétence législative de l'Assemblée de la République ». Elle fut adoptée en première lecture par l'Assemblée de la République le 16 septembre 2011[3]. Or, si le gouverneur civil a disparu *de facto* le 21 juin 2011, cette fin programmée mais néanmoins irréfléchie a été confirmée par la loi organique du 30 novembre 2011[4], adoptée par l'Assemblée de la République, qui a supprimé officiellement le gouverneur civil.

En vue de délimiter l'approche du sujet, il faut retracer les évolutions historiques du gouverneur civil, puis étudier successivement l'objet de la recherche, l'intérêt de la recherche, avant d'expliquer la démarche suivie.

Les fondements historiques et juridiques de l'institution

En s'inspirant de l'institution préfectorale française, José Xavier Mouzinho da Silveira a doté le Portugal d'un cadre administratif solide et cohérent. Il ne pouvait prévoir que son schéma, critiqué dès sa création, durerait près de deux siècles[5].

Dans la première Constitution portugaise du 23 septembre 1822[6], promulguée par Dom João VI, on a commencé à employer le vocable « dis-

[1] Le 22 juin 2011 dans une déclaration à l'agence de presse Lusa, Jaime Soares président de la *Câmara municipal* de Poiares, et membre du Parti social-démocrate a déclaré : « La polémique autour de la suppression des gouverneurs civils est une fausse question. Ce qu'a dit monsieur le Premier ministre c'est qu'il n'allait pas renommer des gouverneurs civils. Il n'a pas dit qu'il supprimait les gouverneurs civils, ni qu'il allait les démettre. » Pour Jaime Soares, la question principale est de savoir vers qui vont être transférés les anciens domaines de compétences du gouverneur civil.

[2] *Diário da República*, II-Série, partie C, n° 124, 30 juin 2011, p. 27429.

[3] Dans la seconde partie on analyse plus en détail les répartitions des votes lors de l'adoption de la proposition de loi n° 14/XII/1er (Gvt) du 8 septembre 2011. En première lecture seul le Parti socialiste a voté « contre ».

[4] *Diário da República*, I-Série-A, n° 230, 30 novembre 2011, loi organique n° 1/2011 du 30 novembre 2011, p. 5117-5128.

[5] *Cf.* tableau synoptique relatif aux alternances administrateur général, *prefeito* et gouverneur civil.

[6] La Charte constitutionnelle de 1822, marquée par une forte connotation libérale, disposait que l'organisation du territoire continental du Portugal se composait de six provinces : Minho, Trás-os-Montes, Beira, Estremadura, Alentejo, Royaume de l'Algarve. Il y avait en parallèle le projet de mise en place d'institutions supra-municipales dirigées par un administrateur général, nommé par le roi, après consultation du Conseil d'État. Ce schéma est proche de la proposition de réforme étatique que l'on propose dans la seconde partie, au titre II.

trict[1] » dans les débats politiques. Or, si le décret du 25 avril 1835[2] a instauré un administrateur général[3] du district en lieu et place du *prefeito*[4], le décret du 18 juillet 1835[5] l'a remplacé par le gouverneur civil et structuré la division administrative territoriale en trois niveaux : district, *concelho*[6] et *freguesia*.

On doit souligner, comme idée-force, que si les réorganisations qui ont établi une séparation des trois pouvoirs ont été inspirées par le droit français[7], c'est surtout contre l'amalgame des pouvoirs et la confusion des prérogatives des délégués du pouvoir royal que José Xavier Mouzinho da Silveira s'est efforcé de transposer au régime monarchique portugais le schéma préfectoral français.

Il résulte, comme fait marquant de cette volonté de mettre un terme à l'instabilité politique de la décennie 1822-1832, que la formidable œuvre réformatrice de José Xavier Mouzinho da Silveira demeure encore en place aujourd'hui, pour l'essentiel.

L'adaptation initialement réussie d'un modèle importé de France

La législation promulguée par Napoléon Bonaparte[8] a eu incontestablement[1], par sa diffusion, des répercussions sur le droit portugais[2], même si

---

[1] Il s'agissait de « districts des compteurs », division territoriale établie pour des raisons fiscales et électorales.

[2] Décret du 25 avril 1835, *in Collecção de Leis e outros documentos officiais publicados desde 15 de Agosto 1834 até 31 de Dezembro de 1835*, 4e Série, Lisbonne, Imprimerie nationale, 1837, p. 148-149

[3] On revient ainsi à l'ancien administrateur général. *Cf.* Constitution de 1822, article 212.

[4] Le décret du 25 avril 1835, article 1er disposait : « Il est créé une Commission pour me proposer [c'est-à-dire à moi le monarque] dans les plus brefs délais, un système d'administration à proprement dit, et les règlements nécessaires pour les Administrateurs des districts […] », *in Collecção de Leis e outros documentos officiais publicados desde 15 de Agosto 1834 até 31 de Dezembro de 1835*, Lisbonne, Imprimerie nationale, 1837, p. 148-149. Le gouverneur civil a été créé dans l'urgence, car dès le 18 juillet 1835 un décret fut adopté.

[5] Avec l'entrée en vigueur du décret du 18 juillet 1835 de Rodrigo da Fonseca Magalhães, les provinces furent supprimées et les *comarcas* remplacées par les districts. Le *prefeito* est devenu le gouverneur civil et le *provedor* un administrateur du *concelho*, élu par les citoyens et confirmé par le gouvernement.

[6] *Dicionário etimológico da língua portuguesa* de José Pedro Machado. Le *concelho* a une origine médiévale. Il est le siège du pouvoir municipal et la structure territoriale et administrative qui se rapproche le plus, en dimension et physionomie du canton français. Mais le *concelho* exerce un rôle administratif plus conséquent, plus proche de la municipalité française. Il est la division administrative du territoire, entre le district et la *freguesia*. Le code administratif de 1940 à l'article 13 disposait : « Le *concelho* est l'agrégat de personnes résidant dans la circonscription municipale, et ayant des intérêts communs […] ».

[7] Montesquieu, *De L'Esprit des lois*, Paris, éd. Classiques Larousse, 10e tirage, s/d, p. 47 : « Il n'y a point encore de liberté si la puissance de juger n'est pas séparée de la puissance législative et de l'exécutrice. »

[8] Corps législatif, rapport Chaptal, séance du 28 pluviôse an VIII, archives parlementaires, 2e série (1800-1860), p. 230 : « Le préfet est désormais le seul responsable de l'administration

d'autres apports ont inspiré le droit public portugais[3] et la rédaction du décret n° 23 du 16 mai 1832[4].

Il importe aussi de spécifier que les collectivités locales mises en place par le décret n° 23 du 16 mai 1832 étaient la province, la Junte générale de la province et le Conseil de *Prefeitura.* La province était administrée par le *prefeito*, et la Junte générale de la province était placée sous l'autorité d'un procureur élu par les juntes de *comarcas*[5], à raison d'un procureur par *concelho*[6]. Quant au Conseil de *prefeitura*[7], il était présidé par le *prefeito* comme le disposait l'article 8 du décret n° 23 du 6 mai 1832. Aux termes de l'article 50, la *comarca* était administrée par un *subprefeito* qui convoquait annuellement la Junte de *comarca* (article 20) et, dans le *concelho*, le *provedor* était l'unique autorité administrative (article 59)[8]. Fait nouveau, si le

---

au sein du département. » Au Portugal, le code administratif de 1836 à l'article 102 énonçait : « Dans chaque district il y aura un chef supérieur de l'administration désigné par administrateur général : ses fonctions sont toutes administratives et ne participent pas du pouvoir judiciaire, ou de n'importe quel autre pouvoir de l'État. » *Cf. Código administrativo português de 1836*, Lisbonne, Imprensa Rua de São Julião, n° 5, 1837, p. 42-49.

[1] Rebelo de Sousa (M.), *Lições de Direito Administrativo*, Lisbonne, Édition Lex-Edições Jurídicas, vol. I, 1999, p. 84 : « Après l'enseignement du Droit public portugais, avec une forte influence française en 1853, à la faculté de droit de l'Université de Coimbra, a été créée la chaire de "Droit administratif et principes de l'Administration", enseignement où se sont distingués Justino António de Freitas "Institutions de Droit Administratif Portugais", 1857 et José Frederico Laranjo "*Princípios e Instituições de Direito Administrativo*" 1888. »

[2] Burdeau (F.), *Histoire du droit administratif*, Paris, PUF, collection Thémis, Droit public, 1995, p. 65 : « Dans l'histoire du droit administratif, le régime napoléonien représente une étape décisive. »

[3] Fromont (M.), *Droit administratif des États européens*, Vendôme, PUF, collection Thémis droit, 2006, p. 353 : « L'influence exercée par les droits français, allemand et britannique sur tous les systèmes juridiques en Europe contribue évidemment à ce rapprochement [des droits administratifs européens]... De même, l'Espagne et le Portugal ont longtemps subi l'influence de la doctrine juridique française, mais depuis presque un demi-siècle, les choses ont changé et nous sommes aujourd'hui en présence de droits qui combinent les techniques de l'un et de l'autre : par exemple, les pouvoirs de contrôle et de décision du juge administratif correspondent plus à ceux du droit allemand qu'à ceux du droit français. »

[4] Le décret n° 23 du 16 mai 1832, article 29 sur « L'organisation de l'administration publique » a instauré le *prefeito* en tant que « chef unique de toute l'administration de la province et délégué de l'Autorité du Roi ».

[5] La polémique entre province et *comarca* (subdivision de la province), en termes d'attributions a pris fin avec la loi du 18 juillet 1835 qui a créé les dix-sept districts en tant circonscriptions administratives.

[6] Décret n° 23, du décret du 16 mai 1832, article 12.

[7] *Ibid.*, article 8. Le Conseil de *prefeitura,* dont les membres étaient nommés par le monarque, gérait le contentieux administratif dans la province. Il était une « autorité administrative judiciaire » et un « tribunal spécial ».

[8] Le *provedor* était nommé par décret royal ou, s'ily avait urgence, par le *prefeito,* mais seulement à titre provisoire (article 60). Quant à la *Câmara municipal*, elle était au *provedor* du *concelho* ce que la Junte générale de la Province et la *comarca* étaient au *prefeito* et au sous-*prefeito* (article 25).

prefeito nommé par un *alvará*[1] devenait le responsable de l'administration de la province et le représentant de l'autorité royale, il ne s'immisçait pas dans le pouvoir judiciaire. Au vu de ces constats, on peut avancer deux justifications.

La première raison en est que, pour José Xavier Mouzinho da Silveira, il était impératif, avec l'adoption des trois décrets du 6 mai 1832[2], d'établir une séparation des trois pouvoirs. José Esteves Pereira[3] a considéré que ces trois décrets ont été les plus importants de la législation administrative portugaise, au moins durant la première moitié du XIXe siècle, même si leur application n'a pas été aisée.

En résumé, des décrets de mai 1836 au code administratif de 1940, et jusqu'à la promulgation de la Constitution de 1976, le pouvoir exécutif n'a pas osé remettre véritablement en cause le gouverneur civil, ni le cadre territorial dans lequel il exerçait ses missions.

1836-1936, un siècle de réformes administratives

La Constitution de 1822 avait déjà disposé, dans son article 212 : « Il y aura dans chaque district[4] un administrateur général, nommé par le roi, après avoir sollicité l'avis du Conseil d'État. La loi précisera les districts et la durée de leurs fonctions[5]. »

La volonté de ne pas bouleverser en profondeur le schéma administratif issu du décret n° 22 du 16 mai 1832 reste un fait marquant et durable dans le droit constitutionnel portugais. Ensuite, le code administratif de 1836, premier code administratif portugais, fut avant tout une réaction d'opposition à la législation du 16 mai 1832[6]. À l'article 8, le code administratif de 1836 disposait : « Il y aura dans la capitale de chaque district administratif un

---

[1] L'*alvará* était un document rédigé par le monarque et signé par le ministre concerné à des fins d'intérêts publics ou particuliers. Il est synonyme de brevet, privilège, permis ou charte. C'est aussi un titre de nomination des employés des corps administratifs. Par exemple, l'article 402, du code administratif de 1886 énonçait : « le titre de nomination des employés des corps administratifs est un *alvará* [...]. » *Cf. Código administrativo português* de 1886, décret du 17 juillet 1886, Coimbra, Imprensa da Universidade, 2e éd., 1892, 189 p..

[2] Le décret n° 22 se référait à l'organisation et à l'administration des finances publiques, le décret n° 23 s'appliquait à une révision de l'administration locale et le décret n° 24 définissait le cadre d'une nouvelle disposition de l'administration judiciaire. En consacrant la séparation des pouvoirs, les décrets ont modifié la législation antérieure, notamment dans la dépendance de la comarca à l'égard 1 de l'administrateur général puis au *prefeito*, alors que les ecclésiastiques en étaient parfois les véritables administrateurs.

[3] Esteves Pereira (J.), *Dicionário de Portugal*, Lisbonne, Tome VI, 1912.

[4] Le district doit être compris ici dans son acception de division fiscale et circonscription électorale.

[5] Sa fonction consistait à diligenter des inspections administratives, informer le pouvoir central, aider l'administration municipale et mener à bien des études dont il serait chargé par le gouvernement.

[6] La révolution de septembre 1836 a porté au pouvoir des hommes qui depuis des années s'opposaient à la Charte de 1826 et au décret n° 23 du 16 mai 1832.

conseil permanent appelé Conseil de district », pour bien définir le cadre territorial et administratif du district. La Constitution de 1838[1] avait également rappelé : « Il y aurait dans chaque district administratif un magistrat nommé par le roi », comme le posait l'article 129, mais aussi une junte et un Conseil général de district élus.

Les codes administratifs suivants n'ont pas clarifié le rôle officieux du chef du gouvernement civil. Cela démontre une volonté du pouvoir exécutif de s'autoprotéger, notamment par le fait qu'il a rendu confuses les attributions du gouverneur civil, par des palinodies et des désignations différentes.

Une succession injustifiée de codes administratifs

Après la promulgation du code administratif de 1836, le deuxième code administratif portugais fut adopté par décret le 18 mars 1842[2].

Le code administratif de 1842[3], en vigueur du 18 mars 1842 au 6 mai 1878, se caractérisait par un retour aux réformes administratives de 1832 et par une réaction contre la décentralisation[4] voulue par le code administratif de 1836[5]. Le code administratif de 1842 a expressément affirmé à l'article 3 que le magistrat administratif du district était désigné par le « gouverneur du district ».

On peut dire, à la lecture des codes administratifs, que certains ont repris dans leurs articles, au mot et parfois à la virgule près[6], la définition des fonctions et du statut du gouverneur civil incluse dans les textes juridiques précédents[7]. C'est le cas de la loi sur l'administration civile de 1867[8] et des codes administratifs de 1870 (article 9)[9], de 1878 (article 6)[10], de 1886[1] (ar-

---

[1] *Diário do Governo,* 24 avril 1838, n° 98. La Constitution de 1838 était un compromis entre la Constitution de 1822, inspirée de la Constitution française de 1791, et la Charte constitutionnelle de 1826.

[2] Le décret du 18 mars 1842 a été converti en loi le 29 mai 1843.

[3] *Código Administrativo* de 1842, nouvelle édition officielle annotée de 1865, Lisbonne, Imprimerie nationale, 1865, 542 p..

[4] Gicquel (J.) et Gicquel (J.-É.), *Droit constitutionnel et institutions politiques*, Paris, éd. Montchrestien, 24e éd., coll. Domat droit public, p. 72 : « Terme moins expressif que les expressions anglo-saxonnes équivalentes (*local government* ou *self government*), la décentralisation signifie littéralement autodétermination. Ainsi elle s'analyse en un principe de liberté et s'identifie à la démocratie locale chère à Tocqueville. »

[5] Le gouvernement nommait les administrateurs des *concelhos* et les *regedores* des *paróquia*s.

[6] On explique cela de façon plus exhaustive dans la première partie.

[7] Les quatre ruptures principales, par rapport à la législation du 16 mai 1832, sont intervenues avec la promulgation du code administratif de 1842, la Constitution politique de 1933, le code administratif de 1940 et la Constitution de 1976.

[8] *Loi sur l'administration civile du 26 juin 1867,* Porto, Typographie du *Jornal do Porto*, 1867, 89 p.. La loi sur l'Administration civile de 1867 est aussi désignée par « code administratif de Martens Ferrão ».

[9] Code administratif de 1870, décret du 21 juillet 1870, Lisbonne, Imprimerie nationale, 53 p.

[10] Code administratif de 1878, du 8 mai 1878, Coimbra, Livraria Diogo Pires, 1878, 84 p.

ticle 213), de 1896 (article 196), de 1900[2] (article 285), et de 1940[3] (article 404)[4]. Pour le professeur Marcello Caetano[5], le code administratif du 8 mai 1878[6] a marqué une étape essentielle dans la vie administrative et politique durant l'alternance des partis politiques « régénérateurs » et « progressistes » car il a consolidé la décentralisation administrative. En France, la loi du 5 avril 1884[7] et celle du 10 août 1871[8] à laquelle elle fait suite sont les premières lois à porter sur la décentralisation. Elles ont ainsi créé une relative autonomie des départements et des communes par rapport au pouvoir central[9].

---

[1] Code administratif de 1886, décret du 17 juillet 1886, décret du 29 juillet 1886 et décret du 12 août 1886, Coimbra, Imprensa da Universidade, 2e éd., 1892, 197 p.

[2] Code administratif de 1900, publié au *Diário do Governo*, n° 158, 25 juin 1900.

[3] *Code administratif de 1936*, Lisbonne, Empresa Jurídica Editora, 1937, 248 p. et *code administratif de 1940,* Coimbra, Coimbra Editora, 1956, 350 p.

[4] *Código administrativo*, Lisbonne, Empresa Jurídica Editora, 1937, p. 11. La loi n° 1 940 du 3 avril 1936 disposait : « Dans chaque district il y aura un magistrat administratif, représentant immédiat du gouvernement, désigné par gouverneur civil ».

[5] Caetano (M.), *Estudos de História da Administração Pública Portuguesa*, Coimbra, Coimbra Editora, 1994, p. 415. Durant la session parlementaire du 27 janvier 1877, un projet de loi en vue d'adopter un autre code administratif fut approuvé sans modification. Il fut ensuite transmis à la Chambre des pairs qui l'a soumis à discussion le 6 avril 1878 et l'a adopté le 22 du même mois. Il est retourné à la Chambre des députés qui durant la session du 25 avril 1878 l'a entériné, ce qui a donné naissance au code administratif dans sa rédaction finale.

[6] Le gouverneur civil ne bénéficiait plus de la possibilité de faire exécuter les délibérations de la Junte générale du district puisqu'elles étaient confiées à des membres composant l'Assemblée administrative. Il n'y avait plus de risque de *veto* émanant du gouvernement qui chercherait à s'opposer aux délibérations de la Junte générale du district. La volonté de réexaminer l'administration du territoire et la constitution du parti progressiste issus du mouvement réformiste font que le code administratif adopté le 6 mai 1878 a été remplacé par le code administratif du 17 juillet 1886. Après l'avènement de la Première République en 1910, les républicains ont repris ce texte comme référence principale. La structure administrative demeurait celle du décret du 18 juillet 1835. C'est un véritable retour aux origines de l'institution.

[7] *Cf.* La nouvelle loi municipale promulguée le 5 avril 1884, Bourg, 1884, 51 p.. Avec la promulgation de la loi du 5 avril 1884 le maire n'était plus seulement le représentant de l'État, mais aussi celui de la commune. C'est ainsi que la loi communale du 5 avril 1884 a permis en France que les communes acquièrent graduellement un véritable pouvoir face au pouvoir central. Toutes les communes de France ont bénéficié ainsi d'un régime juridique uniforme. Le maire fut chargé d'appliquer les décisions prises par le conseil municipal lequel est devenu l'organe délibérant de la commune.

[8] *Cf. Bulletin des lois* du 29 août 1871, et *Commentaire de la loi du 10 août 1871 relative à l'organisation et aux attributions des Conseils généraux*, paris, 2e éd., 1871.

[9] Pourtant, en France, il a fallu attendre le décret n° 82-389 du 10 mai 1982 relatif aux pouvoirs des commissaires de la République et à l'action des services et organismes publics de l'État dans les départements pour que le préfet devienne « l'unique représentant du pouvoir central dans le département et celui des services et de l'administration dont il avait la responsabilité ». *Cf. Journal officiel de la République française* du 11 mai 1982, p. 1335. Déjà, avec l'entrée en vigueur de la loi du 2 mars 1982 (*Cf. Journal officiel de la République française* du 2 mars 1982), la loi 82-213 du 2 mars 1982 portait sur les droits et libertés des communes, départements et régions. Elle marqué une étape dans l'évolution vers la décentralisation, car

On peut dire qu'au prix d'une certaine tradition juridique et politique portugaise, le code administratif du 8 mai 1878 d'António Rodigues Sampaio[1] n'a pas touché aux fonctions ni au statut du gouverneur civil puisque, « nommé librement par le gouvernement, il doit prêter serment auprès du ministre et secrétaire d'État des Affaires du Royaume. Il est le délégué et le représentant du gouvernement[2] ». Avec le retour au pouvoir du Parti progressiste en 1886, le président du Conseil José Luciano de Castro fit publier le décret du 17 juillet 1886[3] et un autre code administratif fut adopté[4]. Les codes administratifs successifs prouvent que les irrésolutions des gouvernements centraux à réformer le gouverneur civil ont été une constante dans la vie politique portugaise.

Malgré tout, l'affirmation de la cohérence de l'organisation mise en place par le décret n° 23 du 16 mai 1832 l'a emporté, pour un temps, sur la confusion et l'extrême diversité des fonctions du gouverneur civil.

Une volonté politique récurrente de réformer les codes administratifs

Si l'on veut dégager deux justifications pour démontrer à quel point il était difficile, d'une part, d'établir une lisibilité entre les différents codes administratifs, d'autre part, de mesurer la portée des actions réformatrices du pouvoir politique, l'une et l'autre n'ont été que la résultante d'une confusion généralisée.

Parmi de multiples exemples, on peut mentionner celui du gouvernement dirigé par Ernesto Rodolfo Hintze Ribeiro, membre du Parti régénérateur, qui avait approuvé par décret en date du 2 mars 1895[5] un autre code administratif dont le ministre du Royaume João Franco fut le véritable instigateur. À dire vrai, en instrumentalisant le désordre politique, le principe de confusion était admis comme un pis-aller.

Mais, par la loi du 4 mai 1896[6], les *Cortes* avaient autorisé la publication du nouveau code administratif qui s'inspirait de celui de 1842 et du décret du 2 mars 1894[7]. En 1897, le Parti régénérateur avait succédé au Parti progres-

---

les fonctions exécutives relèvent désormais du président du Conseil régional et du Conseil général.

[1] *Code administratif du 8 mai 1878*, Coimbra, Livraria Central José Diogo Pires, 1878, 84 p..

[2] Article 180 du code administratif du 6 avril 1878. Dans le code administratif de 1842, l'article 222 énonçait « Le gouverneur civil est nommé par décret royal et prête serment au ministre des Affaires du Royaume ou à son procureur en cas d'absence ».

[3] *Code administratif de 1886*, Coimbra, Imprensa da Universidade, 2e éd., 1892, 197 p..

[4] Le statut et les fonctions du gouverneur civil étaient similaires à ce qui était écrit dans le code administratif de 1878. Le code administratif de 1886 se caractérisait par un retour à la centralisation administrative.

[5] Code administratif de 1895, décret du 2 mars 1894, Porto, Livraria Portuense Editora, 1895, 163 p..

[6] La loi du 4 mai a approuvé le code administratif 1896.

[7] Ses rédacteurs s'opposaient au code administratif du 6 mai 1878 considéré trop décentralisateur.

siste, et le gouvernement avait tenté de revenir au code administratif antérieur. Le 8 avril 1898, José Luciano de Castro a soumis une proposition de loi à la Chambre des députés[1] et a demandé qu'un autre code administratif soit ratifié par le Parlement. Pour autant, et à la suite de nouvelles inconstances, le code administratif du 21 juin 1900[2] de José Luciano de Castro ne fut jamais réellement appliqué[3]. C'est le décret du 6 septembre 1902 qui a défini les relations entre le gouvernement et le gouverneur civil[4] et qui a établi des changements dans le code administratif de 1896 alors en vigueur[5]. Au vu de ce contexte administratif et politique, deux remarques doivent être faites.

Premièrement, il importe de noter que les neuf codes administratifs[6] sont révélateurs de l'instabilité politique, d'un certain *imbroglio*, mais aussi de la prise de conscience qu'il y avait à réformer. En second point, et quel que soit le régime politique ou le code administratif, la nomination du gouverneur civil a toujours été essentiellement politique.

Des réformes administratives indispensables

Les attributions politiques du gouverneur civil l'ont constamment emporté sur ses missions administratives puisqu'il était choisi *intuitu personae* par le gouvernement central[7].

À partir de là, la promulgation des quatorze codes administratifs, de 1836 à 1940[1], n'a pas clarifié, somme toute sciemment et par absence de cadres administratifs, les fonctions et le statut du gouverneur civil.

---

[1] *Diário da Câmara dos Senhores Deputados,* 1898, p. 845. Un rapport publié au *Diário da Câmara dos Senhores Deputados* lors de la session du 18 avril 1898 montrait la détermination du chef du gouvernement à rétablir partiellement le code administratif de 1886 : « Messieurs : en soumettant à votre illustre appréciation les bases pour la révision de l'actuel code administratif, notre propos n'est pas de modifier en profondeur la législation en vigueur, mais seulement de profiter des résultats de l'expérience pour en corriger les défauts et en pallier les lacunes. »

[2] *Diário do Governo*, n° 158, décret du 25 juin 1900.

[3] En septembre 1900 le retour au pouvoir d'Ernesto Rodolfo Hintze Ribeiro, membre du parti régénérateur, a empêché sa mise en pratique. Le code administratif de 1896 a continué à être en vigueur, ce qui a provoqué des confusions entre code administratif de 1896, de 1900 et de 1902.

[4] *Diário do Governo*, n° 203, 10 octobre 1902.

[5] Caetano (M.), *Estudos de História da Administração Pública* Portuguesa, Coimbra, Coimbra Editora, 1994, p. 443. Le professeur Marcello Caetano a souligné les différences et complémentarités de la codification du droit administratif portugais : « ... on peut alléguer le fait qu'au Portugal au XIXe siècle ont été publiées diverses formes d'un code administratif [...]. »

[6] Les neuf codes administratifs ont été adoptés en 1836, 1842, 1867, 1870, 1878, 1886, 1892, 1895, 1896.

[7] Freitas do Amaral (D.), *Curso de Direito Administrativo,* Coimbra, Édition Almedina, 3e éd., vol. 1, 2010, p. 329. Pour le professeur Diogo Freitas do Amaral : « La fonction électorale des magistrats administratifs ne consistait pas tant à faire gagner les élections au parti du gouvernement, étant donné qu'il n'y en avait pas d'autres, mais à lui présenter les résultats favorables que le gouvernement souhaitait obtenir… »

Face à l'échec de la première tentative de rédiger un code administratif durant la Première République, à défaut, d'autres textes législatifs ont été votés[2]. Au surplus, après le coup d'État du 28 mai 1926, le gouverneur civil allait devenir véritablement le principal acteur administratif et politique du district.

Le gouverneur civil, « l'homme fort » du district

Le décret n° 11875 du 13 juillet 1926 a précisé les grandes lignes de la centralisation administrative portugaise de la période de la dictature, puis de l'État nouveau[3]. Un renforcement des pouvoirs du gouverneur civil a été immédiatement décidé.

Quant au décret n° 12073 du 9 août 1926[4], il fut une réaction de survie politique face à la confusion créée par les applications simultanées du code administratif du 6 mai 1878 et du code administratif du 4 mai 1896. Mais, en fin de compte, il s'est trouvé que ce n'est qu'avec l'adoption de la Constitution de 1933 et du code administratif de 1940 que le gouverneur civil est devenu un relais puissant du pouvoir central (§ 3). Il aura fallu attendre l'alternance politique issue du soulèvement militaire du 25 avril 1974 pour que sonne le glas de sa puissance, et qu'ait lieu une involution de ses attributions[5]. Paradoxalement, la destitution du délégué local du gouvernement fut

---

[1] Les codes administratifs promulgués ou projets de 1836, 1842, 1867, 1870, 1878, 1886, 1892, 1895, 1896, 1900, 1902, 1910, 1936 et 1940.

[2] *Diário do Governo*, n° 183, loi n° 88 du 7 août 1913, p. 2913-2932. La loi n° 88 du 7 août 1913 émanait du ministère de l'Intérieur, Direction générale de l'administration politique et civile. La loi n° 88 du 7 août 1913 dans son article 1er disposait : « Tant que n'aura pas été définitivement réorganisée toute l'administration locale, par la promulgation d'un nouveau code administratif, les dispositions suivantes sont régulées par l'organisation, le fonctionnement, les attributions et compétences des corps administratifs. »

[3] *Colecção oficial da legislação portuguesa*, Lisbonne, 1930. Le décret-loi n° 11 875 du 13 juillet 1926 a dissous l'ensemble des corps administratifs du continent et des îles adjacentes des Açores et de Madère.

[4] Le décret n° 12 073 du 9 août 1926 disposait à son article 1er : « Tant qu'un nouveau code administratif ne sera pas promulgué, sont maintenus les magistrats, fonctionnaires et employés administratifs inclus dans le titre VIII du code administratif approuvé par la Charte de Loi du 6 mai 1878, avec la désignation et les attributions que ce Code leur confère et que les lois ou règlements postérieurs leur attribueront. » Le décret n° 19 237 du 26 janvier 1931, dans son article 2 énonçait : « Le code administratif approuvé par la Charte de Loi du 4 mai 1896 régulera, dans la partie non modifiée, par une loi postérieure, la division du territoire, le régime local applicable aux employés municipaux, les corporations administratives, le contentieux, le service des magistrats et autres fonctionnaires et leur prise de fonction et encore les dispositions pénales et générales. » La crise économique de 1929 a retardé les perspectives de réformes et la rédaction d'un autre code administratif.

[5] Le décret-loi n° 170/74, du 25 avril 1974 énonçait : « La Junte de Sauvegarde nationale ayant assumé les pouvoirs législatifs qui relèvent de la compétence du gouvernement, décrète, pour avoir force de loi, ce qui suit :
« Article premier :

l'une des priorités de la Junte de sauvegarde nationale puisque parmi les dix mesures qualifiées d'« immédiates », la suppression du gouverneur civil arrivait en deuxième position. Cependant, comme les politiques et les militaires avaient besoin du gouverneur civil, en tant que relais local du pouvoir central, ils l'ont maintenu.

Le passé répond de l'avenir et, de ce fait, si, lors de son instauration, le gouverneur civil était « l'unique chef de l'administration dans le district[1] », les critiques à son égard n'ont jamais cessé tant qu'il est demeuré en place.

Le gouverneur civil entre grandeur et soumission

L'État nouveau[2] a placé le gouverneur civil au centre de son schéma administratif, politique et policier dans le district.

Le gouverneur civil est devenu la pièce essentielle du dispositif administratif et politique local, fort et stable voulu par le président du Conseil António de Oliveira Salazar, après les années d'instabilité politique, de l'instauration de la Première République au coup d'État militaire du 28 mai 1926[3], et la Constitution politique de 1933. On ne saurait étudier le gouverneur civil sans évoquer l'État nouveau et le code administratif de 1940, et sans retracer ses structures administratives et politiques.

L'État nouveau

La Constitution politique de la République portugaise de 1933[4], le code administratif de 1936[5] et le code administratif de 1940[1] ont instauré une cen-

---

« 1. Sont relevés de leurs fonctions les gouverneurs civils du continent et des îles adjacentes, ainsi que leurs substituts.
« 2. Jusqu'à ce qu'il soit procédé à de nouvelles nominations, les attributions des gouverneurs civils seront exercées par les secrétaires des gouverneurs civils.
« Article deuxième :
« La compétence constante de l'article 99, numéros 4 et 10 du Statut des districts autonomes des îles adjacentes, approuvé par décret-loi n° 36 453, du 4 août 1947, est suspendue, tant que les gouverneurs des districts n'auront pas été nommés.
« Article troisième : Ce texte entre immédiatement en vigueur.
« Vu et approuvé par la Junte de sauvegarde nationale le 25 avril 1974. Faire publier ».

[1] Décret du 18 juillet 1835.

[2] En place de 1933 à 1974.

[3] Oliveira Salazar de (A.), *Le Portugal et la crise européenne,* Paris, Éd. Flammarion, 1940, p. 19-21 : « Pendant de longues années, la politique en ce Pays a tué l'administration : les luttes partisanes, les révolutions, les intrigues, la mainmise sur les portefeuilles primant toute autre considération, la quête du pouvoir pour le pouvoir se révélèrent incompatibles avec la solution de nombreux problèmes nationaux [...]. On prétend tout abandonner dans l'administration de l'État comme dans l'administration locale [...] »

[4] *Diário do Governo*, I-Série, décret n° 22 241 du 22 février 1933. Elle est entrée en vigueur le 11 avril 1933.

[5] *Diário do Governo*, I-Série, décret-loi n° 27 424 du 31 décembre 1936. Ce décret-loi émanait du ministère de l'Intérieur et de sa Direction générale de l'administration politique et civile.

tralisation administrative qui a perduré bien après la rupture politique du 25 avril 1974[2].

Lors de l'adoption du code administratif de 1936 approuvé par le décret-loi n° 27424 du 31 décembre 1936, le législateur avait spécifié qu'il était promulgué à titre provisoire[3]. Avec l'adoption du code administratif du 31 décembre 1936, l'État nouveau a organisé le maillage administratif territorial en onze provinces[4]. On a gardé la configuration gouverneur civil-district telle qu'elle existait depuis le décret du 18 juillet 1835.

Sur le plan politique, le pouvoir central a maintenu le gouverneur civil pour mieux contrôler ses dix-huit circonscriptions, et parce qu'il n'avait pas d'autre schéma de substitution[5] à proposer dans l'hypothèse d'une suppression du gouverneur civil. Dans ce contexte, l'État nouveau a fait du gouverneur civil le symbole d'un État fort et empêché les collectivités locales d'avoir une réelle autonomie[6] en multipliant les échelons administratifs intermédiaires[7].

[1] *Diário do Governo*, I-Série, décret-loi n° 31 095 du 31 décembre 1940.

[2] Garnier (R.), *Un modèle européen de démocratie : le cas portugais*, Paris, Montchrestien, LGDJ, 200, p. 63 : « L'une des caractéristiques essentielles de l'État nouveau est son repli dans un cadre strictement portugais, en vue d'une évolution lente à l'abri de toute « contamination » extérieure [...]. Contrairement au nationalisme allemand ou italien, le nationalisme portugais est interne, il n'est pas animé d'expansionnisme. »

[3] *Diário do Governo*, I-Série, n° 306, décret-loi n° 27 424 du 31 décembre 1936 a approuvé le code administratif de 1936. Le décret-loi n° 27 424 du 31 décembre 1936 du ministère de l'Intérieur et de sa Direction générale de l'administration politique et civile disposait : « On fera une expérience [en italique dans le texte originel] de deux ans laquelle, il faut le croire, suffira pour mettre en évidence les insuffisances du régime administratif que l'on veut instituer. Durant cette période, une commission de techniciens prendra connaissance des critiques et suggestions qui, éventuellement, viendront à être faites à ce Code, et accompagnera jour après jour son application, de façon à ce que le Gouvernement, vers la fin de l'année 1938, soit habilité à publier un Code définitif de l'État nouveau, aussi définitif que puissent l'être les lois, particulièrement les lois administratives. » Le § 2 de l'article 2 du décret-loi n° 27 424, du 31 décembre 1936, contenait des dispositions transitoires : « Les administrateurs des *concelhos* exerceront jusqu'au 31 décembre des fonctions policières qui, selon ce qui est disposé à l'article 80 du code administratif, relèvent du président de la *Câmara* [municipale]. » Le président de la *Câmara municipal* était nommé par le gouvernement sur proposition du gouverneur civil.

[4] Elles étaient une réminiscence des anciennes provinces en place avant la création des districts.

[5] Le décret du 31 décembre 1936 tentait de faire coïncider zones économiques et divisions administratives afin de mieux coordonner la vie sociale et économique de la province.

[6] *Diário do Governo*, I-Série, 13 juillet 1926. Le décret n° 11 875 a dissous tous les corps administratifs.

[7] *Diário do Governo*, I-Série-A, 22 décembre 1939.

Le gouverneur civil symbole de l'État coercitif

Pour bien comprendre cette dimension du gouverneur civil, plusieurs paramètres rentrent en ligne de compte dans l'explication et la justification de sa représentation effective en tant « visage » de l'État central.

À ce titre, la loi n° 1940 du 8 avril 1936[1] a confirmé, en attendant la promulgation du code administratif du 31 décembre 1936, que le gouverneur civil était le représentant direct du ministre de l'Intérieur dans le district[2], et elle lui a octroyé[3] de plus en plus de pouvoirs[4]. Il convient à cet égard de rappeler, tout d'abord, que le gouverneur civil a été un membre actif de l'Union nationale[5], comme l'a expliqué le professeur Marcelo Rebelo de Sousa[6]. Ensuite, pour Maria da Glória Ferreira Pinto Dias Garcia, la Constitution de 1933[7] a été une réaction face à l'instabilité politique[8] qui perdurait. À partir de cette volonté de la source du pouvoir politique, le 23 mars 1938, les nouveaux dirigeants de l'Union nationale ont pris leurs fonctions et le président du Conseil António de Oliveira Salazar[9] a exposé les lignes directrices de la Révolution nationale et de l'Union nationale. Mais, paradoxale-

---

[1] *Código administrativo*, Lisbonne, Empresa Jurídica Editora, 1937 p. 11 : « Dans chaque district, il y aura un magistrat administratif, représentant immédiat du gouvernement, désigné par gouverneur civil. »

[2] *Diário do Governo*, I-Série, 8 avril 1936, loi n° 1940. La junte de la *freguesia* pouvait recourir au gouverneur civil afin de s'opposer au président de la *Câmara municipal*.

[3] L'administrateur du *concelho* fut remplacé par le président de la *Câmara municipal*, toujours nommé par le gouvernement, sur proposition du gouverneur civil.

[4] Le 26 septembre 1969, un décret-loi paru au *Diário do Governo* a modifié le code administratif afin de permettre aux gouverneurs civils de Lisbonne et de Porto, de déléguer certaines de leurs fonctions aux administrateurs des bairros.

[5] Le 9 juin 1969, le président de la commission de district de l'Union nationale dans le district de Guarda a demandé au président de la Commission exécutive de l'Union nationale, à Lisbonne, d'entériner les nouvelles nominations du parti, dans les *concelhos* du district de Guarda. Source : Archives du gouvernement civil du district de Guarda, boîte ADG-Cx 1 / 1935 à 1969.

[6] Entretien du 9 mai 2006 à la faculté de droit de Lisbonne : « Le gouverneur civil avait beaucoup de pouvoirs politiques, car le parti unique, l'Union nationale, fonctionnait mal. »

[7] La Constitution a été adoptée par plébiscite le 19 mars 1933 et est entrée en vigueur le 11 avril 1933.

[8] Ferreira Pinto Dias Garcia (M. da G.), *Da Justiça Administrativa em Portugal*, Lisbonne, Universidade Católica Editora, 1994, 580 p..

[9] Oliveira Salazar de (A.), *Le Portugal et la crise européenne,* Paris, Édition Flammarion, 1940, p. 131-132 : « Nous sommes ici réunis aujourd'hui pour investir de leurs fonctions les membres de la Commission centrale de l'Union nationale, de la Commission exécutive, de la Junte consultative et de la Commission de propagande [...]. L'Armée occupe toujours le poste de suprême garant de l'ordre révolutionnaire qui est le sien depuis le 28 mai ; la Garde républicaine est vigilante et prête ; la police, en dépit de rivalités lamentables qui auraient dû être évitées, continue sans relâche et sans découragement à accomplir son devoir. Et tous sont mieux armés qu'ils ne le furent en d'autres temps, pourvus en munitions comme jamais, et résolus comme ils l'ont toujours été. » C'est dans ce contexte politique et policier qu'il faut comprendre et interpréter les fonctions du gouverneur civil durant l'État nouveau.

ment, si aucune allusion ne fut faite au gouverneur civil[1], deux points doivent être notés.

Le premier point dépendait du pouvoir de persuasion du gouverneur civil et de son charisme à l'égard des élus locaux et des citoyens de « son » district. En ce qui concerne le second point, on ne saurait ignorer le lien entre le gouverneur civil et le district.

Le binôme gouverneur civil-district reposait sur des fondements cohérents, mais il est devenu progressivement inadapté.

Durant la dictature, le gouverneur civil était devenu[2] la pièce maîtresse du dispositif administratif et politique du district[3], et ses rapports hiérarchiques avec les collectivités locales[4] s'intensifièrent avec la publication de la loi n° 1945 du 21 décembre 1936[5]. Concomitamment, avec le renforcement de la censure, le ministre de l'Intérieur a accordé au gouverneur civil des attributions supplémentaires[6]. Il lui a ordonné de collaborer avec la police politique[7], laquelle pouvait emprisonner les citoyens, les déchoir de leurs droits et les frapper de *capitis deminutio maxima*.

Sur le plan administratif, depuis la promulgation du code administratif de 1940, le district était une simple circonscription administrative dépourvue des caractéristiques d'une collectivité locale[8].

---

[1] Seule l'Union nationale, créée en 1945, pouvait proposer des candidats aux élections législatives et à la présidence de la République. Le choix des futurs députés se faisait en concertation avec les caciques locaux avec l'approbation du gouverneur civil.

[2] *Cf.* supra.

[3] Le décret n° 14 813 du 3 janvier 1928 précisait dans son article 1er : « Les gouverneurs civils peuvent, lorsqu'ils le jugent nécessaire, modifier les commissions administratives des *Câmaras municipais*, en précisant qui sera le président. » De même, le gouverneur civil mettait en place les commissions administratives et élaborait les procédures de recrutements des futurs adhérents de l'Union nationale, tout en organisant les structures locales du parti politique. Il bénéficiait d'une aide renforcée, des Juntes générales du district, des notables des *concelhos* et *freguesias*, et des entités policières. Deux décrets explicitaient les fonctions réparties à chacune des structures : le décret n° 14 813 du 3 janvier 1928, puis le décret n° 15 195 du 17 mars 1928.

[4] Avec le décret n° 15 195 du 17 mars 1928, les polices d'information de Lisbonne et de Porto qui travaillaient en collaboration avec le gouverneur civil constituaient « un unique organisme policier ayant la confiance du ministre de l'Intérieur et qui lui est directement subordonnée, qui s'appellera police d'information ».

[5] *Diário do Governo,* du 21 décembre 1936. La loi n° 1945 du 21 décembre 1936, dans son article 127 mentionnait que les collectivités locales étaient tributaires du contrôle des agents locaux du gouvernement, et que les délibérations des corps administratifs pouvaient être soumises à l'autorisation des représentants de l'État.

[6] Le décret-loi n° 19 694 du 5 mai 1931 a approuvé le besoin de procéder à un recensement électoral.

[7] Le décret-loi n° 20 125 du 30 juillet 1931 disposait que la PVDE était rattachée au ministère de l'Intérieur.

[8] Miranda (J.), *Manual de Direito Constitucional*, Coimbra, éd. Coimbra Editora, tome I, p. 286. La révision du code administratif de 1940, fut faite avec le décret-loi n° 42 536 du 28 septembre 1959, qui parmi d'autres modifications, a substitué le titre IV de la partie I du code administratif de 1940 relatif à la province.

Sur le plan politique, les partis n'étaient pas seuls maîtres de la présentation des candidats.

Ceci étant dit, et sans qu'il soit expédient de rappeler que de nombreuses réformes des codes administratifs qui ont été engagées durant près d'un siècle ont été réalisées dans une instabilité ou des rétractations politiques, elles ont alimenté des confusions sur les missions et le statut du gouverneur civil[1].

L'objet de la recherche

La construction de l'objet s'est s'inscrite dans une approche épistémologique et une définition de l'objet de la recherche, dans un cadre juridique principal et politique secondaire.

L'intérêt porté au gouverneur civil avait aussi pour finalité de combler un vide scientifique. Cette institution essentielle de la vie administrative et politique portugaise a été laissée en marge des études universitaires. Avant tout, il était indispensable de procéder d'emblée à « un état des lieux ». Notre approche épistémologique intègre le droit, l'histoire et la sociologie, plus précisément la sociologie de l'action publique[2]. Dans l'immédiat de la construction de l'objet, il fallait tenir compte du cadre théorique de la connaissance scientifique pour définir en quoi, pourquoi et comment on pouvait analyser une structure ambiguë de l'administration et de la politique portugaise. Il était aussi impératif en ce qui concerne l'étude de la sémantique du titre de l'accompagner d'une enquête et d'une analyse, sur le terrain, du représentant local de l'État.

Les étapes de la construction de l'objet

Les différentes approches dans la construction de l'objet de la recherche, la position et l'évolution du gouverneur civil, de son instauration à sa disparition, passent par trois étapes principales, mais elles ne sont nullement limitatives.

Premièrement, il s'agissait d'étudier les fonctions et le statut du gouverneur civil en prenant appui sur le cadre législatif et en détaillant les raisons de sa légitimité au gré des divers régimes politiques. Dans un deuxième temps, il fallait prendre en compte le processus de la marginalisation pro-

---

[1] De l'instauration de la Première République le 5 octobre 1910 au coup d'État du 28 mai 1926, quarante-neuf ministres de l'Intérieur se sont succédé, soit un changement de ministre tous les trois mois, en moyenne. Depuis la révolution du 28 mai 1926 il y a eu cinquante ministres de l'Intérieur et de l'Administration interne, soit des nominations tous les un an et sept mois environ. En élaborant une autre moyenne générale sur la période qui s'est échelonnée de 1910 à 2011, quatre-vingt-dix-neuf ministres de l'Intérieur et de l'Administration interne ont été nommés. Parfois les mêmes personnes ont occupé le même poste dans différents gouvernements. Sur les quarante-neuf ministres, vingt-cinq ont cumulé leurs fonctions avec celle de président du Conseil.

[2] Laborier (P.) et Trom (D.) (dir.), *Historicités de l'action publique*, Paris, PUF, 2003, 540 p..

gressive du gouverneur civil et du transfert de ses compétences vers le président de la *Câmara municipal*. Puis, il s'est posée la question de la création d'un autre schéma de représentation de l'État depuis la confirmation de la suppression du gouverneur civil le 30 novembre 2011[1].

En construisant l'objet de la recherche, on a souhaité donner une vision plus pertinente de l'existence et du maintien de celui qui fut « le gouverneur civil au Portugal ».

La sémantique du titre et son interprétation

Le titre de notre étude s'est imposé logiquement. « Le gouverneur civil au Portugal » peut paraître un titre succinct, mais il est exempt de toute ambiguïté. Quant au terme « gouverneur », il doit être pris dans son rapport au pouvoir administratif et politique local.

Ainsi, dans cette approche générale mais surtout juridique, l'intérêt de la recherche sur « Le gouverneur civil au Portugal » ne doit pas être seulement compris en tant qu'étude innovante portant sur une institution qui fut la figure symbolique et physique, car elle fut aussi le vecteur mémoriel et la légitimation locale de l'autorité et de l'unité de l'État.

L'intérêt de la recherche

Si des études ont été menées sur les acteurs administratifs et politiques au Portugal[2], aucune n'avait pris, à date, le gouverneur civil comme sujet central. Les explications qui contribuent à justifier ce désintérêt apparent sont, selon nous, de trois ordres.

Premièrement, et avant de procéder à une analyse générale, l'étude du gouverneur civil au Portugal nécessitait un long travail préalable de recherches.

Deuxièmement, il fallait procéder à la lecture minutieuse et à l'analyse des codes administratifs et des quotidiens officiels du gouvernement et de l'Assemblée de la République.

Troisièmement, la dimension politique du sujet le rendait sensible.

Des recherches qui dépassent le cadre juridique

L'étude juridique du gouverneur civil ne pouvait faire l'impasse sur des orientations anhistoriques et diachroniques qui auraient négligé d'interroger d'autres disciplines en plus du droit. L'orientation générale, imposée par la nature même du sujet, a donc combiné le droit public, l'histoire et la sociologie politique.

---

[1] *Diário da República*, I-Série-A, n° 230, 30 novembre 2011, loi organique n° 1/2011 du 30 novembre 2011, p. 5117-5128.

[2] À l'instar par exemple des chercheurs portugais en sociologie politique Marina Costa Lobo, Pedro Tavares de Almeida et António Costa Pinto.

Pour ce faire, on a donc établi, en partant des recherches empiriques, de l'analyse des codes administratifs, des textes législatifs et des relations entre le gouverneur civil et son ministère de tutelle, mais aussi entre le gouverneur civil et les élus locaux et les populations, des distinctions explicites entre fonctions officielles et officieuses. À ce titre, son maintien pérenne[1] et cette étude ont mis en évidence des relations plus complexes qu'il n'y paraît entre le gouverneur civil et le pouvoir politique, quel que soit le régime en place. Au-delà des projets récurrents de suppression, le gouverneur civil fut gardé artificiellement à la tête du district, dans un processus d'évolution, entre grandeur et décadence, que l'on peut résumer en trois étapes.

En premier lieu, on voit s'esquisser une phase, plus ou moins stable, compte tenu des codes administratifs successifs et des multiples alternances politiques.

Dans une deuxième phase, le gouverneur civil a trouvé son apogée avec la Constitution de 1933 et le code administratif de 1940 qui ont fait de lui l'homme fort du district.

La troisième étape s'est conclue par une perte progressive de ses attributions avant sa disparition.

Le gouverneur civil, une institution centrale mais neutralisée

En nous appuyant sur les diverses analyses, on a constaté, *in fine,* que les gouvernements ne lui ont pas toujours donné les moyens de bien fonctionner ni confié les bonnes fonctions.

Le législateur portugais a fait preuve d'audace en voulant adapter un modèle étranger, mais ses successeurs ont manqué d'imagination et lui ont progressivement donné une autre orientation, pour en faire un délégué politique du gouvernement. On peut mettre en avant sept raisons principales à cette évolution qui ont fait du magistrat administratif initial un intervenant politique majeur et l'expression d'une véritable institution locale.

- Les fonctions administratives sont devenues graduellement secondaires, et le statut de « magistrat administratif » était ambigu.
- Le mandat du gouverneur civil à la direction du district était temporaire, ce qui ne permettait pas d'avoir de plan de carrière administrative ou pouvait influer sur sa motivation à accomplir certaines missions.
- La formation professionnelle du gouverneur civil ne correspondait pas nécessairement à une mission d'administration du gouvernement civil (d'où le rôle essentiel du secrétaire général du gouvernement civil qui était inamovible).
- Le processus de nomination du gouverneur civil faisait qu'il était soumis au gouvernement et au parti politique au pouvoir.

[1] Le *prefeito* puis l'administrateur général l'ont été de façon plus éphémère.

- Des nominations au poste de gouverneur civil étaient réservées à des amis politiques. Elles s'effectuaient parfois plus sur les répartitions politiques de postes, l'influence des caciques locaux et le népotisme, que sur des critères basés sur les compétences réelles du chef du gouvernement civil[1].
- L'absolue nécessité du gouvernement était d'avoir un représentant politique local, lequel était souvent le président de la fédération politique du parti au pouvoir. Ou bien, comme cela fut souvent le cas durant l'État nouveau, le gouverneur civil cumulait son mandat avec celui de responsable de l'Union nationale dans le district.
- En cela, le gouvernement civil était un poste d'observation à partir duquel le gouverneur civil surveillait et, éventuellement, pouvait se préparer pour briguer un mandat d'élu, dans un *município* en tant que président de la *Câmara municipal*, ou dans une circonscription en tant que député.

L'importance du symbole, des fonctions et du statut du gouverneur civil n'est pas à la mesure de la dimension passionnelle suscitée par les multiples débats, au sein de la classe politique et de la société portugaise.

Les indispensables enquêtes de terrain

À certains égards, en réalisant cette étude dans une université autre que portugaise, mais avec des échanges réguliers avec des enseignants universitaires portugais, on est resté en marge des passions politiques concernant la suppression ou le maintien du gouverneur civil.

Ceci indiqué, l'intérêt de l'étude pose également la question d'une réflexion sur la possibilité de théoriser une alternative au gouverneur civil après sa disparition puisque, dans l'optique d'une réforme du gouverneur civil, le gouvernement portugais a préféré faire le choix d'une politique de démolition, sans envisager de plan de reconstruction et de remplacement. En ce qui concerne la démarche suivie, deux axes nous ont permis de mieux la théoriser.

En premier lieu, la démarche suivie a suscité des réflexions quant à l'interprétation d'une réalité administrative et politique qui a fondé, depuis l'entrée en vigueur des décrets du 16 mai 1832, les bases d'une représentation locale du pouvoir central. Puis, la présence du gouverneur civil a été l'un des arguments les plus solides dans la défense de sa justification et de sa légitimité. C'est la raison pour laquelle le fil conducteur de notre démarche se rattache aux explications du nécessaire maintien du gouverneur civil, puis de son remplacement.

---

[1] Eça de Queiroz (J.-M.), *A Ilustre Casa de Ramires,* (« L'Illustre Maison des Ramires »), Mem Martins, 2e éd., Publicações Europa-América, 1991, p. 56. « La vérité c'est que la circonscription était la propriété de monsieur Sanchez Lucena ! Un gentilhomme fortuné, homme de bien, intelligent, altruiste… Et lorsqu'il avait la chance d'avoir le gouvernement de son côté comme c'était arrivé en avril, même Notre Seigneur Jésus-Christ pouvait revenir sur terre et se présenter à Vila-Clara, il n'en délogerait pas le patron de Feitosa ! »

La démarche suivie

Il était primordial que la démarche suivie passe par une approche globalisante, transversale et pluridisciplinaire.

Une approche globalisante, transversale et pluridisciplinaire

Elle s'inscrit dans un processus analytique qui dépasse l'étude du cadre juridique du gouverneur civil au travers des codes administratifs.

L'approche est globalisante, car elle repose sur des fondements d'une approche systémique générale de l'institution dans le cadre territorial du district et de ses rapports au gouvernement et aux élus locaux.

Premièrement, l'approche globalisante permet de donner une dimension plus cohérente aux différentes analyses en plaçant le gouverneur civil dans le district, mais dans une relation interactive, parfois personnelle et ambiguë, avec le pouvoir politique local et central.

La seconde approche, transversale et pluridisciplinaire[1], a élargi le cadre général de l'étude pour dépasser le cadre national et lui donner une dimension européenne, voire même transeuropéenne.

Il y a lieu de noter également que la problématique dépasse le cadre de la représentation locale de l'État. Les interrogations qui se dégagent de tout ce qui précède sont l'expression de deux interprétations majeures.

La problématique

Lato sensu, la problématique du gouverneur civil en tant que délégué du gouvernement dans le district prend indubitablement en considération divers paramètres qui contribuent à une justification de sa légitimité.

Stricto sensu, la dimension généraliste de ses missions a contribué à orienter les recherches empiriques. Nonobstant cela, deux difficultés majeures sont apparues.

Tout d'abord, il fallait prendre en compte des événements historiques qui avaient fait exister constitutionnellement le gouverneur civil. Ce que l'on cherche à saisir, c'est pourquoi il est demeuré en place pendant près de deux siècles et les raisons pour lesquelles le gouvernement qui l'a nommé, marginalisé puis « gommé » des structures administratives et politiques, a délibérément ignoré les régions administratives et l'instauration d'un représentant régional de l'État, comme le dispose la Constitution de 1976. Ceci étant dit, dès son instauration, le gouverneur civil a été un élément d'équilibre dans la

[1] Ponthoreau (M.-C.), *Droit(s) constitutionnel(s) comparé(s),* Paris, éd. Economica, 2010, p. 118 : « La question culturelle est désormais centrale dans les études juridiques comparatives. La comparaison différentielle repose essentiellement sur les notions de "tradition" et de "culture". Le plus souvent, les deux notions sont indifféremment utilisées. »

vie administrative et politique locale[1]. Par la suite, les gouvernements centraux ont laissé en place une institution qui, faute de bien fonctionner, semblait leur convenir[2].

Pour dégager la problématique générale, il fallait savoir quelles motivations avaient poussé le législateur portugais à s'inspirer de l'institution préfectorale française. Puis, il convenait de se référer au choix du pouvoir central pour savoir dans quelle mesure il a préféré adapter un modèle étranger plutôt que de faire le choix d'en imaginer un autre.

Le gouverneur civil, magistrat administratif et acteur politique

On devait définir en quoi cette étude est une contribution à la recherche scientifique en général, et à la connaissance de la principale institution de représentation locale du pouvoir central en particulier. En conséquence, on a opté pour deux approches.

Tout d'abord, il s'agissait de démontrer qu'en faisant de leur magistrat administratif, qui aurait dû être neutre, un délégué politique et un président de tribunal administratif, donc juge et partie, les gouvernements l'ont détourné de ses fonctions originelles.

De même, on devait mettre en avant cette spécificité portugaise qui a fait du gouverneur civil une structure mixte et complexe, dont les gouvernements ne pouvaient, *a priori*, se passer. On devait observer le gouverneur civil, lui-même scrutateur de la vie locale, et connaître les justifications de sa légitimité, de sa sauvegarde et de ses paradoxes.

Un représentant du pouvoir central et du parti politique local

En créant le *prefeito*, le législateur en a fait « l'unique chef de toute l'administration de la province et le délégué de l'Autorité du Roi et, pour veiller au bien-être et la tranquillité des populations, il est investi de toutes les attributions. Ses fonctions sont toutes administratives et ne participent en rien du pouvoir judiciaire ou fiscal, ou d'aucun autre[3] ».

Le *prefeito* est devenu un « administrateur général du district[4] », un « gouverneur civil[1] », un « administrateur général[2] » et un « magistrat ayant

---

[1] Le code administratif de 1842 avait remarquablement bien défini les missions et le statut du gouverneur civil. Les codes administratifs ultérieurs en ont altéré progressivement l'esprit et la structure.

[2] Durant la Première République, les missions du gouverneur civil ont été renforcées. Après l'assassinat du président de la République Sidónio Pais et des tentatives de restauration de la monarchie, le décret n° 5 367 du 7 avril 1919 a accordé au gouverneur civil la responsabilité des services de police, dans le district, sauf ceux qui se référaient à l'émigration. Le décret n° 8 013 du 4 février 1922 a remplacé la police de sécurité de l'État, par la police de défense sociale qui a été placée sous l'autorité directe du gouverneur civil de Lisbonne, quand bien même elle demeurait hiérarchiquement subordonnée au ministre de l'Intérieur.

[3] Comme le disposait l'article 29 du décret n° 23 du 16 mai 1832.

[4] Décret du 25 avril 1835.

la désignation de gouverneur civil[3] ». Il fut le symbole et « la figure ». Jusqu'à sa suppression, le gouverneur civil fut « le magistrat administratif supérieur du district et le représentant direct du gouvernement[4] ».

Les changements de désignation du « magistrat administratif », entre administrateur général[5], *prefeito* (1832)[6], administrateur du district (1835)[7], gouverneur civil[8], de nouveau administrateur général[9] et gouverneur civil[10], ne sont que l'expression d'une instabilité politique qui a fait fragiliser les fondements de l'institution dès ses débuts.

Un serviteur de l'État détourné de ses fonctions originelles

Les attributions du gouverneur civil auraient dû en faire un véritable serviteur de l'État, si elles avaient été différentes.

L'une des difficultés majeures fut, compte tenu des caractéristiques mêmes de l'institution, d'aborder les questions de contentieux qui sont nées des relations administratives entre le gouverneur civil, les élus locaux et les populations. De plus, il est apparu, au gré de nos recherches, que « le gouverneur civil au Portugal », en tant que magistrat administratif et sujet de droit, était aussi un sujet politique.

Le plan

En prenant appui sur les résultats de nos recherches, on a orienté ce travail vers deux directions principales.

La première, de portée générale, se présente comme une analyse globale des fonctions et du statut du gouverneur civil, en tant que magistrat administratif, responsable politique et cacique.

La seconde orientation fait ressortir que la suppression du gouverneur civil a renforcé encore les pouvoirs du président de la *Câmara municipal*. Mais elle n'a pas résolu la question de l'instauration d'un modèle de remplacement. Dans un tel cadre, en prenant acte de ce qui précède et des éléments constitutifs de nos recherches et analyses, les deux directions suivies structurent les deux parties principales du plan :

---

[1] Décret du 18 juillet 1835 portant sur l'« Organisation administrative » avec la création officielle des districts.
[2] Article 6 et article 102 du code administratif de 1836.
[3] Article 3, Chapitre II, du code administratif de 1842.
[4] Article 285 du code administratif de 1900.
[5] Article 212, de la Constitution de 1822.
[6] Décret n° 23 du 16 mai 1832.
[7] Décret du 25 avril 1835.
[8] Décret du 18 juillet 1835.
[9] Article 6 du code administratif de 1836, premier code administratif portugais. *Código administrativo* de 1836, Lisbonne, Imprensa da rua de São Julião, 1836, 110 p..
[10] Article 129 de la Constitution de 1838. *Cf. Diário do Governo*, 24 avril 1838, n° 98.

Introduction

Première partie : Le maintien ambigu du gouverneur civil.
Seconde partie : La suppression problématique du gouverneur civil.

PREMIÈRE PARTIE

LE MAINTIEN AMBIGU DU GOUVERNEUR CIVIL

Les prérogatives du *prefeito*, puis du gouverneur civil, ont toujours été scindées entre fonctions administratives et politiques officielles et missions officieuses.

Avec l'entrée en vigueur des décrets du 16 mai 1832, du 26 juin 1833 et du 18 juillet 1835, le gouverneur civil était devenu, non seulement le prolongement du pouvoir exécutif, mais aussi le responsable de l'intégrité territoriale, de la protection du district et de sa population, tel un préfet de Moravie[1].

Le gouverneur civil fut parfois comparé, à tort, à un personnage d'image d'Épinal. Devenir gouverneur civil était pour certains une consécration, pour d'autres un tremplin dans leur carrière politique, ou une parenthèse dans leur vie professionnelle[2]. Pourtant, son statut en tant que personne nommée et non élue n'a pas évolué, malgré les alternances politiques, les révisions constitutionnelles ou les promulgations des différents codes administratifs[3]. Il en ressort que l'on peut, sur le plan administratif et politique, diviser la chronologie de la représentation locale de l'institution en cinq périodes majeures :

- Création de l'institution, puis réorientations progressives de ses fonctions : de la réorganisation administrative issue des décrets du 16 mai 1832, avec la tentative plus ou moins réussie de l'adaptation d'un nouveau schéma administratif et politique inspiré de l'institution préfectorale française, à la Première République du 5 octobre 1910 (phase de transition due à

[1] Roth (J.), *La Marche de Radetzky,* Paris, éd. Du Seuil, coll. Points Grands Hommes, 2008, p. III : « Son fils, préfet en Moravie, se retranche dans les rituels qui rythment son existence et semblent assurer la permanence de l'empire. »

[2] On peut citer à titre d'exemple le cas de Rui Proença Correia Dias, conservateur du registre civil du *concelho* de Trancoso dans le district de Guarda. Il fut gouverneur civil dans ce même district du 1er août 1991 au 17 novembre 1995, avant de rejoindre de nouveau son poste en tant que fonctionnaire du registre civil.

[3] Comme on l'a mentionné en introduction, plusieurs codes administratifs ont été adoptés après le décret n° 23 du 16 mai 1832 : 1836 (premier code administratif portugais), 1842, 1867, 1870 , 1878, 1886, 1895, 1896, 1910 (retour au code administratif de 1878), 1916 (on est revenu au code administratif de 1896), 1926 (l'administration publique est régie par le code administratif de 1878 pour ce qui se référait aux magistrats et fonctionnaires administratifs et le code administratif de 1896 pour l'administration et la division du territoire), 1940. Cependant, la Loi sur l'administration civile du 26 juin 1867 est parfois désignée par « code administratif de Martens Ferrão », mais il n'a jamais été réellement mis en place, comme on l'a précisé au chapitre I de l'introduction.

l'instabilité politique), puis de la période qui s'est échelonnée de la Première République à l'instauration de l'État nouveau.

- Renforcement des pouvoirs du gouverneur civil. Avec l'adoption de la Constitution politique de la République portugaise de 1933 et du code administratif de 1940, le gouverneur civil est devenu l'homme fort du district.
- Remise en cause de l'existence du gouverneur civil. L'autre phase importante dans la réforme de l'institution a été marquée par la rupture avec le régime salazariste suite à la Révolution des Œillets d'avril 1974[1].
- Maintien à titre transitoire. Avec l'adoption de la Constitution de 1976, le gouverneur civil a gardé son statut d'homme lige du gouvernement dans le district, en attendant une refonte de l'institution dans une division administrative régionale du territoire.
- Fin du gouverneur civil. Après la suppression définitive du gouverneur civil par le XIXe gouvernement constitutionnel dirigé par Pedro Passos Coelho, la répartition de ses fonctions vers d'autres entités locales et nationales, sans propositions de substitutions, se pose la question de savoir par qui, et comment, va se faire la représentation locale de l'État[2].

Le gouverneur civil a toujours été un symbole, certes écorné mais incontournable, de la dimension politique du gouvernement et de l'autorité de l'État. Il convient de souligner, pour une meilleure compréhension de la stabilité du statut, que la nomination de dix-huit gouverneurs civils qui auraient eu des formations similaires pouvait induire des réflexes de corporatisme et engendrer d'hypothétiques contre-pouvoirs face au gouvernement. C'est la raison pour laquelle ce dernier a craint que l'institution ne s'octroie des prérogatives injustifiées à son détriment et à celui du président de la *Câmara municipal*.

Au demeurant, les codes administratifs ont toujours insisté plus sur les missions qui devaient incomber au gouverneur civil que sur son statut. Par exemple, l'article 102 du code administratif de 1836 disposait : « Dans chaque district il y aura un chef supérieur de l'administration désigné par administrateur général[3] : ses fonctions sont toutes administratives et ne participent pas du pouvoir judiciaire, ou de n'importe quel autre pouvoir de l'État. » Le code administratif du 18 mars 1842, dans son chapitre II, article 3, énonçait : « Le district est administré par un magistrat appelé gou-

---

[1] Au Portugal ce soulèvement militaire est communément désigné par « Révolution du 25 avril », « 25 avril » ou encore « Révolution des œillets ».

[2] Pour autant, la suppression définitive du gouverneur civil ne peut se faire que par une révision de la Constitution de 1976. Or, la huitième révision de la Constitution de 1976 ne devrait pas avoir lieu avant les élections municipales en octobre 2013 (*Cf.* seconde partie).

[3] L'administrateur général aurait pu et dû être un acteur majeur non seulement de la représentation locale du pouvoir central, mais aussi un vecteur essentiel dans le développement économique du district. Il a inspiré le projet de réforme étatique et théorique, avec l'instauration d'un *prefeito* régional, que l'on propose dans la seconde partie, pour qu'il y ait une institution qui représente l'État au sein de l'espace local, au-dessus des Communautés intermunicipales voulues par le XIXe gouvernement constitutionnel nommé le 21 juin 2011.

verneur civil. » Dans le code administratif du 6 mai 1878, le gouverneur civil était aussi le délégué et le représentant du gouvernement, comme le prévoyait l'article 180. L'article 213 du code administratif de 1886 a confirmé que le gouverneur civil était « Le délégué immédiat et le représentant du gouvernement dans le district [...] ». De même, l'article 285 du code administratif de 1900 établissait le principe selon lequel : « Le gouverneur civil est le magistrat administratif supérieur du district et le représentant direct du gouvernement[1]. »

Le pouvoir exécutif a constamment paru indifférent au statut de l'institution, à moins qu'il ait voulu la maintenir dans une position faussement statique, afin qu'elle puisse mener ses missions « d'auscultation[2] ». En réalité, le plus important n'est pas le gouverneur civil en tant que tel, mais la façon dont il accomplissait ses fonctions afin de servir avec diligence l'État, le gouvernement et ses propres intérêts.

Pour mieux connaître les arcanes des missions du gouverneur civil, il était essentiel d'analyser les évolutions des fonctions avant celles du statut, lequel n'a connu que des réformes sommaires. C'est ainsi que, depuis l'adoption de la Constitution de 1976, la seule réforme véritablement importante du statut date de 1992[3].

Dès lors, qui des caciques locaux, du ministre de l'Intérieur puis du ministre de l'Administration interne et du Premier ministre maîtrisait le plus le pouvoir de décision dans la nomination du gouverneur civil ? On peut émettre l'hypothèse que c'était le supérieur hiérarchique du gouverneur civil qui décidait en dernier ressort. Le ministre de l'Administration interne pouvait aussi imposer une personne qu'il estimait capable de défendre au mieux les intérêts de son ministère et du parti politique à l'échelon local. On était dans un jeu de népotisme qui souvent l'emportait sur les compétences. La logique du recrutement politique du gouverneur civil n'obéissait pas aux mêmes règles que celles qui participent de la nomination du préfet français[4],

---

[1] Code administratif de 1900, publié au *Diário do Governo*, n° 158, 25 juin 1900.

[2] Ce fut le vocable employé lors de notre entretien avec Monsieur Rui Carlos Pereira ministre de l'Administration interne le 21 avril 2009, dans les locaux de son ministère. Le terme revient régulièrement dans les échanges que nous avons eus avec certains gouverneurs civils.

[3] La Constitution de 1975 disposait que le système administratif grec était décentralisé, comme l'indiquait l'article 101. Mais ce n'est qu'en 1986 que les treize régions administratives ont été instaurées. En Grèce, le préfet n'a commencé à être élu dans le département qu'en 1994.

[4] Contet (P.), *Les Préfets de la Cinquième République ; le recrutement social et politique d'un corps d'État (1958-1995)*, Montpellier, Université de Montpellier I, Science politique, CERTE (Centre d'Études et de Recherche sur la Théorie de l'État), 2000, p. 138 : « Longtemps, en effet, contrairement à d'autres serviteurs de l'État, les préfets ont été recrutés sans exigence de qualification particulière. Il suffisait, dans la pratique, d'une formation universitaire classique. C'est le passage par une école spécifique, après bien des réticences et alors qu'il est devenu obligatoire, qui va marquer l'amorce tardive d'une véritable différenciation. »

comme le décrit Pierre Contet[1], même si le choix du préfet revêt aussi une connotation politique[2]. Au Portugal, la dimension politique du gouverneur civil présente plusieurs caractéristiques.

In primis, les probabilités d'être nommé représentant local du gouvernement étaient d'autant plus importantes que l'on avait été un dirigeant politique efficient du parti dans le district, et que l'on bénéficiait du soutien des présidents des *Câmaras municipais*, dans la mesure où ils étaient membres du même parti politique que le futur gouverneur civil[3].

In secundis, les codes administratifs, mais aussi les gouvernements centraux, quelles que soient leurs tendances politiques, ont continûment insisté sur les missions officielles confiées au gouverneur civil, et ont fait délibérément l'impasse sur le statut, pour les raisons que l'on a déjà mentionnées.

Cela a toujours été une constante dans les relations du pouvoir central avec son délégué local, et depuis les prémices de l'institution, car il s'agissait de lui faire appliquer sa politique sans avoir à changer son statut, puisque seules comptaient les missions qui lui étaient octroyées.

Ce sont cette illusion de détenir un pouvoir autonome, même s'il s'agissait d'un véritable leurre, que lui ont accordée les gouvernements centraux, et la définition laconique du statut qui expliquent la stabilité manifeste de celui-ci.

---

[1] En France le terme « préfectable » qualifie le sous-préfet que le ministère de l'Intérieur estime avoir les compétences requises pour être promu au poste de préfet.

[2] Blanchet (B.), « La robe et l'olivier. Les rapports entre le procureur et le préfet », *RFDA*, Paris, novembre-décembre 2010, p. 1191 : « Chacun connait la dimension politique de la fonction préfectorale, directement consécutive au mode de nomination du représentant de l'État et du statut dérogatoire de celui-ci. »

[3] Le chef du gouvernement civil a parfois été le président de la fédération de son parti politique dans le district.

TITRE PREMIER

LES FONCTIONS AMBIVALENTES DU GOUVERNEUR CIVIL

Les fonctions du gouverneur civil ont fréquemment évolué alors que son statut est resté quasiment stable. Si l'on se réfère à la définition de la fonction administrative et gouvernementale de Maurice Hauriou[1], on peut soutenir l'idée que le gouverneur civil a mené simultanément ces deux attributions, tout au moins de 1832 à 1974.

Pourtant, il est injuste de ne voir dans le gouverneur civil qu'un personnage intrigant, servile, incompétent et ambitieux, tel que l'ont décrit certains romanciers portugais à l'instar de Camilo Castelo Branco, Júlio Dinis et Eça de Queiroz. Mais il est juste de prétendre qu'il a été, avant tout, un agent politique du pouvoir central.

Ceci étant, l'étude du gouverneur civil doit aussi intégrer nécessairement une analyse de la division politique[2] et administrative locale. Cela permet de mieux démontrer l'influence des configurations territoriales dans la répartition et la représentation périphérique du pouvoir[3].

En résumé, les textes juridiques adoptés depuis 1832 font apparaître que les missions et les moyens d'action politiques du gouverneur civil ont été plus importants que leurs prérogatives administratives. La dimension politique des fonctions du gouverneur civil l'a fréquemment emporté, y compris après l'adoption de la Constitution de 1976, quand bien même le gouverneur civil fut maintenu à titre transitoire avant d'être définitivement supprimé.

[1] « La fonction administrative consiste essentiellement à faire les affaires courantes du public. La fonction gouvernementale consiste à résoudre les affaires exceptionnelles qui intéressent l'unité politique et à veiller aux intérêts nationaux. » Hauriou (M.), *Précis de droit administratif et de droit public,* Sirey, 12e éd., 1933, cité *in* Morand-Deviller (J.), *Droit administratif, Cours, Thèmes de réflexion, Commentaires d'arrêts avec corrigés*, Paris, Montchrestien, Lextenso éditions, 11e éd., 2009, p. 111.

[2] Le district est la circonscription d'élection des députés à l'*Assembleia da República.*

[3] On analyse dans la seconde partie les raisons pour lesquelles les propositions de réformes de l'administration territoriale locale du gouvernement dirigé par Pedro Passos Coelho ne touchent pas au district.

CHAPITRE PREMIER

DES ATTRIBUTIONS DISPARATES

Le gouverneur civil a été, par essence et par nécessité, compte tenu de ce que le pouvoir exigeait de lui, un agent politique du gouvernement et non un fonctionnaire[1].

Mais ses prérogatives ne se limitaient pas au seul champ politique puisque ses missions concernaient les secteurs aussi bien administratifs et économiques que culturels ou sociaux. Or, cette fonction politique et publique essentielle n'a jamais été clairement mentionnée dans aucun code administratif portugais[2].

La vie politique portugaise, du premier code administratif adopté le 31 décembre 1836 à celui du 31 décembre 1940[3], a été parsemée de multiples alternances politiques, légitimes par le jeu de la démocratie, mais qui caractérisaient l'instabilité politique. Au demeurant, la transition démocratique de 1974 n'a pas profondément bouleversé les fondements politiques de

---

[1] Villiers de (M.) et Berranger de (T.) (dir.), *Droit public général, Institutions politiques, administratives et communautaires. Droit administratif - Finances publiques*, Paris, éd. LexisNexis, Litec, 4e éd., 2009, p. 75 : « Certes, comme l'a si bien dit R. Aron (dans *Démocratie et totalitarisme*, éd. Gallimard, 1965, p. 65), fonctionnaire et homme politique s'opposent dans les sociétés modernes terme à terme. Le fonctionnaire est un professionnel, l'homme politique un amateur ; le fonctionnaire est choisi selon des règles précises, l'homme politique élu. Les régimes démocratiques occidentaux sont des régimes d'experts sous la direction d'amateurs. »

[2] *Diário da República*, I-Série, n° 200, loi n° 64/93 du 26 août 1993. La loi n° 64/93 du 26 août 1993 concernant le « Régime juridique d'incompatibilité et empêchements des titulaires des charges politiques et hautes fonctions publiques » a cependant énoncé : « Article 1er [...] sont considérés comme titulaires de charges politiques [...], e) Le gouverneur civil et le vice-gouverneur civil [...]. »

[3] Présidence du Conseil des ministres du 23 septembre 2010. Le Conseil des ministres a approuvé la proposition de loi n° 40/XI/2 du 23 septembre 2010 en vue de « procéder à la révocation de 433 actes législatifs dans le cadre du programme Simplegis, qui inclus la révocation expresse de plusieurs décrets-lois publiés l'année 1975, à la révocation du code administratif de 1936-1940 et à la révision du décret-loi n° 460/77, du 7 novembre et du décret-loi n° 305/99 du 23septembre 2009. Dans son exposé des motifs, la proposition de loi n° 40/XI/2 du 23 septembre 2010 concernant notamment la suppression du code administratif de 1940, dans son article 20 sur la « Révocation du code administratif » disposait : « Le code administratif est abrogé, ainsi que les actes normatifs qui ont approuvé ses versions initiales, le décret-loi n° 27 424 du 31 décembre 1936, et le décret-loi n° 31 095 du 31 décembre 1940. » La proposition de loi n° 40/XI/2 du 23 septembre 2010 est signée du Premier ministre, du ministre de la Présidence et du ministre des Sujets parlementaires, mais pas du ministre de l'Administration interne.

la fonction du gouverneur civil. Pourtant, après quatre décennies d'hégémonie d'un parti unique, l'Union nationale, et la propagation d'un idéal centralisateur, on comprend mieux les difficultés auxquelles le législateur a dû faire face avant la rédaction de la Constitution de 1976, notamment pour adapter les domaines de compétences de l'institution à une décentralisation[1] administrative.

Au Portugal, les missions politiques officieuses du gouverneur civil n'ont pas sensiblement varié selon les régimes en place et les codes administratifs successifs. Il lui a fallu nommer des hommes de confiance qui puissent défendre les orientations politiques du gouvernement. Les alternances politiques et les révisions constitutionnelles ont régulièrement remis en cause l'institution et le cadre territorial étroit de ses domaines d'ingérence, sans apporter de réels changements, à l'un comme à l'autre, durant plusieurs décennies.

Les attributions du gouverneur civil dans le cadre du district

Si le *prefeito* était initialement le chef de l'administration publique dans la province et le symbole local du pouvoir royal, le gouverneur civil est devenu le représentant du gouvernement dans le district.

Pourtant, les prérogatives du gouverneur civil ne sauraient se limiter à l'application des directives de l'État et à la présence physique de son délégué. L'institution a été bien plus que cela car elle a dépassé le champ du politique pour acquérir une autre dimension de ses compétences[2]. Diogo Freitas do Amaral considère que les fonctions du gouverneur civil pouvaient se répartir selon trois pôles principaux, à savoir une tutelle administrative sur diverses entités publiques et/ou privées au sein des districts, celle sur les *Câmaras municipais* et les *freguesias*, et la garantie de l'ordre public[3]. Si la Constitution de 1976 a sauvegardé le gouverneur civil[4], en attendant

---

[1] En ce qui concerne la définition de la décentralisation, Jacqueline Morand-Deviller précise : « Il y a *décentralisation* lorsqu'il y a transfert d'attributions administratives à des personnes publiques indépendantes de l'État et qui, sous son contrôle bénéficient d'une réelle autonome de gestion. [...] On distingue d'ordinaire la décentralisation *territoriale* qui s'applique aux collectivités locales et la décentralisation *technique,* dite aussi *fonctionnelle,* qui concerne les institutions spécialisées dotées de la personnalité juridique, en particulier les établissements publics. » Morand-Deviller (J.), *Droit administratif, Cours, Thèmes de réflexion, Commentaires d'arrêts avec corrigés*, Paris, Montchrestien, Lextenso éditions, 11e éd., 2009, p. 186.

[2] Silva Paixão da (J.), Aragão Seia (J.-A.) et Fernandes Cadilha (C.-A), (dir.), *Código administrativo*, Coimbra, Livraria Almedina, 1998, p. 209. L'article 410 a été abrogé par l'article 29 du décret-loi n° 252/92 du 19 novembre 1992. L'inspection des services publics par le gouverneur civil pouvait être effectuée dans n'importe quelle entité publique dépendant du gouvernement.

[3] Freitas do Amaral (D.), *Curso de Direito Administrativo,* Coimbra, Coimbra Almedina, vol. 1, 1987, p. 407- 410.

[4] Or, l'article 291 de la Constitution de 1976 dispose que les districts et les gouverneurs subsistent tant que les régions administratives ne sont pas instaurées. Le maintien à titre transi-

l'adoption des régions administratives, le ministre de l'Administration interne a continué à lui accorder des missions officielles et officieuses, comme pour mieux l'occuper et justifier sa présence au sein du district.

Pour autant, les fonctions du gouverneur civil ne sauraient être abordées et se comprendre sans une analyse de la justification des districts, alors même que se posait aussi la question de leur devenir.

Le district, cadre territorial de la déconcentration

En déconcentrant une partie de ses compétences, l'État a divisé et délimité la circonscription dans laquelle le gouverneur civil devait intervenir. On l'a placé au centre d'un espace précis afin de pouvoir aisément contrôler ses activités.

Depuis la fin du gouverneur civil, ses anciennes compétences ont été dévolues au ministère de l'Administration interne, au président de la *Câmara municipal* ou à d'autres entités[1]. On peut faire, en règle générale, deux constats car, depuis les premiers textes législatifs de 1835 qui ont configuré le territoire en district, *concelhos* et *freguesias,* les fonctions du gouverneur civil ont toujours été indissociables du cadre territorial du district, dont il devait, en priorité, garantir l'unité et la sécurité.

Le district et le gouverneur civil, une même stabilité

L'organisation du territoire en districts et la mise en place du gouverneur civil ont été quasiment concomitantes, et ceux-ci sont devenus indissociables. Le principe de représentation de l'État par le gouverneur civil dans le district a été défini dès qu'il a remplacé le *prefeito.*

Sa légitimité ne trouvait sa pleine acceptation que dans la mesure où la légalité des pouvoirs était admise[2]. Il y a là une réorganisation des fonctions de l'institution, puisqu'elle était passée de la contrainte administrative et de l'exercice de la police évoquée par le code administratif de 1940 à un cadre plus démocratique dans lequel s'exprimait plus explicitement la notion de « service public ». Cela ne relevait plus des seules prérogatives du gouverneur civil, compte tenu des pouvoirs accordés actuellement aux présidents

---

toire des districts relève du domaine du « définitif appréciable ». *Cf.* Rebelo de Sousa (M.) et Melo Alexandrino de (J.), (dir.), *Constituição da República Portuguesa Comentada.* Lisbonne, Édition Lex, 2000, p. 436.

[1] *Cf.* en seconde partie, Titre II.

[2] Chantebout (B.), *De l'État - une tentative de démythification de l'univers politique.* Paris, Consortium de la Librairie et de l'Édition, Paris, 1975, p. 9-10 : « Dans tous les groupes, il y a ceux qui commandent et ceux qui obéissent. Ceux qui commandent au sein d'un groupe ou d'un ensemble de groupes ayant des structures et un objet identiques sont unis entre eux par une solidarité de fait vis-à-vis de ceux qui obéissent [...]. Cette solidarité des dirigeants au sein d'un groupe ou d'un ensemble n'implique évidemment pas l'absence d'une stratégie personnelle à chacun d'eux en vue d'accroître sa puissance propre, mais elle leur interdit de remettre en cause les structures du pouvoir et de contester le principe de l'autorité. »

des *Câmaras municipais* et qui ne cessent d'être renforcés depuis qu'ils ont récupéré certaines fonctions qui relevaient du domaine de compétences du gouverneur civil[1].

La compréhension des fonctions disparates du gouverneur civil passe avant tout par une remise à plat de ses prérogatives. C'est pour approfondir une analyse des domaines d'intervention du gouverneur civil en tant que responsable de la protection du district, dans le cadre de leur étroite relation, et dont il était la principale institution, qu'il faut prendre acte de son autre action de surveillance et de contrôle dans le déroulement des élections.

Le gouverneur civil, une institution centrale au sein de l'espace local

Le schéma proposé par le projet de loi du 6 octobre 1834 intégrait les divisions territoriales avec les provinces, les *comarcas* et les *concelhos* ayant à leur tête des magistrats administratifs, le *prefeito*, le *subprefeito* et le *provedor*.

Entre les deux textes juridiques de 1834 et de 1836, le décret du 25 avril 1835[2], qui a institué les districts, fut le point de départ des véritables réformes administratives territoriales[3]. Pourtant, lors de l'élaboration du code administratif de 1836, le député Manuel da Silva Passos avait affirmé que le décret n° 23 du 16 mai 1832 n'avait pas été suffisamment respectueux des libertés municipales. Il reprochait à José Xavier Mouzinho da Silveira d'avoir plus consulté les lois et institutions étrangères que d'avoir conformé ses textes législatifs aux lois et coutumes portugaises[4].

Le champ d'action du gouverneur civil était devenu plus complexe eu égard aux tâches politiques à accomplir. Il faut entendre par « actions politiques » tout ce qui émane du pouvoir central et, indirectement, du ou des partis politiques qui composent la majorité gouvernementale. C'est l'une des raisons pour lesquelles le district n'a pas encore été supprimé, même si le gouverneur civil se situait à la jonction des principaux débats des réformes administratives, depuis quatre décennies. Le débat récurrent, depuis la Constitution de 1976, sur la suppression ou la redéfinition du district a induit que

[1] Seconde partie, Titre II.

[2] Décret du 25 avril 1835, article 3.1 « Il y aura sur le Continent du Royaume dix-sept districts administratifs », *in Collecção de Leis e outros documentos officiais publicados desde 15 de Agosto 1834 até 31 de Dezembro de 1835*, 4e Série, Lisbonne, Imprimerie nationale, 1837, p. 148-149

[3] C'est sous le gouvernement du duc de Saldanha et de son ministre du Royaume Rodrigo da Fonseca Magalhães, qu'a été instaurée la division administrative en dix-sept districts.

[4] Pour l'opposition politique de 1836, la faculté accordée à la royauté de choisir les agents administratifs du *concelho* engendrait des abus, d'où l'indignation du peuple, contre les édiles locaux et les *prefeitos*.

l'on poursuive les projets portant sur une décentralisation administrative au plan local[1], comme en Espagne[2].

Malheureusement, au Portugal, les projets sur la concrétisation d'une configuration nationale composée de régions administratives ont été récurrents dans la vie administrative, mais ils sont restés sans effets. De même, les plans des Commissions de coordination régionale, puis des Commissions de coordination et de développement régional, ne proposaient pas un modèle qui serait en adéquation avec les indispensables réformes administratives, lesquelles viendraient rompre avec les principes de la concentration administrative[3] et ses pouvoirs.

Mais malgré les réformes administratives, antérieures et postérieures au décret-loi n° 264/2002 du 25 novembre 2002, le pouvoir exécutif n'a jamais osé toucher au district en tant que circonscription électorale.

La préparation et le contrôle des élections

Cette fonction a justifié intrinsèquement le maintien de l'institution, comme l'ont prouvé les attributions du gouverneur civil en matière électorale.

Le gouverneur civil était devenu un contrôleur de la légalité par sa mission de transmission des dates officielles des élections, de la vérification des lieux d'affichage et de la mise à disposition des salles de réunion. La difficulté à élaborer des listes électorales et l'absence d'un recensement électoral fiable ont fait que la fraude fut régulièrement employée, notamment avant l'instauration de l'État nouveau. Lorsque l'on a consulté les comptes rendus disponibles aux Archives nationales (*Torre do Tombo*), on a constaté que le gouverneur civil contactait, à chaque échéance électorale, les présidents des *Câmaras municipais* pour qu'ils l'aident à préparer les élections. L'ingérence du gouverneur civil dans le déroulement des élections a notoirement évolué, surtout depuis la création de la Commission nationale des élections. Le gouverneur civil avait gardé une part non négligeable de la fonction qui lui a été dévolue et qui consistait à organiser, sur le plan administratif et politique, les scrutins électoraux dans les divers niveaux administratifs du district, aidé dans cette tâche par la CNE, dont l'action consistait

---

[1] C'est à ce titre que le rôle de secrétaire du gouvernement civil a été incontournable dans la conduite de la vie politique et administrative du district, car, en tant que fonctionnaire, il demeurait en place bien plus longtemps que le gouverneur civil. En fait il était quasiment inamovible.

[2] En Espagne, la Constitution de 1978 a bouleversé la configuration administrative de gestion du territoire. La fonction publique de l'État espagnol continue de consolider l'unité de l'Espagne contemporaine, l'administration régionale au niveau des Communautés autonomes et la fonction publique à l'échelon des provinces et des communes accompagnent en parallèle la mise en place d'un pluralisme politique.

[3] Frier (P.-L.), *Précis de droit administratif*, Paris, Édition Montchrestien, 3e édition, 2004, p. 102

notamment à régulariser le déroulement et le contrôle des élections en conseillant le gouverneur civil.

En fait, les correspondances entre le ministre du Royaume, puis le ministre de l'Intérieur, et le gouverneur civil prouvaient déjà, avant la chute du régime corporatiste, qu'il incombait au gouverneur civil de participer au choix et de contribuer à l'élection des députés dans le district, de contrôler ensuite leurs agissements et d'en informer son ministre de tutelle. Les représentants locaux du gouvernement ont toujours été très actifs lors des consultations électorales. Cela est surtout perceptible si l'on se reporte aux textes législatifs qui ont encadré la fonction et le statut du gouverneur civil durant presque un demi-siècle[1]. Néanmoins, les bouleversements politiques durant la période extrêmement agitée des années 1974-1975 n'ont pas facilité le travail du gouverneur civil en matière de recensements de la population, puisqu'approximativement quatre millions de personnes n'étaient pas recensées. Il était difficile de procéder aux premières élections démocratiques depuis plus d'un demi-siècle sans un travail préalable mené à bien par les gouvernements civils[2].

L'élaboration précise et exhaustive des listes électorales était d'autant plus ardue que les innombrables circulaires du Secrétariat technique d'appui au processus électoral[3] rendaient la tâche encore plus difficile. Dans ce cadre, le gouvernement civil devait travailler en étroite collaboration avec les commissions de recensements des *concelhos* afin de leur prêter une aide administrative[4]. En cela, le décret-loi n° 701-B/76 du 29 septembre 1976[5] a

[1] Tengarrinha (J), *História do Governo Civil de Lisboa,* Lisbonne, volume I, 2002, p. 258-259. José Tengarrinha a écrit : « Une brève analyse des actes normatifs émanant du pouvoir central nous permet d'affirmer qu'après 1926, et durant tout l'État nouveau, la législation relative à l'engagement des gouverneurs civils, dans l'organisation administrative du territoire, est quantitativement significative. Les fonctions liées à l'assistance et bienfaisance, et aux élections croissent également et ainsi sont identifiées les trois grands piliers d'actions jusqu'au 25 avril 1974. [...]. Les processus des élections nationales, pour l'élection du président de la République et l'Assemblée nationale, continuent à recevoir une copie des registres électoraux, des procès-verbaux des élections et même des bulletins de vote. Il leur incombe encore d'organiser les élections au niveau du district : des juntes générales du district, des juntes de *freguesia* et des *Câmaras municipais*, mais dans ce dernier cas, seulement à Lisbonne et Porto. De cette façon, il vérifie tout le processus et les divers intervenants. » Les chefs de famille et les femmes diplômées ont obtenu le droit de vote en 1930.

[2] Les élections législatives se sont déroulées le 25 avril 1975. La première élection présidentielle démocratique portugaise s'est déroulée le 27 juin 1976.

[3] Le Secrétariat technique d'appui au processus électoral (*Secretariado Técnico de Apoio ao Processo Eleitoral*) fut créé par le décret-loi n° 15/89, du 11 janvier 1989 et rattaché au ministère MAI. L'article 5, alinéa 9 précisait qu'il relevait de la compétence de la CNE : « De décider des recours que les mandataires des listes et des partis lorsqu'ils interjettent des décisions du gouverneur civil ou, dans le cas des régions autonomes, du ministre de la République, relatifs à l'utilisation des sales de spectacle et enceintes des salles de spectacle ».

[4] *Diário da República*, I-Série-A, n° 143, 22 juin 1999, p. 3552-3553.

[5] Le décret-loi n° 701-B/76, du 29 septembre 1976 fut abrogé par l'article 1er de la loi organique n° 1/2001, du 14 août 2001.

clarifié le rôle du gouverneur civil dans le déroulement des élections[1] locales, car il s'est trouvé confronté à un changement d'orientation dans l'administration du district. Le dépouillement du scrutin dans chaque district incombait à une assemblée chargée de procéder au décompte électoral[2]. À chacun des candidats et à leurs mandataires[3], le secrétariat du gouvernement civil transmettait des certificats ou des photocopies des procès-verbaux relatifs au dépouillement qui venait de se dérouler dans le district[4].

En fait, les actions menées dans le district, si elles ont confirmé l'importance de l'institution lors des consultations électorales, ne devaient pas occulter la dimension sécuritaire de ses prérogatives, afin de protéger « l'espace sacré » du cadre territorial du district et de sa population.

Une mission prioritaire pour le gouverneur civil, l'unité du district

Les missions du gouverneur civil ont été clarifiées notamment par les répartitions de ses anciens domaines de compétences, entre le président de la *Câmara municipal* et différents ministères. On va expliciter les missions du gouverneur civil à l'égard de la sécurité des citoyens et du territoire, et cela, non seulement en tant que priorité du gouvernement, mais aussi en tant qu'engagements personnels du gouverneur civil, en mentionnant les moyens

---

[1] Nouvelle rédaction, article 1er du décret-loi n° 765-A/76 du 22 octobre 1976. L'article 23 énonçait : « Les dénominations, sigles et symboles des partis politiques dûment légalisés, ainsi que les symboles à utiliser dans l'identification des organes à élire, seront remis par le ministère de l'Administration interne aux gouverneurs civils, *Câmaras municipais*, tribunaux de la Cour d'appel et de *comarca,* et à Lisbonne et Porto aux juges d'instance jusqu'au 54e jour qui précède l'élection. »

[2] L'endroit réservé était le siège du gouvernement civil ou tout autre lieu choisi par le gouverneur civil.

[3] Au Portugal, on désigne communément par *mandatário nacional* la personne nommée par le candidat ou qui bénéficie de sa confiance, pour mettre en place les actions en vue de récolter des fonds et d'engager des dépenses lors des campagnes électorales. Il n'est pas son directeur de campagne, car ce poste est dévolu à une autre personne. Le mandataire national est assisté dans sa mission par d'autres mandataires qui s'occupent par exemple de la diffusion des informations à la presse. S'il est son homme de confiance, le mandataire national peut dans certains cas ne pas être un « politique ». Ainsi, le président de la République portugaise Aníbal Cavaco Silva a choisi pour mandataire national le neurochirurgien João Lobo Antunes, pour l'élection présidentielle du 23 janvier 2011. Dans les districts d'autres mandataires peuvent être également choisis par chacun des candidats, et il en est de même dans certains pays où la communauté portugaise est importante, comme en France. À titre de comparaison, en France, comme l'écrivent Jean et Jean-Éric Gicquel dans leur définition du mandataire du candidat : « Dans l'année précédant l'élection, le candidat ne peut recueillir de fonds destinés au financement de sa campagne que par l'intermédiaire d'*un mandataire* (association de financement électorale ou personne physique, appelée mandataire financier) astreint à des obligations de tenue de compte (art. L. 52-4 du Code électoral) […] », *in* Gicquel (J.) et Gicquel (J.-E.), *Droit constitutionnel et institutions politiques,* Paris, éd. Montchrestien, Domat Droit public, 24e éd., 2010, p. 649

[4] Le recours devait être déposé le jour qui suivait l'affichage des procès-verbaux concernant la publication publique des résultats, devant le Tribunal constitutionnel.

dont il disposait pour mener à bien ces directives qui furent, somme toute, les plus nobles qui lui incombaient.

La protection du territoire, des biens et des personnes

Les fonctions du gouverneur civil en matière de sécurité du territoire et des personnes se sont progressivement cristallisées autour de l'institution en tant que priorités absolues.

La protection civile était déjà l'une des responsabilités majeures du gouverneur civil depuis l'adoption du code administratif de 1940. En cela, le décret-loi n° 37447 du 13 juin 1948, qui a créé le Conseil de sécurité publique, a clarifié la position du gouverneur civil en matière de protection. Il était devenu un gestionnaire des risques[1]. Il avait à coordonner l'ensemble des services de sécurité pour parer à une hypothétique catastrophe selon la loi n° 113/91 du 29 août 1991 sur la protection civile[2]. Paradoxalement, cette loi ne mentionnait pas le gouverneur civil. Le chapitre II « Politique de la protection civile », dans son article 14, disposait :

> La politique de protection civile revêt un caractère permanent, multidisciplinaire et plurisectoriel. Il incombe à tous les organes et départements de l'État de promouvoir les conditions indispensables à son exécution, de manière décentralisée, sans préjudice de l'appui mutuel entre organismes et entités du même niveau ou provenant de niveaux supérieurs[3].

Le chef du gouvernement civil était aussi le président de la Délégation du district du service national de la protection civile et de la Commission spécialisée dans les incendies de forêt[4].

---

[1] « La lutte contre les incendies plus difficile sans les gouvernements civils - La fin des gouvernements civils "perturbe" la coordination de la lutte contre les incendies », *Jornal de Negócios*, 26 juillet 2012.

[2] La loi n° 113/91, du 29 août 1991 a défini les bases de la protection civile approuvée par l'Assemblée de la République, selon les articles 164, alinéa d), 168, n° 1, alinéas b) et d), et 169, n° 2 de la Constitution de 1976.

[3] L'article 14 de la loi n° 113/91, du 29 août 1991 disposait que sur le plan national : « Le Conseil supérieur de la protection civile est présidé par le Premier ministre ; en font partie les ministres d'État, s'il y en a ; les ministres de la Défense nationale, de l'Administration interne, de la Planification, de l'Administration du territoire, des Finances, de l'Agriculture, de l'Industrie, de l'Énergie, de l'Éducation, des Travaux publics, des Transports, des Communications, de la Santé, de la Sécurité sociale, du Commerce, du Tourisme, de l'Environnement et des Ressources naturelles, le président du Service national de la protection civile, le secrétaire général du Cabinet coordonnateur de la sécurité. »

[4] Le gouverneur civil s'est vu octroyer une relative liberté dans la création des structures spécifiques, afin de lui permettre de mener à bien des fonctions sécuritaires. En prenant en considération cette possibilité d'initiatives que lui accordait le ministre de l'Administration interne, le gouverneur civil du district de Santarém Paulo Fonseca a mis en place le *Sistema Integrado de Gestão de Emergências de Santarém* (Système intégré de gestion des urgences de Santarém).

Outre la protection du territoire et des populations, le gouverneur civil avait vu s'élargir ses missions sécuritaires[1], avec la création d'un Conseil coordinateur de la sécurité routière du district[2] dans chacun des dix-huit districts[3].

La protection civile et le Conseil coordinateur de la sécurité routière du district

Le Conseil coordinateur de la sécurité routière du district a été instauré par le décret-loi n° 213/2001 du 2 août 2001[4], et des changements ont été apportés par l'arrêt n° 10222/2008 du 8 avril 2008[5].

La volonté du ministre de l'Administration interne était de « renforcer la prévention et sécurité routière au niveau du district en leur donnant un traitement spécifique et autonome, à l'exemple de ce qui se passe déjà avec la protection civile et la sécurité publique, en tant que zones d'action dans lesquelles Messieurs les gouverneurs civils détiennent des compétences propres[6] ». En réalité, le gouverneur civil est passé d'un rôle d'intervenant tout-puissant avant le 25 avril 1974 à des missions dans lesquelles il devait être avant tout un pédagogue auprès des populations, puisque le ministère de

---

[1] *Diário da República*-Série A, du 9 octobre 1992. Les ministres de l'Administration interne, de la Santé, des Travaux publics, des Transports et de la Communication ont publié un texte législatif commun en ce sens le 9 octobre 1992.

[2] *Conselho Coordenador de Segurança Rodoviária Distrital.*

[3] Pourtant, le 16 mars 2004 le gouverneur civil du district de Porto Manuel Moreira qui participait à une réunion avec les représentants des collectivités locales du district, et du vice-président du Service national de pompiers et protection civile a reconnu l'absence de moyens, humains, financiers et techniques, en la matière. Le représentant local du gouvernement a mis en avant que les présidents des *Câmaras municipais* étaient, selon la loi, les premiers responsables de la protection civile de leurs *municípios*.

[4] *Diário da República*, I-Série-A, n° 178, 2 août 2001, p. 4702-4705

[5] *Diário da República*, II-Série, n° 69, 8 avril 2008, p. 15467-15468

[6] *Ibid.*, arrêté ministériel n° 10 222/2008 du 8 avril 2008 p. 15467. C'est dans cette optique que le ministre de l'Administration interne avait confirmé : « 1. La création du Conseil coordinateur de la sécurité routière du district, lequel fonctionne près du gouverneur civil.
« 2. Le Conseil coordinateur de la sécurité routière du district est un organe de consultation du gouverneur civil, qui se réunit obligatoirement tous les mois et à chaque fois que le gouverneur civil le convoque.
« 3. Sont membres du Conseil coordinateur de la sécurité routière du district :
« a) Le gouverneur civil, qui préside,
« b) Le plus haut responsable de la garde nationale républicaine du district,
« c) Le plus haut responsable de la police de la sécurité publique du district,
« d) Le Commandant opérationnel du district,
« e) Un représentant de l'Autorité nationale de la sécurité routière,
« f) Un représentant de l'Institut de mobilité et des transports terrestres,
« g) Un représentant de l'Institut des infrastructures routières,
« h) Un représentant des Entités gestionnaires du réseau routier,
« i) Un représentant de l'Institut national d'urgence médicale. »

l'Administration interne avait développé, depuis 2005, des programmes de prévention auprès des citoyens[1].

C'est dans cette perspective que le gouverneur civil était devenu le référant en matière de sécurité dans le district et avait à en répondre devant l'ensemble du gouvernement. Dans ce contexte, qui a vu la suppression de la Direction générale de la circulation (*Direcção-Geral de Viação*), que fut créée l'Autorité nationale de la sécurité routière[2], en tant que « service central de l'administration directe de l'État[3], doté d'autonomie administrative », comme l'indiquait l'article 1er du décret-loi n° 77/2007 du 29 mars 2007. L'Autorité nationale de la protection civile avait pour finalité de mettre en œuvre les politiques générales de gestion des risques, en y intégrant les plans prévisionnels des urgences et les activités de secours, ainsi que la protection des personnes et des biens. Des objectifs de réduction du nombre de morts sur les routes ont été fixés par le ministre de l'Administration interne à son représentant local[4].

Le ministère de l'Administration interne avait rappelé en juin 2005 les compétences du gouverneur civil en tant que magistrat administratif, comme le précisait le n° 3 de l'article 4-A du décret-loi n° 252/92 du 19 novembre 1992[5] ainsi rédigé :

> Il est de la compétence du gouverneur civil de déployer toutes les mesures nécessaires et appropriées à une coopération adéquate dans l'articulation des services publics déconcentrés dans l'environnement du district, et parmi les organes administratifs localisés dans la circonscription du district, conformément aux orientations des membres du Gouvernement.

Mais, paradoxe supplémentaire de la gestion administrative du territoire à l'échelon local et de l'expression de la manifestation physique de la représentation de l'État, le district est devenu obsolète.

---

[1] Le Programme police en mouvement (*Programa Polícia em Movimento*) consistait à coordonner les actions des divers services de sécurité, afin de rendre plus efficaces les actions de prévention et de lutte contre les *infra*ctions routières.

[2] *Diário da República*, I-Série, n° 63, 29 mars 2007, décret-loi n° 77/2007 du 29 mars 2007, p. 1841-1844

[3] Il s'agit de l'administration centralisée, par opposition à l'administration indirecte, c'est-à-dire décentralisée.

[4] *Diário da República*, I-Série, n° 239, décret-loi n° 321/2009 du 11 décembre 2009, p. 8 631. Le XVIIIe gouvernement constitutionnel a été officiellement instauré le 11 décembre 2009. En ce qui concerne les attributions du ministère de l'Administration interne, les termes de l'article 15.1 du décret-loi n° 321/2009 du 11 décembre 2009 étaient ainsi formulés : « Le ministère de l'Administration interne est le département gouvernemental qui a pour mission la formulation, la coordination, l'exécution et l'évaluation des politiques de sécurité intérieure, de protection et secours, et de sécurité routière, ainsi que le maintien de la représentation déconcentrée du Gouvernement sur le territoire national. »

[5] *Diário da República*, I-Série-A, n° 268, décret-loi n° 252/92, 19 novembre 1992, p. 5334-5338.

La remise en cause formelle du district

Le thème récurrent de l'organisation du territoire en régions-districts et du devenir du gouverneur civil a été d'actualité et au cœur du débat politique à chaque élection nationale, surtout après l'adoption de la Constitution de 1976.

La réalité de l'institution personnifiée par le gouverneur civil, après le référendum national sur la régionalisation du 8 novembre 1998 qui a vu la victoire du « non », ne peut être comprise que si l'on prend en compte les tentatives d'instauration de nouvelles structures administratives. Pourtant, on ne saurait faire abstraction du fait que la configuration territoriale en dix-huit districts a contribué à accroître une dysharmonie au sein du paysage administratif et politique, au-delà des réticences infondées et des ambiguïtés des gouvernements successifs à vouloir le reconfigurer.

L'inadaptation du district

La question qui oppose les partisans et les adversaires sur le bien-fondé de l'existence du district n'est pas récente.

Néanmoins, le district fut considéré dès sa création comme la circonscription la mieux appropriée à la nouvelle réorganisation de l'administration publique du territoire. En fait, et c'est là une donnée fondamentale, le principe d'indissociabilité du district et de l'action du gouverneur civil fut une constante depuis la mise en place du *prefeito*[1], et en cela le district et la territorialité sont deux notions fondamentales du processus de représentation. C'est le district qui, dès sa création, fut le socle des liens entre l'État et son représentant local.

Ceci étant dit, si des projets ou des programmes de reconfiguration des districts ont été engagés ou souhaités, pour José António Santos, il ne s'agissait généralement que d'un simple « changement de désignation », mais aussi de périmètre, comme avec la tentative de mise en place des provinces en 1936, qui s'était soldée par un échec.

D'un point de vue spécifiquement administratif, on peut faire trois remarques. Les véritables réformes administratives et territoriales[2] qui ont réorganisé les services de conseils au gouverneur civil ont été marquées par

---

[1] Le décret-loi n° 23 du 16 mai 1832 titre I, chapitre II « De l'organisation générale de l'administration » mentionnait à l'article 4 : « La province est administrée par un chef unique, lequel a le nom de *prefeito*. Dans les *comarcas* où ne réside pas le *prefeito*, il y aura un délégué désigné par *Subprefeito*. »

[2] Les principaux réaménagements administratifs et territoriaux peuvent être synthétisés en sept périodes. Ils correspondent à la mise en place des divers codes administratifs : 1835 à 1878, 1878 à 1892, 1892 à 1913, 1913 à 1936, 1936 à 1959, si l'on fait exception de l'échec du référendum sur la régionalisation de 1998. Somme toute aurions-nous pu rajouter une huitième phase avec l'actuelle réforme territoriale, mais il est plus prudent d'attendre encore deux ou trois ans pour bien en mesurer l'impact.

la déliquescence de ceux-ci, sans qu'elles aient réussi à bouleverser la stabilité de la configuration générale du district.

Les structures d'appui et de conseil au gouverneur civil

Avec la division administrative du territoire en districts, il y a eu en permanence une structure en son sein chargée de conseiller le gouverneur civil[1].

Lors de la promulgation du code administratif du 18 mars 1842[2], on avait quasiment la même figuration qu'en 1832, 1835 et 1836, puisque selon les termes de l'article 221 : « Le gouverneur civil est le chef supérieur de toute l'administration dans son district. » On avait donc des districts administratifs[3] gérés par le gouverneur civil et la Junte générale du district, puis les *concelhos* avec l'administrateur du *concelho* et la *Camâra* Municipale.

Diverses tentatives visant à faire disparaître les dix-huit districts sont restées lettre morte, enfouies au fond de quelques cartons de géographes, d'aménageurs, ou dans les archives de partis politiques. Le décret n° 42536 de 1959 du 28 septembre 1959 a modifié le code administratif en vigueur et mit fin à la province. La division du territoire métropolitain portugais en onze provinces avait créé une situation inextricable, d'autant plus confuse que leurs limites géographiques ne correspondaient pas toujours à celles des dix-huit districts.

Leur maintien n'avait aucune justification sur le plan administratif, ce qui explique leur suppression, même si elles gardent dans l'inconscient collectif une représentativité géographique et historique. Avec le décret-loi n° 42536 du 28 septembre 1959, la Junte de province fut supprimée et remplacée par la Junte de district[4]. La Constitution de 1976, dans son article 295, lui a substitué l'Assemblée du district et a mis fin définitivement à une configuration provinciale du territoire national[5].

---

[1] Les gouvernements des premiers temps du libéralisme ont eu à cœur de redéfinir les maillages administratifs du territoire pour mieux en maîtriser le fonctionnement et faire appliquer les directives du gouvernement.

[2] Il fut rédigé par António Bernardo da Costa Cabral.

[3] Code administratif de 1842. L'article 3 disposait : « Le district est administré par un magistrat désigné par gouverneur civil ; le *concelho* par un magistrat désigné par administrateur du *concelho* ». L'article 290 énonçait : « Dans chaque *freguesia,* il y a une junte de *paróquia* et un *regedor* de *paróquia.* »

[4] *Diário do Governo,* I-Série, n° 196, décret-loi n° 421/73, du 22 août 1973, p. 1472-1473. Article 8-1 : « Les gouverneurs civils des districts autonomes de Funchal, Ponta Delgada et Angra do Heroísmo peuvent nommer des vice-présidents aux Juntes générales ».

[5] Pour des régularités de traduction, la désignation d'Assemblée du district est employée. En conformité avec les numéros 1 et 2, de l'article 263 de la Constitution de 1976 (première version), l'article 82 de la loi n° 79/77 du 25 octobre 1977 a défini les attributions des collectivités locales. L'alinéa 1er de l'article 87 disposait qu'il relevait de l'Assemblée du district, d'établir les normes générales de l'administration du patrimoine du district, d'approuver le programme annuel des aides à distribuer par le gouverneur civil, ainsi que les budgets et rapports s'y afférant, sur proposition du gouverneur civil (*Cf. Diário da República*, I-Série-A, n° 247, loi n° 79/77, du 25 octobre 1977, p. 2564-2578).

Une remise en cause des prérogatives du gouverneur civil

La Junte de province, la Junte de district et l'Assemblée de district ont été des structures d'appui et de conseil auprès du gouvernement civil. Par exemple, le décret-loi n° 288/85 du 23 juillet 1985 ratifié par la loi 14/86 du 30 mai 1986 a transféré des services qui dépendaient de l'Assemblée du district vers le gouvernement civil. Dans les procédures de transfert de fonctionnaires de l'Assemblée de district, le décret-loi n° 288/85 du 23 juillet 1985 préconisait qu'ils soient intégrés lorsque cela était possible au sein des gouvernements civils, ou dans d'autres services déconcentrés de l'administration centrale ou des collectivités locales.

La loi n° 14/86 du 30 mai 1986[1] et le décret-loi n° 5/91 du 8 janvier 1991[2] ont réorganisé les relations de coopération entre les deux institutions. En fait, le décret-loi n° 5/91 du 8 janvier 1991 a précisé les nouvelles structures et missions de l'Assemblée de district. Lors de la révision constitutionnelle de 1989, en vertu de l'article 291, le gouverneur civil a été exclu de l'Assemblée du district dont le décret-loi n° 252/92 du 19 novembre 1992[3] (chapitre V sur le Conseil consultatif) a modifié la composition.

Un étiolement des organisations de conseils de l'Assemblée du district

Cette perte de pouvoirs a été progressive, surtout après la promulgation de la Constitution de 1976. Paradoxalement, on continuait à lui donner des missions supplémentaires ou à lui rattacher certains services, comme nous venons de le voir, avec la loi 14/86 du 30 mai 1986.

L'Assemblée du district était l'organe consultatif du gouverneur civil et se réunissait chaque fois que le représentant local de l'État le décidait. Le délégué local du gouvernement a continué à présider les séances, assisté, s'il y en avait un, du vice-gouverneur civil, des représentants de l'ensemble des services déconcentrés de l'État dans le district, des membres des forces de sécurité et du chef de délégation de la protection civile dans le district. De même, il incombait au Conseil consultatif de se prononcer sur les questions qui lui étaient soumises par le gouverneur civil. Il devint le Conseil coordinateur de l'administration centrale du district par le décret-loi n° 213/2001 du 2 août 2001, mais il garda la même composition. Le gouverneur civil pouvait faire appel à d'autres personnalités du district, afin de l'assister et le conseiller sur les questions et les problèmes du moment, même si les convo-

---

[1] *Diário da República,* n° 123, 30 mai 1986, loi n° 14/86 du 30 mai 1986, p. 1287-1290. La loi n° 14/86 du 30 mai 1986 a modifié le décret-loi n° 288/85 du 23 juillet 1985, relatif au personnel d'encadrement de l'Assemblée de district.

[2] L'article 1-3 disposait que si les Assemblées des districts n'étaient pas en mesure de définir les domaines d'intervention, de certains de leurs membres, et leurs rémunérations, alors, il incombait à l'administration centrale de les prendre en charge et de les rémunérer.

[3] *Diário da República,* I-Série-A, n° 268, décret-loi n° 252/92, du 19 novembre 1992, p. 5334-5338.

cations devaient se limiter aux seules personnes expertes sur les thèmes abordés[1].

Pourtant, la Constitution de 1976, après sa sixième révision en 2004 (Titre VIII, Chapitre IV, articles 255 à 262), ne mentionnait plus l'Assemblée du district, comme l'a énoncé l'article 259 : « Les deux pôles représentatifs de la région administrative sont l'assemblée régionale et la junte régionale. » À la lecture des différents textes juridiques se référant aux Juntes de province, aux Juntes de district puis aux Assemblées de district, il est possible de percevoir une volonté évidente de l'État à vouloir rationaliser progressivement ses domaines d'intervention en même temps qu'il redéfinissait et réduisait les actions du gouverneur civil, sans remettre en question le devenir du district.

En intégrant l'ensemble de ces paramètres, on en a déduit, au travers des analyses précédentes, que si les structures administratives et consultatives et l'institution du gouverneur civil ont été réformées ou supprimées, les limites géographiques du district sont restées inchangées depuis 1926.

Le district, un cadre territorial stable

La stabilité de la configuration territoriale du district apparaît clairement après la promulgation de la législation de José Xavier Mouzinho da Silveira, quels que soient les codes administratifs adoptés après celui du 31 décembre 1836.

En effet, ceux-ci ont fait du district un vecteur indispensable de lutte contre le désordre administratif. De la Monarchie à la République, et dans l'alternance des phases de démocratie[2] et de dictature, le district est toujours resté la circonscription indispensable à l'État lorsque celui-ci a voulu imposer ses directives[3].

Depuis l'échec du référendum du 8 novembre 1998, le district demeure, en attendant que les régions administratives soient instaurées, comme

---

[1] Les séances du CCACD se déroulaient obligatoirement une fois par trimestre, afin de se prononcer en matière de protection civile, de sécurité publique, de police de proximité, de prévention et sécurité routière ou toute autre activité ayant un intérêt dans l'administration générale du district.

[2] Villiers de (M.) et Berranger de (T.) (dir.), *Droit public général, Institutions politiques, administratives et communautaires. Droit administratif - Finances publiques*, Paris, éd. LexisNexis, Litec, Paris, 4e éd., 2009, p. 75 : « Le gouvernement dispose de l'administration, c'est la démocratie. Mais si c'est l'administration qui dispose du gouvernement, c'est la technocratie… »

[3] L'impact de la réforme territoriale de José Xavier Mouzinho da Silveira dans les années 1832-1835 a été sensible sur les orientations prises lors des rédactions et des propositions d'amendements des codes administratifs successifs. C'est la raison qui explique que l'on fasse fréquemment de multiples références à la première réforme administrative, celle qui a fait du Portugal un État moderne.

l'énonçait le n° 1 de l'article 263 dans sa première rédaction[1]. Paradoxalement, le district est devenu un territoire qui a délimité les zones de travail pour de nombreux organismes associatifs, patronaux, politiques et syndicaux. On parle, par exemple, de « l'association du district » des pompiers volontaires, des scouts[2] ou de la présidence de la fédération « du district » en ce qui concerne les partis politiques[3]. Mais doit-on se satisfaire des explications relevant des ambiguïtés du district, pour tenter d'en démontrer l'utilité ?

Un maintien apparemment paradoxal des districts[4]

Le débat sur l'organisation territoriale alimenté par les projets de suppression du district est une question qui demeure d'actualité, alors même qu'aucune allusion n'est faite au district et à la régionalisation, quand bien même le gouverneur civil n'existe plus.

Aujourd'hui, trois caractéristiques se dégagent du district, puisqu'il doit demeurer en tant que circonscription électorale lors des élections législatives et présidentielles, qu'il est indispensable à l'accomplissement d'activités annexes, et que son existence semble s'accommoder de la cohabitation avec les collectivités locales.

Un maintien des districts s'expliquant par leur utilité pratique

Comme on l'a vu en introduction, le district a été créé pour des raisons fiscales[5]. Au regard des constats administratifs et politiques mentionnés dans

---

[1] *Diário da República*, I-Série A, n° 155, loi constitutionnelle n° 1/2005, du 12 août 2005, p. 4642-4686. Dans sa septième révision constitutionnelle, la Constitution de 1976, chapitre IV « Région administrative » dispose, à l'article 255 : « Les régions administratives sont créées simultanément par loi, laquelle définit les pouvoirs respectifs, la composition, la compétence et le fonctionnement de ses organes, en pouvant établir des différenciations inhérentes au régime à appliquer à chacune. »

[2] Le vocable portugais est *distrital*.

[3] Le gouverneur civil était parfois coopté parmi les responsables de la fédération *distrital* du parti politique au pouvoir.

[4] Dans la section 2, on démontre qu'il existait une corrélation entre « un maintien apparemment paradoxal » du district et du gouverneur civil.

[5] La Charte constitutionnelle du 23 septembre 1822 dans titre VI « Du gouvernement administratif et économique », disposait à l'article 212 : « Il y aura dans chaque district un Administrateur général, nommé par le Roi, après avoir entendu le Conseil d'État. La loi désignera les districts et la durée de leurs fonctions. » L'Administrateur général avait en charge l'administration publique de la province. L'article 216 énonçait : « Il appartient à l'Administrateur général et à la Junte de distribuer vers les *concelhos* du district la contribution directe (article 228) et les contingents des recrues. » Par ailleurs, l'article 229 spécifiait : « Dans chaque district, que la loi désignera, il y aura un Contrôleur du trésor, nommé par le Roi, sur proposition du Conseil d'État, qui aura à sa charge le suivi et la vérification de la perception de toutes les recettes publiques, et il sera directement responsable de cette fonction auprès du Trésor public. » Le district était donc dans la Charte constitutionnelle de 1822 une division territoriale établie pour des raisons fiscales.

cette étude, on doit cependant réformer leurs structures administratives puisqu'elles n'ont plus aujourd'hui qu'un fondement limité.

Elles ont évolué alternativement du Conseil du district, avec la Junte du district[1], vers le Conseil de coordination de l'administration centrale du district[2]. La Constitution de 1976 à l'article 291, n° 3, disposait qu'« il est de la compétence du gouverneur civil, assisté d'un conseil, de représenter le gouvernement et d'exercer les pouvoirs de tutelle dans l'aire du district », et la loi n° 79/77 du 25 octobre 1977[3] le désignait toujours par « Conseil de district[4] », lequel était élu pour quatre ans. Avec la loi 79/77 du 25 octobre 1977, la Junte générale est devenue l'Assemblée du district[5]. Depuis l'adoption de l'article 1er du décret-loi 288/85 du 23 juillet 1985 et la loi 14/86 du 30 mai 1986, l'Assemblée du district n'a cessé d'assurer les services auxquels elle n'a pas eu à recourir dans un laps de temps équivalant à 180 jours. Elle a dû choisir les services qu'elle souhaitait continuer à assu-

---

[1] Avec le décret-loi n° 42536 du 28 septembre 1959, la Junte de province a laissé place à la Junte de district. La Junte de district se composait d'un président, d'un vice-président et de trois autres membres élus par le *Conselho de district.* La junte du district devait créer des services afin d'améliorer les *infra*structures et apporter une assistance technique aux *concelhos* lors des expositions agricoles ou industrielles, et accorder des bourses d'études si celles-ci avaient un rapport avec le développement régional. Avec la promulgation de la Constitution de 1976, elle est devenue l'Assemblée de district comme le précisait l'article 295. La Junte générale du district a changé souvent de désignation en Junte générale de province, Junte générale de district, Junte générale, Commission de district, Junte de province, Junte de district et Assemblée de district au gré des réformes administratives et des alternances politiques. Elle avait un statut qui en faisait, soit une entité représentative de la province et du district, soit en une structure délibérative et consultative, dont les actions étaient soumises aux décisions du gouverneur civil. L'hétérogénéité de ses fonctions fut généralement supérieure à celles exercées par le représentant local de l'État. Celui-ci devait impérativement rédiger un rapport annuel et y exposer les projets finalisés et/ou en cours, ainsi que les programmes à venir dans le district, puis le soumettre à la Junte générale.

[2] Le premier conseil fut le Conseil de district qui avait essentiellement des fonctions consultatives, mais il a exercé également, les fonctions de tribunal administratif.

[3] Il était composé du gouverneur civil qui présidait, de cinq présidents de *Câmaras municipais* (élus par l'Assemblée du district) et de trois citoyens choisis pour leurs compétences, dans les secteurs économiques, sociaux et culturels du district. Ils étaient nommés en Conseil des ministres, sur proposition du gouverneur civil. Le Conseil du district était formé par un procureur issu de chaque *concelho*. Le procureur était un conseiller municipal élu par ses pairs au scrutin secret lors de la constitution de la *Câmara municipal.*

[4] Chaque Conseil de district élisait un des membres du conseil municipal au scrutin secret, lors de la formation de la *Câmara municipal*, pour la représenter au Conseil de district. Il disposait d'un mandat de quatre ans, débattait et votait le budget du district.

[5] L'Assemblée du district était dirigée par un président, un vice-président et trois conseillers élus par le Conseil du district. Les principales attributions des Juntes de district se rapportaient au développement économique, à la culture, et à l'administration des biens du district. Une partie du budget lui était attribué par le gouverneur civil ou les ministères concernés par les travaux à mener. Il lui incombait d'améliorer l'assistance technique aux *municípios* du district, d'organiser des expositions de produits agricoles et industriels, organiser des concours pour développer l'agriculture, la pêche, et l'industrie traditionnelle de la région.

rer[1]. En fait, les charges de l'Assemblée du district ont été précisées par le décret-loi n° 5/91, du 8 janvier 1991 qui a établi le nouveau régime juridique de l'Assemblée du district dont fut exclu le gouverneur civil[2], alors que se poursuivaient les débats sur les propositions de redéfinition des fonctionnalités des districts.

En réalité, la Constitution de 1976 n'a pas établi les mécanismes nécessaires à une rapide concrétisation de la collectivité régionale à laquelle elle fait allusion et dont elle fait dépendre l'instauration des régions administratives. Or, l'article 291 de la Constitution de 1976 dispose que les districts subsistent[3] tant que les régions administratives ne sont pas instaurées. Le maintien à titre transitoire des districts relève du domaine du « définitif appréciable[4] ».

En cela, la non-instauration des régions administratives lors du référendum national du 8 novembre 1998 a permis au gouverneur civil de poursuivre ses missions, puisque les gouvernements successifs n'ont pas trouvé de solutions à l'inadaptation entre la circonscription territoriale et les activités qui relevaient du représentant du gouvernement.

Un maintien compatible avec l'autonomie des collectivités locales

Sur le plan politique, le découpage en dix-huit districts a permis au pouvoir central d'exercer une surveillance sur son institution de représentation grâce à l'exiguïté du district.

Dans ses relations avec les élus locaux, et cela depuis son « importation », le gouverneur civil avait constamment suscité des animosités de la part de la classe politique locale, y compris parfois dans son propre camp, par jalousie ou parce qu'il était un frein à certaines ambitions. Mais, au-delà des tensions politiques locales, le gouverneur civil et le président de la *Câmara municipal* ont continué à travailler régulièrement en binôme.

---

[1] Arrêt du Conseil consultatif de la *Procuradoria générale de la République* n° P 000501991, voté le 27 juin 1991 et paru au *Diário da República* le 25 octobre 1991. Le n° 1 de l'article 9 régulait les conditions d'utilisation ou de propriété des installations et biens immobiliers, annexés aux services et établissements à transférer des assemblées des districts vers l'administration centrale.

[2] Autorisé par la loi n° 25/90, du 9 août 1990 et la déclaration de ratification n° 5/91, du 31 janvier 1991.

[3] *Diário da República*, I-Série-A, n° 155, la loi constitutionnelle n° 1/2005 du 12 août 2005, p. 4642-4686, portant sur la révision constitutionnelle de 2005. L'article 291 dispose : « 1. Tant que les régions administratives n'auront pas été instaurées, la division en districts subsistera, dans l'espace qu'elles n'englobent pas,
« 2. Il y aura dans chaque district, selon les termes à définir par la loi, une assemblée délibérative, composée de représentants des municípios,
« 3. Il est de la compétence du gouverneur civil, assisté d'un conseil, de représenter le gouvernement et d'exercer les pouvoirs de tutelle dans l'aire du district. »

[4] Rebelo de Sousa (M.) et Melo Alexandrino de (J.), (dir.), *Constituição da República Portuguesa Comentada*, Lisbonne, Édition Lex, 2000, 436 p..

Il est certain que les délimitations entre les coopérations et les prérogatives particulières n'ont pas toujours permis de définir précisément les rapports hiérarchiques entre le gouverneur civil et le président de la *Câmara municipal*. En somme, si le cadre territorial dans lequel le gouverneur civil exerçait ses fonctions ne correspondait plus à une véritable expression de représentation locale de l'État, il n'en demeurait pas moins un espace adapté aux missions hybrides du gouverneur civil.

Le gouverneur civil, des fonctions politiques officieuses précises

On le souligne itérativement, le gouverneur civil fut l'agent politique du gouvernement. Il exerçait plus qu'une fonction politique « d'accompagnement » des personnalités en visite dans le district, surtout si l'on se réfère à trois axes.

En premier lieu le pouvoir décisionnaire dont bénéficiait le gouverneur civil dans le choix des candidats aux postes d'administrateurs du *concelho,* puis de président de la *Câmara municipal* ou de *regedor*, a permis de mieux percevoir et expliquer les rapports hiérarchiques, entre soumissions et collaborations qui faisaient du gouverneur civil le référent de la vie politique locale. Cela fut particulièrement vrai des débuts de l'institution jusqu'à la chute de l'État nouveau. Il en résulte que le gouverneur civil a participé activement au développement de la politique dans son district puisque l'Union nationale, en tant que parti unique, ne fonctionnait pas toujours bien par manque de cadres compétents et de moyens techniques et financiers. C'est donc au chef du gouvernement civil que le pouvoir central en avait naturellement confié la direction. En tout état de cause, le constat sur les exigences d'impartialité des attributions de l'institution a montré qu'elles ont été sensiblement réorientées entre la Constitution de 1933, le code administratif de 1940 et depuis l'adoption de la Constitution de 1976.

Dans un second temps, si le critère politique et autoritaire de sa fonction a été manifeste, depuis quatre décennies l'institution a été progressivement réorientée vers un rôle réducteur de représentation du gouvernement, comme une « statue du Commandeur » animée mais dépourvue de réelles capacités politiques officielles.

En troisièmement point, le gouverneur civil a été la personnification de l'État, avec des attributions plus ou moins étendues selon les régimes au pouvoir et leurs impératifs, au-delà de sa fonction de surveillance permanente de la vie politique locale.

La montée en puissance progressive du représentant local du pouvoir central

Il y a indiscutablement une évolution significative dans les missions dévolues au responsable de la province, avec la création du *prefeito,* puis la promulgation du décret n° 23 du 16 mai 1832, l'instauration de l'administrateur général et le gouverneur civil dans la rédaction du code administratif de 1836.

Ces missions ont été confirmées et élargies dans le code administratif de 1842. Les autres codes administratifs n'ont pas apporté de modification majeure aux fonctions du gouverneur civil. C'est le code administratif de 1940 qui a marqué l'apogée des pouvoirs du chef du gouvernement civil. Il en a fait jusqu'à la transition démocratique du 25 avril 1974 un rouage essentiel de la politique du pouvoir central au niveau du district.

Or, ni le décret n° 23 du 16 mai 1832 ni aucun code administratif n'ont fait une quelconque allusion à d'éventuelles missions politiques officielles ou officieuses du *prefeito,* de l'administrateur général ou du gouverneur civil[1]. Comme on le démontre dans l'analyse des compétences accordées au délégué local du gouvernement, seules les fonctions officielles ont été mentionnées dans les codes administratifs.

Pour autant, on ne saurait percevoir pleinement ce que le pouvoir exécutif exigeait de son représentant dans la province, puis le district, sans une approche comparative avec les missions plus spécifiques et discrètes.

Les fonctions administratives officielles

Les domaines de compétences accordés au délégué local de l'État ont été extrêmement importants et contrairement à ce qui est communément perçu, ses prérogatives furent multiples et réelles, tout au moins pendant une certaine période.

Les textes juridiques ont fait du gouverneur civil un centre de pouvoirs entre la représentation symbolique de l'État et une présence physique. Quant aux attributions politiques partisanes, elles n'ont pas été fondamentalement modifiées du décret n° 23 du 16 mai 1832 au code administratif de 1940 ni de la révolution du 25 avril 1974 à la Constitution de 1976, même si certaines d'entre elles ont été transférées au président de la *Câmara municipal*, notamment depuis la fin du gouverneur civil.

Les fonctions officielles du *prefeito,* telles qu'elles ont été définies par le décret n° 23 du 16 mai 1832, de l'administrateur général dans le code administratif de 1836 et du gouverneur civil dans le code administratif de 1940 ont été réorientées progressivement vers des attributions de plus en plus conséquentes. Par la suite, de nombreux articles du code administratif de 1940 furent graduellement abrogés, au point de révoquer le code administratif de 1940 en fusionnant les quelques articles en vigueur avec d'autres textes[2].

---

[1] Si les fonctions politiques partisanes ont été passées sciemment sous silence, on se doit de mentionner une exception en rappelant les liens étroits entre l'Union nationale et le gouverneur civil.

[2] *Diário da República,* I-Série-A, n° 268, 19 novembre 1992, décret-loi n° 252/92 p. 5334-5338. Le décret-loi n° 252/92, du 19 novembre 1992 définissait le statut et les pouvoirs du gouverneur civil et approuvait la réglementation des organes et des services qui étaient placés

Or, après la transition démocratique du 25 avril 1974, un lent déclin s'est amorcé comme l'ont disposé le décret-loi n° 252/92 du 19 novembre 1992[1] et l'arrêt n° 31/2005 du 28 novembre 2005[2] de la *Procuradoria* générale de la République. Or, il est injuste de ne voir dans le gouverneur civil qu'un personnage intrigant, servile, incompétent et ambitieux.

Le gouverneur civil, homme fort du pouvoir local

Le décret n° 23 du 16 mai 1832 a été le texte de référence dans la définition générale des attributions qui ont été confiées au chef du gouvernement dans la province.

Dans le titre II « Des magistrats administratifs », chapitre Ier « Du *prefeito* »[3] concernant l'« Organisation de l'administration publique », les articles 35 à 46 définissaient les attributions du *prefeito.* L'article 35 a précisé les premières fonctions du *prefeito* qui consistaient à :

> 1. Faire procéder, à la date fixée par la loi, à l'élection des députés de la Nation.
> À l'élection de tous les corps administratifs de la province.
> À l'élection des juges de paix, en conformité avec le décret de la réforme de la justice et daté d'aujourd'hui.
> À la formation des listes des jurés, puis à les approuver eux-mêmes ensuite[4].

Les missions du *prefeito* englobaient aussi la possibilité d'engager des procédures d'inspection administrative et fiscale[5] auprès des services dont il

---

sous leur tutelle. L'article 410 du code administratif de 1940 fut abrogé par l'article 29 du décret-loi n° 252/92 du 19 novembre 1992. L'article 410 qui concernait « l'inspection et contrôle des services publics. Correspondance avec les ministres » disposait : « Le gouverneur civil peut être chargé d'inspecter et contrôler n'importe quel service public dépendant du Gouvernement, quel que soit le ministère dans lequel les services sont intégrés, et correspondre directement avec tous les ministres en accomplissant les ordres et instructions qu'il recevra de chacun d'eux dans le domaine de leurs compétences. »

[1] *Diário da República*, I-Série-A, n° 268, décret-loi n° 252/92, du 19 novembre 1992, p. 5334-5338

[2] *Diário da República*, II-Série, n° 228, arrêt n° 31/2005 du 28 novembre 2005 de la *Procuradoria générale de la République*, p. 16604.

[3] On a gardé les majuscules telles qu'elles figurent dans les textes initiaux portugais.

[4] L'article 36 précisait que le *prefeito* devait :
« 1. Ouvrir, clôturer, et proroger jusqu'à huit jours la Junte générale de la province.
« 2. Adresser au Gouvernement via le ministère compétent les consultations de la Junte générale de la province, les représentations de la Junte de la *comarca*, et n'importe quelle autre qu'il jugera nécessaire.
« 3. Proposer au Roi et obtenir son accord pour dissoudre n'importe quel corps administratif élu, en adressant immédiatement un *Alvará* (autorisation) de dissolution et faire procéder par la même, à une nouvelle élection. »

[5] L'article 37 énonçait que le *prefeito* avait en charge :
« 1. L'Inspection générale de tous les employés administratifs à l'intérieur de la province, en faisant uniformiser, et améliorer les méthodes et les modèles de tous les expédients.

avait la responsabilité[1]. En qualité de véritable « homme-orchestre », il contrôlait la perception des impôts et améliorait son fonctionnement lorsqu'elle était défaillante, comme le mentionnait l'article 39[2]. Il relevait également de ses prérogatives :

> De veiller à ce que soient remis au Receveur général de la province, et à ses subalternes les extraits de tous les livres des recettes des loyers des *concelhos, comarcas* et des provinces, et ceux des confréries, auspices, ou n'importe quelles autres institutions de l'enseignement public, de charité et de piété, et les contributions et taxes municipales que votera la Junte générale de la province, ou n'importe quelle autre Junte de *comarca* et *Câmara municipal*, afin que toutes les recettes soient récoltées par l'autorité fiscale, gardées dans des coffres-forts, et par l'autorité administrative elle-même et par ordre des magistrats administratifs, ou des personnes que de telles recettes généreront sous l'approbation générale du *prefeito,* une fois payées toutes les dépenses[3].

« 2. L'Inspection générale et supérieure sur l'exécution de toutes les lois administratives en prenant et faisant prendre en tant que subsidiaires, dans les cas omis et en tous les modèles et formes de l'expédient, les lois administratives de la France dans la forme de la loi du 18 août 1769.

« 3. Approuver définitivement les comptes des sous-*prefeitos* et *provedores* selon l'approbation ou le rejet complet ou partiel, qu'ils auront reçu des Juntes de *Comarca*, ou *comarcas* municipales.

« 4. Faire procéder par les *provedores* des *Concelhos* aux actions nécessaires pour réformer le cadastre général de la province, ou registre de leurs provinces, aussi bien urbaines que maritimes, par les moyens et méthodes qui seront définis par une loi spéciale. Ordonner le paiement de toutes les autorités, employés et pensionnaires publics de quelque nature ou catégorie que ce soit, aussi bien séculiers qu'ecclésiastiques, et il rédigera, en temps utile, une feuille [un rapport] qui, en étant remise au receveur général de la province, et distribuée par lui à ses délégués, légitime les paiements mentionnés. »

La loi du 18 août 1769 dite « loi de la Bonne Raison » fut promulguée sous le règne de Dom José Ier le 18 août 1769. Luis Fabiano Corrêa a noté « La Bonne Raison pouvait aussi être fondée sur les règles que le consentement unanime a établies comme droit des peuples pour diriger et gouverner toutes les nations civilisées, ou sur les lois politiques, économiques [...] ». Corrêa (L.-F.), *L'influence du droit romain sur le régime de l'esclavage au Portugal et au Brésil*, São Paulo, Universidade Estadual Paulista, 58e session de la SIHDA, septembre 2004].

[1] L'article 38 précisait que le *prefeito* devait : « Accorder, ou faire accorder des pouvoirs à tous les employés, qui sont placés sous sa hiérarchie, les suspendre de l'exercice et émoluments de leurs emplois, en informant immédiatement le Roi, lorsque l'employé est de nomination royale et amovible selon la volonté du Gouvernement. Nommer, suspendre et démettre tous ceux qui ne sont pas de nomination royale ou d'élection nationale. »

[2] Une digression s'impose ici, car on peut établir un parallèle entre la mise en place du *prefeito*, notamment dans sa surveillance dans le prélèvement des impôts, et les raisons financières qui ont servi d'argument au XIXe gouvernement constitutionnel pour mettre fin au gouverneur civil.

[3] L'article 40 disposait qu'il appartenait au chef de la province de : « Veiller aux intérêts des finances publiques, et faire preuve de vigilance : en prenant et faisant prendre compte par ses subalternes, immédiatement, de tous les biens et droits actuellement en possession de la Couronne, et en faire la description et registre, lorsqu'il n'existe pas, par les *provedores* du *Con-*

En synthèse, le pouvoir royal exigeait que son délégué local tienne scrupuleusement à jour le registre des biens de la Couronne[1].

D'autres domaines dans lesquels le *prefeito* devait intervenir concernaient l'instruction publique et les centres d'aides aux plus indigents[2]. Dans l'exercice de ses fonctions, le *prefeito* recevait « les serments de ses délégués et subalternes dans l'administration ; et par lui-même, ou par ses collaborateurs, [recevait] les serments de tous les employés de la province, des finances comme de la justice, ou n'importe quels autres que la loi n'exclut pas » (article 43).

L'article 44 a accentué la dimension plurielle des fonctions du *prefeito* et confirmé par là même la volonté du pouvoir royal d'attribuer des prérogatives élargies à son homme de confiance dans la province en notant :

> Il relève aussi de l'inspection générale et de la superintendance du *prefeito* : de protéger et réguler selon la loi, le libre exercice du droit

celho ; en prenant et faisant prendre par ses subalternes, possession de tous les biens et droits de l'État qui jusqu'à maintenant étaient en possession des *provedores* des *Comarcas,* en informant immédiatement le Tribunal du trésor. » L'article 41 a apporté des précisions supplémentaires en encadrant et responsabilisant davantage la fonction du *prefeito* en matière fiscale : « Dans le cas où il existe des biens auxquels l'État doit prendre possession selon les lois, les procédures ne devront pas être engagées avant six mois, et quand les *prefeitos* ou leurs subordonnés, n'en auront pas pris possession, auquel cas ils seront tenus pour responsables de cette omission. Dans le cas où ils en auront pris possession et où celle-ci leur soit contestée, ils remettront les actes au pouvoir judiciaire, et ils laisseront une note identique à celle prévue par le décret de révision des finances en date de ce jour, lorsqu'ils laisseront les contrôles fiscaux aux receveurs généraux. »

[1] *Diário da República*, I-Série, n° 9, décret-loi n° 14/2009 du 14 janvier 2009, p. 253. Le décret-loi n° 14/2009 du 14 janvier 2009 a établi : « les actes pratiqués par les gouverneurs civils et les gouvernements civils par lesquels sont perçues les taxes et le régime respectif qui procède à la première modification de la loi n° 28/2006 du 4 juillet 2006. » Le décret-loi n° 14/2009 du 14 janvier 2009 confirmait, deux ans avant la suppression définitive du gouverneur civil, l'importance de celui en matière de recouvrements fiscaux puisque :
« Article 2 : Les taxes sont dues pour les actes suivants :
« Autorisation pour l'exploitation des fins de jeux de hasard [...].
« Article 5 : « Les agents fiscaux mentionnés au numéro antérieur sont dûment assermentés et accrédités par le gouverneur civil du district où l'entreprise a son siège social [...]. »

[2] L'article 42 disposait : « Le *prefeito* supervise tous les établissements d'instruction publique, charité et piété, en contrôlant leurs dépenses, améliorant les moyens d'enseignement, suspendant les professeurs et n'importe quels administrateurs qui soient de nomination royale, en en informant l'autorité compétente, en suspendant ou en démettant, avec un jugement prudent, ceux qui sont de sa propre nomination, et en annulant l'élection de ceux qui sont élus par consensus [somme toute faut-il comprendre "par complaisance ou entente illicite"], en faisant procéder immédiatement à une nouvelle élection.
« § 1. Les actuelles confréries, constituées légalement, conserveront l'action spécifique de leur administration interne, mais ne pourront dispenser des rendements quelconques sans autorisation générale du *prefeito* et sans un contrôle postérieur partiel, et elles ne pourront pas délaisser une propriété sans autorisation royale.
« § 2. Le *prefeito,* du produit de tous ces revenus, aidera les établissements les plus nécessiteux, ou les plus utiles, avec les reliquats des autres, en usant toujours de la plus grande circonspection et prudence. »

> électoral ; de promouvoir les améliorations de la division territoriale ; de contrôler la police de la presse, et de protéger la liberté de celle-ci ; de protéger l'industrie et sa liberté, en promouvant et requérant des aides qui doivent lui être attribuées ; de protéger l'exercice du culte dominant et de ceux qui sont tolérés ; de surveiller les déroulements de l'exercice de l'autorité temporelle et spirituelle du clergé, aussi bien régulier que séculier, en veillant surtout à ce qu'ils n'usurpent pas le pouvoir civil, ni n'exigent pas d'autres émoluments que ceux qui leur sont octroyés ; d'exercer par eux-mêmes et leurs subalternes, la police dans la province, aussi bien en ce qui concerne les personnes que les biens, dans leurs relations avec le bien commun des habitants ; d'employer les revenus généraux dans les travaux de développement de la province et en faveur de celle-ci ; de diriger, corriger et contrôler l'autorité de ses subalternes dans la province, les *subprefeitos,* et *provedores,* tant dans ce qui se réfère à la direction municipale qu'à la délégation royale.

Le législateur a toujours spécifié le cadre territorial du *prefeito* puis du gouverneur civil. L'article 45 était suffisamment précis et ne laissait aucune autre ambiguïté à l'accomplissement des missions du *prefeito* :

> Pour toutes ses raisons et l'accomplissement parfait de ses fonctions, le *prefeito* fait tous les ans la visite et l'inspection de la province, en examinant et voyant par ses propres yeux les nécessités publiques, les améliorations qui sont susceptibles d'être faites dans chaque établissement, chaque branche de l'industrie, les réformes qui sont possibles, les économies qui doivent être faites ; et avec toutes les données statistiques qu'il pourra obtenir, il établira un bilan régulier et circonstancié qu'il remettra au ministre compétent.

Nonobstant cela, si des interprétations diverses pouvaient subsister quant à la suprématie de celui qui personnifiait le pouvoir royal, l'article 46 avait levé ce doute[1].

En effet, le décret du 25 juillet 1835 a marqué les nominations des premiers gouverneurs civils qui ont substitué les *prefeitos,* pour administrer les districts, puis le code administratif de 1836, à l'article 102, a modifié la désignation du délégué local du gouvernement en rappelant : « Dans chaque district, il y aura un chef supérieur de l'administration désigné par administrateur général : ses fonctions sont toutes administratives et ne participent pas du pouvoir judiciaire, ou de n'importe quel autre pouvoir de l'État. » Il en fut de même pour les fonctions de l'Administrateur général dans le code administratif de 1836[2]. Chose remarquable, le décret n° 23 du 16 mai 1832 a constitué le fondement des fonctions générales attribuées au délégué du pouvoir central dans la province. Le code administratif de 1836 a repris, souvent

---

[1] « Chaque fois qu'il y aura des conflits, ou contentieux concernant l'autorité, l'attribution douteuse relèvera du pouvoir du *prefeito,* tant que le contraire n'aura pas été légalement déterminé. »

[2] *Código administrativo português de 1836*, Lisbonne, Imprensa Rua de São Julião, n° 5, 1837, p. 42-49.

mot pour mot, les mêmes définitions dans les missions de l'Administrateur général, qui a substitué brièvement le *prefeito,* avant d'être remplacé à son tour par le gouverneur civil.

Dans sa structure le code administratif de 1836, au titre II, Chapitre Ier consacrait précisément les missions qui relevaient du ressort « De l'Administrateur général ». L'article 105 disposait, en ayant regroupé certaines fonctions incluses dans divers articles du décret n° 23 du 16 mai 1832 :

> Il est des attributions de l'Administrateur général :
>
> §. 1. Faire procéder, à la date fixée par la loi, à l'élection des députés de la Nation.
>
> §. 2. À l'élection de tous les corps et autorités électives du district aux dates et dans les termes que les lois respectives le préciseront.
>
> §. 3. Convoquer, ouvrir, fermer et proroger la Junte administrative du district.
>
> §. 4. Proposer au Gouvernement, et en étant autorisé par lui à le faire, d'ordonner la dissolution de n'importe quel corps administratif élu selon les termes mentionnés aux articles 208 et 209.
>
> §. 5. Transmettre les lois, règlements et ordres supérieurs aux autorités subalternes, accompagnés des observations et instructions nécessaires à leur bonne application.
>
> §. 6. À l'inspection générale et supérieure sur l'exécution de toutes les lois administratives, et procéder par des actions qui lui soient propres aux besoins du service public dans les limites de ses attributions, ou en les soumettant au Gouvernement lorsqu'il nécessite de prendre des mesures supérieures.
>
> §. 7. À l'inspection générale sur tous les employés administratifs, en demandant à uniformiser et à améliorer les méthodes et les modèles des affaires traitées par les services de bureau en conformité avec les ordres du Gouvernement. Pourtant, en ce qui concerne les Répartitions publiques qui ont un centre commun dans le Rroyaume, avec des chefs spéciaux, il incombe seulement à l'Administrateur général de veiller à ce qu'ils exercent leurs devoirs, et référer au Gouvernement des abus qu'il aura notés.
>
> §. 8. Faire organiser le cadastre de la population, la statistique, et le registre général des biens nationaux du district en conformité avec ce qui est prescrit dans ce code et des règlements du Gouvernement.
>
> §. 9. Faire vérifier les bulletins de salaire de toutes les autorités, employés et pensionnaires publics de quelque catégorie qu'ils soient, aussi bien séculiers qu'ecclésiastiques, lesquels seront légalisés par l'Administrateur général, authentifiés et remis au service compétent, afin de procéder au paiement dont le Gouvernement aura déterminer les modalités : à l'exception des répartitions publiques régies par des chefs spéciaux immédiatement subordonnés aux différents secrétariats d'État et à la Répartition des trésors.
>
> §. 10. Donner, ou faire accorder des pouvoirs à tous les employés qui sont placés sous son autorité, les suspendre de leur charge et rémuné-

> ration, en en référant promptement au Gouvernement, soit que l'Employé est amovible selon la volonté du Gouvernement, qu'il ait été nommé ou pas par le pouvoir royal.
> §. 11. Nommer et suspendre ceux qui ne sont pas de nomination royale ou d'élection nationale.

On n'a pas établi un parallèle permanent pour démontrer que les codes administratifs se sont largement inspirés du décret n° 23 du 16 mai 1832, mais un autre exemple concerne l'article 106 du code administratif de 1836. Le décret n° 23 du 16 mai 1832 à l'article 40 annonçait que le *prefeito* devait :

> Veiller aux intérêts des finances publiques, et pour cela il devait faire preuve de vigilance : en prenant et faisant prendre par ses subalternes, immédiatement compte de tous les biens et droits actuellement en possession de la Couronne, et en faire la description et registre, lorsqu'il n'existe pas, par les *Provedores* du *Concelho* ; en prenant et faisant prendre par ses subalternes, possession de tous les biens et droits de l'État qui jusqu'à maintenant étaient en possession des *Provedores* des *Comarcas,* en informant immédiatement le Tribunal du trésor.

L'article 106 du code administratif de 1836 a confirmé ces prérogatives en disposant :

> Il incombe encore à l'administrateur général de veiller aux intérêts des finances publiques, et dans cette fonction, et en dehors de ce qui lui sera prescrit par les lois des finances publiques, il doit particulièrement faire preuve de la plus grande attention, et vigilance ;
> §. 1. Il doit prendre et faire prendre compte immédiatement par ses subalternes de tous les biens et droits actuellement en possession de la Couronne, en en faisant la description et l'enregistrement, lorsque cela n'aura pas encore été fait par les administrateurs des *Concelhos.*
> §. 2. Prendre et faire prendre possession de tous les biens et droits de l'État pris en charge anciennement par les *Provedores de Comarca,* désormais supprimés, et en informer immédiatement le Gouvernement par l'intermédiaire de la répartition des finances.
> §. 3. Superviser l'administration de ces biens et droits.
> §. 4. Promouvoir et contrôler la perception de la *Décima* (dîme) et autres impôts selon les modalités déterminées par les lois, décrets, et instructions publiés par le Gouvernement, ou à publier dans le futur.
> §. 5. Procéder dans les termes prescrits dans les lois et ordres du Gouvernement, à la concession de licences pour des hypothèques, reconnaissances, et prorogation de délai dans les redevances au Trésor national.

D'autres exemples de comparaison des fonctions de l'administrateur général par rapport au *prefeito* peuvent être exposés et analysés dans les articles 107 à 108[1]. Il est à noter que l'article 44 alinéa 16 du décret n° 23 du

[1] L'article 107 disposait : « Dans les cas où il existe des biens vacants et auxquels l'État doit prendre part selon les lois, les réclamations ne seront prises en compte qu'après le délai d'un

16 mai 1832 avait énoncé que le maintien de l'ordre dans la province était placé sous la tutelle directe de ses représentants provinciaux puisqu'ils devaient « Exercer par eux-mêmes et leurs subalternes, la police dans la province, tant en ce qui concerne les personnes que les biens, dans leurs relations avec le bien commun des habitants ». Pour sa part, l'article 109 du code administratif de 1836 a été plus exhaustif en ce sens qu'il a consacré les missions sécuritaires et policières du responsable du district en matière de protection, du territoire, des biens et des personnes[1]. Par rapport au décret

---

an révolu, lorsque les administrateurs généraux ou leurs subalternes ne les auront pas pris en charge, et dans le cas où ils auront été responsables d'omissions. »

« §. Unique - Dans le cas où ils en auront pris possession, et si celle-ci leur est contestée, ils remettront les actes au pouvoir judiciaire, en laissant des notes et en obtenant des reçus de l'Autorité judiciaire, à qui ils auront été remis ». L'article 108 élargissait les champs de compétences de l'administrateur général en matière de surveillance et fonctionnement des établissements d'instruction publique, des hôpitaux, des centres de charité et de protection des enfants abandonnés : « Il est en plus de la compétence des administrateurs généraux :

« §. 1. Superviser tous les établissements de l'instruction publique qui ne soient pas à la charge des *Câmaras municipais* ou d'une quelconque corporation, ou chef subordonné directement au Gouvernement, selon les formes déterminées par les lois, et dispositions en vigueur, en faisant un compte rendu annuel au gouvernement de la situation de tels Établissements, à l'exception des universités et académies.

« §. 2. Contrôler les dépenses des *confréries et communautés,* en ne consentant pas qu'elles disposent de rendements sans son autorisation, conférée en Conseil du district, en fonction des budgets, et en ne les privant pas malgré tout de l'action première de l'administration qui leur incombe.

« §. 3. Dissoudre lorsqu'ils le jugent nécessaire les directions qui sont nommées par compromis, en faisant procéder à une nouvelle élection, et en assurant cependant à l'administration qui leur incombe, par l'intermédiaire de Commissions que les mêmes administrateurs généraux nommeront.

« §. 4. Veiller sur l'exacte observance des Lois relatives aux enfants trouvés, en prenant en considération particulièrement cette classe délaissée, et en la protégeant.

« §. 5. Aider du produit commun des revenus des confréries et communautés de leurs districts les Établissements les plus nécessiteux, ou plus utiles, avec les reliquats des autres, après avoir entendu les Juntes de *Paróquia*, les *Câmaras* corporatives, et le Conseil du district ; en usant de la plus grande circonspection et prudence dans cette affaire.

« §. 6. Réguler les moyens de contrôle de la façon qu'ils considèrent comme la plus appropriée, en exigeant des comptes, plans et informations, et en établissant pour cela les modèles, de façon à ce que le système soit uniforme et facile, non seulement pour que l'on obtienne promptement un résultat, mais pour qu'à chaque instant on connaisse les états des mêmes Établissements.

« §. 7. Informer annuellement le Gouvernement de l'état desdits Établissements en promouvant son amélioration, ou en proposant les mesures qui soient nécessaires pour qu'il puisse l'obtenir, lorsque celles-ci ne sont pas de sa compétence.

« §. 8. Les dispositions dont parlent les § antérieurs sont également applicables aux hôpitaux, auberges ou autres établissements religieux ou de charité, quelles que soient leurs dénominations, et qui ne soient pas soumis à l'administration des *Câmaras municipais.* »

[1] Article 109 : « D'autres fonctions appartiennent aux administrateurs généraux :

« §. 1. Le contrôle général, et immédiat sur les étrangers résidant dans leurs districts.

« §. 2. Accorder des passeports pour sortir du Royaume, vers les ports maritimes aux nationaux et étrangers, en conformité avec les règlements de police en vigueur.

n° 23 du 16 mai 1832, le code administratif de 1836, dans son article 110[1], a élargi les fonctions de l'administrateur général en lui accordant des attributions supplémentaires dans les secteurs économiques, industriels, agricoles, commerciaux et culturels. Le code administratif de 1836 avait confirmé le rôle de l'administrateur général en tant que premier magistrat administratif aux compétences interministérielles. Il aurait dû en être toujours ainsi pour le gouverneur civil.

Certes, les codes administratifs suivants n'ont pas bouleversé les fonctions et le statut du gouverneur civil, tout au moins dans les textes. À titre de démonstration, le code administratif du 18 mars 1842 a confirmé les attributions du gouverneur civil, telles qu'elles étaient incluses dans la rédaction du code administratif de 1836. Du code administratif de 1842 à la promulgation du code administratif de 1940, et surtout avec la mise en application de ce dernier, le gouverneur est devenu officiellement et progressivement le chef incontesté du district, du moins le pensait-il.

« §. 3. Accorder des licences pour l'utilisation et le port d'armes aux individus qui ne sont pas militaires, mais qui, pour leur activité, ou leur déplacement, en ont besoin.
« §. 4. Veiller à maintenir l'ordre et la tranquillité publics, en accomplissant et en faisant accomplir par ses subalternes, les règlements de police sur les voyageurs, et les Lois et Décrets concernant les brigands, vagabonds, truands, contrebandiers et mendiants.
« §. 5. Assurer l'alimentation des prisonniers, et l'amélioration des prisons, tant qu'il n'y aura pas de règlement fixe en ce qui concerne celles-ci, selon les volontés précisées dans les instructions du Gouvernement.
« §. 6. Réprimer la débauche publique, et le scandale causé par l'immoralité et le dérèglement des mœurs, comme c'est le cas des prostituées, interdisant, tant que le Gouvernement n'aura pas publié des règlements spéciaux, qu'elles restent près des temples, voies publiques, places, rues principales et établissements d'instruction publique, hospices, etc. ; et faire punir judiciairement celles qui ne se soumettront pas à cette règle ; ainsi que celles qui par leurs mauvais exemples, vices et turpitudes auront des attitudes scandaleuses et seront indignes de voisinage avec des familles honnêtes et pudiques. »

[1] Article 110 : « Aux Administrateurs généraux il appartient aussi de :
« §. 1. Développer autant qu'ils pourront le faire dans leurs districts, au moins dans leurs capitales [chefs-lieux], l'instauration d'Associations agricoles et industrielles, pour l'animation et protection des Arts, du Commerce et de l'Agriculture.
§. 2. Visiter tous les ans le district, en examinant et en constatant les nécessités publiques, l'amélioration dont sont susceptibles les établissements, et chaque branche de l'industrie ; les réformes qui sont possibles, les économies qui peuvent se faire, etc., pour en informer le gouvernement avec toutes les données statistiques qu'ils pourront obtenir.
« §. 3. Contrôler la conduite et l'exercice de l'autorité du clergé, en veillant surtout à ce qu'il n'usurpe pas le pouvoir civil ni n'exige des émoluments supplémentaires autres que ceux qui lui auront été accordés, et informer le Gouvernement d'un quelconque abus, excès, ou usurpation.
« §.4. Protéger les Cultes tolérés.
« §. 5. Il incombe finalement aux administrateurs généraux de superviser tous les objets qui en vertu de ce Code sont de la compétence des Corps, et Magistrats administratifs par la forme désignée et mentionnée dans les différentes lois et providences en vigueur ; ainsi que l'accomplissement de n'importe quelles autres attributions qui leur auront été données par des Lois postérieures à celles qui leur auront été préalablement accordées. »

De l'apogée au déclin du gouverneur civil

Les codes administratifs n'ont eu de cesse de préciser le rôle du délégué local du pouvoir central, pour bien rappeler qu'il était le chef du district.

Le code administratif de 1836, en tant que premier code administratif portugais, disposait à l'article 102 : « Dans chaque district il y aura un chef supérieur de l'administration désigné par administrateur général : ses fonctions sont toutes administratives et ne participent pas du pouvoir judiciaire, ou de n'importe quel autre pouvoir de l'État[1]. » Pour sa part, le code administratif du 18 mars 1842, dans son Chapitre II « Du personnel d'administration », Section Première, « Magistrat et corps administratifs », article 3, disposait : « Le district est administré par un magistrat ayant la désignation de gouverneur civil. » Dans le code administratif du 6 mai 1878, le gouverneur civil était aussi nommé directement par le gouvernement (article 180). En tant que délégué et représentant du gouvernement, il lui incombait (article 183) de « Transmettre les lois, règlements et ordres supérieurs aux autorités subalternes, en leur donnant les instructions nécessaires à leurs applications ». Le gouverneur civil devait « Exercer une inspection générale et supérieure sur l'exécution de toutes les lois et règlements de l'administration » et « superviser tous les magistrats, fonctionnaires et corps administratifs du district, dans tous les secteurs relevant de leur compétence ».

L'article 213 du code administratif du 17 juillet 1886 a disposé que le gouverneur civil était « le délégué immédiat et le représentant du gouvernement dans le district [...]. » L'article 214 a énoncé : « Le gouverneur civil est librement nommé par le gouvernement et, en tant que tel, immédiatement subordonné au ministre du Royaume. »

Il a fallu attendre la promulgation du code administratif de 1940, pour que le gouverneur civil devienne sans contestation possible le « bras armé » du pouvoir central.

Le code administratif de 1940 a précisé les attributions du gouverneur civil aux articles 407 et 408. L'article 407[2] avait établi une kyrielle de compétences qui ne laissaient aucun doute sur ce que le gouvernement attendait de son homme de confiance dans le district. La liste des fonctions mentionnées à l'article 407 ne saurait constituer un inventaire à la Prévert, car on doit attirer l'attention sur le fait que ces missions officielles ont justifié en partie le maintien du gouverneur civil jusqu'à sa suppression en 2011. Mais c'est surtout l'article 408[3] qui a fait du gouverneur civil un acteur omnipotent de

[1] *Código administrativo português de 1836*, Lisbonne, Imprensa Rua de São Julião, n° 5, 1837, p. 42-49.

[2] Il fut abrogé par l'article 29 du décret-loi n° 252/92 du 19 novembre 1992.

[3] Le code administratif de 1940 disposait à l'article 408 intitulé « Compétences en tant qu'autorité policière » : « Il incombe au gouverneur civil en tant qu'autorité policière du district, de :

« Prendre des mesures nécessaires pour maintenir l'ordre et la tranquillité publics, protéger les personnes et la propriété et faire réprimer les actes contraires à la morale et à la décence publiques ;
« Exercer, en tant qu'inspecteur du district, la police des spectacles ;
« Exercer, lors des réunions publiques les attributions qui lui sont conférées par la loi ;
« Exercer le contrôle nécessaire sur les étrangers résidant dans son district ;
« Accorder des passeports selon les termes des lois et règlements, viser ceux qui lui auront été présentés, après en avoir été informés par le secrétariat, et prendre des mesures pour empêcher l'immigration clandestine ;
« Prendre des mesures sur les jeux de hasard et loteries autorisés par le Gouvernement, maisons publiques de jeux, hôtels, auberges, pensions, estaminets et similaires ;
« Prendre des mesures concernant les musiciens ambulants et les orchestres philharmoniques, les feux et fles eux d'artifice ;
« Intervenir dans la police des cultes ;
« Prendre des mesures en ce qui concerne les établissements et agences où l'on dispense n'importe quels services ;
« Prendre des mesures au sujet des ventes aux enchères dans les lieux publics et courtiers d'hôtels, pensions ou établissements similaires, domestiques et porteurs ;
« Prendre des mesures policières en ce qui concerne les mendiants, voyous et vagabonds ;
« Accorder des licences pour l'instauration de maisons de prêts sur gages dans les localités où il n'existe pas des Caisses de Crédit Populaire et lorsqu'elles ne sont pas établies par les banques ou associations de secours mutuel ;
« Exercer les attributions de police sanitaire qui lui soient accordées par les lois et règlements et, en particulier, condamner l'exercice illégal de la médecine et les professions sanitaires ;
« Concéder des licences policières qui ne soient pas de la compétence du Gouvernement ou des administrateurs des *bairros* ni de celle des *Câmaras municipais* ou leurs présidents ;
« Requérir les commandants de la police dans le district et les commandants des forces de la garde nationale républicaine basées ou en service dans le district de prendre des mesures appropriées pour garantir le maintien de l'ordre et sécurité du district ;
« Requérir la force armée aux commandements militaires compétents dans les cas extrêmes où l'action policière ou de la garde nationale républicaine se révèle insuffisante ;
« Autoriser les courses de vitesse ou autres épreuves de compétitions sportives qui doivent se réaliser sur les routes nationales du district et en prévoir la surveillance ;
« Exercer n'importe quelles autres attributions policières que les lois et règlements lui confient.
« § 1 Abrogé par le décret-loi n° 103/84 du 30 mars 1984 [*Diário da República*, I-Série, n° 76]. Les gouverneurs civils peuvent élaborer des règlements généraux, obligatoires dans tout le district, dans les domaines de leurs attributions policières qui ne soient pas l'objet d'une loi ou règlement général de l'administration publique ;
« § 2 [Abrogé par le décret-loi n° 103/84 du 30 mars 1984. *Diário da República*, I-Série, n° 76]. La violation des règlements constitue un désordre, l'application des amendes et sanctions respectives accessoires relevant de la compétence du gouverneur civil ;
« § 3. Les règlements fixeront les amendes à appliquer aux désordres, entre un minimum légal et le maximum de 400 000 $ et 500 000 $ [il s'agit ici de la désignation monétaire de *reis*] pour les personnes singulières et 800 000 $ et 1 000 000 $ pour les personnes collectives, respectivement dans le cas de négligence et fraude.
« § 4. Les règlements pourront comminer l'application des sanctions accessoires prévues à l'article 21 du décret-loi n° 433/82 du 27 octobre 1982, et prévoir encore que soit ordonnée, jusqu'à ce qu'en soient résolues les causes, la fermeture de l'établissement qui fonctionne sans les licences ou les conditions exigées par la loi ou règlement.
« § 5. À chaque fois que la fréquence ou gravité du désordre le justifie, le règlement pourra prévoir que le gouverneur civil ordonne au contrevenant qu'il s'abstienne de pratiquer des

la vie locale. Si l'on égrène les prérogatives policières du gouverneur civil, on constate que celles-ci sont extrêmement importantes et ont été maintenues pour l'essentiel jusqu'en 1992[1].

Le décret-loi n° 252/92 du 19 novembre 1992 a marqué une étape incontournable dans les répartitions des fonctions du gouverneur civil. S'il en a repris certaines qui étaient incluses dans le code administratif de 1940, il est évident que les missions du responsable du district avaient été sensiblement réduites. Le gouverneur civil devait concilier simultanément ses missions de représentation du gouvernement, et se voir retirer une partie de ses attributions transférées vers le président de la *Câmara municipal* et défendre *erga omnes* les intérêts des citoyens. Il a fallu attendre la Révolution du 25 avril 1974 puis l'adoption de la Constitution de 1976 pour que soient accordés de nouveaux domaines de compétences au président de la *Câmara municipal* au préjudice du gouverneur civil[2]. Les *municípios* ont pu commencer à financer des projets communs[3]. Pourtant, le décret-loi n° 252/92 du 19 novembre 1992 a fixé des missions selon lesquelles le gouverneur civil avait pour devoir d'établir des liaisons entre les différents services déconcentrés dans son district[4]. Il a stipulé[5] qu'il était nécessaire de clarifier les fonctions et le statut du gouverneur civil[6] ce qui fut fait dans la rédaction du décret-loi n° 316/15 du 28 novembre[1] 1995.

---

actes contraires à la loi ou au propre règlement, en lui interdisant, pour une période de 2 à 12 mois, la fréquentation ou le stationnement dans des locaux publics ou de libre accès public, dûment identifiés, dans l'ordre.

« § 6. Les compétences du gouverneur civil prévues aux § 2 et § 5 peuvent être déléguées dans les termes généraux.

« § 7. Les règlements nécessitent la ratification du Gouvernement et seront publiés dans le *Diário da República,* entrant en vigueur dans les délais fixés pour l'application des lois, si eux-mêmes n'en fixent pas d'autres. »

[1] Il a été abrogé par l'article 29 du décret-loi n° 252/92 du 19 novembre 1992. *Diário da República*, I-Série-A, n° 268, 19 novembre 1992, p. 5334-5338

[2] La diminution des fonctions du gouverneur civil fut réelle dès l'adoption des lois de 1977. Elles concernaient les reports des finances locales vers les municipíos[2] et ont marqué une étape fondamentale dans les transferts des attributions du gouverneur civil vers le président de la *Câmara municipal.*

[3] Plus précisément, c'est le décret-loi n° 118/82 du 19 avril 1982 qui a clarifié les règles relatives aux investissements municipaux qui devaient contribuer à rapprocher l'administration centrale et locale. L'étiolement des missions du gouverneur civil n'a cessé de se poursuivre, sans remettre en cause son action politique officielle et officieuse.

[4] *Diário da República,* I-Série-A, n° 268, du 19 novembre 1992, décret-loi n° 252/92, p. 5334-5338. Il a rappelé le statut et les compétences du gouverneur civil.

[5] *Ibid.*

[6] *Ibid.* « Il faut reconnaître, cependant, que l'actuel statut du gouverneur civil n'est pas clairement défini, d'autant qu'il y a tous les avantages à homogénéiser autant que faire se peut, l'ensemble divers et diffus des textes législatifs dans lesquels s'inscrivent la mouture légale de sa fonction et de ses compétences. Simultanément, le gouvernement se doit de renforcer la coopération exercée par le gouverneur civil en ce qui concerne les services déconcentrés qui sont localisés dans le district. C'est pour cette raison qu'est créée une entité ayant un caractère

Le gouverneur civil exerçait ses compétences, dans quatre domaines spécifiques qui étaient la représentation du gouvernement, le rapprochement entre le citoyen et l'administration, la sécurité publique et la protection civile, comme le disposait l'article 4 du décret-loi n° 252/92 du 19 novembre 1992[2]. On peut mentionner les « Compétences en tant que représentant du Gouvernement » (article 4-A) et les « Compétences dans l'exercice des fonctions de sécurité et de police » (article 4-D)[3].

---

consultatif, dont les fonctions et la composition sont de nature à permettre la poursuite de cet objectif. »

[1] *Diário da República*, I-Série-A, n° 275/95, décret-loi n° 316/95, du 28 novembre 1995, p. 7375-7382. Il a transféré vers les *Câmaras municipais* des compétences du gouverneur civil, en modifiant le décret-loi n° 252/92 du 19 novembre 1992, dans sa rédaction du décret-loi n° 316/95, du 28 novembre 1995 puis du décret-loi n° 213/2001 du 2 août 2001. L'annexe du décret-loi n° 316/95, du 28 novembre 1995, à l'article 48 soulignait que le gouverneur civil pouvait déléguer, tout ou partie, de ses compétences en matière surveillance et sanction, lors d'événements sportifs ou culturels, aux responsables de la police de sécurité publique et garde nationale républicaine du district.

[2] *Diário da República*, II-Série, n° 228, 28 novembre 2005, p. 16 599-16 610. *Cf.* l'arrêt n° 31/2005, de la *Procuradoria* générale de la République, p. 16 598-16 599. Dans son arrêt n° 31/2005 du 28 novembre 2005, la *Procuradoria* générale de la République dans son article 1-5 a confirmé, une fois de plus : « Tant que les régions administratives ne sont pas instituées, le gouverneur civil est, sur le territoire du continent, un magistrat administratif, l'unique organe local de l'administration générale et commune de l'État, en exerçant dans la circonscription du district les fonctions de représentation du Gouvernement, le rapprochement entre le citoyen et l'administration, la sécurité publique et la protection civile. »

[3] *Diário da República,* II-Série, n° 228, 28 novembre 2005, p. 16 604, arrêt n° 31/2005 du 28 novembre 2005 de la *Procuradoria générale de la République.* Article 4-A « Compétences en tant que représentant du Gouvernement ».

« 1. Il est de la compétence du gouverneur civil dans la circonscription du district et en tant que représentant du Gouvernement de :

« Exercer les fonctions de représentation du Gouvernement ;

« Collaborer à la diffusion des politiques sectorielles du Gouvernement, notamment au travers d'actions d'informations et formations, en facilitant leurs meilleures implantations ;

« En référer au membre du Gouvernement compétent en raison de la particularité de l'information périodique et systématisée, selon les secteurs et les sujets ayant un intérêt pour le district ;

« Préparer l'information relative aux requêtes, rapports et pétitions qui lui sont remis pour les transmettre aux membres du Gouvernement ou tout autre organe de décision ;

Attribuer des financements à des associations dans le champ d'action du district.

« 2. Pour les effets de l'alinéa c) du numéro antérieur, les zones stratégiques de prestations d'informations, dans l'aire du district, sont toutes celles qui se réfèrent à la protection civile, à la sécurité interne et, en particulier, à la surveillance de proximité, aux questions économiques et sociales, aux investissements à réaliser dans le district, ainsi que d'autres ayant un intérêt pour le district.

« 3. Il relève également de la compétence du gouverneur civil de développer toutes les démarches nécessaires et appropriées à une coopération adéquate dans l'articulation entre les services publics déconcentrés dans le cadre du district, et entre eux et les autres organes administratifs localisés dans la circonscription du district, en accord avec les orientations des membres respectifs du Gouvernement. [...] »

L'article 4-D qui portait sur les « Compétences dans l'exercice des fonctions de sécurité et de police » n'a fait que reprendre les missions sécuritaires incluses dans le code administratif de

Une remise en cause des prérogatives du gouverneur civil

António Carrapatoso[1] a divisé schématiquement en cinq phases les évolutions des attributions dévolues au gouverneur civil :

- 1835-1878 : le gouverneur civil avait pour fonction générale de consolider la mise en place de la monarchie libérale, mais d'orientation centralisatrice.
- 1878-1910 : le code administratif de 1878 se caractérisait par l'instauration de la décentralisation administrative qui consacrait les principes de l'autonomie locale, mais réduisait les prérogatives du gouverneur civil.
- 1910-1926 : cette période a été marquée par l'ambiguïté législative de la fonction et du statut du représentant local du gouvernement[2].
- 1926-1974 : avec la chute de la Première République et l'instauration de l'État nouveau, le gouverneur civil acquit des fonctions de représentation (surtout du ministère de l'Intérieur) et des prérogatives policières. Lors de l'intensification de la guerre coloniale (1961), le gouverneur civil a vu se renforcer son action en matière de contrôle des personnes, des élections, de la presse et des associations. Les déplacements à l'étranger étaient d'autant plus restreints et soumis au bon vouloir du gouverneur civil qu'il bénéficiait du privilège d'accorder des passeports.

1940. Ainsi, la nouvelle rédaction énonçait : « Il est de la compétence du gouverneur civil, dans le district et dans l'exercice des fonctions de sécurité et de police :

« Accorder, dans les termes de la loi, des licences ou autorisations pour l'exercice des activités, en ayant toujours en compte la sécurité des citoyens et la prévention des risques ou des divers dangers inhérents aux citoyens.

« Promouvoir, après arrêt du conseil coordinateur et en se basant sur le fondement de la politique définie par le ministre de l'Administration interne, l'articulation des activités suivantes en matière de sécurité interne :

« Des forces de sécurité en ce qui concerne la surveillance de proximité, après avoir entendu leur premier responsable dans le district ;

« Des forces de sécurité avec les polices municipales ; après avoir entendu leur premier responsable dans le district ;

« Des actions de surveillance qui s'insèrent dans le champ d'actions du ministère de l'Administration interne.

« Prendre des mesures pour le maintien ou le replacement de l'ordre, de la sécurité et de la tranquillité publics, pouvant, pour cet effet :

« Requérir, dès que nécessaire, à l'intervention des forces de sécurité, aux commandements de la PSP et de la GNR installés dans le district ;

« Proposer au ministre de l'Administration interne pour approbation les règlements nécessaires à l'application des lois qui établissent le mode d'exercice de ses compétences ;

Appliquer les mesures de police et les sanctions prévues par la loi contre les *infra*ctions. »

[1] Carrapatoso (A.), « O governador civil do distrito (1835-2008) em geral e no local », *Revista de Administração Local*, n° 224, mars-avril 2008, p. 163-182.

[2] *Diário do Governo*, n° 183, loi n° 88 du 7 août 1913, p. 2913-2932. La loi n° 88 du 7 août 1913, émanant de la Direction générale de l'administration politique et civile, du ministère de l'Intérieur, énonçait dans son article 44 : « Les gouverneurs civils pourront assister aux séances des Juntes générales et être entendus, tant sur les affaires en cours que sur n'importe quels autres sujets d'intérêt public. »

- 1974-2011 : Le gouverneur civil fut confirmé dans son rôle de chef du gouvernement civil.

Cette répartition est cohérente, mais on pense, suite à nos recherches, que les évolutions des fonctions du principal magistrat administratif dans la province puis dans le district n'ont pas toujours coïncidé avec les alternances politiques nationales. Il est extrêmement subjectif d'établir des divisions dans la chronologie générale qui synthétise les modifications majeures dans les attributions qui incombaient au représentant local de l'État. Cependant, après les multiples recherches concernant les codes administratifs et la législation qui a été adoptée après la Constitution de 1976, on propose sept étapes majeures dans le processus d'instauration, de maintien et de suppression du gouverneur civil :

- 1800-1832 : puisque l'on devait remonter à l'administration française avec l'institution préfectorale de la loi du 28 pluviôse an VIII qui a influencé la rédaction du décret n° 23 du 16 mai 1832 et la création du *prefeito*,
- 1835 : avec le décret du 25 juillet 1835, le *prefeito* est devenu le gouverneur civil,
- 1836 : adoption du premier code administratif portugais,
- 1836-1936 : une succession de codes administratifs qui traduisaient l'instabilité politique nationale,
- 1936-1940 : le code administratif de 1940 a été une réaction contre les fonctions ambivalentes du gouverneur civil. Il a fait de ce dernier l'homme omnipotent dans le district,
- 1974-1976 : de la révolution du 25 avril 1974 au 25 avril 1976, avec la promulgation de la Constitution de 1976, le gouverneur civil a assisté et participé à la transition démocratique.
- 1976-2011 : le gouverneur civil a été sauvegardé à la tête du district en tant que relais local indispensable au pouvoir central. Il a été un personnage clef qui a contribué irréfutablement à consolider la mise en place de la démocratie. Depuis 1976, il y a eu un affaiblissement général des pouvoirs et fonctions[1] du gouverneur civil jusqu'à sa suppression définitive.

En résumé, si l'on établit une synthèse sur le rôle et les répartitions des missions du gouverneur civil après le 25 avril 1974, la rupture avec l'ancien régime ne fut pas aussi radicale en ce qui concerne ses attributions. On note dans nos analyses que certaines fonctions du chef du gouvernement civil incluses dans le code administratif de 1940 n'ont été abrogées progressivement qu'après la promulgation de la Constitution de 1976[2]. Le texte de réfé-

---

[1] Notamment avec l'autonomie financière accordée au município dès 1979 et la décentralisation administrative qui n'a cessé de se renforcer en accordant plus de fonctions au président de la *Câmara municipal*.

[2] *Cf.* le décret-loi n° 103/84 du 30 mars 1984 [*Diário da República,* I-Série, n° 76], le décret-loi n° 252/92, du 19 novembre 1992 [*Diário da República*, I-Série-A, n° 268, p. 5334-5338.] ou le décret-loi n° 316/95, du 28 novembre 1995 [*Diário da República,* I-Série-A, n° 275/95, p. 7375-7382].

rence en matière de transfert de compétences du gouverneur civil vers le président de la *Câmara municipal* est le décret-loi n° 316/95 du 28 novembre 1995[1]. Deux faits majeurs se détachent du décret-loi n° 316/95, du 28 novembre 1995.

D'une part, il a confirmé les domaines de compétences du gouverneur civil en tant qu'organe administratif représentant le gouvernement dans le district, et dont les principales fonctions officielles consistaient à maintenir l'ordre, la tranquillité et la sécurité publique.

D'autre part, il a transféré vers les *Câmaras municipais* certaines attributions du gouverneur civil. L'annexe du décret-loi n° 316/95 du 28 novembre 1995, à l'article 48, soulignait que le gouverneur civil pouvait déléguer tout ou partie de ses compétences en matière de surveillance et de sanction, lors d'événements sportifs ou culturels, aux responsables de la Police de sécurité publique et de la Garde nationale républicaine du district. Les missions sécuritaires ont été précisées lors de l'instauration du Conseil coordinateur de la sécurité routière du district, après l'adoption du décret-loi n° 213/2001 du 2 août 2001[2] et du décret-loi n° 264/2002 du 25 novembre 2002[3], des changements ont été apportés par l'arrêt n° 10222/2008 du 8 avril 2008[4].

La synthèse des missions principales et secondaires du gouverneur civil pose désormais la question, après sa suppression, de savoir qui va informer quotidiennement le pouvoir exécutif. Avec l'éparpillement des anciennes fonctions qui étaient assurées par le gouverneur civil vers les collectivités locales, les ministères et les associations nationales ou locales,[5] on aura indubitablement une multitude d'organismes qui éprouveront des difficultés à coordonner et harmoniser certaines actions locales[6], sans la présence d'un

---

[1] *Diário da República*, I-Série-A, n° 275/95, décret-loi n° 316/95, du 28 novembre 1995, p. 7375-7382.

[2] *Diário da República*, I-Série-A, n° 178, 2 août 2001, décret-loi n° 213/2001 du 2 août 2001. p. 4702-4705.

[3] *Diário da República*, I-Série-A, n° 272, décret-loi n° 264/2002 du 25 novembre 2002, p. 7385-7386. Avec le décret-loi n° 264/2002, du 25 novembre, les compétences constantes de l'annexe au décret-loi n° 316/95 furent transférées vers les *Câmaras municipais* dans les domaines de l'information, d'autorisations et de consultations. On note que le décret-loi n° 264/2002, du 25 novembre 2002 a été promulgué par le ministère des Villes, Aménagement du territoire et de l'Environnement. L'article 6 intitulé « Devoir de coopération » disposait que « Les gouvernements civils doivent faciliter aux *Câmaras municipais* toutes les informations et les éléments nécessaires à l'exercice par les organes municipaux des compétences transférées dans les termes du présent diplôme ».

[4] *Diário da República*, II-Série, n° 69, 8 avril 2008, p. 15467-15468. *Cf.* dans la Première partie, le Titre I, Section1, § 1, p. 116.

[5] On peut citer par exemple le cas de l'Association nationale des *Municípios* pour la protection civile.

[6] *Cf.* à titre d'exemple en bibliographie IV – Articles de presse, les articles du *Jornal de Notícias* du 24 juillet 2012 et du *Jornal de Negócios* du 26 juillet 2012.

« généraliste » qui serait le *prefeito* régional à qui le gouvernement confierait aussi des missions officieuses.

Les attributions politiques officieuses

En créant un « magistrat administratif », il ne s'agissait pas uniquement de procéder à une réforme administrative au niveau de la province, puis du district. Le *prefeito* et le gouverneur civil devaient être « le visage » local du gouvernement[1].

Sa fonction politique a toujours été intrinsèquement liée à la confiance que le pouvoir exécutif pouvait avoir en lui, car c'est là un paramètre intangible de l'institution depuis sa création. Le *prefeito*, puis le gouverneur civil, furent bien plus que les chefs de l'administration publique et les représentants du pouvoir royal dans la province. Ils ont été les agents politiques officieux du pouvoir central. En voulant séparer les trois pouvoirs au sein de la *comarca,* le génie et le courage politique de José Xavier Mouzinho da Silveira a été d'engager une réforme en profondeur de l'administration périphérique portugaise, en intensifiant parallèlement la présence locale de l'État. Le gouverneur civil fut tiraillé entre la défense des orientations politiques du gouvernement, celle des populations et celle des intérêts du parti politique dont il était membre.

Ce « fil d'Ariane » qui caractérise le gouverneur civil constitue une véritable dichotomie dans ses fonctions, entre les exigences d'une fausse impartialité et les activités politiques discrétionnaires qui lui étaient imposées, notamment par une coopération plus ou moins visible avec le parti politique au pouvoir.

Une neutralité de façade

Le gouverneur civil devait être impartial mais, en réalité, s'il a été un magistrat administratif, il fut avant tout un « politique ».

Il était de son devoir de maintenir le dialogue avec les populations et une collaboration indispensable avec les présidents des *Câmaras municipais* et des juntes de *freguesias*, non seulement pour mener une politique locale d'apaisement et garantir la tranquillité du district, mais aussi pour tenter de les orienter selon les directives du pouvoir central. Sa position en tant qu'interface entre le gouvernement et les élus locaux n'inhibait en rien son

---

[1] Il en fut de même en Espagne pour le *gobernador civil* puis le délégué du gouvernement, car s'il est nommé en Conseil des ministres sur proposition du président du gouvernement, autrement dit, le Premier ministre espagnol, le délégué du gouvernement est un « politique ». L'article 154 de la Constitution du Royaume d'Espagne du 27 décembre 1978 disposait à cet égard : « Un délégué, nommé par le Gouvernement, sera chargé de diriger l'administration de l'État sur le territoire de la Communauté autonome et de le coordonner, s'il y a lieu, avec l'administration propre de la Communauté ». Créé en 1847 par décret royal, le *gobernador civil* a été remplacé en 1997 par le délégué du gouvernement.

inclusion dans des relations directes, lesquelles prenaient en compte deux rapports qui n'étaient pas forcément antagonistes, à savoir : ses contacts avec les populations des *concelhos* de son district, et l'obligation politique et le dévouement à servir ceux qui l'avaient nommé.

Une double fonction politique

Elle s'exprimait au travers d'un engagement au service du gouvernement et d'une collaboration avec le parti politique au pouvoir.

Pourtant, les préjugés sont tenaces, qui ne voyaient dans le gouverneur civil qu'un simple représentant du gouvernement. On remarque que s'il a été l'homme de confiance du gouvernement dans l'espace de l'administration publique[1], il devait aussi faire preuve de qualités humaines dans la mesure où il lui incombait d'établir, à l'exemple du préfet français[2], de bonnes relations entre le citoyen et l'administration. Le gouverneur civil fut aussi « l'avocat » du district. C'est somme toute dans ce rôle qu'il a trouvé la pleine expression de sa fonction, dans la défense des intérêts de la population de « son » district.

Cependant, le gouverneur civil n'oubliait pas sa mission politique, en tant qu'expression et manifestation du prolongement du pouvoir central. Pourtant, son statut de personnage politique a été rarement spécifié, même si l'avis n° 37/1996 du Conseil consultatif de la *Procuradoria* générale de la République y a fait référence.

L'avis n° 37/1996 du Conseil consultatif de la *Procuradoria* générale de la République a été voté lors de la séance du 2 avril 1998. Or, il n'a jamais été publié[3]. Cet avis du CCPGR a fait suite à une demande du ministre de l'Administration interne Jorge Coelho, lequel avait été questionné, par un courrier en date du 10 avril 1996, par le gouverneur civil de Santarém Silvino Manuel Gomes Sequeira concernant les divergences suscitées par sa rémunération mensuelle[4]. Le gouverneur civil invoquait le fait qu'il exerçait

---

[1] Alves Correia (F.), *Alguns Conceitos de Direito Administrativo*, Coimbra, Édition Almedina, 2 e édition, Coimbra, 2001, p. 13-14 : « L'expression administration publique est utilisée avec une pluralité de sens : matériel ou objectif, organique ou subjectif et formel [...]. Aujourd'hui, la rigidité du principe de séparation des pouvoirs apparaît tempérée par les principes de l'interdépendance et de la collaboration entre les pouvoirs (article 114 de la CRP), par lequel chaque organe de l'État n'exerce pas seulement la fonction pour laquelle il a été instauré. »

[2] Lavaron (B.), *Le Préfet au XXIe siècle,* Paris, éd. Économica, 2001, p. 259 : « Le préfet devra disposer, tout à la fois, de l'autorité personnelle, du charisme, du sens du dialogue, de l'expertise, de l'attention à autrui. Chef, *manager*, partenaire, diplomate, conseiller, il lui faudra une personnalité, du caractère, un sens des relations, un flair politique, de la rigueur. »

[3] Courrier reçu le 9 juin 2012 du secrétariat général de la *Procuradoria* générale de la République.

[4] La question était de savoir s'il devait recevoir seulement 1/3 du salaire accordé au gouverneur civil, et si les 2/3 restants devaient lui être versés par la caisse retraite des fonctionnaires de son ministère d'origine, puisqu'il avait été enseignant, avant d'être nommé gouverneur

une charge politique, en vertu du décret-loi n° 252/92 du 19 novembre 1992[1], de l'alinéa e) du n° 2 de l'article 1er de la loi n° 64/93 du 26 août 1993[2] et de la loi n° 28/95 du 18 août 1995[3]. Le gouverneur civil estimait ne pas avoir de lien durable avec l'administration publique et a mis en avant le caractère précaire et amovible de la charge de responsable du gouvernement civil dont « la permanence exige des raisons spéciales de confiance politique[4] ». Il était donc reconnu que le gouverneur civil exerçait une charge politique, quand bien même il était un magistrat administratif.

L'avis n° 37/1996 du CCPGR avait souligné, dans ses argumentations : « Ainsi, seront agents administratifs de l'État, non-fonctionnaires, parce qu'il leur manque notamment, et entre autres, la note de professionnalisme, les agents politiques parmi lesquels on compte les gouverneurs civils[5]. » Cependant, le CCPGR a précisé : « Néanmoins, les gouverneurs civils, à des fins de rémunération, ne sont pas considérés comme titulaires de charges politiques parce qu'ils ne figurent pas dans la liste du n° 2, de l'article 1er de la loi n° 4/85[6]. » Les fonctions exercées par le gouverneur civil doivent être considérées comme « fonctions publiques[7] ». Cependant, la loi n° 34/87 du

---

civil, ou bien, si l'intégralité du salaire devait lui être versé par le ministère de l'Administration interne.

[1] *Diário da República*, I-Série-A, n° 268, décret-loi n° 252/92, du 19 novembre 1992, p. 5334-5338. Le décret-loi n° 252/92, du 19 novembre 1992 a rappelé les compétences du gouverneur civil a clairement précisé : « Il faut bien reconnaître, cependant, que l'actuel statut du gouverneur civil n'est pas clairement défini. »

[2] *Diário da República*, I-Série, n° 200, loi n° 64/93 du 26 août 1993. La loi n° 63/93 du 26 août 1993 a établi le régime juridique d'incompatibilité de charges politiques et des hautes charges publiques. Dans son article 1er, n° 1, le gouverneur civil et le vice-gouverneur étaient considérés comme titulaires de postes politiques ». *Cf. infra* la loi n° 4/85 du 9 avril 1985 qui n'intégrait pas le gouverneur civil dans les titulaires de charges politiques.

[3] *Diário da República*, I-Série, n° 190, loi n° 28/95 du 18 août 1995, p. 1974. Loi n° 28/95 du 18 août 1995 a révisé loi n° 64/93 du 26 août 1993.

[4] Avis n° 37/1996 du Conseil Consultatif de la *Procuradoria* générale de la République, voté lors de la séance du 2 avril 1998, p. 17. En donnant un autre exemple, le 30 novembre 1995, le secrétariat général du ministère de l'Administration interne avait également sollicité l'avis du CCPGR suite à une demande du gouverneur civil de Bragança qui percevait sa rémunération de gouverneur civil, laquelle se cumulait avec sa pension retraite d'ancien fonctionnaire. Le CCPGR avait dit que la législation alors en vigueur pouvait « ne pas être actualisée face aux derniers développements de la législation statutaire applicable aux titulaires de charges politiques ».

[5] Avis n° 37/1996 du Conseil Consultatif de la *Procuradoria* générale de la République, voté lors de la séance du 2 avril 1998.

[6] *Ibid.*

[7] *Diário da República*, I-Série, n° 82, loi n° 4/85 du 9 avril 1985, p. 965-970. L'article 1er « Titulaires de charges politiques » disposait au n° 2 « Sont titulaires de charges politiques, pour effet du présent texte :

« Le président de la République,

« Les membres du gouvernement,

« Les députés de l'Assemblée de la République,

« Les ministres de la République pour les régions autonomes,

16 juillet 1987, alinéa j) de l'article 3[1] portant sur les « Crimes de responsabilité des titulaires de charges politiques », mentionnait le gouverneur civil comme faisant partie des titulaires d'une charge politique. Dans la conclusion de l'avis n° 37/1996, le CCPGR avait noté, concernant le gouverneur civil :

> L'on doit le considérer comme titulaire de charge politique pour différents effets, et qu'il exerce des fonctions administratives non méprisables. Les fonctions politiques qu'il exerce n'empêchent pas qu'il occupe une place dans l'administration publique créée par la loi, et exerce une charge (office) aux contours précis également établis par la loi. Il est un agent administratif non fonctionnaire, intégrant un ensemble d'agents politiques, qui inclut aussi, par exemple, les membres des cabinets ministériels[2].

En résumé, le ministère public portugais considérait que le gouverneur civil exerçait une charge politique comme l'énonçaient la loi n° 34/87 du 16 juillet 1987 et la loi n° 63/93 du 26 août 1993. Pourtant, ces lois ont été peu citées. L'une des raisons en serait que le vote de la loi organique 15-A/98, du 3 avril 1998[3] qui portait sur le régime du référendum et le vote de

---

« Les membres du Conseil d'État [...]. »

[1] *Diário da República*, I-Série, n° 161, loi n° 34/87 du 16 juillet 1987, p. 2782-2787. Article 3 « Charges politiques » : « Sont charges politiques :
« Celle du président de la République,
« Celle du président de l'Assemblée de la République,
« Celle du député de l'Assemblée de la République,
« Celle du membre du gouvernement,
« Celle du député au Parlement européen,
« Celle du ministre de la République de la région autonome,
« Celle du membre de l'organe du gouvernement spécifique de la région autonome,
« Celle du gouverneur civil de Macau, le secrétaire général du gouvernement de Macau, ou le député de l'Assemblée législative de Macau,
« Celle du membre de l'organe représentatif de la collectivité locale,
« Celle du gouverneur civil. »

[2] Avis n° 37/1996 du Conseil Consultatif de la *Procuradoria* générale de la République, voté lors de la séance du 2 avril 1998.

[3] *Diário da República*, I-Série-A, n° 79, loi organique du régime du référendum 15-A/98 du 3 avril 1998, p. 1496-(2)-1496-(29). La loi organique 15-A/98 du 3 avril 1998 énonçait au Titre I « Nature et objet du référendum », article 1er « Nature de la présente loi » : « 1. La présente loi organique régit les cas et les termes de la réalisation du référendum de nature nationale prévus par l'article 115 de la Constitution ». La Constitution de 1976 dans son article 115 « Référendum » dispose « 1. Les citoyens électeurs recensés sur le territoire national peuvent être appelés à se prononcer directement, à titre contraignant, au travers d'un référendum, par décision du président de la République, sur proposition de l'Assemblée de la République et du gouvernement [...],
« 2. Le référendum peut encore résulter de l'initiative de citoyens dirigée à l'Assemblée de la République [...] ». *Cf.* également le *Diário da República*, I-Série A, n° 155, loi constitutionnelle n° 1/2005, du 12 août 2005, p. 4642-4686 : « 1. La présente loi régule encore les conditions et les termes des consultations directes pour l'instauration effective des régions administratives prévues à l'article 256 de la Constitution. »

la loi n° 19/98 du 28 avril 1998[1] concernant la création des régions administratives étaient alors des priorités pour le gouvernement. On ne devait pas insister également sur le fait que le gouverneur civil était un délégué politique local.

Une collaboration avec le parti politique au pouvoir

Cette relation fut plus ou moins discrète selon les directives du gouvernement qui avait placé le gouverneur civil à son poste.

Le gouverneur civil devait prouver au pouvoir central qui l'avait nommé qu'il pouvait lui faire confiance, puisqu'il était suffisamment habile pour « tenir » le district, même si c'est une caractéristique que l'on retrouve dans d'autres systèmes administratifs européens. Il existe de toute évidence des similitudes entre les administrations françaises et portugaises[2], puisqu'il y a eu incontestablement des influences françaises sur les schémas organisationnels portugais qui s'exprimaient, notamment, dans le principe de la théorie juridique de l'État-nation[3].

Dès lors, il était essentiel de redéfinir et d'adapter les fonctions du gouverneur civil et des fonctionnaires locaux dans le but d'un meilleur fonctionnement de l'organisation de l'administration du pays et du service public[4].

Si l'on aborde les prérogatives du gouverneur civil entre fonctions politiques officieuses et missions officielles, selon les régimes politiques en place, c'est qu'elles justifient et expliquent les raisons pour lesquelles la division administrative du territoire en districts demeure quasiment inchan-

---

[1] *Diário da República,* I-Série-A, n° 98, loi 19/98 du 28 avril 1998, p. 1888-1890. La loi n° 19/98 du 28 avril 1998 dite « Loi de création des régions administratives », dans son article 1er « Objet » précisait : « 1. La présente loi crée les régions administratives.
« 2. Les pouvoirs, la composition et la compétence des régions administratives, ainsi que le fonctionnement de ses organes, sont ceux énoncés dans la loi n° 56/91 du 13 août ».

[2] Ricci (J.-C.), « Droit administratif », *in L'Administration publique en Europe.* Paris, 1988, p. 83 : « Historiquement, ce que l'on peut appeler « le modèle français d'administration publique » atteint son visage quasi contemporain entre 1880 et 1945. En réalité, il est l'héritier, et l'héritier fidèle, d'une très longue tradition. »

[3] Ignasse (G.), *Le pouvoir, (Contribution à la théorie générale de l'État 1920),* Paris, Collection Droit Public, p. 8 : « Reprenant les principes de la Révolution française et poussés par les revendications nationalistes de l'époque, les juristes de la fin du XIXe siècle affirment que « l'État est la personnification juridique d'une nation (Esmein, 1895). Pour Carré de Malberg, « en proclamant que la souveraineté, c'est-à-dire la puissance caractéristique de l'État, réside essentiellement dans la nation, la Révolution a consacré implicitement, à la base du droit français, cette idée capitale que les pouvoirs et les droits dont l'État est le sujet, ne sont pas autre chose au fond que les droits et pouvoirs de la nation elle-même ».

[4] Villiers de (M.) et Berranger de (T.) (dir.), *Droit public général, Institutions politiques, administratives et communautaires. Droit administratif - Finances publiques*, Paris, éd. LexisNexis, Litec, 4e éd., 2009, p. 464 : « Dans l'approche classique, la notion de service public repose ; comme on a pu le constater précédemment, sur une double adéquation entre une activité d'intérêt général (élément matériel) et, d'une part, la présence d'une personne publique (élément organique) et, d'autre part, le renvoi à un régime de droit public (élément fonctionnel). »

gée. La création de dix-sept districts en 1835, puis d'un district supplémentaire en 1926[1], a favorisé les procédures régulières d'inspections des activités des membres de l'opposition et des propres partisans du pouvoir central.

Durant l'État nouveau, le gouverneur civil s'est vu confier des pouvoirs étendus qui lui ont permis, dans le cadre de ses coopérations avec les forces de sécurité, telles que la Garde nationale républicaine, la Police de sécurité publique ou la Police internationale et de défense de l'État, de tisser une toile d'une efficacité redoutable dans la surveillance des agissements considérés comme subversifs des opposants politiques.

Après la rupture politique issue du mouvement révolutionnaire du 25 avril 1974 et les réformes constitutionnelles qui en ont découlé, le gouverneur civil a continué à suivre de très près, mais en toute discrétion, les agissements des élus et de l'ensemble des acteurs politiques locaux, qu'ils fussent membres de l'opposition ou militants actifs du parti au pouvoir. Mais il effectuait ses approches politiques de façon tacitement consensuelle, puisque chaque parti politique faisait de même lorsqu'il arrivait au pouvoir. Le gouverneur civil devait donc mener ses missions de contrôle et en informer le ministre de l'Administration interne ou ses services, sans créer des tensions à l'échelon du district, lesquelles seraient susceptibles d'engendrer des situations conflictuelles entre l'opposition et la majorité par des ingérences maladroites. Il est avéré que cette relation a été une caractéristique constante de l'institution, car elle était très jalouse de ses privilèges locaux en tant qu'experte de la politique à l'échelon local. Malgré tout, son attachement idéologique et intéressé à son parti fut plus ou moins manifeste, selon la personnalité de chaque gouverneur civil et de la perception qu'il avait de ses implications dans la vie du district et de ses engagements politiques.

On doit garder en mémoire que le lien permanent avec le parti politique au pouvoir et le gouverneur civil existait, non seulement par l'intermédiaire de son ministre de tutelle, mais par divers moyens humains et techniques et grâce aux entretiens avec les caciques locaux, les ministères et les réunions formelles ou informelles[2]. Les rencontres au ministère de l'Intérieur puis à celui de l'Administration interne ont formé un procédé efficace et discret,

---

[1] Le dernier district créé fut celui de Setúbal en 1926. *Cf.* carte n° 5, p. 17.

[2] *Cf.* Eça de Queiroz (J.-M.), *A Ilustre Casa de Ramires*, (« L'Illustre Maison des Ramires »), Mem Martins, 2e éd., Publicações Europa-América, 1991, p. 115-116 : « Maintenant, mon ami, avec l'oncle de Cavaleiro [le gouverneur civil] ministre de la Justice et José Ernesto ministre de l'Intérieur, sera candidat à la députation, dans sa circonscription, l'homme qu'André Cavaleiro aura décidé de coopter. C'est évident… Sanchez Lucena a toujours gardé sa place à São Bento, par volonté naturelle de son parti. Il était ici le premier homme, le grand homme des Historiques… Tout simplement ! Aujourd'hui pour décider de la formation du gouvernement, comme il n'y a plus d'orientation naturelle du parti, que reste-t-il ? La volonté personnelle de Cavaleiro […]. Dans une autre circonscription, il aurait été encore possible d'imposer à la hâte un député choisi dans les bureaux, à Lisbonne. Pas ici ! Le député doit être local et cavaleiriste [partisan d'André Cavaleiro]. »

pour garder un contact avec le parti au niveau national, par le truchement de son ministre. Il en était de même pour le préfet en Roumanie[1], mais de façon plus officielle.

Tous les gouvernements centraux et les partis politiques se sont servis du gouverneur civil comme d'un levier local capable de défendre leurs programmes politiques et leurs intérêts. Par exemple, le Parti du Centre régénérateur libéral, le Parti progressiste, le Parti national républicain, le Parti républicain nationaliste, que ce soit sous la monarchie constitutionnelle, la Première République, la dictature, l'État nouveau puis la Troisième République[2], ont exigé du gouverneur civil un dévouement sans failles.

Dans ces situations politiques très différentes, le ministre de tutelle du gouverneur civil s'est substitué aux instances dirigeantes nationales et locales du parti avec qui le gouverneur civil ne pouvait avoir de contacts apparents, lesquels auraient mis en doute la neutralité de sa fonction. On connaît déjà les interrelations, étroites et permanentes, entre le gouverneur civil et les responsables de l'Union nationale[3], dont il fut l'un des piliers dans le district, et le véritable dirigeant même s'il restait parfois volontairement dans l'ombre du chef local de l'Union nationale.

Or, le pouvoir central n'a pas voulu définir l'Union nationale comme un véritable parti politique mais comme un rassemblement de citoyens, d'associations et de syndicats d'ouvriers et de patrons[4]. Le président du Conseil António de Oliveira Salazar fut opposé aux partis politiques qui constituaient, selon lui, des facteurs d'instabilité politique et engendraient des dissensions entre Portugais[5]. De fait, lors des élections législatives du

---

[1] Sora (A.-F.), *Servir l'État roumain, le corps préfectoral, 1866-1940,* Bucarest, editura Universitãtii din Bucuresti, 2011, p. 314 : « D'habitude, le préfet était subordonné au ministre de l'Intérieur non seulement du point de vue administratif, mais aussi du point de vue de la hiérarchie de parti. Cette double subordination était visible au niveau de l'activité du préfet, notamment dans sa correspondance officielle avec le ministre. En général cette dépendance politique devait être cachée, mais de nombreux préfets n'ont eu aucune réticence à montrer dans la correspondance officielle que leurs attributions non officielles, électorales, étaient les plus importantes. »

[2] La monarchie constitutionnelle (1820-1910), la Première République (1910-1926), la dictature et l'État nouveau (1926-1974), puis la Troisième République (1974-…).

[3] Elle fut créée le 30 juillet 1930. En février 1970, l'Union nationale est devenue l'Action nationale populaire, mais elle a été dissoute dès le 25 avril 1974 après la promulgation du décret-loi n° 172/74 du 25 avril 1974.

[4] On définit au Portugal les associations ou corporations professionnelles d'ouvriers et de patrons par grémios, notamment durant l'État nouveau.

[5] Ce contexte politique durant la présidence du Conseil de António de Oliveira Salazar permet de mieux comprendre que le gouverneur civil soit devenu durant cette période l'un des piliers du régime.

16 décembre 1934[1], les quatre-vingt-dix députés élus à l'Assemblée nationale étaient tous issus de la liste unique de l'Union nationale[2].

C'est la raison pour laquelle, en exerçant un contrôle absolu sur l'Union nationale, le pouvoir exécutif n'avait pas à se cacher de ses relations entre le pouvoir central, son ministre de l'Intérieur et leur représentant dans le district. En fait, le contexte était favorable à ce que le gouverneur civil puisse exprimer son appartenance au parti pendant la durée de son mandat, sans qu'il lui soit fait une quelconque récrimination, par une opposition quasi inexistante ou réprimée. L'une de ses priorités en période d'élections était de collaborer davantage avec l'Union nationale afin que les consultations électorales puissent se dérouler dans les meilleures conditions possible.

Dans cette finalité, le chef du gouvernement civil se devait d'effectuer un travail permanent de terrain afin de vérifier le bon fonctionnement du parti à l'échelon local, et si besoin, inciter les responsables au sein des *concelhos* et des *freguesias* à plus d'implications dans la défense des intérêts du régime, sous peine d'en être exclus.

La neutralité apparente de sa fonction et la discrétion cauteleuse dont il faisait preuve n'empêchaient pas le gouverneur civil de poursuivre, parfois avec tact et de talent, son implication à servir le gouvernement et son parti. Il lui arrivait de mener en parallèle, avec beaucoup d'entregent, son propre chemin politique, parfois en démissionnant de son poste de chef du gouvernement civil, pour se présenter « à visage découvert » aux élections législatives ou municipales, après avoir analysé les probabilités de sa propre élection en observateur attentif du district.

Bien souvent son objectif premier était de tisser des réseaux pour être élu président de la *Câmara municipal* ou député. Dans des contextes politiques, plus ou moins difficiles, le contrôle des flux d'informations politiques a été l'une des principales prérogatives du gouverneur civil depuis sa création.

La surveillance de la vie politique locale

Le gouverneur civil fut un pôle de renseignements, de réception et diffusion des informations ascendantes et descendantes.

Le gouverneur civil devait informer régulièrement son ministre de tutelle des événements politiques qui se déroulaient dans le district et du compor-

---

[1] Les élections législatives précédentes dataient du 8 novembre 1925. 163 députés furent élus à la *Câmara* des députés et 68 sénateurs au Sénat. Les députés étaient 90 lors de la première législature. En 1974, lors de la onzième et dernière législature, ils étaient 150.

[2] Il n'y avait aucune liste d'opposition et il a fallu attendre les élections législatives du 18 décembre 1945 pour que le Mouvement d'unité démocratique, unique parti d'opposition, présente des candidats face à l'Union nationale. Le véritable pouvoir législatif appartenait au gouvernement, puisque l'Assemblée nationale n'était qu'« un organe législatif exceptionnel » ; cf. *Diário das Sessões*, n° 176, 16 juin 1945.

tement des élus et des militants les plus actifs[1], puisqu'il en allait de sa responsabilité[2] et de sa survie politique. Le gouverneur civil pouvait faire appel à d'autres autorités du district, y compris de l'opposition politique, afin qu'elles participent aux réunions à titre d'observatrices, comme les présidents des *Câmaras municipais*[3]. Le gouverneur civil devait démontrer et prouver qu'il était préoccupé par la recherche du consensus local. En cela, la systématisation des échanges qu'ils aient été secrets ou pas est d'autant plus essentielle qu'elle a contribué à consolider les liens occultes entre le gouverneur civil et sa hiérarchie[4].

Elle justifiait partiellement l'existence de l'institution non pas seulement en tant que structure fondamentale de la capacité d'ingérence et de contrôle de l'État, mais aussi de sa qualité d'observateur privilégié de la vie politique du district, et de président du tribunal administratif.

Le symbole de l'autorité de l'État

Le maintien de l'ordre, la sécurité du territoire et des personnes, et la surveillance des opposants politiques au pouvoir central étaient, depuis la création du gouverneur civil[5], des priorités.

---

[1] La correspondance entre le gouvernement civil et central était souvent codée, et rarement datée. Les messages servaient parfois à fixer un rendez-vous. Les résultats des élections étaient adressés, par télégramme dans un premier temps, au ministère de l'Intérieur, avec le nombre d'inscrits et de votants. On donne ici l'exemple d'un message codé envoyé au président de la *Câmara municipal* de Pinhel : « Monsieur le président de la *Câmara municipal* de Pinhel / n° 229 : 32 736/ 91 767 / 11 573 / 29 564 / 42 178 / 41 207 / 41 938 / 41 990 / 21 085 qui 41 685. »

[2] Villiers de (M.) et Berranger de (T.) (dir), *Droit public général, Institutions politiques, administratives et communautaires. Droit administratif - Finances publiques*, Paris, éd. LexisNexis, Litec, 4e éd., 2009, p. 391 : « L'obligation de rendre compte de ses actions et d'en assumer les conséquences s'impose d'abord à ceux qui exercent le pouvoir politique, et particulièrement dans un régime démocratique puisque dans un tel régime le pouvoir ne s'exerce que dans le cadre d'une délégation temporaire. »

[3] S'il incombait au gouverneur civil de réunir le Conseil coordinateur de la sécurité routière du district, il relevait de la compétence de ce dernier (sur proposition du gouverneur civil) de se prononcer sur les accidents routiers et les actions engagées en vue de leurs diminutions, le suivi des interventions dans le réseau routier, les actions de sensibilisation et contrôle, les actions de formation, notamment auprès des plus jeunes dans les écoles, la mise en œuvre de la Stratégie nationale de sécurité routière ou toute autre matière proposée par le gouverneur civil en ce domaine.

[4] Villiers de (M.) et Berranger de (T.) (dir.), *Droit public général, Institutions politiques, administratives et communautaires. Droit administratif - Finances publiques,* Paris, éd. LexisNexis, Litec, Paris, 4e éd., 2009, p. 174. En France, à titre de comparaison, il est admis que : « La soumission des préfets au gouvernement se manifeste aussi par le fait qu'ils sont hiérarchiquement subordonnés non seulement au Premier ministre, mais aussi à chacun des ministres, ce qui signifie qu'ils peuvent recevoir des instructions de tous les membres du gouvernement [...]. »

[5] Le n° 3 de l'article 4-D du décret-loi n° 252/92, du 19 novembre 1992 mettait en avant la compétence du gouverneur civil dans la gestion des fonctions de sécurité et de police.

Certes, la mission de contrôle politique fut ensuite plus discrète. De même, les critiques et les polémiques parfois injustifiées dont le représentant local du gouvernement a été fréquemment la cible, de la part de la classe politique et des citoyens, n'occultaient pas le dévouement dont il a toujours fait preuve, quels que soient les régimes qu'il a eu à servir. C'est pour cela que pour bien analyser et comprendre l'usage de la force dont faisait preuve le gouverneur civil, on ne saurait ignorer ses interventions, parfois virulentes, et l'usage de la censure.

Les pouvoirs discrétionnaires du gouverneur civil

Si on lui a confié des missions officieuses, le gouverneur civil a dû surveiller aussi les membres de son propre parti[1] et les publications de ses partisans[2].

On peut mentionner, à titre d'exemple, la note confidentielle n° 29/73 du 14 août 1973 que le chef de cabinet du ministre de l'Intérieur a adressée à chaque gouverneur civil. Cette note[3] est révélatrice des procédures du contrôle[4] extrêmement pointilleux qui devait être exercé par le gouverneur civil.

---

[1] Archives du gouvernement civil du district de Guarda, boîte ADG, Cx 211. Le 25 mai 1973, le président de la *Câmara municipal* de Manteigas a écrit au gouverneur civil de Guarda, pour lui signifier que le journal « *Ecos de Manteigas* » n'avait aucune orientation politique. Le 30 mai 1973, le président de la *Câmara municipal* de Mêda a adressé une note au représentant local du gouvernement, pour lui rappeler que la tendance du journal « *Luz da beira* », était « nationaliste à 100 % ».

[2] Archives du gouvernement civil du district de Guarda, boîte ADG, Cx 211. Le 26 mai 1973, le président du Conseil de la *Câmara municipal* de Almeida a adressé une note confidentielle au gouverneur civil de Guarda, pour l'informer que dans son *concelho*, la seule publication était celle du « Bulletin Paroissial » de Almeida et Junça, qui appartenait au curé des deux *freguesias*, le prêtre Manuel Gomes et « il est de mon devoir de vous informer que ce journal suit parfaitement l'orientation politique qui régit les destins de la Nation ».

[3] « Son Excellence le ministre de l'Intérieur me charge, pour le bon déroulement de votre fonction, de lui transmettre la résolution qui a été suggérée à Monsieur le Gouverneur civil de Lisbonne, dans la demande formulée par diverses individualités de ladite opposition monarchique (Gonçalo Ribeiro Telles, Henrique Barrilaro Ruas, João Serra de Moura et Rodrigo Moctezuma), parmi lesquelles l'une d'elles a participé au Congrès d'Aveiro et dont l'activité contre le régime est connue. »

[4] Circulaire L. 31/P. Z-6/1, N° B-70/68, adressée le 11 décembre 1968. Le 7 décembre 1968, le directeur-général du ministère de l'Intérieur António Pedrosa Pires de Lima a informé tous les gouverneurs civils qu'ils devaient communiquer aux corps administratifs de leur district respectif, que : « Roberto dos Santos Valladas Preto, marié, fils de João Pedro de Oliveira Valladas Preto et de Preciosa Bastos dos Santos Valladas Preto, né le 2 février 1936, dans la *freguesia* chef-lieu de *concelho* de São João da Madeira, résidant à Lisbonne, est saisi par les dispositions du paragraphe 2 de l'article 620 du code administratif, pour avoir refusé le poste d'ingénieur civil de deuxième classe de la Junte du district de Lisbonne, dans lequel il a été nommé par délibération du 23 octobre dernier. Il ne peut, pour cette raison, être admis à n'importe quel concours ouvert par les corps administratifs, durant trois ans, à partir de la date du 23 octobre. »

Les fonctionnaires[1], les ouvriers, les agriculteurs, les enseignants, tous les citoyens étaient soumis au même processus de contrôle[2]. Par la suite, avec les guerres coloniales, la surveillance des territoires et des populations s'est intensifiée.

L'institution poursuivait activement ses missions d'information, simultanément auprès de la Police internationale pour la défense de l'État, de la Direction générale de la sécurité et du ministre de l'Intérieur, notamment en ce qui concernait la question de l'émigration[3]. C'est pour cela que l'on doit considérer la prérogative de l'émission de passeports par le gouverneur civil comme étant d'autant plus importante qu'elle induisait une relation étroite avec les forces de l'ordre. Cela a eu pour conséquences directes d'insérer le gouverneur civil lui-même dans un carcan puisqu'il ne pouvait remettre en cause les ordres qui lui étaient donnés par sa hiérarchie, et qu'il se devait d'être à l'affût afin de prévenir toute tentative de rébellion de la population[4].

Parallèlement à sa collaboration avec les services de police, le gouverneur civil a participé à la généralisation de la censure dans le district.

De l'application de la censure au respect de la démocratie

Comment le gouverneur civil a-t-il régulièrement mené des actions de répression et de censure ? Cette fonction occupait quotidiennement le gouverneur civil comme l'attestent les archives consultées au gouvernement civil du district de Guarda, et aux Archives nationales de la *Torre do Tombo,* à Lisbonne.

---

[1] Note confidentielle n° 5917, du 23 mars 1957, du ministère des Communications, direction générale des transports terrestres. L'ingénieur directeur général, José António Miranda Coutinho, a demandé au gouverneur civil de Guarda des informations sur José Carlos Monteiro qui sollicitait un emploi de chauffeur de taxi. Il fallait procéder à une enquête de moralité, afin de savoir « s'il manifestait des idées communistes ». Archives du gouvernement civil du district de Guarda, boîte ADG, Cx 215, correspondance du 1er mars 1966 au 15 décembre 1973.

[2] Archives nationales *Torre do Tombo*. *Cf.* archives du ministère de l'Intérieur, cabinet du ministre. Rapport du gouvernement civil de Faro, avril 1935, dossier 476.

[3] Archives du gouvernement civil du district de Guarda, boîte ADG, Cx 214, 1965. L'émigration a toujours été un problème social, administratif et politique récurrent pour le gouverneur civil. Dans une note aux présidents des *Câmaras municipais*, en date du 22 mars 1965, Luis de Almeida, en sa qualité de représentant de l'État dans le district de Guarda, a écrit : « Je viens, par ce moyen, demander à Votre Excellence, qu'elle veuille me transmettre, le plus rapidement possible, les informations que vous pourrez recueillir sur le grave problème de l'émigration, dans ce district, en accord avec ce qui a été établi lors de la dernière réunion de Messieurs les présidents des *Câmaras municipais*, qui s'est tenue au siège de ce gouvernement civil, le 10 février dernier. »

[4] Archives du gouvernement civil du district de Guarda, boîte, Cx 211. Par exemple, le 4 septembre 1973 le ministre de l'Intérieur a informé le gouverneur civil qu'il devait faire preuve de vigilance, sur le risque d'un soulèvement de la population de Freixo de Numão (Vila Nova de Foz Côa), car suite à des querelles avec le curé la population n'avait pas voulu lui remettre l'argent recueilli lors des fêtes religieuses, ce qui a nécessité l'intervention de la garde nationale républicaine.

On remarque par exemple, en analysant les rapports de police qui arrivaient sur le bureau du gouverneur civil, que ce dernier les triait en fonction de leur importance, et des priorités du ministre de l'Intérieur. Les documents d'archives se référant aux échanges épistolaires entre le gouverneur civil et son ministère de tutelle prouvent à quel point la censure était omniprésente[1], et plus ou moins imposée selon la constitution et les orientations des gouvernements[2] antérieurs au coup d'État du 28 mai 1926. Cependant, les partis de l'opposition qui étaient en exil réussissaient à faire parvenir clandestinement des journaux et des postes de radio[3]. Pour l'aider dans cette mission, le gouverneur civil demandait aux administrateurs des *concelhos* puis aux présidents des *Câmaras municipais* de procéder directement ou indirectement à des enquêtes sur d'éventuels opposants, en vertu des éléments exposés dans les circulaires du ministre de l'Intérieur.

Le courrier précisait que chaque gouverneur civil avait pour obligation de demander la collaboration « des personnes de confiance », de la Junte de *freguesia,* du *regedor* de *paróquia* ou de *freguesia.* Les notables locaux devaient faire parvenir au siège du gouvernement civil « par la voie la plus rapide », comme il est précisé souvent dans les notes archivées, toutes les informations exigées par le ministre de l'Intérieur[4]. Les réunions politiques ou n'importe quel regroupement de personnes, les événements festifs et les organisations sportives étaient également soumis à l'autorisation du gouverneur civil selon la loi n° 22469 du 11 avril 1933[5].

Durant les années 1960-1975, avec l'intensification des conflits coloniaux, la pression et le contrôle du gouvernement civil sur la presse locale avaient été accrus. On a exigé du gouverneur civil qu'il soit particulièrement vigilant et qu'il collabore avec les responsables locaux de la Direction générale de la sécurité. Dans cette optique, la circulaire n° C/124 du 18 juin 1970

---

[1] Il existe dans les archives du district de Guarda, une compilation d'articles de presse relatant les événements dans le district, dont les articles ont été « filtrés ».

[2] L'alternance entre le Parti régénérateur (futur Parti régénérateur libéral) et le Parti progressiste durant la monarchie constitutionnelle est désignée par « rotativisme ».

[3] Par la circulaire confidentielle (G-241) en date du 10 août 1961, le gouverneur civil du district de Guarda, a transmis aux présidents des *Câmaras municipais*, le texte confidentiel de la circulaire n° 9 du 5 août 1961, que le cabinet du ministre de l'Intérieur avait expédié aux gouvernements civils. Il faut la citer en intégralité, car elle est révélatrice de la vigilance, en vigueur sur l'ensemble du territoire national : « Il y a longtemps qu'arrivent à ce cabinet en provenance de divers endroits, des informations sur l'existence de radios portables en possession d'ouvriers et travailleurs agricoles et autres personnes de condition modeste. Au travers de telles informations, l'idée a fait son chemin sur le fait qu'il y a une organisation clandestine qui tente de faciliter l'écoute de *Radio Moscou* et autres émissions de propagande subversive. »

[4] Dans une interview accordée au quotidien *Le Figaro,* le 3 septembre 1958 le président du Conseil a justifié la nécessité de maintenir la censure.

[5] *Diário do Governo*, 11 avril 1933.

a renforcé les procédures de *veto*[1], puisque le gouverneur civil avait demandé aux présidents des *Câmaras municipais* de son district de l'aider dans son action de répression contre les opposants au régime et contre la presse[2]. Dans ce cadre, les relations officieuses et officielles qui reposaient sur les relations du binôme chef du gouvernement civil-chef du *concelho* étaient devenues incontournables.

Un relais permanent entre le pouvoir central et le pouvoir local

Le représentant local du gouvernement devait être un observateur attentif des faits qui se déroulaient dans le district. Pour cela, il avait besoin de la coopération des présidents des *Câmaras municipais*.

Depuis le 25 avril 1974 et la Constitution de 1976 les présidents des *Câmaras municipais* n'étaient plus dépendants du gouverneur civil, même si un lien politique subsistait compte tenu des réseaux, des clans et des passerelles qui existaient et permettaient de passer de la direction du gouvernement civil à la présidence d'une *Câmara municipal*. Il était fréquent qu'un gouverneur civil devienne président de *Câmara municipal*[3], ou qu'un responsable de *concelho* soit nommé à la direction du gouvernement civil.

Les nécessités d'un *modus vivendi* entre le gouverneur civil et les présidents des *Câmaras municipais*, avec la législation adoptée après la promulgation de la Constitution de 1976, n'ont pas atténué les dissensions entre les deux principaux acteurs administratifs et politiques locaux. Il est acquis que la fonction de conseil du gouverneur civil n'a jamais été exempte d'arrière-pensées politiques officieuses.

---

[1] Oliveira (C.), *História dos Municípios e do Poder Local*, Lisbonne, Édition Círculo de Leitores, 1996, p. 350.

[2] *Diário de Notícias*, 23 avril 2009, p. 56. Dans un article intitulé « *Salazar o largo e a ronha* », (Salazar le large et la roublardise) Ferreira Fernandes a relaté, à deux jours du trente-cinquième anniversaire de la Révolution des Œillets, un incident révélateur du pouvoir du gouverneur civil avant le 25 avril 1974. « Le 31 janvier 1974, au Coliseu [Il s'agit d'une salle de spectacles et de réunions politiques] de Porto où on commémorait la révolte antimonarchique du 31 janvier 1891. Ils ont demandé la permission aux autorités et payé la location de la salle (80 *contos*) [soit l'équivalent de 250 euros actuels au cours du 10 juin 2012] et ont fait des discours fastidieux. Un étudiant était en train de discourir (il deviendra ministre et banquier), lorsque le représentant du gouvernement civil lui dit "Monsieur veuillez vous taire". Et l'étudiant a dû remettre son discours dans sa poche. » Au-delà de ce qui peut paraître une simple anecdote, il y a la prise de conscience d'un pouvoir local réel et de sa capacité à agir vite et sans crainte.

[3] Ce fut le cas du gouverneur civil du district de Santarém, Paulo Fonseca, qui, en octobre 2009, a été élu président de la *Câmara municipal* d'Ourém dans le district qu'il administrait, avant son élection. D'autres cas peuvent être cités (Seconde partie), mais un président de *Câmara municipal* peut devenir gouverneur civil comme Maria do Carmo Pires Almeida Borges qui, avant son mandat à la tête du district (5 avril 2005 au 26 novembre 2009), était présidente de la *Câmara municipal* du *concelho* de Guarda.

La transmission de l'information

Le gouverneur civil a été un « récepteur-diffuseur » d'informations. Il observait les agissements des élus politiques, il auscultait la société puis en rendait compte à son ministre de tutelle à chaque fois que cela était nécessaire. Parallèlement, il faisait redescendre les informations des ministères vers les citoyens et les élus.

Or, les nouvelles prérogatives accordées au président du *município* ont déplacé des pouvoirs administratifs et financiers du chef-lieu du district vers les *concelhos*. Mais le gouverneur civil gardait certains domaines réservés et intervenait régulièrement dans la constitution de dossiers économiques ou sociaux. À titre d'exemple, l'article 4210 du code administratif a défini les modalités qui se référaient au recueil des documents nécessaires[1] pour constituer les dossiers de demandes de subventions[2].

De même, le gouverneur civil veillait à l'application des lois et règlements par les diverses collectivités locales et participait à l'action du ministère public auprès des tribunaux compétents, dès lors qu'il constatait une irrégularité commise par les organes administratifs du *concelho*. Cela limitait, mais n'excluait pas les litiges administratifs dus à l'application des textes législatifs par les présidents des *Câmaras municipais*. Au demeurant, il faut bien admettre que la législation adoptée depuis la transition démocratique issue de la Révolution des Œillets de 1974 avait parfois suscité des conflits dus à des problèmes d'interprétations juridiques, d'autant plus que les fonctions de conseil du gouverneur civil étaient de plus en plus réduites.

La fonction de conseil

En tant qu'interface principale entre la vie politique dans le district et le pouvoir exécutif, le gouverneur civil a été à même de conseiller le gouvernement qui l'avait nommé, dans ses éventuelles orientations ou dans sa définition des priorités[3].

---

[1] L'article 421 (1-2-3-4) du code administratif, intitulé « Délibérations soumises à l'approbation du gouverneur civil », précisait : « Sauf pour ce qui est disposé dans une loi spéciale, les associations de bienfaisance, ne sont pas exécutoires sans l'approbation du gouverneur civil les délibérations qui approuvent les budgets ordinaires ou supplémentaires ou fixent les statuts, les modes de recrutement et rémunération du personnel. »

[2] L'intervention du gouverneur civil se faisait par l'apposition d'un cachet officiel du gouvernement civil et la date de l'acceptation, sur l'ensemble des documents.

[3] Cela était également vrai en matière financière puisque le gouverneur civil informait et conseillait son ministère de tutelle sur la situation des finances locales et sur les mesures à prendre d'urgence. À titre d'illustration, dans la circulaire en date du 5 mars 1968, le chef de la deuxième répartition du ministère de l'Intérieur Cristiano Simões de Maia Alves a demandé à chaque gouverneur civil de bien vouloir intervenir auprès des présidents des *Câmaras municipais*, afin de lui faire parvenir les bilans annuels des impôts prélevés et les taxes sur les licences, pour les commerces et industries. Un autre exemple, dans la circulaire L 31/PY-13/6 NB 68/68 datée du 6 décembre 1968, le directeur-général du ministère de l'Intérieur António Pedrosa Pires de Lima avait exigé de chaque gouverneur civil qu'il lui remette impérative-

Cependant, les structures nationales de contrôle ont été souvent modifiées, ce qui a engendré de nombreuses confusions dans les interprétations et les applications des textes juridiques. Ces *imbroglios* juridiques ont directement influencé les prises de décisions du gouverneur civil, ce qui a eu pour conséquences de retarder des programmes de développements d'infrastructures, par crainte d'être démis par le pouvoir central. Quant aux actions menées par la Direction générale de l'administration politique et civile[1], il est à noter l'engagement actif d'institutions administratives dans les secteurs sociaux[2], lesquelles ont supplanté les prérogatives de conseil du gouverneur civil.

Avec la création de l'Inspection administrative, l'influence et l'ingérence directes de l'État et de son délégué dans le district se sont renforcées dans les contrôles des collectivités locales[3]. Plus précisément, le décret n° 390 du 17 septembre 1982 et la loi n° 19 du 6 septembre 1984 ont institué un contrôle soumis à l'autorisation de la Cour des comptes sur les marchés publics et de fournitures passés par les collectivités locales. Par la suite, la législation adoptée a encadré les programmes d'investissements[4], mais les cinq Commissions de coordination et de développement régional se sont vues attribuer une part prépondérante des fonctions de conseils juridiques qui relevaient de l'institution principale du district. Les procédures de vérification de l'Inspection centrale de l'administration portugaise (*Inspecção Central da Administração Portuguesa*) étaient effectuées régulièrement[5]. Les contrôles locaux ont été fréquents, quels que soient les gouvernements en place[6], malgré une efficacité discutable.

---

ment, avant le 10 du mois de janvier, un rapport sur la situation du personnel cadre administratif des services externes.

[1] La Direction générale de l'administration politique et civile (*Direcção-Geral da Administração Política e Civil*) fut créée par décret le 16 octobre 1869. Avec le décret du 8 septembre 1859 les services relevant de la compétence du ministère du Royaume étaient composés de trois directions-générales avec l'administration publique, l'Administration civile et l'Instruction publique.

[2] La Direction générale de l'administration politique et civile supervisait le Conseil national des services des incendies. Les *Câmaras municipais* et les associations de pompiers avaient en charge la coordination des activités du CNSI. Le décret-loi 320/73 du 28 juin 1973 a réorganisé le Secrétariat général du ministère de l'Intérieur et créé la Direction générale de l'administration locale, en lieu et place de la Direction générale de l'administration politique et civile.

[3] Création de l'Inspection administrative par le décret-loi n° 36 601 du 24 décembre 1947.

[4] À titre d'illustration, à Celorico da Beira le mois de juin 1997 fut marqué par une expertise des comptes de la *Câmara municipal*, après des dénonciations successives d'irrégularités de gestion, par les conseillers municipaux de l'opposition.

[5] On analyse en seconde partie les raisons pour lesquelles le XIXe gouvernement constitutionnel nommé le 21 juin 2011 a décidé de supprimer l'IGAI et les conséquences néfastes que cela risque d'engendrer notamment une accentuation de la corruption politique locale. *Cf.* Titre II, chapitre II.

[6] Archives du gouvernement civil du district de Guarda, circulaire L 41-A / P. Z-4/4/ N A-15/68, du 6 mars 1968.

Au-delà des répercussions directes et indirectes des alternances politiques, se pose la question des influences véritables des fonctions administratives et politiques, officielles et officieuses, du gouverneur civil, et cela malgré un statut qui a toujours été défini de façon laconique dans les codes administratifs, comme s'il avait laissé le législateur indifférent, à moins que cette concision et cette imprécision n'aient été délibérément voulues pour mieux masquer les fonctions partisanes du gouverneur civil et ses fonctions politiques lorsqu'il était président du tribunal administratif.

Le rôle du gouverneur civil président du tribunal administratif

Le gouverneur civil a été le président d'une juridiction administrative, mais il n'avait pas toujours une formation de juriste[1].

En étant nommé par le même pouvoir politique, il y avait donc une confusion non seulement dans la direction du district et dans la présidence du tribunal administratif, mais aussi dans la structure. Les activités du gouvernement civil et du tribunal administratif se sont exercées, durant un temps, dans les mêmes locaux.

Le décret n° 23 du 16 mai 1832 et les codes administratifs de 1836, de 1842, de 1878, de 1886 et de 1936 n'ont eu de cesse de modifier les désignations et les compositions des institutions qui avaient à juger des questions relevant du contentieux administratif. Le gouverneur civil était juge et partie. Mais il a été progressivement éloigné en tant que président du tribunal administratif des fonctions juridictionnelles dès la promulgation du code administratif de 1896. Le gouverneur civil a ensuite été supprimé au sein des tribunaux administratifs pour être substitué par des juges administratifs de droit commun.

Les débuts de la mise en place d'une autorité administrative juridictionnelle[2]

Le décret n° 23 du 16 mai 1832 portant sur l'« Organisation administrative du territoire[3] » a établi une séparation des pouvoirs et créé un *prefeito*[4], une Junte générale de la province et un Conseil de *prefeitura*[1].

---

[1] Par la suite, et bien que des magistrats administratifs professionnels aient été instaurés, le représentant local du gouvernement n'a jamais été éloigné d'eux, physiquement, puisqu'ils ont continué à exercer leurs fonctions dans le même immeuble, tout au moins durant un temps.

[2] Décret n° 23 du 16 mai 1832, article 8.

[3] *Ibid.*

[4] *Ibid.*, L'article 48 « Du secrétaire général de la province » précisait : « Auprès du *prefeito,* il y aura un secrétaire général de la province, nommé par le Roi [...]. » De même, le préfet présidait le Conseil de préfecture et il était assisté du secrétaire général de la préfecture. La loi du 28 pluviôse an VIII prévoyait à l'article 7 : « Un secrétaire général de préfecture aura la garde des papiers, et signera les expéditions. » *Cf. Bulletin des lois de la République, n° 17/115 du 28 pluviôse, an VIII de la République une et indivisible,* portant sur la « Loi concernant la division du territoire de la République et l'administration », p. 5.

Si le *prefeito* était chargé d'administrer la province en tant que représentant du gouvernement[2], la Junte générale de la province délibérait et le Conseil de *prefeitura* avait en charge le contentieux administratif. Comme le disposait l'article 8 :

> Au-delà des magistrats de Délégation Royale, qui administrent, et des corps élus par les populations, qui contrôlent l'administration, il y a une autorité administrative juridictionnelle, laquelle est confiée à un tribunal spécial avec le titre de Conseil de *prefeitura,* pour décider des affaires relevant du contentieux de l'administration. Les conseillers de *prefeitura* sont aussi nommés par le Roi sur proposition du Conseil d'État[3].

L'article 84 précisait : « Le *prefeito* préside le Conseil de *prefeitura* et en cette qualité a le droit de vote[4]. »

Le Conseil de *prefeitura* était composé de trois membres[5] nommés par le Roi (article 80)[6], et sa principale mission était de juger en matière de contentieux administratif[7] dans différents domaines. Le tribunal administratif intervenait en matière d'urbanisme, d'appel d'offres, d'expropriations, de travaux publics, des requêtes des *Câmaras* et des *provedores* municipaux qui de-

---

[1] L'instauration du Conseil de *prefeitura* en tant que juridiction administrative a été motivée par les structures et les fonctions du Conseil de préfecture français, au point dans reprendre, parfois à quelques phrases près, les attributions et la composition. Ainsi, la loi du 28 pluviôse an VIII intitulée « Loi concernant la division du territoire français et l'administration » disposait dans son Titre II « Administration », § 1er « Administration du département », article 2 : « Il y aura, dans chaque département, un préfet, un Conseil de préfecture, et un Conseil général de département [...] ». *Cf. Bulletin des lois de la République*, n° 17/115 du 28 pluviôse, an VIII de la République une et indivisible, portant sur la « Loi concernant la division du territoire de la République et l'administration. »

[2] *Bulletin des lois de la République, n° 17/115 du 28 pluviôse, an VIII de la République une et indivisible,* portant sur la « Loi concernant la division du territoire de la République et l'administration ». L'article 3 énonçait : « Le préfet sera chargé seul de l'administration ». Le décret n° 23 du 16 mai 1832 dans son article 30 disposait : « Le *prefeito* est l'unique chef de toute l'administration de la province et le délégué de l'autorité du Roi [...]. »

[3] L'article 9, du décret n° 23 du 16 mai 1832 précisait : « Le Conseil d'État exerce l'Inspection administrative générale [...] » et « Tous les magistrats sont amovibles, au libre choix du gouvernement [...] » (article 10).

[4] La loi du 28 pluviôse an VIII, à l'article 5 disait : « Lorsque le préfet assistera au Conseil de préfecture il présidera, en cas de partage, il aura voix prépondérante ». *Bulletin des lois de la République, n° 17/115 du 28 pluviôse, an VIII de la République une et indivisible,* portant sur la « Loi concernant la division du territoire de la République et l'administration ». L'article 3 stipulait : « Le préfet sera chargé seul de l'administration. »

[5] Le Conseil de préfecture français était composé de trois, quatre ou cinq membres, selon la superficie et le nombre d'habitants du département. *Bulletin des lois de la République, n° 17/115 du 28 pluviôse, an VIII de la République une et indivisible,* portant sur la « Loi concernant la division du territoire de la République et l'administration », p. 4-5. Le décret n° 23 du 16 mai 1832, Titre III « Du tribunal et du juge administratif », Chapitre unique « Du Conseil de *prefeitura »,* dans son article 80 précisait « Le Conseil de *prefeitura* est composé de trois membres nommés par le Roi ».

[6] *Ibid.*

[7] *Ibid.*, article 85.

mandaient une autorisation au *prefeito* pour engager des procès dans l'intérêt de leurs municipalités, mais aussi en matière de contentieux de l'administration des biens nationaux[1]. Comme le disposait l'article 86, « Il y a un recours du Conseil de *prefeitura* vers le Conseil d'État[2] » et « Tant que cela ne relève pas du contentieux, le Conseil de *prefeitura* n'a qu'un vote consultatif ; il appartient au *prefeito* de délibérer » (article 87).

Les attributions du magistrat administratif ayant en charge la gestion du contentieux administratif sont restées quasiment les mêmes des codes administratifs de 1836, 1842, 1878[3] et 1896 jusqu'à la loi n° 88 du 7 août 1913. Le code administratif promulgué le 31 décembre 1836 a remplacé le Conseil de *prefeitura* par le Conseil de district présidé par l'administrateur général[4], assisté d'un secrétaire général de district[5].

Les domaines de compétences du Conseil de district ont repris pour l'essentiel celles qui étaient incluses dans le décret n° 23 du 16 mai 1832. Les litiges les plus fréquents concernaient les réclamations sur les servitudes de passages, la distribution d'eaux, l'usufruit de terrain, les *baldios* (terrains communautaires), les bois, les bocages, l'usage commun des habitants du *concelho*, lorsqu'ils n'appartiennent pas également au contentieux de l'administration (§ 6). *De jure*, en créant le *prefeito* et en en faisant « l'unique chef de toute l'administration de la province, et le délégué de l'Autorité du Roi et, pour veiller au bien-être et la tranquillité des popula-

---

[1] Comme le Conseil de *prefeitura* portugais, le Conseil de préfecture français traitait des affaires contentieuses et certaines de leurs attributions étaient similaires. À titre d'illustration, l'article 4 de la loi du 28 pluviôse an VIII disposait : « Le Conseil de préfecture se prononcera :
« Sur les réclamations des particuliers qui se plaindront des torts et dommages procédant du fait personnel des entrepreneurs et non du fait de l'administration ;
« Sur les demandes et contestations concernant les indemnités dues aux particuliers, à raison des terrains pris ou fouillés pour la construction de chemins, canaux et autres ouvrages publics […]. »

[2] La Constitution de 1976 dans son article 141 dit : « Le Conseil d'État est l'organe politique de consultation du président de la République. » *Cf. Diário da República*, I-Série-A, n° 155, 12 août 2005, septième révision constitutionnelle, p. 176.

[3] Le code administratif de 1886 a supprimé le Conseil de district et le gouverneur civil a été remplacé par un président de tribunal nommé par le gouvernement.

[4] L'administrateur général du district était assisté d'un secrétaire général. Le code administratif de 1836, dans son article 111 « Du secrétaire général du district » précisait : « Près de chaque administrateur général, il y aura un secrétaire nommé par le gouvernement. » Le pouvoir central a ainsi régulièrement nommé deux personnes pour administrer la province puis le district. Par ailleurs, si l'administrateur général pouvait nommer librement les autres membres de son cabinet, il ne pouvait les démettre qu'avec l'autorisation du gouvernement.

[5] *Code administratif de 1836*, Lisbonne, Imprensa da rua de São Julião, n° 5, 1837, 110 p. En ce qui concerne la composition du Conseil de district, l'article 175 avait disposé : « Le secrétaire de l'administrateur général sera aussi celui du Conseil de district et en cas d'empêchement, l'administrateur désignera un de ses officiers du secrétariat qui remplisse ces fonctions, en prenant en charge les affaires. » Le code administratif de 1842, dans son article 275 a rappelé « Le secrétaire général du gouverneur civil est aussi secrétaire du Conseil ».

tions, il est investi de toutes les attributions. Ses fonctions sont toutes administratives et ne participent en rien du pouvoir judiciaire ou fiscal, ou d'aucun autre[1] », le législateur a précisément délimité les domaines de compétences du représentant local du pouvoir central.

Une organisation administrative ambiguë et contradictoire

Il y avait une certaine ambiguïté puisque le Conseil de *prefeitura* pouvait se prononcer lors de litiges concernant les particuliers dans leurs « exemptions ou allégements de leurs contributions directes[2] », et le Conseil de district devait aussi juger en matière financière et sociale puisque, comme le disposait l'article 172, il devait approuver ou rejeter les comptes des *Câmaras.*

Comme le précisait l'article 173, « Les recours vers le Conseil de district ont seulement un effet dévolutif, excepté en cas de menace d'emprisonnement par les Conseils de discipline de la Garde nationale, dans lequel l'effet du recours est suspensif pour un délai de quinze jours, délai durant lequel le recours doit être indéfectiblement décidé ». Par rapport au décret n° 23 du 16 mai 1832, le code administratif de 1836 a confirmé la fonction importante du représentant local de l'État en tant que juge du contentieux. Il l'a également protégé contre d'éventuelles poursuites judiciaires puisque l'article 214 disposait :

> Aucun magistrat administratif ne peut être condamné par l'autorité judiciaire en raison de ses actes d'administration ni être cité devant les Justices dans l'exercice de ses fonctions. De la même manière, ces magistrats ne prendront pas part, ni ingérence quelconque dans les actes des Juges, dont l'indépendance, en tant que membres du pouvoir judiciaire, leur est garantie par la Constitution politique de la Monarchie.

Le code administratif de 1842 a doublement confirmé le gouverneur civil en tant que magistrat administratif. Dans son article 1er, il était dit : « Le Royaume du Portugal et Algarves, et les îles adjacentes sont divisés en districts administratifs, et les districts en *concelhos.* » De plus, il a renforcé le Conseil de district dans ses attributions de tribunal administratif. Le code administratif de 1842 a repris les dispositions incluses dans le code administratif de 1836 en matière de gestion du contentieux administratif et d'organisation juridictionnelle. Le code administratif de 1842 a mentionné, dès l'article 5 : « Outre les magistrats et les corps administratifs dont il est fait mention dans les deux articles précédents[3], il y a dans la capitale de

[1] Comme le disposait l'article 29 du décret n° 23 du 16 mai 1832.

[2] Décret n° 23 du 16 mai 1832.

[3] *Código Administrativo* de 1842, nouvelle édition officielle annotée de 1865, Lisbonne, Imprimerie nationale, 1865, 542 p. Le district était administré par un magistrat : le gouverneur civil ; le *concelho* par un magistrat appelé administrateur du *concelho* (article 3) et chaque

chaque district, un tribunal administratif désigné par Conseil de district[1]. » Mais, ce n'est qu'à l'article 266 qu'il était énoncé : « Le Conseil de district est composé du gouverneur civil qui en sera président, et de quatre conseillers nommés par le Roi sur proposition de la Junte générale, d'après une triple liste[2]. »

Entre la promulgation du code administratif de 1842 et celui de 1878[3], la composition et les prérogatives dévolues au Conseil de district ont été élargies essentiellement dans l'approbation des comptes des *Câmaras municipais*, des juntes de *paróquia*, des confréries ou de toutes autres institutions de bienfaisance (article 243)[4]. Dans le code administratif de 1878, « les attributions du Conseil de district sont consultatives et contentieuses[5] ». L'article 242 disposait : « En tant que corps consultatif, il incombe au Conseil de district de donner son avis sur tous les sujets dont les lois exigent le vote, ou dans lesquels il aura été consulté[6] », et le Tribunal administratif suprême restait le tribunal supérieur comme l'énonçait l'article 259.[7] On aurait pu croire que ce schéma allait perdurer mais il n'en fut pas ainsi. Le code administratif de 1886 a changé sensiblement l'organisation du tribunal du contentieux administratif.

Un transfert progressif des fonctions de magistrat administratif du gouverneur civil vers des magistrats de carrière

Avec l'entrée en vigueur du code administratif de 1886, le Conseil de district a été supprimé le 17 juillet 1886[8]. Ses fonctions ont été transférées vers le tribunal administratif du district, présidé par un président nommé par le gouvernement.

Au Titre VII « Tribunal administratif », chapitre Ier « Organisation et mode de fonctionnement », l'article 268 disposait : « Dans chaque chef-lieu de district fonctionne un tribunal administratif composé de trois magistrats

---

arrondissement des *concelhos* de Lisbonne et de Porto était administré par un magistrat dénommé « administrateur d'arrondissement » (article 3, § 2).

[1] Celui-ci pouvait être dissous par décret royal (article 273) à l'instar du Conseil de *prefeitura.*

[2] L'article 274 disposait : « Avant d'entrer en fonction les conseillers du Conseil de district prêtent serment au gouverneur civil [...]. » Les conseillers étaient assistés de quatre substituts élus de la même façon (article 267) et tous les huit étaient nommés pour un mandat de deux ans (article 271).

[3] Code administratif de 1878, décret du 6 mai 1878, Coimbra, Livraria Central de José Diogo Pires 1878.

[4] Il était toujours possible de déposer un recours auprès du Tribunal administratif suprême.

[5] *Ibid.*, article 241.

[6] *Ibid.*, article 243 « En tant que tribunal du contentieux administratif il est de la compétence du Conseil de district de connaître et de juger en première instance [...]. »

[7] « De toutes les décisions définitives du Conseil de district il est possible d'engager des recours auprès du Tribunal administratif suprême. »

[8] Code administratif de 1886, décret du 17 juillet 1886, Coimbra, Imprensa da Universidade, 1892.

nommés par décret du gouvernement. » Il en était de même pour les conseillers du tribunal administratif puisque :

> Les conseillers du tribunal administratif sont nommés par le ministère du Royaume sur proposition, d'une triple liste, du ministère de la Justice, parmi les candidats loyaux à la magistrature judiciaire.
>
> § unique. Les juges de droit de 3e classe peuvent, sur proposition du ministère de la Justice, être transférés vers ces fonctions, s'ils en font la demande[1]. » (article 269)

Il y a donc eu une séparation entre les fonctions administratives « pures » du gouverneur civil et ses anciennes attributions en tant que magistrat administratif. Par ailleurs, le gouverneur civil ne présidait plus le tribunal administratif puisque, comme l'énonçait l'article 277 : « Le président du tribunal est un des conseillers effectifs et sera désigné par le gouvernement [...]. » Cependant, l'article 278 avait précisé : « Le tribunal a un secrétaire désigné par le gouverneur civil parmi les employés de son secrétariat [...] », et l'article 285 disposait : « le tribunal [administratif] fonctionne dans l'édifice du gouvernement civil, et tient deux séances ordinaires par semaine [...] et extraordinaires dès que les besoins du service l'exigeront [...]. »

Le code administratif de 1886, dans son article 286, disposait que le tribunal jugeait en première instance les questions contentieuses de l'administration publique dans le district. En ce qui concerne les prérogatives du tribunal administratif, il était de sa compétence, non seulement de juger des réclamations et des délibérations des corps administratifs, mais aussi de se prononcer sur les actes des administrateurs de *concelho*, des litiges en matière électorale, fiscale et patrimoniale. Puis, le code administratif de 1896[2] a créé les *auditorias* administratives, pour remplacer le tribunal administratif, et les questions contentieuses de l'administration publique étaient jugées en première instance par les Commissions de district[3].

À ce titre, le code administratif de 1936 disposait à l'article 671 : « Les questions contentieuses de l'administration locale qui ne seront pas soumises à la juridiction d'autres tribunaux seront jugées par les tribunaux du contentieux administratif, dans les termes de Code. » Le gouverneur civil n'était pourtant pas très éloigné des structures juridictionnelles puisque l'article 681 disait : « Les fonctions de chef du secrétariat des *auditorias* seront exercées par un fonctionnaire du secrétariat du gouvernement civil désigné par le gouverneur civil [...] », et l'article 688 avait énoncé : « Dans chaque *auditoria* il y aura un huissier.

---

[1] *Ibid.*, article 291 : « Au représentant du ministère public il incombe [...] 10. Exercer près du gouverneur civil les fonctions du ministère public [...],
« 12. Informer le gouverneur civil de tous les abus et irrégularités pratiqués par les autorités et divisions administratives, dont il aura pris connaissance par les procès en cours au tribunal. »
Les juges administratifs servaient pour une période de trois ans renouvelables (article 271).

[2] Code administratif de 1896, décret du 4 mai 1896, Coimbra, 5e éd. officielle, Imprensa da Universidade, 1907, 362 p.

[3] *Diário do Governo*, n° 183, loi n° 88 du 7 août 1913, p. 2913-2932.

« § unique. Les fonctions d'huissier seront exercées par un fonctionnaire du gouvernement civil, désigné par le gouverneur civil […]. »

De même, il y a eu maintien du lien de proximité entre l'auditeur administratif et le gouverneur civil puisque, comme l'énonçait l'article 690 : « Les *auditorias* exercent leurs activités dans l'immeuble du gouvernement civil du district […]. » Cette relation a existé aussi au niveau national puisque l'article 689 précisait : « Près de la présidence du Conseil fonctionne le Tribunal administratif suprême[1]. » La partie IV « Du contentieux administratif » du code administratif de 1936 a été révoquée par l'article 6 de la loi n° 15/2002 du 22 février 2002 qui a approuvé le code de procédure devant les tribunaux administratifs[2], puis en 2010 le code administratif de 1940 a été supprimé.

Idem, du décret n° 23 du 16 mai 1832 au code administratif de 1896 le *prefeito*, l'administrateur général puis le gouverneur civil ont eu à exercer, en tant que magistrats administratifs, la gestion du contentieux dans la province, puis dans le district. Cela n'était pas sans engendrer une confusion entre leurs missions politiques, en tant que représentant du gouvernement et « autorité administrative juridictionnelle[3] » du même gouvernement. Par manque d'une organisation administrative juridictionnelle spécifique et indépendante, le représentant du gouvernement s'est vu octroyer des fonctions juridiques pour lesquelles il n'était pas formé.

Les gouvernements successifs se sont servis du *prefeito*, de l'administrateur général puis du gouverneur civil pour traiter des questions qui relevaient du contentieux administratif, en attendant de créer des tribunaux administratifs composés de juges administratifs de droit commun et établir une réelle séparation des pouvoirs[4].

---

[1] *Ibid.,* Titre II « De la compétence contentieuse », Chapitre II « De la compétence contentieuse des auditeurs », article 700 : « Il est de la compétence de l'auditeur de juger : des recours des décisions des magistrats administratifs et des présidents des *Câmaras municipais* ; élargissement du champ de compétences qui vont des actions d'interprétation des contrats administratifs entre le *concelho*, la *freguesia* ou la province et les particuliers, aux contrôles des inscriptions sur les listes électorales, aux procédures portant sur la responsabilité civile des collectivités locales, mais aussi des recours concernant les délibérations des corps administratifs des commissions administratives des fédérations de *municípios* et des commissions centrales des unions de *freguesias.* »

[2] *Diário da República,* I-Série-A, n° 45, loi n° 15/2002 du 22 février 2002, p. 1422-1457. Elle fut révisée par la loi n° 59/2008 du 11 septembre 2008, qui portait sur « Le régime du contrat de travail dans les fonctions publiques ». *Cf. Diário da República,* I-Série, n° 176, loi n° 59/2008 du 11 septembre 2008, p. 6524-6630. La dernière révision date du 14 décembre 2011 avec l'entrée en vigueur de la loi n° 63/2011 portant sur « La loi d'arbitrage volontaire » et qui a révisé la loi n° 59/2008 du 11 septembre 2008. *Cf. Diário da República,* I-Série, n° 238, loi n° 63/2011 du 14 décembre 2011, p. 5276-5288.

[3] Décret n° 23 du 16 mai 1832, article 8.

[4] Fontes (J.), da Fonseca (G.) et Martins Claro (J.), *Código de Processo nos Tribunais Administrativos e Legislação Complementar*, Coimbra, Coimbra Editora, 5e éd., 2011, 440 p.. Le Code de procédure des tribunaux administratifs dans son article 3 intitulé « Pouvoirs des

Conclusion du chapitre premier

Les missions politiques officielles ou officieuses du représentant local de l'État prédominaient sur ses prérogatives administratives[1]. La nomination du *prefeito,* de l'administrateur général puis du gouverneur civil au poste de président du Conseil de *prefeitura* puis du Conseil de district, par le même pouvoir exécutif, en témoigne.

Cette double fonction de représentant local du gouvernement et de président de tribunal administratif fait qu'il y avait une confusion, non seulement au sein de la direction du gouvernement civil, mais aussi des structures puisque le gouverneur civil exerçait ces deux attributions, assisté du secrétaire général du gouvernement civil, dans le même immeuble.

On ne saurait considérer uniquement le fait que ses fonctions n'ont eu que peu de rapports avec les missions octroyées par la législation de 1835 ou le code administratif de 1940. Mais est-ce à dire qu'il faut pour autant que l'on remette en cause l'ensemble des réorientations des missions qui étaient dévolues au gouverneur civil ?

---

tribunaux administratifs », précise : « 1. Dans le respect du principe de la séparation et interdépendance des pouvoirs, les tribunaux administratifs jugent de l'accomplissement par l'administration des normes et principes juridiques qui l'instituent et non de la convenance ou opportunité de son action […]. »

[1] Fonseca da (G.), Fontes (J.), Martins Claro (J.) et Sá (L.), (dir.), *Legislação administrativa básica,* Lisbonne, Édition Cosmos, 3e édition, 2000 : « L'article 291 de la Constitution établit que, tant que les régions administratives ne seront pas instituées, le gouverneur civil se maintient comme représentant du Gouvernement et comme organe chargé de l'exercice de tutelle dans l'aire du district. Il faut reconnaître que l'actuel statut du gouverneur civil n'est pas clairement défini, d'autant plus qu'il y a tous les avantages à homogénéiser, autant que faire se peut, l'ensemble des textes législatifs dans lesquels est défini l'encadrement légal de son action et de ses compétences. »

CHAPITRE II

UNE REMISE EN CAUSE GÉNÉRALE DES PRÉROGATIVES DU GOUVERNEUR CIVIL

Les fonctions pluridisciplinaires du gouverneur civil ont évolué depuis la loi du 25 juillet 1835, mais certaines de ses obligations politiques sont restées les mêmes, quelles que soient les orientations des gouvernements centraux.

On doit pourtant dépasser les perceptions quelque peu réductrices et communément admises par une partie de la population, laquelle tend parfois à ignorer que la mission d'agent politique du gouverneur civil demeurait sa prérogative officieuse principale. Comme le souligne Diogo Freitas do Amaral : « Les magistrats administratifs[1] exercent encore une autre fonction (qui était clairement irrégulière et illégitime, mais qui de fait était exercée et qui, bien que n'étant pas incluse dans les lois était enracinée dans les tumes[2]. » Or, cette mission n'était ni « irrégulière », ni « illégitime », pour la simple raison que chaque gouvernement lui a « régulièrement » demandé d'avoir une action politique locale. Quant au principe d'« illégitimité », on peut le remettre en cause, car il reposait sur l'accord tacite entre les partis politiques, pour qui le « magistrat administratif », placé à la direction du gouvernement civil, était avant tout un intervenant politique. Comme on l'analyse dans la première partie, au titre II, c'est ce « non-dit » qui a participé de la stabilité et de l'ambiguïté de son statut.

En arrière-plan, les codes administratifs adoptés entre 1836 et 1940 ont été l'expression des tentatives d'instaurations de décentralisation, déconcentration ou de centralisation. Les oppositions entre Parti républicain, Parti monarchiste, Parti de la charte, Parti régénérateur, Parti régénérateur libéral et Parti progressiste, de même que l'instabilité qui a caractérisé la vie politique portugaise durant cette période, semblent avoir relégué le gouverneur civil à un rôle de simple exécutant. Il est certain que les alternances politiques et les sept révisions constitutionnelles ont remis en cause les missions du gouverneur civil depuis la Révolution des Œillets de 1974 et l'adoption

[1] Au Portugal, cette expression ne fait pas seulement référence au juge administratif tel qu'il existe en France, mais aussi à une autorité administrative et politique, comme on le mentionne en introduction.
[2] Freitas do Amaral (D.), *Curso de Direito Administrativo*, vol. 1, Coimbra, Édition Almedina, 3e éd., 2010.

de la Constitution de 1976. L'instauration de la démocratie locale a accéléré la réorganisation des relations entre le chef du gouvernement civil et le président de la *Câmara municipal.*

Dans l'analyse de l'action régulatrice du gouverneur civil, il faut y adjoindre les perceptions de ses missions par les politiques locaux. Certains voyaient en lui un allié indispensable aux réalisations de leurs ambitions, mais aussi une institution dont il fallait se méfier, car elle empiétait sur leur parcelle de pouvoir local.

En cela, les besoins engendrés par la modernisation administrative du pays avaient redéfini les attributions, dans un nouveau cadre politique démocratique et un schéma administratif en mutation, en procédant aux transferts d'une partie de ses compétences et aux oppositions entre le gouverneur civil et le président de la *Câmara municipal.*

Une redéfinition des fonctions administratives du gouverneur civil

Si la remise en cause de certaines attributions du gouverneur civil a été significative depuis la Révolution des Œillets du 25 avril 1974, la législation adoptée dès le coup d'État du 28 mai 1926 avait déjà sensiblement renforcé et élargi ses fonctions.

On peut se référer notamment à la circulaire gouvernementale du 31 août 1929 qui a rappelé la position et les missions du gouverneur civil, en tant qu'intermédiaire entre le pouvoir central et les élus locaux. Quant à la loi n° 1940 du 8 avril 1936, elle a confirmé la place du gouverneur civil au centre de l'administration dans le district. Les juntes de *freguesia* avaient la possibilité de faire appel aux services du gouverneur civil afin de s'opposer, si besoin, aux décisions du président de la *Câmara municipal*, notamment pour ce qui relevait des décisions paroissiales. Par ailleurs, dans les *concelhos* de première catégorie, il était du ressort du gouverneur civil de nommer le *regedor* de la *freguesia*[1].

Nonobstant cela, deux processus sont venus redéfinir les attributions du gouverneur civil. D'une part, il a été confronté aux bouleversements d'un pays en pleine transformation, et aux nouveaux rapports établis entre les institutions administratives, face aux modifications des fonctions du gouverneur civil. D'autre part, il a dû adapter ses propres engagements politiques à une législation marquée par l'instauration de nouveaux contre-pouvoirs.

Une redistribution des fonctions depuis la Constitution de 1976

Avec les instabilités politiques qui ont fait suite au coup d'État militaire du 28 mai 1926 sont apparues les nouvelles propositions de configurations

[1] La révision de la loi n° 21 000 du 28 septembre 1959 a précisé les nouvelles compétences du gouverneur civil et des juntes des districts et supprimé les provinces.

administratives, sans qu'elles aient remis pour autant en cause l'existence du gouverneur civil.

Certes, en 1935, le gouvernement a soumis à l'Assemblée nationale une proposition de loi en vue de procéder à une réorganisation administrative du territoire national[1]. Mais, il n'a pas été question de supprimer le gouverneur civil. Les rapports hiérarchiques ont été sensiblement modifiés par les fonctions en déclin du gouverneur civil. Force est de reconnaître que de prime abord le gouverneur civil semblait ne plus exercer que des fonctions secondaires, mais cela doit être relativisé, puisque l'on ne saurait mettre en doute son rôle fondamental en matière de sécurité des populations et du territoire.

Des fonctions officielles classiques en déclin

La perte, latente et progressive, de considération à l'égard du gouverneur civil, surtout depuis la Révolution des Œillets, avait déjà été amorcée dès le début de la décennie 1960-1970.

Les missions politiques et administratives du gouverneur civil, et la relative stabilité de la classe politique portugaise depuis bientôt quatre décennies, ont permis que soit engagée une réflexion d'ensemble sur la question du maintien ou de la fin du gouverneur civil, sans que cela aboutisse réellement à une révision, en profondeur, de l'institution. Mais il faut se rendre à l'évidence, puisqu'aucune réponse n'avait été apportée à la réforme d'une institution qui embarrassait le pouvoir en place, quelle que soit sa tendance politique[2] avant qu'il ne soit décidé de ne plus le nommer[3].

En somme, le gouverneur civil était un politique qui ne devait pas faire de politique, mais qui faisait tout simplement de la politique, sans donner l'impression d'en faire. Le cadre de normalisation démocratique portugais fait que le gouverneur civil a vu se réduire graduellement ses moyens d'intervention administrative. On doit prendre la mesure du fait que s'il a continué à aider davantage tel élu par rapport à tel autre, selon les accointances politiques du moment, le législateur a positionné le gouverneur civil dans une soumission effective à l'égard du pouvoir central, malgré des engagements personnels qui demeuraient limités et surveillés.

---

[1] Au motif pris de ce qu'il s'agissait de renoncer à l'uniformité du régime juridique des *concelhos* qui, selon le gouvernement, était cause de la décadence des institutions municipales. Il préconisait en conséquence de réexaminer les attributions de la *Câmara municipal* en distinguant celle qui serait obligatoire et celle qui serait facultative, selon la catégorie du *concelho*.

[2] On reprochait au gouverneur civil, quel que soit le parti politique au pouvoir, de ne s'occuper que de « *cortar fitas* » (« couper des rubans ») lors d'inaugurations et en français, l'expression communément usitée étant « inaugurer les chrysanthèmes ».

[3] Seconde partie, Titre II.

Les missions d'encadrements et d'inspections

S'il fut un décideur omniprésent, omnipotent et dévoué de la vie administrative et politique locale, lors de sa suppression le gouverneur civil ne décidait de quasiment plus rien.

Déjà, avec l'adoption de la Constitution de 1976[1], la démocratie a été mieux représentée dans l'espace local du *concelho* et de la *freguesia,* et les instances administratives mieux contrôlées par de nouveaux services d'inspections (*section II*). Deux décrets-lois ont encore réduit les prérogatives du gouverneur civil avec la publication du décret-loi n° 442/91 du 15 novembre 1991 puis du décret-loi n° 6/96 du 31 janvier 1996.

Le décret-loi n° 442/91 du 15 novembre 1991 qui a approuvé le code de procédure administrative, a énoncé dans son article 3 qu'il devait être révisé dans un délai de trois ans à compter de la date d'entrée en vigueur[2]. Le décret-loi n° 6/96 du 31 janvier 1996 fut rédigé avec le soutien de la commission qui avait participé à la rédaction du décret-loi n° 442/91 du 15 novembre 1991. Il a révisé le code de procédure administrative de 1991 en tenant compte des critiques, des réflexions et des expériences lors de sa mise en pratique initiale tout en sauvegardant les droits du citoyen face à l'administration publique grâce aux principales réformes[3].

---

[1] Première partie, Titre I.

[2] Entre temps, il y a eu au Portugal de nombreux colloques, séminaires, réunions de formations organisés par le gouvernement et les universités. Il en a résulté des annotations, des commentaires et des innovations qui ont abouti avec l'adoption du Code de procédure administrative de 1991 aux nouveaux besoins de l'administration publique. Le décret-loi n° 6/96, du 31 janvier 1996 a remplacé le décret-loi n° 442/91 du 15 novembre 1991.

[3] *Código do Procedimento Administrativo*, Coimbra, Édition Almedina, 2005, p. 21. Les principales modifications se répartissent en neuf axes :
- précisions sur le domaine d'application du Code,
- le principe de bonne foi est consacré (il était implicite lors de la rédaction initiale du Code) afin de rendre indispensable l'enracinement des liens de confiance entre les administrés et l'administration,
- il est prévu que les délibérations soient adoptées au scrutin secret,
- le délai global pour la conclusion de la procédure est désormais de quatre-vingt-dix jours (il est possible de le reconduire pour quatre-vingt-dix jours supplémentaires),
- l'accès à l'information est protégé, en ce qui touche aux secrets commerciaux, industriels ou se rapportant à la propriété littéraire, artistique ou scientifique, avec les dispositions de ce qui est inclus dans la loi sur l'accès aux documents administratifs,
- la règle de comptage continu des délais d'une durée supérieure à six mois sans préjudice pour les délais inférieurs, auxquels il faudra continuer à exclure les samedis, dimanches et jours fériés,
- l'audience préalable suspend le comptage de tous les délais, dans toutes les procédures administratives, et il est prévu sa non-réalisation dans l'éventualité ou la procédure concerne un grand nombre d'intéressés,
- la règle est introduite, selon laquelle la réclamation d'acte qui ne justifie pas un recours contentieux suspend le délai d'interposition du recours administratif nécessaire,
- les règles sont adoptées sur le contractant au nouveau régime des concours publics.

Une remise en cause des prérogatives du gouverneur civil

Depuis, la volonté de vouloir créer des régions administratives avait placé le gouverneur civil au centre de nouvelles réflexions en vue d'une réforme administrative du territoire. Il continuait, alors même qu'il se savait en sursis, à coordonner et à contrôler, autant que faire se peut, la vie du district et à être au service de l'État[1]. C'est dans sa capacité à savoir s'adapter et négocier avec ses différents interlocuteurs que le représentant de l'État dans le district a pu montrer et prouver ses compétences, son dynamisme et son imagination, parfois dans une volonté désespérée à vouloir rechercher un consensus avec les acteurs locaux, lors des oppositions politiques, économiques et sociales en les réunissant dans son bureau ou en allant physiquement à leur rencontre.

Des missions limitées malgré une dynamique personnelle indéniable

Le gouverneur civil n'hésitait plus à créer *proprio motu* des missions supplémentaires. Il se transformait parfois en « voyageur-représentant-placier ». Les ambitions politiques personnelles n'étaient souvent pas loin.

Ces raisons permettent de comprendre plus aisément, et d'expliquer certaines ambiguïtés du gouverneur civil dans ses relations avec la classe politique locale, les ministères et les élus locaux du président de la *freguesia* au président de la *Câmara municipal*.

Cette étude est d'autant plus complexe que les lignes principales de la décentralisation administrative[2] sont venues accentuer les pertes des pouvoirs politiques et administratifs du gouverneur civil. Quant aux manifestations culturelles, elles ont été transférées vers les collectivités locales qui se sont vu attribuer de nouveaux pouvoirs sur les installations et emplacements réservés aux spectacles et divertissements publics, ce qui a fait du *municipai* un pôle très dynamique en matière culturelle.

Dans sa première partie, chapitre I (relatif aux dispositions préliminaires), article 1er (définition) il est écrit :
« 1. On entend par procédure administrative la succession ordonnée d'actes et formalités tendant à la formation et manifestation de la volonté de l'administration publique ou à son exécution.
« 2. On entend par processus administratif l'ensemble de documents où se traduisent les actes et formalités qui intègrent la procédure administrative. »

[1] Bergeron (G.), *L'État en fonctionnement*, Paris, Édition L'Harmattan, 1993, p. 85 : « Comme grand contrôleur en titre de la vie sociale, l'État se démarque parmi toutes les autres institutions par sa mission générale unique. Il est le seul à affirmer et à pouvoir faire respecter sa propre justification par l'idée directrice d'un ordre social fondamental, présenté comme indispensable et imposé comme obligatoire. Redoutable privilège. Ramenant à une totalité unificatrice des phénomènes politiques multiples et complexes, de tous ordres à la vérité, son niveau de super-fonctionnalité apparaît tout de même celui dont la logique d'organisation, ou plutôt de métaorganisation, est la plus claire et peut-être parce que la plus simple. »

[2] *Diário da República*, I-Série-A, n° 110, 13 mai 2003, p. 3057. La loi n° 11/2003 du 13 mai 2003 a établi le régime de création, le cadre d'attributions et les compétences des Communautés intermunicipales de droit public et leur fonctionnement.

Par ailleurs, certaines procédures dans l'attribution de licences et ports d'armes sont passées du gouvernement civil au *município*. Il en fut de même pour la réglementation sur les cyclomoteurs et les permis de conduire. La question de la réforme du gouverneur civil était devenue un sujet juridique et politique qui s'était intensifié au gré des alternances politiques, et de la prise en compte de l'inéluctabilité d'une réforme administrative en profondeur[1]. Pour autant, on remarque, avec l'adoption de la Constitution de 1976, que le gouvernement et le Parlement avaient la possibilité de créer d'autres collectivités locales[2]. La deuxième révision de la Constitution en 1989[3] n'a pas modifié le schéma de l'administration du territoire, mais l'entrée en vigueur de la loi n° 49/90 du 24 août 1990 a accordé aux *freguesias* la possibilité d'effectuer des référendums locaux désignés par « consultations directes aux citoyens électeurs[4] ».

Avec l'émergence de nouveaux pôles de décisions, des pouvoirs se sont déplacés du centre du district vers les *concelhos* et, dans une moindre mesure, vers les *freguesias*. Les redistributions de certaines fonctions qui relevaient du gouverneur civil, et les nécessités techniques et juridiques engendrées par les programmes de développements économiques et infrastructurels ont affaibli le gouverneur civil, en créant ou en renforçant des pouvoirs en faveur des collectivités locales au détriment d'une institution considérée comme archaïque et inadaptée.

Des fonctions anachroniques

Au regard d'un tel constat, les missions administratives du gouverneur civil ne correspondaient plus aux modes de fonctionnement et aux finalités d'une institution en survie.

Elles ressemblaient à un catalogue, dépourvu de véritable logique de classement, et dans lequel il puisait de temps à autre selon les priorités du moment. On doit admettre, au regard des analyses portant sur l'évolution des missions du gouverneur civil, que c'est le manque de textes juridiques sur l'encadrement précis des prérogatives du représentant local de l'État qui rendent difficile l'étude de l'institution. Les relations partiales entre le gouverneur civil, le parti politique au pouvoir à l'échelon local, les caciques locaux et son ministre de tutelle, mais aussi les tentatives de séduction des populations du district en général ou d'un *concelho* et d'une *freguesia* en

[1] Analyse que l'on développe en seconde partie, titre II.

[2] La Constitution de 1976 ne peut pas priver les *freguesias* déjà existantes de revenus indispensables à leur gestion, ni de la vérification de l'intégralité des conditions appliquées au territoire et soumises aux premières entités géographiques et administratives.

[3] *Diário da República*, I-Série, n° 155, 8 juillet 1989, p. 2734. Loi constitutionnelle n° 1/89 a été adoptée par l'*Assembleia da República* et entérinée le 8 juillet 1989.

[4] Les convocations électorales relèvent de l'initiative des structures délibératives ou exécutives des collectivités locales. Un tiers de leurs membres peuvent en faire la demande, mais les électeurs n'ont pas la possibilité de présenter eux-mêmes des propositions de consultation.

particulier prouvent que le gouverneur civil était plus un politique qu'un véritable technocrate.

À ce titre, si l'on veut démontrer comment se manifestaient les critiques acerbes à l'égard d'une institution fermement ancrée dans la vie politique portugaise, en attendant une hypothétique réforme, il ne faut pas ignorer que le délégué local du gouvernement a eu, dès son instauration, des opposants chevronnés.

Une remise en cause permanente de l'institution

Le gouverneur civil a été moins fragilisé qu'il n'y paraît. Ses domaines généraux d'interventions ont prouvé à quel point ses interventions pouvaient prendre de nombreuses directions[1].

Dans un autre registre et en collaboration avec le président du *concelho,* il avait la responsabilité de la mise en place les diverses manifestations autorisées ou voulues par le gouvernement[2]. Durant les festivités locales, le gouverneur civil accordait ou refusait les autorisations indispensables au déroulement de spectacles ou événements sportifs, qu'ils aient lieu sur la voie publique ou dans des enceintes publiques ou privées[3]. Le gouverneur civil[4] pouvait autoriser des professeurs à donner des heures de cours supplémentaires, ce qui créait une confusion dans la bonne lisibilité des actes de l'institution. Il s'agissait d'un pouvoir de délégation du ministre de l'Éducation nationale, ce qui explique partiellement que les liens du gouverneur civil avec les enseignants ont toujours été très proches, d'autant plus que certains dirigeants du district étaient des instituteurs ou des professeurs de l'enseignement secondaire ou supérieur.

Par exemple, ce fut le cas dans les districts de Guarda avec António José Santinho Pacheco et de Viseu avec Miguel Bernardo Ginestal Machado Al-

---

[1] Elles concernaient aussi bien les expropriations que la création de musées, l'aide aux associations culturelles et cultuelles, la répartition des budgets entre les *Câmaras municipais*, la sécurité des citoyens, l'intégrité des fonctionnaires ou le développement des *infra*structures routières et scolaires.

[2] Le gouverneur civil avait en charge l'organisation des manifestations locales de soutien au pouvoir conformément aux directives gouvernementales, notamment de la Constitution de 1933 aux événements du 25 avril 1974.

[3] C'est le cas lorsque des manifestations sportives se déroulaient dans un ou plusieurs districts. Il était du ressort du gouverneur civil de faire respecter les horaires, et permettre, le cas échéant, certaines dérogations, sauf pour les festivités ou manifestations qui auraient lieu près des hôpitaux ou autres établissements similaires. Il incombait également au gouverneur civil d'autoriser la vente de billets pour les spectacles, loteries ou événements sportifs. Les *infractions* commises et constatées étaient sanctionnées par des amendes versées au gouvernement civil. Elles se répartissaient à 60 % pour le gouvernement civil et 40 % étaient versés à l'Inspection-Générale des jeux.

[4] *Diário da República*, II-Série, n° 18, 25 janvier 2006, p. 1213 : « Par arrêts des 21 et 27 septembre 2005, signés respectivement par le président de l'Institut Polytechnique de Leiria et du gouverneur civil de Leiria, il est permis à Júlio Coelho Martins d'exercer les fonctions d'enseignant à l'École supérieure de technologie et de gestion de Leiria. »

buquerque[1] ou dans le district de Leiria avec Humberto Paiva qui était professeur de médecine. Un autre domaine d'intervention du gouverneur civil portait sur son rôle d'arbitre auprès des collectivités locales.

Au-delà des récusations générales dont il était la cible, son action de conciliation a été fréquente auprès des élus et des populations[2]. Cette recherche permanente du consensus a été souvent évoquée lors de nos entretiens avec les gouverneurs civils et le ministre de l'Administration interne. L'action de modération du gouverneur civil s'est manifestée régulièrement dans la recherche d'équilibres et de compromis politiques, mais aussi économiques et sociaux, surtout lorsqu'il tentait de réunir les patrons, les syndicats et les salariés d'entreprises victimes de la récession. Mais les tensions existaient parfois entre l'institution centrale du district et les *concelhos,* d'autant plus que les pouvoirs supplétifs accordés au président de la *Câmara municipal* lui ont fait prendre conscience qu'il n'y avait plus de rapport hiérarchique entre lui et le gouverneur civil.

Le gouverneur civil était perçu comme un rival qui pouvait annihiler les ambitions du président de la *Câmara municipal* ou un collaborateur. Sans remettre en cause le rôle essentiel du président de la *Câmara municipal*, on doit reconnaître que les critiques formulées à l'encontre du gouverneur civil ont eu pour causes premières les luttes politiques locales, même si les contestations provenaient de l'ensemble de la société portugaise, surtout après la Révolution du 25 avril 1974. Le Mouvement des forces armées avait alors exigé que soit instauré immédiatement par le 1er Gouvernement provisoire[3] le droit de se réunir librement et de créer des associations.

Le gouverneur civil, cloué au pilori en tant que symbole local d'un État autoritaire, a vu disparaître une partie de son pouvoir et a dû s'effacer devant les forces armées. Pourtant, la loi n° 3/74 du 14 mai 1974 a maintenu le principe inscrit dans la Constitution de 1933 qui réglementait la liberté d'association, alors même que les partis politiques avaient inscrit dans leurs projets constitutionnels le droit à la liberté d'association[4]. À titre d'exemple,

---

[1] Par exemple, dans ces deux districts, le gouverneur en place avant novembre 2009 était déjà un enseignant. Après les nominations du 19 novembre 2009, deux enseignants ont succédé à deux autres enseignants.

[2] *O Primeiro de Janeiro,* 23 janvier 1999, p. 2. Les 23 et 24 janvier 1999, une réunion s'est déroulée dans les locaux du gouvernement civil de Porto, afin de mettre un terme aux oppositions de deux collectivités locales. Avec la création du *concelho* de Trofa, le président de la *Câmara municipal* de Santo Tirso avait refusé de servir les *freguesias* qui avaient choisi d'être annexées à Trofa. Dans le conflit qui opposait les deux *concelhos* de Trofa et Santo Tirso (lesquels *concelhos* sont intégrés dans l'Aire métropolitaine de Porto, en 1999), le gouvernement avait décidé d'intervenir, en dépêchant son secrétaire d'État de l'Administration locale et de l'Aménagement du territoire, José Augusto Carvalho et non le gouverneur civil.

[3] Les « gouvernements provisoires de la République portugaise » désignent les six gouvernements qui ont gouverné le Portugal du 16 mai 1974 au 23 juin 1976 et auxquels ont succédé les « gouvernements constitutionnels ».

[4] *Cf.* l'article 12, du projet du CDS. Les citoyens avaient la possibilité de s'organiser en associations professionnelles, culturelles ou politiques « en harmonie avec les intérêts de consoli-

le projet du Parti communiste portugais a considéré, en vertu de l'article 47, n° 1, que « les citoyens ont le droit de s'associer, sans être soumis à une autorisation ou approbation de l'État [...] ».

Pour sa part, le Parti socialiste a proposé une autre orientation rédigée comme suit : « La liberté d'association est garantie sans qu'elle soit soumise à une quelconque autorisation, du moment où elle ne se destine pas à promouvoir la violence et des buts qui ne soient pas contraires à la loi pénale et à l'ordre constitutionnel[1]. » (article 20, n° 1)

Quant au Parti populaire démocrate (article 29, n° 1) il défendait l'idée que les citoyens devaient avoir la possibilité « de s'associer librement, sans autorisation préalable, à n'importe quelles fins qui ne soient pas contraires à la loi pénale [...][2] ».

Quoi qu'il en soit, le décret-loi n° 406/74 du 29 août 1974 avait déjà consacré la liberté du droit de réunion de tous les citoyens[3]. L'interdiction de la manifestation était seulement possible dans les termes prévus à l'article 3, n° 2[4]. Ceci démontre que le gouverneur civil ne pouvait pas être supprimé alors, car indispensable.

Une institution « aménagée » en attendant une réforme en profondeur

Les actions générales de surveillance, de représentation et le pouvoir d'autorisation ont été adaptés aux besoins du gouvernement. Il fallait maîtriser les éventuelles tensions qui risquaient de créer des perturbations au sein de la société. Article

---

dation de la démocratie et de la construction du socialisme », comme le mentionnait l'article 46, n° 3, du projet du MDP.

[1] Miranda (J.), *Fontes e Trabalhos Preparatórios da Constituição,* Lisbonne, vol. I, 1978, p. 427-429

[2] Article 4-A, n° 1, alinéa e), décret-loi n° 252 /92, 19 novembre 1992. Le gouverneur civil a continué à soutenir financièrement les associations, notamment celles ayant un rapport avec la protection civile.

[3] *Constituição da República Portuguesa*, sixième révision 2004, article 45 « Droit de réunion et de manifestation » :

« 1. Les citoyens ont le droit de se réunir, pacifiquement et sans armes, même en des lieux ouverts au public, sans besoin d'une quelconque autorisation. Le n° 1 de l'article 2 du décret-loi n° 406/74 du 29 août 1974 précise cependant : « Les personnes ou entités qui souhaitent organiser des réunions en des lieux publics devront en avertir par écrit et avec un délai minimum de deux jours le gouverneur civil du district ou les présidents des *Câmaras municipais*, selon que le local de regroupement se situe ou non, dans la capitale du district.

« 2. En ce cas, les autorités compétentes devront rédiger un acte dans lequel elles décriront les « fondements » de l'ordre d'interruption, en remettant une copie de cet acte aux organisateurs.

« 3. Le droit de manifester est reconnu à tous les citoyens. »

[4] « Les autorités compétentes pourront seulement empêcher les réunions dont l'objet ou la finalité contrarie les dispositions de l'article 1er, entendu qu'elles ne sont pas soulevées de quelconques objections, dans les termes des articles 1, 6, 9 et 13, si celles-ci ne sont pas adressées par écrit aux adresses indiquées par les organisateurs dans un délai de vingt-quatre heures. »

Déjà, le code administratif de 1940 avait accentué les fonctions du gouverneur civil en lui permettant d'adresser au ministre de l'Intérieur la liste des administrateurs des *concelhos,* puis des présidents des *Câmaras municipais* qui devaient être élus, car compétents et/ou dignes de confiance. À l'échelon de la *freguesia,* le *regedor* était aussi tributaire du pouvoir arbitraire du gouverneur civil, qui validait ou récusait les nominations que lui soumettait le responsable du *concelho.* Mais il faut bien mettre en relief qu'en adoptant une autre administration du territoire, le code administratif de 1940[1] a redéfini les domaines d'actions qui relevaient des pouvoirs locaux et les missions prioritaires du gouverneur civil et son article 1er a stabilisé la configuration administrative du territoire[2] et des acteurs[3].

Bien des années plus tard, le code administratif de 1940, dans sa sixième révision[4], a apporté plus de précisions aux redéfinitions de l'institution représentative du gouvernement. Au titre VII « Des gouverneurs civils[5] », chapitre Ier « Du gouverneur civil », l'article 404 a énoncé les modalités de nomination, de destitution et de démission du gouverneur civil et de son substitut, mais aussi les empêchements et les absences du gouverneur. Il a repris la rédaction de l'article 1er du décret-loi n° 399-B/84 du 28 décembre 1984 qui fut abrogé par l'article 29 du décret-loi n° 252/92 du 19 novembre 1992. En définitive, le décret-loi n° 252/92 du 19 novembre 1992 a été le dernier texte à avoir apporté une explication, certes sommaire, aux attributions du gouverneur civil, mais aucune révision de ses fonctions n'a été menée depuis[6].

Si l'institution pouvait paraître à certains égards statique, elle n'en continuait pas moins à manifester sa présence entre missions administratives et représentations politiques, mais toujours dans une confusion qui accentuait le ressenti négatif à son égard en tant que symbole local de l'État.

Des conséquences regrettables

Avec la promulgation de la Constitution de 1976, les prérogatives officielles du gouverneur civil n'avaient plus de soubassements solides, comme ceux dont il disposait durant l'État nouveau. Quant à l'analyse des fonctions du gouverneur civil elle a démontré la dichotomie entre ses prérogatives et sa mission de représentation de l'État.

---

[1] Décret-loi n° 31 095 du 31 décembre 1940.

[2] *Código administrativo de 1940,* Coimbra, Coimbra Editora, 1956, p. 25.

[3] La loi de 1940 stipulait que les organes de l'administration paroissiale étaient les familles, représentées par leurs chefs et la junte de *freguesia.* Quant au *regedor*, il était le représentant de l'autorité municipale, dans la *freguesia* et dépendait hiérarchiquement du président de la *Câmara municipal.*

[4] Silva Paixão da (J.), Aragão Seia (J.-A.) et Fernandes Cadilha (C.-A.), (dir.), *Código administrativo*, Coimbra, Livraria Almedina, 1998.

[5] Désignation donnée par l'article 1er du décret-loi n° 42 536 du 28 septembre 1959.

[6] À l'exception de la suppression définitive des dix-huit gouverneurs le 21 juin 2011.

Une remise en cause des prérogatives du gouverneur civil

Le manque d'explications politiques à l'égard des citoyens dans les transferts vers les collectivités locales d'attributions qui relevaient du gouvernement civil a certainement participé aux critiques croissantes à l'encontre des actions du gouverneur civil. Paradoxalement, il a continué à s'affirmer en tant qu'axe essentiel de coordination entre les populations locales, et le centre du pouvoir national basé à Lisbonne, tout en étant engagé dans une indispensable collaboration avec les élus locaux.

Un affaiblissement des prérogatives du gouverneur civil

Malgré son statut de magistrat administratif, le gouverneur civil était devenu un représentant du pouvoir central sans véritable relief.

Comme l'a spécifié Diogo Freitas do Amaral : « Le gouverneur civil n'est pas un administrateur professionnel, c'est un agent politique du gouvernement. C'est pour cela même qu'il n'a pas les droits d'un fonctionnaire public ni une quelconque garantie de carrière, et il ne dispose seulement que de quelques petits services d'appui pour l'aider[1]. »

Le critère socioprofessionnel n'était pas primordial dans le processus de recrutement du gouverneur civil. La pratique du choix du gouverneur civil ne s'est jamais fixée sur une catégorie professionnelle particulière. Cependant, les juristes et les militaires ont constitué les deux principales sources de recrutements, tout au moins avant la Constitution de 1976.

Il faut expliquer les raisons qui poussaient le gouvernement à demander au gouverneur civil d'être dévoué alors qu'il ne cessait d'être décrié et en sursis, et qu'il disposait de moyens qui se réduisaient comme peau de chagrin, de jour en jour. Et cela, même s'il bénéficiait de la possibilité de procéder à des nominations indirectes.

Un désintérêt apparent à l'égard du gouverneur civil

Certains contextes politiques ont placé l'institution dans des situations extrêmement confuses et complexes, en ce qui concerne ses fonctions et son statut.

C'est pour cela que l'injustice faite au gouverneur civil, par les critiques itératives quant à son inutilité, n'a été que la conséquence directe d'un statut imprécis[2] et d'une volonté à garder une institution qui en réalité, même si elle fonctionnait mal, servait et convenait aux divers gouvernements. Mais les contradictions les plus flagrantes concernaient les hésitations permanentes au devenir du gouverneur civil[3]. Lors de la présentation du Pro-

---

[1] Freitas do Amaral (D.), *Curso de Direito Administrativo*, Coimbra, Édition Almedina, 3e éd., vol. 1, 2010, p. 335.

[2] Première partie, Titre I.

[3] À titre d'exemple, le journal *Diário do Sul*, 31 mars 2006, dans un article intitulé *Imperativo constitucional* informait : « Le ministre d'État et de l'Administration interne, António Costa, a affirmé aujourd'hui que le gouvernement a décidé de maintenir les dix-huit gouverneurs

gramme de restructuration de l'administration centrale de l'État (*Programa de Reestruturação da Administração Central do Estado*) sa Commission technique a proposé de réduire de dix-huit à cinq le nombre des gouverneurs civils afin que les futures circonscriptions qu'ils auraient à administrer soient calquées sur les régions-plan du territoire continental. Mais une nouvelle fois, un membre du gouvernement a défendu l'institution. Le ministre de l'Administration interne[1] António Costa avait mis en exergue cinq raisons pour justifier l'utilité des dix-huit gouverneurs civils :

- tant que les régions administratives ne sont pas instaurées, il y a une nécessité constitutionnelle d'avoir des gouverneurs civils,
- les gouverneurs civils sont des représentants politiques du district ; espace qui coïncide avec les circonscriptions électorales, lors des élections à l'Assemblée de la République,
- les gouverneurs civils exercent, dans leur district respectif, des fonctions de coordination des forces et services de sécurité, protection civile[2]. Ils possèdent aussi des fonctions administratives qui doivent être maintenues, dans le cadre d'une organisation du processus électoral, et de la police administrative[3],
- il faut continuer à assurer la distribution équilibrée des services déconcentrés de l'État,
- la réforme de l'administration publique ne peut être possible que dans la mesure où elle doit être mise en place et suivie par les gouverneurs civils.

Les motifs évoqués par le ministre de l'Administration interne avaient été mis en avant par ses prédécesseurs, puis repris par ses successeurs. Les mêmes discours politiques et argumentations revenaient régulièrement à

---

civils actuels, contrariant en cela la Commission technique de réforme de l'État, au motif d'un "impératif constitutionnel". »

[1] Ministre d'État, ministre de l'Administration interne du 14 mars 2005 au 17 mai 2007.

[2] Almeida Costa de (M.-J.), *História do Direito Português,* Coimbra, 3e édition, Édition Almedina, 2001, p. 487 : « Le code administratif de 1936, reformulé en 1940, a souffert de nombreuses modifications. Vers le milieu des années soixante-dix, il a été substitué, principalement, en relation au régime des collectivités locales [notamment par la loi n° 79/77, du 25 octobre 1977 et le décret-loi n° 100/84 du 29 mars 1984] et du contentieux administratif. » Le statut « de police administrative » du gouverneur civil est demeuré actif, comme l'énonçait le décret-loi n° 316/95 du 28 novembre 1995. Dans ce modèle, le gouverneur civil est resté le véritable décisionnaire du district, même si ses missions ont été continuellement remises en cause.

[3] En France, à titre de comparaison en matière de police administrative, et comme le souligne Jacqueline Morand-Deviller : « Au fond : en matière de police administrative, le maire peut aggraver pour sa commune, si les circonstances locales l'exigent, les mesures de police prises par le préfet pour toutes les communes du département. » Morand-Deviller (J.) *Droit administratif, Cours, Thèmes de réflexion, Commentaires d'arrêts avec corrigés*, Paris, Montchrestien, Lextenso éditions, 11e éd., 2009, p. 18. « La police administrative s'exprime par des actes réglementaires (règlement municipal sur le stationnement des véhicules), des actes individuels (interdiction d'une manifestation, ordre donné à un particulier d'élaguer les arbres de sa propriété dont la croissance est une menace pour la sécurité) et des activités matérielles (enlèvements d'obstacles sur la voie publique). », *ibid.*, p. 635.

chaque élection nationale, présidentielle et/ou législative. C'est pour cela que la substitution des districts par les régions administratives devrait permettre d'établir des contacts plus réguliers et plus efficaces, en réduisant les échelons de prises de décisions et d'applications dans la mise en action des divers programmes de développements, en collaboration avec les Commissions de coordination et de développement régional[1].

Le pays doit impérativement se développer dans un nouveau schéma administratif et technique, avec des délimitations territoriales plus vastes. Il faudrait poursuivre les transferts et les redistributions des secteurs de compétences, entre les cinq futures régions et les Commissions de coordination et de développement régional et les collectivités locales, malgré les faibles moyens humains, techniques et financiers.

Une restriction des moyens d'action

Malgré la perte patente de pouvoirs, l'engagement personnel du gouverneur civil fut un modèle de déontologie et de volonté à servir le gouvernement et les citoyens, et pas seulement après la transition démocratique d'avril 1974.

L'entrée en vigueur du décret-loi n° 203/74 du 15 mai 1974[2] a par ailleurs défini les nouvelles fonctions du gouverneur civil et en parallèle le cadre d'actions du ministère de l'Administration interne qui a remplacé l'ancien ministère de l'Intérieur[3]. En somme, l'approche analytique du rôle du gouverneur civil et des schémas de divisions administratives et politiques en districts depuis leur instauration a prouvé l'implication dont ont fait preuve les représentants locaux du gouvernement, dans la défense des enjeux de la société portugaise.

Ce qui peut paraître paradoxal, une fois de plus, ce sont les missions qui étaient octroyées au gouverneur civil alors que la Constitution de 1976 le maintenait en place à titre transitoire, en attendant l'instauration des régions administratives. Avec la loi n° 79/77 du 25 octobre 1977[4] qui a fixé les com-

---

[1] On étudie de façon plus exhaustive ce schéma dans la seconde partie.

[2] *Diário do Governo,* I-Série, n° 113, décret-loi n° 203/74 du 15 mai 1974, p. 624 : « [...] f) Définition des compétences des gouverneurs d'outre-mer, des gouverneurs civils et des gouverneurs des districts autonomes [...]. »

[3] C'est à partir de cette période qu'ont surgi les bouleversements des pouvoirs de l'institution, et une réduction de leurs moyens. Dès le 25 avril 1974, le décret-loi 170/74 a démis les gouverneurs civils du continent et ceux des archipels des Açores et de Madère (*Diário do Governo,* I-Série, 25 avril 1974). Leurs tâches ont été confiées aux secrétaires généraux des gouvernements civils. Progressivement, des fonctions de premier ordre ont été enlevées à l'institution. C'est ainsi que, par exemple, le 29 octobre 1979, un décret-loi a confirmé que le visa du gouverneur civil pour les cartes d'identité n'était plus indispensable.

[4] *Diário da República*, I-Série-A, n° 247, loi n° 79/77, du 25 octobre 1977, p. 2564-2578. Avec le vote de cette loi sur les compétences et attributions des diverses institutions locales, l'administration du district a subi un remodelage. Il était constitué d'une Assemblée de district

pétences et les attributions des diverses institutions locales, c'est toute l'administration générale du district qui s'en est trouvée bouleversée. Puis, le gouverneur civil s'est vu confier la direction des cabinets de coordination et de protection civile[1].

L'importance de l'action du gouverneur civil dans le cadre de la protection civile a été confirmée par l'entrée en vigueur de la loi de base de la protection civile n° 27/2006 du 3 juillet 2006[2]. L'article 34, de loi n° 27/2006 du 3 juillet 2006 disposait : « 1. Il est de la compétence du gouverneur civil, dans l'exercice de ses fonctions en tant que responsable dans le district de la politique de la protection civile, de déclencher, dans l'imminence ou survenue d'un grave accident ou catastrophe, les actions de protection civile de prévention, secours, assistance et réhabilitation adéquate dans chaque cas.

« 2. Le gouverneur civil est aidé par le commandement des opérations de secours et par les agents de protection civile dans le cadre du district. »

Le rôle du gouverneur civil était essentiellement celui d'un coordinateur puisque, à l'échelon du *município,* le responsable de la sécurité était le président de la *Câmara municipal.* La loi n° 65/2007 du 12 novembre 2007[3] portant sur « L'encadrement institutionnel et opérationnel de la protection civile dans le cadre municipal, l'organisation des services municipaux de la protection civile et les compétences du commandant opérationnel municipal » a établi l'organisation des services municipaux de protection civile. L'article 5 a confirmé les missions du président de la *Câmara municipal* puisque :

> 1. Le président de la *Câmara municipal* est l'autorité municipale de la protection civile.
> 2. Le président de la *Câmara municipal* est compétent pour déclarer la situation d'alerte dans le cadre territorial du *município* et il doit se concerter avec le gouverneur civil afin de déclarer la situation d'alerte dans le cadre du district, lorsque sera en cause la zone du *município* concerné.

Si la loi n° 27/2006 du 3 juillet 2006 a stipulé les attributions du gouverneur civil en matière de protection civile, la loi n° 65/2007 du 12 novembre 2007 a mentionné également les prérogatives du président de la *Câmara municipal* dans ce domaine. Parallèlement et au niveau du *concelho,* les textes juridiques qui ont donné des pouvoirs de plus en plus nombreux au *município* ne se sont pas limités à ôter une parcelle des attributions du gouverneur civil.

C'est le décret-loi n° 266/81 du 15 décembre 1981 qui a défini le cadre normatif des futurs rassemblements des *municípios*. Il appartient depuis à la

---

et d'un Conseil de district, composés des représentants des *municípios*, avec pour président le gouverneur civil qui dirigeait les deux institutions.

[1] *Diário do Governo,* I-Série, n° 281, résolution n° 340/79 du 6 décembre 1979, p. 3111. La résolution n° 340/79 du 6 décembre 1979 a attribué au gouverneur civil la direction des centres et des cabinets de coordination de la protection civile dans le district.

[2] *Diário da República*, I-Série, n° 126, loi n° 27/2006 du 3 juillet 2006, p. 4696-4706.

[3] *Diário da República*, I-Série, n° 217, loi n° 65/2007 du 12 novembre 2007, p. 8353-8356.

Câmara municipal intéressée par la mise en œuvre d'un éventuel processus d'union, de délibérer sur l'approbation des statuts et sur la participation de chaque *município*[1]. La proposition de loi n° 82/II du 3 février 1982[2] a confirmé le transfert de compétences mais aussi les incohérences dans les coordinations des fonctions entre le district et les *concelhos,* et le décret-loi n° 118/82 du 19 avril 1982 a fixé les règles et les conditions relatives aux investissements municipaux. Il a renforcé la coopération entre les *municípios* dans la perspective de réaliser des investissements communs et améliorer les relations entre l'administration centrale et locale.

Or, ce n'est que dix ans après que le décret-loi n° 252/92[3] du 19 novembre 1992 a redéfini les domaines d'administration du gouverneur civil et approuvé le régime des services qui dépendaient de lui. Ces retards s'expliquent par les priorités des gouvernements provisoires et constitutionnels qui, après la révolution du 25 avril 1974, ont dû consolider la démocratie, rédiger une nouvelle Constitution et engager les processus d'adhésion à la Communauté économique européenne.

Par la suite, en ce qui se réfère aux domaines d'intervention et les fonctions spécifiques officielles du gouverneur civil, l'arrêt n° 31/2005 du 28 novembre 2005[4] de la *Procuradoria* générale de la République a repris dans les grandes lignes les dispositions incluses au chapitre II, article 4, du décret-loi n° 252/92 du 19 novembre 1992[5]. On peut synthétiser ses « Compétences en tant que représentant du Gouvernement » (article 4-A) et ses « Compétences dans l'exercice des fonctions de sécurité et de police[6] » (article 4-D). Leur énumération peut paraître fastidieuse mais elle se justifie pour deux raisons.

En premier lieu, elle confirme que la présence du gouverneur civil à la tête du district était nécessaire et indispensable pour le pouvoir central.

Dans un deuxième temps, en confirmant officiellement les fonctions du gouverneur civil, alors qu'était engagée une réflexion sur l'instauration de la région administrative, notamment avec la loi-cadre n° 56/91 du 13 août 1991[7], le gouvernement a voulu, par ce « rappel à l'ordre » adresser

---

[1] Une fois la formation concrétisée, l'ensemble des éléments techniques et financiers était communiqué au ministère de l'Administration interne, afin de faire enregistrer officiellement le *município* où devait se situer le siège du futur regroupement. Voilà encore un acte qui a échappé au gouverneur civil.

[2] *Diário da República,* I-Série, n° 1, 3 février 1982, p. 7-23, loi relative aux attributions des collectivités locales, et des compétences de leurs structures respectives.

[3] *Diário da República*, I-Série-A, n° 268, décret-loi n° 252/92, du 19 novembre 1992, p. 5 334-5338.

[4] *Diário da República*, II-Série, n° 228, 28 novembre 2005, p. 16604, arrêt n° 31/2005 du 28 novembre 2005 de la *Procuradoria générale de la République*.

[5] *Diário da República,* I-Série-A, n° 268, décret-loi n° 252/92, du 19 novembre 1992, p. 5334-5338.

[6] *Ibid.*

[7] *Diário da República*, I-Série-A, n° 185, 13 août 1991, loi n° 56/91, p. 4091-4097.

un message aux populations du district et aux élus locaux, pour leur signifier qu'en attendant la création d'une organisation régionale du territoire, le gouverneur civil demeurait le représentant local de l'État. Comme le disposait l'article 4-A « Compétences en tant que représentant du Gouvernement » :

> 1. Il est de la compétence du gouverneur civil dans la circonscription du district et en tant que représentant du Gouvernement :
> D'exercer les fonctions de représentation du Gouvernement ;
> De ollaborer à la diffusion des politiques sectorielles du Gouvernement, notamment au travers d'actions d'informations et formations, en facilitant leurs meilleures implantations ;
> D'en référer au membre du Gouvernement compétent en raison de la particularité de l'information périodique et systématisée, selon les secteurs et les sujets ayant un intérêt pour le district ;
> De préparer l'information relative aux requêtes, rapports et pétitions qui lui sont remis pour les adresser aux membres du Gouvernement ou tout autre organe de décision ;
> D'attribuer des financements à des associations dans le champ d'action du district.
> 2. Pour les effets de l'alinéa c) du numéro antérieur, les zones stratégiques de prestations d'informations, dans l'aire du district, sont toutes celles qui se réfèrent à la protection civile, à la sécurité interne et, en particulier, à la surveillance de proximité, aux questions économiques et sociales, aux investissements à réaliser dans le district, ou tout autre ayant un intérêt pour le district.
> 3. Il relève également de la compétence du gouverneur civil de développer toutes les démarches nécessaires et appropriées à une coopération adéquate dans l'articulation entre les services publics déconcentrés dans le cadre du district, et entre eux et les autres organes administratifs localisés dans la circonscription du district, en accord avec les orientations des membres respectifs du Gouvernement. [...].

L'article 4- D intitulé « Compétences dans l'exercice des fonctions de sécurité et de police » énonçait :

> Il est de la compétence du gouverneur civil, dans le district et dans l'exercice des fonctions de sécurité et de police :
> D'accorder, dans les termes de la loi, des licences ou autorisations pour l'exercice des activités, en ayant toujours en compte la sécurité des citoyens et la prévention des risques ou des divers dangers inhérents aux citoyens.
> De promouvoir, après arrêt du conseil coordinateur et en se basant sur le fondement de la politique définie par le ministre de l'Administration interne, l'articulation des activités suivantes en matière de sécurité interne :
> Des forces de sécurité en ce qui concerne la surveillance de proximité, après avoir entendu leur premier responsable dans le district ;
> Des forces de sécurité avec les polices municipales ; après avoir entendu leur premier responsable dans le district ;

Des actions de surveillance qui s'insèrent dans le champ d'action du ministère de l'Administration interne.
De prendre des mesures pour le maintien ou replacement de l'ordre, de la sécurité et de la tranquillité publics, pouvant, pour cet effet :
De requérir, dès que nécessaire, à l'intervention des forces de sécurité, aux commandements de la PSP et de la GNR installés dans le district ;
De proposer au ministre de l'Administration interne pour approbation les règlements nécessaires à l'application des lois qui établissent le mode d'exercice de ses compétences ;
D'appliquer les mesures de police et les sanctions prévues par la loi contre les infractions.

On voit par ces divers traits quelles ont été les caractéristiques principales des attributions du gouverneur civil au gré des différents codes administratifs. Il convient par conséquent de rechercher quel a été son véritable pouvoir de nomination.

Un amoindrissement du pouvoir de nomination et de cooptation du gouverneur civil

En partant de ce constat, on peut dégager le fait que les analyses des procédures de nominations, qui relevaient des prérogatives du gouverneur civil, montrent que celles-ci ne pouvaient être effectives que si elles étaient validées par sa hiérarchie.

Les décrets portant nomination du gouverneur civil prouvent que les décisions finales ont toujours été soumises à l'approbation du ministre du Royaume, de l'Intérieur puis de l'Administration interne. Le gouverneur civil pouvait choisir les membres de son cabinet personnel en application des articles 9 et 10 du décret-loi n° 427/89 du 7 décembre 1989.

De même, il pouvait faire appel à des fonctionnaires, dans ou en dehors du district, pour intégrer son équipe personnelle ou les structures du gouvernement civil selon ce qui était dit au n° 1, de l'article 15 du décret-loi n° 252/92 du 19 novembre 1992 et mentionné dans la rédaction qui lui a été conférée par le décret-loi n° 213/2001 du 2 août 2001. Dans ces procédures, le rôle du secrétaire général du gouvernement civil a toujours été des plus actifs, des plus indispensables et des plus durables au sein du gouvernement civil.

Le secrétariat général du gouvernement civil exerçait ses compétences dans dix domaines spécifiques en application de l'article 414 du code administratif[1]. Il dirigeait, sous la responsabilité du gouverneur civil, les travaux du secrétariat et préparait les dossiers sur lesquels le gouverneur civil avait à travailler, recevoir et adresser la correspondance[2]. Le rôle « technique » du

---

[1] L'article 414 fut abrogé par l'article 29 du décret-loi n° 252/92 du 19 novembre 1992.

[2] Il est à noter que toute correspondance qui portait la mention « confidentiel » ou « réservé » ne pouvait être ouverte que par le gouverneur civil. Il avait pour obligation d'authentifier tous les documents et signer les attestations qui émanaient de son secrétariat, conserver, sous sa

secrétaire général du gouvernement civil a toujours été primordial et constituait pour le gouverneur civil un allié indispensable. Le gouverneur civil passait et le secrétaire général du gouvernement civil restait.

Le secrétaire général du gouvernement civil a été un collaborateur indispensable du gouverneur civil et sa fonction de « généraliste » en a fait la pièce maîtresse du dispositif administratif du gouvernement civil. Si le gouverneur civil changeait en moyenne tous les deux ans, le secrétaire général restait à son poste, parfois plusieurs décennies. Après la décision du XIXe gouvernement constitutionnel de supprimer définitivement le gouverneur civil le 21 juin 2011, le secrétaire général a été maintenu en place, pour régler les affaires courantes, en attendant la fin des transferts des anciennes attributions du gouvernement civil vers les ministères, les collectivités locales et autres institutions.

Le code administratif de 1836, dans son article 111, prévoyait déjà : « Près de chaque administrateur général, il y aura un secrétaire nommé par le gouvernement [...]. § unique - Les autres employés du secrétariat seront nommés par l'Administrateur général ; ils pourront être suspendus par lui ; mais ils ne pourront être révoqués sans l'autorisation du gouvernement [central][1]. » De même, l'article 223 du code administratif de 1886 précisait : « Dans chaque gouvernement civil il y a un secrétaire général nommé par décret gouvernemental [...] », et l'article 225 : « Le secrétaire général doit diriger sous les ordres du gouverneur civil les travaux du secrétariat, certifier et authentifier tous les documents et actes du gouverneur civil[2]. »

Quel que soit le code administratif en vigueur, les fonctions et le statut du secrétaire général ont peu changé. Durant nos enquêtes de terrain, lors d'entretiens avec des gouverneurs civils, il est arrivé que le secrétaire général soit présent et apporte des précisions à nos questions, surtout lorsqu'elles étaient plus « techniques » que politiques.

Par ailleurs, chaque gouvernement civil avait un règlement interne indispensable au fonctionnement de son secrétariat élaboré conformément aux lois, aux règlements et aux instructions du gouvernement. Si le gouverneur civil avait la possibilité de choisir des personnes pour qu'elles intègrent son cabinet personnel, il incombait en dernier ressort au ministre de

---

responsabilité, l'ensemble des archives du gouvernement civil, établir une correspondance avec l'ensemble des fonctionnaires des autres services, du district, placés sous la tutelle du gouverneur civil, substituer le gouverneur civil (§ 1 et § 2 de l'article 404, du code administratif), résoudre, en cas d'empêchement du gouverneur civil, les affaires qui nécessitaient d'être traitées en urgence, donner son avis sur l'interprétation et l'application des textes législatifs (lorsque les présidents des corps administratifs en faisaient la demande au gouvernement, par l'intermédiaire du gouverneur civil, exercer les attributions qui lui étaient imposées par la loi, règlement ou décision du gouvernement.

[1] Code administratif de 1836, Lisbonne, Imprensa da rua de São Julião, n° 5, p. 48-49.

[2] Code administratif de 1886, décret du 17 juillet 1886, décret du 29 juillet 1886 et décret du 12 août 1886, Coimbra, Imprensa da Universidade, 2e éd., 1892.

l'Administration interne d'entériner ou récuser les choix du gouverneur civil[1].

En fait, les possibilités de nominations du gouverneur civil étaient l'expression de la faible autonomie de l'institution. Elles étaient un dernier « petit » privilège qui lui était encore accordé, et de la marge ténue qui existait entre l'administratif, le politique et le technique. L'ingérence de la dimension technique dans la fonction du gouverneur civil pouvait néanmoins se comprendre par les besoins du gouverneur à s'entourer de collaborateurs choisis pour leurs compétences dans des secteurs bien spécifiques, surtout si en l'occurrence ils appartenaient au même parti politique que le chef du gouvernement civil. Les fonctionnaires détachés auprès du gouverneur civil se voyaient bénéficier d'une date de prise de fonctions, mais c'est une nouvelle ordonnance qui les exonérait de leur travail au sein du gouvernement civil et les réintégrait dans leur administration d'origine[2].

De même, toutes les nominations au cabinet personnel du gouverneur civil devaient être publiées au *Diário da República*, après avoir été soumises à l'approbation du ministre de l'Administration interne[3], généralement sans entretien avec le ministre de l'Administration interne et/ou ses adjoints. Les membres du cabinet personnel du gouverneur civil étaient le chef de cabinet, un adjoint et un secrétaire. Les trois personnes étaient nommées selon les modalités spécifiées à l'article 15 du décret-loi n° 252/92 du 19 novembre 1992, et dans sa révision selon les termes du décret-loi n° 213/2001 du 2 août 2001[4]. L'article 3 alinéa 2[1] posait, quant à lui que, dans l'éventualité

[1] *Díario da República,* II-Série, n° 196, 11 octobre 2007, p. 29 389 ; ordonnance n° 23 401 a précisé que le poste était attribué « Dans les termes n° 1 de l'article 15 du décret-loi n° 252/92, du 19 novembre, avec les modifications qui lui ont été apportées par le décret-loi n° 213/2001 du 2 août 2001, et les articles 3, n° 1 et n° 4 de l'arrêté n° 948/2001, du 3 août 2001 ».

[2] *Diário da República,* II-Série, n° 10, 14 janvier 2005, p. 658. Par exemple, la secrétaire générale du gouvernement civil d'Évora a déclaré que trois employés étaient autorisés à bénéficier d'une indemnité pour congés maladie.

[3] *Diário da República,* II Série, n° 30, 5 février 2001, p. 2376. Ministère de l'Administration interne, Gouvernement civil du district de Santarém, « Avis n° 1971/2001 (2e série) : par décision du gouverneur civil de Santarém en date du 5 janvier 2001 : Sandra Marisa Martins Vitorino, bachelière, est nommée au poste de secrétaire du cabinet d'appui personnel du gouverneur civil, avec prise de fonctions à partir du 8 janvier 2001, selon les termes des numéros 3 et 4 de l'article 15 du décret-loi n° 252/92, du 19 novembre, conjugués avec le n° 2 de l'article 6 du décret-loi n° 262/88, du 23 juillet, et avec le n° 1 de l'article 17 et l'alinéa a) du n° 2 de l'article 20 du décret-loi n° 404-A/98, du 18 décembre ; leur rémunération correspond à l'indice 360 du système de rétribution de la fonction publique (tableau annexé au décret-loi n° 404-A/98, du 18 décembre. (Elle n'est pas soumise à un contrôle préalable de la Cour des comptes) ».

[4] Le décret-loi n° 213/2001, du 2 août 2001, Chapitre VI « Du cabinet d'appui personnel », l'article 15 intitulé « Constitution et composition » précisait : « 1. Le gouverneur civil peut constituer un cabinet d'appui personnel nommé par ordonnance du ministre de l'Administration interne, sur proposition du gouverneur civil [...]. »

où il existait un vice-gouverneur civil, le cabinet pouvait alors être composé de deux secrétaires. Dans l'hypothèse où il n'y avait pas de vice-gouverneur civil, le gouverneur civil pouvait déléguer à son chef de cabinet des fonctions qui ne relevaient, ni des activités inhérentes aux travaux de secrétariat, ni de celles de représentations officielles lors de cérémonies. S'il y avait un empêchement simultané du gouverneur et du vice-gouverneur, c'est le chef de cabinet qui exerçait les missions de représentation.

Il résulte de ces regards comparatistes que l'institution portugaise est demeurée constitutionnellement plus statique que ne le furent d'autres représentations locales de l'État en Europe. Par conséquent, si le schéma français avec l'institution préfectorale a influencé la création du *prefeito*, puis du gouverneur civil portugais[2], de même dans les provinces italiennes il y a un *prefetto*, et dans chaque communauté autonome espagnole un délégué du gouvernement et un *county governor* en Suède.

On peut donc établir que différents schémas ont connu des réformes plus conséquentes, entre nominations et élections, et pas seulement dans des pays européens comme en Turquie ou au Japon, pays où le gouverneur est élu au suffrage universel direct.

En Europe, le préfet grec, qui bénéficie également d'un statut d'élu, se positionne au centre d'une relation écartelée entre centre et périphérie à l'heure où les régions acquièrent de plus en plus de pouvoirs et où les collectivités locales se regroupent. En Italie, le *prefetto* représente le gouvernement dans la province italienne et, comme le gouverneur civil portugais, il est placé sous la tutelle hiérarchique du ministre de l'Intérieur.

La diversité des institutions de représentation de l'État dans différents pays de l'Union européenne a placé le Portugal dans une situation particulière, entre les volontés politiques à vouloir supprimer ou sauvegarder l'institution et ses rapports avec les autres responsables politiques locaux.

L'indispensable collaboration avec les élus politiques locaux

L'évolution des fonctions du gouverneur civil avait modifié les relations hiérarchiques à l'échelon du *concelho*. Elle a contribué à fixer le cadre des rapports inversés entre le gouverneur civil et les élus politiques locaux.

Avec la nomination du premier gouvernement provisoire, la rupture a été violente. Chef tout-puissant de l'administration locale avant la Révolution du 25 avril 1974 et référent politique, le gouverneur civil a dû se soumettre aux

[1] Article 3, alinéa 2, du décret-loi 213/2001, du 2 août 2001 : « Le ministre de l'Administration interne peut proposer en Conseil des ministres que soit nommé un vice-gouverneur civil, pour les districts qui en auraient besoin. L'alinéa 2 mentionnait par ailleurs : « Le gouverneur civil est nommé et destitué par le Gouvernement, en Conseil des ministres, sur proposition du ministre de l'Administration interne, dont il dépend hiérarchiquement et organiquement. »

[2] Le Lidec (P.), « L'Impossible renouveau du modèle préfectoral sous la quatrième République », *RFAP*, 2006, n° 120, p. 7.

impératifs d'une relation consensuelle avec le président de la *Câmara municipal*. Les relations qui liaient le représentant local du gouvernement et les élus locaux n'ont plus été bâties sur des rapports hiérarchiques, mais essentiellement sur des accointances en vue de garantir la sécurité du district.

Ceci étant dit, ce processus de décentralisation n'a fait en réalité que reprendre les fonctions du président de *Câmara municipal* en tant qu'autorité policière. Avec l'adoption d'une législation plus récente, les attributions du président de la *Câmara municipal* ont été énoncées par l'article 68 de la loi n° 169/99 du 18 septembre 1999 et la loi n° 5-A/2002 du 11 janvier 2002. La *Câmara municipal* est devenue l'organe collégial exécutif du *município*, avec deux piliers que sont le président et les conseillers municipaux, tous élus au suffrage universel direct par les citoyens électeurs résidant dans la circonscription, selon ce qui était disposé à l'article 253 de la Constitution de 1976 et à l'article 53 de la loi n° 79/77 de 1977[1]. La législation relative aux actions du gouverneur civil était moins prolixe que celle concernant les domaines d'intervention de *município*.

L'autonomie du *município* a modifié les rapports de pouvoirs au niveau de l'espace local. Il y a eu un bouleversement majeur dans le schéma de la vie administrative et politique portugaise, car les fonctions octroyées au président de la *Câmara municipal* en ont fait un contre-pouvoir au gouverneur civil, mais aussi un partenaire. Pour mieux percevoir ce dilemme apparent, trois éléments sont à prendre en considération.

On ne peut percevoir les relations entre le gouverneur civil et le président de la *Câmara municipal* si l'on fait abstraction des premières relations entre le *prefeito* et le *provedor*. La prise en compte de ces données permet de mieux percevoir le jeu des répartitions des fonctions qui étaient jadis du seul domaine réservé du gouverneur civil vers le *município*, et de mesurer l'évolution de l'autonomie croissante accordée au *município*.

Les compétences conférées au *provedor* et à l'administrateur du *concelho*

Dans cette approche comparative, on constate que, dès « l'importation » du *prefeito,* le pouvoir central avait tenu à garder sous sa coupe non seulement son représentant dans la province, mais aussi le responsable du *concelho.*

[1] Gomes Canotilho (J.-J.) et Moreira (V.), (dir.), *Constituição da República Portuguesa Anotada,* Coimbra, Coimbra Editora, 3e éd., 1993. Dans leurs analyses et commentaires de l'article 252 de la Constitution (« La *Câmara municipal* est l'organe exécutif collégial du *município* »), ils considèrent que : « L'organe exécutif du *município* est la *câmara* [municipale] et non son président. Quand bien même la Constitution a prévu la fonction du président de la *câmara,* il n'est pas un organe autonome de l'administration municipale. L'organe exécutif du *município* est la *câmara,* en tant qu'organe collégial (V. également, l'article 241, n° 1 - actuel n° 1 de l'article 239). Le président de la *Câmara municipal* est systématiquement le premier candidat de la liste ayant remporté la majorité des voix. Si le poste est vacant, c'est le deuxième membre de la liste qui lui succède (article 54 de la loi n° 79/77). »

Les fonctions du *provedor*[1] dans le décret n° 23 du 16 mai 1832 s'inscrivaient dans le cadre d'une délégation contrôlée des compétences du *prefeito.* Le chapitre II « De l'organisation générale de l'administration » disposait, à son article 4 : « La province est administrée par un chef unique, lequel a le nom de *prefeito.* Dans les *comarcas* où ne réside pas le *prefeito,* il y aura un délégué désigné par *subprefeito.* » Il ne pouvait pas y avoir d'ambiguïté sur les relations hiérarchiques entre le pouvoir central et le pouvoir local puisque, si « Le *concelho* est administré par un *provedor* » (article 5), seul le roi décidait de qui pouvait devenir un magistrat administratif, dans la mesure où « Toutes ces autorités sont nommées par le Roi » (article 6). Les compétences du *provedor* telles qu'elles étaient définies explicitement au Chapitre II « Du *provedor* du *concelho* » aux articles 60[2] et 61 en faisaient non seulement un collaborateur direct du *prefeito,* mais aussi indirect du monarque[3].

Avec l'entrée en vigueur du code administratif de 1836, le *provedor* est devenu l'administrateur du *concelho.* Celui-ci était placé directement sous la tutelle du pouvoir central puisque l'article 114 « De l'administrateur du *concelho* » disposait que « L'administrateur du *concelho* est choisi par le Gouvernement [...] » et qu'« Il est nommé pour deux ans (article 115) ».

Pour autant, l'administrateur du *concelho* dépendait aussi de l'administrateur général du district dans la mesure où « Les administrateurs peuvent être suspendus par l'administrateur général du district, qui en informera immédiatement le Gouvernement [...] » (Article 116). L'article 124 a confirmé ces rapports hiérarchiques entre le responsable du district et celui du *concelho*[4]. On remarque à la lecture des dispositions de l'article 124 que

[1] *Cf.* décret n° 23 du 16 mai 1832 sur l'« Implantation du système administratif ».

[2] Le décret n° 23 du 16 mai 1832, dans son article 60 énonçait : « Le *provedor* du *concelho* est dans le *concelho* l'unique et exclusif dépositaire de l'autorité administrative ; en tant que délégué du pouvoir exécutif il veille à l'exécution des lois ; en tant que chef de la police à la prévention des délits ; en tant que chargé des fonctions exécutives de la municipalité il possède les attributions de bénévolat et de confiance qui en font le tuteur et le défenseur naturel de tous les intérêts communs, dans sa localité. »

[3] *Ibid.,* article 61 : « Le *provedor* est nommé par le Roi par décret expédié par le Secrétariat de l'État des Affaires du Royaume. Lorsque l'urgence du service l'exige, la nomination sera faite provisoirement par le *prefeito* et le *provedor* nommé commencera immédiatement à exercer ses missions ; mais le décret de sa nomination devra toujours être paraphé par le Roi. »

[4] Le décret n° 23 du 16 mai 1832, dans son article 124 disait : « Il est de la compétence de l'administrateur du *concelho* de procéder à :

« § 1. L'application des ordres, instructions et règlements qui lui seront transmis par l'Administrateur général relatifs aux diverses affaires dont il sera chargé.

« § 2. La direction immédiate des travaux publics qui s'effectueront dans les limites du *concelho,* et qui ne seront pas payés par la municipalité, ou dévolus par le Gouvernement à une inspection particulière.

« § 3. Veiller, selon la loi et règlement publics, à fournir des charrettes, ou autres moyens de transport aux troupes en mouvements, officiers ou agents du gouvernement ainsi qu'aux transports d'armements, de munitions, ou de vivres pour le compte du même Gouvernement

et aussi au casernement, et approvisionnement des corps militaires détachés, en transit ou qui stationneront dans les terres du *concelho.*
« § 4. À la superintendance et surveillance quotidienne de tout ce qui concerne la police privée.
« § 5. À l'inspection des écoles publiques, ou particulières, qui n'auront pas été payées par les revenus du *concelho,* ou qui ne seront pas soumises à une quelconque administration, ou Direction privée, immédiatement subordonnée au Gouvernement et à satisfaire les réclamations, et exigences des professeurs de l'enseignement primaire et secondaire, dans les termes prescrits, dans des lois spécifiques.
« § 6. Au contrôle des lancements et perceptions des contributions directes et indirectes.
« § 7. À la protection générale de l'industrie, et des arts, et de tout ce qui peut concourir à l'utilité, et bien-être des habitants.
« § 8. Préparer le recrutement pour l'armée et la garde nationale en accord avec les *Câmaras municipais*, en fonction du recensement que lui remettront les Juntes de *Paróquia*, en conformité avec les lois et règlements publiés par le Gouvernement.
« § 9. Organiser le Plan général de la population du *concelho*, selon les Plans partiels de recensement, que leur enverront les *Regedores* des *Paróquias,* et le transmettre à l'Administrateur général du district, aux dates qu'il précisera.
« §10. Fournir et contresigner les passeports, aux nationaux, et aux étrangers qui résident dans le *concelho,* et accorder des visas de résidence aux étrangers, en adressant un rapport de ces actions à l'Administrateur général, à l'exception de la concession de passeports pour sortir du Royaume par les ports maritimes, ce qui relève de la compétence des administrateurs généraux.
« §11. Inspecter les prisons, maisons de détention et correction, en subvenant à l'amélioration de telles maisons, et à la sustentation des prisonniers par les moyens que le Gouvernement établira.
« § 12. Contrôler les Maisons publiques de ventes de combustibles, de boissons spiritueuses, ou de médicaments, ou boutiques en ne tolérant pas la vente d'aliments, boissons ou drogues, périmés ou de mauvaise qualité, qui portent préjudice à la santé publique.
« § 13. De même, vérifier les poids et mesures et tout ce qui concerne la sécurité et fidélité du Commerce.
« § 14. Procéder contre les actions des contrevenants aux lois et arrêtés des *Câmaras municipais*, dans les cas qui s'opposent aux deux § antérieurs, en les verbalisant, et en les déférant devant le pouvoir judiciaire compétent pour qu'ils soient punis.
« § 15. Inspecter aussi dans les termes de la loi, les maisons publiques de jeux, hôtelleries, et auberges, procédant de la même sorte contre ceux qui consentiront dans le cas de premières à l'usage de jeux prohibés par la loi, ou dilapidation d'argent, et sommes considérables, qui en connaissance de cause ruinent des familles, et les privent de subsistances ; et contre ceux qui dans les secondes aideront financièrement ou offriront l'hébergement à des personnes inconnues, et sans aucune légitimité.
« § 16. Ne pas accorder l'usage et port d'armes à des individus qui ne soient pas militaires, en prenant des mesures à l'encontre de ceux qui se trouvent en possession d'armes, sans licence accordée par l'Administrateur général du district.
« § 17. Faire intervenir la police et maintenir un bon ordre dans l'exercice des cultes, dans les fêtes, divertissements publics, et dans les spectacles.
« § 18. Sauvegarder les bons usages et la morale publique, en adoptant dans le *concelho,* ce qui généralement est demandé dans les districts aux administrateurs généraux, à l'article 109 de ce Code, en ce qui concerne les prostituées.
« § 19. Appliquer les Lois et règlements de la police en vigueur, relatifs aux mendiants, voyous et vagabonds. »

nombre des fonctions qui étaient du domaine des compétences de l'administrateur du *concelho* étaient similaires à celles dont bénéficie actuellement le président de la *Câmara municipal*.

Un transfert progressif des compétences du gouvernement vers le *município*

L'une des volontés de l'État nouveau fut d'instaurer une administration centralisée.

Certes, la Constitution de 1933 et le code administratif de 1940 ont créé et encadré dans la structure administrative, géographique et politique du pays, une institution de transmission et d'application des directives. Ce n'est qu'après la Révolution des Œillets, le 25 avril 1974, lorsque s'est posée la question de remettre à plat l'organisation du pays, que la décentralisation administrative fut réellement prise en compte. Le président de la *Câmara municipal*, qui est élu démocratiquement à partir de 1976, a ensuite bénéficié d'une dynamique renforcée par l'autonomie financière et administrative qui s'est développée après les réformes de 1977. La loi n° 79/77 du 25 octobre 1977, dans son chapitre « Du *município* », à l'article 38, énonçait que le *município* est « une personne collective territoriale, dotée d'organes représentatifs, qui vise à la concrétisation des intérêts particuliers de la population dans ladite circonscription[1] ». Les compétences du *município* ont été détaillées à l'article 6, n° 1 et 237, n° 1 de la Constitution de 1976 et revues lors de l'adoption de la loi n° 159/99 du 14 septembre 1999[2]. La réorganisation des procédures de collaboration entre le gouverneur civil et le président de la *Câmara municipal* a engendré une nouvelle échelle dans les redistributions des pouvoirs locaux.

Les attributions qui ont été accordées au *município,* depuis la Constitution de 1976, n'ont quasiment pas pris en compte la circonscription du district, si l'on fait exception par exemple des plans directeurs municipaux[3]. Le chapitre I, au regard de son article 1er relatif aux « Collectivités locales » affirmait :

---

[1] *Diário da República*, I-Série, n° 247, 25 octobre 1977. La loi n° 79/77 sur les collectivités locales du 25 octobre 1977 fut abrogée par l'article 97 du décret-loi n° 100/84 du 29 mars 1984.

[2] *Ibid., Cf.* commentaire à l'article 6, p. 75 : « En cela, l'attribution directe des pouvoirs au président [de la *Câmara municipal*], bien que cela soit fait sous le principe de la "délégation tacite", émanant directement de la loi, indépendamment d'un acte quelconque de délégation de la *Câmara municipal* (décret-loi n° 100/84, article 52), n'a pas de fondement constitutionnel, même lorsqu'il est admis que la *Câmara municipal* puisse faire cesser cette délégation, ou réapprécier les décisions du président, par voie de recours. L'ouverture légale est venue permettre dans la pratique des transitions silencieuses d'un régime de collégialité vers un régime de présidentialisme municipal, en violation du « principe de conformité fonctionnelle relativement aux collectivités locales ».

[3] Ils concernent souvent les développements des *infra*structures routières de plusieurs *concelhos.*

> 1. L'organisation démocratique de l'État comprend l'existence de collectivités locales.
> 2. Les collectivités locales sont des personnes collectives[1] territoriales [traduction mot pour mot] dotées d'organes représentatifs, qui tendent à la poursuite d'intérêts particuliers des populations respectives.
> 3. Les collectivités locales sont, sur le continent, la région administrative, le *município,* la *freguesia*[2] et dans les régions autonomes, le *município* et la *freguesia.*

Au demeurant, le décret-loi 100/84 du 29 mars 1984[3] qui a consacré le principe d'autonomie des collectivités locales et de décentralisation de l'administration publique n'a pas mentionné le district *a contrario* de la Constitution de 1976[4]. Le décret-loi 100/84 du 29 mars 1984 a redéfini les attributions des collectivités locales, et les compétences de leurs organes, puisque :

> le système institué par la loi 79/77 du 25 octobre, s'il a servi de support au fonctionnement des organes démocratiquement élus, renfermait cependant diverses lacunes, imperfections technico-juridiques et des carences, qu'il importe de corriger à la lumière de l'expérience accumulée tout au long des six ans passés. L'objectif du présent texte est précisément d'amender la loi n° 79/77 du 25 octobre, à la suite de l'autorisation législative concédée au gouvernement, au travers de la loi n° 19/83 du 6 septembre, dans l'optique d'une consolidation effective et d'un renforcement du pouvoir local vraiment autonome et fort, après le processus de consultation des collectivités locales[5].

Le décret-loi 100/84 du 29 mars 1984 a été modifié par la loi n° 25/85 du 12 août 1985[6] et la loi n° 18/91 du 12 juin 1991[7].

Malgré leurs disparités, en termes de superficie et densité de population, les districts ont formé des unités juridiquement égales[8]. Or, si la Constitution

---

[1] En France on les désigne par personnes publiques territoriales.

[2] *Código administrativo de 1940,* Coimbra, Coimbra Editora, 1956, p. 25. Le territoire administratif portugais se divise en *freguesias*, regroupées en *concelhos,* eux-mêmes englobés dans les districts. L'article 2 ordonnance les *concelhos* en deux catégories, urbaines et rurales. L'article 13, du chapitre I, Titre II a défini la notion de *concelho* comme » un agrégat de personnes résidant dans la circonscription municipale, avec des intérêts communs et servi par des corps administratifs qui lui sont spécifiques ».

[3] *Diário da República*, I-Série, n° 75, 29 mars 1984.

[4] *Diário da República*, I-Série A, n° 155, loi constitutionnelle n° 1/2005, du12 août 2005, p. 4642-4686. *Cf.* Constitution de 1976 dans sa septième révision de 2005, article 291.

[5] *Ibid.*

[6] *Diário da República*, I-Série, n° 184, 12 août 1985

[7] *Diário da República*, I-Série-A, n° 131, 12 juin 1991. D'autres textes législatifs sont venus définir les contours des pouvoirs dévolus aux collectivités locales et à leurs dirigeants, mais rarement il a été fait allusion au représentant de l'État dans le district.

[8] Caetano (M.), « A Codificação Administrativa em Portugal-Um século de experiência : 1836-1935 », *Revista da Faculdade de Direito de Lisboa*, Lisbonne, 1934, 1934, 326 p.. Somme toute faut-il voir dans le maintien des districts, une volonté délibérée du pouvoir central, de mieux contrôler les activités périphériques qu'il déléguait au district. Des corrélations très étroites ont existé entre le gouverneur civil, les forces de l'ordre, et le parti politique

de 1976 mentionne toujours le district, et le gouverneur civil[1], cela n'a pas empêché les réformes administratives locales et les procédures de coopérations, entre le responsable du district et le dirigeant du *concelho*. La loi a imposé au gouverneur civil un « devoir de coopération » avec chacune des *Câmaras municipais* de son district et de mettre à leur disposition tous les moyens nécessaires à l'accomplissement des directives précisées dans le décret-loi n° 264/2002 du 25 novembre 2002.

C'est le décret-loi n° 264/2002 du 25 novembre 2002[2] qui a encadré le principe constitutionnel de la décentralisation (article 6, n° 1 de la Constitution de 1976)[3], puisque comme il était disposé : « Étant donné que les *Câmaras municipais* sont les organes traditionnellement compétents pour prendre des mesures administratives d'intérêt local, les compétences respectives sont renforcées dans ces matières de façon à ce que le niveau de décision soit à chaque fois plus proche du citoyen. » Le décret-loi n° 264/2002 du 25 novembre 2002 a précisé également que les structures représentatives sont l'Assemblée municipale[4] en tant que pouvoir délibératif, et la *Câmara municipal* en tant que pouvoir exécutif[5].

Le renforcement de l'autonomie des *municípios*

L'autonomie des *municípios* est essentiellement administrative[6]. Le gouverneur civil, qui veillait à l'application de la loi[1], avait néanmoins perdu une partie de cette prérogative.

---

unique et c'est dans ce contexte, et dans ces espaces, que le gouverneur civil a exercé durant des décennies l'une de ses principales fonctions, la préparation et le suivi des élections.

[1] Constitution de 1976 dans sa septième révision de 2005 dispose à l'article 291 « districts » que ceux-ci et le gouverneur civil sont maintenus tant que les régions administratives n'auront pas été instituées. *Cf. Diário da República*, I-Série A, n° 155, loi constitutionnelle n° 1/2005, du 12 août 2005, p. 4642-4686.

[2] *Diário da República*, I-Série-A, n° 272, 25 novembre 2002, p. 7385-7386

[3] *Constitution de la République Portugaise de 1976*, Lisbonne, Édition de l'Assemblée da République, sixième révision 2004, p. 27. L'article 6 intitulé « État unitaire » dispose : « L'État est unitaire et respecte dans son organisation et fonctionnement le régime autonome insulaire et les principes de subsidiarité, d'autonomie des collectivités locales et de la décentralisation démocratique de l'administration publique. »

[4] Avec la promulgation de la Constitution de 1976, l'assemblée municipale est le parlement municipal consultatif du *concelho* parallèlement au conseil municipal exécutif qui est la *Câmara municipal*. Les deux organes sont élus au suffrage universel direct.

[5] *Constituição da Assembleia da República*, articles 251 et 252 dans la septième révision de 2005. L'Assemblée municipale est constituée par le président de la junte de chaque *freguesia* du *concelho* et par les membres élus directement selon le système de la représentation proportionnelle par les électeurs recensés dans le *concelho*. La *Câmara municipal* est formée par un président et par des conseillers municipaux, les *vereadores*, parmi lesquels est choisi le vice-président. Les *vereadores* sont élus également à la représentation proportionnelle par les électeurs inscrits sur les listes électorales du *concelho*.

[6] Ce qui n'est guère le cas dans les régions autonomes des Açores et de Madère où elles ont bénéficié d'une autonomie politique et législative, et ont été dotées d'un gouvernement spécifique.

On défend l'idée qu'il faudrait promouvoir un développement des domaines de compétences du *município* et une organisation administrative du territoire qui s'appuierait sur deux niveaux. On prendrait pour premier fondement les *municípios* et les *freguesias,* sur lesquels le *prefeito* régional[2] n'aurait plus de pouvoir direct d'ingérence. Le second échelon intégrerait les régions administratives et les associations de *municípios* qui formeraient des structures supramunicipales[3].

Mais il fallait tenir compte des paramètres géographiques, démographiques et économiques qui ont provoqué des déséquilibres régionaux. Dans une telle perspective les Commissions de coordination de développement régional, avec leur cadre territorial actuel et les *municípios* pourraient servir d'appui à une reconfiguration administrative du territoire national (seconde partie).

On constate, dans nos analyses, qu'il y avait une incapacité structurelle des fonctions du gouverneur civil à répondre efficacement à la réorganisation du territoire. Cela peut se comprendre au regard des anciens enjeux politiques et sociaux, tels que le renforcement de la démocratie et du pluralisme politique issus du soulèvement militaire du 25 avril 1974 et l'apprentissage de la démocratie. Le décret-loi n° 1/77 du 3 janvier 1977[4] a compliqué davantage la division administrative du territoire. C'est la loi n° 79/77 du 25 octobre 1977[5] relative aux *municípios* qui en a explicité le statut et les fonctions. L'article 38 de la loi n° 79/77 du 25 octobre 1977 a disposé que le *município* est une personne publique territoriale dotée de structures représentatives et qu'elle a pour fonction la défense des intérêts de la population de sa circonscription[6]. Puis, le décret du 26 janvier 1984[7] a précisé les orientations qui ont déterminé l'ordonnancement des *municípios,* dans le territoire continental et les archipels, mais le décret-loi 78/84 du 8 mars 1984 a créé

---

[1] La loi n° 242 de la Constitution portugaise et la loi n° 27/96 du 1er août 1996 en ont défini les procédures de contrôle.

[2] *Cf.* en seconde partie, titre II, chapitre II, section 2, § 1.

[3] Ce schéma est repris en partie dans les propositions de réformes de l'administration territoriale par le XIXe gouvernement constitutionnel nommé le 21 juin 2011.

[4] Le décret-loi n° 1/77 du 3 janvier 1977 a classé les *municípios* en deux catégories : les urbains de premier et second ordre, puis les ruraux de premier, deuxième et troisième ordre, soit cinq sous-circonscriptions.

[5] *Diário da República*, I-Série-A, n° 247, 25 octobre 1977, p. 2564-2578

[6] Ribeiro Telles (G.), *Administração Pública e Ordenamento Territorial,* Lisbonne, Instituto Democracia e Liberdade, 1980, p. 4. Gonçalo Ribeiro Telles, dans le programme politique du Parti populaire monarchique considérait la division administrative du *município* comme une compilation, à l'échelle régionale des agrégats voisins, des autres « communautés locales », lesquelles disposaient d'un territoire spécifique. Leur confédération volontaire devait être la région, subdivisée en *comarcas.* Ce schéma est confus et ne repose, selon nous, sur aucune justification sérieuse, d'autant plus qu'il semble mélanger organisation administrative du territoire, avec la région administrative et division judiciaire avec les *comarcas.*

[7] Alinéa a, du paragraphe 1er, article 201 de la Constitution Portugaise de 1976.

une confusion supplémentaire au sein des superpositions et hiérarchisations administratives locales.

Le décret-loi n° 78/84 du 8 mars 1984 a établi une nouvelle classification du *município*. En effet, le décret-loi n° 78/84 du 8 mars 1984 a donné plus de pouvoirs du *município*, notamment au président de la *Câmara municipal*, au détriment des fonctions du gouverneur civil[1]. Le décret-loi n° 399-B/84 du 28 décembre 1984 a rappelé que l'organisation du pays en districts devait être transitoire, et a défini également le rôle du gouverneur civil en tant que représentant du gouvernement. En ce qui concerne sa nomination, elle a continué à se faire en Conseil des ministres sur proposition du ministre de l'Administration interne. La loi-cadre n° 142/85 du 18 novembre 1985 portant création de *municípios* a modifié pourtant les positions du gouverneur civil.

Dans ce contexte administratif et politique local en pleine transformation, les fonctions du gouverneur civil, marginalisé, pouvaient paraître secondaires les critiques récurrentes adressées à l'institution centrale du district qui ne correspondait plus à une représentation locale de l'État n'ont cessé de s'amplifier. Trois points essentiels ressortent de nos analyses, à savoir que s'étaient développées simultanément :

une marginalisation discrète du gouverneur civil,

une réforme territoriale au niveau du *concelho* et de la *freguesia,*

une croissance exponentielle des pouvoirs du président de la *Câmara municipal*.

Avec la promulgation de la loi n° 18/91 du 12 juin 1991[2] sur la « modification du régime des attributions des collectivités locales, et de leurs organes respectifs », le président de la *Câmara municipal* s'est vu confier « la gestion courante des intérêts du *município*[3] ». Le professeur Diogo Freitas do Amaral a souligné que le président de la *Câmara municipal* est « un organe

---

[1] Dans son chapitre II « Des polices municipales », l'article 2 « Fonctions de police », de la loi n° 140/99, du 28 août 1999 précisait : « 1. Dans l'exercice des fonctions de police administrative, il incombe aux *municípios* de contrôler, dans l'aire de leur juridiction, l'accomplissement des lois et des règlements qui régissent les matières relatives aux attributions des collectivités locales et compétences de leurs services.

« 2. Les polices municipales coopèrent avec les forces de sécurité au maintien de la tranquillité publique et à la protection des communautés locales.

« 3. Il est interdit aux *municípios* d'exercer des activités prévues par la législation sur la sécurité intérieure et par les lois organiques des forces de sécurité, sans préjudice de ce qui est ordonné dans la présente loi ».

[2] *Diário da República*, I-Série-A, n° 133, loi n° 18/91 du 12 juin 1991, p. 3118-3121. La loi n° 18/91 du 12 juin 1991 a exposé les attributions dévolues au président de la *Câmara municipal* et l'a confirmé dans sa fonction de responsable et représentant principal du *concelho*.

[3] Carrapatoso Morais de (A.-J.), « Le président de la *Câmara municipal* organe singulier représentatif du municípío », *Revista de Administração Local - Legislação,* Jurisprudência, Doutrina e Estudos, septembre-octobre 1991, p. 833.

municipal[1] ». Mais, s'il a à accomplir en tant qu'élu des pouvoirs juridiques au nom et pour le *município,* il orientait et coordonnait l'action municipale, sans avoir à en référer au gouverneur civil.

Les rapports distants entre le gouverneur civil et le président de la *Câmara municipal*

Les textes juridiques qui concernent les relations entre le gouverneur civil et le président de la *Câmara municipal* n'occupent pas une place prépondérante dans la législation administrative portugaise.

À titre d'illustration, les répartitions de compétences vers la *Câmara municipal,* dans les termes de l'article 5 du décret-loi n° 264/200 du 25 novembre 2002, pouvaient être attribuées au président de la *Câmara municipal,* avec des pouvoirs de délégations dans les actes généraux[2]. En fait, il y a eu peu de modifications en la matière par rapport à la législation antérieure. Les bouleversements majeurs portaient sur l'article 4-C du décret-loi n° 252/92 du 19 novembre 1992, avec les révisions qui lui ont été apportées par le décret-loi n° 316/95 du 28 novembre 1995, puis par le décret-loi n° 213/2001 du 2 août 2001. L'article 4-C du décret-loi n° 252/92 du 19 novembre 1992 « Compétences dans l'exercice des pouvoirs de tutelle » relatif aux fonctions des services déconcentrés, soulignait : « Il incombe au gouverneur civil, dans le district et dans l'exercice des pouvoirs de tutelle du gouvernement, de faire connaître aux institutions compétentes les cas de non-application de la loi, des règlements et des actes administratifs de la part des entités des collectivités locales[3]. »

---

[1] Freitas do Amaral (D.), *Curso de Direito Administrativo*, Coimbra, Édition Almedina, 3e éd., vol. 1, 2010, p. 586.

[2] *Diário da República*, I-série-A, n° 272, décret-loi n° 264/2002 du 25 novembre 2002, p. 7385-7386. L'article 5 du décret-loi n° 264/2002 disposait : « Délégations de compétences : les pouvoirs transférés dans les termes du présent texte vers les *câmaras* municipales peuvent être délégués aux présidents des *câmaras* [municipales]. »

[3] Article 4-C, du décret-loi n° 213/2001, du 2 août 2001. Les alinéas f) et g) de l'article 4-F et l'article 4-B du décret-loi n° 252/92, du 19 novembre 1992, dans leur rédaction du décret-loi n° 213/2001, du 2 août 2001 ont été abrogés par le décret-loi n° 264/2002 du 25 novembre 2002. L'article 4-F intitulé « Autres compétences » énonçait, qu'au-delà des autres compétences qui lui ont été attribuées par la loi, il était de la responsabilité du gouverneur civil de :
a) Présider au conseil coordinateur consultatif du district,
b) Exercer des fonctions légalement établies dans le cadre des convocations électorales,
c) Diriger et coordonner les services du gouvernement civil,
d) Diriger la gestion et direction du personnel du gouvernement civil,
e) Appliquer aux fonctionnaires et agents qui exercent une activité dans le gouvernement civil des mesures disciplinaires, selon le Statut des Fonctionnaires de l'administration centrale, régionale et locale,
f) Émettre, lorsque la demande lui sera faite, des avis afin de reconnaître l'intérêt de fondations, constituées dans les districts respectifs,

La législation concernait également les archipels des Açores et Madère. L'application aux régions autonomes s'est faite[1] « sans préjudice des compétences dévolues aux entités respectives ayant un gouvernement spécifique et des adaptations qui viendraient à être incluses dans un texte émanant de leurs assemblées législatives régionales[2] ». Les pertes de fonctions du gouverneur civil qui ont bénéficié à la *Câmara municipal* portaient essentiellement sur des aspects consultatifs, informatifs et des autorisations diverses[3].

Elles ont contribué à l'affaiblissement du gouvernement civil, non seulement par les missions accordées au président de la *Câmara municipal*, mais aussi par le fait qu'il n'y avait plus de rapports hiérarchiques entre lui et le gouverneur civil.

Des contre-pouvoirs aux fonctions officielles du gouverneur civil

Les reports de diverses prérogatives du gouverneur civil vers le président de la *Câmara municipal* se sont poursuivis après la Révolution des Œillets et la promulgation de la Constitution de 1976.

Si l'administrateur du *concelho* dépendait hiérarchiquement du gouverneur civil, le président de la *Câmara municipal* a été affranchi de cette tutelle au point d'acquérir une autonomie administrative, fiscale et politique qui en a fait un allié indispensable du gouverneur civil, et non plus un subalterne administratif et politique. Dès lors, la question s'est posée de savoir si les fonctions réservées du gouverneur civil ne poursuivaient pas sa perte d'influence, dans l'attente d'une future création de la région administrative, et s'il ne jouait plus qu'un rôle symbolique, puisque les présidents des *Câmaras municipais* étaient devenus, graduellement, les personnages centraux de l'espace administratif et politique des *concelhos* qui composaient le district.

---

g) Émettre, lorsque la demande lui sera faite, des avis sur la demande de reconnaissance de l'utilité publique administrative de personnes collectives constituées dans les districts respectifs,

h) Émettre, lorsque la demande lui sera faite, des avis sur des investissements dans le district,

i) Élaborer le dossier des Associations sportives, récréatives et culturelles en vue de procéder à la répartition des aides à attribuer.

[1] *Diário da República*, I-série-A, n° 272, décret-loi n° 264/2002 du 25 novembre 2002, p. 7385-7386. *Cf.* Article 9, du décret-loi n° 264/2002, du 25 novembre 2002.

[2] *Ibid.*, Article 10, du décret-loi n° 264/2002, du 25 novembre 2002. L'article 10 énonçait que le décret-loi n° 264/2002 approuvé en Conseil des ministres le 12 septembre 2002, et promulgué le 13 novembre 2002, est entré en vigueur le 1er janvier 2003.

[3] Elles concernaient les activités de gardien de nuit, vendeur ambulant de billets de loterie, mise en place de campements occasionnels, exploitations de machines à jeux automatiques, mécaniques et électriques, réalisation de spectacles sportifs et de divertissements publics sur les voies, jardins ou tout autres endroits à l'air libre, vente de billets pour des spectacles ou divertissements publics dans des agences ou lieux de vente, réalisation de feux d'artifice ou autres événements faisant appel à la pyrotechnie et à la réalisation d'enchères.

De l'administrateur du concelho au président de la Câmara municipal

Durant l'État nouveau, l'ancien responsable du *município* était désigné par le vocable de « président » et l'« administrateur » fut supprimé[1].

En tant qu'édile qui supervisait les activités du *regedor* et de la junte de *freguesia,* le « président » de la *Câmara municipal* était placé sous l'autorité directe du gouverneur civil. Pour exercer ses fonctions, l'administrateur du *concelho* et le président de la *Câmara municipal* étaient généralement choisis par le gouverneur civil. Il devait obtenir l'aval du gouvernement avant de se présenter aux élections, mais pouvait être démis de ses fonctions par le gouvernement civil (code administratif de 1940 articles 71 à 73). Ce n'est qu'en 1976 que le responsable du *concelho* a été élu au suffrage universel direct et secret[2]. La fonction de *regedor* a été également supprimée[3].

L'évolution des fonctions et du statut du président du *concelho* est révélatrice des volontés du pouvoir exécutif qui a exigé expressément[4] que le responsable du *município* soit placé sous la tutelle directe du gouverneur civil, depuis que celui-ci avait été instauré. Par exemple, avec l'adoption du code administratif de 1878, l'administrateur du *concelho* a gardé son statut de magistrat administratif afin de contrôler la bonne application des lois et règlements de l'administration publique, et ses domaines de compétences ont peu évolué jusqu'au code administratif de 1940. Les réorganisations des fonctions administratives au sein des collectivités locales ont affaibli le gouverneur civil, mais elles ont renforcé les pôles de compétences du président de la *Câmara municipal.* Les redistributions de pouvoirs ont progressivement fait prendre conscience au président de la *Câmara municipal* en particulier et aux élus locaux en général, qu'ils n'avaient plus de crainte à avoir à l'égard du délégué local du pouvoir central.

Une législation désormais plus favorable au président de la *Câmara municipal*

Les répartitions des fonctions du chef du gouvernement civil vers le *município* se sont intensifiées après la chute de l'État nouveau et depuis l'adoption de la Constitution de 1976.

Les rapports entre les deux institutions ont été basés sur des missions de conseils et de soutiens techniques, mais aussi de surveillance, plus ou moins discrète, du président de la *Câmara municipal* susceptible de devenir un opposant politique au pouvoir en place ou un adversaire politique pour le gouverneur civil. Les pouvoirs tutélaires du gouverneur civil à l'encontre du président de la *Câmara municipal* ont été définis dans le code administratif

---

[1] L'administrateur du *concelho* fut instauré par le code administratif du 31 décembre 1836. Il fut supprimé en 1937, suite à la promulgation du code administratif du 31 décembre 1936.

[2] Lors des élections municipales qui se sont déroulées le 12 décembre 1976.

[3] Le *regedor* a disparu avec la promulgation de la Constitution de 1976.

[4] Tout au moins jusqu'au 25 avril 1974.

de 1940[1], chapitre III, articles 315 à 329. La soumission du président de la *Câmara municipal* au gouverneur civil fut longtemps une constante dans les relations entre les deux institutions. Cette crainte et dépendance a très certainement contribué à inhiber, non seulement certaines actions de développement et d'expression du pouvoir local.

Les réformes administratives post-1976 on fait basculer ce rapport de forces en faveur du président de la *Câmara municipal*. On sait, à titre d'exemple, que le décret-loi n° 310/2002 du 18 décembre 2002[2] avait établi le régime juridique des activités soumises à l'autorisation de la *Câmara municipal* qui étaient du ressort du gouverneur civil. L'Assemblée Municipale, sur proposition de la *Câmara municipal* pouvait approuver, en accomplissant les formalités légales prévues par l'article 118 du code de procédure administrative, les Règlements des *Câmaras municipais* portant sur les autorisations d'activités diverses, selon le décret-loi n° 264/2002 du 25 novembre 2002 et le décret-loi n° 310/2002 du 18 décembre 2002.

Pour ce qui est des autorisations diverses, les *Câmaras municipais* ont désormais la possibilité de réglementer des activités qui relevaient du domaine du gouverneur civil[3]. La finalité de certains transferts de compétences tend à ce que les prises de décisions se situent à un niveau de plus en plus proche du citoyen. D'autant plus que l'accentuation de la décentralisation de l'administration publique a été prévue dans la Constitution de 1976 (article 6, n° 1, « l'État unitaire »)[4]. Le décret-loi n° 264/2002 du 25 novembre 2002 a établi les devoirs de coopération du gouverneur civil avec la *Câmara municipal*, dans le cadre de l'application des dispositions incluses dans ce texte[5].

En conséquence, le gouvernement a décrété, une fois de plus, un déplacement vers la *Câmara municipal* de fonctions qui étaient réservées au gouverneur civil dans les domaines consultatifs, informatifs et attributions d'autorisations diverses.

---

[1] La proposition de loi n° 40/XI/2 approuvée en Conseil des ministres le 23 septembre 2010 portait sur la suppression de 433 actes législatifs et le code administratif de 1940.

[2] *Diário da República*, I-Série-A, n° 292, décret-loi n° 310/2002 du 18 décembre 2002, p. 7896-7903

[3] *Cf. supra* Section 2 et § 1.

[4] La Constitution de la République portugaise, loi constitutionnelle n° 1/2004 du 24 juillet 2004 dans sa sixième révision stipulait : « L'État est unitaire et respecte dans son organisation et fonctionnement le régime autonome insulaire et les principes de subsidiarité, de l'autonomie des collectivités locales et de la décentralisation démocratique de l'administration publique. »

[5] *Cf. infra*.

Les fonctions politiques, administratives et financières du président de la *Câmara municipal*

L'affirmation de la consolidation du rôle du président de la *Câmara municipal* et de son indépendance à l'égard du délégué du pouvoir central était devenue une réalité, administrative et politique.

On doit bien considérer le fait que le président de la *Câmara municipal* est la deuxième institution administrative et politique du *município* eu égard aux compétences que lui a conférées la loi (article 68 de la loi n° 169/99 du 18 septembre 1999). L'article 239, n° 3 de la Constitution de 1976 disposait que le *município* qui est constitué par un nombre approprié de membres, désigne comme président de l'assemblée ou de l'exécutif « le premier candidat de la liste ayant obtenu la majorité de voix, en accord avec la solution incluse dans la loi, laquelle détermine aussi le processus électoral, les conditions de sa constitution et de son fonctionnement ». L'article 239, n° 3 de la Constitution de 1976 avait déjà donné au législateur un vaste choix d'alternatives dans la constitution et le mode d'élection de la structure exécutive et collégiale du *município*[1].

En définitive, le président de la *Câmara municipal*, en tant que chef de l'exécutif municipal, orientait les actions municipales et supervisait les délibérations de la *Câmara municipal* dans l'exercice de ses fonctions de magistrat administratif (article 76). Il devait informer le gouverneur civil de l'ensemble des événements publics susceptibles d'être portés à sa connaissance et faire appliquer dans le *concelho* les lois et des règlements administratifs (article 76-2). Il exerçait des fonctions d'inspection qui lui étaient confiées par le gouverneur civil dans le cadre des relations avec les personnes morales d'utilité publique administrative et convoquait la réunion constitutive du conseil municipal de la *Câmara municipal*, de la junte de *freguesia* (article 76-7), inspectait l'administration paroissiale (76-9), protégeait les biens et les personnes dans le *concelho*.

Or, certaines missions du président de la *Câmara municipal* étaient liées à celles du gouverneur civil, malgré une transformation effective, et progressive, de la vie administrative locale. Pourtant, le président de la *Câmara municipal* n'est pas mentionné puisque, dans sa septième révision en 2005, la Constitution de 1976 a énoncé, à son article 250 intitulé « Organes du

[1] La gestion du patrimoine incombe au *município*, selon les termes des textes législatifs suivants : article 238 de la Constitution de 1976 ; article 9 de la Charte européenne de l'autonomie locale ; loi n° 42/98, du 6 août 1998, modifiée par les lois n° 87-B/98 du 31 décembre 1998 ; 3-B/2000, du 4 avril 2000 ; 15/2001 du 5 juin ; 94/2001 du 20 août 2001. Sur le plan financier, les recettes des *municípios* proviennent de la gestion de son patrimoine, et de celles perçues par l'activité de ses services (article 238, n° 3 de la Constitution portugaise). D'autres ressources lui sont propres : article 238, n° 2 et n° 4, de la Constitution de 1976 ; loi n° 42/98 du 6 août 1998.

município », que « Les organes représentatifs du *município* sont l'Assemblée municipale et la *Câmara municipal*[1] ».

L'article 251 sur l'« Assemblée municipale » énonce « L'Assemblée municipale est l'organe délibératif du *município* constitué par des membres élus directement en nombre supérieur à ceux des présidents des juntes de *freguesia,* qui l'intègrent », alors que l'article 252 sur la « *Câmara municipal* » précise que « La *Câmara municipal* est l'organe collégial du *município* ». Cela n'a pas influé fondamentalement sur les relations entre le représentant local du pouvoir exécutif et le responsable du *concelho.*

La collaboration entre le gouverneur civil et le président de la Câmara municipal

Leurs relations ont été sensiblement bouleversées après le 25 avril 1974. De plus, la Constitution de 1976 a été le point de départ d'une dynamique de la démocratie locale[2] et d'une profonde réorganisation de l'administration territoriale, encore inachevée.

L'étude de la législation se référant aux fonctions du gouverneur civil et à la lecture de ses correspondances (qu'elles émanent du gouvernement civil, des ministères, des *Câmaras municipais* et des *regedores* ou autres institutions privées et/ou publiques) prouve que son pouvoir administratif et politique fut réel[3]. Par exemple, le décret-loi n° 264/2002 du 25 novembre 2002 disposait : « Les *Câmaras municipais* sont les organes traditionnellement compétents pour prendre des mesures administratives d'intérêt local et renforcer les compétences respectives dans ces matières de façon à ce que le niveau de prises de décision soit chaque fois plus proche du citoyen. »

Le décret-loi n° 264/2002 du 25 novembre 2002 a abrogé l'article 4-F et l'article 4-B du décret-loi n° 252/92 du 19 novembre, dans la rédaction du décret-loi n° 213/2001 du 2 août 2001. Le gouverneur civil s'est vu assigner un devoir de coopération (article 6) dans la mesure où « les gouverneurs civils doivent faciliter l'accès aux *Câmaras municipais* de toutes les informations et des éléments nécessaires à l'exercice par les organes des *municípios* des compétences transférées dans les termes du présent texte ». La « transmission du témoin » s'est accélérée durant la décennie 1992-2002[4].

---

[1] *Diário da República*, I-Série A, n° 155, loi constitutionnelle n° 1/2005, du 12 août 2005, p. 4642-4686. Septième révision de la Constitution de 1976.

[2] L'alinéa b) du paragraphe 1er de l'article 201 de la Constitution de 1976 précisait au chapitre I, article 1er, se rapportant aux collectivités locales que l'organisation démocratique de l'État se compose de collectivités locales.

[3] Les rapports entre les deux échelons de l'administration locale faisaient que la pression était constante : réunions mensuelles au siège du gouvernement civil, courriers portant la mention « confidentiel », circulaires codées, convocations et conseils qui ressemblaient plus à des ordres.

[4] L'article 4-C du décret-loi n° 252/92, du 19 novembre 1992 fut modifié par le décret-loi n° 316/95 du 28 novembre et par le décret-loi n° 213/2001 du 2 août 2001.

Une remise en cause des prérogatives du gouverneur civil

Le gouverneur civil fut incontestablement[1] une autorité locale omnipotente dont la pluralité de ses missions et la manifestation de la puissance de son statut ont trouvé leur expression dans le code administratif de 1940. Mais les réformes administratives qui ont annihilé tout rapport hiérarchique entre le gouverneur civil et le président de la *Câmara municipal*[2] n'ont pas gommé pour autant les luttes politiques pour s'approprier le pouvoir local.

Une entente pas toujours cordiale

Il est évident que le président de la *Câmara municipal* s'est libéré de la tutelle « du père » et épée de Damoclès qu'était le gouverneur civil.

On peut citer le cas où, lorsque le gouverneur civil du district de Lisbonne se plaignait des demandes itératives qui lui étaient adressées par les Lisboètes à ses services concernant des demandes de fermetures ou limitations des horaires d'ouverture, de salles de spectacles, d'établissements tels que discothèques, bars ou brasseries, il interrogeait la *Procuradoria* générale de la République sur une éventuelle incompatibilité législative. Ceci étant dit, le décret-loi n° 310/2002 du 18 décembre 2002 a défini le régime juridique des autorisations et contrôles, par les *Câmaras municipais*, des procédures relevant jadis du domaine spécifique du gouverneur civil (cf. décret-loi n° 316/95 du 28 novembre 1995).

À titre d'illustration, on se réfère une nouvelle fois au décret-loi n° 264/2002 du 25 novembre 2002[3] qui a allégé l'institution centrale du district de certaines de ses attributions, en les transférant vers la *Câmara municipal*, notamment en ce qui relève des autorisations de licences pour certaines professions à l'instar des gardiens de nuit, des vendeurs ambulants, les expositions, les ouvertures de débits de boissons, les dancings. Pour la *Procuradoria* générale de la République, il n'y a pas eu de bouleversements dans les prérogatives policières du gouverneur civil[4] malgré des tensions récurrentes entre le président de la *Câmara municipal* et le gouverneur civil.

C'est pour cela qu'un éventuel conflit institutionnel ne pouvait être possible puisque, si la *Câmara municipal* est l'organe légitime, car élu, le gou-

---

[1] Autin (J.-L.) et Ribot (C.), (dir.), *Droit administratif général,* Paris, Édition du Juris Classeur-Objectif droit, 2e éd., 2003, p. 40 : « La notion d'autorité administrative surgit naturellement des développements consacrés à la personnalité morale en droit public. Une personne morale ne peut agir spontanément dans la vie sociale comme une personne physique, elle est "pourvue d'une possibilité d'expression collective" c'est-à-dire de représentants qualifiés que l'on nomme "autorités administratives". »

[2] Le gouverneur civil n'hésitait pas à employer des moyens coercitifs, notamment à l'encontre du président de la *Câmara municipal.* La lecture de la correspondance entre le représentant de l'État dans le district et ceux qui l'avaient nommé afin de diriger le *concelho* prouve à quel point s'exerçait l'autorité directe du chef du district.

[3] *Diário da República,* I-Série-A, n° 272, décret-loi n° 264/2002 du 25 novembre 2002, p. 7385-7386 et *Diário da República,* II-Série, n° 110 supplément n° 59, 11 mai 2004, p. 71.

[4] *Diário da República,* II-Série-A, n° 24, 29 janvier 2003, avis de la *Procuradoria générale de la République* n° 9/96-B complémentaire.

verneur civil était également légitimé en tant qu'organe nommé par le gouvernement. Incapable de fournir une réponse rapide et appropriée, la *Procuradoria* générale de la République a demandé à son Conseil consultatif de bien vouloir se réunir et se prononcer, afin qu'il n'y ait pas de répercussions négatives sur l'ensemble des dix-huit districts. Or, le Conseil consultatif a considéré la préoccupation du gouverneur civil de Bragança comme relevant « apparemment du domaine politique [...][1] ». Dans ce cas de figure, le Conseil consultatif a estimé que la suprématie de la légitimation démocratique directe, des organes municipaux sur la supériorité également démocratique, mais indirecte du gouverneur civil n'était pas juridiquement défendable.

Il fallait empêcher une réorganisation désordonnée des structures et des décisions de l'administration publique, afin d'éviter qu'elle ne puisse aboutir à une « fracture de la neutralité et de l'impartialité administratives[2] ». La position du gouverneur civil a constamment eu pour fondements une harmonisation et un équilibre extrêmement difficiles à maintenir, entre un cadre juridique en constante évolution et des impératifs politiques nationaux et locaux[3].

Rédiger un inventaire à la Prévert des fonctions générales communes qui incombaient au chef du gouvernement du district et du président de la *Câmara municipal* n'aurait pas d'intérêt. Il faut, non pas établir une compilation, mais donner quelques exemples qui reflètent la diversité de leurs domaines réservés[4] au-delà des oppositions auxquelles l'institution était parfois confrontée. Par exemple, c'est pour tenter de palier à ces fréquentes difficultés que l'avis n° 52/93 de la *Procuradoria* générale de la République s'est prononcé sur l'encadrement juridique de la désobéissance aux ordres donnés par le gouverneur civil. En préambule, il était clairement rappelé que le gouverneur civil était « le magistrat administratif à qui il incombe de représenter le Gouvernement et d'exercer les pouvoirs de tutelle dans le district ».

En résumé, le principe de désobéissance à l'égard du gouverneur civil fut assimilé à celui de la désobéissance criminelle simple en conformité *expressis verbis* avec les dispositions de l'article 388, n° 1 du Code pénal portugais de 1982[5]. Une autre analyse a prouvé à quel point les fonctions du gouver-

[1] Conseil Consultatif de la *Procuradoria générale de la République*, n° 4748, 27 mars 2004.
[2] Otero (P.), *Legalidade e Administração Pública : O Sentido da Vinculação Administrativa à Juridicidade,* Coimbra, Édition Almedina, 2003, p. 294-295.
[3] Il était fréquent que des manifestations aient lieu devant l'immeuble du gouvernement civil.
[4] L'omnipotence et l'omniprésence de l'institution semblaient évidentes notamment à la lecture des relations épistolaires, entre le gouverneur civil et son ministère de tutelle et les demandes parfois insistantes des élus locaux. Par exemple, le président de la *Câmara municipal* de Pinhel a demandé au gouverneur civil d'intervenir rapidement pour palier aux problèmes engendrés par l'absence d'un réseau électrique dans le hameau d'Ervas Tenras. *Cf.* Archives du gouvernement civil du district de Guarda, boîte ADG, Cx n° 221, correspondance datée du 12 novembre 1973.
[5] L'article 388, n° 1, du Code pénal portugais de 1982 se référait aux crimes commis en bande organisée.

neur civil et du président de la *Câmara municipal* ont été à l'origine de multiples conflits locaux.

Des prérogatives au centre de controverses

L'amalgame entre les missions du gouverneur civil et celles accordées au responsable du *concelho* prouve que les deux institutions ont été dans une phase de confusion durant les transferts de fonctions, laquelle ne pouvait se terminer qu'avec la fin du gouverneur civil et, en principe, l'instauration de la régionalisation administrative du territoire.

Pourtant, il n'a pas toujours été aisé, pour le législateur, de gérer les litiges entre le délégué du gouvernement et les élus locaux. Par exemple, le tracé d'une route qui risquerait de détruire des ouvrages existants, les actes de corruption des fonctionnaires locaux, les conflits entre le gouvernement civil, les *concelhos* et les *freguesias* sont les affaires les plus courantes traitées par le Tribunal administratif suprême[1].

Pour ces raisons, les redistributions de compétences dans les domaines généraux de la culture, de la santé, de l'éducation, de crédits et prélèvements fiscaux ont bénéficié au président de la *Câmara municipal* et lui ont donné des moyens additionnels pour développer le *concelho* dont il a la responsabilité.

En matière de pouvoirs consultatifs, la *Câmara municipal* émettait des avis dans les procédures de création des institutions de bienfaisance ayant leur siège dans le territoire du *município,* et de reconnaissance de personnes collectives d'utilité publique administrative constituées et ayant également leur siège dans le *município*[2].

À ce titre, c'est la loi n° 65/2007 du 12 novembre 2007[3] qui a énoncé explicitement les pouvoirs et le statut du président de la *Câmara municipal* en tant qu'autorité municipale responsable de la protection civile (article 6-1 et article 6-2) : « Le président de la *Câmara municipal* est compétent pour déclarer la situation d'alerte dans le cadre municipal et il est entendu par le gouverneur civil afin de faire une déclaration de la situation d'alerte au sein du district, lorsque sera en cause la zone dudit *município.* »

Après avoir analysé les relations et les attributions, réciproques et communes, du délégué du gouvernement dans le district et les élus politiques locaux, il convenait d'étudier « l'envers du décor », afin de savoir quels regards croisés ces derniers portaient sur le gouverneur civil.

---

[1] À titre d'illustration, lors de l'adoption de la loi n° 159/99 du 14 septembre 1999, il y eu une volonté d'harmoniser les programmes d'orientations issus de la décentralisation administrative pour éviter une multiplication de plaintes du gouverneur civil et des élus locaux auprès du Tribunal administratif suprême.

[2] *Diário da República*, I-Série-A, n° 272, décret-loi n° 264/2002, p. 7385-7386. *Cf.* article 4.

[3] *Diário da República,* I-Série-A, n° 217, loi n° 65/2007 du 12 novembre 2007.

Les rapports inversés

Le gouverneur civil n'a jamais été aimé des politiques locaux, y compris parfois les membres de son propre parti, car il venait s'immiscer entre eux et le pouvoir central.

De 1835 à 1974 le gouverneur civil fut omnipotent dans son district, ou tout au moins le pouvoir central le lui a laissé croire.

Depuis 1974, et jusqu'à sa suppression en 2011, il avait connu une perte progressive d'influence et d'ascendant sur les dirigeants politiques locaux démocratiquement élus.

Au début de l'année 2011 on a sollicité des demandes d'entretiens à chacun des quatorze présidents des *Câmaras municipais* du district de Guarda afin de savoir quelles étaient leurs relations administratives et politiques avec le gouverneur civil, avant qu'il ne soit supprimé. On souhaitait savoir s'ils étaient partisans de l'instauration d'un représentant régional de l'État et quel schéma de substitution ils préconiseraient dans l'éventualité d'un réaménagement de la représentation régionale de l'État[1].

D'une part, ceux qui sont partisans de la régionalisation administrative, ne voient pas nécessairement l'intérêt qu'il y aurait, pour le gouvernement, à nommer un *prefeito* régional. Ils mettent en avant la composante financière en prétextant que cela aboutirait à une augmentation de coûts supplémentaires alors que le pays est en pleine récession économique. D'aucuns jugent qu'il n'est pas opportun d'envisager un schéma administratif avec un représentant régional de l'État qui ne disposerait pas de moyens budgétaires et humains suffisants pour mettre en œuvre des contrats plans État-région.

D'autre part, lorsqu'il y a des interrogations sur les interprétations législatives qui opposaient le gouverneur civil au président de la *Câmara municipal*, c'est vers la *Procuradoria* générale de la République que se tournaient généralement les deux institutions, alors même que chacune d'elles était soumise à des procédures spécifiques d'inspections.

Le contrôle de la légalité des actes et des missions d'inspections

Depuis la disparition du gouverneur civil et de l'Inspection générale de l'administration locale, les procédures de contrôle auprès des structures administratives des *concelhos* dépendent directement du ministère de l'Administration interne.

L'Inspection générale de l'administration locale vérifiait les activités administratives et financières de la *Câmara municipal*. Quant au gouvernement civil et à ses membres, ils étaient soumis au pouvoir d'ingérence de l'Inspection générale de l'administration interne. De fait, la *Câmara munici-*

[1] Aucun n'a répondu personnellement à notre demande de rendez-vous malgré plusieurs relances. Les informations nous ont été communiquées par les services généraux des *Câmaras municipais*.

pal s'est tournée vers les Commissions de coordination et de développement régional ou la Direction générale des collectivités locales pour les aides juridiques et non vers le gouvernement civil.

Durant l'État nouveau, le contrôle de la légalité des actes par la *Câmara municipal* dépendait des services du ministère de l'Intérieur. Son représentant local au sein du district devait y participer en tant qu'informateur éventuel et amphitryon. C'est surtout le décret-loi n° 35746 du 12 juillet 1946 qui a instauré la création du Conseil national des services d'incendies, puis restructuré la Direction générale de l'administration politique et civile. L'objectif premier du décret-loi était d'intensifier et rendre plus efficaces les procédures d'inspection du gouvernement sur l'ensemble des corps administratifs. Cette compétence leur a été donnée par l'article 373 du code administratif dans le cadre d'une action de collaboration, entre l'activité locale et les orientations du gouvernement. Ensuite, le décret-loi n° 36604 du 24 novembre 1947 a redéfini les modalités de fonctionnement du ministère de l'Intérieur (article 109, n° 2, de la Constitution de 1933)[1].

Les structures des services de vérifications et d'enquêtes administratives sont demeurées stables, mais le gouverneur civil exerçait *ipso jure* son ascendant sur les élus locaux. Il a fallu attendre vingt-cinq ans pour que le ministère de l'Intérieur, avec l'adoption du décret-loi n° 320/73 du 28 juin 1973[2], ait réorganisé son secrétariat général et crée la Direction générale de l'administration locale qui a remplacé la Direction générale de l'administration politique et civile[3], puis la création d'un Cabinet d'études de l'administration locale. Le CEAL avait pour fonctions d'analyser la situation financière des collectivités locales, surtout le *município*, d'étudier ses difficultés, proposer des solutions et participer à la formation du personnel administratif[4]. Au Portugal, on distingue, en règle générale, deux orientations dans les processus de contrôle de l'administration locale

[1] *Diário do Governo*, I-Série, n° 278, décret-loi n° 36 604, du 24 novembre 1947 : « Article 1er. Le cabinet du ministre de l'Intérieur est dirigé par un chef de cabinet, près duquel fonctionnent deux secrétariats du ministre, et un secrétariat du sous-secrétaire d'État de l'Assistance sociale, en plus de deux dactylographes détachées de n'importe quel service du ministère. [...]. Article 3. Le poste d'adjoint au directeur général de l'administration politique et civile est supprimé. »

[2] *Diário do Governo*, I-Série, n° 150, décret-loi n° 320/73, du 28 juin 1973, p. 1101-1104.

[3] Les directions générales de l'administration politique et civile étaient des structures de conseil et d'appui à l'action du gouvernement civil. Elles sont devenues des entités de conseil et de contrôle.

[4] Le secrétariat général de la DGAL est un organe d'étude, de coordination et appui technico-administratif, à qui il incombe spécialement de :

« a) Réaliser des études et des travaux qui leur seront demandés par le ministre de l'Intérieur, en vue du perfectionnement des services du ministère et la coordination des activités respectives,

« b) Promouvoir l'application, dans le cadre du ministère, des providences de la réforme administrative, en accord avec les déterminations légales et l'orientation de la Présidence du Conseil,

En premier lieu, la perte des attributions d'inspection du gouverneur civil a commencé à se dessiner avant la chute de l'État nouveau le 25 avril 1974. En second lieu, le gouverneur civil a gardé des missions administratives sans véritable relief.

Une perte progressive des pouvoirs locaux d'inspection

L'application du code administratif de 1940 a intensifié les actions de surveillance de l'administration locale. Mais le chef du gouvernement du district n'avait pas les moyens techniques, financiers et humains de mener correctement à bien des missions d'inspections des collectivités locales.

En fait, la principale intervention du gouvernement dans le fonctionnement des corps administratifs s'effectuait par l'intermédiaire de la Direction générale de l'administration politique et civile[1]. Les procédures de contrôle n'ont pas sensiblement évolué après la promulgation du code administratif de 1940, et il a fallu attendre la décennie 1980-1990 pour qu'elles soient réorganisées.

En 1981 le *Diário da República* a exposé les divers programmes de révisions administratives proposées par les partis politiques du Front républicain et socialiste (gauche) et de l'Alliance démocratique (droite), dans la perspective de réformer le pouvoir local[2]. La loi constitutionnelle n° 1/82 du 30 septembre 1982[3] portant révision de la Constitution de la République portugaise de 1976, répondait en partie à leurs volontés. Elle a précisé qu'il y avait cinq modifications fondamentales par rapport à la Constitution de 1976 :

- il était possible de consulter les assemblées municipales avant la création des collectivités régionales,
- on maintenait une similitude entre les régions administratives et les régions-plan,
- le Conseil municipal, dont les fonctions sont essentiellement consultatives, devenait une institution facultative,

« c) Se prononcer, sur demande du ministre, sur les projets de textes légaux soumis à l'appréciation du même ministre,

« d) Proportionner les informations et éclaircissements respectant aux divers départements du ministère nécessaires à une information publique [...] ».

« La réorganisation du Secrétariat général du ministère de l'Intérieur, et la création de la Direction générale de l'administration locale n'ont pas remis en cause les missions spécifiques du gouverneur civil. »

[1] *Diário do Governo*, I-Série, n° 278, décret-loi n° 36 604, du 24 novembre 1947.

[2] Diários da República, II-Série, n° 55 du 24 avril 1981, n° 57 du 27 avril 1981, n° 69 du 22 mai 1981 et n° 70 du 23 mai 1981.

[3] *Diário da República,* I-Série-A, n° 227/82, loi constitutionnelle n° 1/82 du 30 septembre 1982. Publication de la loi constitutionnelle n° 1/82 du 30 septembre 1982 (première révision constitutionnelle), p. 3162-3201.

- l'assemblée municipale gardait le droit d'instaurer ou non un Conseil municipal et de proposer une suppression du regroupement obligatoire des *municípios*,

- les collectivités locales pouvaient consulter les citoyens par le biais d'un référendum local.

Mais ces propositions étaient incomplètes puisque la résolution n° 49/84 du 10 novembre 1984 a instauré une structure administrative annexe[1]. Avant d'analyser les raisons pour lesquelles les services d'inspection ont participé de l'atténuation des pouvoirs du gouverneur civil, on se doit d'établir un tableau synoptique pour bien comprendre leurs fonctions respectives, leurs structures administratives et politiques de tutelle. Le gouverneur civil n'était pas intégré dans ce schéma et l'administration locale portugaise ne dépendait pas uniquement des services de différents ministères, puisque certaines actions de surveillances, d'inspections et de conseils ont été placées sous la tutelle de la présidence du Conseil des ministres et du Premier ministre.

Structures administratives et politiques de rattachement	Services d'inspections et de soutiens	Fonctions
Premier ministre et ministre de la Présidence[2] du Conseil des ministres	Direction générale des collectivités locales En tant que service central de l'État intégré à la présidence du Conseil des ministres, la DGCL est administrée par une direction générale.	Améliorer les relations entre l'administration centrale et locale par des conseils juridiques, économiques, techniques et financiers. Financer des projets locaux.

[1] Le Conseil supérieur pour les questions de la déconcentration (*Conselho Superior para Assuntos da Desconcentração*) accompagnait la déconcentration de l'administration publique comme le disposait la loi n° 397/III, de novembre 1984. Le CSQD se composait des secrétaires d'État des ministères concernés par la régionalisation administrative, dont les activités étaient coordonnées par le ministre de l'Administration interne. Le gouverneur civil y assistait ou pas, en fonction des thèmes traités. En janvier 2000, la résolution n° 22/2000 émanant de la présidence du Conseil des ministres a cherché à réduire les asymétries régionales, par des objectifs équitables dans les divers axes de développements, et en établissant une meilleure coordination territoriale dans les politiques publiques de décentralisation. Le texte n° 24/2000 a explicité le principe de décentralisation au niveau sous-régional par l'intermédiaire des aires métropolitaines et des associations de *municípios*, en établissant un compromis entre la coordination politique et la stratégie de la décentralisation administrative.

[2] Le ministre de la Présidence assiste le Premier ministre et ses fonctions lui sont déléguées par ce dernier (article 5 du décret-loi n° 79/2005 du 15 avril 2005 qui a approuvé la loi organique du XVIIe gouvernement constitutionnel). Dans la loi organique du XVIIIe gouvernement constitutionnel, le ministre de la Présidence est protocolairement classé à la troisième place, après le ministre d'État et des Affaires étrangères, le ministre d'État et des Finances et avant le ministre de l'Administration interne.

Premier ministre, présidence du Conseil des ministres et secrétaire d'État adjoint à l'Administration Locale	Inspection générale de l'administration locale[1]	Procéder à des actions d'inspection et des enquêtes auprès des collectivités locales. Contrôler l'application des actes législatifs Proposer des mesures disciplinaires le cas échéant à l'encontre des collectivités locales, des élus et/ou des fonctionnaires.
Ministère de l'Administration interne	Inspection générale de l'administration interne	Surveiller les services qui dépendent du MAI Veiller à la bonne application des lois et des règlements Défendre les droits des citoyens

La présidence du Conseil des ministres est dirigée par le ministre de la Présidence. Ses compétences lui sont déléguées par le Premier ministre[2] afin qu'il supervise les services du Haut-commissariat à l'immigration et au dialogue interculturel, de la Commission de la citoyenneté, de l'Agence nationale pour la gestion du programme de la jeunesse en action et de l'Agence pour la modernisation administrative.

Le ministre de la Présidence s'est vu confier par le Premier ministre la responsabilité du Secrétariat général de la présidence du Conseil des ministres[3]. De fait, l'article 198 de la Constitution de 1976, dans sa septième révision en 2005, énonçait : « Il est de la compétence législative exclusive du Gouvernement d'établir sa propre organisation et son fonctionnement[4]. »

---

[1] L'IGAI et l'IGAL étaient totalement indépendantes l'une de l'autre, comme on en a eu confirmation lors de l'entretien avec madame Maria João Paula Lourenço fonctionnaire de l'IGAL, le 6 octobre 2010.

[2] *Cf.* l'article 5 du décret-loi n° 79/2005 du 15 avril 2005 qui a approuvé la loi organique du XVIIe gouvernement constitutionnel.

[3] *Diário da República,* I-Série, n° 239, décret-loi n° 321/2009 du 11 décembre 2009, p. 8630. L'article 11 disposait : « La Présidence du Conseil des ministres est le département central du Gouvernement qui a pour mission de prêter appui au Conseil des ministres, au Premier ministre et aux autres membres du Gouvernement qui y sont intégrés organiquement et promouvoir la coordination interministérielle des divers départements gouvernementaux. »

[4] *Direcção Geral da Administração Local.* Le ministre de la Présidence peut déléguer ses fonctions à ses trois secrétaires d'État : le secrétaire d'État de la présidence du Conseil des ministres, le secrétaire d'État à la jeunesse et aux sports et le secrétaire d'État à la Modernisa-

Une remise en cause des prérogatives du gouverneur civil

Les missions d'inspection du gouverneur civil auprès des services publics étaient surtout administratives et financières telles qu'elles étaient mentionnées dans les codes administratifs de 1836 à 1940. Trois bouleversements principaux sont à mettre en exergue avec la prise en compte des procédures d'inspection qui ont été radicalement modifiées, lors de la mise en place de la Direction générale des collectivités locales, de l'Inspection générale de l'administration locale et de l'Inspection générale de l'administration interne.

Les fonctions d'inspection du gouverneur civil

Dès l'entrée en vigueur du décret n° 23 du 16 mai 1832, le *prefeito* a été chargé d'inspecter annuellement la province dont il avait la responsabilité[1].

Avec l'adoption du premier code administratif portugais en 1836, article 105, § 6, l'administrateur général veillait « À l'inspection générale et supérieure dans l'application de toutes les lois administratives, en procédant par des initiatives personnelles si les circonstances l'exigent, aux besoins du service public dans les limites de ses attributions ». Il procédait également « À l'inspection générale sur tous les emplois administratifs, en harmonisant et améliorant les méthodes et modèles [postes administratifs] en conformité avec les ordres du gouvernement », mais également « Il incombe à l'administrateur général de contrôler l'usage des finances publiques et il doit pour cela, et au-delà de ce qui lui est prescrit par la loi, faire particulièrement preuve de la plus grande attention et vigilance » (article 106).

De même, l'article 224, n° 5 du code administratif du 18 mars 1842 rappelait la primauté du gouverneur civil dans « L'inspection générale et supérieure dans l'exécution de toutes les lois et règlements de l'administration [...] ». Le code administratif du 6 avril 1878, dans son article 183, n° 5, posait que le gouverneur civil devait « Transmettre les lois, règlements et ordres supérieurs aux autorités subalternes, et leur donner les instructions nécessaires à leur application ».

Les pouvoirs d'inspection du gouverneur civil sont restés relativement les mêmes jusqu'à la promulgation du code administratif du 31 décembre 1940.

---

tion de l'administration. Trois autres secrétaires d'État sont rattachés au Premier ministre : le secrétaire d'État de la Présidence du Conseil des ministres (le même secrétaire d'État qui collabore avec le ministre de la Présidence), le secrétaire d'État adjoint au Premier ministre et le secrétaire d'État adjoint à l'Administration locale, dont dépend la Direction générale des collectivités locales.

[1] L'article 37 du décret n° 23 du 16 mai 1832 énonçait qu'il relevait du *prefeito* de mener à bien :

« 1. L'Inspection générale de tous les employés administratifs à l'intérieur de la province, en uniformisant, et améliorant les méthodes et les modèles de tous les expédients.

« 2. L'Inspection générale et supérieure sur l'exécution de toutes les lois administratives en prenant et faisant prendre en tant que subsidiaires, dans les cas omis et en tous les modèles et formes de l'expédient, les lois administratives de la France dans la forme de la loi du 18 août 1769 [...]. »

Les articles 407 à 410[1] ont confirmé les domaines de compétences du gouverneur civil, dont l'article 410[2] intitulé « Inspection et examens des services publics, correspondance avec les ministres » et mieux encadré ses fonctions dans la mesure où « Le gouverneur civil peut être chargé d'inspecter et examiner n'importe quel service public dépendant du gouvernement, quel que soit le ministère auquel le service est intégré, et correspondre directement avec tous les ministres, en accomplissant les ordres et les instructions qu'il recevra d'eux, dans les domaines qui relèvent de sa compétence ».

C'est avec la Révolution des Œillets et l'adoption de la Constitution de 1976 que le gouverneur civil s'est vu retirer ses missions d'inspection dans les services publics. Il a dû se soumettre à des actions d'inspection à l'exemple des collectivités locales.

La Direction générale des collectivités locales

Elle est devenue un contre-pouvoir administratif au gouverneur civil. Il n'a plus eu à intervenir dans des secteurs relevant de l'action des services gouvernementaux d'inspections.

Le décret n° 44/2007 du 27 avril 2007[3] émanant de la présidence du Conseil des ministres dans son article n° 2 précisait : « La DGAL a pour mission la conception, l'étude, la coordination et la réalisation de mesures d'appui à l'administration locale et au renforcement de la coopération entre celle-ci et l'administration centrale. » La Direction générale des collectivités locales (*Direcção-Geral das Autarquias Locais*) qui dépend du secrétaire d'État adjoint à l'Administration locale a été instaurée afin de développer les activités des collectivités locales et apporter un soutien au président de la *Câmara municipal*, sans que le gouverneur civil puisse s'immiscer dans leurs relations. Elle est définie en tant que « Service central de l'État » qui a pour objectifs d'élaborer, de faire exécuter et de coordonner les différents programmes de soutiens aux collectivités locales. Par ailleurs, la DGCL conseille les collectivités locales dans les domaines juridiques, économiques,

---

[1] *Cf.* l'article 407 « Compétence en tant que représentant du gouvernement » et l'article 408 « Compétence en tant qu'autorité policière ». L'article 409 « Ratification gouvernementale » montre à quel point le gouverneur civil était investi de réels pouvoirs administratifs : « Dans les cas d'extrême urgence et nécessité publique le gouverneur civil peut prendre des mesures administratives indispensables, en sollicitant, dès que cela lui est possible, la ratification par le gouvernement des actes qu'il aura pratiqués en dehors de sa compétence normale ».

[2] Il fut abrogé par l'article 29 du décret-loi n° 252/92 du 19 novembre 1992. L'article 29 « Norme révocatoire » énonçait : « Sont supprimés les articles 404, 406 à 411 et 413 à 415 du code administratif ». Les multiples révisions du code administratif de 1940 ont conduit progressivement à sa révocation le 23 octobre 2010 [*Cf. Diário da República*, I-Série, n° 18, 23 octobre 2010, p. 39. *Cf.* le vote portant sur sa suppression suite à la proposition de loi n° 40/XI/2 du 23 septembre 2010].

[3] *Diário da República*, I-Série, n° 82, décret réglementaire n° 44/2007, du 27 avril 2007 de la Présidence du Conseil des ministres, p. 2587-2588.

financiers, techniques et des ressources humaines, dans le cadre des programmes de formation et modernisation de leur administration.

Il appartient aussi à la Direction générale des collectivités locales d'identifier et d'analyser les besoins des collectivités locales. Elle a la possibilité d'émettre des avis sur des initiatives législatives de l'Assemblée de la République lorsqu'elles concernent les collectivités locales. Dans un cadre plus général, la Direction générale des collectivités locales travaille en collaboration avec les directions régionales de l'administration locale, les Commissions de coordination et de développement régional, le Centre d'études et de formation locale, la Direction générale de l'administration publique et le Comité directeur de la démocratie locale et régionale du Conseil de l'Europe.

De fait, dans ce nouveau schéma, les liens entre Direction générale des collectivités locales et le gouverneur civil se limitaient aux rencontres informelles et officielles lors d'inaugurations dans le district.

L'Inspection générale de l'administration locale et l'Inspection générale de l'administration interne

Le pouvoir exécutif a laissé son représentant dans le district en dehors des nouveaux organigrammes administratifs de surveillance et d'assistance aux *municípios* et aux *freguesias*.

Avec l'adoption du décret-loi n° 130/86 du 7 juin 1986 a été créée l'Inspection générale de l'administration du territoire, puis avec la promulgation du décret-loi n° 326-1/2007 du 28 septembre 2007 elle a été désignée par Inspection générale de l'administration locale. Placée sous la responsabilité du Premier ministre (à l'instar de la Direction générale des collectivités locales), l'Inspection générale de l'administration locale dépendait du secrétaire d'État adjoint à l'Administration locale. Le décret-loi n° 321/2009 du 11 décembre 2009[1] a déterminé le champ des attributions qui sont déléguées au secrétariat d'État à l'Administration locale (ordonnance n° 4216/2010) et a énoncé que l'IGAL était rattachée à la présidence du Conseil des ministres. Ses fonctions ont été fusionnées avec celles de l'Inspection générale des finances suite à la nomination du XIXe gouvernement constitutionnel[2].

L'Inspection générale de l'administration locale pouvait collaborer, dès qu'elle l'estimait nécessaire, avec la Direction générale des collectivités locales et les cinq Commissions de coordination et de développement régio-

[1] *Diário da República*, I-Série, n° 239, décret-loi n° 321/2009 du 11 décembre 2009, p. 8628-8634

[2] Agence de presse Lusa, 3 octobre 2011 : « Le Gouvernement confirme l'extinction de l'IGAL et sa fusion avec IGF - En ce qui concerne les attributions et les compétences qui sont encore celles de l'IGAL, elles continueront à être menées dans le cadre de l'IGF, ce qui permettra de maintenir ainsi la tutelle administrative et financière sur les collectivités et le secteur entrepreneurial local. »

nal afin de vérifier l'application de la législation inhérente aux activités dévolues aux collectivités locales et à leurs représentants. Pourtant, il y a eu souvent des enchevêtrements en termes de répartitions des fonctions avec l'Inspection générale de l'administration interne qui avait le même ministère de tutelle que le gouverneur civil. Les procédures et structures administratives d'inspection ont toujours été complexes.

Le ministère de l'Administration interne par l'adoption du décret-loi n° 342/77 du 19 août 1977 fut doté d'une Inspection générale de l'administration interne[1]. Le décret-loi n° 197/85 du 25 juin 1985 a restructuré l'Inspection générale de l'administration interne[2] et l'a transférée du ministère de l'Administration interne au ministère du Plan et de l'Administration du territoire lors de la réorganisation des services d'inspection du gouvernement sur les collectivités locales. Avec le décret-loi n° 64/87 du 6 février 1987[3], l'Inspection générale de l'administration du territoire a remplacé l'IGAI : « Dans le cadre organique du ministère du Plan et de l'Administration du territoire (MPAT) a été créée l'Inspection générale de l'administration du territoire (IGAT), dont la réglementation constitue l'objet de ce diplôme. » Il a été octroyé à l'Inspection générale de l'administration du territoire l'inspection sur les services du ministère du Plan et de l'Administration du territoire. Dès 1995, l'Inspection générale de l'administration du territoire fut de nouveau rattachée au ministère de l'Administration interne.

Le décret-loi n° 227/95, du 11 septembre 1995[4] a confirmé l'IGAI en tant que service central d'inspection et d'appui technique rattaché au ministère de l'Administration interne[5]. Elle a notamment bénéficié d'une pleine autonomie, non seulement technique, mais aussi administrative, dans le processus de surveillance des services dépendant du ministère de l'Administration interne. Plus récemment, le décret-loi n° 276/2007 du 31 juillet 2007 a ap-

---

[1] *Diário da República*, I-Série, n° 191/77, décret-loi n° 342/77 du 19 août 1977, p. 2009-2013. Loi organique du ministère de l'Administration interne. « Le Gouvernement décrète, dans les termes de l'alinéa a) du n° 1 de l'article 201 de la Constitution, ce qui suit : « Article 1er, le ministère de l'Administration interne comprend les services suivants : [...] l'Inspection générale de l'administration interne [...]. »

[2] *Diário da República*, I-Série, n° 143/85, décret-loi n° 197/85, du 25 juin 1985, p. 1675-1680.

[3] Fonseca da (G.), MartinsClaro (J.) et Sá Fontes (L.), (dir.), *Legislação Administrativa Básica*, 3e édition, p. 503-508.

[4] *Diário da República*, II-Série-A, n° 2, 8 novembre 1995, p. 26 (7). Le décret-loi n° 227/95, du 11 septembre 1995 fut modifié par le décret-loi n° 154/96 du 31 août 1996 et le décret-loi n° 3/99, du 4 janvier 1999.

[5] L'IGAI contrôlait l'ensemble des services placés hiérarchiquement sous l'autorité et la compétence du MAI et du gouverneur civil. Si le gouverneur civil devait fournir des informations aux services d'inspection, en aucun cas il ne pouvait intervenir sur les procédures d'inspection et d'enquête.

prouvé le régime juridique de l'inspection de l'administration directe et indirecte, c'est-à-dire centralisée et décentralisée de l'État[1].

Le ministère de l'Administration interne s'est doté d'un service d'inspection et d'enquêtes dont la finalité est de mieux défendre, selon le ministère, les droits et les intérêts légitimes des citoyens. Dans cette perspective, l'Inspection générale de l'administration interne peut procéder à des perquisitions[2], non seulement auprès des personnels des collectivités locales, mais aussi dans les locaux de la police judiciaire, de la Garde nationale républicaine[3] et des services du gouvernement civil, lorsque celui-ci était encore en place.

En effet, le gouvernement civil fut considéré comme « un service intégré » du ministère de l'Administration interne et à ce titre, il pouvait faire l'objet de missions d'inspections et d'examens dans sa gestion et son fonctionnement. L'audit de l'Inspection générale de l'administration interne pouvait porter également sur le gouverneur civil en tant que responsable de la redistribution des budgets, qui étaient alloués à ses services, et à leurs répartitions, notamment vers les diverses associations. Par ailleurs, chaque citoyen avait la possibilité d'adresser ses doléances, non plus au gouverneur civil, mais directement à l'Inspection générale de l'administration interne, du moment qu'il estimait être victime d'abus de la part de l'administration locale et/ou des élus ou d'une atteinte à ses droits fondamentaux. En résumé, trois remarques s'imposent pour mieux percevoir la situation actuelle de l'administration portugaise après la suppression du gouverneur civil.

En premier lieu, la fusion de la Direction générale de l'administration locale avec l'Inspection générale des finances prouve que la réforme de l'administration locale portugaise fut également engagée « par le haut[4] ».

Dans un deuxième point, les missions de l'Inspection générale de l'administration interne demeurent relativement limitées, surtout par manque de moyens financiers[5].

La troisième réflexion porte sur le fait que le gouverneur civil ne disposait pas toujours des moyens techniques et humains appropriés pour mener à

---

[1] *Diário da República*, I-Série-A, n° 146, 31 juillet 2007. Le décret-loi n° 276/2007 du 31 juillet 2007 visait essentiellement, dans le cadre du PRACE, à harmoniser et uniformiser les activités d'inspection des collectivités locales et de leurs dirigeants au sein du territoire national. Le décret-loi n° 203/2006 du 17 octobre 2006 avait régulé la loi organique du ministère de l'Administration interne.

[2] En 1996, 166 missions d'inspections ont été menées avec 21 mesures disciplinaires. En 2007, 1037 contrôles et 12 mesures disciplinaires ont été pris à l'encontre de collectivités locales, de fonctionnaires ou d'élus.

[3] Il s'agit de vérifier les conditions de détention des personnes incarcérées.

[4] Agence de presse Lusa, 3 octobre 2011 : « Le Gouvernement confirme la suppression de l'IGAL et sa fusion avec IGF. »

[5] *Público*, 11 mars 2012. « Dificuldades financeiras limitam actividade da Inspecção-Geral da Administração Interna » (Les difficultés financières limitent l'activité de l'Inspection générale de l'administration interne).

bien ses missions d'inspections administratives et financières. Elles nous semblent par ailleurs incompatibles avec ses fonctions politiques partisanes, d'autant plus que certaines de ses attributions étaient devenues accessoires.

Des prérogatives administratives secondaires

Les redistributions des attributions administratives et politiques locales avaient, depuis les textes juridiques adoptés pour l'essentiel après la promulgation de la Constitution de 1976, affaibli la principale institution gouvernementale du district[1].

À titre d'illustration, la Constitution de 1976[2], dans sa révision de 1997[3], a réservé au « pouvoir local » un titre à part, en dehors de l'Administration d'État (Titre VIII) et des collectivités locales. L'autonomie et le droit qu'ont les *municípios* à réglementer selon les termes de la Constitution de 1976 (article 6, n° 1 ; article 235, n° 2 et article 237, n° 1) dans une part non négligeable des affaires publiques induisent (article 3 de la Charte européenne de l'autonomie locale de 1985) le concept d'autonomie locale ou d'autonomie des collectivités locales. La décentralisation des collectivités locales est en conséquence un vecteur primordial dans la composition des soubassements de l'unité de l'État portugais (article 6, n° 1, de la Constitution de 1976)[4].

Cette « autonomie des collectivités locales et de la décentralisation démocratique de l'administration publique[5] » est le symbole de l'expression du pluralisme des pouvoirs publics, d'autant plus que les attributions relevant du *município* ont été revues depuis l'échec du référendum du 8 novembre 1998. Dès lors, comment les prérogatives dévolues au président de la *Câmara municipal* et à la junte de *freguesia* constituaient-elles réellement, pour le gouverneur civil, une diminution de son pouvoir et de son prestige ?

Pour répondre à ces interrogations, on va mettre en avant les particularités des missions policières du délégué local du gouvernement. Somme toute,

---

[1] *Diário da República*, I-Série A, n° 155, loi constitutionnelle n° 1/2005, du 12 août 2005, p. 4642-4686. Dans la septième révision constitutionnelle, le principe d'affirmation des collectivités locales a trouvé son expression au n° 2 de l'article 235 de la Constitution de 1976.

[2] Leite Pinto (R.) et Ferreira de Almeida (J.-M.), (dir.), *O Sistema Político-Administrativo Português,* Lisbonne, édition de l'INA (*Instituto Nacional de Administração*), 2001, p. 10 : « La Loi fondamentale de 1976 est assurément une Constitution de rupture politico-idéologique avec l'ordre constitutionnel antérieur (Constitution de 1933). Mais elle récupère une ligne de continuité matérielle avec certaines traditions constitutionnelles de l'histoire constitutionnelle portugaise et des cinq constitutions antérieures, nommément avec le courant libéral, parlementaire et révolutionnaire du vintisme [issu de la Constitution de 1822] et du républicanisme (Constitution de 1911). »

[3] *Diário da República*, I-Série-A, n° 218/97, 20 septembre 1997, p. 5130-5196.

[4] *Diário da República*, I-Série A, n° 155, loi constitutionnelle n° 1/2005, du12 août 2005, p. 4642-4686.

[5] *Ibid.*

celles-ci n'ont fait qu'exprimer les craintes du pouvoir exécutif, qui a cependant évolué de la politique de répression à la prévention et à la collaboration et aux conseils.

Les pouvoirs de police du gouverneur civil

Ils ont été l'un des fondements de l'institution, plus ou moins élargis, selon les orientations politiques des gouvernements centraux.

Avec la promulgation du code administratif de 1940[1], le gouverneur civil fut confirmé en tant qu'institution suprême du district et, à ce titre, bénéficiait de prérogatives qui lui permettaient de renforcer ses pouvoirs préventifs[2]. Durant l'État nouveau, le ministre de l'Intérieur, par le biais de la Junte d'Émigration, informait systématiquement le gouverneur civil des passeports accordés par l'ensemble des gouvernements civils (circulaires n° 13/64 et n° 107/63)[3], et chaque gouverneur civil avait pour obligation de faire un point mensuel sur les passeports émis par ses services, puis remettre ses rapports[4] à la Police internationale pour la défense de l'État[5].

C'est pour cela que les rapports de la Police de la sécurité publique étaient régulièrement transmis au gouverneur civil qui devait rédiger des comptes rendus quotidiens sur les activités des opposants ou supposés comme tels au régime. Le code administratif de 1940, dans son article 409, accordait une réelle prérogative au gouverneur civil, en matière sécuritaire, puisque : « Dans les cas d'extrême urgence et de nécessité publique le gouverneur civil peut prendre toutes les mesures administratives, en sollicitant, dès que cela lui est possible, la ratification par le Gouvernement des actes qu'il aura pratiqués en dehors de sa compétence normale. » En tant qu'autorité policière du district (code administratif de 1940, article 408) le gouverneur civil se devait de prendre toutes les dispositions pour protéger les personnes et la propriété, et faire réprimer les actes contraires à la morale et à la décence publiques (article 408, n° 1). Pour accomplir ses fonctions, le gouverneur civil pouvait demander la collaboration des commandants de la police judiciaire et de la Garde nationale républicaine du district en cas de trouble à l'ordre public ou mise en péril de la sécurité du district (code administratif 1940 article 408, n° 15).

---

[1] *Diário do Governo*, du 6 avril 1936. La loi 1940 du 6 avril 1936 a exposé les configurations d'une organisation administrative où les collectivités locales seraient divisées en provinces, *concelhos* et *freguesias*.

[2] Loi 1940 du 6 avril 1936, article 408.

[3] Archives du gouvernement civil du district de Guarda, boîte ADG-Cx 111.

[4] *Diário do Governo*, 5 septembre 1944, décret n° 33 917, article 42.

[5] Régulièrement, des projets de loi étaient soumis l'Assemblée de la République. C'est notamment le cas du projet de loi n° 510/IX portant sur la quatrième modification de loi sur la nationalité portugaise, déposé par le Parti communiste portugais. Il proposait une orientation de la fonction du gouverneur civil, dans son action d'instruction des dossiers, des postulants à la naturalisation.

Le gouverneur civil inspectait n'importe quel service dépendant de son gouvernement civil. Il était en relation permanente avec l'ensemble des ministères pour mener les missions d'inspection et les instructions (article 410).

Une fonction constante de coordination des services locaux de sécurité

Le gouverneur civil ne pouvait se soustraire lui-même à ce processus de soumissions imposées par l'appareil administratif et politique de l'État nouveau[1].

Pour bien comprendre le schéma dans lequel le gouverneur civil a administré le district, il est important d'exposer le principe de mise en place d'une législation qui a instauré un système de contrôle policier, dans et en dehors, du territoire du district[2]. Pour le gouverneur civil, les décrets qui réglementaient l'organisation et les activités policières constituaient une véritable « feuille de route » en matière de surveillance des hommes et du territoire[3].

Les textes juridiques exprimaient alors la crainte sans cesse croissante de voir le pays sombrer dans une guerre civile. C'est l'instabilité politique qui a précédé l'instauration de la Première République, et les fréquentes alternances politiques qui ont abouti au soulèvement militaire du 28 mai 1926, puis l'angoisse de voir arriver les réfugiés fuyant le régime du général Francisco Franco y Bahamonde, avec l'augmentation de l'émigration portugaise et l'intensification des guerres coloniales, qui expliquent ce climat de paranoïa. Pour le président du Conseil António de Oliveira Salazar, il était impératif de garantir la « tranquillité des populations », de protéger le Portugal du communisme et d'en faire un pays stable, tout en restant à l'écart des conflits qui surgissaient en Europe et dans le monde.

---

[1] Il fut dénoncé par de nombreux écrivains dont certains furent emprisonnés, à l'exemple de Miguel Torga. *Cf.* Torga (M.), *La Création du monde,* Paris, Édition GF Flammarion, 1999, p. 585 : « L'État était le maître absolu. Chaque citoyen un simple fonctionnaire. »

[2] Le décret n° 11 727 du 15 juin 1926 supprime la police de Sécurité de l'État, en transférant ses pouvoirs à la police d'investigations criminelles. Le décret n° 12 972 du 16 décembre 1926 a créé une autre police secrète : la police d'informations de Lisbonne. Elle dépendait hiérarchiquement du gouverneur civil même si elle était dirigée par un directeur, nommé et révoqué par le ministre de l'Intérieur. Le décret n° 13 342 du 26 mars 1927 a créé une police similaire à Porto. Avec le décret n° 15 825 du 8 août 1928, et le décret n° 15 884 du 24 août 1928, la police internationale portugaise est divisée en deux directions ayant leurs sièges à Lisbonne et à Porto. La police internationale portugaise chargée, entre autres activités, de la surveillance des frontières terrestres du pays entretenait des relations extrêmement étroites avec le gouvernement civil.

[3] Le décret n° 18 849, du 13 septembre 1930 a supprimé la police internationale portugaise. Il a créé au sein de la police d'investigations criminelles de Lisbonne, une section internationale, placée sous la hiérarchie directe du ministère des Cultes. Le décret n° 20 033, du 3 juin 1931 a dissous la police d'informations et transféré ses compétences vers la police de sécurité publique. Dans la foulée, le décret n° 20 125 du 28 juillet 1931 a réintégré hiérarchiquement la police internationale portugaise au ministère de l'Intérieur (l'instauration de la République en Espagne, en avril 1931, semble être à l'origine de ce rattachement).

C'est l'une des raisons pour lesquelles l'étroite collaboration entre le chef du gouvernement civil et les autres représentants du ministère de l'Intérieur[1] a toujours constitué un axe solide, et actif, de la politique sécuritaire de l'État. Le *Diário do Governo* du 2 décembre 1937 avait rappelé que le gouverneur civil continuait à être un magistrat administratif, représentant local du gouvernement et qu'il avait pour obligation de faire appliquer les programmes de chaque ministère et d'en contrôler la bonne réalisation.

Après la promulgation de la Constitution de 1976, les fonctions de police du gouverneur civil ont été rappelées par l'article 408 du code administratif[2]. Le Conseil consultatif de la *Procuradoria* générale de la République dans son avis n° 173/79, du 28 mai 1980 mentionnait que le président de la *Câmara municipal* avait perdu la qualité d'autorité de police et que le gouverneur civil continuait à détenir ses prérogatives policières. Avec l'entrée en vigueur du décret-loi n° 399-B/84 du 28 décembre 1984[3] le gouverneur civil gardait encore ses mesures de police administrative, telles que définies par le droit positif[4], pour maintenir l'ordre public, assurer la tranquillité des citoyens et celle du territoire selon les termes énoncés à l'article 4-D, n° 3, alinéa c), du décret-loi n° 252/92 du 19 novembre 1992.

Dans le prolongement de la promulgation de ce texte juridique, l'avis n° 52/93 du 2 décembre 1994 émanant du Conseil consultatif de la *Procuradoria* générale de la République[5], a confirmé le statut du gouverneur civil en tant qu'« autorité administrative ayant des fonctions de police[6] », mais uniquement « préventives et en aucun cas sanctionnatoires[7] ». Pour le législateur cette « autorité administrative » relevait du domaine des « autorités auxquelles sont légalement attribués des pouvoirs de direction et/ou de

---

[1] Police de la sécurité publique, Garde nationale républicaine, police de vigilance et sécurité de l'État et la police internationale pour la défense de l'État.

[2] Silva Paixão da (J.), Aragão Seia (J.-A.) et Fernandes Cadilha (C.-A), *Código administrativo*, Coimbra, Livraria Almedina, 1998, p. 207-208.

[3] L'article 408 du code administratif fut abrogé par l'article 29 du décret-loi n° 252/92 du 19 novembre 1992. Le gouverneur civil pouvait élaborer des règlements qui devaient être obligatoirement appliqués dans tout le district, sur les matières relevant de son autorité policière, à condition qu'ils ne fassent pas l'objet d'une loi ou règlement général de l'administration publique.

[4] Villiers de (M.) et Berranger de (T.) (dir.), *Droit public général, Institutions politiques, administratives et communautaires. Droit administratif - Finances publiques*, Paris, éd. LexisNexis, Litec, 4e éd., 2009, p. 518 : « Malgré les difficultés pratiques de la distinction que l'on a précédemment relevées, les deux polices, administrative et judiciaire, restent séparées en droit positif. »

[5] *Diário da República,* II-Série, n° 116, 19 mai 1994.

[6] Morand-Deviller (J.), *Droit administratif*, Cours, Thèmes de réflexion, Commentaires d'arrêts avec corrigés, Paris, Montchrestien, Lextenso éditions, 11e éd., 2009, p. 628. On peut noter qu'en France à titre de comparaison : « Les pouvoirs de police administrative générale sont confiés au Premier ministre au niveau national, au préfet et au maire au niveau local. »

[7] *Diário da República*, II-Série, n° 27, 1er février 1990 p. 1131-1132.

commandement des forces policières[1] ». Le Conseil consultatif de la *Procuradoria* générale de la République, dans l'avis n° 9/96-A/complémentaire du 2 décembre 1998, a été particulièrement clair sur la définition[2].

Le gouverneur civil était devenu un coordinateur des services généraux de sécurité depuis que les pouvoirs de police avaient été transférés réellement aux commandants des postes de la Police de la sécurité publique et de la Garde nationale républicaine. Le ministre de l'Administration interne exigeait par ailleurs que chaque gouverneur civil concentre ses activités dans le domaine de la protection civile et la sécurité routière.

Mais il ne faudrait pas avoir une perception réductrice des attributions générales dévolues au gouverneur civil. Au-delà de ses fonctions politiques partisanes, il y a eu ses engagements et son dévouement au service des populations du district qui en font une institution symbole d'un État protecteur, même si elle a été critiquée, parfois avec raison, mais souvent injustement.

Conclusion du chapitre II

Si divers qu'eussent été ses domaines d'ingérences, il y a bien eu une remise en cause générale des missions attribuées au gouverneur civil. L'évolution qui s'est accomplie, sur son devenir et ses attributions, prouve clairement qu'au sein des fonctions pluridisciplinaires du gouverneur civil, lesquelles ont connu des bouleversements notoires depuis la loi du 25 juillet 1835, ses obligations politiques sont restées globalement inchangées, au-delà des alternances politiques et des différents régimes politiques. À l'appui de ces analyses et développements, deux remarques s'imposent.

D'une part, les codes administratifs, promulgués entre 1836 et 1940, ont cherché à instaurer des schémas, plus ou moins réussis, de décentralisation ou de déconcentration du pouvoir politique. D'autre part, et malgré les fréquentes révisions des codes administratifs, on n'a pas pris nécessairement en compte la législation existante, ce qui a parfois provoqué un véritable *imbroglio* dans les fonctions accordées au chef du gouvernement civil. Ensuite, la Révolution des Œillets du 25 avril 1974, puis la promulgation de la Constitution de 1976, et le développement de la démocratie locale ont participé de l'accélération des procédures de transferts des fonctions du gouverneur civil vers le président de la *Câmara municipal*. Par voie de conséquence, la redéfinition de la dimension administrative des missions du gouverneur civil fait

---

[1] Avis n° 52/93, du 2 décembre 1994 du Conseil Consultatif, point 5.3. Le n° 1 de l'article 48, de l'annexe du décret-loi 316/95, a réglementé la compétence du gouverneur civil dans ses demandes d'intervention de la police administrative, notamment dans les contrôles des débits de boissons, ou des salles de danse. Il était fréquent que le gouverneur civil demande à la *Procuradoria générale de la République*, des avis en matière d'application de la législation.

[2] *Diário da República*, II-Série, n° 1, 3 janvier 2000 : dans une formule brève, on peut dire que la police administrative représente « *l'ensemble des interventions de l'administration qui tendent à imposer à la libre action des particuliers la discipline exigée par la vie en société [...], en se guidant par l'intention référentielle de "prévenir les atteintes à l'ordre public"* ».

qu'il a dû adapter non seulement ses fonctions à une législation qui a accordé de plus en plus de pouvoirs aux secrétaires d'État du ministère de l'Administration interne et au président de la *Câmara municipal*, mais aussi ses engagements à un contexte politique marqué par l'émergence de contre-pouvoirs, et des fonctions officielles classiques qui progressivement lui ont été retirées. Et pourtant, il y avait incontestablement une volonté du gouverneur civil à servir le gouvernement et les citoyens.

Conclusion du titre premier

Les décrets du 16 mai 1832 de José Xavier Mouzinho da Silveira qui ont instauré la représentation locale de l'État, avec le *prefeito* en qualité de délégué du pouvoir royal dans la province, puis le gouverneur civil dans le district, en ont fait non seulement le prolongement de l'autorité centrale, mais aussi un intervenant politique majeur.

Pour autant, ce qui caractérise avant tout les compétences générales accordées au représentant local de l'État, c'est leur ambivalence. L'ambiguïté de l'institution et ses atermoiements ont été une constante depuis les réformes administratives de 1832 et 1835, puisque le législateur semblait déjà hésiter, par exemple dans la désignation de l'institution, en choisissant le vocable de *prefeito* puis en optant pour « gouverneur civil », comme pour mieux masquer somme toute sa dimension politique, mais aussi l'influence et l'inspiration de l'institution préfectorale française. De même, les codes administratifs qui ont été promulgués de 1836 à 1940 ont tenté, avec plus ou moins de succès, de doter l'institution de plus de domaines d'intervention ou, *a contrario,* de les restreindre. Quant à la Constitution de 1976, elle a maintenu le gouverneur civil à titre « transitoire », alors qu'il était question de le remplacer le cas échéant par un représentant régional de l'État dans l'hypothèse d'une instauration des régions, comme l'énonçait la loi-cadre n° 56/91 du 13 août 1991[1].

En attendant une éventuelle réforme de la représentation déconcentrée de l'État, le pouvoir central semblait ne pas pouvoir se passer du gouverneur civil et de ses fonctions de renseignement, notamment sur les activités des acteurs influents du district. En conséquence, on doit avoir à l'esprit que cette fonction de « courroie de transmission » a été extrêmement importante depuis les décrets de 1832. Elle justifiait la sauvegarde du gouvernement civil et de son dirigeant en tant que pôles indispensables aux recueils d'informations. Une telle mission ne pouvait être confiée qu'à une personne dévouée à son ministre de tutelle et à son parti politique. Cependant, la relation de confiance du ministre du Royaume, puis de l'Intérieur et de l'Administration interne à l'égard de leur collaborateur principal dans le district a été plus ou moins forte selon les gouvernements centraux. Mais si

[1] *Diário da República*, I-Série-A, n° 185, loi-cadre n° 56/91 du 13 août 1991, p. 4091-4097.

le gouverneur civil est resté dépendant de son ministre, il a continué à faire preuve d'imagination et à se créer des missions annexes et secondaires, comme pour mieux démontrer et prouver à quel point il défendait son district, son bilan et son poste, dans l'attente d'une autre nomination ou d'une élection, qui le rapprocherait davantage du pouvoir central. En fait, il y avait une défense de l'institution, par l'institué lui-même[1].

Mais, au-delà des discours officiels, le représentant local de l'État dans le district n'était pas simplement assujetti au gouvernement. Certes, ses fonctions se répartissaient essentiellement entre compétences administratives et responsabilités politiques, officielles et officieuses. À cet égard, les prérogatives politiques ont toujours été plus importantes que les missions administratives, car le gouverneur civil fut avant tout nommé pour défendre la politique du gouvernement, surveiller l'opposition locale et le cas échéant accéder à un poste où sa neutralité ne serait plus remise en cause, comme celui de député ou de président de la *Câmara municipal*. Dans ces contextes administratifs et politiques, et si la fonction administrative a été précisée dès la création du *prefeito*[2], il ne faut pas avoir un aperçu erroné des missions officielles et parfois « opaques » qui lui incombaient, car le gouverneur civil n'a pas été qu'une simple personnification de l'État.

Le gouverneur civil fut bien plus que cela, car il a dépassé le domaine du politique pour s'immiscer dans la vie associative, culturelle et sociale. En déconcentrant une partie de ses compétences dans le district, l'État a néanmoins délimité les secteurs d'interventions du gouverneur civil, pour mieux le neutraliser, si besoin. Les fonctions administratives et politiques du gouverneur civil, quelles soient officielles ou partisanes, furent au centre de controverses au sein de la société portugaise et à l'intérieur des partis politiques qui n'ont cessé de se contredire et de tergiverser sur le devenir du gouverneur civil.

Pourtant, les réorganisations graduelles des fonctions du gouverneur civil ont fait que des contre-pouvoirs sont apparus, qui accordaient plus

[1] *Notícias de Aveiro*, 25 septembre 2010. C'est ainsi, à titre d'exemple, que le 5 septembre 2010 lors de la célébration des cent soixante-quinze ans du gouvernement civil du district d'Aveiro, le gouverneur civil José Mota déclarait : « Sa durée est, très probablement, la preuve de la plus grande nécessité de son existence. » Le représentant local de l'État dans un bref rappel historique de l'institution a souligné que si les gouvernements civils sont nés durant la monarchie, ont survécu à la révolution républicaine du 5 octobre 1910 et ont été maintenus durant l'État nouveau, ils sont aujourd'hui « un élément intégrant de notre système démocratique ». C'est ainsi que le chef du gouvernement civil a insisté sur le fait que : « l'actuel cadre des fonctions et activités du gouvernement civil traduit bien la vitalité de cet organe ». Il a par ailleurs insisté sur ses fonctions quotidiennes et transversales, car elles impliquaient plusieurs ministères, de représentation du gouvernement dans le district, son rôle de coordinateur au sein du Conseil de sécurité dans le district, la sécurité routière, la protection civile et celle de la forêt.

[2] *Cf.* article 29 du décret n° 23 du 16 mai 1832 qui a fait du *prefeito* le chef de l'administration publique dans la province.

d'attributions, notamment culturelles, sociales, financières et fiscales aux *concelhos* et *freguesias*, surtout depuis les promulgations des lois sur l'autonomie financière des collectivités locales en 1977.

La consolidation démocratique et la stabilité de la classe politique portugaise depuis bientôt quatre décennies ont favorisé une réflexion nationale sur la question du gouverneur civil et de ses missions, sans que cela ait abouti véritablement à une réforme en profondeur de l'institution, avant sa suppression le 21 juin 2011[1].

Il y a eu des corrélations entre des fonctions parfois ambiguës et un statut plus complexe qu'il ne pourrait y paraître de prime abord. C'est la définition juridique du statut du gouverneur civil, dans ce qu'elle avait de laconique et qui a été délibérément entretenue par le pouvoir politique, qui a servi de paravent aux missions officieuses du gouverneur civil.

[1] *Cf.* en seconde partie, Titre II.

TITRE II

LA STABILITÉ DU STATUT MALGRÉ LES CHANGEMENTS DE RÉGIME POLITIQUE

Le statut juridique du gouverneur civil a été la colonne vertébrale de l'institution. Il n'en fut pas moins équivoque entre sa qualification de « magistrat administratif », clairement énoncée dans les codes administratifs, et ses missions politiques officieuses, jamais mentionnées.

Du code administratif de 1836 au code administratif de 1940, et depuis l'adoption de la Constitution de 1976, le statut du gouverneur civil n'a pas connu de bouleversement majeur[1]. C'est l'État nouveau qui a véritablement donné au gouverneur civil une stature d'acteur administratif et politique[2].

Cependant, avec la fin du régime et la transition démocratique le gouverneur civil ne semblait plus représenter que l'ombre de lui-même à mesure que ses possibilités d'interventions dans la vie administrative et politique du district s'atténuaient, alors que le président de la *Câmara municipal* voyait s'étendre ses domaines de compétences dans le *concelho*.

Il est certes aisé de le rendre responsable des maux qui frappaient le district, de détenir des attributions qui allaient à l'encontre des ambitions des opposants politiques au gouvernement ou par des projets non aboutis, quand bien même il ne disposait pas toujours des moyens techniques, humains ou financiers suffisants pour accomplir efficacement les missions dont il était investi. Les critiques parfois acerbes dont il était la cible, qui provenaient de l'opposition politique en particulier et de la société en général, étaient fré-

---

[1] La révocation du code administratif de 1940, suite à la proposition de loi n° 40/XI/2 approuvée en Conseil des ministres le 23 septembre 2010, n'a fait aucune allusion au gouverneur civil. On peut constater ainsi, en fonction des analyses des divers codes administratifs, que le gouverneur civil a toujours été maintenu dans un espace territorial bien délimité et un cadre juridique qui l'était moins. Il s'agissait, pour le pouvoir qui nommait le *prefeito*, puis l'administrateur général et le gouverneur civil de bien contrôler ses fonctions générales et ses actions politiques, mais aussi de faciliter son travail de surveillance et de sécurité, des populations et du district.

[2] En ce qui concerne le préfet roumain, par exemple, la question ne se posait pas. *Cf.* Sora (A.-F.), *Servir l'État roumain, le corps préfectoral, 1866-1940*, Bucarest, editura Universitătii din Bucuresti, 2011, p. 391 : « Le préfet avait une double qualité : agent du gouvernement et chef de l'administration locale décentralisée. L'intérêt du gouvernement était de confier cette fonction à des personnes fidèles au parti politique au pouvoir, prêtes à servir leurs demandes officielles ou d'autres requêtes. »

quentes[1], comme si son statut en faisait une victime expiatoire non pas d'Azazel, mais du gouvernement, et un exutoire à toutes les colères résurgentes de la population du district.

Il n'en demeure pas moins un fait positif et capital, qu'en vertu d'un statut juridiquement imprécis, les récriminations bien souvent injustes à son égard s'atténuèrent parfois, selon que l'on soutenait le gouvernement ou que l'on était dans l'opposition. Le statut du gouverneur civil ne lui a jamais permis d'être proche de l'archétype du grand commis de l'État portant sa politique publique.

On note que le décret-loi n° 203/2006, article 14[2] relatif au gouvernement civil a bien rappelé et encadré ses fonctions officielles : « Les gouvernements civils constituent des structures de support logistique et administratif et le siège de l'exercice des compétences des gouverneurs civils, nommément celles d'assurer au niveau local la représentation déconcentrée du Gouvernement, la coordination dans l'aire respective, des forces et services de sécurité et de protection civile, et l'articulation des services de l'administration centrale agissant dans sa zone de responsabilité. » Au gré de ce que l'on a décrit, deux vérités ressortent.

En premier lieu, les modalités de cooptation ont été majoritairement politiques, malgré un statut juridique qui n'a jamais mentionné cette caractéristique.

Dans un second point, les différents gouvernements ont plus ou moins marginalisé le gouverneur civil, en fonction des régimes politiques et des impératifs du moment, tout en maintenant son statut dans une relative ambiguïté.

---

[1] Elles concernaient le développement des infrastructures et les équipements sanitaires dans les *aldeias* et *freguesias*. Le gouverneur civil n'avait pas toujours la possibilité et les moyens de pouvoir maîtriser tous les programmes par manque de coordination et de concertation des différents intervenants qu'ils fussent administratifs, financiers et politiques.

[2] *Diário da República,* I-Série, n° 208, décret-loi n° 203/2006, du 27 octobre 2006, p. 7445.

CHAPITRE PREMIER

UNE NOMINATION ESSENTIELLEMENT POLITIQUE

La procédure administrative et politique de nomination du gouverneur civil n'a quasiment pas été modifiée depuis qu'il a remplacé le *prefeito*.

L'article 29 du décret n° 23 du 16 mai 1832 disposait : « Le *prefeito* est l'unique chef de toute l'administration de la province, et le délégué de l'Autorité du Roi et, pour veiller au bien-être et la tranquillité des populations, il est investi de toutes les attributions. Ses fonctions sont toutes administratives et ne participent en rien du pouvoir judiciaire ou fiscal, ou d'aucun autre. » L'article 30, quant à lui, énonçait : « Le *prefeito* est nommé par lettre royale envoyée par le secrétaire d'État des Affaires du Royaume. »

Les édiles locaux ont réprouvé l'institution dès son instauration, car ils y ont vu, à juste titre, un moyen supplémentaire de contrôler leur pouvoir local. Cependant, le *prefeito* n'était pas l'unique décideur local puisque l'on peut notamment faire mention de l'influence exercée par l'Église en général, et le curé en particulier, dans les choix des politiques locaux. L'homme d'Église fut un allié ou un opposant, mais il a été un relais fondamental de la politique du gouvernement et de son représentant local dans les *paróquias* et les *aldeias*[1]. Le curé était souvent l'une des rares personnes qui savaient lire et écrire dans l'*aldeia* et il représentait un relais politique local et une source indispensable d'information pour le *prefeito* et l'administrateur du *concelho*, puis le gouverneur civil et le président de la *Câmara municipal*. C'est aussi le curé qui suggérait parfois aux responsables administratifs et politiques de nommer telle ou telle personne au poste de *regedor*[2]. Néanmoins, le *prefeito* a eu une existence extrêmement brève puisque le 25 juillet 1835, la réforme administrative du ministre du Royaume Rodrigo da Fonseca Magalhães[3] a

---

[1] Le vocable désigne un petit bourg, un village ou pour être plus précis, un hameau. Júlio Dinis a décrit à merveille dans son roman *A Morgadinha dos Canaviais* sa perception de la vie politique locale dans une *aldeia*. Dinis (J.), *A Morgadinha dos Canaviais*, Porto, Porto Editora, 1993, p. 350: « Vous connaissez encore peu le cœur humain, chère cousine. Votre père a la politique dans le sang pour toute sa vie. Détrompez-vous. Et si on l'emprisonnait dans cette *aldeia,* il ferait ici même la plus déplorable, impertinente et inutile de toutes les politiques, la politique locale. »

[2] *Ibid.*

[3] Rodrigo da Fonseca Magalhães a été nommé ministre du Royaume le 15 juillet 1835. Le remplacement du *prefeito* par le gouverneur civil a été fait de façon précipitée, même si le décret du 25 juillet 1835 reprend parfois, et à la virgule près, certains passages des décrets du 16 mai 1832.

reconfiguré la division territoriale du pays en dix-sept districts, et substitué le *prefeito* par le gouverneur civil.

La décision ultime de nommer le *prefeito* puis le gouverneur civil fut toujours effectuée et entérinée en Conseil des ministres sur proposition du ministre du Royaume, puis du ministre de l'Intérieur et ensuite du ministre de l'Administration interne.

Les critères de choix de la personne devant accéder à la direction du gouvernement civil étaient essentiellement politiques et ne prenaient pas toujours en considération ses origines sociales et professionnelles. La nomination était faite généralement sur proposition des caciques locaux et du gouverneur civil encore en place, ce dernier suggérant à son ministre de tutelle le nom de son éventuel successeur. Cependant, le code administratif de 1940 a restreint les catégories sociales et professionnelles des personnes susceptibles d'être appelées à devenir chefs du gouvernement civil[1]. Seul pouvait être nommé au poste de gouverneur civil le citoyen diplômé de l'enseignement supérieur (article 347, § 2), qui jouissait de ses droits civiques et politiques et/ou qui avait exercé des fonctions en tant que président de *Câmara municipal*, ancien gouverneur civil, membre de la junte générale de la province, ancien conseiller municipal, fonctionnaire civil de la catégorie égale ou correspondant à celle de chef de division, ou l'officier militaire ayant au minimum le grade de lieutenant ou de capitaine. Avec l'adoption du code administratif de 1940, le gouverneur civil est devenu « La première instance d'intervention policière, politique et sociale du Gouvernement dans l'administration locale[2] ».

Le statut du gouverneur civil lui a permis d'être un chef de parti dans le district, comme cela fut le cas avec l'Union nationale, et un ardent défenseur et diffuseur de la propagande politique[3]. Il faut pourtant dépasser la perception du principe communément admis qui consistait à ne voir dans le gouverneur civil qu'un simple délégué du parti politique au pouvoir. La meilleure définition de l'institution est peut-être celle du code administratif de 1896 qui précisait qu'il était du ressort du « magistrat administratif supérieur du district et représentant immédiat du gouvernement » de surveiller et gérer l'ensemble du mécanisme administratif dans l'aire de sa circonscription territoriale. La dimension politique est donc ici sous-jacente, comme

[1] Pour les femmes, il a fallu attendre l'après 25 avril 1974.

[2] « Governador civil », *in Dicionário Histórico de Portugal*, Volume VIII, Porto, 1999.

[3] Dans une note confidentielle (G-308 du 8 novembre 1961), le gouverneur civil du district de Guarda avait écrit aux présidents des *Câmaras municipais* : « Je vous adresse ci-joint des exemplaires d'un tract avec une réponse appropriée au communiqué de l'opposition intitulé : « À l'électorat du district de Guarda ». Pour que la réponse de l'Union nationale ait le maximum de diffusion possible, le gouverneur civil avait ordonné que les prospectus soient distribués aux portes des usines, les bureaux et les établissements commerciaux, sur les places des *freguesias,* à la sortie des messes dominicales, dans les cafés, pensions, restaurants, estaminets, ainsi que les théâtres et les terrains de sport. Le travail de diffusion devait être mené à bien par les présidents des juntes de *freguesia* et *regedores*.

dans tous les codes administratifs, présente mais jamais mentionnée. Au regard de ce que l'on vient de préciser, deux remarques s'imposent.

Tout d'abord, les choix pour désigner et parfois imposer un gouverneur civil aux populations prenaient surtout en compte les alliances nouées entre les décideurs politiques locaux et les instances nationales.

Ensuite, une autre particularité du recours au népotisme résidait dans le fait que lorsqu'un gouverneur civil était démis cela était généralement lié aux alternances des gouvernements centraux.

Des cooptations basées sur des compromis politiques locaux et nationaux

Les arcanes politiques, qui participaient de la désignation du futur responsable du district, constituaient un aspect original, depuis qu'il avait été créé. Il s'agissait d'assurer la survie d'un système qui, en réalité, ne fonctionnait pas si mal et servait les intérêts de chaque nouveau gouvernement.

À titre d'illustration, lors de notre entretien avec le ministre de l'Administration interne[1], Rui Carlos Pereira, celui-ci a insisté sur la nécessité de procéder, avant chaque prise de décision pour choisir le chef du gouvernement civil, à une « auscultation » des entités influentes du district[2].

L'un des fondements de validation qui intervenait dans le choix du gouverneur civil par le gouvernement résidait dans la crainte qu'avait ce dernier de ne pas provoquer de situations conflictuelles au sein des différents groupes politiques à l'échelon des *concelhos* et des districts. Il est arrivé fréquemment que le gouverneur civil eût été le président de la fédération du parti politique au pouvoir dans son district[3] ou le président d'une *Câmara municipal* d'un *concelho* intégré dans le district, dont il allait prendre la direction du gouvernement civil. En cela, les décideurs locaux qui intervenaient dans la décision de nommer le futur chef du gouvernement civil étaient sollicités ou s'imposaient afin de se prononcer sur le candidat potentiel, ses engagements véritables, ses ambitions, sa loyauté, sa discrétion et son dévouement.

---

[1] Le 21 avril 2009.

[2] Il reprend en cela les propos du gouverneur civil de Viseu Acácio Pinto qui employait également le terme « d'auscultation », à moins que ce ne soit le gouverneur civil qui par mimétisme se soit réapproprié les termes de son ministre de tutelle.

[3] Les nominations pouvaient être perçues comme une orientation et promotion dans la carrière de celles et ceux a qui été confié le mandat de chef du gouvernement civil, d'autres concernaient des personnes en fin de carrière. Par exemple Humberto Paiva gouverneur civil du district de Leiria, rencontré le 22 avril 2009 est médecin et professeur de médecine rattaché aux hôpitaux de Coimbra, reconnaît qu'il a été placé à ce poste par « mes amis politiques » (*dixit*) en attendant sa retraite.

Des critères de choix discutables

Les nominations du gouverneur civil étaient surtout politiques. Il était choisi indifféremment parmi les personnes exerçant, ou ayant eu, une activité professionnelle dans le secteur public, civil, militaire ou privé.

Pour espérer devenir gouverneur civil, il était possible de faire acte de candidature, même si les postes à pourvoir se répartissaient généralement entre « amis » et en fonction des « ententes » locales. Le ministre soumettait ensuite une liste de noms au Conseil des ministres et au Premier ministre qui l'entérinaient ou pas. Les paramètres pris en compte pour définir si les qualités requises du futur impétrant étaient conformes aux exigences du pouvoir exécutif, et qui participaient en conséquence de leurs choix, étaient basés sur les adhésions et soumissions du gouverneur civil au parti politique, au pouvoir central, et à une connaissance générale du district.

Mais surtout, l'une des spécificités du statut du gouverneur civil résidait dans cette dualité, qui intégrait les principes paradoxaux d'une institution en tant que symbole de l'État, qui devait être visible, tout en faisant preuve d'une extrême discrétion dans ses missions politiques partisanes. Pour remplir ses obligations, il devait entretenir des liens clientélistes, par exemple par le biais de subventions accordées à des associations, et collaborer avec les décideurs de son district, en conciliant ses ambitions et l'allégeance à son ministre de tutelle.

Des critères partisans essentiels

Après l'entrée en vigueur de la Constitution de 1976, la charge politique du gouverneur civil a été clairement confirmée[1].

La loi n° 64/93 du 26 août 1993 relative au « Régime juridique d'incompatibilité et empêchement des titulaires des charges politiques et hautes fonctions publiques » a disposé dans son article 2 sur les « Titulaires de charges politiques » que « le régime constant du présent texte est encore applicable aux titulaires des hautes charges publiques[2] ». Or, le *Boletim Ofi-*

---

[1] *Diário da República*, I-Série, n° 200, loi n° 64/93 du 26 août 1993. La loi n° 64/93 du 26 août 1993 a confirmé le statut « politique » du gouverneur civil et du vice-gouverneur civil, puisque : « Article 1er [...] sont considérés comme titulaires de charges politiques :
« Les ministres des régions autonomes,
« Les membres des gouvernements régionaux,
« Le Médiateur de la justice,
« Le gouverneur et secrétaires adjoints de Macau,
« Le gouverneur civil et le vice-gouverneur civil,
« Le président et le conseiller municipal des *Câmaras municipais*,
« Le député au Parlement européen. »

[2] *Diário da República*, I-Série, n° 298, loi 39-B/94 du 27 décembre 1994. L'article 3 de la loi 39-B/94, du 27 décembre 1994, « Titulaires de charges politiques » a institué comme titulaires des hautes charges publiques le président du conseil d'administration d'une entreprise publique et d'une société anonyme à capitaux exclusivement ou majoritairement publics, quel

cial de Macau a apporté deux modifications à la loi n° 64/93 du 26 août 1993 en rajoutant le président de la République, le Premier ministre et les autres membres du gouvernement[1].

L'institution était, ou aurait dû être avant tout, un facteur de cohésion, mais cela n'était pas toujours compatible avec son statut politique.

Une institution qui aurait dû rassembler

Les raisons et arguments qui contribuaient à choisir une personne, afin de lui confier le gouvernement civil, ne s'appuyaient pas systématiquement sur son cursus scolaire, son origine sociale, sa formation professionnelle, voire même ses engagements politiques. Ils prenaient aussi en considération sa participation à la vie associative, culturelle et syndicale.

Si l'appartenance au parti politique au pouvoir était une condition généralement requise pour accéder à la direction du district, le statut du gouverneur civil en faisait avant tout l'agent local de son ministère de tutelle. Par ailleurs, s'il n'était pas rare qu'il soit choisi pour administrer un même district, à des années d'intervalle[2], les placements à la tête du district étaient tributaires des programmes gouvernementaux et des ambitions politiques personnelles. Dans un cadre comparatif des rapports des dynamiques institutionnelles et des choix des représentants locaux du gouvernement, le schéma français se différencie sensiblement du modèle portugais, car « les relations entre politique et administration ne se réduisent pas à des contraintes unilatérales[3] ».

Au Portugal, ce qui rentrait bien en ligne de compte dans l'attribution du poste c'était l'ingérence directe des notables locaux, qu'ils eussent été politiques, décideurs économiques ou militaires. En cela, le caciquisme et son immixtion dans les élections locales et nationales a trouvé son expression

---

que soit leur mode de désignation ; le gestionnaire public et membre du conseil d'administration de société anonyme exclusivement et majoritairement public, désigné par une entité publique, du moment où il exerçait des fonctions exécutives ; la personne en régime de permanence et à temps plein de l'entité publique indépendante, prévue dans la Constitution ou dans la loi.

[1] *Boletim Oficial de Macau*, I-Série, n° 36, loi n° 64/93 du 26 août 1993, 6 septembre 1993, p. 4049-4051.

[2] Plusieurs exemples sont donnés dans cette étude.

[3] Rouban (L.), *Les Préfets de la République 1870-1997,* Paris, Les Cahiers du Cevipof, Centre de recherches Politiques de Science Po, janvier 2000, p. 41 : « À la "politisation" décrite comme un joug extérieur s'oppose souvent la vision inverse d'une technocratie envahissante et dont l'autonomie ne peut être bridée. Dans un cas comme dans l'autre, on ignore le jeu des facteurs institutionnels : la haute fonction publique s'insère dans des corps et des normes, juridiques ou sociales, qui troublent ou viennent organiser les relations entre administration et politique. Les pratiques débouchent sur la constitution d'un métier et d'une mémoire collective, sur des trajectoires professionnelles qui font office de régulateur. Comme on l'a vu, l'institutionnalisation du corps préfectoral est récente. Elle s'est associée à la montée en puissance de l'ENA puis a été confrontée aux effets de la décentralisation et des alternances. »

lors des campagnes électorales et la désignation des candidats, comme on peut le mentionner en interrogeant, par exemple, la littérature[1]. D'une façon plus précise, comme l'écrivent Jean et Jean-Éric Gicquel, le caciquisme est la défense des intérêts de l'oligarchie[2].

Pour autant, un paramètre culturel et social a fortement contribué au fait que le gouvernement allait chercher son gouverneur civil dans les classes moyennes. L'analphabétisme et la méconnaissance des mécanismes politiques dans de vastes couches de la population ont favorisé, par nécessité, l'accession au poste de gouverneur civil à des personnes qui parfois n'avaient pas de diplôme universitaire, voire même pas le baccalauréat[3]. Les taux de l'analphabétisme sont encore extrêmement importants, même s'ils sont en diminution avec 82,4 % (en 1878), 66,2 % (en 1920), 20,5 % (en 1970), 21 % (en 1981), 11 % (en 1991), 9 % (2001) et 8,9 % (en 2011 lors du dernier recensement)[4]. Le manque de passion à l'égard de la vie politique en général a formé un terrain propice à la manipulation électorale et les caciques ont su mobiliser les voix nécessaires à la victoire de tel ou tel parti, selon leurs impératifs du moment. Cette réalité sociale ne doit pas être ignorée, car, en arrière-plan de la vie politique, elle demeurait étroitement liée au rejet du gouverneur civil par une partie des Portugais pour qui il était le symbole d'un gouvernement qu'ils tenaient pour responsable de leur condition économique et sociale ou qui avait, tout simplement, d'autres priorités.

Ceci étant dit, dans la répartition des pouvoirs au sein du district, le gouverneur civil n'était pas l'unique institution au service du pouvoir central. On peut dire cependant que des complications structurelles sont apparues très rapidement après l'adoption de la Constitution de 1933 et des textes législatifs qui ont redéfini le rôle et les compétences des élus, au sein des *concelhos* et *freguesias*.

La recherche d'une unité nationale n'est pas seulement le fait du politique, mais aussi de l'administratif au service de l'État, et de l'expression de la relative neutralité du gouverneur civil.

---

[1] Dinis (J.), *A Morgadinha dos Canaviais,* Porto, Édition Porto Editora, Porto, 1993, 526 p. [1ère éd. 1868] p. 464. Le romancier Júlio Dinis a décrit merveilleusement les manipulations électorales : « Dans la poche de chacun de ces hommes, il y avait un huitième de papier d'écolier plié, dans lequel était écrit un nom ; le nom d'un homme dont ils ne savaient même pas s'il existait en ce Monde. Au moment propice, chacun d'eux, appelé par la voix du scrutateur électoral, répondrait : « Présent » ; il s'approcherait de l'urne, donnerait au président du bureau ce papier, et se retirerait satisfait, comme déchargé d'un poids qui l'opprimait. »

[2] Gicquel (J.) et Gicquel (J.-É.), *Droit constitutionnel et institutions politiques*, Paris, éd. Montchrestien, 24e éd., coll. Domat droit public, 802 p..

[3] Candeias (A.), *Alfabetização e Escola em Portugal nos Séculos XIX e XX. Os Censos e Estatísticas,* Lisbonne, *Fundação Calouste Gulbenkian*, p. 40.

[4] *Instituto Nacional de Estatísticas*. Recensement de la population de 2001 et 2011.

Une institution à la neutralité de façade

Si le statut juridique du gouverneur civil a servi de paravent à ses fonctions politiques, celui-ci s'en défendait[1], sans trop d'insistance.

La question complexe portant sur le statut politique de l'institution[2] reflète les soumissions et les craintes du gouverneur civil à l'égard du pouvoir central. Il se pose alors la question de la véritable neutralité du gouverneur civil puisqu'il était aussi en relation directe et permanente avec les politiques locaux[3].

Après l'entrée en vigueur de la Constitution de 1976 trois textes législatifs sont venus rappeler le statut du gouverneur civil[4], avec l'adoption du décret-loi n° 252/92 du 19 novembre 1992, du décret-loi n° 316/95 du 28 novembre 1995 et du décret-loi n° 213/2001 du 2 août 2001. Il fallait confirmer le rôle du gouverneur civil face aux attributions croissantes du président de la *Câmara municipal* et le « faire vivre » en attendant une hypothétique réforme du territoire avec la création des régions administratives. Le 8 juin 2001, le Conseil des ministres a approuvé un décret-loi promulgué le 20 juillet 2001 et publié au *Diário da República* le 2 août 2001. Il a précisé le statut du gouverneur civil[5] sans y apporter des changements significatifs.

---

[1] Nous avons eu des entretiens au siège de trois gouvernements civils en avril 2009 avec Paulo Fonseca gouverneur civil de Santarém le 22 avril 2009, Humberto Paiva gouverneur civil de Leiria le 23 avril 2009 et Acácio Pinto gouverneur civil de Viseu le 20 avril 2009.

[2] Sá de (A.), *Administração do Estado, Administração Local e Princípio da Igualdade no Âmbito do Estatuto de Funcionário,* Coimbra, Bulletin de la Faculté de Droit de l'Université de Coimbra, 1985, p. 7 : « D'un point de vue organique, qui est celui qui revêt la plus grande importance dans l'économie de ce travail, nous trouvons, en premier lieu, dans cette machine complexe qui est aujourd'hui l'administration publique, l'appareil administratif de l'État, constitué par un ensemble d'organes et services articulés dans une structure verticale, à partir du Gouvernement, obéissant au principe de subordination hiérarchique. »

[3] Il n'était pas rare que des députés aient leur permanence dans l'immeuble du gouvernement civil, par exemple dans le district de Guarda.

[4] Le décret-loi n° 252/92 du 19 novembre 1992, décret-loi n° 316/95 du 28 novembre 1995 et le décret-loi n° 213/2001 du 2 août 2001. Le décret-loi n° 252/92 du 19 novembre 1992 et le décret-loi n° 316/95 du 28 novembre 1995 ont été modifiés par le décret-loi n° 213/2001 du 2 août 2001.

[5] Les articles 1er à 4 du décret-loi n° 213/2001 du 2 août 2001 ont précisé l'objet (article 1er), la mission (article 2), la nomination et destitution (article 3) des gouverneurs civils et leurs compétences (article 4).

Article 1er : « Le présent diplôme établit la définition de la mission, le statut organique et personnel, les compétences et le régime des actes pratiqués par le gouverneur civil, ainsi que la composition et les compétences des organes respectifs d'appui et l'organisation des services du gouvernement civil. »

Article 2 : « Le gouverneur civil est, dans les termes de la Constitution, le représentant du Gouvernement dans l'aire du district, qui y exerce les fonctions et les compétences qui lui sont conférées par la loi. »

Article 3, alinéa 1er : « Le gouverneur civil est nommé et démis par le Gouvernement en Conseil des ministres, sur proposition du ministre de l'Administration interne, de qui il dépend hiérarchiquement. »

C'est pourtant la superposition entre un engagement politique local, plus ou moins assumé, et les relations avec les instances politiques nationales qui ont constamment déterminé les modalités de sa nomination, plus que sa formation professionnelle.

Des critères professionnels secondaires

L'accession au poste de gouverneur civil fut une étape dans une carrière civile ou/et politique.

Au Portugal, on a souvent cherché à « placer » ses amis politiques à la direction du district, alors que dans certains pays européens le représentant local du gouvernement a été formé, et nommé, selon des critères précis de compétences.

Des postes politiques réservés

Il est manifeste qu'au Portugal on a réservé, très majoritairement et ouvertement, le poste de gouverneur civil à des partisans politiques.

Dans une approche comparative, il convient de souligner qu'au Portugal les militaires ont été également des personnages clefs placés à la direction du gouvernement civil. Les officiers ou sous-officiers étaient choisis autant par la symbolique de l'uniforme et de l'autorité qu'ils représentaient, que par la formation qu'ils avaient reçue. Progressivement, et cela est surtout tangible après les années 1974-1976, le gouverneur civil issu des cadres de l'armée avait laissé place aux civils, si l'on fait exception du général Manuel Soares Monge, gouverneur civil du district de Beja[1].

Pour prouver que le poste de gouverneur civil était « une institution réservée » on serait enclins à citer de multiples cas, presque autant qu'il y a eu de gouverneurs civils. On se limite à donner dans cette étude quelques exemples qui sont suffisamment révélateurs des accointances politiques nationales et locales. On pouvait avoir été professeur d'éducation physique puis être élue présidente de *Câmara municipal* et ensuite être nommée gouverneur civil, comme le fut Maria do Carmo Borges, dans le district de

---

Alinéa 2 : « Le ministre de l'Administration interne peut proposer un vice-gouverneur, dans les districts que le Conseil des ministres estime devoir pourvoir d'un adjoint. »
Article 4 : « Les compétences du gouverneur civil s'exercent dans quatre secteurs : la représentation du gouvernement ; le rapprochement entre le citoyen et l'administration ; la sécurité publique ; la protection civile. » Les compétences du gouverneur civil sont définies par l'article A-4 lequel énonce qu'il incombe au gouverneur civil d'exercer les fonctions de représentation du gouvernement, collaborer à la divulgation des politiques sectorielles du Gouvernement par le biais d'actions d'informations et de formation, informer régulièrement le Gouvernement sur les affaires ayant un intérêt pour le district, préparer des informations inhérentes aux demandes, expositions et pétitions qui lui sont soumises pour les adresser aux membres du Gouvernement ou à d'autres organes de décision et attribuer des financements à des associations dans le champ d'action du district.

[1] *Ibid.*

Guarda. De même, on a pu être président de la fédération du parti dans le district, puis gouverneur civil et se présenter ensuite aux élections municipales[1]. De même, après avoir été professeur de médecine on pouvait se voir attribuer la responsabilité du gouvernement civil à l'instar du médecin pneumologue Humberto Paiva qui a été nommé en février 2008[2] et reconduit en novembre 2009, en attendant qu'il prenne sa retraite. Au fil de nos développements précédents on ne peut que constater que le gouverneur civil fut, en sa qualité de délégué du gouvernement, le symbole d'un modèle particulier de personnification locale de l'État.

Une spécificité portugaise

Les institutions préfectorales italiennes, grecques ou françaises, et même dans l'Espagne voisine furent moins « statiques » que ne l'a été celle du gouverneur civil. Cela ne signifie pas que l'on aurait dû adapter, ou superposer[3], ces modèles européens aux institutions portugaises.

Il est néanmoins nécessaire d'établir une grille de lecture entre d'autres institutions étrangères et le gouverneur civil, notamment avec la révision de l'institution préfectorale en France, avec les diverses réformes administratives qui ont clarifié le rôle du préfet, symbole de l'État, qui collabore activement avec les élus des collectivités territoriales.

Les antagonismes et les diverses sphères décisionnelles ont engendré une complexité et une opacité dans le système politique et administratif[4] comme au Portugal ou en Grèce, si l'on prend en compte les cinq niveaux dans le découpage territorial et administratif grec. À l'exemple du gouverneur civil, le secrétaire général de la région en Grèce, le *prefetto* italien, le *gobernador* civil puis le délégué du gouvernement espagnol ou le préfet français sont les dépositaires de la manifestation visible et de l'autorité de l'État. On note qu'en France, si la Constitution de 1958 a défini les domaines réservés aux préfets (article 72), la réforme de 1964 a procédé à une révision globale du système administratif, puisque l'institution préfectorale a été renforcée dans ses prérogatives d'axe coordinateur de tous les services. Hélène Bras a écrit à ce sujet : « En effet, la complexification du pouvoir local (ou des pouvoirs locaux) a dévoilé et même engendré, la formation d'un système polycentrali-

---

[1] Un autre exemple concerne le gouverneur civil de Santarém Paulo Fonseca qui nous a fait part, lors de notre entretien, de son souhait de quitter le gouvernement civil pour se présenter aux élections municipales du 27 septembre 2009. À cette date il a été élu maire d'Ourém.

[2] Comme il l'a ouvertement déclaré durant notre conversation dans les locaux du gouvernement civil de Leiria, le 22 avril 2009 : « J'ai été placé là par mes amis politiques. »

[3] *Cf.* en seconde partie, Titre II.

[4] Les centres de pouvoirs et les pôles de compétences participent de cette confusion, même si l'espace d'influence directe du préfet s'est progressivement réduit, avec les lois sur la décentralisation. Son pouvoir de contrôle subsiste, notamment dans son action de vigilance inhérente à la légalité des actes : même si les prises de décisions échappent au préfet, puisque seul le juge administratif est habilité à dire le droit.

sé[1]. » D'autres textes ont récemment précisé le statut et les missions qui incombent au préfet.

L'institution préfectorale française a été réformée par le décret n° 2010-146 du 16 février 2010[2] qui a modifié le décret n° 2004-374, du 29 avril 2004[3]. Il a redéfini les attributions des préfets de région et de département, et les structures de fonctionnement et les domaines de compétences spécifiques des services de l'État à l'échelon local.

Or, si l'institution préfectorale française et le gouvernement civil portugais se caractérisent par des similitudes et des disparités, la réorganisation administrative française a été plus « opérationnelle » que ne le fut la représentation du pouvoir central au Portugal. Cela s'explique tant par ses bouleversements, lors des réformes des découpages territoriaux, que par les évolutions des législations[4]. Les responsabilités communes aux deux institutions, portugaise et française, concernent plus la sécurité du territoire et des personnes que les développements économiques. C'est là aussi l'une des fonctions prioritaires du *prefetto* italien ou du secrétaire général de la région en Grèce. Pourtant, les procédures de nomination au poste de représentant local du pouvoir central diffèrent selon les pays.

---

[1] Bras (H.), *L'évolution de la fonction préfectorale depuis 1982*, Montpellier, Université de Montpellier I, Faculté de droit, 1996, p. 74.

[2] Le décret n° 2010-146 du 16 février 2010 a été publié au *Journal officiel de la République française*, n° 0040 du 17 février 2010, texte n° 12. Le décret n° 2010-146 émane du ministère de l'Intérieur, de l'Outre-mer et des Collectivités territoriales et il fut paraphé par l'ensemble des ministres composant le Gouvernement dirigé par le Premier ministre François Fillon. Dans son titre II « Dispositions diverses, transitoires et finales », le décret n° 2010-146 du 16 février énonce à son article 55 que le Premier ministre et chaque ministre sont : « responsables, chacun en ce qui le concerne, de l'application du présent décret, qui sera publié au Journal officiel de la République française ».

[3] *Journal officiel de la République française*, 30 avril 2004, p. 7755-7762. L'article 2 du décret n° 2004-374 du 29 avril 2004 énonçait : « Le préfet de région est le garant de la cohérence de l'action des services de l'État dans la région. À ce titre, il fixe des orientations générales qu'il élabore avec les préfets de département dans la région. Il anime et coordonne l'action des préfets de département. » Quant à l'article 9 il disposait : « Sous réserve des compétences du préfet de région, le préfet de département met en œuvre dans le département les politiques nationales et communautaires » et […] « Le préfet de département assure le contrôle administratif du département, des communes, des établissements publics locaux et des établissements publics interdépartementaux qui ont leur siège dans le département. Il veille à l'exercice régulier de leurs compétences par les autorités de département et des communes ».

[4] En France, le professeur Pierre Sadran a analysé le processus d'organisation de la gestion du territoire et de la représentation gouvernementale locale, avec le préfet. Sadran (P.), *Le système administratif français*, Paris, Éditions Monchrestien, collection Clefs Politique, 2e éd., 1997, 157 p.. *Cf.* notamment le chapitre « Morphogenèse de l'administration territoriale ».

Les deux niveaux de responsabilités dans les procédures de nominations

Comme on l'a écrit précédemment, au Portugal elles s'effectuaient en deux temps, par une sélection officieuse à l'échelon local puis une validation officielle au niveau national.

Au demeurant, les orientations gouvernementales, qu'elles soient de nature décentralisatrice ou axées sur la stricte application des directives de l'État, ont suscité des mouvements conflictuels, au niveau national, mais surtout à l'échelon local. Dans les divers contextes politiques nationaux les modalités et critères de nomination à la direction du gouvernement civil, se sont insérés dans une perspective de contrôle local du pouvoir politique[1]. Le processus de nomination du gouverneur civil a été révélateur des influences néfastes des caciques locaux, même si la décision finale incombait au pouvoir central.

L'influence des caciques

Au Portugal, le « caciquisme » a été une pratique politique très ancrée à l'échelle locale. Les ouvrages juridiques n'en font pas mention[2].

Pour Pedro Tavares de Almeida, « Au Portugal, les substantifs *cacique* et *caciquisme* ont été tardivement incorporés dans le lexique politique, et c'est Oliveira Martins qui a été le premier à les employer en 1886[3] ». Le professeur António Reis en donne une définition précise[4] : « Le terme qui désignait, à son origine amérindienne, les petits rois ou chefs de tribus indigènes, nous venait de notre voisine l'Espagne et s'appliquait aux individus qui, dans leurs zones d'influence, manipulaient le vote des électeurs, en faisant subir une distorsion au suffrage. » Le professeur Oliveira Martins affirmait, en 1886, que « cacique ou influent, en Espagne et au Portugal, c'est celui qui dirige tout, dans une zone spatiale définie, dans une *freguesia,* un *concelho,* un district[5] ».

---

[1] Archives de la *Direcção Geral da Administração Política e Civil.* On a noté que les informations sur les candidats et élus locaux étaient signées ou anonymes. Aux archives du district de Guarda on a pu consulter de nombreux courriers émanant du gouverneur civil, qui demandait à des institutions ou des administrés, des informations sur les opinions politiques, sur telle ou telle personne. Généralement, la question posée était : « Je vous saurais gré de me donner des renseignements sur Monsieur X, habitant à…, et qui sollicite une licence de taxi à… Est-il ou partage-t-il des opinions communistes ? »

[2] On parle souvent de mandão, véritable notable local. *Cf.* Dinis (J.), *A Morgadinha dos Canaviais*, Porto, Porto Editora, 1993, 526 p.. Leurs hommes de main étaient désignés par galopins.

[3] *Cf.* Tavares de Almeida (P.-G.), *Eleições e caciquismo no Portugal oitocentista (1868-1890), Memória e Sociedade*, Lisbonne, Difusão Editora, 1991, p. 130-131.

[4] Reis (A.), (dir.), *Portugal 20 anos de Democracia*, Lisbonne, Édition Círculo de Leitores, 1994, p. 48.

[5] *Ibid.*, p. 48.

Une nomination essentiellement politique

D'un point de vue sémantique, l'étude des acteurs politiques locaux relèverait plus de l'histoire, de la science politique et de la sociologie que du droit. Leurs domaines de compétences ne se limitaient pas uniquement au champ politique. En analysant les multiples facettes du caciquisme, on peut mieux comprendre et définir sa puissance tutélaire, et incontournable, dans la vie politique du district.

Les diverses formes et expressions du caciquisme

Le caciquisme a été présent dans les domaines économiques, cléricaux et politiques.

Le caciquisme administratif a tenté de capter l'électorat grâce à des travaux d'utilité publique ou privée financés par des budgets publics. Avec le renforcement de l'intervention de l'État dans la sphère économique, par la mise en œuvre de nouvelles infrastructures (routes, ponts, chemins de fer) se reflétait dans la vie nationale, l'ingérence croissante des acteurs politiques locaux[1]. Ils se protégeaient tout en défendant les populations qui leur garantissaient une survie politique[2].

Sur le plan économique, le gouverneur civil a été soumis à des situations conflictuelles intenses[3]. En période de récession, la population voyait en lui, avec raison, un intermédiaire entre le pouvoir central et elle. Elle le considérait comme une personne pouvant et devant trouver une solution à leurs problèmes économiques et sociaux. Les exemples d'interventions caciques étaient nombreux. Ils se référaient aussi bien à la préparation des élections législatives[4], qu'aux remises de médailles[1], en passant par les attributions de postes et les promotions professionnelles[2].

---

[1] Torga (M.), *La Création du monde,* Paris, Édition GF Flammarion, 1999, p. 232 : « Persuadé de l'honnêteté de ma démarche professionnelle, et de moins en moins disposé à aliéner ma liberté, je m'étais mis au travail sans faire ma révérence à qui que ce soit. J'avais omis le baisemain au chef politique du canton, la bénédiction au préfet, la visite d'allégeance aux autres puissants. »

[2] La lecture de la correspondance des gouverneurs civils du district de Guarda avec le ministre de l'Intérieur est révélatrice de cet état de fait. Les citoyens qui n'étaient pas membres de l'Union nationale, ou opposants au gouvernement, étaient susceptibles d'être écartés des concours ou se voyaient refuser des évolutions de carrière.

[3] Le gouverneur civil ne pouvait se passer du soutien des principaux acteurs économiques du district. Il devait accepter leurs décisions, car ils avaient participé directement à sa nomination au poste de gouverneur civil ou indirectement à son élection au poste de président de *Câmara municipal* ou de député.

[4] ADG, Cx 211 ; Circulaire confidentielle, n° 46 du 3 septembre 1973. Dans un courrier, le gouverneur civil de Guarda a adressé aux présidents des *Câmaras municipais* des *concelhos* intégrés dans le district de Guarda, une lettre dans laquelle il précisait : « Votre excellence, connaît l'importance supérieure dans le choix des personnalités qui, en accord avec le statut du décret-loi n° 37 570, du 3 octobre 1949, doivent présider et collaborer à l'acte électoral qui approche. »

Une nomination essentiellement politique

Dans cette configuration administrative et politique, le gouverneur civil se trouvait au centre d'un schéma complexe et d'une relation duale entre obéissance à son ministère de tutelle et reconnaissance pour ceux qui l'avaient nommé, contrôle et répression des citoyens et des opposants, tout en maintenant une position de servitude ou d'ascendant à l'égard d'autres institutions influentes à l'échelon du district, notamment l'armée, la police et l'Église. Pourtant, ce fut toujours l'action déterminante du ministre de l'Intérieur puis du ministre de l'Administration interne[3], qui a conditionné les relations générales du gouverneur civil, en tant que magistrat administratif, et les citoyens.

Un « acteur indirect » du gouvernement civil

Le statut du gouverneur civil ne saurait être abordé sans une étude des caractéristiques sociologiques des individus ou des groupes influents qui administraient les trois sphères des espaces administratifs.

Boaventura de Sousa Santos a défini dans son analyse politique, la classe dominante du pouvoir local comme faisant partie « [...] de la bourgeoisie agraire (et en collaboration avec elle, mais dans une position subalterne, la bourgeoisie commerciale)[4] ». Avec l'adoption de la Constitution de 1933 et du code administratif de 1940, de nouvelles attributions administratives et politiques ont été mises en place. Elles ont intensifié le contrôle du pouvoir, à l'échelon de la *freguesia,* du *concelho* et du district. Le statut du gouverneur civil s'en est trouvé renforcé, en tant que délégué local d'un État nouveau puissant, mais les principes de nomination sont restés inchangés pour l'essentiel.

De même, le code administratif de 1940 disposait que les commissions administratives qui avaient dirigé les *Câmaras municipais* durant la transition militaire devaient être dissoutes avant 1937. Tous les présidents des *Câmaras municipais* ont été nommés en décembre de la même année, sur proposition du gouverneur civil. Le code administratif de 1940, dans son article n° 71, spécifiait les principes qui devaient contribuer au choix du président de la *Câmara municipal* puisque « Le président de la *Câmara,* et

---

[1] ADG, Cx 209. Dans un courrier du 27 mai 1971, le président de la *Câmara municipal* de Seia a demandé au gouverneur civil de bien vouloir intervenir pour décorer Alberto Pires Gomes, enseignant à Loriga, dans le *concelho* de Seia.

[2] ADG, Cx 351. Une note confidentielle a été rédigée suite à la demande de l'instituteur António Antunes Pires qui désirait accéder au poste de directeur adjoint du district scolaire de Guarda. La demande était écrite sur une carte de visite de l'Union nationale.

[3] Weber (M.), *Le savant et le politique,* Paris, éditions Plon, 2001, p. 134 : « Le ministre est avant tout le représentant de la constellation politique au pouvoir ; il a donc pour tâche de faire appliquer le programme de la constellation dont il fait partie, de juger en fonction de ce programme les propositions que lui font les fonctionnaires spécialisés ou de donner à ses subordonnés les directives conformes à la ligne de son parti. »

[4] Sousa Santos de (B.), « A crise e Reconstituição do Estado em Portugal », *Revista Crítica de Ciências Sociais,* Lisbonne, n° 14, 1984, p. 8.

son substitut, seront nommés au sein des *municípios* respectifs, de préférence parmi les conseillers municipaux […] ». En l'occurrence, on entendait par « diplômé de l'enseignement supérieur » la personne qui était diplômée de l'enseignement secondaire au minimum.

Durant le régime corporatiste, l'appartenance aux élites politiques locales était fonction de l'adhésion au parti au pouvoir et de la position sociale. Il fallait également avoir des revenus suffisants puisque les présidents des *Câmaras municipais* n'étaient pas rémunérés[1]. Il y a là une autre étape dans la sélection des élites politiques locales qui se faisait en intégrant le paramètre financier[2]. Avec la révision du code administratif de 1940, en 1946, le président de la *Câmara municipal* d'un *concelho* urbain de deuxième ordre a commencé à percevoir un salaire. Lors du soulèvement militaire du 25 avril 1974 d'aucuns ont été déchus de leur mandat et le *Diário do Governo* du 2 mai 1974 a publié des arrêtés de destitution de présidents de *Câmaras municipais*. Cela a perduré jusqu'au décret-loi n° 236/74 du 3 juin 1974 qui a donné pouvoir au ministère de l'Administration interne de dissoudre les corps administratifs pour les remplacer par des commissions administratives. Les dix-huit gouverneurs civils ont été immédiatement suspendus de leurs fonctions par le décret-loi n° 170/74 du 25 avril 1974[3].

Il a fallu attendre la Révolution des Œillets du 25 avril 1974 pour que surgisse une nouvelle donne dans les nominations et redistributions des pouvoirs, sans pour autant que soit remis en cause le statut du gouverneur civil. Durant la période qui s'est écoulée de l'adoption de la Constitution de 1933 et du code administratif de 1940 au 25 avril 1974, les édiles locaux furent majoritairement des grands propriétaires terriens, véritables influents et intrigants qui décidaient des carrières politiques locales et nationales. Au demeurant, une fois qu'il était à la tête du district le gouverneur civil devenait également un cacique, du moment où il ne l'était pas auparavant.

Le rôle des caciques ne se limitait pas à la seule maîtrise politique et gestion administrative des districts, *concelhos* et *freguesias*. Ils intervenaient dans quasiment tous les domaines de la vie des citoyens. En s'immisçant, au besoin par la force dans la gestion de la vie locale, ils savaient mobiliser les votes nécessaires à la victoire de tel ou tel parti. L'influence de leur pouvoir sur les populations se situait dans l'ascendant personnel, social ou économique et dans les fonctions de médiation auprès des catégories sociales auxquelles ils appartenaient.

---

[1] La classification du *concelho* en trois niveaux tenait compte des paramètres démographiques et fiscaux. On analyse en seconde partie, titre II, que les réformes des collectivités locales engagées par l'actuel XIXe gouvernement constitutionnel tendent à regrouper des *concelho* et des *freguesias*.

[2] Décret-loi n° 35 927 du 1er novembre 1946.

[3] *Diário do Governo*, II-Série, n° 100, 2 mai 1974. Certains limogeages ont eu un effet rétroactif dès le 26 avril 1974.

Certes, les personnages puissants étaient généralement issus des couches sociales les plus élevées de la population comme on l'a mentionné. Or, on y trouvait aussi des petits « baronnets » à l'échelon de l'*aldeia* ou de la *freguesia,* à l'exemple du *regedor* ou du *brasileiro*[1]. Pour autant, si le statut du gouverneur civil mettait en avant sa qualité de magistrat administratif, ses relations et influences politiques dans le cadre territorial du district, du *concelho* et de la *freguesia* dépendaient du bon vouloir du gouvernement en général et du ministère du Royaume, puis du ministère de l'Intérieur et enfin du ministère de l'Administration interne en particulier. C'est la raison pour laquelle on ne peut étudier le gouverneur civil sans faire mention de son autorité de tutelle, qui le nommait et le destituait.

Les pouvoirs du ministre de l'Administration interne

Le ministre du Royaume, puis de l'Intérieur et de l'Administration interne a été le supérieur hiérarchique du gouverneur civil. Le chef du gouvernement civil était leur homme de confiance et le ministre devait répondre de son dévouement auprès des autres membres du gouvernement.

Depuis la transition démocratique de 1974, le ministre de l'Administration interne est le responsable de l'administration nationale et de la sécurité du territoire. Mais, il lui incombait également de se renseigner afin de savoir qui serait le plus à même de représenter le gouvernement et son ministère dans le district. Après avoir effectué ses choix, il soumettait la liste des personnes au Conseil des ministres pour approbation et ratification. De fait, il ressort de ce processus que les procédures avaient peu évolué du ministère du Royaume et de l'Intérieur au ministère de l'Administration interne, ce qui explique en partie la stabilité du statut du gouverneur civil. Les principales étapes qui ont transformé le ministère de l'Intérieur en ministère de l'Administration interne, et ses réorganisations successives du 1er gouvernement provisoire à l'actuel XIXe gouvernement constitutionnel, sont révélatrices des fréquences des alternances politiques, même si elles ne remettaient pas en cause le statut du représentant local du pouvoir central. On note à titre d'illustration que le décret-loi n° 55/87 du 31 janvier 1987 dans son chapitre III « Des services déconcentrés », article n° 14 disposait :

> Constituent des services déconcentrés du ministère de l'Administration interne, les services des gouvernements civils, qui fonctionnent dans les districts dans la dépendance directe du gouverneur civil.
>
> 2. Le gouverneur civil représente le Gouvernement dans le district et dépend, organiquement et hiérarchiquement, du Ministère de l'Administration interne.

---

[1] Ce personnage est merveilleusement caricaturé dans la littérature portugaise du XIXe et début du XXe siècle. Ancien émigré au Brésil, il revenait dans sa terre natale une fois enrichi et n'hésitait pas à parader et apporter ouvertement, en généreux donateur, son soutien financier aux partis politiques.

Cependant, des changements sont intervenus notamment lors des réformes administratives qui ont participé des transferts de pouvoirs au sein du ministère de l'Administration interne par la création de nouvelles structures. En marginalisant le gouverneur civil, ils ont multiplié les attributions, non seulement du ministère de l'Administration interne, mais aussi d'autres ministères comme celui des Finances ou de l'Aménagement du territoire, au détriment du gouverneur civil[1], dans le cadre des répartitions des pouvoirs administratifs.

Le renforcement du pouvoir du ministère de l'Administration interne

Les années 1974-2011 ont été marquées par une intense spéculation sur le devenir du gouverneur civil, et par le rejet de la régionalisation lors du référendum du 8 novembre 1998.

Lors de notre entretien avec le ministre de l'Administration interne Rui Carlos Pereira[2], celui-ci a insisté sur le fait qu'il fut toujours un ardent partisan de la régionalisation et que le gouverneur civil était une figure politique qui avait une réelle utilité[3]. Pour le ministre de l'Administration interne, si le gouverneur civil « a survécu », c'est qu'il exerçait des rôles de premier plan, dans la vie politique, économique, sociale et sécuritaire du district. L'engagement très actif du ministre de l'Administration interne et du gouverneur civil dans les actions de la sécurité routière était l'une de leurs grandes priorités. C'est à cet effet qu'a été créé le Conseil de coordination de la sécurité routière dans le district (*Conselho Coordenador de Segurança Rodoviária Distrital*) par le décret-loi n° 213/2001, du 2 août 2001[4]. Il ressort de ces réorganisations, qui ne représentaient pas de réels bouleversements et innovations, que le pouvoir central a continué à distribuer des missions au gouverneur civil, tout en le neutralisant, en attendant qu'un autre gouvernement trouve une alternative à sa substitution ou suppression.

Paradoxalement et étrangement pourrait-on dire, le ministre a précisé que la nomination du gouverneur civil n'était pas faite directement par lui, en sa qualité de ministre. Son rôle consistait à soumettre une liste de noms au Conseil des ministres, lequel approuvait ou rejetait les noms proposés. Cela est exact, mais en règle générale les noms proposés étaient acceptés puisqu'il y avait déjà eu au préalable des concertations. En effet, avant que le Conseil des ministres ne se prononce sur le nom d'une ou plusieurs personnes au

---

[1] Le statut et les fonctions du secrétaire d'État de l'Administration interne sont définis dans l'arrêté n° 10 495/2005 émanant du ministre de l'Administration interne, selon les dispositions incluses dans les articles n° 35 et n° 36 du Code de procédure administrative et de l'article 9 du décret-loi n° 79/2005 du 15 avril 2005 (dite « Loi organique du XVIIe gouvernement constitutionnel »).

[2] Le 21 avril 2009 au siège du ministère de l'Administration interne.

[3] Le verbe « avait » doit être compris ici comme le temps présent « le gouverneur civil a une réelle utilité », en ce sens que le gouverneur civil était encore en place le 21 avril 2009.

[4] *Diário da República*, I Série -A, n° 178, 2 août 2001, p. 4702-4705.

poste de chef du gouvernement civil, il n'était pas rare qu'une procédure « d'auscultation » se mette en place afin de savoir si l'hypothétique futur gouverneur civil ferait l'unanimité au sein des personnes influentes du district. La femme ou l'homme choisi devait être une personne de consensus et une fois nommé, il n'était plus le représentant officiel d'un parti politique, mais avait l'obligation de rester neutre en toutes circonstances.

La liste pouvait aussi comporter les noms de conseillers municipaux, de présidents des *Câmaras municipais* ou de toutes autres personnes issues des secteurs politiques, économiques, culturels et sociaux locaux et reconnus pour leurs engagements en faveur du développement général du district, ou à qui il était urgent de trouver un emploi.

Le ministre Rui Carlos Pereira a insisté sur sa volonté à avoir des gouverneurs civils qui soient les « *provedores dos cidadões* », « les médiateurs des citoyens ». Il voulait que les dix-huit gouverneurs civils intensifient leurs missions d'agents porteurs et défenseurs de l'action démopédique du gouvernement et conséquemment du ministère de l'Administration interne, capables d'expliquer les programmes et orientations gouvernementales.

Par ailleurs, les échanges avec Monsieur Rui Carlos Pereira ont été particulièrement intéressants puisque, comme il le considérait, le schéma préfectoral français ne saurait être adapté au Portugal. Le modèle portugais correspondait bien aux institutions portugaises et, toujours selon le ministre, toute tentative d'assimilation d'une institution qui intégrerait des hauts fonctionnaires à l'exemple du préfet de région français irait à l'encontre des institutions portugaises[1]. Il reconnaît que le système portugais de représentation locale du pouvoir exécutif revêtait avant tout une expression politique et devait être rattaché au ministère de l'Administration interne.

À titre d'exemple, et deux ans avant la suppression du gouverneur civil, le ministre de l'Administration interne disposait de la faculté de déléguer au secrétaire d'État de l'Administration interne Ascenso Luís Seixas Simões ses prérogatives, dans les domaines qui relevaient des compétences des services et organismes du Service national des pompiers, de la protection civile et de

---

[1] Le ministre de l'Administration interne a souhaité lire notre synthèse et y a apporté quelques précisions. Lettre reçue du ministre de l'Administration interne en date du 18 mai 2009. « Si vous me permettez une suggestion, j'oserais seulement vous proposer que vous fassiez également référence, en fin de page un, aux compétences des Gouverneurs civils en matière de protection civile (ils sont l'autorité de la protection civile dans le district et accompagnent personnellement, l'effort de prévention et de lutte contre les incendies forestiers) dans le cadre des cabinets de sécurité des districts (organes consultatifs qu'ils coordonnent et qui rassemblent les services et les forces de sécurité). Ces cabinets furent créés en 2001 et demeurent en place avec la nouvelle loi de sécurité intérieure, approuvée en 2008 [*Diário da República*, II-Série, n° 69, 8 avril 2008, p. 15467-15468. *Cf.* l'arrêt n° 10222/2008 du 8 avril 2008]. De plus, sur le plan sociologique, je pense qu'il serait intéressant de mentionner le nombre élevé de femmes qui exercent la charge de gouverneur civil : sept sur dix-huit. Avec mes compliments les plus cordiaux. Le ministre de l'Administration interne Monsieur Rui Pereira a signé. »

la direction générale de la route[1]. Ces fonctions étaient les principales actions des gouvernements civils. Par ailleurs, dans son arrêté n° 10494 /2005 le ministre de l'Administration interne demandait à son secrétaire d'État adjoint de l'Administration interne José Manuel Santos de Magalhães de prendre en charge les organismes et services du ministère de l'Administration interne, à savoir : la Garde nationale républicaine, la Police de la sécurité publique et le Service des étrangers et des frontières[2]. Les redistributions des missions au sein du ministère de l'Administration induisaient un affaiblissement effectif du statut et des fonctions du gouverneur civil, sans le remettre en cause. Elles étaient déjà des signes annonciateurs à la disparition du gouverneur civil, comme les prémices d'une mort annoncée.

Depuis qu'il a remplacé le ministère de l'Intérieur, le ministère de l'Administration interne a organisé ses structures en nommant de nouveaux sous-secrétaires et des secrétaires d'État. Suite aux déplacements de missions du local vers le pouvoir central les collaborateurs du ministre ont bénéficié d'une accentuation de leurs attributions au détriment du gouverneur civil. Des fonctions avaient continué à être transférées vers le président de la *Câmara municipal* et les ministères, un an avant que ne soit prise la décision politique de mettre un terme à la charge de gouverneur civil[3]. Le schéma de

---

[1] Au § 2 de son ordonnance, le ministre précisait qu'il disposait du pouvoir de sous-déléguer, lorsque cela était légalement admis dans les domaines : « des travaux publics, l'acquisition ou location de biens ou services, acquisition, gestion et aliénation de biens mobiliers du domaine privé de l'État, réalisations de dépenses publiques et actions publiques ». Le secrétaire d'État dispose de la possibilité par délégation, d'accompagner et orienter l'exécution des budgets sectoriels des organismes et services.

[2] *Serviço de Estrangeiros e Fronteiras* (Service des Étrangers et des Frontières). La garde nationale républicaine et la police de la sécurité publique demeurent placées sous la dépendance hiérarchique directe du ministre de l'Administration interne, à l'exception de quatre cas :

- les procédures administratives de quelque nature qu'elles soient et qui seront diligentées par l'IGAI (*Inspecção Geral da Administração Interna* - Inspection générale de l'administration interne),
- les procédures administratives inhérentes aux promotions des officiers, ainsi qu'aux promotions des militaires de la garde nationale républicaine,
- les procédures administratives qui concernent les promotions des officiers et les promotions à titre distinctif du personnel ayant des fonctions policières, ainsi que la nomination à des postes d'encadrement et de commandement, dans le champ d'action de la police de la sécurité publique,
- les procédures administratives qui relèvent de l'affectation et dotation des effectifs, ainsi que la définition ou modification des dispositifs nationaux des forces de sécurité.

[3] Lors de l'adoption par le Conseil des ministres de la proposition de loi n° 40/XI/2 du 23 septembre 2010 concernant la suppression de 433 lois et du code administratif de 1940 celle-ci fut paraphée par le Premier ministre, le ministre de la Présidence du Conseil des ministres et le ministre des Affaires parlementaires, mais pas par le ministre de l'Administration interne. Somme toute pour mieux marquer la portée de cette décision qui concernait tout le gouvernement et l'Assemblée de la République. *Cf. Diário da República*, I-Série-A, n° 17, 22 octobre 2010, p. 43-51.

représentation locale de l'État est passé d'un rapport dual du pouvoir « gouvernement-gouvernement civil » à un modèle tripartite « gouvernement central – gouverneur civil – président de la *Câmara municipal* ». Or, si le ministère de l'Administration interne est devenu un ministère de premier plan[1] dans la composition du XVIIe gouvernement constitutionnel, il n'a pas procédé pour autant à une réforme du gouverneur civil[2], préférant diriger ses services et collaborateurs les plus proches au sein du ministère, que de se soucier du devenir du gouverneur civil[3]. En l'absence du ministre de l'Administration interne, il est remplacé par le secrétaire d'État adjoint de l'Administration interne selon les termes définis à l'article 3, n° 2 et article 8 du décret-loi n° 79/2005 du 14 avril 2005[4].

Entre le ministère de l'Administration interne et le président de la *Câmara municipal* qui avait progressivement récupéré une part de ses fonctions, le gouverneur civil demeurait au sein du district de plus en plus isolé et exerçant des missions secondaires et d'un intérêt relatif. On doit à la vérité de dire qu'il n'en était pas ainsi.

Des pouvoirs néanmoins partagés

Tiraillé entre l'obéissance à son ministre de tutelle et malmené par ceux qui souhaitaient sa disparition, le gouverneur civil disposait cependant d'une immense responsabilité en matière de sécurité du territoire et des populations du district.

Cette fonction de « bon samaritain » est d'autant plus importante qu'elle a contribué à gommer quelque peu la perception du gouverneur civil en tant qu'agent politique du pouvoir central. On peut mentionner à titre d'exemple, le décret-loi n° 213/2001 du 2 août 2001 qui a clarifié les missions du gouverneur civil, afin que soient mieux définis et distribués les budgets alloués aux associations. Malheureusement, il n'était pas possible de répondre aux

---

[1] XVIIe gouvernement constitutionnel : décret-loi n° 79/2005, du 15 avril 2005. Dans la composition du gouvernement (chapitre Ier), le ministre d'État et de l'Administration interne occupait protocolairement la première place, avant les deux autres ministres d'État qui étaient le ministre des Affaires étrangères et le ministre des Finances. Pour la première fois, le ministre de l'Administration interne était aussi ministre d'État.

[2] Il en fut de même pour le XVIIIe gouvernement constitutionnel.

[3] En ce qui concerne ses collaborateurs, il est du ressort du secrétaire d'État adjoint de l'Administration interne d'exercer les attributions que la loi réserve au ministère de l'Administration interne dans neuf domaines : Cabinet national Sirene (unité intégrée dans le Système d'information de Schengen), polices municipales, exercice de l'activité de la sécurité privée, sécurité des établissements de production et stockage de produits explosifs, dans les termes du décret-loi n° 139/2002 du 17 mai 2002.

[4] Par l'arrêté n° 10 493/2005, le ministre de l'Administration interne délègue au sous-secrétaire d'État de l'Administration interne, Fernando António Portela Rocha de Andrade ses prérogatives relevant des organismes et des services du Secrétariat général, du Cabinet d'études de planification d'installations et du Secrétariat technique pour les procédures électorales.

nombreuses sollicitations compte tenu des faibles moyens financiers dont il bénéficiait pour soutenir les associations qui participaient au développement social, culturel et sportif du district[1]. L'implication directe du gouverneur civil dans chaque dossier approuvé devait porter obligatoirement la mention « avec l'appui du gouverneur civil[2] ».

Ce système se régénérait à chaque alternance politique majeure prouvant, une fois de plus, que le chef du gouvernement civil n'était qu'une « courroie de transmission » au service du pouvoir central. Cela justifiait qu'à chaque changement de gouvernement, les ministres ou députés ayant un certain « poids » politique tentaient de jouer de leur influence pour faire nommer à la direction du gouvernement civil une personne du district dont ils étaient originaires et qui serait pour eux un soutien indéfectible dans leur circonscription.

Des nominations liées aux alternances politiques

L'immuabilité du statut était caractéristique de l'originalité de l'institution portugaise, quels que soient les partis politiques au pouvoir.

Les justifications du maintien « provisoire » à la direction du gouvernement civil se trouvaient dans les alternances politiques et la volonté délibérée, du gouvernement qui désignait le gouverneur civil, de ne pas favoriser d'éventuelles dérives du pouvoir personnel du gouverneur civil[3]. Une autre approche explicative résidait dans le fait que l'on devait accorder, en moyenne tous les deux ans, le poste à des amis politiques ou à des personnalités locales connues pour leur engagement au service de la population du district, tout en ménageant les susceptibilités des caciques locaux et les rivalités claniques.

Ce qui est en cause, au-delà des diverses raisons qui ont abouti aux nominations et aux rotations excessives, c'est la capacité de l'État portugais à redonner une autre dimension à la symbolique de sa représentation périphérique. C'est le principe même de son autorité et de l'unification territoriale de la Nation qu'il fallait maintenir.

Dans l'instabilité qui caractérisait l'institution, le statut du gouverneur civil était suffisamment imprécis pour permettre que l'on se retranche derrière lui pour surveiller la vie politique locale. Mais malgré cela, on ne saurait

[1] Dans la répartition des subsides, le gouverneur civil devait intégrer les critères qui prenaient en considération la régularité de l'entité qui sollicitait une aide, l'intérêt public du projet, l'implication de la population locale, le nombre de bénéficiaires et le bilan culturel. C'est ainsi que par exemple la loi n° 60-1 du 30 décembre 2005 relative au budget de l'État pour l'année 2006 disposait que le gouverneur civil avait la possibilité d'enquêter sur des demandes et l'utilisation efficace des deniers publics.

[2] La loi n° 26/94, du 19 août 1994 (article 1er et article 3) précisait que le montant des sommes accordées par le gouverneur civil devait être publié chaque semestre au *Diário da República*.

[3] Les nominations et remplacements des représentants du gouvernement dans le district se faisaient en moyenne tous les deux à deux ans et demi.

remettre en cause la fidélité politique et le dévouement du gouverneur civil au bien public.

Les paradoxes du processus de nomination

Les fondements des nominations du gouverneur civil étaient basés communément sur des avantages et des inconvénients. Le gouverneur civil était substitué à chaque changement de gouvernement.

Il était fréquent qu'un chef de gouvernement civil passe une partie de son mandat à faire campagne, mais discrètement, afin de se faire élire député ou président de la *Câmara municipal* une fois qu'il aurait quitté sa charge. Par ailleurs, si le gouverneur civil a appliqué les directives émanant du gouvernement, mais aussi des missions qui n'étaient pas précisées dans son statut, à l'exemple de ses fonctions politiques, ces constats nous appellent à deux remarques.

En premier lieu, la transition démocratique n'a pas remis en cause fondamentalement les relations politiques ni le contrôle du pouvoir exécutif sur le gouverneur civil.

Dans un second temps, les critères qui ont déterminé sur le fond les conditions d'accès à la direction du district ont desservi le statut.

L'ingérence légitime du pouvoir central

En règle générale, les nominations avaient lieu après les élections législatives, un changement de gouvernement ou de ministre de l'Administration interne. Quant aux structures et compétences de l'administration publique, elles ont été clairement spécifiées par la Constitution de 1976[1].

Celle-ci dispose que l'État unitaire respecte dans son organisation les principes d'autonomie des collectivités locales et de la décentralisation démocratique de l'administration publique (article 6)[2]. La Constitution de 1976 a établi par ailleurs une différenciation entre l'administration de l'État et l'administration autonome. En fait, les changements de régime n'ont pas modifié le statut du délégué local du gouvernement, malgré des procédures de désignations qui ne se souciaient guère du statut du chef du gouvernement civil, lequel semblait ne représenter aucun intérêt pour le législateur.

---

[1] Le gouvernement était défini comme un organe supérieur de l'administration publique (article 185). Il était de sa compétence de « Diriger les services et activités de l'administration directe de l'État, civil et militaire, superviser l'administration indirecte et exercer une tutelle sur l'administration autonome » (article 202).

[2] *Diário da República*, I-Série-A, n° 155, loi constitutionnelle n° 1/2005 du 12 août 2005, p. 4680, septième révision constitutionnelle.

Des alternances politiques sans incidence sur le statut du gouverneur civil

Si les fréquentes substitutions à la tête du gouvernement civil n'ont pas bouleversé le statut, elles n'ont pas non plus permis la mise en place effective d'une institution dotée d'un véritable esprit de corps, comme en France et en Italie.

Le gouverneur civil n'a jamais fait partie d'une « caste » administrative. S'il était souvent membre d'un parti politique, il ne formait pas un « groupe de statut » tel que le définissait Max Weber[1]. On ne peut pas parler au Portugal de l'existence d'une culture de l'institution personnifiée par le *prefeito* puis le gouverneur civil, car il n'y a pas eu de formation commune ni un esprit de « corps ». Et, du fait même de cette absence, il a été difficile de construire un *corpus* à partir du sujet, même si le gouverneur civil a été une réalité physique, tant par la présence de la personnification de la force et de l'autorité de l'État.

Au Portugal, il s'agissait principalement de recrutements de personnes qui étaient issues des mêmes universités, des mêmes partis politiques ou d'un même district. Plus précisément, l'Université de Coimbra, et sa faculté de droit en particulier, puis la faculté de droit de Lisbonne ont été un vivier de hauts fonctionnaires, de politiques et de gouverneurs civils. Il en fut de même pour l'École de l'Armée (*Escola do Exército*) dont la vocation est certes de former des officiers, mais dont certains anciens élèves sont devenus des gouverneurs civils. Après la Révolution des Œillets de 1974 et l'adoption de la Constitution de 1976, l'institution représentait par le gouverneur civil fut plus hétérogène dans sa composition académique, car elle a intégré des professeurs d'éducation physique et sportive, des professeurs des écoles, des collèges, des lycées ou des facultés, des médecins, des ingénieurs, des avocats, des fonctionnaires locaux, des sociologues et des généraux.

Mais quand bien même il était placé au centre d'un schéma constitutionnel et politique, les attributions du gouverneur civil ont été dépourvues d'efficacité par manque de moyens financiers et humains, mais aussi compte tenu de leurs paradoxes et d'un statut qui avait été peu retouché depuis des décennies. Les codes administratifs semblaient avoir gravé dans le granit, la législation qui se rapportait aux définitions du statut.

Des désignations différentes, mais un même statut

Au vu du constat des fonctions officielles du gouverneur civil (titre I), on a établi un tableau synoptique des diverses dénominations du délégué local du gouvernement.

[1] Weber (M.), *Hindouisme et bouddhisme*, Paris, éd. Flammarion, coll. Champs, 2003, p. 123. Max Weber parle aussi de « der Stand » et d'« esprit de corps ».

Une nomination essentiellement politique

Du décret n° 23 du 16 mai 1832 qui disposait à l'article 29 que le *prefeito* était le chef unique de toute « l'organisation administrative publique » de la province à l'article 404 du code administratif de 1940, le principal magistrat administratif du district a connu, surtout à ses débuts, diverses désignations comme on le précise dans le tableau synoptique ci-dessous, sans que le statut fut véritablement changé[1].

Textes juridiques	Dénomination
Constitution de 1822 (article 212)[2]	administrateur général
Décret n° 23 du 16 mai 1832	*prefeito*
Décret du 25 avril 1835[3]	administrateur du district[4]
Décret du 18 juillet 1835[5] (article 5)	gouverneur civil
code administratif de 1836[6] (article 6)	administrateur général
Constitution de 1838[7] (article 129)	gouverneur civil
Code administratif de 1842[8] (article 3)	gouverneur civil

[1] *Loi sur l'administration civile du 25 juin 1867,* Porto, Typographie du *Jornal do Porto*, 1867, p. 52-53. La loi sur l'administration civile du 26 juin 1867 qui ne fut pas réellement appliquée, dans sa section III « Des attributions du gouverneur du district » énonçait à l'article 273 : « Le gouverneur est le chef supérieur et unique de l'administration du district. »

[2] La Charte constitutionnelle du 23 septembre 1822 disposait au titre VI « Du gouvernement administratif et économique », article 212 : « Il y aura dans chaque district un Administrateur général, nommé par le Roi, après avoir entendu le Conseil d'État [...]. »

[3] Le décret du 25 avril 1835, article 1er précisait : « Il est créé une Commission pour me proposer [c'est-à-dire à moi le monarque] dans les plus brefs délais, un système d'administration à proprement dit, et les règlements nécessaires pour les Administrateurs des districts et *concelhos* et *Câmaras municipais*, Juntes et Conseils de district, et Juntes de paróquia », *in Collecção de Leis e outros documentos officiais publicados desde 15 de Agosto 1834 até 31 de Dezembro de 1835*, Lisbonne, Imprimerie nationale, 1837, p. 148-149.

[4] Il y avait aussi un administrateur nommé dans le *concelho*.

[5] Décret du 18 juillet 1835 portant sur l'« Organisation administrative » et la création officielle du district.

[6] Code administratif de 1836, Lisbonne, Imprensa da rua de São Julião, 1836, 110 p..

[7] *Diário do Governo*, 24 avril 1838.

[8] *Código Administrativo* de 1842, Lisbonne, Imprimerie nationale, 542 p.. Nouvelle édition officielle annotée de 1865.

Loi sur l'Administration civile de 1867 (article 273)[1] parfois appelée code administratif de Martens Ferrão du nom du ministre des Affaires du Royaume.	Le terme « gouverneur civil » est employé, mais la désignation la plus fréquente est celle de « gouverneur du district ».
Code administratif de 1870 (article 9)[2] ; code administratif de 1878 (article 6)[3] ; code administratif de 1886[4] (article 213) ; code administratif de 1896 (article 196) ; code administratif de 1900[5] (article 285).	Gouverneur civil
Code administratif de 1940[6] (article 404). La loi n° 1940 du 3 avril 1936 avait déjà confirmé le gouverneur civil en tant que délégué local du ministre de l'Intérieur[7]. Depuis il n'y a eu aucun changement dans la désignation du chef du gouvernement civil.	Gouverneur civil
Constitution du 25 avril 1976	Gouverneur civil
Le XIXe gouvernement constitutionnel nommé le 21 juin 2011 a décidé, le jour même, de supprimer définitivement le gouverneur civil. Loi organique n° 1/2011 du 30 novembre 2011[8] a confirmé cette décision politique.	Suppression du gouverneur civil

L'article 262 de la loi constitutionnelle du 12 août 2005[9] disposait que les futures régions administratives seraient administrées par un « représentant du

[1] Loi sur l'administration civile du 26 juin 1867, Porto, Typographie du Jornal do Porto, 1867, p. 52-53.
[2] Code administratif de 1870, décret du 21 juillet 1870, Lisbonne, Imprimerie nationale, 53 p.
[3] Code administratif de 1878, décret du 8 mai 1878, Coimbra, Livraria Central, 1878, 84 p.
[4] Code administratif de 1886, décret du 17 juillet 1886, décret du 29 juillet 1886 et décret du 12 août 1886, Coimbra, Imprensa da Universidade, 2e éd., 1892, 197 p.
[5] Code administratif de 1900, publié au *Diário do Governo*, n° 158, 25 juin 1900.
[6] Code administratif de 1936, Lisbonne, Empresa Jurídica Editora, 1937, 248 p. et *Código administrativo* de 1940, Coimbra, Coimbra Editora, 1956, 350 p.
[7] *Código administrativo*, Lisbonne, Empresa Jurídica Editora, 1937, p. 11 : « Dans chaque district il y aura un magistrat administratif, représentant immédiat du gouvernement, désigné par gouverneur civil ».
[8] *Diário da República*, I-Série-A, n° 230, loi organique n° 1/2011 du 30 novembre 2011, p. 5117-5128
[9] *Diário da República*, I-Série-A, n° 155, loi constitutionnelle n° 1/2005 du 12 août 2005, p. 4680, septième révision constitutionnelle. L'article 262 disposait : « Près de chaque région, il peut y avoir un représentant du Gouvernement, nommé en Conseil des ministres, dont la compétence s'exerce également auprès des collectivités existant dans leur circonscription. »

gouvernement » nommé en Conseil des ministres. Tant qu'il est demeuré en place, le gouverneur civil fut nommé *intuitu personae* et démis par le gouvernement, en Conseil des ministres, sur proposition du ministre de l'Administration interne, de qui il dépendait hiérarchiquement (article 3, n° 1, du décret-loi n° 252/92 du 19 novembre 1992). Néanmoins, la Constitution de 1976, après sa septième révision[1], dispose aux articles 255 à 262, les modalités d'instauration des régions administratives, mais rappelle que le gouverneur civil et le district demeurent en place, en attendant que la régionalisation administrative du territoire devienne réalité. L'article 262 précise de façon laconique : « Près de chaque région il pourra y avoir un représentant du Gouvernement, nommé en Conseil des ministres, et dont la compétence s'exercera également près des collectivités locales existant dans cette aire respective [la région] ». Le décret-loi n° 252/92 du 19 novembre 1992[2] et l'arrêt n° 31/2005 du 28 novembre 2005[3] de la *Procuradoria* générale de la République ont bien confirmé que le gouverneur civil avait encore une place importante au sein du schéma administratif portugais. La huitième révision de la Constitution prévue pour le début de l'année 2011 n'a pas eu lieu ce qui n'a pas modifié l'institution[4] ni dans ses fonctions ni dans son statut[5] jusqu'au 21 juin 2011[6].

Pourtant, dans son arrêt n° 31/2005, la *Procuradoria* générale de la République a confirmé :

> Tant que les régions administratives ne sont pas instituées, le gouverneur civil est, sur le territoire du Continent, un magistrat administratif, l'unique organe local de l'administration générale et commune de l'État, en exerçant dans la circonscription du district les fonctions de

Le projet de révision constitutionnelle n° 1/XI du 16 septembre 2010 intitulé « Une Constitution pour le XXIe siècle » faisait suite à l'initiative de douze députés du Parti social-démocrate. Dans son exposé des motifs, il mettait en avant trois raisons pour réformer la Constitution : « expurger l'idéologie et l'orientation étatique programmée du texte constitutionnel [...] ; crédibiliser le système politique et administratif, en le rendant plus proche des citoyens [...] ; renforcement de l'État social [...]. »

[1] *Diário da República*, I-Série-A, n° 155, la loi constitutionnelle n° 1/2005 du 12 août 2005, septième révision constitutionnelle, p. 4642 - 4686

[2] *Diário da República*, I-Série-A, n° 268, décret-loi n° 252/92, du 19 novembre 1992, p. 5334-5338.

[3] *Diário da República*, II-Série, n° 228, 28 novembre 2005, p. 16 604, arrêt n° 31/2005 du 28 novembre 2005 de la *Procuradoria générale de la République*.

[4] La commission de révision fut mise en place le 29 octobre 2010, mais dissoute en mars 2011.

[5] Cependant, dans le projet de révision constitutionnelle n° 1/XI du 16 septembre 2010 aucune allusion n'a été faite quant au devenir du gouverneur civil. Le projet de révision constitutionnelle n° 1/XI du 16 septembre 2010 a précisé, comme la Constitution de 1976 dans sa septième révision, également à l'article 291 : « Tant que les régions administratives ne seront pas concrètement instituées, la division en districts subsistera [...]. » Rien ne fut dit sur l'avenir réservé au gouverneur civil.

[6] *Cf.* en seconde partie, titre II, chapitre I.

représentation du Gouvernement, le rapprochement entre le citoyen et l'Administration, la sécurité publique et la protection civile[1].

Ce que l'on constate c'est l'absence de volonté, de priorité et d'intérêt du pouvoir politique à vouloir réformer le statut de son représentant local.

L'indifférence du législateur

Malgré les modifications de désignations, le statut du gouverneur civil n'a pas été changé pour l'essentiel. Les codes administratifs, de 1836 à 1896 ont repris, quasiment mot pour mot, lorsque ce n'était pas à la virgule près, les définitions incluses dans les codes administratifs précédents.

De notre point de vue, le décret n° 23 du 16 mai 1832[2] a défini laconiquement, mais explicitement, le statut administratif du représentant local puisque l'article 4 disposait : « La province est administrée par un chef unique, lequel a le nom de *prefeito* » et à l'article 30 : « Le *prefeito* est le chef unique de toute l'administration de la province, et le délégué de l'autorité du Roi [...]. » La dimension politique du responsable de la province puis du district fut constamment occultée.

La loi du 25 avril 1835 relative à la division administrative du pays qui a instauré les districts énonçait à son article 1er : « Il y aura dans le Royaume jusqu'à dix-sept districts administratifs. Chaque district sera administré par un magistrat de nomination royale[3]. » Pour sa part, le décret du 18 juillet 1835 dans son article 5 précisait : « Il y aura dans chaque district administratif un magistrat administratif ayant la désignation de gouverneur civil » et à l'article 35 : « Le gouverneur civil du district est à l'intérieur de celui-ci le chef de l'administration ; ses fonctions sont toutes administratives et d'assistance et ne participent pas des attributions du pouvoir judiciaire, ou de n'importe quel autre pouvoir de l'État. » Or, dès la promulgation du code administratif de 1836,[4] l'article 6 a modifié l'appellation du responsable du district, sans pour autant revoir son statut : « Il y aura dans chaque district un magistrat administratif désigné par administrateur général. Dans chaque *concelho* un administrateur de *concelho* et dans chaque *freguesia* un *regedor* de *paróquia.* »

Le titre II du chapitre I relatif à « L'administrateur général » disait à l'article 102 : « Dans chaque district il y aura un chef supérieur de l'administration désigné par administrateur général : ses fonctions sont toutes administratives et ne participent pas du pouvoir judiciaire, ou de n'importe quel autre pouvoir de l'État. » Il reprenait ce qui était mentionné à

---

[1] *Diário da República*, II-Série, n° 228, 28 novembre 2005, p. 16599-16610, *Cf.* l'arrêt n° 31/2005, de la *Procuradoria* générale de la République p. 16598-16599.

[2] Ministério do Reino, décret n° 23 du 16 mai 1832.

[3] *Collecção de Leis e outros documentos officiais publicados desde 15 de Agosto 1834 até 31 de Dezembro de 1835*, 4e Série, Lisbonne, Imprimerie nationale, 1837, p. 148-149.

[4] *Código administrativo português de 1836*, Lisbonne, Imprensa Rua de São Julião, n° 5, éd. de 1837, 110 p..

l'article 35 du décret du 18 juillet 1835. En ce qui concerne le processus de nomination de l'administrateur général il n'était pas changé puisqu'il était de la compétence du secrétaire d'État des Affaires du Royaume de choisir les administrateurs généraux, comme le mentionnait l'article 103 : « Les administrateurs généraux sont nommés par décret signé du secrétaire d'État des Affaires du Royaume. »

On avait donc un schéma avec des magistrats administratifs[1] avec l'administrateur général, l'administrateur du *concelho* et le *regedor* de la *freguesia*. En parallèle existaient des corps administratifs composés de la Junte générale administrative du district, du Conseil de district, de la *Câmara municipal* et de la Junte de *freguesia*. À chaque niveau territorial fut associé un corps de citoyens élus avec :

Dans le district, le corps des citoyens élus forme la Junte générale administrative du district (*Junta geral administrativa do distrito*)[2],

Le *concelho* dont les membres élus composaient la *Câmara municipal*,

La *freguesia* dont les citoyens élus constituaient la Junte de *paróquia*.

Mais, avec l'adoption du code administratif de 1842, le gouvernement est revenu à l'ancienne qualification puisque l'« administrateur général » fut remplacé par le « gouverneur civil ». L'article 3 exposait « le district est administré par un magistrat ayant la désignation de gouverneur civil » et en cette qualité « Le gouverneur civil est le chef supérieur de toute l'administration dans son district[3] » (article 211). La nouvelle édition officielle annotée de 1865[4] expliquait, à l'article 224 (l'article 3 n'a pas changé) : « Le gouverneur civil est le chef supérieur de toute l'administration dans son district[5]. »

---

[1] *Ibid.*

[2] Le Conseil de district se composait de quatre membres élus par la Junte générale administrative du district et placés sous la tutelle de l'Administrateur général du district qui en assurait la présidence.

[3] *Código Administrativo de 1842*, Coimbra, Presses de l'Université, 1849, 285 p..

[4] *Código Administrativo* de 1842, Nouvelle édition officielle annotée de 1865, Lisbonne, Imprimerie nationale, 542 p..

[5] Villiers de (M.) et Berranger de (T.) (dir.), *Droit public général, Institutions politiques, administratives et communautaires. Droit administratif - Finances publiques*, Paris, éd. LexisNexis, Litec, 4e éd., 2009, p. 169. En France, comme l'écrivent Michel de Villiers et Thibaut de Berranger : « Il faut attendre les décrets dits de "décentralisation" (ce terme ne prendra son sens actuel et ne sera remplacé par le vocable "déconcentration" que sous la IIIe République) du 25 mars 1852 et du 13 avril 1861 pour que commence le mouvement de transfert d'attributions du chef de l'État et des ministres vers les préfets. » *Cf. Bulletin des lois*, 10e S.B., 508, n° 3855. Le décret du 25 mars 1852 portant sur la décentralisation administrative disposait à l'article 6 : « Les préfets rendront compte de leurs actes aux ministres compétents dans les formes et pour les objets déterminés par les instructions que ces ministres leur adresseront. Ceux de ces actes qui seraient contraires aux lois et règlements, ou qui donneraient lieu aux réclamations des parties intéressées pourront être annulés ou réformés par les ministres compétents. » Les décrets du 25 mars 1852 ont déconcentré les fonctions au profit du préfet. La circulaire du 10 avril 1852 a souligné par ailleurs que « […] On peut gouverner de loin, mais on n'administre bien que de près », et le décret du 13 avril

Après la promulgation du code administratif de 1867, lequel est usuellement plus connu par « loi sur l'administration civile du 26 juin 1867 » ou « Code Martens Ferrão », on a employé surtout la désignation de « gouverneur du district ». S'inspirant très fortement du code administratif de 1842, la loi de l'Administration civile du 26 juin 1867 reprenait dans son article 273, et quasiment au mot près, ce qui était rédigé à l'article 224 du code administratif de 1842 : « Le gouverneur du district est le chef supérieur et unique de l'administration du district […][1]. » Au demeurant, le décret du 14 janvier 1868 a abrogé le code administratif de 1867 qui ne fut, en réalité, jamais véritablement appliqué, et le nouveau gouvernement est retourné à l'application du code administratif de 1842.

Dans la rédaction du code administratif de 1870, le statut n'a pas été retouché puisque, comme il était exposé à l'article 9 : « Le district est administré par un magistrat administratif ayant la désignation de gouverneur civil […][2]. » Il continuait à être « le chef supérieur de toute l'administration dans son district[3] » (article 249). Or, la loi du 27 décembre 1870 a suspendu le code administratif et de nouveau il fut décidé par le gouvernement de revenir, pour huit ans, au code administratif de 1842.

Avec l'entrée en vigueur du code administratif de 1878, il n'y a pas eu de révision du statut du gouverneur civil. Il demeurait le représentant local du gouvernement en tant que magistrat administratif, puisque comme le détaillait l'article 6, « Les magistrats et fonctionnaires administratifs sont : dans le district le gouverneur civil, dans le *concelho* l'administrateur, et dans la *freguesia* le *regedor* de *paróquia*[4] », et le gouverneur civil était le « délégué et représentant du gouvernement [...][5] » (article 183). Quant au code administratif de 1892, il se basait sur l'article 213 du décret du 17 juillet 1886[6] : « Le gouverneur civil est le délégué immédiat et le représentant du gouvernement dans le district, pour tous les sujets relevant de ses attributions et pour ceux qui ne seront pas spécialement attribués à d'autres autorités ou fonctionnaires. »

1861 a énuméré en détail les prérogatives du préfet. Au Portugal, entre la promulgation du code administratif de 1842 et celui de 1878, la situation du gouverneur civil est demeurée relativement stable. Cependant, un changement est intervenu avec la promulgation du code administratif de 1878 puisqu'en cherchant à mettre en place une politique générale de décentralisation administrative, le nouveau code administratif avait affaibli, pour un temps, les fonctions générales du gouverneur civil. *Cf.* code administratif de 1878, du 8 mai 1878, Coimbra, Livraria Diogo Pires, 1878, 84 p..

[1] Loi sur l'administration civile du 26 juin 1867, Porto, Typographie du Jornal do Porto, 1867, p. 53.

[2] Code administratif de 1870, décret du 21 juillet 1870, Lisbonne, Imprimerie nationale, p. 13.

[3] *Ibid.*, p. 62.

[4] *Código Administrativo aprovado por carta de lei do 8 de Maio de 1878*, Coimbra, Éd. Livraria Central, p. 2.

[5] *Ibid.*, p. 24.

[6] Code administratif de 1892, Coimbra, Imprensa da Universidade, 1892, p. 92.

Dans le prolongement de ces changements, le code administratif du 2 mars 1894, article 258, notait : « Le gouverneur civil est le magistrat supérieur administratif du district et le représentant immédiat du ment[1]. » Pour sa part, le code administratif du 21 juin 1900[2], qui ne fut jamais appliqué, énonçait à l'article 285 :

> Le gouverneur civil est le magistrat supérieur administratif du district et le représentant immédiat du gouvernement, et il lui incombe le droit de réguler tout le service administratif dans l'aire de la circonscription territoriale et pourvoir aux nécessités du même service sur tous les sujets de l'administration publique, qui par la loi ou règlement ne seront pas exclus de ses attributions[3].

Au-delà de l'absence d'allusions directes au statut politique du gouverneur civil, celui-ci a cependant été plus ou moins implicitement confirmé selon les textes juridiques qui rappelaient qu'il était « le délégué et représentant du gouvernement », « le délégué immédiat et le représentant du gouvernement dans le district » ou « le représentant immédiat du gouvernement ». Il y a donc eu une continuité dans le statut du gouverneur civil durant la Monarchie et elle s'est poursuivie avec l'instauration de la République.

Avec la proclamation de la Première République, lors de la révolution du 5 octobre 1910, un autre code administratif fut adopté suite à la publication du décret du 13 octobre 1910. L'article 6 du code administratif de 1910[4] confirmait que le chef du gouvernement civil était un magistrat administratif : « Les magistrats et fonctionnaires administratifs sont dans le district le gouverneur civil ; dans le *concelho* l'administrateur et dans la *freguesia* le *regedor* de *paróquia.* » Le gouverneur civil gardait son statut « En tant que délégué et représentant du gouvernement [...][5] » (article 183).

Après le soulèvement militaire du 28 mai 1926, on a maintenu le code administratif de 1910 et on n'a pas touché au statut du responsable du district. Il en fut de même avec l'instauration de l'État nouveau. Le code administratif de 1936,[6] article 347, a continué à mentionner : « Dans chaque district il y aura un magistrat administratif représentant immédiat du Gouvernement, ayant la désignation de gouverneur civil. » De fait, si elle a gardé une connotation administrative de façade, en tant que « magistrat administratif » depuis la création du *prefeito*, l'institution masquait surtout un agent politique dont le statut est demeuré figé juridiquement.

De plus, les particularités obscures et partisanes de nominations du gouverneur civil n'ont jamais favorisé une perception positive e son statut.

---

[1] Code administratif de 1895, décret du 2 mars 1894, Porto, Livraria Portuense Editora, 1895, p. 97.

[2] Code administratif de 1900, du 21 juin 1900, *Diário do Governo*, n° 158, 25 juin 1900, p. 258.

[3] *Cf. supra*.

[4] Code administratif de 1910, du 13 octobre 1910, Porto, Magalhães et Moniz, 1910, p. 10.

[5] *Ibid.*, p. 39.

[6] Code administratif de 1936, Lisbonne, Empresa Jurídica Editora, 1937, p. 111.

Un système de nomination inefficace

En s'appuyant sur les réseaux politiques locaux et nationaux, les critères qui participaient du choix et de la nomination du gouverneur civil ne pouvaient pas correspondre à l'exigence de neutralité qui devait caractériser « le magistrat administratif[1] ».

C'est l'une des raisons pour lesquelles le système politique portugais s'est heurté à l'évidence à trois critères structurels, tant par son maillage administratif territorial national, que par les procédures de nomination et l'absence d'un même cursus de formation commun à chaque gouverneur civil[2], à l'exemple de l'institution préfectorale française. Malgré cela, la formation du futur représentant régional de l'État devrait être adaptée aux réalités et exigences économiques et sociales du pays. Dans l'hypothèse contraire, il y aurait un prolongement de l'échec administratif lequel a perduré plusieurs décennies. Ceci étant dit, deux constats viennent confirmer les prises de distances entre les citoyens et l'institution personnifiée par le gouverneur civil. D'une part, elle est restée très majoritairement masculine et, d'autre part, elle a été incomprise par les populations.

Une institution repliée sur elle-même

Après les réformes administratives de José Xavier Mouzinho da Silveira, il a fallu attendre l'année 1980 pour que la première femme gouverneur civil, Mariana Calhau Perdigão, soit nommée gouverneur civil.

À titre d'exemple, en deux décennies (1974-1994) sur un total de cent quatorze gouverneurs civils, il n'y a eu que trois femmes, soit 3,5 %[3]. Mariana Calhau Perdigão a exercé ses fonctions du 21 février 1980 au 11 juillet 1983 dans le district d'Évora et Marília Dulce Raimundo fut à la direction du district de Guarda du 5 janvier 1988 au 26 juillet 1991[4]. Maria Adelaïde Gonçalves Carvalho Pires a été à la tête du district de Lisbonne

---

[1] Ceci étant dit, les nominations des représentants locaux du pouvoir central sont également politiques, de façon plus ou moins ouverte, en France ou en Italie, par exemple, et cela malgré les devoirs de réserve auxquels sont soumis le préfet et le *prefetto*.

[2] *Diário da República*, I-Série, n° 299, décret-loi n° 399-B-84 du 28 décembre 1984, p. 3936-(5). Par exemple le décret n° 399-B/84, § 3 du 28 décembre 1984 a confirmé le principe de nomination du gouverneur civil : « [...] la nomination du gouverneur civil, en tant que représentant du Gouvernement dans les districts, doit relever, collégialement, du Gouvernement, en dehors de la proposition du ministre de l'Administration interne. »

[3] Pires de Almeida (M.-A.), *O poder local do Estado Novo à Democracia : recrutamento e composição das elites municipais antes e depois do 25 de Abril de 1974*, III *Congresso da Associação Portuguesa de Ciência Política*, Lisbonne, 30 et 31mars 2006, CIES, p. 20. La première femme vice-gouverneur civil fut nommée dans le district de Lisbonne en 1974.

[4] Mariana Calhau Perdigão fut aussi enseignante et députée du Parti social-démocrate lors du IIIe gouvernement constitutionnel. Marília Dulce Raimundo était membre du Parti socialiste et enseignante avant d'être nommée responsable du gouvernement civil. Elle a quitté ses fonctions pour devenir directrice d'un centre de formation professionnelle dans le district de Guarda.

du 16 décembre 1991 au 11 novembre 1995. Nonobstant cela, le code administratif de 1940[1], dans sa sixième édition de 1998 actualisée et annotée, au titre VII sur « Les gouverneurs civils », et chapitre Ier intitulé « Du gouverneur civil[2] » n'a pas fait de référence aux femmes. Divers constats et justifications doivent être faits. Les femmes qui ont accédé au poste de gouverneur civil ont été cooptées selon les mêmes critères que ceux qui participaient des choix de leurs homologues masculins

Ce ne fut que justice lorsque l'article 109, « Participation politique des citoyens », de la Constitution de 1976 a stipulé :

> La participation directe et active des hommes et des femmes à la vie politique constitue la condition et l'instrument fondamental de la consolidation du système démocratique, la loi devant promouvoir l'égalité dans l'exercice des droits civiques et politiques et la non-discrimination en fonction du sexe dans l'accès aux fonctions politiques.

En 1999, les dix-huit gouverneurs civils en fonction étaient tous des hommes[3]. À l'échelon des *concelhos,* la situation était similaire puisque lors des élections municipales de 1997, seulement douze *municípios* sur trois cent cinq étaient administrés par des femmes[4]. En France aussi l'institution préfectorale a toujours été majoritairement masculine, et il fallut attendre cent quatre-vingt-un ans, après la création de l'institution préfectorale, pour qu'une femme soit nommée préfète[5].

Après 1976, l'institution ne s'est pas ouverte immédiatement aux femmes[6]. Le gouverneur civil était issu majoritairement de la « société civile » et, même si des militaires ont été nommés à la direction de certains districts[7], cela relevait parfois d'une action honorifique et on a continué à « s'entendre » et à mener des compromis entre amis politiques. On comprend aisément que de tels procédés n'ont pas facilité les relations entre les Portugais et le gouverneur civil.

---

[1] Silva Paixão da (J.), Aragão Seia (J.-A.) et Fernandes Cadilha (C.-A.), (dir.), *Código administrativo*-actualizado e anotado, Coimbra, Édition Livraria Almedina, 1998, p. 204-211.

[2] Désignation définie par l'article 1er du décret-loi n° 42 536 du 28 septembre 1959. On est passé à employer le pluriel et non plus le singulier dans les titres.

[3] Au 21 juin 2011, date de suppression de l'institution, la répartition se faisait comme suit : cinq femmes et treize hommes.

[4] La situation n'est guère plus différente dans les deux régions autonomes insulaires, puisque, huit des cinquante-neuf membres de l'Assemblée législative de Madère sont des femmes et aux Açores, le chiffre est de cinq sur les cinquante-deux membres.

[5] En France, madame Yvette Chassagne fut nommée en 1981 première femme préfète, dans le département du Loire-et-Cher.

[6] *Cf. supra*

[7] On peut citer comme exemple la nomination du général Manuel Soares Monge à la direction du gouvernement civil du district de Beja. Il a été en poste du 5 avril 2005 au 21 juin 2011, ce qui ne correspond pas à la moyenne nationale qui était de deux ans.

Indifférence des populations à l'égard du gouverneur civil

Les administrés de la *freguesia* et du *concelho* ont toujours été plus proches, non seulement en terme de distance, mais aussi politiquement, de leur président de junte de *freguesia* et de leur président de la *Câmara municipal* qu'ils ne le furent du gouverneur civil.

Si le contact entre les populations des *freguesias* et des *concelhos* et leurs élus locaux est fréquent, il n'était qu'occasionnel avec le responsable du district. De plus, le gouverneur civil était nommé et non élu donc imposé aux citoyens, d'où une certaine indifférence entre eux et le chef du gouvernement civil. On doit néanmoins relativiser cette perception si l'on fait exception dès cas où le gouverneur civil a été élu, avant sa nomination au poste de délégué local du gouvernement, président de la fédération du parti politique dans le district[1], député ou président de *Câmara municipal*. Il bénéficiait du soutien d'une partie de la population, en ce sens qu'il était un « visage » connu. Mais en fait, que le gouverneur civil ne soit apprécié des populations des *concelhos* n'était pas un souci majeur, sauf dans l'éventualité où il aurait souhaité se porter candidat à la députation[2] ou devenir président d'une *Câmara municipal*.

Or, le délégué local du pouvoir exécutif n'aurait pu se positionner, de par son statut, au même niveau que les élus locaux. Ce semblant de neutralité dont il faisait preuve à l'égard des citoyens et de leurs représentants élus a donné de lui l'image d'un personnage versatile, incompétent ou manquant de dynamisme, ce qui fut souvent injuste. L'implication du gouverneur civil dans les secteurs de la vie économique, culturelle et sociale du district ne peut être démentie. Il n'hésitait pas à prendre des initiatives personnelles pour mener des actions de prévention en matière de sécurité routière, de luttes contre les incendies ou des programmes sociaux afin d'informer les populations sur les conséquences dues à la consommation d'alcool et de stupéfiants, comme on le mentionne au titre I, de la première partie.

Dans le secteur économique, il lui arrivait régulièrement d'accompagner les entreprises de son district lors de foires internationales. Ces actions sporadiques, si elles sont louables, n'ont pas eu nécessairement un impact positif sur les habitants du district, plus préoccupés par leurs tracas quotidiens, ce qui est légitime et compréhensible.

En fait, les relations du gouverneur civil avec les populations du district ont été avant tout une question de déontologie et d'ambition, à défendre la

---

[1] Les exemples sont nombreux. Chaque nomination des dix-huit gouverneurs civils on a constaté la part des « politiques » placés à la direction des districts.

[2] À l'instar de l'ancien gouverneur civil Acácio Pinto du district de Viseu qui a démissionné de son poste à la direction du gouvernement civil pour être élu député lors des élections législatives du 27 septembre 2009, toujours dans la circonscription du district de Viseu. Un autre exemple récent concerne Paulo Fonseca qui fut élu président de la *Câmara municipal* d'Ourém lors des élections législatives du 11 octobre 2009 après avoir également démissionné de son mandat de gouverneur civil.

politique du pouvoir exécutif et ses propres intérêts, mais aussi à démontrer son implication et parfois son abnégation.

Le gouverneur civil, une soumission totale à l'égard du pouvoir central

On prenait en compte la capacité des personnes qui accédaient à ce poste à porter les politiques publiques, par un subtil mélange entre calcul politique et altruisme.

On avait donc un gouverneur civil, magistrat administratif, qui pouvait obtenir l'adhésion des autres décideurs locaux, en expliquant la politique générale du gouvernement, tout en recherchant le consensus au sein des populations du district, notamment en cas de conflits sociaux ou politiques majeurs. Dans ce contexte « d'administration » de l'unité du district, on peut établir deux constats.

D'une part, la protection des personnes et du territoire, mais aussi son statut sous-tendaient que le gouverneur civil devait faire preuve de diplomatie, d'entregent et être entièrement disponible pour servir l'État et les populations. D'autre part, on doit tenir compte de sa subordination hiérarchique à l'égard de son ministre de tutelle et de ses propres ambitions.

Les qualités politiques requises

Pour le futur gouverneur civil, il fallait avant tout connaître le district, faire preuve de discrétion et être un homme de dialogue.

Cela l'a emporté sur les diplômes ou le métier exercé avant sa nomination à la direction du gouvernement civil. La recherche d'une harmonisation entre les différentes instances décisionnaires du district n'aurait pu être pleinement efficace et durable, sans l'intervention directe ou indirecte du gouverneur civil.

L'ensemble des acteurs économiques, sociaux et politiques du district ne pouvait guère jouer un rôle effectif, s'il n'y avait pas eu une institution qui coordonne et unifie les programmes d'intérêt général dans le district. Le statut du gouverneur civil lui a permis encore d'être un vecteur de cohésions locales. Le principe d'équilibre s'entend comme le souhait de maintenir dans le district la paix politique et sociale, par son arbitrage entre forces rivales ou supposées telles. Il ne s'agissait nullement de prohiber toute confrontation de quelque nature que ce soit, mais de canaliser les relations nécessaires, complexes et instables que le gouverneur civil avait à gérer avec impartialité, rigueur et autorité dans un nouvel ordre juridique et administratif.

Le gouverneur civil était le premier garant de l'ordre dans le district, un tel état de fait a rendu indispensables des coopérations permanentes entre les autres districts qu'ils soient limitrophes ou bénéficiant de participations à des programmes communs d'amélioration des infrastructures. D'abord, dans cette perspective générale, le poste de gouverneur civil a longtemps été confié à des personnes sans que leurs origines sociales et professionnelles soient prises en compte. Ensuite, malgré la durée éphémère de leur fonction ce qui importait, c'était servir le pouvoir en place.

Des nominations limitées dans le temps

Le statut du gouverneur civil fut élaboré originellement pour la petite noblesse, les classes moyennes et la petite bourgeoisie de province.

Déjà dans le décret n° 23 du 16 mai 1832 portant sur l'organisation de l'administration publique qui instaurait le *prefeito* en tant que « chef unique de toute l'administration de la province et délégué de l'Autorité du Roi », seuls pouvaient être nommés les hommes sachant lire et écrire et cela a perduré durant plusieurs décennies. Nos recherches et analyses démontrent que des changements se sont opérés graduellement par l'intégration de diplômés des universités, sans distinction d'origines sociales. Pour étayer nos développements, plusieurs districts ont été pris comme cadre de références. La finalité n'est pas de faire une monographie sur les origines sociales et professionnelles des personnes nommées à la direction de l'administration du district, mais d'avoir une perception globale des différentes catégories sociales et professionnelles des dirigeants du gouvernement civil[1]. Les personnes qui se sont vu confier la responsabilité de l'institution étaient très majoritairement issues des *concelhos* qui composaient le district, qu'elles ont eu à administrer.

À titre d'exemple, dans le district de Guarda du 5 octobre 1910 au 21 juin 2011 cinquante-deux gouverneurs civils se sont succédé. Les fréquences des nominations sont quasi similaires dans les dix-huit autres districts puisque soumises aux mêmes alternances politiques nationales. Les chiffres varient seulement si l'on prend en compte les destitutions individuelles, les décès ou les démissions. À Guarda, les placements à la direction du gouvernement civil se sont répartis comme suit avant la Constitution de 1933, après le code administratif de 1940 et après la Constitution de 1976.

- Durant la Première République, vingt-trois gouverneurs civils ont été nommés dans le district de Guarda du 5 octobre 1910 au 11 juin 1926,
- Avec l'instauration de l'État nouveau, quatorze gouverneurs civils sont devenus chefs du gouvernement civil, du 11 juin 1926 au 25 avril 1974,
- Du 25 avril 1974 au 21 juin 2011, quinze nouveaux gouverneurs civils ont été nommés.

Pour ce qui se réfère à la répartition par sexe dans le district de Guarda, les femmes qui ont accédé au poste de gouverneur civil sont au nombre de deux soit 3,92 % de l'ensemble des représentants[2]. Si l'on analyse le cri-

[1] Le district de Guarda est fréquemment pris comme exemple. C'est au sein des archives du gouvernement civil de ce district que l'on a consulté les archives à diverses reprises, lors de nos recherches de terrain.

[2] Marília Dulce Coelho Pires Raimundo (enseignante) 5 janvier 1988 au 26 juillet 1991 et Maria do Carmo Pires Almeida Borges (professeur d'éducation physique) depuis le 5 avril

tère temps, en moyenne, les représentants locaux du gouvernement sont restés à la direction du district entre deux ans et deux ans et demi, dans celui de Guarda comme dans les dix-huit autres. Ce chiffre a évolué en fonction des alternances politiques[1].

Durant la Première République, la durée moyenne de la fonction était d'un an puis de trois ans durant la période de l'État nouveau, et de deux ans depuis le 25 avril 1974. Mais cela n'était pas important puisque seul comptait l'objectif principal qui était de défendre les intérêts du pouvoir exécutif.

L'absence de prise en compte des origines sociales et professionnelles du gouverneur civil

L'instabilité politique explique les nombreux changements opérés de la création du gouverneur civil en 1835 à l'instauration de la Première République.

A contrario, la stabilité de l'institution après le coup d'État militaire du 28 mai 1926 reflète la volonté du pouvoir central de faire de ses représentants locaux des archétypes d'un pouvoir central stable[2]. Durant la période de 1910 à 1926, les vingt-trois gouverneurs civils furent : cinq militaires, treize diplômés de l'enseignement supérieur, deux médecins et trois fonctionnaires[3]. Parmi les quatorze gouverneurs civils de 1926 à 1974, quatre furent des militaires et dix diplômés de l'enseignement supérieur avec un médecin et neuf avocats. Les représentations professionnelles ont changé radicalement durant les années 1974 à 2011 puisque, sur quatorze gouverneurs civils, tous sont diplômés de l'enseignement supérieur avec deux ingénieurs, quatre avocats et huit fonctionnaires, enseignants et responsables de services sociaux.

En fait, il s'est dessiné un glissement progressif avant le code administratif de 1940, car les quatre militaires en place à la tête du gouvernement civil, du 11 juin 1926 au 25 juillet 1936, ont laissé place aux juristes. Le code administratif du 31 décembre 1936 était alors en cours de rédaction, et tradui-

---

2005 a été remplacée en novembre 2009 pour des raisons de divergences avec le Parti socialiste dont elle est membre.

[1] Aux histogrammes on a opté pour une insertion dans le texte des différentes moyennes pendant lesquelles le gouverneur civil a eu à exercer son mandat à la direction du district.

[2] Les mouvements politiques de la Première République, jusqu'au coup d'État militaire du 28 mai 1926, ont démontré que le gouverneur civil en était réduit à s'occuper des affaires courantes du district. Pendant l'État nouveau, la volonté de centralisation administrative s'est traduite par une augmentation des missions dévolues au délégué local du gouvernement et de la durée de son mandat.

[3] Nabais-Ramos (M.), *Structurations et mutations territoriales au Portugal. Pour une gestion administrative et politique des espaces,* Bordeaux, Thèse de doctorat en Histoire contemporaine, Université Michel de Montaigne - Bordeaux III, 2003, 579 p.. De 1835 à 1910, des cinquante gouverneurs civils il y a eu quatorze licenciés ès lettres ou en Droit (34 %) ; cinq nobles (10 %) ; six conseillers d'État (12 %) ; propriétaires fonciers, miliaires, médecins et inconnus (44 %).

sait la volonté du pouvoir exécutif de mettre en place des techniciens du droit, plus à même de mener à bien les futures réformes, mais aussi parce que le professeur Marcello Caetano en sa qualité de principal rédacteur du code administratif de 1940 était un professeur de droit reconnu et influent[1]. Les mouvements alternatifs dans les procédures et les fréquences des nominations et des choix optionnels entre des personnes ayant des formations différentes n'ont été que les reflets des orientations générales définies par les gouvernements centraux. L'hétérogénéité de la composante socioprofessionnelle du gouverneur civil a peut-être contribué à ralentir le développement administratif et économique harmonieux des districts, cela correspondant à une volonté tacite du pouvoir central qui a voulu renforcer sa puissance en nommant des personnes dévouées à sa cause, sans qu'elles aient nécessairement acquis des connaissances qui auraient dû les préparer à affronter les exigences de la fonction. Mais cela s'explique aussi, et surtout, par l'absence de structures de formations, de moyens et d'une configuration administrative territoriale inadaptée.

Tout cela fait que le gouverneur civil portugais n'a jamais formé un « corps » à l'instar de l'institution préfectorale française. Pour autant, il est difficile d'insérer le gouverneur civil dans une nomenclature sociale et professionnelle spécifique.

Par exemple, les synthèses des professions du gouverneur civil du district de Bragança ont confirmé la multiplicité des formations[2], mais cela est une donnée qui vaut pour l'ensemble des dix-huit districts. Le gouverneur civil exerçait avant sa nomination une profession qui *a priori* ne l'avait pas préparé à son mandat, mais il est vrai qu'il était parfaitement secondé par le secrétaire général du gouvernement civil, qui était inamovible et avait une excellente connaissance du fonctionnement administratif de l'institution. Mais depuis plus de deux décennies, un bouleversement était intervenu dans les différentes formations professionnelles du gouverneur civil.

---

[1] Il fut nommé président du Conseil le 28 septembre 1968 et resta au pouvoir jusqu'à la Révolution des Œillets le 25 avril 1974, date à laquelle il a dû s'exiler au Brésil.

[2] À titre d'illustration, les professions des gouverneurs civils du district de Bragança (1835-2011) étaient un pharmacien, un musicien, un commissaire de police, un chef d'entreprise, un professeur d'université, trois fonctionnaires publics, quatre professeurs du secondaire, sept médecins, sept ingénieurs, huit propriétaires fonciers, seize avocats, dix-huit juges, vingt officiers militaires et un ingénieur civil. Pour le district de Guarda, durant la période du 11 juin 1926 au 25 avril 1974, les professions des gouverneurs civils se répartissaient comme suit : quatre militaires, neuf avocats et un médecin ; du 13 septembre 1974 au 13 mai 2010, il y a eu cinq avocats, deux ingénieurs, huit enseignants, un diplômé de l'enseignement supérieur et un conservateur du registre civil. Dans le district de Santarém, pour la période du 11 juin 1926 au 25 avril 1974, furent nommés six militaires, trois avocats, deux ingénieurs et trois diplômés de l'enseignement supérieur. Du 25 avril 1974 jusqu'au 21 juin 2011, ont été choisis pour administrer le district quatre ingénieurs, un médecin, un vétérinaire, cinq enseignants, un sociologue et un entrepreneur privé. Pour les autres districts il fut très difficile de pouvoir établir des listes complètes, car toutes les professions des gouverneurs civils n'étaient pas mentionnées.

Le classement du gouverneur civil par catégories socioprofessionnelles confirme l'impossibilité qu'il y a de codifier dans une liste homogène. Dans le district de Lisbonne, entre 1926 et 1999, José Tengarrinha a noté que 59 % des gouverneurs civils ont eu une formation militaire et 40 % étaient d'anciens élèves des facultés de droit de Lisbonne ou de Coimbra[1]. Pour les années 1951-1975, le taux des gouverneurs civils ayant une formation juridique est passé à 68 % (ils étaient juges ou avocats) ; de 1976 à 1999, 25 % étaient des architectes à parité avec les juristes[2]. Dans le cadre d'une dimension comparative avec l'institution préfectorale française et la formation du préfet français, Pierre Contet a écrit : « Depuis 1958, 48 % des préfets nommés sont issus des catégories les plus favorisées tandis que 36 % viennent des couches sociales moyennes et 16 % des catégories inférieures[3] », et « Le diptyque ENA-IEP représente 69 % de ces préfets n'ayant jamais fréquenté les bancs universitaires[4] ». Mais le modèle français n'est pas sans inconvénient[5].

En synthèse, il n'y a pas lieu de conclure hâtivement à l'incohérence et à la contradiction du modèle portugais. La formation professionnelle du gouverneur civil a toujours été secondaire dans la prise de décisions lors du choix de sa nomination. Ce qui lui était demandé en priorité était d'être officiellement à la disposition du gouvernement, et officieusement à celle de son parti.

La conciliation nécessaire de l'ambition politique et du dévouement

Les procédures politiques particulières de nomination au poste de gouverneur civil ont été admises en tant qu'explications et justifications aux contributions d'une ambition personnelle locale et d'un pouvoir central, parfois lointain.

---

[1] Tengarrinha (J.), *História do Governador Civil de Lisboa*, Lisbonne, Édition du Gouvernement civil de Lisbonne, volume II, 2002, p. 27

[2] *Op. cit.* p. 29-30

[3] Contet (P.), *Les Préfets de la Cinquième République ; le recrutement social et politique d'un corps d'État (1958-1995)*, Montpellier, Université de Montpellier I, Science politique, CERTE (Centre d'Études et de Recherche sur la Théorie de l'État), 2000, p. 28.

[4] *Ibid.*, p. 152.

[5] En ce qui concerne par exemple les concours externes dans la fonction publique de l'État Pierre Sadran a écrit : « D'autres difficultés en résultent. Ainsi celle que connaissent les responsables de la scolarité dans les écoles d'administration où il devient impossible de fournir une pédagogie appropriée aux exigences d'un public hétérogène. [...] Ces changements marquent peut-être la fin d'une certaine vision de l'administration, conforme au modèle wéberien ; celle d'une organisation pyramidale, strictement agencée, mais aussi susceptible d'assurer un déroulement de carrière satisfaisant et régulier (satisfaisant parce que régulier). Ce modèle, porteur d'un certain optimisme et d'une forte motivation semble en régression. » Sadran (P.), Le système administratif français, Paris, Éditions Montchrestien, Collection Clef Politique, 2e éd., 1997, p. 115-116.

Une nomination essentiellement politique

Les diverses définitions du statut du gouverneur civil n'ont jamais fait référence à « l'État ». On considère dès lors que le gouverneur civil était plus au service du gouvernement, à qui il était reconnaissant de l'avoir placé à la direction du gouvernement civil, que de l'État. La situation était plus ambivalente pour les fonctionnaires momentanément incorporés dans un système basé sur la solidarité et l'adhésion à un même parti politique. Quoi qu'il en soit, chaque personne nommée devait faire preuve d'écoute et de concertation pour maintenir la paix politique et sociale dans le district. Il ne fallait pas brusquer les membres de l'opposition ni les amis politiques qui avaient des relations au gouvernement ni froisser la sensibilité des notables du district[1].

En somme, les critères de désignations ont eu souvent pour fondements les relations tissées localement ou durant les années de lycée ou de faculté, ainsi que les accointances politiques.

Les relations estudiantines

Une majorité des hauts fonctionnaires était jadis diplômée de l'Université de Coimbra et de Lisbonne[2], et particulièrement des facultés de droit[3].

Avec la Révolution des Œillets de 1974, le gouverneur civil a été coopté par les militaires. Par la suite, c'est essentiellement dans les professions juridiques et l'enseignement que le gouverneur civil a été recruté. En France[4], le préfet a un statut hybride entre le politique, puisqu'il est nommé en Conseil des ministres, l'administratif et le judiciaire, même si d'aucuns défendent le principe selon lequel l'idée de « statut constitutionnel » n'est pas appro-

---

[1] Eça de Queiroz (J.-M.), *O Primo Bazílio*, Lisbonne, Édition Livros do Brasil, 2e édition, (s/date), 456 p. [1ère édition 1878]. Traduit du français par Paul Teyssier, *Le cousin Bazílio*. La Différence, Paris, 1989, p. 54 : « Aussi bien à Évora qu'à Beja, rendez visite aux gouverneurs civils ! Je vous dis pourquoi : vous le leur devez en tant que premiers fonctionnaires du district, et ils peuvent vous être d'une très grande utilité dans vos pérégrinations scientifiques ! »

[2] D'autres formations sont venues élargir les catégories socioprofessionnelles de personnes nommées à la direction du district.

[3] On peut utiliser l'expression nullement péjorative de « regroupements d'intérêts » qui gravitaient autour, et dans l'État, pour désigner ces corrélations et ces réseaux. *Cf.* à cet égard pour une approche sociologique, l'étude de Bourdieu (P.), *La Noblesse d'État. Grandes écoles et esprit de corps*, Paris, Les Éditions de Minuit, 1989, 576 p.

[4] Villiers de (M.) et Berranger de (T.) (dir.), *Droit public général, Institutions politiques, administratives et communautaires. Droit administratif - Finances publiques*, Paris, éd. LexisNexis, Litec, 4e éd., 2009, p. 174 : « La liberté de choix des préfets est toutefois limitée par la règle selon laquelle ils doivent être choisis pour les quatre cinquièmes, parmi les sous-préfets et les administrateurs civils, c'est-à-dire parmi les hauts fonctionnaires qui, en principe, sont recrutés à la sortie de l'École nationale d'administration (ENA). Quant au cinquième restant, il est librement choisi par l'exécutif, selon la procédure dite du "tour extérieur". »

priée[1]. Au Portugal, il y a eu, à chaque changement de gouvernement, de nouvelles spirales de substitutions qui se sont mises en mouvements. Le népotisme politique portugais[2] fut une constante dans les méthodes de recrutement.

Les réseaux politiques

Le statut imprécis du gouverneur civil en a fait, pour un temps, un véritable chef politique qui devait contrôler l'opposition, faire du prosélytisme, obtenir des soutiens électoraux, organiser les élections et veiller à leur bon déroulement.

Par exemple, comme l'Union nationale ne fonctionnait pas bien, c'est le représentant local du gouvernement dans le district qui devait la superviser. En somme, être gouverneur civil, c'était être dévoué à l'intérêt national et local, pour accomplir ses propres ambitions politiques[3] ou plaire au gouvernement.

La dimension politique officielle du statut du gouverneur civil fut longtemps occultée par les codes administratifs, mais officieusement admise par l'ensemble des gouvernements et les partis politiques. L'action politique générale du magistrat administratif induit que les multiples responsabilités qui plaçaient simultanément l'institution, au-dessus des structures administratives locales et de leurs dirigeants, en ont fait un intervenant majeur de la vie administrative et politique du district. Le gouverneur civil symbolisait la grandeur et l'unité du pays. Il ne faudrait pas voir dans le gouverneur civil, un anachorète ou un sybarite. En cela, le maintien du gouverneur civil, après la promulgation de la Constitution de 1976, a marqué la volonté du politique de conserver un schéma qui répondait aux exigences de la vie politique portugaise[4], mais qui participait aussi de sa complexité et de son originalité.

---

[1] Pierré-Caps (S.), « Le statut constitutionnel du préfet », *in* Borella (F.), *Le préfet, 1800-2000, gouverneur, administrateur, animateur,* Nancy, Presses Universitaires de Nancy, 2000, p. 47 : « Le préfet gouverneur - Parler d'un statut constitutionnel du préfet peut paraître quelque peu exagéré. Ce n'est pas, en effet, de façon autonome que le préfet est évoqué par le constitutionnalisme français, mais bien parce qu'il participe étroitement de la structure de l'État et des interrogations qu'elle suscite depuis la Révolution de 1789. »

[2] Sur le népotisme politique en France on peut lire l'ouvrage de Christophe Charle, *Les hauts fonctionnaires en France au XIXe siècle,* Paris, éd. Gallimard-Julliard, « Archives », 1980, 270 p. et du même auteur, *Les élites de la République, 1880-1900,* Paris, éd. Fayard, 1987, 556 p.

[3] Weber (M.), *Le savant et le politique,* Paris, éditions Plon, 2001, p. 126 : « Tout homme qui fait de la politique aspire au pouvoir, soit parce qu'il considère comme moyen au service d'autres fins, idéales ou égoïstes, soit qu'il désire « pour lui-même » en vue de jouir du sentiment du prestige qu'il confère. »

[4] Le 21 avril 2009 durant notre entretien avec le ministre de l'Administration interne Rui Carlos Pereira on lui a posé la question pour savoir pourquoi le gouverneur civil ne serait pas un fonctionnaire à l'instar du préfet en France. Le ministre a déclaré que le modèle préfectoral français ne pourrait être adapté au Portugal, car le statut du gouverneur civil portugais correspondait parfaitement aux institutions du pays.

Conclusion du chapitre premier

Les arcanes des processus de cooptations et les nominations de « l'unique chef de toute l'administration de la province, et le délégué de l'Autorité du Roi [...][1] » ou du « délégué et représentant du gouvernement[2] » ont relevé principalement de critères politiques. Ils sont demeurés quasiment similaires depuis l'adoption du décret n° 23 du 16 mai 1832 jusqu'à la destitution définitive des dix-huit gouverneurs civils. Le code administratif de 1940 a néanmoins limité les catégories sociales et professionnelles des hommes pouvant accéder à la fonction de gouverneur civil. Pour les femmes, cela n'est devenu possible qu'après le 25 avril 1974.

Les fondements qui ont déterminé et motivé les nominations étaient aussi géographiques, puisque le gouverneur civil était généralement natif du district qu'il avait à administrer. Quant à la première étape de la nomination, elle a commencé souvent à l'intérieur même des locaux du gouvernement civil, dans la mesure où le gouverneur civil, encore en place, suggérait à son ministre de tutelle le nom de son éventuel successeur. Jusqu'à sa suppression le 21 juin 2011, la cooptation s'effectuait d'après les ententes et les compromis entre caciques locaux ou/et au siège de la fédération du parti politique dans le district, puisque le gouverneur civil pouvait être aussi un chef de parti dans le district, au-delà de son statut de magistrat administratif et de représentant du gouvernement. Les choix ont parfois été la résultante d'accords tacites, entre la base du parti politique et les instances dirigeantes nationales.

Au demeurant, la nomination du *prefeito* ou du gouverneur civil fut toujours entérinée, en dernier ressort, par le pouvoir central lors du Conseil des ministres, après avoir approuvé la proposition du ministre du Royaume, puis du ministre de l'Intérieur et ensuite du ministre de l'Administration interne.

Or, si aucun texte législatif n'a jamais fait mention explicitement du statut politique[3] de l'institution, il est manifeste que le statut du gouverneur civil, dans sa version de « magistrat administratif », a semblé convenir aux gouvernements centraux, donc aux partis politiques. Par une entente politique de sauvegarde du gouverneur civil, et par leur incapacité à proposer une alternative à l'institution, ils ont entretenu une confusion subtile et acceptée en se refusant à réviser un statut qui est resté quasi figé et immuable,

---

[1] Comme le disposait l'article 29 du décret n° 23 du 16 mai 1832.

[2] Article 180 du code administratif du 6 avril 1878. Dans le code administratif de 1842, l'article 222 énonçait : « Le gouverneur civil est nommé par décret royal et prête serment au ministre des Affaires du Royaume ou à son procureur en cas d'absence. »

[3] *Diário da República*, I-Série, n° 200, loi n° 64/93 du 26 août 1993. Elle portait sur le « Régime juridique d'incompatibilité et empêchements des titulaires des charges politiques et hautes fonctions publiques » a confirmé la fonction « politique » du gouverneur civil et du vice-gouverneur civil : « Article 1er [...] sont considérés comme titulaires de charges politiques : [...] Le gouverneur civil et le vice-gouverneur civil [...]. »

comme si les décrets du 16 mai 1832 et les codes administratifs l'avaient gravé dans le marbre.

CHAPITRE II

UN STATUT DÉLIBÉRÉMENT IMPRÉCIS

L'approche comparative avec d'autres institutions européennes fait ressortir la singularité du statut du gouverneur civil, au gré des différents codes administratifs.

Ce statut particulier par sa dichotomie, entre statut juridique et missions politiques, a permis au gouverneur civil d'exercer son mandat temporaire dans l'illusion d'un pouvoir qu'il n'a pas toujours eu. Le statut de magistrat administratif a été le paravent derrière lequel le gouverneur civil se cachait pour surveiller la vie politique locale. Les gouvernements centraux successifs ont délibérément entretenu une apparence trompeuse en dotant leur représentant local de semblants de pouvoirs ou d'une autonomie étroitement contrôlée. Ce sont les codes administratifs de 1842[1] et de 1940 qui, indubitablement, ont formulé le plus clairement le statut du gouverneur civil. En maintenant le chef du gouvernement civil dans un statut indéterminé, le pouvoir central l'a sciemment fragilisé, tout en en faisant « l'homme fort » du district.

Le statut du responsable du district le plaçait dans une dépendance face au pouvoir exécutif, même si ses rapports avec les entités locales ont sensiblement été chamboulés, puisqu'il a dû passer de la toute-puissance dans le district à la collaboration avec le président de la *Câmara municipal*. La symbolique de l'institution était perçue différemment depuis la perte de multiples prérogatives. Pour autant, la stabilité du statut du gouverneur civil, due à son encadrement juridique, prouve que l'hypothèse de sa révision dans la perspective d'une nouvelle relation aux institutions et une redéfinition de ses fonctions n'a pas été une priorité pour le législateur. Il fallait entretenir cette relation essentielle qui était marquée par l'absolue dépendance du gouverneur civil à son ministre de tutelle. La subordination du gouverneur civil a été l'un des paramètres fondamentaux et immuables de son statut. Depuis la législation de 1832, les promulgations des codes administratifs successifs ont constamment alterné entre centralisation et décentralisation, malgré une autonomie relative. Cependant, cela n'a nullement remis en cause les engagements du gouverneur civil à bien servir l'État.

[1] Le code administratif de 1842 a été adopté par décret le 18 mars 1842.

La dépendance du gouverneur civil à l'égard de l'État

Les rapports entre le gouverneur civil et le ministre du Royaume, puis le ministre de l'Intérieur et le ministre de l'Administration interne ont été marqués par une dépendance, certes légitime, mais complexe, depuis l'instauration du *prefeito*.

L'analyse des liens de subordinations hiérarchiques de l'institution à son ministre de tutelle est révélatrice des relations multiples et parfois difficiles entre l'administration du territoire, la représentation locale du gouvernement et le contrôle de l'action politique générale. Le gouverneur civil a toujours été placé sous la responsabilité du ministre qui l'a nommé et de ses principaux collaborateurs, à l'instar par exemple du secrétaire d'État à l'Administration interne, secrétaire d'État adjoint à l'Administration interne et secrétaire d'État à la protection civile. De plus, et parallèlement à la tutelle des ministères vis-à-vis du gouverneur civil, il y avait l'allégeance que le responsable du district devait aussi au parti politique dont il était membre. En conséquence, les rapports hiérarchiques du gouverneur civil s'exerçaient dans des relations ascendantes et descendantes avec le parti politique au pouvoir, le gouvernement, les élus locaux et ses collaborateurs[1].

Au regard de tout cela, il faut analyser la position intermédiaire de l'institution insérée au centre d'une configuration administrative et politique confuse, et un statut du gouverneur civil qui s'est fissuré progressivement.

Les paradoxes d'une institution « transitoire »

Le statut juridique, désuet, figé et inadapté, ne correspondait plus aux attributions du gouverneur civil lorsque celui-ci a été définitivement supprimé.

L'étude de la lente évolution du statut a permis de dégager des tendances administratives et politiques qui sont autant de données qui ont perpétué de la tradition des nominations. Les incohérences des options qui ont défini les critères d'accession à la direction du gouvernement civil ne pouvaient donc être que relatives, car dûment admises, quels que soient les gouvernements. Au demeurant, l'uniformisation de l'institution reposait sur deux constantes qui étaient son encadrement administratif et sa dépendance politique. Or, même si le statut était imprécis, il n'en était pas moins tacitement accepté par tous les partis politiques.

---

[1] *Diário da República,* II-Série-n° 53, 15 mars 2007, arrêté n° 4826/2007 émanant du gouvernement civil du district de Santarém : « Par arrêté du gouverneur civil de Santarém du 2 janvier 2007, la licenciée [qui a obtenu une licence universitaire] Diana Teresa Ferreira LOPES est nommée secrétaire du cabinet d'appui personnel au gouverneur civil, à partir du 1er janvier 2007. Il n'est pas nécessaire qu'elle soit soumise à une enquête préalable de la Cour des Comptes. Dans les termes des alinéas a) et b) du n° 2 de l'article 3 du décret-loi n° 196/93 du 27 mai, l'intéressée est autorisée à, éventuellement, exercer des activités d'enseignement dans des institutions d'enseignement supérieur et dans des cours de formations professionnelles, ainsi que des activités de consultante en projets ou autres activités, englobées dans sa spécialité professionnelle, 2 janvier 2007, le gouverneur civil Paulo Fonseca. »

Un statut qui garantit la dépendance politique du gouverneur civil

Le gouverneur civil a toujours été un vecteur intermédiaire entre le gouvernement et les pouvoirs périphériques locaux. Il a été plus qu'une simple « courroie de transmission ».

La démonstration des particularités de son statut va bien au-delà d'une hypothétique vision réductrice et critique de ses actions de représentation. Si l'on devait résumer les prérogatives qui ont découlé de son statut tant sur le plan administratif que politique, il est possible d'en énumérer sept qui ont consisté à : être l'axe de communication entre le gouvernement civil et le pouvoir central ; faire appliquer la législation en matière administrative ; préparer et contrôler les élections ; contrôler les comptes des œuvres caritatives et des associations ; maintenir l'ordre et organiser les visites officielles dans le district ; veiller à la sécurité des citoyens et des biens du district ; lutter contre l'insécurité routière. Les attributions administratives ou politiques, dans ce qu'elles avaient de technocratique, ne doivent pas occulter les innombrables domaines de compétences et d'ingérence ou d'exclusion du gouverneur civil, dans le cadre d'une institution statique en apparence, mais qui a évolué en réalité.

Des interventions du gouverneur civil, rares et peu efficaces

La dépendance du gouverneur civil à l'égard du pouvoir central ne lui permettait pas d'avoir une autorité directe sur les projets de réorganisations du district. Elle a perdu aussi graduellement une partie importante qui consistait à choisir les présidents des *Câmaras municipais*[1] et à valider les choix des responsables des *concelhos* concernant les présidents des juntes de *freguesias*.

Pourtant, si la connotation politique de l'institution a existé depuis la réforme administrative de 1832, elle continuait à être occultée. C'est essentiellement avec le président de la *Câmara municipal* que le gouverneur civil avait des points communs, notamment en tant que « politique ».

À titre d'illustration, le décret n° 31095 du 31 décembre 1940 avait fixé trois principes pour déterminer le choix du président et vice-président de la *Câmara municipal*. Le gouvernement les nommait (article 71) et les démettait (article 73). Leur désignation était faite pour une période de huit ans

[1] L'article 10 du code administratif de 1940 disposait que dans l'éventualité d'une création ou du transfert d'une fraction du territoire vers une autre circonscription, des mesures d'accompagnement financier devraient être prises. Une partie du capital devrait rejoindre la nouvelle structure administrative, ainsi que les *freguesias* qui s'étaient regroupées et qui avaient en charge les dettes des circonscriptions d'origine, selon les rendements des contributions directes prélevées par l'État en tenant compte des biens immobiliers et fonciers. Les biens immobiliers et autres biens des *concelhos* ou *freguesias* situés dans la zone annexée passaient dans les structures administratives de la nouvelle circonscription.

renouvelables (article 72)[1]. Ceci étant, la brachylogie du statut sauvegardait une « entente cordiale » entre les responsables politiques nationaux et le laconisme même de la définition du gouverneur civil en tant que « magistrat administratif » entretenait l'amalgame entre les fonctions technocratiques et politiques.

L'évolution de la représentation locale de l'institution

Des révisions ont été apportées aux relations entre le gouverneur civil, le président de la *Câmara municipal* et le ministère de l'Administration interne depuis l'adoption de la Constitution de 1976.

Concrètement, l'adoption de la Constitution de 1976 a bouleversé en profondeur l'hégémonie du gouvernement civil sur le dirigeant du *concelho*. À ce titre, le décret-loi n° 55/87 du 31 janvier 1987[2] qui a approuvé la loi organique du ministère de l'Administration interne a confirmé la nécessité de sauvegarder le gouverneur civil puisque, comme le disposait l'article 1er :

> « Au ministère de l'Administration interne, il est de sa compétence, en général, de promouvoir, en accord avec les directives du Gouvernement, la formulation, la coordination et l'exécution de la politique de la sécurité intérieure et de la protection civile, d'assurer les mesures nécessaires à l'organisation et à l'exécution des processus électoraux et de garantir, au travers du gouverneur civil, la représentation du gouvernement dans le district[3].

L'évolution s'est faite en passant d'un pouvoir décisionnaire et discrétionnaire quasi unilatéral ou bilatéral, avec l'intervention impérieuse du ministère de l'Intérieur, à une collaboration locale qui a affaibli d'autant les missions administratives du gouverneur civil qu'elle a accru celles du président de la *Câmara municipal*.

---

[1] Le 11 novembre 1946 la fonction d'administrateur du *concelho* a été rétablie.

[2] L'article 24 (norme révocatoire) du décret-loi n° 55/87, du 31 janvier 1987 a abrogé le décret-loi n° 342/77, du 19 août 1977 et le décret-loi n° 410/83, du 23 novembre 1983.

[3] Le décret-loi n° 55/87, du 31 janvier 1987, article 2 « Domaines d'ingérence », a précisé que les attributions du MAI se sont exercées dans les domaines suivants : « maintien de l'ordre, sécurité et tranquillité publique,
« - Protection des personnes et des biens,
« - Contrôle des activités d'importation, fabrication, commercialisation, autorisations de détention et port d'armes, munitions et explosifs, à l'exception de ce qui, en ce domaine, relève du ministère de la Défense nationale,
« - Accorder la nationalité, le statut d'égalité et le statut de réfugié,
« - Contrôler l'activité des entreprises privées de sécurité,
« - Contrôler l'entrée, le séjour et la résidence des étrangers,
« - Prévention et répression de la criminalité,
« - Prévention des catastrophes, calamités ou désastres et prestations d'aides aux populations et secours aux sinistrés,
« - Mise à jour des recensements électoraux,
« - Organisation et exécution des processus électoraux,
« - Circulation et sécurité routière (décret-loi n° 92/92, du 23 mai 1992). »

Un statut consensuel

Les révisions du statut n'ont été faites qu'occasionnellement, par petites retouches en changeant parfois seulement quelques mots[1].

La raison principale en a été que sa définition aussi succincte qu'opaque convenait fort bien aux partis politiques une fois qu'ils étaient parvenus au pouvoir[2]. Le Conseil des ministres du 23 septembre 2010 a approuvé une proposition de loi et un décret-loi dans le but d'abroger les articles restants du code administratif de 1940 puisque, sur six cents articles, seulement dix étaient réellement en vigueur[3]. João Tiago Silveira, secrétaire d'État de la présidence du Conseil des ministres, a comparé le code administratif adopté durant les débuts de l'État nouveau à un « patchwork ». Le gouverneur civil restait encore en place alors même que l'on envisageait d'abroger le code administratif qui, depuis 1940, avait encadré les fonctions et le statut du responsable du district. On était en présence d'une situation kafkaïenne, puisque l'on gardait l'institution du gouverneur civil et le district en attendant l'instauration des régions administratives, comme le disposait la Constitution de 1976, et voilà qu'il était question de mettre fin au code administratif.

Le représentant local du gouvernement est passé d'un statut de chef incontesté du district à celui de coordinateur des programmes généraux de développements et de conseil, selon les évolutions des rapports des pouvoirs locaux.

Une institution puissante sous l'État nouveau

Le délégué du gouvernement dans le district fut un homme puissant. Par la suite, il a perdu de son pouvoir de manipulation et de nomination des élites politiques locales.

L'explication du changement relatif du statut du gouverneur civil a trouvé une partie de sa justification dans l'alternance politique post-25 avril 1974.

---

[1] *Cf.* supra, chapitre I, section 2, p. 289

[2] Au demeurant, le 23 septembre 2010 le gouvernement de José Sócrates a voulu abroger le code administratif de 1940, mais la question du devenir du gouverneur civil n'a pas été abordée.

[3] *Diário de Notícias*, 23 septembre 2010. Dans son article, Hugo Filipe Coelho a souligné qu'il était question de supprimer également 433 textes juridiques adoptés un an après la Révolution des Œillets du 25 avril 1974, lors de la réforme agraire de 1975 et durant le Processus révolutionnaire, plus communément désigné par PREC. Ils concernaient par exemple le décret-loi n° 211/75 du 19 avril 1975 relatif à la tenue des registres des actions des sociétés et le décret-loi n° 609-A/75 du 8 novembre 1975 portant sur le commerce du riz. Ces 433 lois n'étaient plus appliquées et les mesures de suppression étaient prises dans le cadre du programme Simplegis en vue d'une meilleure simplification législative. Le gouvernement avait décidé qu'en 2011 chaque texte juridique adopté devrait être accompagné d'un commentaire, afin d'en faciliter la compréhension par les citoyens. Il est à noter que de multiples institutions, associations et syndicats ont collaboré au programme Simplegis, mais jamais il n'a été fait mention d'y faire participer le gouverneur civil.

Maria Antónia Pires de Almeida[1] considère : « La professionnalisation de la politique locale et la rémunération respective de la charge, spécialement dans les *concelhos* hiérarchiquement inférieurs, les plus ruraux, fut une évolution significative pour avoir permis un attachement professionnel exclusif à la charge, ce qui aura contribué à deux révisions dans l'administration locale : l'élargissement du groupe social avec une accession au pouvoir et une meilleure spécialisation de la charge et des capacités administratives des édiles.

> Le fait que le président de la *Câmara* [municipale] puisse abandonner, même temporairement, ses activités professionnelles habituelles sans préjudice de son modèle de consommation et niveau de vie (le plus fréquemment il augmente) a permis un accès à la charge à des professionnels totalement différents des horizons traditionnels.

Les confusions et les imbrications des schémas administratifs et politiques portugais sont l'expression de l'inadaptation de l'institution aux besoins des territoires et des populations. En l'occurrence, les rivalités politiques ont mis à mal, depuis des décennies, les volontés réelles de certains politiques de vouloir établir de véritables réformes[2]. Comment peut-on expliquer une telle mésentente à l'Assemblée de la République, au sein des partis politiques et au niveau des *concelhos*, alors même que les intérêts du pays sont en attente d'une alternative administrative[3] ?

La réponse à cette question se trouve contenue dans le fait que le Portugal se caractérise aussi par une organisation administrative[4] qui manque de cohérence, malgré un système centralisé[5]. Le gouverneur civil fut donc une institution centrale, à l'échelon local, qui a progressivement évolué vers la

---

[1] Pires de Almeida (M.-A.), *O poder local do Estado Novo à Democracia : recrutamento e composição das elites municipais antes e depois do 25 de Abril de 1974*, Lisbonne, III *Congresso da Associação Portuguesa de Ciência Política*, 30 et 31 mars 2006, p. 10

[2] *Diário da República*, I-Série-A, n° 76, 9 juin 2000, p. 2991.

[3] Seconde partie, titre II, chapitre II, sur le *prefeito* régional, p. 531

[4] Matos Ribeira da Silva (F.- A.), *Não basta reagir, é necessário agir-Quatro Anos Como Governador Civil 1991-1994,* Braga, Édition du Cabinet du gouverneur civil du district de Braga, 1995, p. 19-20 : « Ce nombre élevé de circonscriptions administratives [512] et la diversité de leurs structures constituent des obstacles dans l'application de l'économie d'échelle à la résolution de problèmes de logement, d'assainissement, de circulation et d'économie. »

[5] Lefèvre (C.), *Lisbonne, une métropole sous le contrôle de l'État.* Paris, Institut Français d'Urbanisme, Laboratoire techniques, territoires, sociétés (LATTS), Université Paris VIII, août 2004 : « Le Portugal est parmi les États les plus centralisés d'Europe. Les récentes lois de décentralisation ont légèrement conforté la seule collectivité locale significative, la commune, et la tentative de construction de régions de collectivités territoriales s'est soldée par un échec suite au référendum négatif de 1998. [...]. Les communes sont de loin les collectivités locales fortes du système politico- institutionnel portugais. Ceci se vérifie dans leurs compétences et dans leurs ressources qui sont notamment appelées à se développer après la loi de 1999 qui inaugure une tendance décentralisatrice en leur octroyant à partir de 2003 de nouvelles compétences dans les domaines des transports, de la culture, de la santé, du logement et du développement économique. »

recherche de consensus locaux, au fur et à mesure que le législateur accordait plus de fonctions aux collectivités locales.

Cela ne doit pas occulter le fait qu'il est extrêmement difficile d'établir une échelle de grandeur, dans la hiérarchisation des pouvoirs, entre les deux principales institutions administratives et politiques locales[1], surtout après la fin de l'État nouveau.

Après la transition démocratique, un rééquilibrage devenu nécessaire

Avec l'instauration de la démocratie et l'élection au suffrage universel direct, le président de la *Câmara municipal* s'est libéré du carcan hiérarchique du gouverneur civil.

À la question « Les gouverneurs civils avaient-ils, avant le 25 avril 1974 un pouvoir administratif supérieur aux présidents des *Câmaras municipais* ? », le professeur Marcelo Rebelo de Sousa a précisé : « Effectivement, le gouverneur civil avait un pouvoir administratif supérieur aux présidents des *Câmaras municipais*, et cela d'autant plus que c'est le gouverneur civil qui les choisissait. Le gouverneur civil tirait aussi sa légitimité politique puis administrative du respect, mais surtout de la crainte qu'il inspirait aux élus locaux[2]. » Cette peur a été réelle jusqu'aux événements politiques et constitutionnels qui ont accompagné l'instauration du régime démocratique[3].

Un basculement s'est opéré progressivement en faveur d'une redéfinition du statut du président de la *Câmara municipal*. L'article 9 du code administratif, qui rappelait et détaillait les compétences du président de la *Câmara municipal*, en tant que magistrat administratif, fut abrogé par l'article 114, de la loi n° 79/77 du 25 octobre 1977 portant sur les « Attributions des collectivités et compétences des organes respectifs[4] ». L'arrêt n° 173/79 du Conseil

---

[1] Le professeur Marcelo Rebelo de Sousa a explicité ce point essentiel dans des courriers qu'il nous a adressés ce qui a facilité diverses démonstrations de ce travail.

[2] Courrier reçu en février 2005.

[3] Le gouverneur civil continuait à « conseiller » les présidents des *Câmaras municipais*, lors des élections, en leur indiquant les critères de choix optionnels, et les procédures de votes. Dans un courrier confidentiel adressé aux présidents des *Câmaras municipais*,[3] le gouverneur civil Luis de Almeida a écrit : « En accord avec ce qui est disposé dans la rédaction de l'article 2, alinéa b) et à l'article 3 du décret n° 29 112, du 12 novembre 1938, et à l'article 1er du décret-loi n° 43 178, du 23 septembre 1960, ainsi qu'à l'article 1er du décret n° 44 005, du 2 novembre 1961, va se tenir, comme le sait Votre Excellence, le 15 du mois, vers les 13 heures, à la *Câmara municipal* de Coimbra, l'élection du Procureur à la Chambre corporative, à laquelle participeront les présidents des *municípios* ruraux des districts d'Aveiro, Viseu, Coimbra, Leiria, Lisbonne, Castelo Branco et Guarda. Dans l'hypothèse où Votre Excellence se trouve empêchée de prendre part à ladite élection, je lui demande de passer en urgence une procuration, conformément à la loi, au nom de Monsieur le président de la *Câmara municipal* de Gouveia, afin qu'il le représente dans cet acte, et l'envoyer au président de la *Câmara municipal* de Coimbra. »

[4] *Diário da República*, I-Série, n° 247, loi n° 79/77 du 25 octobre 1977, p. 2564-2578. L'article 38 disposait : « Le município est une personne collective territoriale, dotée d'organes représentatifs, qui vise à la poursuite des intérêts spécifiques de la population dans ladite

consultatif, publié le 24 janvier 1980[1], a précisé qu'avec l'abrogation des articles 79 et 80 du code administratif, le président de la *Câmara municipal* perdait son statut de magistrat administratif et d'autorité policière.

Or, il y a dans l'analyse du statut du gouverneur civil un fait majeur qui résidait dans les réformes administratives et révisions constitutionnelles, lesquelles ont scindé ses prérogatives, comme pour saper davantage l'institution.

Un affaiblissement de l'autorité du gouverneur civil

La puissance réelle du gouverneur civil s'est réduite après l'alternance politique du 25 avril 1974.

Avec la transition démocratique et l'adoption de la Constitution de 1976, le gouverneur civil n'avait plus la possibilité de s'immiscer dans le choix des candidats aux élections municipales, en principe ou tout au moins ouvertement.

Les manœuvres politiciennes ont laissé place aux contrôles des régularités électorales et à des attributions restreintes, face à l'émergence de nouveaux pouvoirs locaux et nationaux.

Des interventions du gouverneur civil limitées

Le gouverneur civil était un surveillant surveillé, non seulement par son ministre de tutelle, mais aussi par les membres de l'opposition locale et ceux de son propre parti.

Au vu des observations, il y avait une situation paradoxale entre la Constitution de 1976 qui disait que le gouverneur civil serait supprimé après la création des régions administratives, et le décret-loi n° 55/87 du 31 janvier 1987 qui a rappelé la finalité de leur tâche puis le décret-loi n° 252/92 du 19 novembre 1992[2] qui a précisé les répartitions des fonctions qui incombaient au gouverneur civil.

C'est ainsi que les articles 3 et 4 du décret-loi n° 55/87 du 31 janvier 1987 se référaient aux organes et services qui avaient en charge la gestion des compétences du ministère[3] et les services administratifs placés sous la hiérarchie directe du ministre, le Secrétariat général, l'*Auditoria Jurídica*, le Cabinet d'Études et de Planification des Installations, le Cabinet des Affaires européennes et l'Inspection générale de l'administration interne. Le Secrétariat général coordonnait les activités administratives du ministère,

---

circonscription ». L'article 53 a énoncé « La *Câmara municipal* est constituée par un président, elle est l'organe exécutif collégial du município élu par les citoyens électeurs. »

[1] *Boletim do Ministério da Justiça,* n° 299, 24 janvier 1980, p. 55.

[2] *Diário da República*, I-Série-A, n° 268, décret-loi n° 252/92, 19 novembre 1992, p. 5334-5338.

[3] Par exemple les services administratifs et d'appui, les services déconcentrés, les forces et services de sécurité, les services de la protection civile et les services opérationnels.

mais aussi l'aide administrative et technique aux différents cabinets qui le composaient.

Le statut du gouverneur civil ne lui permettait pas toujours d'influer directement sur des secteurs de la vie locale sous couvert d'autorisations administratives et politiques[1], et d'une légitimation de son autorité.

Un statut qui inhibe certaines actions locales du gouverneur civil

L'étude du gouverneur civil doit être perçue dans une analyse et une démarche comparative avec le schéma préfectoral français, lequel a servi de modèle au législateur portugais.

La symbolique du préfet en tant que représentation de l'État en a fait une institution véritablement puissante et structurée. Or, comme l'a indiqué Éric Kerrouche : « Si l'on tente de caractériser le corps préfectoral, la meilleure expression est sans doute celle de groupe institutionnalisé[2]. » Il est vrai que l'action générale du préfet dans chaque département a été marquée par une centralisation administrative[3] depuis l'Empire[4].

Comme le fut le gouverneur civil, le préfet est le dépositaire de l'autorité de l'État dans le département[5] et la région[6]. Cependant, le professeur Catherine Grémion a mis en avant les paradoxes inhérents à l'institution[7]. Le pré-

---

[1] Il en est de même pour le préfet français, le *prefetto* italien, le délégué du gouvernement espagnol ou le secrétaire général de la région en Grèce.

[2] Kerrouche (E.), « Les préfets et la construction de l'État républicain : du modèle militaire au modèle managérial », *in L'Institution préfectorale*, *RFAP*, Paris, Institut International d'administration publique, 2001, n° 96, p. 545-546 : « Celle-ci recouvre deux dimensions essentielles. La première exprime un rapport spécifique à l'institution étatique, condition de naissance, d'existence et de pérennité du groupe. La seconde est relative au fait que le groupe dispose d'une autonomie partielle, car de nombreux éléments montrent l'assujettissement profond du corps à des règles qu'il ne maîtrise pas. »

[3] Ohnet (J.-M.), *Histoire de la décentralisation française,* Paris, édition Le Livre de Poche, Références 527, Librairie Générale Française, 1996, p. 62 : « Une centralisation totale constitue par conséquent le seul mode possible d'organisation administrative et politique. La création des préfets en est l'illustration. Nommés par le gouvernement dans chaque département, entourés d'un conseil de préfecture, ils exercent sans partage les pouvoirs de gestion et de représentation de l'État. »

[4] Bernard (P.), *L'État et la décentralisation - Du préfet au commissaire de la République*, Paris, La documentation Française, 1983, p. 284 : « Le préfet de l'Empire constitue un point fixe de référence pour l'organisation administrative française. »

[5] Bras (H.), *L'évolution de la fonction préfectorale depuis 1982,* Montpellier, Université de Montpellier I, Faculté de droit, 1996, p. 515 : « L'existence du préfet du département a été préservée en premier lieu du fait même de l'importance nouvelle accordée au conseil général. »

[6] Les préfets délégués à la police (décret du 20 septembre 1972) sont les principaux responsables en termes de sécurité dans le département.

[7] Grémion (C.), « L'institution préfectorale », *RFAP*, Paris, 2 000, octobre-décembre, p. 559.

fet intervient dans les procès administratifs ayant un intérêt général[1], et cela va de la préparation des élections aux interventions dans les procédures d'expropriation pour cause d'utilité publique. Le professeur François Burdeau a démontré que le préfet a toujours été, depuis sa création, plus qu'un simple représentant et exécutant de la politique du pouvoir en place, quel que soit le régime[2], ce qui l'éloigne du gouverneur civil. Le préfet français a disposé de moyens techniques et humains plus conséquents que ceux dont bénéficiait le gouverneur civil.

La législation qui se rapporte à leur statut est également plus « volumineuse » en France qu'elle ne l'est au Portugal. La future législation qui portera sur le processus de réorganisation de la représentation locale de l'État, par une division administrative du territoire national en régions, prévues dans la Constitution de 1976, devrait avoir à cœur de clarifier les attributions et les domaines de compétences du *prefeito* régional[3].

Il faut passer d'un statut « classique et nébuleux » à celui d'une représentation plus « technique » de la fonction. Dans l'hypothèse de l'instauration d'une future régionalisation administrative du territoire, le représentant régional de l'État devrait être choisi, plus pour ses compétences générales que pour son appartenance politique. Mais une telle suggestion si elle paraît illusoire, par le fait même que l'institution a tiré sa légitimité du bon vouloir et du pouvoir arbitraire du gouvernement, n'en demeure pas moins souhaitable et réalisable.

La sauvegarde de la légitimation de l'autorité du pouvoir central

Le renforcement local de l'État fut une volonté du législateur avec la création du *prefeito*, mais cela n'était pas spécifique au Portugal. De même, le placement à la direction du district fut plus original au Portugal qu'il ne l'est pour le département en France[4].

---

[1] L'article 30 du Code de procédure pénale précise, par ailleurs, que le préfet est un officier de police judiciaire : « Les nouveaux pouvoirs des préfets sur l'administration déconcertée, mythe ou réalité ? Et c'est là un premier paradoxe. »

[2] Burdeau (F.), *Histoire de l'administration française du XVIIIe au XXe siècle*, Paris, Édition Collection Précis Domat-Droit public, 384 p.

[3] *Cf.* seconde partie, titre II.

[4] Par exemple, des dix-huit gouverneurs civils nommés en mai 2005 seul le gouverneur civil de Beja Manuel Soares Monge, n'était pas membre du Parti socialiste, mais général de réserve. Il fut l'un des proches collaborateurs du général António de Spinola durant les guerres coloniales et un membre du Mouvement des Capitaines lors de la Révolution du 25 avril 1974. Dans le district de Beja, Luis Colaço Gomes da Costa, membre du Parti social-démocrate et entrepreneur dans le secteur privé, fut nommé gouverneur civil du 7 août 1991 au 10 décembre 1991. Il a été de nouveau placé à la direction du gouvernement civil du 16 décembre 1991 au 10 décembre 1994.

Certes, le gouverneur civil changeait à chaque alternance politique et il en est quasiment de même pour le préfet. En France, la loi du 2 mars 1982[1] a précisé le statut du préfet en tant que représentant exclusif et direct, non seulement du Premier ministre, mais aussi de l'ensemble des ministres du Gouvernement. Le préfet est « chargé de veiller à l'exécution des décisions gouvernementales » et a gardé des fonctions exécutives, alors même que celles dévolues aux élus locaux étaient redéfinies. La loi du 2 mars 1982 a défini également le chef de l'institution préfectorale comme « dépositaire de l'autorité de l'État » et a permis au préfet, après bien des amendements, de surseoir à toute perspective de mise en œuvre de programmes qu'il estimerait non conformes, aux exigences des plans de développement objectivés, et à la législation administrative.

En conséquence, la législation française a été plus précise sur le statut de l'institution préfectorale contrairement au modèle portugais. Au Portugal, il a fallu attendre l'adoption du décret n° 399-B/84 du 28 décembre 1984[2] et le décret-loi n° 252/92 du 19 novembre 1992 pour que soit réformé le statut du gouverneur civil, et encore très légèrement, ce qui a permis d'établir un comparatif plus explicite avec celui de son contre-pouvoir local, le président de la *Câmara municipal*.

La concurrence d'autres autorités locales

La loi n° 1946 du 21 décembre 1936, qui avait autorisé le gouvernement à publier un nouveau code administratif et à dissoudre les organes administratifs a marqué une étape décisive dans les procédures de contrôles et surveillances des institutions locales et de leurs dirigeants.

---

[1] En France, le statut et les fonctions ont été révisés par les décrets du 10 mai 1982, puis par la loi n° 92-125 du 6 février 1992 dite « Loi relative à l'administration territoriale de la République ». La déconcentration est devenue le principe de l'organisation administrative française. *Cf. Journal officiel de la République française* n° 33 du 8 février 1992, p. 2064, et *Journal officiel de la République française* du 11 mai 1982 p. 1335, le décret n° 82-389 du 10 mai 1982 relatif aux pouvoirs des commissaires de la République.

[2] *Diário da República*, I-Série, n° 299, décret-loi n° 399-B-84 du 28 décembre 1984, p. 3936-(5). Le décret-loi n° 399-B-84 du 28 décembre 1984 disposait : « […] 2. Il faut reconnaître que le statut actuel du gouverneur civil n'est pas bien défini, situation qui, dans la pratique, résulte d'une certaine confusion entre deux réalités distinctes qui dans les termes de la Constitution et de la loi continuent à exister ; la tête exécutive d'une structure transitoire (selon les articles 284, 311 à 315 et 326 du code administratif), le district ; le représentant du Gouvernement et magistrat administratif (articles 404 et suivants du code administratif) dans la division territoriale qui regroupe les *concelhos* (article 1er du code administratif). Qu'il y a des avantages à définir le cadre de cette figure complexe, personne ne le conteste. Il est un fait, cependant, que la réalité politico-institutionnelle ne peut pas toujours se caractériser dans la pure abstraction de la loi, mais résulte d'une pratique politique et législative […].
« 3. De fait, il semble plus certain, en effet, que le statut du gouverneur civil fait l'objet d'un examen approfondi lors d'une phase ultérieure […]. »

De fait, les réorganisations de l'administration locale furent régulièrement soumises à des réformes dès l'adoption du code administratif de 1940[1]. Les articles 126 et 127 ont transformé les Conseils des provinces en Juntes de province et les agents du gouvernement civil ont pu exercer leurs missions d'inspection sur les collectivités locales. De même, avant 1974 le gouverneur civil a personnifié la puissance de l'État dans le district, après la transition démocratique, il a dû apprendre à collaborer avec le président de la *Câmara municipal*, en dehors de tout rapport hiérarchique.

Durant un temps, le gouverneur civil fut le garant du succès des candidats du gouvernement dans le district, avant qu'il ne devienne simplement le responsable du bon déroulement des élections, sans pouvoir influer sur celles-ci. Cela n'a pas remis fondamentalement en cause la symbolique et la caractéristique intrinsèque de son pouvoir.

De la manipulation des élections à leur surveillance

Le gouverneur civil en tant que magistrat administratif fut aussi étroitement lié aux déroulements des actes électoraux susceptibles de remettre en cause le devenir du gouvernement en place.

L'action qui a suscité somme toute le plus d'engouement, ou tout au moins la plus forte participation de la population, a été la mise en place de l'organisation matérielle des élections. Des changements qui se sont opérés avec la transition démocratique il en a résulté que le déroulement des élections pouvait s'effectuer, selon un processus régulier spécifié par les textes législatifs. Le gouvernement a exigé qu'il y ait dans la *Câmara municipale*, un contrôleur officiel au motif pris de ce qu'ils devaient procéder aux décomptes électoraux, conformément à la législation :

> Le Gouvernement, dans le cadre de la révision de la Loi des finances locales, prétend installer un contrôleur officiel des comptes, dans chaque *municipai* de façon à veiller à la légalité des comptes des *Câmaras municipais*, a souligné le DN [*Diário de Notícias*]. [...] L'idée de mettre en place un contrôleur officiel des comptes dans chaque *Câmara municipal* est déjà mentionnée dans un avant-projet de proposition de Loi des finances locales, en date du 27 mars, auquel le DN a eu accès.

Dans ce document, sous le titre « Révision légale des comptes des *municípios* et associations de *municípios* avec des participations de capital », il était écrit que les *municípios* et associations de *municípios* qui détenaient des capitaux dans des fondations, entreprises municipales, intermunicipales ou sociétés anonymes, devaient disposer d'un seul contrôleur, garant de la léga-

[1] *Cf.* les textes que l'on détaille tout au long de cette étude : décret-loi n° 27 424 du 31 décembre 1936 ; décret-loi n° 31095 du 31 décembre 1940 ; loi n° 2100 du 29 août 1959 et décret-loi n° 42536 du 28 septembre 1959 ; Constitution de la République portugaise du 2 avril 1976 ; loi n° 79/77 du 25 octobre 1977.

lité, de la régularité et de la bonne gestion financière et patrimoniale des *municípios*[1].

Dans des contextes électoraux, financiers, budgétaires et économiques parfois difficiles, il se posait la question des répartitions asymétriques du pouvoir au niveau local.

Le besoin de régulation du pouvoir à l'échelon du district

Les fonctions générales du gouverneur civil se sont intensifiées avec l'adoption du code administratif de 1940. En même temps, le président de la *Câmara municipal*, avec la disparition de l'administrateur du *concelho*, devenait le seul représentant du pouvoir exécutif dans cette circonscription[2].

On a dû attendre l'adoption de la Constitution de 1976 et les articles 237 à 262 relatifs au pouvoir local et au projet d'organisation du territoire en régions administratives, *municípios* et *freguesias*, pour que soient restructurés les organes représentatifs des collectivités locales et définis leurs compétences et secteurs d'interventions. L'appartenance à l'élite politique locale et le pouvoir du gouverneur civil sur les populations se situaient essentiellement dans l'ascendant personnel, social, économique et dans les relations de médiation du gouverneur civil avec les différentes classes sociales.

Paradoxalement, l'implication administrative et politique du gouverneur civil lors des réformes administratives, des révisions constitutionnelles et des alternances politiques a été extrêmement discrète. Depuis l'entrée en vigueur de la Constitution de 1976, le gouverneur civil, marginalisé et neutralisé, a gardé des fonctions secondaires qui n'étaient pas toutes en adéquation avec son statut de « magistrat administratif ».

Une législation délibérément laconique sur le statut du gouverneur civil

Magistrat administratif, le gouverneur civil fut avant tout un politique, comme on le souligne en introduction, cantonné sciemment dans un rôle de simple exécutant.

En restant dans le flou, on délimitait certes les fonctions administratives du délégué local du gouvernement, mais on restait évasif sur ses attributions politiques. C'est cela qui explique le mélange des fonctions et du statut et participe d'une confusion générale. Pourtant, dès qu'il était nommé à la direction du gouvernement civil le représentant local du pouvoir exécutif devait faire preuve de neutralité, car il était également l'avocat de tous les citoyens auprès des différents ministères.

Force est de reconnaître que la législation portant sur le statut du gouverneur civil n'a jamais porté atteinte aux relations politiques entre les caciques

[1] *Diário de Notícias*, 9 mai 2006, p. 7.

[2] Le *regedor*, officier civil de la *freguesia*, était nommé par le président de la *Câmara municipal*, après consultation du gouverneur civil.

et les élus locaux. Le statut du gouverneur civil est resté quasi immuable et ne faisait pas explicitement mention du rôle politique du gouverneur civil, au-delà de sa dimension symbolique de personnification locale de l'État et des réformes des collectivités locales.

Une législation confuse

Les codes administratifs successifs qui ont défini les principes d'actions du gouverneur civil sont toujours passé très brièvement sur son statut. En fait, le gouverneur civil se caractériserait par plusieurs statuts, c'est-à-dire celui dont il bénéficiait en tant que représentant direct de l'État, et celui que l'on voulait bien lui prêter, selon les interlocuteurs du moment qu'ils ont été adversaires ou partisans du *statu quo* de l'institution[1].

La lecture et l'analyse des correspondances adressées au gouvernement civil démontrent que les organismes publics et privés et les citoyens qui le sollicitaient pour répondre, par exemple à une demande d'intervention, avaient une certaine propension à imaginer que le gouverneur civil disposait de pouvoirs autres que ceux qu'il avait en réalité. Par ailleurs, s'il a été le responsable de la protection des biens nationaux, le gouverneur civil menait aussi des actions qui traduisaient très ouvertement son ambition politique.

Le gouverneur civil, référent administratif du pouvoir politique dans le district

Magistrat administratif, le gouverneur était au service du politique. C'est somme toute cela qui a contribué à sa stabilité et qu'elle a perduré presque sans réelles modifications depuis que le poste de *prefeito* avait été créé.

Le statut a toujours servi de paravent à l'institution personnifiée par le gouverneur civil[2]. Cela convenait parfaitement au pouvoir central qui pouvait se retrancher, si besoin, derrière son délégué local. À titre d'illustration, on peut affirmer que les mouvements régionalistes[3] qui ont suscité des velléités de division du territoire en régions ont favorisé la mise en place du code administratif de 1940 et des onze provinces[4]. Mais aucun gouverneur

---

[1] Dans la seconde partie, on analyse les raisons administratives, financières et politiques qui ont justifié la sauvegarde du gouverneur civil jusqu'à sa suppression définitive le 21 juin 2011.

[2] C'est le cas, par exemple, des réformes engagées au Portugal, depuis la création du district en 1835, la loi n° 88 du 7 août 1878 qui réglementait l'application du code administratif de 1878 et la loi n° 1946 du 21 décembre 1936 qui autorisait le gouvernement à publier un nouveau code administratif. Après la Constitution de 1976, les réformes se sont caractérisées par des projets de réorganisations administratives.

[3] Cela était surtout vrai dans les *Beiras* (littorale, haute et basse), durant la décennie 1920-1930. Les provinces ont été instaurées dans la configuration territoriale portugaise de 1936 à 1959.

[4] Minho, Trás-os-Montes et Haut Douro, Douro Littoral, Beira Alta, Beira Baixa, Beira Littorale, Estremadura, Ribatejo, Haut Alentejo, Bas Alentejo, Algarve.

civil « provincial » n'a été prévu. Avec l'instauration du régime corporatiste, la promulgation de la Constitution de 1933 et l'adoption du code administratif de 1940, le représentant du gouvernement dans le district a connu son apogée, en tant que détenteur de véritables pouvoirs et une réelle stabilité.

Cependant, si l'autorité du gouverneur civil fut incontestable de 1940 à 1974, elle n'avait cessé de s'estomper depuis.

Une législation incomplète

Les gouvernements ont toujours été très exigeants avec leur délégué local. Mais, il ne faudrait pas accorder au gouverneur civil un simple statut de collaborateur local des différents ministères et cela appelle ici à faire deux remarques.

D'un premier point de vue, une telle interprétation serait injuste et le réduirait à un simple agent du ministère de l'Administration interne.

Dans une seconde analyse, les choix dans les priorités de la vie administrative, sociale et politique du district n'ont pas toujours placé le gouverneur civil dans une position hiérarchique dominante, à l'égard des administrés du district.

Les textes législatifs inhérents à l'institution ne peuvent se comprendre, et se justifier, que dans le cadre d'une prise en compte de la position subalterne du gouverneur civil à l'égard du pouvoir central. Avec l'adoption de la Constitution de 1933, et la promulgation du code administratif de 1940, les prérogatives générales conférées au gouverneur civil ont été renforcées[1]. Sur le plan politique, le gouverneur civil s'est trouvé au centre d'une situation duale entre son statut de représentant direct de l'État et de son autorité, et les critiques dont l'institution était la cible.

Sur le plan administratif, la situation a été d'autant plus confuse que les deux codes administratifs de 1878 et de 1896 étaient encore en vigueur lors de l'adoption du code administratif de 1940 ce qui avait engendré une législation complexe et disparate[2]. Après l'instabilité politique à laquelle allait mettre fin le coup d'État du 28 mai 1926, le code administratif de 1940 a concrétisé l'instauration d'une administration et une institution locale stable, malgré des tentatives de reconfigurations territoriales[3]. Quant à la loi consti-

[1] La rédaction de la Constitution de 1933 et celle du code administratif de 1940 furent essentiellement l'œuvre de Marcello Caetano, professeur de droit et futur président du Conseil.

[2] Le décret-loi n° 12 073, du 6 août 1926 a continué, à titre provisoire, à maintenir en place les codes administratifs de 1878 et 1896. En réalité les tentatives de réformes administratives au début du XXe siècle n'ont pas été suivies d'effets concrets, tant l'instabilité politique fut importante.

[3] L'article 125 de la Constitution de 1933 dans sa révision de 1959 disposait : « Sans préjudice de la désignation régionale de la Province, le territoire du continent se divise en *concelhos,* qui se constituent de *freguesias*, et ils se regroupent en districts, la loi établissant les limites de toutes les circonscriptions. » Après l'élection présidentielle de 1958 et dans un contexte extrêmement tendu, la loi 2100, du 29 août 1959 a accordé à l'Assemblée nationale

tutionnelle n° 2100 du 29 août 1959 qui a révisé la Constitution de 1933, elle a permis d'engager des modifications au sein de la division administrative du territoire. En fait, le décret-loi n° 42536 du 21 septembre 1959 a surtout supprimé la province en tant que collectivité locale, et rétabli l'autonomie administrative du district[1], sans réviser pour autant le statut du gouverneur civil, ce qui appelle à deux remarques.

Dans un premier temps, force est de reconnaître que les textes législatifs n'ont jamais véritablement remis en question, de manière explicite, le devenir et le statut du gouverneur civil. On a dû attendre la promulgation de la Constitution de 1976 (articles 237 à 262 portant sur le pouvoir local et la nouvelle division administrative du territoire), pour que l'article 263 garantisse le maintien de l'espace portugais en districts tant que le futur schéma administratif décrit dans les articles précédents n'aura pas été instauré. Après la chute du régime dictatorial, le ministère de l'Administration interne et le ministère du Plan et de la Coordination économique ont proposé, dès 1976, deux orientations possibles en matière d'organisation administrative, avec un gouverneur civil régional[2] aux pouvoirs redéfinis[3].

Ensuite, le statut du gouverneur civil ne lui a jamais accordé la possibilité d'être assurément le seul maître des règles du jeu administratif et politique dans le district. Il devait composer avec les caciques locaux, ménager les susceptibilités et les ambitions de ses alliés politiques tout en faisant preuve d'allégeance au gouvernement.

Certes, l'étude des pouvoirs des élites locales a démontré qu'il existait une continuité dans le domaine institutionnel, comme l'a noté Nuno Monteiro[4]. Il est incontestable que si révisions du statut du gouverneur civil il y a eu, elles n'ont touché qu'aux « statuts » officieux, autrement dit ceux qui étaient de l'ordre du non-dit, des missions politiques partisanes, du contrôle de l'opposition et l'obligation de mener une campagne politique permanente, mais discrète, pour lui ou des membres de son parti.

---

la possibilité de réviser la Constitution politique de 1933. La finalité de la révision constitutionnelle était basée sur une modification du mode d'élection du président de la République, lequel se déroulait au suffrage direct. On a intégré alors au débat, l'éventualité de la réorganisation administrative par la suppression des provinces. Une révision de la Constitution a été promulguée par la loi n° 2 100, du 29 août 1959.

[1] *Diário das Sessões*, septembre 1959, n° 119 et n° 124.

[2] Comme on le démontre en seconde partie, titre II.

[3] Les archipels des Açores et de Madère constituent une exception puisqu'ils bénéficient d'une organisation politique et administrative qui n'affecte pas ni l'intégrité ni la souveraineté de la Nation.

[4] Monteiro (N.), « Elites e Poder. Entre o Antigo Regime e o Liberalismo », *Análise Social*, Lisbonne, Instituto de Ciências Sociais, 2003.

Une réponse aux exigences des partis politiques

On devait bercer d'illusions le gouverneur civil et le laisser croire qu'il était le véritable décideur du district.

Cet affaiblissement de l'institution était déjà latent depuis le début de la création du *prefeito*. En effet, on sait qu'il existait une constante dans l'ensemble des districts, qui résidait dans le fait que le gouverneur civil était généralement natif des *concelhos* qui composaient le district dont il avait la responsabilité. Il devait servir le gouvernement qui l'avait nommé, son parti et ses alliés dans le district, les populations et lui-même. D'un poste qui exigeait de multiples compétences comme l'énonçaient les décrets du 16 mai 1832[1], il s'est transformé progressivement en un tremplin pour accéder à d'autres postes politiques ou activités politiques nationales ou locales.

Pourtant, les accointances politiques locales obligeaient le gouverneur civil à entretenir des compromis avec les élus locaux. Cela écornait d'autant plus son pouvoir déjà bien affaibli par des fonctions qui étaient progressivement confiées au président de la *Câmara municipal*. Une fois de plus, on ne peut qu'admettre que le statut de magistrat administratif du gouverneur civil ne l'a nullement exonéré d'attributions politiques.

Un statut adapté aux missions politiques

Le statut politique du gouverneur civil est longtemps resté opaque et officieux, admis et accepté comme tel par tous les partis qui accédaient au pouvoir.

De prime abord, si la rareté des textes législatifs qui se réfèrent au statut politique du gouverneur civil traduit la stabilité de l'institution, elle reflète aussi les intérêts des gouvernements qui ont souhaité la maintenir en l'état. Le pouvoir central s'est fort bien accommodé de la caractéristique politique de son gouverneur civil. Et, même si chaque parti politique dénonçait cet état de fait, une fois au pouvoir il continuait à utiliser à son profit le système en place.

Dans un second temps, en profitant de cette confusion instrumentalisée, le délégué local du pouvoir central pouvait trouver un moyen d'impulser sa carrière publique ou privée.

Des principaux textes adoptés depuis la Constitution de 1976 concernant le statut, c'est le décret-loi n° 252/92 du 19 novembre 1992[2] qui a rappelé le statut du gouverneur civil, malgré une législation particulièrement floue pour de multiples motifs.

---

[1] *Cf.* développements sur les prérogatives accordées au *prefeito* puis au gouverneur civil, première partie, titre I, chapitre I.

[2] *Diário da República*, I-Série-A, n° 268, décret-loi n° 252/92, du 19 novembre 1992, p. 5334-5338.

Les raisons d'un statut pluriel

Comme on l'a développé dans la première partie, titre I, chapitre I, les fonctions pluridisciplinaires du gouverneur civil s'appuyaient sur des fondements administratifs, économiques, sociaux et politiques.

Sans qu'il soit indispensable de refaire un récapitulatif de l'évolution de la législation qui porte sur le statut du gouverneur civil, quelques exemples sont toutefois nécessaires pour illustrer cette situation de fait. Par exemple, le décret n° 399-B/84 du 28 décembre 1984[1] a réformé l'article 404 et le § 3 de l'article 406[2]. Il disposait :

> Il faut admettre que l'actuel statut du gouverneur civil n'est pas bien défini, situation qui, dans la pratique, résulte d'une certaine confusion entre deux réalités distinctes qui dans les termes de la Constitution et de la loi continuent à exister : tête exécutive d'une structure transitoire (conformément aux articles 82 à 90 de la loi n° 77/9 et aux articles 284, 311 à 315 et 326 du code administratif), le district ; représentant du Gouvernement et magistrat administratif (articles 404 et suivants du code administratif) dans la division territoriale qui regroupe les *concelhos* (article 1er du code administratif). Qu'il y ait des avantages à définir le statut de ce schéma complexe, personne n'en doute. La réalité politico-institutionnelle ne peut pas toujours se caractériser dans la pure abstraction de la loi, mais résulte d'une pratique politique et législative qui est en grande évolution, particulièrement dans le cas portugais dans lequel on doit encore adopter, dans la sphère des actuelles et probablement futures compétences des gouverneurs civils, des mesures législatives de fond.

Le décret n° 399-B/84 du 28 décembre 1984, dans son §3, a confirmé cette volonté : « Il semble certain que le statut du gouverneur civil soit l'objet d'un profond examen en phase ultérieure. » Le décret-loi n° 252/92 du 19 novembre 1992 a reconduit le statut du gouverneur civil, en tant que représentant du pouvoir central ayant en charge la tutelle administrative, tant que durerait la transition prévue à l'article 291 de la Constitution de 1976[3].

---

[1] *Diário da República*, I-Série, n° 299, 28 décembre 1984, p. 3936-(5). Le décret n° 399-B/84 du 28 décembre 1984 a souligné la nécessité de garder les districts qui devraient être supprimés avec la régionalisation administrative du territoire. Il a précisé les modalités de fonctionnement des collectivités locales et leurs secteurs d'interventions, mais n'a pas bouleversé le statut du gouverneur civil. La loi n° 79/77 du 25 octobre 1977 dite « loi des collectivités locales » n'a pas voulu modifier les prérogatives politiques du gouverneur civil, tant que les régions administratives n'auront pas été instaurées (*Cf. Diário da República*, I-Série-A, n° 247, loi n° 79/77, du 25 octobre 1977, p. 2564-2578).

[2] Il a abrogé l'article 405 du code administratif portant sur la nomination et la révocation du gouverneur civil et du vice-gouverneur civil.

[3] Le décret-loi n° 252 /92 du 19 novembre 1992 a précédé la loi constitutionnelle n° 1/92 du 29 novembre 1992 relative à la troisième révision de la Constitution de 1976. Il n'a pas modifié la division administrative, ni remis en cause le maintien transitoire du district et du gouverneur civil.

Avec l'adoption du décret-loi n° 252/92 du 19 novembre 1992[1], il y a eu un délitement des compétences du gouverneur civil au bénéfice du président de la *Câmara municipal.* Le décret-loi n° 252/92 du 9 novembre 1992 a créé un climat peu propice à la mise en œuvre d'une réforme administrative, orientée vers un renforcement ou une multiplication des prérogatives de l'institution. L'article 2 « Statut des gouverneurs civils » a précisé que les articles 2, 4 et 7 du décret-loi n° 252/92 du 19 novembre 1992 étaient rédigés comme suit :

- article 2 : « Le gouverneur civil est l'organe qui représente le Gouvernement dans le district et qui, dans cet espace géographique, exerce les compétences que la loi lui confère. »
- article 4 (a) : « Prendre les dispositions nécessaires pour maintenir ou restaurer l'ordre, la sécurité et la tranquillité publics, en demandant, si besoin, l'intervention des forces de sécurité, aux commandants de la PSP de la GNR, installées dans le district[2]. »

Les deux articles ont rappelé très succinctement le statut et les fonctions du gouverneur civil, préférant entretenir une certaine ambivalence. L'article 407[3] du code administratif[4] s'intitulait « Compétence en tant que représentant du Gouvernement[5] » avec le vocable « compétence » au singulier. Cela est d'autant plus paradoxal que les actes énumérés comme relevant de son statut sont au nombre de quinze[6]. Mais s'il existe néanmoins une am-

---

[1] Le décret-loi n° 252/92 fut modifié par les décrets-lois n° 316/95, du 28 novembre 1995 (*Diário da República,* I-Série-A, n° 275, 28 novembre 1995, p. 7375-7376.), n° 213/2001 du 2 août 2001 (*Diário da República,* I-Série-A, n° 178, décret-loi n° 213/2001 du 2 août 2001. p. 4702-4705) et n° 264/2002, du 25 novembre 2002 (*Diário da República*, I-série-A, n° 272, décret-loi n° 264/2002 du 25 novembre 2002, p. 7385-7386).

[2] Le paragraphe 6 énonçait : « Le gouverneur civil peut déléguer tout ou partie de la compétence prévue à l'alinéa b) du n° 1, aux commandants de la police, de division, de section ou escadron de la PSP ou brigade, groupe, détachement territorial ou poste de la GNR. »
- article 7 « La désobéissance aux ordres et aux actes pratiqués par le gouverneur civil constitue un crime puni dans les termes du Code pénal ».

[3] Il fut abrogé par l'article 29 du décret-loi n° 252/92, du 19 novembre 1992.

[4] Silva Paixão da (J.), Aragão Seia (J.-A.), et Fernandes Cadilha (C.-A), (dir.), *Código administrativo*, Coimbra, Livraria Almedina, 1998.

[5] Article 4 du décret-loi n° 252/92, du 19 décembre 1992, et article 14, n° 2, du décret-loi n° 701-B/76 du 21 septembre relatif aux compétences du gouverneur civil.

[6] Ainsi, il est dans les attributions du gouverneur civil :
« 1. D'informer le Gouvernement de n'importe quels sujets d'intérêts publics ou d'intérêts particuliers qui aient un rapport avec ce dernier.
« 2. Envoyer aux ministres à qui ils sont dirigés, et dûment informés, lorsqu'il pourra le faire, les demandes, exposés et pétitions qui sont adressés aux gouverneurs civils.
« 3. Appeler l'attention des présidents des *câmaras* municipales sur les lois et règlements et leur transmettre les ordres supérieurs, en leur donnant les instructions qu'il appartiendra à leur exécution.
« 4. Exercer les missions d'inspection qui lui sont conférées par ce Code et autre législation.
« 5. Prêter toute aide et coopération aux fonctionnaires chargés d'inspecter les corps administratifs en service dans son district.

biguïté dans la définition du statut du gouverneur civil et si la législation fut de plus en plus laconique sur ce sujet, le décret-loi n° 316/95 du 28 novembre 1995 a été plus explicite, comme on le démontre *supra*.

La déliquescence d'un pouvoir illusoire

Tout d'abord, il ressort des textes adoptés sur le statut et les fonctions du gouverneur civil que si ses attributions ont été réduites progressivement, celui-ci fut placé au centre de convergences d'intérêts essentiellement politiques, mais pas seulement.

Ensuite, si la Constitution de 1976 n'a pas supprimé le gouverneur civil, le statut du gouverneur civil a été évoqué à diverses reprises par des textes législatifs, comme pour bien insister sur le fait qu'il y avait dans le district un personnage qui représentait l'État, en attendant que l'on adopte un autre schéma de substitution. Ces textes ont généralement précédé et accompagné les débats sur les projets de régionalisation administrative du territoire.

C'est dans la dépendance hiérarchique de l'institution à l'égard du pouvoir central, que les processus d'ingérences et de tutelles ont trouvé leurs raisons d'être. Pourtant, le gouverneur civil possédait encore une parcelle d'autonomie puisqu'il avait la possibilité de recruter des fonctionnaires pour qu'ils deviennent ses collaborateurs. Selon les termes de l'article 15 du décret-loi n° 252/92 du 19 novembre 1992 :

> 1. Le gouverneur civil pourra former un cabinet d'appui personnel, composé d'un maximum de deux adjoints et d'un secrétaire, leur rémunération sera fixée par le gouverneur civil, mais elle ne pourra pas dépasser, respectivement les indices fixés, pour les catégories de tech-

---

« 6. Demander à ce qu'il soit procédé aux élections des corps administratifs dans les délais légaux.
« 7. Veiller à ce que les séances des conseils municipaux et des districts aient lieu aux dates prévues.
« 8. Approuver les statuts des personnes collectives d'utilité publique administrative, et des associations d'instruction, de culture et récréation constituées dans lesdits districts, qui selon la loi ne doivent pas être soumis à l'approbation d'une autre autorité.
« 9. Exercer une tutelle sur les personnes collectives d'utilité publique administrative, selon la loi.
« 10. Superviser les services du secrétariat du gouvernement civil et concéder aux fonctionnaires respectifs une licence jusqu'à 15 jours chaque année.
« 11. Réguler la distribution et utilisation de toutes les dépendances du gouverneur civil et prendre les mesures nécessaires pour leur conservation et leur réparation.
« 12. Donner pouvoir aux fonctionnaires publics et administratifs, dans les cas désignés par la loi.
« 13. Dresser des conflits d'attributions entre les autorités administratives et judiciaires, dans les termes des lois et règlements respectifs.
« 14. Concéder des autorisations aux présidents des *Câmaras municipais* du district.
« 15. Exercer les pouvoirs de la compétence originaire du ministre de l'Administration interne qui lui seront délégués. »

nicien supérieur principal et de technicien adjoint spécialisé de 1re classe.
2. Lorsqu'il y aura un vice-gouverneur civil, le cabinet cité au numéro antérieur pourra avoir deux secrétaires.
3. Les membres dudit cabinet seront librement nommés et révoqués par le gouverneur civil, avec effet dès la date de la décision. » L'étude du décret-loi n° 252/92 du 19 novembre 1992 a énoncé deux dispositions qui ont motivé le fait que le gouvernement souhaitait sauvegarder le gouverneur civil pour un temps indéterminé.

Le décret-loi n° 252/92 du 19 novembre 1992 a été révisé par le décret-loi n° 213/2001 du 2 août 2001[1] et le gouvernement avait demandé aux ministres de l'Administration interne, des Finances et de la Réforme de l'État et de l'Administration publique de faire appliquer la législation en vigueur en matière de rétribution[2]. Le décret-loi n° 316/95 du 28 novembre 1995 a précisé que le gouvernement devait définir par arrêté ministériel, le système de rémunération du gouverneur civil (et du vice-gouverneur civil quand il y en avait un) et celui des membres qui composaient son cabinet[3]. On peut considérer que la prise en compte du paramètre de la rémunération du gouverneur civil a été une donnée essentielle de son statut. Elle pouvait être un gage d'indépendance vis-à-vis des acteurs économiques et politiques du district[4].

De plus, le statut du gouverneur civil confirmé par le décret-loi n° 252/92 du 19 décembre 1992, modifié par le décret-loi n° 316/95 du 28 novembre 1995, a recadré les compétences du gouverneur civil en tant que structure administrative qui, au sein du district, était le représentant direct du gouvernement avec comme prérogatives principales le maintien de l'ordre et la sécurité publique[5]. Le décret-loi n° 316/95 du 28 novembre 1995 dans sa

[1] Les signataires du décret-loi n° 213/2001 du 2 août 2001 étaient Henrique Nuno Pires Severiano Teixeira (ministre de l'Administration interne), Joaquim Augusto Nunes Pina Moura (ministre des Finances) et Alberto de Sousa Martins (ministre de la Réforme de l'État et de l'administration publique).

[2] Il a fallu attendre l'adoption du décret-loi n° 252/92 du 19 novembre 1992 pour que l'on définisse une nouvelle grille de rémunérations. L'arrêté n° 948/2001 du 3 août 2001 du MAI avait fixé la grille de rémunération du gouverneur civil et vice-gouverneur civil ainsi que celui des membres de son cabinet personnel.

[3] Diário de Notícias, 16 mai 2012, « 10 % dos trabalhadores portugueses ganham salário mínimo », (10 % des travailleurs portugais gagnent le salaire minimum). La rétribution minimum mensuelle garantie au Portugal était de 485 euros bruts au 16 mai 2012. À titre de comparaison, le gouverneur civil percevait avant sa suppression le 21 juin 2011 un salaire mensuel d'environ 3600 euros.

[4] La rémunération pouvait être un facteur décisif contre toute tentation éventuelle de corruption et de sollicitations diverses et ambiguës. La rémunération conséquente, compte tenu du salaire moyen d'un salarié portugais qui est en moyenne de 800 euros mensuels, permettait au chef du gouvernement civil de garder une relative liberté d'action et d'en faire une institution déontologiquement irréprochable.

[5] *Diário da República,* I-Série-A, n° 275, 28 novembre 1995, p. 7375-7376. L'article 2 du décret-loi n° 316/95 du 28 novembre 1995 disposait : « Le gouverneur civil est l'entité qui

note introductive disposait : « Le texte actuel rehausse ainsi les compétences du gouverneur civil en tant qu'organe administratif qui, dans le district, intervient en tant que représentant du Gouvernement à des fins de maintien de l'ordre, tranquillité et sécurité publique[1]. »

L'inadéquation du statut du gouverneur civil dans ses rapports aux institutions nationales et locales ne saurait être remise en cause. La prise en compte de la puissance de l'État et sa capacité d'ingérence et de contrôle à tous les échelons de l'administration étaient incontournables, si l'on voulait percevoir et démontrer la pleine expression du représentant local du pouvoir exécutif, mais encore aurait-il fallu modifier en profondeur le statut du représentant local du gouvernement.

L'indispensable réforme du statut du gouverneur civil

La rupture avec le régime dictatorial n'a pas remis en cause le devenir des gouvernements civils. Les gouvernements provisoires, puis les gouvernements constitutionnels[2] ont retardé la mise en pratique d'une organisation décentralisée de la représentation du pouvoir exécutif, dans une configuration régionale.

Cela s'explique par de multiples raisons, dont l'absence de plans d'investissements, la nécessité d'élaborer des programmes de formation du personnel administratif et la mise en place de commissions, afin d'élaborer une nouvelle Constitution. Nonobstant cela, la priorité politique n'était pas de redéfinir le statut du gouverneur civil. Comme on en défend l'idée, le statut du gouverneur civil aurait été conçu et gardé en l'état pour couvrir les agissements politiques nationaux et locaux du pouvoir en place et ses relations avec les collectivités locales. On va démontrer que cette prétendue adéquation du statut aux institutions a été ambiguë et qu'elle fut surtout inadaptée aux fonctions non seulement du gouverneur civil, mais aussi des élus à l'échelon du *concelho* et de la *freguesia*.

---

représente le Gouvernement dans le district et qui, dans cet espace géographique, exerce les compétences que lui confère la loi. »

[1] *Ibid.*

[2] Premier gouvernement provisoire avec le décret-loi n° 203/74 du 15 mai 1974 ; le Ier gouvernement constitutionnel avec le décret n° 683-A/76, du 10 septembre 1976 ; le IIe gouvernement constitutionnel avec le décret-loi n° 41-A/78, du 7 mars 1978 ; le IIIe gouvernement constitutionnel avec le décret-loi n° 300-A/78 du 30 septembre 1978 ; le IVe gouvernement constitutionnel avec le décret-loi n° 448/78 du 30 décembre 1978 ; le Ve gouvernement constitutionnel avec le décret-loi n° 386/79 du 19 septembre 1979 ; le VIe gouvernement constitutionnel avec le décret-loi n° 3/80, du 7 février 1980 ; le VIIe gouvernement constitutionnel avec le décret-loi n° 28/81 du 12 février 1981 ; le VIIIe gouvernement constitutionnel avec le décret-loi n° 290/81 du 14 octobre 1981 ; le IXe gouvernement constitutionnel avec décret-loi n° 344-A/83 du 25 juillet 1983.

Un statut adapté au pouvoir national en place

En réalité, le statut juridique du gouverneur civil correspondait parfaitement aux gouvernements centraux, quels que soient les régimes politiques[1].

On comprend plus aisément que la modification du statut du gouverneur fut laissée quelque peu en marge. Il semblait convenir aux partis politiques une fois arrivés au pouvoir. En conséquence, la Constitution de 1976, dans ses articles 235, 236 et 240[2], et les révisions constitutionnelles qui ont redéfini les domaines de compétences des collectivités locales n'ont pas osé modifier le statut du gouverneur civil, ce qui a continué à engendrer des dissensions administratives et politiques.

Un statut inchangé malgré les réformes constitutionnelles

La construction du système démocratique et politique portugais postrévolutionnaire permet de mieux comprendre l'apparent *statu quo* du statut du gouverneur civil.

La priorité pour les partis politiques était, dans l'après 25 avril 1974, de parvenir au pouvoir et non pas de se soucier des modalités de réformes du statut du chef du gouvernement civil. Si on ne souhaitait pas toucher au statut du gouverneur civil, c'est que le plus important, pour les partis politiques et les gouvernements centraux, était aussi d'engager une réorganisation de la division administrative du territoire, par la création de régions administratives. Le professeur Marcelo Rebelo de Sousa[3] a souligné qu'il était indispensable de prendre en compte les trois périodes suivantes :

---

[1] Le ministre de l'Administration interne Rui Carlos Pereira avait déclaré lors de notre entretien que « Le gouverneur civil est une institution adaptée à nos institutions » alors même que sa suppression était prévue par la Constitution de 1976. Entretien du 21 avril 2009 au ministère de l'Administration interne. Avec le processus de transition démocratique qui faisait suite au soulèvement militaire du 25 avril 1974, à la décolonisation et à l'adhésion à l'Union européenne, les priorités des gouvernements provisoires puis constitutionnels ne résidaient pas dans une révision du statut du gouverneur civil.

[2] *Diário da República,* I-Série A, n° 155, loi constitutionnelle n° 1/2005, du12 août 2005, p. 4642-4686. La Constitution de 1976, dans sa septième révision, au titre VIII « Pouvoir local » dans son article 235 « Collectivités locales » dispose : « 1-L'organisation démocratique de l'État comprend l'existence de collectivités locales.

« 2- Les collectivités locales sont des personnes collectives territoriales dotées d'organes représentatifs, qui visent la poursuite d'intérêts propres des populations respectives ». L'article 236-4 dispose « La division administrative du territoire sera établie par loi ». En ce qui se réfère au « Référendum local », l'article 240 énonce :

« 1- Les collectivités locales peuvent soumettre au référendum des citoyens électeurs respectifs des matières incluses dans les compétences de leurs organes, dans les cas, termes et efficacité que la loi établira.

« 2 - La loi peut attribuer à des citoyens électeurs le droit d'initiative du référendum. »

[3] *Cf.* entretiens à la faculté de droit de Lisbonne en mai 2005.

- 1974-1976 : années marquées par la chute de l'État nouveau, et le passage au régime démocratique. Les militaires quittent progressivement le pouvoir.

- 1976-1982 : adoption de la Constitution de 1976 et première révision constitutionnelle. Les partis politiques, libérés du carcan militaire, prennent leur envol, en renforçant leur rôle.

- 1982-1986 : stabilité politique et adhésion à la Communauté économique européenne le 1er janvier 1986[1].

La Constitution de 1976 prévoit la division du pays en régions administratives dont la création passerait par deux étapes, avec l'approbation par l'Assemblée de la République de l'instauration des régions administratives et leur mise en place effective. La Constitution de 1976 modifiée par sept révisions constitutionnelles[2] et la loi-cadre n° 56/91 du 13 août 1991[3] n'ont pas rejeté ce schéma administratif du territoire continental. En attendant la création des régions, les districts sont maintenus en tant qu'organes décentralisés du pouvoir central, mais ne sont plus considérés comme des divisions régionales du pays. Les institutions représentatives des régions administratives prévues ultérieurement devraient être, une fois que les régions auront été instaurées, l'Assemblée régionale, la Junte régionale, expression de l'exécutif régional, et un représentant du gouvernement, le gouverneur civil régional. À ce titre, l'article 6 précisait : « L'État est unitaire et respecte, dans son organisation, les principes de l'autonomie des collectivités locales et de la décentralisation démocratique de l'administration publique[4]. »

De surcroît, la Constitution de 1976, les relations étroites entre le chef du gouvernement (qui préside le Conseil des ministres ; on parle au Portugal de la présidence du Conseil des ministres), les ministres et le gouverneur civil formaient autant d'enchevêtrements et de piliers qui soutenaient, tant bien que mal, toute l'armature administrative du pays, du sommet aux soubassements de la structure pyramidale.

---

[1] Une digression s'impose ici pour rappeler qu'en France, depuis 1982, l'entrée en vigueur de la loi 82-213 du 2 mars 1982 tendait à instaurer plus de décentralisation. La réforme avait pour finalité de permettre au préfet d'exercer un pouvoir sur les services de l'État au niveau local et mettre en place une nouvelle organisation administrative avec la région. Elle serait dirigée par un préfet de région qui serait également préfet de département chef-lieu de la région. *Journal officiel de la République française* du 2 mars 1982. *Cf.* également le décret n° 82-389 du 10 mai 1982 qui portait sur les pouvoirs des commissaires de la République *in Journal officiel de la République française* du 11 mai 1982 p. 1335.

[2] Les sept révisions constitutionnelles eurent lieu en 1982, 1989, 1992, 1997, 2001, 2004 et 2005. Le projet de la huitième révision constitutionnelle a été annulé en mars 2011. D'après les déclarations du Premier ministre actuel, Pedro Passos Coelho, la huitième révision constitutionnelle ne serait pas prévue avant les élections municipales d'octobre 2013.

[3] *Diário da República*, I-Série-A, n° 185, loi-cadre n° 56/91du 13 août 1991, p. 4091- 4097. La loi-cadre n° 56/91 du 13 août 1991 portant sur les régions administratives disposait à l'article 40 : « Auprès de chaque région administrative il existera un gouverneur civil régional nommé en Conseil des ministres. »

[4] Constitution de la République portugaise de 1976.

C'est la raison pour laquelle, afin de clarifier et rendre efficace la représentation périphérique de l'État, il conviendrait de nommer des hauts fonctionnaires à la direction des cinq futures régions administratives, comme on le propose dans un schéma théorique de réforme étatique avec l'institution d'un « *prefeito* régional portugais[1] ». Il ne s'agit pas de vouloir faire des futures régions administratives portugaises une organisation à l'exemple de la Suisse, dans laquelle les cantons peuvent conclure des traités avec l'étranger dans les matières relevant de leur compétence[2], ni de les doter de *statuti speciali* comme en Italie[3].

Pour cela, il faut élaborer de nouvelles bases de coopérations au sein d'une structure duale entre chacun des cinq représentants régionaux de l'État[4] et chacun des cinq présidents des Commissions de coordination et de développement régional. Des propositions ont été faites par les partis politiques, mais celui qui aura à personnifier l'État dans la région ne devrait en aucun cas être élu par les citoyens. Il tirerait sa légitimité de sa nomination uniquement du gouvernement[5]. Certains politiques locaux et nationaux, notamment les membres du Parti communiste portugais ont suggéré une élection directe afin d'avoir à la direction du district une institution élue. Une telle proposition n'a aucun fondement sérieux, d'autant plus qu'elle ne ferait qu'amplifier la discordance de l'organisation administrative territoriale actuelle, après la suppression définitive du gouverneur civil en tant que méso-pouvoir et symbole de l'État.

Des relations administratives et politiques incohérentes

Malgré les rapports ambigus et paradoxaux des citoyens et des partis politiques à l'égard du gouverneur civil, son statut était-il inadapté aux institutions ?

Il serait présomptueux de répondre *ex abrupto* à cette interrogation, mais deux observations s'imposent. Tout d'abord, on souhaite que cette étude puisse contribuer à une meilleure connaissance du gouverneur civil en particulier et du gouvernement du district en général, dans le cadre d'une institution complexe, en apparence. Il arrive que la réalité politique et institutionnelle ne puisse pas toujours se caractériser dans la pure abstraction

---

[1] *Cf.* en seconde partie, titre II, chapitre II, section 2, p. 570.

[2] Gicquel (J.) et Gicquel (J.-E.), *Droit constitutionnel et institutions politiques*, Paris, éd. Montchrestien, Domat Droit public, 24e éd., 2010, p. 315.

[3] Vergottini de (G.), *Diritto costituzionale*, Padova, Edizioni CEDAM, settima edizione, 2010, p. 727 : « Gli statuti speciali della Sicilia, Sardegna, Valle d'Aosta/Vallée d'Aoste, Trentino-Alto/Südtirol e Friuli-Veneza […] ».

[4] *Cf.* en seconde partie, titre II, chapitre II, section 2.

[5] Elle alimente davantage le débat politique qu'une prise en considération des bases constitutionnelles de l'institution. Cela qui complique la lecture des relations entre les institutions administratives et les actions spécifiquement politiques.

de la loi, mais résulte d'une pratique politique et législative qui a connu une évolution chaotique, particulièrement dans le cas portugais.

Ensuite, on ne doit pas ignorer le fait qu'il reste à adopter dans la sphère probable des futures compétences d'un représentant régional du pouvoir central, des mesures législatives de fond. Ce qui ressort de l'étude et des analyses des différents textes législatifs c'est une inadéquation entre les fonctions générales du gouverneur civil et son statut, d'autant plus flagrante que le gouverneur civil restait marginalisé dans le district, alors même que, depuis le 1er janvier 1986, le Portugal était entré dans un autre espace à dimension européenne.

Un statut devenu progressivement inadapté

Les réponses aux questions sur la hiérarchisation des principales implications administratives et politiques du gouverneur civil apparaissent, au gré des développements, comme résultant d'une implication fondamentalement attachée au pouvoir politique.

Ces démonstrations ont été étayées par le professeur Marcelo Rebelo de Sousa qui considère que les pouvoirs politiques du gouverneur civil ont été supérieurs aux attributions administratives, pour diverses raisons[1]. À notre première question « Entre pouvoirs administratifs et politiques, quelle prédominance ? », il a justifié ses observations considérant que « les gouverneurs civils ont toujours été « la courroie de transmission » du gouvernement dans le district, pour tout ». Par ailleurs, le professeur Marcelo Rebelo de Sousa a précisé : « Comme le parti unique fonctionnait mal, celui qui choisissait et proposait les membres et les cadres de l'administration était le gouverneur civil. »

Le statut du gouverneur civil en a fait un personnage original de la vie administrative et politique portugaise par rapport aux autres institutions européennes de représentations locales de l'État, mais il était devenu urgent de le réformer.

Une institution portugaise particulière

Pour bien percevoir les caractéristiques du statut du gouverneur civil portugais, il fallait une approche comparative avec différentes institutions de représentations locales de l'État.

D'autres modèles européens ont évolué plus rapidement ou différemment que l'institution portugaise. Les comparaisons ont fait ressortir que le Portugal n'a réformé son institution que par « petites touches », malgré ou à cause des instabilités politiques qui ont jalonné la vie politique portugaise, de

[1] Entretien le 9 mai 2006 avec Monsieur le professeur Marcelo Rebelo de Sousa, directeur de l'Institut des sciences politiques et juridiques, à la faculté de droit de Lisbonne et Conseiller d'État.

l'instauration du *prefeito,* à la Constitution de 1933, et du code administratif de 1940 aux propositions qui voulaient supprimer le gouverneur civil.

On devait définir préalablement les statuts des représentants locaux de l'État dans certains pays ayant été influencés par le droit administratif français, afin d'établir des grilles comparatives avec des pays européens, pour constater, en fin de compte, qu'il n'existait pas de schéma similaire.

En prenant l'exemple du système administratif italien, le *prefetto* était non seulement le représentant du ministre de l'Intérieur, mais aussi celui du président du Conseil, donc de tout le gouvernement. Il était chargé de mettre en œuvre la politique générale du gouvernement dans une structure déconcentrée, alors qu'au Portugal on était en présence d'une configuration dans laquelle le représentant local de l'État était placé dans un cadre administratif centralisé. Le schéma italien par rapport à l'institution portugaise se définit par sa spécificité publique, dans le statut du *prefetto* qui intègre la *prefettura*[1] (article 1er du décret législatif n° 139, du 19 mai 2000). Une autre différence avec l'ancien gouverneur civil portugais réside dans le fait qu'en Italie, il y a la volonté du pouvoir central d'instituer des représentants ayant une formation de « généralistes » puisque tout postulant qui souhaite accéder à la direction de la préfecture se doit de posséder impérativement des qualifications pluridisciplinaires[2]. Il en est de même pour le préfet de région et le préfet de département en France.

Plus spécifiquement, on note que le préfet de région « est le préfet du département où est situé le chef-lieu de la région. En tant que préfet de région, il n'a pas de pouvoir de police. [...] Officiellement, il n'est pas le supérieur hiérarchique des autres préfets ». Mais comme il « est le garant de la cohérence de l'action des services de l'État dans la région », il fixe à ce titre « des orientations générales qu'il élabore avec les préfets de département dans la région. Il anime et coordonne l'action des préfets de département (article 2 du décret n° 2004-274 du 29 avril 2004)[3] ». Il est aidé dans ses missions par diverses structures, car « Enfin, pour l'assister dans l'exercice de ses attributions, le préfet de région dispose lui aussi non seulement de certains services déconcentrés dans le cadre régional, mais encore du Comité de l'administration régionale (CAR) et du Secrétariat général aux affaires régionales (SGAR)[4] ». Le décret n° 2004-274 du 29 avril 2004 a été modifié

---

[1] En Italie la prefettura est aussi désignée par prefettura-ufficio territoriale di governo.

[2] Article 4 du décret législatif n° 139 du 19 mai 2000. Les questions portant sur les réformes de l'administration locale, et du devenir de l'institution préfectorale étaient déjà posées, par la loi du 15 mars 1997, portant sur le principe de délégation et le décret législatif n° 112 du 15 mars 1998 qui orientent l'instauration d'un maillage fédéraliste du territoire. Néanmoins, il n'était pas question de modifier la Constitution de 1976.

[3] Van Lang (A.), Gondouin (G.) et Inserguet-Brisset (V.), *Dictionnaire de droit administratif*, Paris, Armand Colin, 4e éd., 2005, p. 250.

[4] Villiers de (M.) et Berranger de (T.) (dir.), *Droit public général, Institutions politiques, administratives et communautaires. Droit administratif - Finances publiques*, Paris, LexisNexis, Litec, Paris, 4e éd., 2009, p. 181.

par le décret n° 2010-146 du 16 février 2010[1] portant sur les attributions du préfet, l'organisation et les missions des services de l'État dans le département et la région.

Au Portugal, en Espagne, en Grèce, mais aussi en Roumanie et en Suisse ce sont les réseaux politiques, locaux et nationaux, qui ont déterminé et régulé les procédures des nominations. Celles-ci sont somme toute plus « subtiles » en France et en Italie lors des choix du préfet et du *prefetto* qu'elles ne le furent au Portugal, d'autant plus que le système de nominations n'avait quasiment pas changé depuis les décrets du 16 mai 1832 qui avaient donné vie au *prefeito* en tant que magistrat administratif.

Un statut devenu déphasé

Les spécificités du statut du gouverneur civil portugais en ont fait un cas particulier par rapport aux autres modèles européens de représentations locales du pouvoir central.

Pour autant, les Portugais ont su s'inspirer de l'institution préfectorale française et l'adapter à leurs besoins. Mais, si le gouverneur civil était devenu anachronique, c'est aussi par rapport aux réformes, passées et actuelles, d'une nouvelle configuration administrative du territoire plus que dans sa comparaison avec les autres représentants locaux de l'État.

En France, si le statut du préfet a connu une évolution avec l'instauration du préfet de région, au Portugal il est resté relativement « statique ». *A contrario,* en Italie, la réorganisation de l'administration[2] menée par le gouvernement et le parlement a abouti à une réorganisation de la *prefettura.* Cette thèse sur le fonctionnement de l'administration locale fut celle du professeur Guido Zanobini[3]. Le statut actuel du *prefetto* italien lui a accordé des compétences très vastes[4], ce qui n'était pas le cas du gouverneur civil portugais. En tant que commissaire du gouvernement, le *prefetto* italien élabore les processus de coordination, entre les diverses entités municipales, provinciales, régionales et étatiques qui participent des rapports entre la déconcentration administrative de l'État et les collectivités locales. Dans ce domaine, il serait presque, à l'instar du préfet français, l'antithèse du gouverneur civil portugais.

---

[1] *JORF,* n° 0040 du 17 février 2010. Le décret n° 2010-146 du 16 février 2010 a modifié le décret n° 2004-274 du 29 avril 2004 relatif aux fonctions du préfet de région et du préfet de département, mais aussi la structuration et aux missions des services de l'État dans la région et le département.

[2] Elle a commencé pour l'essentiel lors de la législature 1996-2001 et se poursuit.

[3] Zanobini (G.), *Corso di diritto amministrativo*, Milano, Édition Giufre, 9e édition, 1959, 427 p.

[4] Cassese (S.) et Meoli (C.) (dir.), « Les préfets en Italie », *in L'Institution préfectorale*, *RFAP*, 2001, n° 96, p. 589-595 : « Il serait presque impossible de définir de manière analytique toutes les compétences actuellement attribuées au préfet et aux préfectures, car elles font l'objet d'une législation fragmentaire diluée dans le temps. »

Il y a dans la péninsule ibérique des points communs dans les systèmes de représentation locale de l'État. Le droit administratif a longtemps relégué le gouverneur civil au Portugal et le *gobernador civil* en Espagne, à une institution de surveillance, dont les ordres émanaient du gouvernement en général et du ministère de l'Intérieur en particulier. Avec l'instauration de la démocratie et l'adoption de la Constitution du 29 décembre 1978, la configuration du schéma administratif espagnol a évolué vers un système autonomique qui a emprunté de l'État unitaire et de l'État fédéral, et qui a intégré dix-sept communautés autonomes[1].

De fait, les politiques nationaux portugais ont toujours craint, si la région administrative était constituée, qu'elle ne vienne à réclamer par la suite de plus en plus d'autonomie, comme en Espagne, et que le gouvernement soit affaibli, par les attributions émergentes d'un représentant régional, surtout s'il devait élu. En somme, n'y aurait-il pas un double langage des politiques avant les élections, et un autre discours une fois qu'ils parviendraient au pouvoir ? Ne pas toucher au statut du gouverneur civil c'était sauvegarder pour le gouvernement, son propre champ de pouvoir.

Conclusion du chapitre II

Le droit administratif portugais ne s'est pas soucié du statut du gouverneur civil. Le premier statut a été rédigé de façon à bien délimiter les domaines de compétences du *prefeito* dès sa création[2], puis il est devenu progressivement et délibérément imprécis, si l'on se réfère aux textes juridiques.

Paradoxalement, le pouvoir exécutif a sciemment entretenu une apparence trompeuse en octroyant à son délégué dans le district des bribes de pouvoirs et une autonomie de façade, soumise en permanence, mais de façon plus ou moins visible, à un contrôle étroit. En ce qui concerne les textes juridiques, ce sont les décrets du 16 mai 1832, puis les codes administratifs de 1842[3] et de 1940 qui ont le mieux précisé le statut du gouverneur civil.

Pourtant, on peut admettre, sans que cela soit en contradiction avec les développements précédents, que les codes administratifs qui ont défini le statut du gouverneur civil ont été explicites et succincts puisque le gouverneur civil était « le représentant du gouvernement dans le district ». Mais, on

[1] En plus des dix-sept communautés autonomes, il convient d'y rajouter deux villes, Ceuta et Melilla.

[2] L'article 29 du décret n° 23 du 16 mai 1832 disposait : « Le *prefeito* est l'unique chef de toute l'administration de la province, et le délégué de l'Autorité du Roi et, pour veiller au bien-être et à la tranquillité des populations, il est investi de toutes les attributions. Ses fonctions sont toutes administratives et ne participent en rien du pouvoir judiciaire ou fiscal, ou d'aucun autre. » L'article 30 énonçait : « Le *prefeito* est le chef unique de toute l'administration de la province, et le délégué de l'autorité du Roi [...]. »

[3] Les autres codes administratifs n'ont fait que reprendre, parfois mot pour mot et à la virgule près, ce qui était disposé dans le code administratif de 1842.

doit aussi se poser la question de savoir si, en réalité, le gouverneur civil n'aurait pas eu différents statuts. Par exemple, un qui en a fait le représentant direct et immédiat de l'État auprès des populations du district, et un autre qu'on lui a octroyé ou qu'il a pris, selon les opportunités politiques du moment.

Conclusion du titre II

Les prérogatives officielles et officieuses du gouverneur civil ont conditionné son statut. Ce qui particularise le statut du gouverneur civil, au-delà de son imprécision et de son ambiguïté, a été sa stabilité depuis l'instauration de l'institution, si l'on fait exception du code administratif de 1940 qui a fait du gouverneur civil le décideur incontesté du district.

Si les codes administratifs successifs de 1842 à 1940 ont modifié les fonctions, ils n'ont pas touché fondamentalement au statut. De même, avec l'adoption de la Constitution de 1976, le statut du gouverneur civil n'a pas connu de révision majeure, mais on l'a maintenu à titre transitoire. Pour autant, certains textes législatifs sont venus rappeler ses fonctions et son statut, comme pour montrer aux politiques locaux et aux populations que le gouverneur civil existait et qu'il continuait à représenter le gouvernement dans le district[1]. Au regard de ce que l'on a développé précédemment, deux constats doivent être faits.

D'une part, le gouverneur civil fut bien plus qu'une structure symbolique et technocratique. Il a su dépasser l'action du domaine politique en se plaçant au centre des projets de réorganisation de l'administration nationale. De plus, son statut n'a pas sensiblement évolué, quels que soient les gouvernements centraux qu'il avait à servir, au gré des situations et des exigences administratives et politiques du moment. L'exercice de son mandat était tributaire de la durée du gouvernement et/ou du ministre de l'Administration interne qui l'avait nommé.

D'autre part, le statut du gouverneur civil laissait les politiques indifférents. Quant aux populations, elles étaient éloignées de l'institution, puisqu'elles ne pouvaient intervenir dans la nomination du gouverneur civil, et qu'elles s'intéressaient surtout aux élections locales et nationales. Elles n'avaient pas non plus la même approche de la finalité de l'institution que le gouvernement. Les habitants du *concelho* et surtout les citoyens électeurs ont toujours été plus proches du président de la *Câmara municipal* que du gouverneur civil. Cette proximité s'explique pour des raisons non seulement géographiques, mais aussi par l'engagement politique du responsable du

---

[1] *Cf.* supra, *Diário da República*, I-Série, n° 299, décret-loi n° 399-B-84 du 28 décembre 1984, p. 3936-(5) ; *Diário da República*, I-Série-A, n° 268, décret-loi n° 252/92, du 19 novembre 1992, p. 5334-5338 ; *Diário da República*, I-Série-A, n° 275, 28 novembre 1995, p. 7375-7376 et *Diário da República*, I-Série-A, n° 178, 2 août 2001, décret-loi n° 213/2001 du 2 août 2001, p. 4702-4705.

concelho vis-à-vis des populations et l'acte électoral. Les populations du *concelho* se choisissent démocratiquement un président de *Câmara municipal,* et le jugent sur ses engagements en faveur du *concelho. A contrario,* les Portugais ont eu tendance à considérer, à juste titre, le gouverneur civil comme une personne qui leur était imposée par le pouvoir politique.

Effectivement, les procédures de cooptations ont été surtout politiques. Elles n'ont pas changé depuis la mise en place du *prefeito* lors de la réforme de José Xavier Mouzinho da Silveira en 1832. Le gouverneur civil a toujours été nommé par le gouvernement, en Conseil des ministres, sur proposition du ministre de l'Intérieur puis, après le 25 avril 1974, d'après la liste de dix-huit noms et les avis du ministre de l'Administration interne soumis à la présidence du Conseil des ministres. Par ailleurs, le fait que le gouverneur civil soit choisi dans le secteur public ou privé n'a modifié en rien l'imprécision du statut. Cette indéfinition du statut du gouverneur civil a influé sur son mode de représentation de l'État à l'échelon local, car le chef du gouvernement civil continuait malgré tout à exercer sa fonction dans l'illusion de détenir un pouvoir qui lui échappait progressivement, alors que le statut du président de la *Câmara municipal* se renforçait.

Le gouverneur civil a connu son apogée après l'adoption de la Constitution de 1933 et les pouvoirs qui lui ont été accordés le code administratif de 1940[1]. Le statut a favorisé alors l'émergence de la puissance du gouverneur civil. Il a pu s'appuyer sur les caciques locaux dont il était souvent issu, car il était simultanément leur défenseur et leur représentant comme il l'était pour le gouvernement qui l'avait nommé. Or, avec la transition démocratique s'est posée la question de la redéfinition du statut à accorder au gouverneur civil. C'est la législation adoptée après la Constitution de 1976 qui a marqué une rupture dans la restructuration pyramidale du système administratif portugais et redéfini les domaines de compétences du chef du gouvernement civil. Par exemple, le *município* a acquis des prérogatives plus élargies et la loi n° 79/77 du 25 octobre 1977[2] relative aux finances locales accentue l'autonomie du pouvoir local face au gouvernement civil. D'autres textes législatifs notamment la loi n° 1/79 du 2 janvier 1979, revue en 1984 et 1987, le décret-loi n° 341/83 du 21 juillet 1983 et le décret-loi n° 77/84 du

[1] La révocation du code administratif de 1940 le 23 octobre 2010, suite à la proposition de loi n° 40/XI/2 émanant du Conseil des ministres du 23 septembre 2010 n'a pas porté atteinte au statut du gouverneur civil.

[2] La proposition de loi n° 40/XI/2, a modifié le décret-loi n° 460/77 du 7 novembre 1977. La proposition de loi n° 40/XI/2, article 21, alinéa 3 : « Sont considérées comme personnes collectives d'utilité publique administrative les associations de bienfaisance et humanitaire et les instituts d'assistance ou d'éducation […]. »

8 mars 1984 ont renforcé l'autonomie financière des collectivités locales[1] et diminué les missions du gouverneur civil.

En résumé, si le statut du gouverneur civil peut paraître immuable, il n'en fut pas moins dérangeant. Il est certain que le statut du gouverneur civil n'en a pas fait un simple représentant local du pouvoir exécutif sans réels pouvoirs politiques, tout au moins officiellement. Le gouverneur civil n'a pas été seulement un « magistrat administratif », ni une simple « courroie de transmission », ni « le magistrat administratif supérieur du district et le représentant direct du gouvernement[2] » ou le « représentant immédiat du gouvernement [...][3] ». Le gouverneur civil a été un intermédiaire entre le pouvoir exécutif, les populations locales et leurs représentants élus.

Le gouverneur civil a été un agent politique local, plus ou moins discret, du parti politique au pouvoir. Il fut parfois un politique dont le mandat à la direction du gouvernement civil lui a permis de concrétiser ses propres ambitions politiques. Pour cela, on ne saurait cantonner le gouverneur civil dans une perception réductrice et une analyse critique de son action globale de représentation, sans une prise en considération de la complexité de ses fonctions générales et de leur rapport au statut juridique.

Conclusion de la première partie

Les fonctions du gouverneur civil se sont constamment scindées entre missions officielles et ingérences partisanes. De fait, s'il a été coopté et nommé par le pouvoir central pour le représenter dans le district, le gouverneur civil n'en est pas moins demeuré un acteur actif et discret au service de son parti politique, depuis les réformes qui l'ont instauré.

En effet, dès l'adoption des décrets du 16 mai 1832 de José Xavier Mouzinho da Silveira, les missions du gouverneur civil se sont communément exercées, entre la représentation effective et symbolique de l'autorité de l'État, la garantie de l'unité de la Nation et le contrôle de la vie politique locale. L'institution a connu des attributions précises dès sa création. Cependant, la tentative d'adaptation de l'institution préfectorale française avec le *prefeito* a laissé rapidement place au gouverneur civil, comme si on avait honte d'avoir importé un modèle qu'il faudrait réformer assez rapidement, pour qu'il convienne aux structures administratives portugaises. De même, la création des dix-sept districts peut parfois être admise comme un non-sens[4].

---

[1] Les divers classements des *municípios* en 1984, 1986, 1994 et la nombreuse législation adoptée depuis témoignent de l'intensité des réorganisations administratives locales et de l'accroissement de leurs compétences.

[2] Code administratif de 1900, publié au *Diário do Governo*, n° 158, 25 juin 1900.

[3] *Código administrativo* de 1936, Lisbonne, Empresa Jurídica Editora, 1937 p. 11.

[4] Certes, les découpages administratifs du territoire furent calqués sur les départements français, en prenant en compte qu'il fallait une journée de cheval pour aller jusqu'au chef-lieu du district. L'incohérence d'une configuration en dix-sept districts est cependant justifiable, à

Mais il était indispensable de redéfinir les représentations locales du pouvoir central dans lesquelles se confondaient les institutions administratives, fiscales et judiciaires et créer un cadre territorial dans lequel le gouverneur civil puisse exercer efficacement ses fonctions.

En cela, José Xavier Mouzinho da Silveira a été un réel novateur et réformateur dont l'œuvre a perduré pour l'essentiel durant près de deux siècles. La volonté de mettre en place une institution administrative et politique, qui puisse établir de véritables relations entre les ministères de Lisbonne et l'ensemble du pays a constitué une donnée essentielle dans l'histoire du pays et le droit portugais. En tant que précurseur, José Xavier Mouzinho da Silveira a dû faire face aux oppositions émanant des Pairs du Royaume et d'une partie de la classe politique locale soucieuse de perdre ses prérogatives. Par ailleurs, les fréquentes alternances politiques ont, tout au long du XIXe siècle et au début du XXe siècle, participé à l'instabilité des gouvernements centraux et contribué à donner l'image d'un gouverneur civil incompétent, corrompu et inutile, plus soucieux de bénéficier de prébendes que du bien public. C'est la raison pour laquelle l'incurie dont était accusée la classe politique dans l'administration du pays se répercutait sur le gouverneur civil, en tant que personnification et symbole local du pouvoir central.

Quant aux fonctions du gouverneur civil, elles ont connu leur apogée avec l'adoption du code administratif de 1940. Durant l'État nouveau, le gouverneur civil a été l'homme puissant du district qui a attribué les postes administratifs et politiques aux personnes qui soutenaient le régime, mais il a aussi été le dirigeant politique, plus ou moins officiel, de l'Union nationale. Mais à partir du 25 avril 1974, les nouveaux pouvoirs octroyés au *município* en général et au président de la *Câmara municipal* en particulier[1] ont renforcé l'autonomie locale, au détriment du gouverneur civil.

Au Portugal, ce qui peut paraître paradoxal pour deux raisons, c'est premièrement l'image que l'on peut avoir d'une institution perçue comme inutile par certains politiques, nationaux et locaux, alors même que la législation lui a donné des pouvoirs importants, mais qui ensuite sont devenus sporadiques, au point de se perdre parfois dans un *imbroglio* administratif, économique et politique[2]. C'est ensuite, dans un second temps, le constat que l'institution a continué à être maintenue constitutionnellement et durablement à titre transitoire entre des fonctions hybrides administratives et politiques. Or, et parallèlement à cette situation kafkaïenne, les partis politiques ont régulièrement proposé des alternatives au gouverneur civil dans la pers-

---

prime abord, puisqu'il fallait rompre avec les anciennes divisions administratives mises en place sous la royauté par Sebastião José de Carvalho e Melo marquis de Pombal.

[1] Des réformes administratives de José Xavier Mouzinho da Silveira à la Première République et de l'instauration de l'État nouveau à la Révolution des Œillets, puis à l'avènement de la démocratie.

[2] Comme cela a été le cas lors des élections européennes du 27 septembre 2009.

pective de le supprimer, de le réorganiser ou de remplacer la représentation de l'État[1] dans un schéma qui intégrerait la future région administrative.

En fait, les attributions multiples, officielles et partisanes, dont a bénéficié le gouverneur civil ont engendré un sentiment de confusion et d'incurie. Mais malgré cela, le ministère de l'Administration interne a continué à lui donner certaines missions, afin de justifier le bien-fondé de l'institution et son maintien. Le pouvoir central a toujours eu un besoin impérieux de savoir tout ce qui se passait dans le district, d'où la mission « d'auscultation » que devait mener en permanence le gouverneur civil. Il a cherché à occuper son représentant local, même si celui-ci osait parfois prendre des initiatives, pour prouver à son ministre de tutelle, aux membres de son parti politique et aux populations du district qu'il était impliqué dans la vie locale et proche des citoyens. En agissant de la sorte, le gouverneur civil se servait parfois de sa nomination à la tête du gouvernement civil comme un tremplin, pour accéder à d'autres fonctions politiques. Dans certaines occasions il a démissionné de son poste de gouverneur civil pour pouvoir se présenter aux élections législatives ou à la présidence d'une *Câmara municipal*. Il y a aussi un autre aspect de l'institution qui consistait à recaser des « amis » battus aux élections législatives ou municipales, sans que l'on prenne en compte leurs formations et compétences. Pour autant, le choix du gouverneur civil avant sa nomination n'a jamais été laissé au hasard.

En ce qui concerne les qualités requises pour être un « bon » représentant local de l'État, autrement dit un gouverneur civil digne de confiance et soumis. Il fallait être une personne de consensus capable de pouvoir maintenir le dialogue entre les membres locaux des différents partis politiques, les présidents des *Câmaras municipais* et les populations, mais aussi les représentants syndicaux et patronaux du district. Le chef du gouvernement civil devait être également « la cheville ouvrière » entre les responsables politiques nationaux et les instances politiques du district. Il est arrivé fréquemment que gouverneur civil devienne président de la fédération du parti dans le district, député ou président de la *Câmara municipal*. Il n'y avait en fait aucune logique et l'on pouvait passer d'un poste où l'on avait été nommé à un poste d'élu et réciproquement, la nomination à la direction du gouvernement civil constituant une passerelle parmi d'autres.

Au demeurant, l'étude des fonctions du gouverneur civil ne doit pas omettre que la législation qui se réfère au statut de l'institution administrative supérieure du district a été relativement laconique. En conséquence, il était difficile de réorganiser un statut qui était quasiment figé depuis des décennies et incohérent avec les prérogatives du gouverneur civil, même s'il

---

[1] *Expresso,* 18 mars 2006 : « Le Gouvernement veut en finir avec les districts et créer les régions. Le Gouvernement devra approuver la semaine prochaine la division du pays en cinq grandes régions et la suppression de 13 des 18 gouverneurs civils actuels. Il s'agit de l'une des propositions incluses dans le projet de restructuration de l'administration centrale de l'État, qui prévoit encore l'extinction ou la fusion d'environ 120 organismes publics. »

convenait aux partis politiques qui le critiquaient, lorsqu'ils étaient dans l'opposition, mais s'en accommodaient dès qu'ils accédaient au pouvoir.

En fait, le maintien du gouverneur civil n'a été que l'expression d'une volonté politique illogique, dans la mesure où le rôle croissant de l'institution municipale n'a cessé de l'affaiblir. Par ailleurs, le *município* était devenu un échelon administratif et politique fondamental depuis la Constitution de 1976. Il fallait par conséquent construire une autre régulation du pouvoir local, en dépassant les rétractations des partis politiques qui ont empêché une véritable réforme de l'institution, comme si elle avait été sciemment oubliée par les gouvernements centraux successifs.

En maintenant le gouverneur civil, la Constitution de 1976 dans son article 291 a repoussé la réforme de l'institution. On peut comprendre aisément qu'après l'alternance politique issue du soulèvement militaire du 25 avril 1974, la priorité n'était pas de réorganiser la représentation locale du pouvoir central. Et cela, malgré les propositions de réaménagement de l'institution, notamment telles qu'elles ont été incluses dans la loi-cadre n° 56/91 du 13 août 1991[1] qui portait sur la régionalisation administrative qui a précisé que les prérogatives des régions seraient définies ultérieurement[2], l'institution n'a pas fondamentalement changé.

Pourtant, avec l'échec du référendum national du 8 novembre 1998, les Portugais ont rejeté le schéma d'une configuration du territoire en huit régions administratives. L'opportunité de créer un gouverneur civil régional dans chacune des huit régions a abouti à un rendez-vous manqué entre les citoyens, leur administration et l'État. Le gouverneur civil est sauvegardé lors de la révision constitutionnelle de 2005. La loi constitutionnelle n° 1/2005 du 12 août 2005, dans son article 255 intitulé « Région administrative », disposait : « Les régions administratives sont créées simultanément, par la loi, laquelle définit leurs pouvoirs respectifs, la composition, la compétence et le fonctionnement de ses organes, en pouvant établir des différenciations quant au régime applicable à chacune d'elles[3]. » Plus récemment, le projet de révision constitutionnelle n° 1/XI du 16 septembre 2010 intitulé « Une Constitution pour le XXIe siècle » a relevé de l'initiative de douze députés du Parti social-démocrate. La commission[4] qui avait en charge ce

[1] *Diário da República*, I-Série-A, n° 185, 13 août 1991, loi n° 56/91, p. 4091-4097.

[2] Titre III, article 17, de la loi-cadre n° 56/91, du 13 août 1991 : « Dans les termes à définir par la loi d'instauration de chaque région administrative ». La loi-cadre des Régions administratives a précisé le processus d'instauration de celles-ci, et de leurs organes administratifs. L'article 40 disposait : « Auprès de chaque région administrative il existera un gouverneur civil régional nommé en Conseil des ministres. »

[3] *Diário da República*, I-Série-A, n° 155, loi constitutionnelle n° 1/2005 du 12 août 2005, p. 4681.

[4] Composée de trente membres, la commission nommée le 29 octobre 2010 est présidée par le député communiste António Filipe. Les trente sièges se répartissent comme suit : douze pour le Parti socialiste, dix pour le Parti social-démocrate, trois pour le Parti du centre démocra-

travail fut mise en place le 29 octobre 2010. Il s'agissait d'adopter une huitième modification[1] de la Constitution de 1976 ; cependant, il n'a pas été fait aucune mention au gouverneur civil *stricto sensu* ni à l'institution *lato sensu.*

Ceci étant dit, le gouverneur civil a été une institution de base de l'édifice administratif et politique portugais et, bien que presque bicentenaire avant sa suppression définitive, elle n'était plus adaptée aux enjeux contemporains d'une société portugaise en pleine transformation. En fait, après la destitution des dix-huit gouverneurs civils en place le 21 juin 2011 et la non-nomination de nouveaux, il appartient aux politiques de réformer la représentation locale de l'État, pour mieux servir les citoyens et défendre les intérêts du bien public, dans un cadre territorial régional.

Pourtant, il faut prioriser la question de la régionalisation administrative et la place que doit y occuper une autre configuration et personnification locale de l'État. La réforme de l'institution devra s'imposer à moyen terme. Dans le cas contraire, la représentation régionale de l'État deviendra une question encombrante pour la classe politique portugaise, mais surtout pour la société portugaise.

Longtemps le gouverneur civil a été une institution en devenir[2], entre volonté, et obligation, de servir le gouvernement qui l'avait nommé, les populations du district et les ambitions politiques personnelles, mais aussi entre projets de suppression et hypothèses de sauvegarde, victime des atermoiements et revirements des partis politiques qui ne pouvaient, ou souhaitaient, trouver une alternative à la représentation locale du pouvoir central. C'est pour aller à l'encontre d'un tel immobilisme et instaurer un mésopouvoir entre le gouvernement et les collectivités locales que la mise en place du *prefeito* régional et de la région administrative sont des schémas plausibles, envisageables et cohérents. Il y va de l'intérêt des populations, du développement harmonieux du pays et de la grandeur de l'État.

---

tique et social, deux pour le Parti bloc de gauche, trois pour le Parti communiste et un pour le Parti Les Verts.

[1] L'article 291 du projet de révision constitutionnelle n° 1/XI du 16 septembre 2010 a disposé, comme le fait la Constitution de 1976 dans sa septième révision en date du 12 août 2005, également à l'article 291-1 : « Tant que les régions administratives ne seront pas concrètement instituées, la division en districts subsistera [...]. » Cela n'a pas été mené à terme puisque la commission chargée des projets de révision de la Constitution de 1976 a été dissoute en mars 2011.

[2] *Cf.* seconde partie, titre I et titre II.

SECONDE PARTIE

LA SUPPRESSION PROBLÉMATIQUE DU GOUVERNEUR CIVIL

La décision politique de démettre définitivement l'ensemble des dix-huit gouverneurs civils, le 21 juin 2011, n'a pas été suivie de l'instauration d'un représentant régional du gouvernement ni des régions administratives[1] comme le disposent la Constitution de 1976[2] et la loi-cadre n° 56/91 du 13 août 1991 portant sur les régions administratives[3].

Ainsi, à « l'ancienne représentation administrative et politique locale du pouvoir central » (cf. titre de la première partie) doit répondre une institution qui aura à personnifier l'État dans la future région administrative. Ce fut avant tout un acte politique pris par un gouvernement qui a voulu, dès sa prise de fonction, marquer les esprits par une action symbolique, concrète et visible.

En premier lieu, ce constat repose *in fine* sur une analyse des textes législatifs et discours politiques qui traduisent la détermination du XIXe gouvernement constitutionnel[4] nommé le 21 juin 2011 à révoquer les dix-huit gouverneurs civils et à n'en plus nommer d'autres.

Dans un second point, les redistributions des prérogatives qui relevaient du gouverneur civil ont été transférées, soit vers les ministères, soit vers le président de la *Câmara municipal*. Cela a affaibli indubitablement le chef du gouvernement civil. Cependant, la perte d'influence du gouverneur civil a

---

[1] Constitution de 1976, articles 236, 255 et 256.

[2] *Diário da República*, I-Série-A, n° 155, loi constitutionnelle n° 1/2005 du 12 août 2005, p. 4680, septième révision constitutionnelle. L'article 262 énonce : « Dans chaque région, il peut y avoir un représentant du Gouvernement, nommé en Conseil des ministres, dont la compétence s'exerce également auprès des collectivités de cette circonscription. » Dans sa promulgation en 1976, la Constitution de 1976 disposait à l'article 262 : « Dans chaque région il y aura un représentant du Gouvernement, nommé en Conseil des ministres, dont la compétence s'exerce également auprès des collectivités de cette circonscription. » [souligné par nous]

[3] *Diário da República*, I-Série-A, n° 185, loi n° 56/91 du 13 août 1991, p. 4091-4097. La loi-cadre sur les régions administratives, n° 56/91 du 13 août 1991 précisait : « Dans chaque région administrative il y aura un représentant du gouvernement, désigné gouverneur civil régional. »

[4] Au Portugal, on désigne communément par « gouvernement constitutionnel » les gouvernements nommés après l'adoption de la Constitution du 25 avril 1976. Ainsi, le premier gouvernement constitutionnel a été nommé le 23 septembre 1976.

été plus administrative que politique. S'il avait perdu de son pouvoir, parfois arbitraire, de cooptation des présidents des *Câmaras municipais* dans « son » district le gouverneur civil est toujours resté un acteur attentif et discret de la vie politique locale. Cette ingérence permanente a trouvé sa manifestation la plus flagrante tant dans sa mission officieuse de contrôle de l'opposition et des membres de son parti, que dans sa propre ambition à préparer sa reconversion politique, après la fin de son mandat.

Pour autant, et somme toute pour qu'il puisse continuer à être « les yeux et les oreilles » du pouvoir central, le gouverneur civil a été maintenu artificiellement après le 25 avril 1974, même s'il a été progressivement marginalisé concomitamment à la promulgation d'une législation qui a accordé de plus en plus d'attributions aux *municípios*[1]. Après cette date il y a eu une remise en cause du devenir du représentant local de l'État. Malgré tout, le ministre de l'Administration interne a continué à nommer des gouverneurs civils, même s'il était primordial de rompre avec le code administratif de 1940[2], car il ne correspondait plus aux orientations du nouveau régime démocratique[3].

Le décret-loi n° 746/74 du 27 décembre 1974, qui a fait suite au décret-loi n° 203/74 du 15 mai 1974, a défini les objectifs généraux des activités dévolues au ministère de l'Administration interne[4]. Ce texte législatif aide à la compréhension de l'institution de représentation du gouvernement dans le district, même si le gouverneur civil y est mentionné une seule fois, dans le paragraphe sur les finalités de la Direction générale de l'administration locale[5].

---

[1] Garnier (R.), *Un modèle européen de démocratie : le cas portugais*, Paris, Édition Montchrestien, LGDJ, 2005, p. 68. La révolution du 25 avril 1974 a bouleversé profondément le paysage constitutionnel portugais. Comme l'a écrit Roxane Garnier : « Si le programme du Mouvement des forces armées possède une envergure politique considérable, il a également une forte portée juridique. Alors qu'il n'était qu'un document interne au Mouvement des capitaines il va rapidement devenir le premier acte constitutionnel de la nouvelle République. Il comprend des mesures immédiates telles que le renversement des institutions de l'ancien régime, ou le rétablissement des libertés civiques, et des mesures à moyen termes. Ce programme est le premier acte constituant. »

[2] On a constaté que l'adoption d'une législation qui a accordé des pouvoirs supplémentaires aux collectivités locales et les révisions du code administratif de 1940 ont conduit progressivement à l'abrogation de celui-ci le 23 octobre 2010 *Cf. Diário da República*, I-Série, n° 18, 23 octobre 2010, p. 39, sur le vote correspondant à sa suppression suite à la proposition de loi n° 40/XI/2 du 23 septembre 2010.

[3] Entre 1983 et 1987 le ministère de l'Administration interne a perdu une partie de ses prérogatives dans le domaine de l'administration locale.

[4] *Diário do Governo,* I-Série, n° 300, décret-loi n° 746/74, du 27 décembre 1974, p. 1626.

[5] Tengarrinha (J.), *História do Governo Civil de Lisboa*, Lisbonne, Édition du Gouvernement Civil de Lisbonne, 2002, volume I, 378 p. et volume II, 387 p. José Tengarrinha considère : « Les premières nominations aux postes de gouverneur civil, après le 25 avril, ont duré près de cinq mois, commençant en mai 1974, avec la nomination du gouverneur civil de Viseu, le Dr. António Bica, et se concluant seulement en Octobre, avec la nomination de Brissos de Carvalho, à Beja. Encore en juin 1974, le district de Lisbonne a eu pour gouverneur civil

Néanmoins, les gouvernements nationaux qui se sont succédé après le 25 avril 1974 ont connu des difficultés évidentes de coordinations, entre les alternances politiques des gouvernements de coalitions et/ou de cohabitations. Marina Costa Lobo[1] a démontré les difficultés engendrées par le processus de coordination des gouvernements successifs[2].

Malgré cela, des relations différentes se sont établies entre le gouverneur civil et les présidents des *Câmaras municipais*. La situation originale du gouverneur civil qui avait été maintenu artificiellement et progressivement marginalisé. L'autre questionnement essentiel est de savoir qui aura à représenter l'État au niveau intermédiaire entre les *concelhos* et le pouvoir central, car il faut impérativement combler le vide laissé par la suppression anachronique du gouverneur civil.

---

l'architecte Mário Bruxelas, un homme lié au MDP/CDE, et comme vice-gouverneur le Dr. Maria Luís Salinas. Cependant, les mouvements populaires ont suffisamment anticipé les résolutions de nomination et ont organisé, un peu à travers tout le pays, des assemblées de citoyens qui ont nommé, avec le volontarisme propre aux époques révolutionnaires, leurs représentants aux commissions administratives, lesquelles seraient quelques mois plus tard formellement instaurées par les nouveaux gouverneurs civils. »

[1] Costa Lobo (M.), *Governar em Democracia*, Lisbonne, Édition de l'ICS (Instituto de Ciências Sociais), 2005, 290 p.. Les premières élections démocratiques se sont déroulées le 25 avril 1975.

[2] L'échec du référendum sur la régionalisation le 8 novembre 1998 en témoigne. Les oppositions politiques et les contradictions au sein même de chaque parti politique ont très sensiblement participé du *statu quo*.

TITRE PREMIER

UNE PROGRESSIVE NEUTRALISATION DU GOUVERNEUR CIVIL

Les réformes administratives promulguées après 1974 n'ont pas empêché un déclin progressif, administratif et politique du gouverneur civil.

Après la période de transition avec les gouvernements provisoires[1], entre 1974 et 1976, la régionalisation administrative du territoire soumise à référendum national le 8 novembre 1998 aurait dû contribuer à une réorientation de l'institution. Depuis l'adoption de la Constitution de 1976 et les louvoiements des partis politiques qui, tantôt préconisaient sa suppression, tantôt défendaient vigoureusement l'institution, les fonctions du représentant local du gouvernement ont été délibérément et sensiblement réduites, entre 1974 et 1998, puis de 1998 à sa suppression en 2011.

Paradoxalement, les différents gouvernements centraux n'ont pas osé réformer le gouverneur civil. Ils ont préféré le cantonner dans des fonctions secondaires, si l'on fait exception de la sécurité publique, de la protection du district et des populations, pour accroître les prérogatives des *municípios*. La lente, mais progressive mise à l'écart du gouverneur civil dans un désintérêt quasi général, au point de l'ignorer lors des débats sur la régionalisation administrative a été un prélude à sa disparition.

[1] Les six gouvernements provisoires de la République portugaise ont gouverné le Portugal du 16 mai 1974 au 23 juin 1976.

CHAPITRE PREMIER

UN GOUVERNEUR CIVIL CONCURRENCÉ PAR LES *MUNICÍPIOS*

Le gouverneur civil a été neutralisé après la révolution de 1974, la Constitution de 1976 et l'échec du référendum national sur la régionalisation de 1998.

Cet isolement a contribué à un déclin programmé de ses prérogatives et à un accroissement exponentiel des pouvoirs des élus locaux en général et du président de la *Câmara municipal* tout particulièrement. Concrètement, la possibilité d'intervenir dans des domaines[1] qui relevaient de sa compétence s'est amenuisée graduellement avec la législation adoptée après la Constitution de 1976. Ce changement s'est accompagné d'une complexification de l'organisation politique et de la multiplication des centres de pouvoirs administratifs. De plus, le gouverneur civil a vu ses missions se réduire avec la modernisation de l'administration publique, laquelle se poursuit de nos jours[2]. Cependant, il a connu des bouleversements notoires, notamment avec la loi n° 18/91 du 12 juin 1991[3] et la loi n° 49/99 du 22 juin 1999[4] sur les modalités de recrutement du personnel dirigeant de l'administration publique.

Malgré les paradoxes du gouverneur civil, il est possible de justifier l'ambiguïté d'un pouvoir tant décrié en apparence, mais que l'on a durablement sauvegardé. Contrairement au préfet français[5], le gouverneur civil était

[1] La police, la censure et l'indispensable accord pour nommer des fonctionnaires locaux.
[2] *Diário da República*, I-Série-A, n° 22, 31 janvier 2012, décret règlementaire n° 19/2012 p. 546-548. Le décret règlementaire n° 19/2012 du 31 janvier 2012 s'inscrit dans le cadre du Plan de réduction et amélioration de l'administration centrale et de la « nouvelle phase de la réforme de l'administration publique, dans le sens de le rendre plus efficace et rationnel dans l'utilisation des ressources publiques et, d'autre autre côté, pour l'accomplissement des objectifs de réduction de la dépense publique à laquelle le pays est soumis. En effet, plus que jamais, la concrétisation simultanée des objectifs de rationalisation de ses ressources humaines est cruciale dans le processus de modernisation et d'optimisation du fonctionnement de l'administration publique ».
[3] *Diário da República*, I-Série-A, n° 133, loi n° 18/91 du 12 juin 1991, p. 3118-3121. La loi n° 18/91 du 12 juin 1991 a précisé les attributions dévolues au président de la *Câmara municipal* et l'a confirmé dans sa fonction de responsable et représentant principal du *concelho.*
[4] *Diário da República,* I-Série-A, n° 222, 22 septembre 1999, décret-loi n° 380/99, p. 6590-6622.
[5] Larvaron (B.), *Le Préfet au XXIe siècle,* Paris, éd. Economica, 2001, p. 257 : « Le préfet est le héraut et le symbole d'un système d'organisation des services administratifs et de leur octroi dans un État moderne. »

devenu un symbole désuet, exerçant des fonctions hybrides à la fois administratives et politiques, mais sans réelles marges d'autonomie. Par ailleurs, ses actions étaient d'autant plus difficiles à coordonner avec les exigences des programmes de développements locaux, qu'elles relevaient d'une complication évidente qui prenait en compte le triptyque régionalisation, déconcentration et décentralisation.

D'une part, le gouverneur civil s'est vu attribuer des fonctions pluridisciplinaires, mais secondaires, qui ont intégré non seulement sa capacité à agir, mais aussi son engagement à veiller au bien public et à la sécurité. Il a aussi fait preuve de volonté en améliorant la vie locale, en étant à l'écoute des populations et des élus locaux. Pourtant, une contestation sérieuse n'avait cessé de se développer au sein de la société portugaise, depuis la promulgation de la Constitution de 1976, qui demandait la fin des gouvernements civils.

D'autre part, il est un fait que la modernisation de l'administration publique portugaise a accompagné le processus général de réformes administratives, fiscales et sociales. Il fallait nécessairement établir un « état des lieux » et un bilan général préalable des attributions administratives et politiques qui ont permis au délégué local du gouvernement de servir l'État. Dans l'*imbroglio* suscité par les réformes de l'administration publique, somme toute aurait-il fallu commencer par placer un *prefeito* régional au sein de chacune des cinq régions[1]. Il aurait pu porter les politiques publiques de l'État, accompagner les changements en tenant compte des asymétries régionales, notamment en qualité de services fournis aux citoyens et d'amélioration des infrastructures qui n'ont pas été pour autant corrigées, y compris après la décision, courageuse, mais impromptue, de mettre fin au gouverneur civil.

C'est surtout après le soulèvement militaire du 25 avril 1974 et l'adoption de la Constitution de 1976 que les rapports de force entre le gouverneur civil et président de la *Câmara municipal* ont connu un véritable changement. Les gouvernements provisoires puis constitutionnels ont transféré, au gré des réformes de l'administration territoriale, des domaines de compétences du gouverneur civil vers le *município.* Concomitamment, la législation a accordé de plus en plus d'attributions à l'institution municipale.

[1] Le 27 mars 2006, le pouvoir exécutif s'était déjà déclaré favorable à une réduction du nombre de gouverneurs civils en passant de dix-huit à cinq et avait proposé qu'ils soient incorporés aux cinq régions-plan. Des oppositions sont intervenues contre ce qui fut considéré comme une tentative d'instauration forcée de la régionalisation, alors même que le référendum national avait rejeté, le 8 novembre 1998, le schéma proposé visant à instaurer huit régions administratives.

Une redistribution des pouvoirs administratifs du gouverneur civil vers le président de la *Câmara municipal*

Les attributions accordées aux *municípios* depuis l'adoption de la Constitution de 1976 sont une réalité intangible. La raison en est que la décentralisation a fait émerger un nouvel échelon local de décision, au niveau municipal, qui s'est développé au détriment du gouverneur civil.

Or, les nouvelles prérogatives octroyées au président de la *Câmara municipal*, affranchi de la tutelle hiérarchique du gouverneur civil, ont fait du *município* un niveau administratif et politique essentiel. Il restait au gouverneur civil non seulement à exercer son rôle de gestionnaire de la sécurité du district et de protection des populations, mais aussi à faire campagne discrètement durant son mandat, pour son parti ou pour lui-même. Cependant, le gouverneur civil divisait la classe politique nationale, d'autant plus que sa position était particulièrement délicate au niveau local face à la montée en puissance du *município* devenu un véritable contre-pouvoir.

Les municípios un échelon administratif et politique fondamental depuis la Constitution de 1976

Dans un premier temps, si la loi n° 79/77 du 25 octobre 1977, dite « loi des collectivités locales », a précisé le fonctionnement des collectivités locales et de leurs organes administratifs, elle n'a pas modifié l'organisation administrative du territoire, ni les fonctions et le statut du gouverneur civil. Pourtant, c'est à partir de cette loi que les collectivités locales ont acquis des pouvoirs financiers importants.

C'est ensuite la loi n° 1 du 2 janvier 1979 relative aux finances locales qui a énoncé les critères d'établissement des budgets des *concelhos*. L'entrée en vigueur du décret-loi n° 258/79 du 28 juillet 1979 a fixé le cadre des emprunts municipaux et le gouverneur civil a perdu une partie de ses attributions dans les répartitions financières au sein des *concelhos*. Le décret-loi n° 100/84 du 29 mars 1984 a apporté plus de détails à la loi n° 79/77 du 25 octobre 1977 sur les compétences des collectivités locales[1]. D'autres textes législatifs sont venus renforcer l'autorité des *municípios*. Les modes d'attributions et de financements des collectivités locales ont accentué le déséquilibre des pouvoirs entre le gouvernement civil et les collectivités locales. De même, des missions dévolues au gouverneur civil et transférées vers les *concelhos* ont continué à augmenter au détriment du gouverneur civil, notamment en réorganisant les compétences financières du *município*.

---

[1] La loi n° 25/85 12 août 1985 a modifié le décret-loi n° 100/84 du 29 mars 1984 en donnant plus d'autonomie financière aux collectivités locales.

Les conséquences incertaines des transferts de prérogatives du gouverneur civil vers les municípios

Aujourd'hui, avec la suppression du gouverneur civil, les conséquences éventuelles concernant les dévolutions de ses missions vers les *municípios* sont d'autant plus incertaines qu'il n'y a plus de pouvoir intermédiaire de contrôle des prérogatives du président de la *Câmara municipal*. Cette situation ubuesque ne peut perdurer[1].

Les rapports de force entre le gouverneur civil et les représentants des *concelhos* avaient commencé à changer de camp dès 1974. Les élus locaux étaient impatients d'influer directement sur les nouvelles responsabilités qui leur ont été dévolues, en se libérant de la tutelle de Lisbonne et du pouvoir de son représentant dans le district, ou de celui que ce dernier pensait encore détenir. Par exemple, si sur le plan électoral, l'institution dirigée par le gouverneur civil avait perdu certaines fonctions[2], elle avait continué à assurer le suivi du déroulement des élections au niveau de son district, car son rôle consistait à préparer, superviser et veiller au bon déroulement de celles-ci. À titre d'illustration, pour ce qui relève des élections dans le *concelho,* l'article 31 relatif à la coordination et à l'appui local disposait : « 1. Les *Câmaras municipais* ont des fonctions de coordination et d'appui des opérations de recensement électoral dans les aires dudit *municipai* [...][3]. » Or, la répartition des procédures électorales tendait à impliquer davantage les décideurs locaux, et accroître la participation des citoyens dans la vie publique. Il convenait d'assurer un suivi régulier de la gestion publique et garantir les droits des administrés du *concelho*. C'est dans cette perspective que la quatrième révision constitutionnelle[4] a introduit des modifications dans la structure exécutive, puisque le président de la *Câmara municipal* s'est vu confier des compétences supplémentaires.

Avec la loi sur les collectivités locales n° 169/99 du 18 septembre 1999[5], le gouverneur civil ne fut plus qu'un simple membre de la structure exécutive de la collectivité locale. À l'aune des prérogatives accordées au président de la *Câmara municipal*, notamment après la Constitution de 1976, l'indispensable réforme administrative portugaise aurait dû permettre aux élus locaux de s'engager plus avant dans les décisions à prendre au sein des

---

[1] *Cf.* Seconde partie, Titre II, chapitre II.

[2] Le nouveau projet de décentralisation annoncé le 26 juillet 2002 par le gouvernement lors du Conseil des ministres dans la ville de Tomar, n'a pas provoqué un véritable bouleversement administratif, au sein de la coordination et de l'appui local des *Câmaras municipais*.

[3] *Diário da República*, I-Série-A, n° 68/99, loi n° 13/99, du 22 mars 1999, p. 1584-1603 et la loi n° 13/99 du 22 mars 1999, article 31.

[4] *Diário da República*, I-Série-A, n° 218, 20 septembre 1997, p. 5130. Loi constitutionnelle n° 1/97 portant sur la quatrième révision constitutionnelle.

[5] *Diário da República*, I-Série-A, n° 219, loi n° 169/99, du 18 septembre 1999, p. 6436-6457. La loi n° 169/99 du 18 septembre 1999 a établi le cadre de compétences et le régime juridique du fonctionnement des organes des municípios et des *freguesias*.

concelhos et *freguesias*. En fait, la réforme administrative a été menée de façon incomplète. Les configurations administratives ont continué à être asymétriques, mais il est vrai que les révisions ont été difficiles à faire appliquer, d'autant plus qu'elles ont ignoré le gouverneur civil.

Une redéfinition de l'administration locale

La redéfinition de l'administration locale est restée inaboutie, car elle a laissé le gouverneur civil en marge des débats et des réformes, jusqu'à sa suppression le 21 juin 2011. Nonobstant cela, la mise en œuvre du processus prioritaire qui a marqué l'instauration des réformes locales, notamment avec la législation post-constitutionnelle de 1977-1982 a été un indicateur formidable de la motivation des politiques à vouloir moderniser l'État.

Avec la prise en considération des impérieuses nécessités nationales, notamment la modernisation de l'administration publique portugaise et les normalisations plus ou moins imposées par l'Union européenne, une structuration administrative[1] désignée par PRACE a été mise en place. Le Programme de restructuration de l'administration centrale de l'État portugais a mis en œuvre un important réaménagement de l'administration portugaise. L'objectif principal visait à combattre l'inefficacité des services qui parfois ont eu des fonctions communes et se chevauchaient, ce qui n'était pas sans compliquer la tâche du gouverneur civil et des fonctionnaires, dans les lectures des transferts de compétences. De fait, la résolution du Conseil des ministres n° 183/2005 du 28 novembre 2005 a approuvé le Programme national d'action pour la croissance et l'emploi pour le plan quadriennal 2005-2008[2]. La proposition de modification de l'administration publique de mars 2006 a abouti à l'application d'un vaste projet de réorganisation de l'administration centrale portugaise. Après avoir mené un travail de fond ministère par ministère, le groupe de travail a suggéré que soient supprimés ou fusionnés 120 organismes publics (sur un nombre d'environ 400).

On doit noter que le rôle du gouverneur civil dans l'accompagnement des réformes fut, avant tout, celui d'un conciliateur et d'un pédagogue face aux réorganisations administratives, qui se sont soldées par la fermeture

[1] Programme de restructuration de l'administration centrale de l'État. La modernisation de l'administration publique a été une constante dans le programme politique du XVIIe Gouvernement constitutionnel car : « elle est [la modernisation de l'administration publique] une pièce essentielle de la stratégie de croissance du pays [...] ; Il ne s'agit pas de faire une grande réforme de l'administration publique, d'une seule fois, mais de conduire un processus réformateur fait de pas positifs, fermes et conséquents pour atteindre une administration efficace qui serve bien les citoyens et les entreprises, à la hauteur de ce que l'on espère d'un État moderne. »

[2] Il a été accompagné d'un ensemble de mesures qui tendaient à moderniser le pays, à l'horizon de l'année 2008. Dans le secteur de la santé, il était envisagé une diminution des dépenses et de lutte contre la fraude. Dans le secteur de la sécurité sociale, une réforme de la protection sociale des fonctionnaires était prévue.

d'hôpitaux et d'écoles, notamment primaires, ce qui a provoqué des manifestations dans l'ensemble du pays[1]. Somme toute l'absence d'un coordinateur local, qui aurait pu être le gouverneur civil, a-t-elle contribué à ralentir les réformes de l'administration territoriale par manque de concertation dans la volonté de voir disparaître les disparités administratives et économiques locales.

Des divisions administratives locales hétérogènes

Il fallait réformer l'administration territoriale pour harmoniser toutes les structures administratives locales. Tous les ministères ont été concernés par des mesures de réductions de leurs services[2] et cela se poursuit avec les mesures imposées par le Mécanisme européen de stabilisation financière imposé par la Commission européenne, le Fonds monétaire international et la Banque centrale européenne[3].

L'axe de travail consistait à diviser le pays en cinq grandes régions, ce qui induirait que les dix-huit centres de Sécurité sociale (un par district) ne seraient plus que cinq, et que les dix-huit sous-régions des services de santé seraient supprimées[4]. La réforme administrative du PRACE pouvait paraître comme la fin annoncée du gouverneur civil. Mais pour autant, le PRACE a-t-il pris en compte une révision des pouvoirs du gouverneur civil ? Concrètement non, car il s'agissait surtout d'établir un processus de simplification des démarches administratives et un rapprochement entre l'administration centrale, les citoyens et les entités économiques, industrielles et sociales du pays.

Ceci étant, si l'on prend en compte l'administration territoriale de l'État, il existait trente modèles différents. Par exemple, les NUTS II intégraient les Commissions de coordination et de développement régional[5] et la Direction

[1] Fermetures d'écoles primaires et de cliniques.

[2] Au demeurant, le PRACE n'a pas été forcément très conciliant avec l'ensemble des ministères. Il a préconisé que soient supprimées 70 % des structures avec « des chefs » dans les divers services publics. Cela aurait pour conséquence, comme l'a souligné le rapport, de réduire de 30 % la masse salariale.

[3] *Cf.* l'*European Financial Stabilisation Mechanism*, déclaration des ministres de l'Eurogroupe du 8 avril 2011 et le « Memorando de entendimento sobre as condicionalidades de política económica » du 17 mai 2011.

[4] Les sept directions régionales de l'agriculture ne seraient plus que cinq. D'autres entités ont été intégrées dans le programme général de restructuration engagé par le PRACE, dans l'éventualité où le gouvernement déciderait d'approuver la première proposition du PRACE avec la Direction générale de l'administration publique, les dix-neuf régions de tourisme, l'Institut de défense nationale, la police judiciaire militaire, la direction des ressources humaines de l'Éducation, l'Institut portugais des musées et l'Institut de gestion financière.

[5] Les CCDR en tant que structures déconcentrées du ministère de l'Agriculture, de la Mer, de l'Environnement et de l'Aménagement du territoire du XIXe gouvernement constitutionnel continuent à mener une politique active d'aménagement du territoire, des villes et de protection de l'environnement.

régionale de l'éducation incorporait la Direction régionale de l'économie et, au niveau des districts, il y avait les gouvernements civils et la Sécurité sociale. En ce qui concernait les regroupements de plusieurs districts, on avait également les administrations régionales de la santé. En fait, le dilemme résidait dans l'indispensable nécessité d'harmoniser l'administration portugaise, tout en combattant les déséquilibres régionaux.

Des réformes difficiles à appliquer et une absence de prise en compte du gouverneur civil

Le gouverneur civil aurait pu faciliter la mise en œuvre des diverses réformes de l'administration territoriale, mais les gouvernements centraux l'ont tenu à l'écart, comme pour mieux le marginaliser et protéger sa fonction politique officieuse.

Les gouvernements civils auraient dû être davantage impliqués, par le gouvernement, dans les propositions de réformes et la décentralisation à l'instar du préfet français[1]. Malheureusement, force est de constater que le Programme de restructuration de l'administration centrale de l'État n'a fait nullement allusion au gouverneur civil. Pourtant, avec la décentralisation consacrée par l'article 237 de la Constitution de 1976, le PRACE a pris en considération le principe de subsidiarité (article 6 de la Constitution) et les objectifs du XVIIe gouvernement constitutionnel, tel qu'ils ont été définis dans les Grandes Options du Plan, pour les années 2005-2009. Il a intégré la loi n° 60-A/2005 du 30 décembre 2005 qui a entériné le budget de l'État pour l'année 2006[2], et la résolution du Conseil des ministres n° 124/2005 du 8 juillet 2005 relative à la procédure de restructuration de l'administration centrale de l'État. Néanmoins, il s'est posé la question du partage des compétences, entre les futurs services administratifs et les collectivités locales.

Les débats et les arguments portant sur la fin ou la réorganisation de l'institution personnifiée par le gouverneur civil sont revenus régulièrement sur le devant de la scène politique. Les plus optimistes ont défendu l'idée d'une substitution du représentant local de l'État et une suppression des districts[3], comme s'il était possible de résoudre un tel dilemme, qui a perduré près de quatre décennies, pour ne pas remonter aux décrets de 1832, par un simple trait de plume.

Parmi les nombreuses suggestions, et l'une des plus sérieuses, après la loi-cadre n° 56/91 du 13 août 1991 sur les régions administratives de 1991, puis le schéma envisagé lors du projet de réforme administrative de 2003 était celui d'un découpage en sept Grandes aires métropolitaines, six à dix

[1] Larvaron (B.), « Le préfet et la décentralisation : un appui mutuel », *in Le Préfet au XXIe siècle,* Paris, éd. Economica, 2001, p. 221.
[2] *Diário da República*, I-Série-A, 1er supplément du 30 décembre 2005, p. 7506.
[3] *O Comércio do Porto*, 21 décembre 2003. D'aucuns ont pensé, comme José Vinha, que le Portugal n'aurait plus de districts dans six à sept ans environ, mais en 2012 rien n'a changé.

Communautés urbaines et deux à trois Communautés intermunicipales[1]. Les membres des futures structures administratives seraient élus au suffrage universel direct. On était en présence d'une véritable rupture qui tendait vers un renforcement des principes de décentralisation et de subsidiarité inclus dans la Constitution de 1976[2]. La position du gouverneur civil n'était pourtant pas aisée, entre les diverses alternatives et réformes qui incluaient les *concelhos*, les districts et les régions. Au-delà des multiples projets, se posait en effet la question de la répartition des moyens financiers et des nouvelles fonctions des élus locaux et du gouverneur civil[3].

Dans de telles confusions, l'adoption d'une législation en matière d'administration des collectivités territoriales a confirmé les volontés de modifier les structures administratives, quels que soient les gouvernements. La recomposition actuelle de l'espace local administré devrait se poursuivre, dans une clarification des missions, entre une volonté de recentrage des objectifs et un partage équitable des responsabilités. Une organisation du territoire en cinq régions pourrait jouer un rôle d'accélérateur dans une telle finalité, puisque l'État et les collectivités locales devraient travailler à un essor équilibré et égalitaire du territoire[4]. Avant cela, il faudrait que les projets politiques de divisions administratives du territoire, qui ont créé de véritables écheveaux, puissent être démêlés, pour aboutir.

---

[1] En France, la loi constitutionnelle du 28 mars 2003 a revu en profondeur les principes d'autonomie financière des régions, des départements et des communes. Elle a transféré vers ces trois collectivités, dites encore locales, de nouvelles compétences. La politique de la réforme de la décentralisation a confirmé le principe de la décentralisation de la République française. Ainsi, « L'article 1er de la Constitution est complété par une phrase ainsi rédigée « Son organisation est décentralisée » et à l'article 2 « Dans le quatorzième alinéa de l'article 34 de la Constitution, le mot « locales » est remplacé par le mot « territoriales ». *Cf. Journal officiel de la République française*, n° 75 du 29 mars 2003, p. 5558. On note, par exemple, que des compétences supplémentaires ont été accordées aux régions, depuis l'entrée en vigueur de la loi constitutionnelle du 28 mars 200, en leur accordant des fonctions extrêmement vastes notamment dans la formation professionnelle du personnel non enseignant des lycées, les soutiens aux développements économiques, touristiques et culturels de la régions, mais aussi dans le développement général des *infra*structures routières et ferroviaires.

[2] L'une des grandes expectatives et interrogations était de savoir quelle serait la décision d'Alcobaça qui devait opter pour son adhésion à la GAM de Leiria ou à la Communauté Urbaine de l'Ouest (ComUrb Oeste).

[3] De nouveaux impôts municipaux devraient, s'ils sont votés, être transférés vers les nouvelles entités locales. Le transfert des moyens financiers et des compétences vers les collectivités locales devrait être effectif dans sept secteurs qui sont la santé, l'éducation, l'économie, la culture, l'habitat, l'environnement et l'administration.

[4] Titre II.

Une redéfinition des prérogatives financières[1] des municípios

Après 1974, la nouvelle législation a clarifié les domaines d'interventions du président de la *Câmara municipal* et éloigné, pour ne pas dire « exclu », le gouverneur civil des prises de décisions dans l'administration des *municípios*. Il n'y a plus eu de rapports hiérarchiques entre le gouverneur civil et le président de la *Câmara municipal*.

Avec l'adoption de la loi n° 79/77 du 25 octobre 1977[2] sur les attributions de deux institutions locales, l'administration du district a subi une réorganisation. Or, la loi n° 79/77 du 25 octobre 1977 n'a pas supprimé le gouverneur civil et l'Assemblée du district[3], tant que les régions administratives ne seraient pas devenues effectives. La configuration administrative avec l'Assemblée de district et le Conseil de district avec des représentants des *municípios,* qui avaient pour président le gouverneur civil lequel dirigeait les deux institutions, ne fut pas réorganisée.

Néanmoins, le décret-loi n° 100/84 du 29 mars 1984, qui a révisé les compétences des collectivités locales a omis, somme toute sciemment, de mentionner le district. De même, le décret-loi n° 5/91 du 8 janvier 1991 a réglementé le fonctionnement de l'Assemblée du district, mais le gouverneur civil n'était plus inclus dans son organigramme[4]. Il a été éloigné, en douceur, de la réforme de l'administration locale, avec l'adoption d'une législation favorable aux collectivités locales, d'autant plus que l'autonomie financière des *concelhos* avait renforcé le sentiment d'ostracisme à l'égard du gouverneur civil.

---

[1] La question des finances publiques est d'autant plus importante qu'elle a servi d'argument principal pour supprimer le gouverneur civil.

[2] *Diário da República*, I-Série-A, n° 247, loi n° 79/77, du 25 octobre 1977, p. 2564-2578.

[3] « 1. Selon les termes des numéros 1 et 3 de l'article 1er du décret-loi n° 288/85 du 23 juillet, de la rédaction de la loi n° 14/86, du 30 mai, les assemblées des districts ont cessé d'assurer les services auxquels elles n'ont pris aucune participation dans un délai de 180 jours.
« 2. Le n° 1 de l'article 9 du même texte régule le transfert et les conditions de l'utilisation ou de la propriété des installations et biens immobiliers soumis aux services et établissements à transférer des assemblées des districts vers l'administration centrale, selon les termes des dispositions citées à la conclusion antérieure. » L'amendement n° 50/91 relatif à la révision de la Constitution de 1976, porte sur les délibérations prises par les assemblées des districts, en ce qui se réfère aux transferts des services et établissements.

[4] Cela a été stipulé, lors de la deuxième révision constitutionnelle de 1989. La Constitution de la République portugaise de 1976 fut révisée en 1982, 1989, 1992, 1997, 2001, 2004 et 2005. Le décret-loi n° 5/91 du 8 janvier 1991 fut révisé (V. le supplément du *Diário da República*, I-Série-A, 31 janvier 1991), mais la rectification fut annulée (V. le n° 2 du supplément du *Diário da República*, I-Série-A, 9 mai 1991).

Une administration locale en construction

La deuxième révision constitutionnelle[1], à l'article 2 de la Constitution de 1976, n'a plus incorporé le gouverneur civil dans la structure de l'Assemblée de district, même si elle avait des fonctions délibératives et un Conseil consultatif qui l'assistait (article 1er, al. 1 et 2).

Les relations de l'Assemblée de district avec le gouverneur civil consistaient « à solliciter des informations et des éclaircissements au gouverneur civil, dans l'intérêt du district » (article 5, *h*).

Le Conseil consultatif se composait du gouverneur civil, de quatre membres de l'Assemblée du district élus par elle, et de quatre citoyens spécialement qualifiés dans les domaines économiques, sociaux et culturels du district.

La proposition de loi n° 82/II du 3 février 1982, portant sur les attributions des collectivités locales et leurs structures respectives[2] et le décret-loi n° 118/82 du 19 avril 1982 avaient énoncé les règles et les conditions relatives aux investissements municipaux conçus en tant qu'instruments politiques, en vue d'améliorer la cohabitation entre l'administration centrale et locale, et octroyer des pouvoirs supplémentaires aux *concelhos*. En cela, le décret-loi n° 118/82 du 19 avril 1982 a favorisé la coopération entre les *municípios* dans le but de réaliser des financements d'investissements communs, ce qui a participé de la réduction des pouvoirs du gouvernement civil. La loi n° 56/91 du 13 août 1991 est la loi-cadre portant sur l'institution des régions administratives, en tant que personnes collectives territoriales, possédant une autonomie administrative et financière et des organes représentatifs (article 1er), qui seraient l'Assemblée régionale et la Junte régionale.

L'entrée en vigueur du décret-loi n° 252/92 du 19 novembre 1992 a confirmé un processus de désengagement et de répartitions de ses prérogatives, tout en rappelant son statut du gouverneur civil, comme s'il était primordial d'insister sur le fait que la suppression du gouverneur civil n'était pas prévue à court terme.

Plus particulièrement, le décret-loi n° 252/92 du 19 novembre 1992 a posé comme principe de base que le représentant du gouvernement dans le district était compétent pour diriger certains services de l'État, mais pas tous. Les impôts, l'Éducation nationale, l'Armée et la Justice ne rentraient pas dans son domaine d'attributions. Certes, l'article 291 de la Constitution portant sur les « districts » dispose que tant que les régions administratives ne sont instituées, le gouverneur civil reste en place en tant que représentant local de l'État. Mais le décret-loi n° 252/92 du 19 novembre 1992 disait : « Il faut reconnaître, cependant, que l'actuel statut du gouverneur civil n'est pas

[1] *Diário da República*, I-Série, n° 155, 8 juillet 1989, p. 2734. Loi constitutionnelle n° 1/89 du 8 juillet 1989.

[2] *Diário da República*, I-Série, n° 1, 3 février 1982, p. 7-23 et *Diário da República*, I-Série, n° 90, 19 avril 1982 décret-loi n° 118/82.

clairement défini, car il y a tous les avantages à homogénéiser autant que faire se peut, l'ensemble divers et diffus des textes législatifs dans lesquels s'inscrivent la mouture légale de sa fonction et de ses compétences.

Plus généralement, avec l'entrée en vigueur du décret-loi 310/2002 du 18 décembre 2002[1] fut appliquée une régulation du régime juridique d'autorisations et contrôles vers les *Câmaras municipais*. La modernisation de l'administration publique portugaise a, depuis la Constitution de 1976, suscité bien des réflexions sur les structures de la représentation locale de l'État, sans que l'on procède pour autant à l'implantation d'un schéma différent de celui du gouverneur civil.

De plus, l'administration locale était et reste d'une complexité telle que les élus locaux ne méritent pas toujours les objurgations dont ils sont victimes, d'autant que les *Câmaras municipais* manquent de moyens techniques et financiers, même si des progrès ont été faits dans le cadre de la décentralisation. La loi n° 79/77 du 25 octobre 1977 (article 48, alinéa i) a mentionné pour la première fois le principe qui accordait aux assemblées municipales la possibilité de délibérer en matière de Plan directeur municipal et d'ordonner sa mise en œuvre. Les *municípios* ont depuis, dans le cadre de la délimitation de leurs attributions, acquis la faculté d'établir, d'adapter et de financer les plans directeurs municipaux[2].

Dès lors, le gouverneur civil n'était plus le « grand ordonnateur » qui faisait, ou empêchait les carrières politiques locales, choisissait les présidents des *Câmaras municipais*, entérinait les nominations des *regedores* dans les *freguesias* et « surveillait » les élections. Les oppositions « classiques » étaient pourtant le signe d'une démocratie, puisque le gouverneur civil et les présidents des *Câmaras municipais* travaillaient en étroite collaboration, dans les programmes de développement des infrastructures du territoire et les domaines sécuritaires du *concelho* et du district. Dans cette optique, la loi

---

[1] *Diário da República,* I-Série-A, n° 292, décret-loi 310/2002, du 18 décembre 2002, p. 7896. Il a abrogé le décret-loi 316/95 du 28 novembre 1995. *Cf. Diário da República*, I-Série-A, n° 275/95, 28 novembre 1995 décret-loi n° 316/95 du 28 novembre 1995, p. 7375-7382 qui définit les compétences du gouverneur civil en tant qu'organe administratif qui intervient, dans le district comme représentant du gouvernement, en vue de maintenir l'ordre et la sécurité publique. Dans les transferts, il s'agit de domaines qui touchent aux activités de camping et stationnement, et aux agences de vente, qui relevaient au préalable des fonctions dévolues au gouvernement civil. Le décret-loi se réfère de même, aux activités inhérentes à la vente de billets pour des spectacles publics, aux feux d'artifice, aux veilleurs de nuit, aux autorisations municipales, à la loterie nationale, aux machines à jeu, aux amendes, au personnel de sécurité, aux puits, à la sécurité publique, aux ventes aux enchères et aux vendeurs ambulants. Les attributions du gouvernement civil qui incombent aux *Câmaras municipais* sont révélatrices d'une volonté de répartition de nouveaux domaines de compétences et de pouvoirs. La législation adoptée, en matière d'administration locale, est révélatrice d'un mouvement réformateur qui tend à accorder aux *concelhos*, des prérogatives administratives et financières, indispensables à leurs développements.

[2] La deuxième phase d'intervention réside dans l'application des plans rendus obligatoires par la loi de 1986.

n° 48/98 du 11 août 1998 relative à la politique d'aménagement du territoire et de l'urbanisme a renforcé cette coopération[1]. Elle a encadré également les bases de la politique d'aménagement du territoire et de l'urbanisme. Elle a été une inflexion sur les projets d'instauration de la politique de réorganisation générale du territoire, dans ses différents niveaux administratifs[2].

En résumé, la législation a favorisé de plus en plus l'autonomie des collectivités locales, sans que cela ait remis en question la présence effective et symbolique du gouverneur civil dans le district.

Une législation favorable aux collectivités locales

Si le gouverneur civil changeait souvent, le secrétaire général du gouvernement civil était inamovible.

Le secrétaire général du gouvernement civil a été le véritable soutien du gouverneur civil, car c'est lui qui détenait les connaissances administratives et juridiques indispensables au bon fonctionnement du gouvernement civil. C'est le secrétaire général du gouvernement civil qui bien souvent était confronté aux exigences spécifiques de son district et aux difficultés engendrées par les plans de développements municipaux et interprétation de la législation en vigueur.

De façon plus précise, la loi n° 42/98 du 6 août 1998 sur les finances locales a établi le nouveau régime financier des *municípios* et des *freguesias* et précisé que les éventuelles futures régions administratives feraient l'objet d'un texte législatif spécifique. La loi n° 42/98 du 6 août 1998, article 2, § 2, disposait que dans le principe d'autonomie financière des *municípios* et des *freguesias* : « La tutelle sur la gestion patrimoniale et financière des collectivités locales est seulement inspectrice et ne peut être exercée que selon les

---

[1] *Diário da República*, I-Série-A, n° 184, 11 novembre 1998, p. 3869-3875. La loi n° 48/98 du 11 novembre 1998 a été adoptée suite à différents textes législatifs. Les plans régionaux d'aménagement du territoire (en portugais les PROT-*Planos Regionais de Ordenamento do Território*) furent créés par le décret-loi 338/83, du 20 juillet. Cinq ans plus tard, le décret-loi n° 176-A/88, du 18 mai 1988 a modifié le décret-loi 338/83, du 20 juillet 1983. Le décret-loi n° 294/94, du 12 octobre 1994 et le décret-loi n° 309/95 du 20 novembre 1995 ont précisé les attributions du gouverneur civil.

[2] *Diário da República,* I-Série-A, n° 109, 8 septembre 2001, p. 5808-5829. La loi n° 107/2001 du 8 septembre 2001 a disposé les bases « de la politique et du régime de protection et de valorisation du patrimoine culturel » ce qui a rendu obligatoire la concrétisation d'un « Plan d'aménagement du parc archéologique », dont le décret-loi n° 11/2002 du 11 mai 2002 a défini les objectifs et le contenu (*Diário da República*, I-Série-A, n° 110, 11 mai 2002, p. 3057-3065). La loi de base de la politique d'aménagement du territoire et de l'urbanisme se référait également aux Plans spéciaux d'aménagement du territoire définis par le décret-loi n° 151/95, du 24 juillet 1995 et le décret-loi n° 5/96 du 29 février 1996. Le représentant local du gouvernement dans le district a vu ses fonctions clarifiées dans sept plans spécifiques : aménagement forestier, aménagement et extension des ports, intégration de l'habitat, sauvegarde du patrimoine culturel, aménagement des aires protégées, aménagement des réserves publiques d'eau et aménagement des zones côtières.

formes et dans les cas prévus par la loi, en sauvegardant toujours la démocratie et l'autonomie du pouvoir local[1]. »

Les prérogatives des *municípios* et des *freguesias* en matière d'autonomie financière concernaient quatre orientations majeures à savoir : « élaborer, approuver et modifier les options du plan, budgets et autres documents prévisionnels ; élaborer et approuver les documents comptables ; prélever et disposer de recettes qui leur sont dévolues par la loi, et ordonner et procéder à des dépenses légalement autorisées ; gérer leur propre patrimoine et celui qui leur sera affecté[2] ». Le gouvernement avait la possibilité de prendre des mesures dites « exceptionnelles » et de les inscrire au budget de l'État en fonction des ministères concernés afin de « financer des projets de collectivités locales ayant un grand intérêt pour le développement régional et local, lorsque l'on en aura vérifié l'urgence, et lorsque l'on aura démontré manifestement l'incapacité financière des collectivités locales à y faire face[3] ».

De fait, si la loi n° 42/98 du 6 août 1998 sur les finances locales a été explicite en ce qui concerne les principes et règles budgétaires, aux répartitions des ressources publiques ou à la distribution des fonds de cohésion sociale, il est à noter qu'aucune allusion n'y était faite au représentant de l'État, quant aux éventuelles actions de coopération et de répartitions budgétaires. La loi n° 159/99 du 14 septembre 1999 a complété la législation antérieure relative aux renforcements des compétences des collectivités locales, notamment depuis les lois sur les finances locales de 1977 et a défini les modalités « du transfert d'attributions et de compétences vers les collectivités locales[4] ».

Il fallait procéder par conséquent à l'encadrement des nouvelles prérogatives des collectivités locales en prenant en compte les secteurs spécifiques d'intervention, selon les paramètres de la décentralisation administrative et de l'autonomie du pouvoir local. Par exemple, la loi n° 159/99 du 14 septembre 1999 relative aux modalités générales de transferts et de coopérations, entre l'administration centrale et locale, ne mentionnait jamais le rôle de l'institution de représentation du gouvernement[5]. Les procédures législatives de transferts étaient, comme le précisait l'article 4, de la loi n° 159/99 du 14 septembre 1999, « concrétisées annuellement au travers de textes spécifiques qui peuvent établir des dispositions transitoires adéquates à la gestion du processus de transfert en cause, en accord avec ce que dispo-

[1] *Diário da República*, I-Série-A, n° 180, 6 août 1998, p. 3776-3783.
[2] *Ibid.*
[3] *Diário da República*, I-Série-A, n° 180, 6 août 1998, p. 3777.
[4] *Diário da República*, I-Série-A, n° 215, 14 septembre 1999, p. 6301-6307.
[5] *Ibid.* p. 6302. L'article 2, § 2 disposait : « L'administration centrale et l'administration locale doivent coordonner leur intervention, dans l'exercice des compétences spécifiques, nommément au travers de partenariat prévu à l'article 8 de façon à assurer l'unité de la poursuite des politiques publiques et éviter les superpositions d'actions. »

sent les articles 2, 3 et 5[1] ». L'exclusion du gouverneur civil des prises de décisions et modalités de répartitions des finances locales a été caractéristique de la séparation des pouvoirs, entre le gouverneur civil et le président de la *Câmara municipal.* Néanmoins, dans la gestion des programmes de soutiens et de financements aux réaménagements du territoire, la loi n° 159/99 du 4 septembre 1999 a mentionné le « développement régional et local » dans le contexte des cadres communautaires d'appui (article 9)[2].

En fait, la loi n° 159/99 du 14 septembre 1999 a été une étape majeure dans le schéma général de redéfinition et de redistribution des pouvoirs locaux en faveur des *municípios* et des *freguesias* (articles 13, 14 et 15), sans que l'on se soucie du gouverneur civil. Si la décentralisation administrative a évolué depuis les lois sur les finances locales de 1977 vers plus d'autonomie en faveur des collectivités locales, la loi n° 169/99 du 18 septembre 1999 a réformé le cadre des compétences des structures qui composent les *municípios* et *freguesias*, et leur régime juridique de fonctionnement[3]. Elle a précisé le statut et la fonctionnalité de chaque entité qui fait partie des organes représentatifs des *municípios* et des *freguesias*[4]. Cependant, on ne saurait établir ici une liste exhaustive des attributions spécifiques des juntes de *freguesia,* car cela n'est pas le sujet de cette thèse. Mais, il convient d'énumérer celles incluses à l'article 34 de la loi n° 169/99 du 18 septembre 1999[5], lesquelles sont restées quasiment les mêmes depuis cette date.

---

[1] Les collectivités locales disposent de pouvoirs de la consultation, planification, gestion, investissements, imposition, autorisations diverses (mais la loi n'est pas précise sur ce dernier point). Les procédures de transferts peuvent s'effectuer selon trois orientations : exclusivement municipales, intégrées dans des programmes d'action régionale, en accord avec les priorités définies par les conseils de la région des Commissions de coordination régionale, être intégrées dans des programmes d'action nationale « en accord avec les priorités définies par l'Assemblée de la République, sur proposition du Gouvernement » (article 5).

[2] Les cadres communautaires d'appui sont des documents approuvés par la Commission européenne, dès lors que les plans présentés par l'État membre ont été validés. Ils concernent aussi les modalités d'application en fonction des objectifs, des priorités et des fonds disponibles.

[3] En fonction des termes de l'alinéa c) de l'article 161 de la Constitution de 1976.

[4] La loi n° 169/99 du 18 septembre 1999 disposait dans son article 100 : « 1. Sont abrogés le décret-loi n° 100/84, du 29 mars 1984, la loi n° 23/97, du 2 juillet, la loi n° 17/99 du 25 mars et la loi n° 96/99 du 17 juillet 1999.

« 2. Sont également abrogés l'article 8 du décret-loi n° 116/84, du 6 avril, l'article 27 du décret-loi n° 45 248, du 16 septembre 1963, les articles 1 à 4 de la loi n° 11/96, du 18 avril, les articles 99, 102 et 104 du code administratif, ainsi que l'ensemble de toutes les dispositions législatives contraires à ce qui est disposé dans la présente loi. »

[5] L'article 34, de la loi n° 169/99 du 18 septembre 1999 disposait : « 1. Il est de la compétence de la junte de *freguesia* dans la finalité de son organisation et du fonctionnement de ses services, ainsi que dans la gestion du quotidien : d'exécuter et veiller à l'accomplissement des délibérations de l'assemblée de la *freguesia* ; gérer les services de la *freguesia* ; gérer les ressources humaines au service de la *freguesia* ; administrer et conserver le patrimoine de la *freguesia* ; élaborer et maintenir à jour le cadastre des biens mobiliers et immobiliers de la

L'article 37 de la loi précitée disposait : « La junte de *freguesia* peut exercer des activités incluses dans les compétences de la *Câmara municipal*, par délégation de celle-ci[1]. » Les missions des *Câmaras municipais* devenaient extrêmement vastes[2] et au-delà de la gestion et du fonctionnement classique, il importait donc de mentionner les secteurs dans lesquels elles intervenaient désormais : la planification et le développement, les consultations juridiques et la participation à des organes consultatifs de l'administration centrale, les soutiens aux activités d'intérêt municipal, la fiscalité, l'émission d'autorisations diverses et de permis, décider des formes d'aide à accorder aux *freguesias* et au domaine public municipal. C'est dans cette perspective que la loi n° 172/99 du 21 septembre 1999 a disposé qu'il était essentiel d'établir une autre organisation juridique et structurelle, en explicitant le régime commun des associations de *municípios* de droit public[3].

Le constat de la multiplication des pouvoirs accordés aux *municípios* est évident, car l'institution de représentation locale du gouvernement a commencé à s'ébrécher, dans ses prérogatives administratives, politiques et symboliques. En fait, les réformes générales n'auraient pu se concrétiser et continuer de se développer sans les redéfinitions des nouveaux pôles de compétences et les financements des collectivités locales.

L'autonomie financière des *concelhos,* une perte supplémentaire de prérogatives du gouverneur civil

Le décret-loi n° 100/84 du 29 mars 1984 a confirmé « la consécration constitutionnelle du principe d'autonomie des collectivités locales et de la décentralisation de l'administration publique dans le cadre global de l'organisation démocratique de l'État ». Et cela malgré, l'autonomie financière des *concelhos* a eu des conséquences directes sur la disparition de certaines fonctions qui incombaient au gouverneur civil.

Le gouverneur civil se trouvait face à un processus d'autorité illusoire dans sa relation avec les élus locaux puisqu'il n'y avait plus de subordination hiérarchique. Autrement dit, le principal responsable administratif et politique du *concelho* est devenu un gestionnaire qui pouvait désormais s'exprimer et agir librement. La fonction politique du président de la

---

freguesia ; acquérir des biens mobiliers nécessaires au fonctionnement des services et aliéner ceux qui sont indispensables ; désigner les représentants de la *freguesia* dans les entreprises où elle est partie prenante ; procéder à l'enregistrement des manquements de ses membres et à leur justification respective. »

[1] *Diário da República*, I-Série-A, n° 219, 18 septembre 1999, p. 6441.

[2] *Ibid.*, p. 6447-6450, ainsi que la loi n° 169/99 du 18 septembre 1999, articles 64, 65 et 66.

[3] *Diário da República*, I-Série-A, n° 221, 21 septembre 1999, p. 6529-6532. Avec la loi n° 172/99 du 21 septembre 1999 l'association de municípios était devenue une personne morale de droit public, qui se composait au moins de deux municípios, dans le cadre de réalisations de projets ayant des intérêts généraux.

Câmara municipal a dû faire face aux nécessités financières, techniques et sociales engendrées par les impératifs des développements infrastructurels et à la « consécration du principe de subsidiarité[1] ». L'article 52 de la loi n° 2/2007 du 5 janvier 2007[2] précisait que la transmission d'attributions et compétences vers les collectivités locales : « assure la concrétisation des principes de la décentralisation et de la subsidiarité, ayant pour finalité d'assurer le renforcement de la cohésion nationale et de la solidarité interrégionale ainsi que la promotion de l'efficience de la gestion publique ». Or, si la loi n° 2/2007 du 15 janvier 2007 disposait que les collectivités locales devaient être entendues avant la préparation du Programme de stabilité et de croissance (*Programa de Estabilidade e Crescimento*) et de la loi de finances pour approuver le budget de l'État, aucune évocation n'a été faite au gouverneur civil. Cette redistribution par étapes des fonctions du gouverneur civil s'est accompagnée d'une réorientation de celles-ci, notamment la gestion de la sécurité du district, alors même que les *municípios* s'imposaient en tant que véritable force administrative et politique à l'échelon local.

Le rôle de contre-pouvoirs des municípios

Les fonctions administratives et politiques des *municípios* ont évolué en deux temps. Premièrement, après l'adoption de la Constitution de 1976, les *municípios* ont été dotés de pouvoirs supplémentaires, souvent au détriment de ceux détenus par le gouverneur civil. Dans un second temps, ils ont acquis une réelle autonomie administrative, financière et politique au point de les soustraire à la tutelle hiérarchique du gouverneur civil.

En fait, ces rapports de contre-pouvoirs étaient essentiellement basés sur des oppositions politiques. On en veut pour preuve le jeu de « chaises musi-

[1] Leite Pinto (R.) et Ferreira de Almeida (J.-M.), (dir.), *O Sistema Político - Administrativo Português*, Lisbonne, Édition de l'INA (Instituto Nacional de Administração), 2001, p. 22-23 : « Dans la confrontation avec le Pouvoir central, l'autonomie locale va aussi loin qu'il est nécessaire pour garantir la philosophie décentralisatrice de la Constitution, renforcée aujourd'hui par la consécration du principe de subsidiarité. Il est clair que c'est à l'État qu'il incombe de créer, modifier ou supprimer les collectivités locales, en établissant la division administrative du pays et en parallèle la définition des frontières, mais de telles opérations ne sont pas entièrement libres. La création, la suppression et la délimitation des collectivités doivent être faites dans les termes d'une loi-cadre de la compétence législative de l'Assemblée de la République, laquelle consacre des objectifs présupposés pour de tels actes (indices géographiques, sociaux, démographiques, culturels, motifs d'ordre historique, etc.) et n'importe quelle décision qui englobe la création, modification ou suppression de collectivités ne peut être réalisée par le pouvoir central sans que les populations ou collectivités englobées se prononcent (voir la loi n° 142/85 du 18 novembre et la loi n° 8/93 du 5 mars). »

[2] *Diário da República*, I-Série-A, n° 10, 15 janvier 2007, p. 320.

cales » lors des élections municipales, législatives ou les nominations à la direction du gouvernement civil[1].

Dans ce contexte, le pouvoir central a néanmoins cherché à confirmer les missions du gouverneur civil comme pour adresser un message aux élus locaux et aux populations, et leur signifier la légitimité de son représentant dans le district. Par exemple, le décret-loi n° 316/95, dans son annexe du 28 novembre 1995[2], a défini les secteurs d'ingérence du gouverneur civil en tant qu'organe administratif qui intervenait en tant que représentant du gouvernement, en vue de maintenir l'ordre, la tranquillité et la sécurité publique dans le district[3].

Au préalable, on avait donné aux *Câmaras municipais* des compétences qui relevaient du gouverneur civil en modifiant le décret-loi n° 252/92 du 19 novembre 1992, dans sa rédaction du décret-loi n° 316/95 du 28 novembre 1995 et du décret-loi n° 213/2001 du 2 août 2001. Quant au décret-loi n° 310/2002 du 18 décembre 2002, il a régulé le régime juridique d'autorisations et contrôles par les *Câmaras municipais*, d'activités diverses, relevant au préalable des gouvernements civils[4]. Seules les missions figurant en note de bas de page ont fait l'objet d'une autorisation municipale[5]. La fragilité des gouvernements civils aurait été pourtant moindre malgré les critiques virulentes dont ils ont été la cible, entre le maintien transitoire d'une part, et les prérogatives des *municípios* d'autre part, face aux ambitions de certaines *freguesias* d'accéder au rang de *município*[6].

---

[1] Comme on le mentionne à diverses reprises, un gouverneur civil pouvait être élu président de *Câmara municipal* ou député et un président de *Câmara municipal* pouvait être nommé gouverneur civil.

[2] *Diário da República*, I-Série-A, n° 275/95, décret-loi n° 316/95, du 28 novembre 1995, p. 7375-7382.

[3] Mais les renforcements de compétences des *Câmaras municipais* et les services qu'on leur demande d'assurer après la suppression du gouverneur civil risquent, notamment dans le domaine de la sécurité publique, en se substituant aux ministères, d'aboutir à de nouvelles confusions et conflits d'intérêts.

[4] *Diário da República*, I-Série-A, n° 292, décret-loi 310/2002, du 18 décembre 2002, p.7896-7903

[5] Le Conseil Consultatif de la *Procuradoria* générale de la République, n° 4748, du 27 mars 2004 et le Journal Officiel n° 74, p. 4915 ont répondu négativement à l'interrogation, puisque : « Le n° 1 de l'article 48 du décret-loi n° 316/95 du 28 novembre, n'a pas été abrogé par l'article 39 du décret-loi n° 168/97, du 4 juillet ». Dès lors, il se posait la question de savoir si l'article 62 du décret-loi n° 167/97 du 4 juillet 1997 et l'article 39 du décret-loi n° 168/97 également du 4 juillet 1997, qui avaient attribué aux *Câmaras municipais*, la possibilité de se prononcer sur la fermeture des établissements n'auraient pas « abrogé tacitement l'article 48 du décret-loi n° 316/95 du 28 novembre 1995, qui permettait, au gouverneur civil, d'appliquer les mesures de police en vue de la fermeture des salles de danse et débits de boisson, lorsque leurs activités auraient été susceptibles de violer l'ordre, la sécurité et la tranquillité publics ».

[6] Les demandes déposées auprès de l'Assemblée de la République sont parfois révélatrices du climat conflictuel qui règne dans les *concelhos*.

Un gouverneur civil concurrencé par les *municípios*

La multiplication des prérogatives administratives et politiques des *municípios* et des *freguesias* a été, et demeure avec l'actuelle réforme de l'administration du pouvoir local, l'expression d'un renforcement des fonctions accordées à de nouveaux pôles de prises de décisions. Leur regroupement a fragilisé encore plus le gouvernement civil.

Le renforcement administratif et politique des municípios et des freguesias

Les décisions majeures pour le développement du *concelho* et des *freguesias* n'étaient plus soumises aux directives du gouverneur civil. La volonté d'affirmation des nouveaux pouvoirs locaux peut notamment s'expliquer par le développement de la coopération intermunicipale, avec les fédérations de *municípios* et l'ANAFRE (*Associação Nacional de Freguesias*) qui ont pleinement participé de la restructuration des centres de décisions administratives et politiques, sans se soucier du gouverneur civil.

Ces regroupements nationaux et locaux sont d'autant plus importants qu'ils ont créé de nouveaux motifs d'affrontements, mais aussi de dialogues, avec l'ancien représentant local du pouvoir central. Cela fut le cas, par exemple, lorsque des associations de *concelhos* ou de *freguesias* manifestaient sous les balcons du gouvernement civil pour faire entendre leurs doléances aux ministères. Graduellement, les associations de *freguesias* étaient devenues des contre-pouvoirs aux missions du gouverneur civil, à l'instar des associations de *municípios*.

Les pouvoirs émergents des *freguesias*

Les attributions dévolues aux *freguesia* n'ont pas affaibli le rôle des *municípios,* contrairement à celui du gouverneur civil qui n'entérinait plus le choix du président de la junte de *freguesia,* comme il l'avait fait pour l'ancien *regedor.*

Si les fonctions des *freguesias* ont commencé à devenir plus élargies après la promulgation de la Constitution de 1976, elles se poursuivent de nos jours avec les réformes de l'administration territoriale engagées par le XIXe gouvernement constitutionnel. L'article 254 de la Constitution de 1976 et l'article 48 de la loi n° 79/77 du 25 octobre 1977 ont précisé la notion de « *federação de municípios* ». Il existe une différence entre les fédérations imposées et les associations librement établies. Les actions menées par l'ANAFRE et l'ANMP sont caractéristiques et symboliques du dynamisme local depuis l'instauration du régime démocratique, et du repositionnement du pouvoir périphérique de l'État. L'Association nationale des *freguesias* est l'expression d'une volonté qui tend à cristalliser les acquis d'une autonomie locale[1] en tant que force de propositions face aux nouvelles prérogatives des *concelhos*.

De fait, avec la mise en œuvre de la concentration et de la représentation nationale du pouvoir local, mais aussi avec l'adoption du décret n° 58/90 du 23 octobre 1990[2], quatre directives ont marginalisé encore plus le gouverneur civil.

Premièrement, cela concernait le concept d'autonomie locale (article 3) qui se référait au droit, et à la capacité pour les collectivités locales de gérer une part plus large des affaires publiques.

Dans un deuxième temps, il fallait prendre en considération l'environnement de l'autonomie locale (article 4), dont la règle générale consistait à faire en sorte que les compétences administratives incombent, de préférence, aux autorités les plus proches des citoyens.

Le troisième point concernait les conditions d'application des responsabilités au niveau local (article 7), et mentionnait en priorité le fait que « le statut des représentants élus au niveau local doit leur assurer la libre exécution de leur mandat ».

Le quatrième axe portait sur le droit d'association des *freguesias* (article 10) qui dépendait directement des collectivités locales, tel qu'il avait été précisé dans le rapport de l'Association nationale des *freguesias* dès le Ve Congrès de l'ANAFRE[3].

Les *freguesias* ont acquis le droit de s'associer en vue de réaliser des objectifs communs. C'est ce qui a renforcé leurs pouvoirs, notamment lors des demandes d'aides budgétaires au responsable administratif du *concelho,* ou au gouverneur civil, dont elles se servaient en tant qu'interlocutrices auprès des ministères[4]. Pourtant, les revendications présentées par les *freguesias* au sein du pouvoir local face à l'État commencent à porter leurs fruits[5]. Leurs

---

[1] En 1988, lors de son premier congrès qui s'est déroulé à Porto, l'association a été constituée dans le but de renforcer l'autonomie du pouvoir local démocratique issu du 25 avril 1974.

[2] *Diário da República*, I-Série, n° 245, 23 octobre 1990, p. 4344. Le décret du président de la République, n° 58/90, du 23 octobre 1990, et la résolution de l'Assemblée de la République n° 28/90 ont approuvé par ratification, la Charte européenne de l'autonomie locale.

[3] Le Ve Congrès national de l'ANAFRE s'est tenu les 7, 8 et 9 juin 1996 dans la ville de Maia.

[4] Lors de sa réunion en 1990 à Braga, le deuxième congrès de l'ANAFRE a adopté, dans sa résolution finale, trois points qui devaient redéfinir les nouvelles restructurations administratives des *freguesias* avec le renforcement de l'autonomie administrative, et l'instauration légale du droit d'association des *freguesias.* Le troisième Congrès qui s'est tenu en novembre 1992 à Almada a repris dans sa globalité les revendications antérieures, dans la perspective d'établir un contact institutionnel régulier avec l'Association nationale des *Municípios* portugais (l'ANMP). Il a fallu attendre l'année 1994 pour que soit créée l'Association nationale de *Freguesias.*

[5] La réunion de l'ANAFRE qui s'est tenue à Braga en mai 1994 a tenté de promouvoir les actions locales auprès du gouvernement et de l'Assemblée de la République afin de déclarer anticonstitutionnelle la loi relative aux finances locales, au statut de l'élu local, et au cadre qui délimitait les investissements publics, car jugée trop directive.

actions, leur enracinement et leur représentation populaire ont fait que ce maillage est nécessaire au bon fonctionnement du pouvoir local, mais il ne saurait se passer de l'aide que devrait lui fournir une représentation régionale du pouvoir central, que l'on appelle de nos vœux. On peut craindre que l'actuelle absence de représentation de l'État, dans une division régionale et administrative du territoire, ne fragilise à terme les *freguesias,* laissées à la seule gestion du *município.*

L'ANAFRE a favorisé les concertations locales et établi une dynamique de propositions[1] auprès du gouverneur civil[2], lequel avait plutôt un rôle consultatif et de conseil. Parallèlement aux enjeux de l'ANAFRE, une autre structure associative s'est mise en place à l'échelon des *municípios,* avec l'*Associação Nacional dos Municípios Portugueses.* Comme le cadre territorial des *concelhos* est relativement exigu, les projets de développements des infrastructures ont été très difficiles à concrétiser, et il a fallu repenser les processus de coopération entre eux. Des associations de *municípios* ont donc été créées pour mieux se concerter et mettre en commun les investissements locaux, mais aussi pour acquérir plus d'autonomie et se détacher des ingérences politiques du gouverneur civil.

Les regroupements de *concelhos* et l'affaiblissement du gouverneur civil

Les *concelhos* ont affaibli les fonctions du gouverneur civil par le fait même de leur concentration et d'une législation qui a octroyé plus d'autonomie aux présidents des *Câmaras municipais.*

Il était fréquent que des *concelhos* d'un même district ne soient pas administrés majoritairement par des présidents des *Câmaras municipais* issus du même parti politique que le gouverneur civil[3]. En fait, à défaut d'immixtion dans les affaires du *concelho,* le gouverneur civil devait se militer à exercer un rôle de surveillance, afin d'informer le ministère de l'Administration interne, les présidents des *Câmaras municipais*, les partisans du pouvoir central ou les membres de l'opposition. Il est certain que les associations de *municípios* ont joué un rôle fondamental dans l'émergence de nouveaux pouvoirs locaux. Et cela demeure une volonté du pouvoir central puisque, depuis 2011[4], la réforme de l'administration locale engagée par le XIXe gouvernement constitutionnel, après la disparition du gouverneur civil, est un projet ambitieux qui vise à fusionner, supprimer et regrouper des

---

[1] C'est après 1990 qu'ont été abrogées les lois relatives à la tutelle administrative jugées contraires à l'autonomie du pouvoir local et le vote par l'Assemblée de la République de la loi-cadre sur les régions administratives.

[2] Dès la décennie 1980-1990, il était indispensable de créer des associations de municipalités, dans un cadre qui inclurait des plans dans lesquels les données démographiques, et les dimensions territoriales, puissent s'articuler.

[3] Par exemple dans le district de Guarda en 2010.

[4] *Diário da República*, I-Série, n° 183, 22 septembre 2011, p. 4530-4532. Résolution n° 40/2011 du 22 septembre 2011 du Conseil des ministres.

municípios et des *freguesias*. Mais il est difficile de savoir comment ce changement pourra être réalisé efficacement sans la présence d'une institution régionale qui personnifierait l'État.

Avant la suppression du gouverneur civil, les associations de *municípios* étaient parfois conviées à des réunions au siège du gouvernement civil, pour élaborer des plans communs et l'harmonisation de projets, mais aussi dans l'illusion du gouverneur civil qui pensait détenir un quelconque pouvoir à leur encontre. Dans une autre optique, il s'agissait pour le gouverneur civil de les sonder et de transmettre au ministère de l'Administration interne les éventuelles récriminations des associations de *municípios*.

En règle générale, les associations de *municípios* sont composées de deux ou plusieurs *municípios* dans le but de mettre en œuvre des travaux d'intérêt commun, comme l'a disposé l'article 253 de la Constitution de 1976. Le décret-loi n° 266/81 du 15 décembre 1981 et la loi n° 172/99 du 21 septembre 1999 avaient déjà défini le cadre normatif des futurs rassemblements des *municípios*[1].

Déjà, la Constitution de 1976[2] avait défini les principes généraux du pouvoir local (Titre VIII, chapitre I) sans faire mention du gouverneur civil, et établi les fondements des nouvelles prérogatives des collectivités locales au détriment des gouvernements des districts. L'article 235 « Collectivités locales » précisait :

> 1. L'organisation démocratique de l'État comprend l'existence de collectivités locales.
> 2. Les collectivités locales sont des personnes collectives territoriales dotées d'organes représentatifs, qui visent à la poursuite d'intérêts propres des populations respectives. » Pour sa part, l'article 236 relatif aux « Catégories de collectivités locales et division administrative » précise : « Sur le continent, les collectivités locales sont les *freguesias*, les *municípios* et les régions administratives.
> 3. Les régions autonomes des Açores et de Madère comprennent les *freguesias*, les *municípios*.
> 4. Dans les grandes aires urbaines et dans les îles, la loi pourra établir, en accord avec ses conditions spécifiques, d'autres formes d'organisation de collectivité territoriale. La division administrative du territoire sera établie par loi[3].

De fait, la Constitution de 1976 a instauré une répartition des pouvoirs administratifs et fiscaux. Les rapports entre le gouverneur civil et les *municípios* ont accompagné ces changements, alors même que les relations hiérarchiques locales ont laissé place à des relations plus consensuelles.

---

[1] *Diário da República*, I-Série, décret-loi n° 266/81, du 15 décembre 1981.

[2] *La Constitution de la République de 1976*, Lisbonne, Édition de l'*Assembleia da República*, sixième révision, 2004, p. 170-173.

[3] L'article 237 intitulé « Décentralisation administrative » disposait : « 1. Les attributions et l'organisation des collectivités locales, ainsi que la compétence de leurs organes, seront régulées par la loi, en accord avec le principe de la décentralisation administrative [...]. »

Les tentatives du gouverneur civil pour s'ériger en rassembleur

Malgré une mise à l'écart, le gouverneur civil était en contact permanent avec les présidents des *Câmaras municipais* et des juntes de *freguesias*. Et, en tant que représentant de l'État, le chef du gouvernement civil recherchait constamment l'équilibre et l'union dans les relations entretenues avec et entre les *concelhos*.

Avec la transition démocratique de nouveaux rapports sont apparus dans l'administration du territoire, entre le gouverneur civil et les élus locaux, ce qui n'a pas été sans créer des situations conflictuelles à l'instar d'autres pays européens[1]. Il a fallu attendre l'adoption des textes législatifs postérieurs au référendum du 8 novembre 1998, pour que soient intensifiées les procédures de transferts de compétences des gouvernements civils vers les *Câmaras municipais*[2]. Malgré tout, le gouverneur civil continuait à conseiller les élus locaux, parfois sans que ceux-ci sollicitent son avis[3], et cela même s'il décidait de moins en moins, puisqu'il a été éloigné des prises de décisions qui concernaient les *concelhos*.

Le gouverneur civil entre conseils et absence de pouvoirs

Face aux réorganisations de l'administration locale, post-1974, le gouverneur civil a cherché à s'accrocher en permanence à un pouvoir illusoire.

À titre d'illustration, le décret-loi n° 264/2002 du 25 novembre 2002[4] disposait que les *Câmaras municipais* sont les structures compétentes dans les prises de décisions à l'échelon local, puisqu'elles sont les plus proches des citoyens[5]. Les délégations de compétences (article 5) aux *Câmaras mu-*

[1] Grémion (C.), « L'institution préfectorale », *RFAP*, 2000, octobre-décembre, p. 560-561 : « Les objectifs de la décentralisation ont pu être vus comme contradictoires : il s'agissait de donner plus de liberté aux collectivités, mais on leur donnait surtout des attributions qui, telles les dépenses d'aide sociale, étaient dans une phase de croissance exponentielle. »

[2] *Diário da República*, I-Série-A, n° 272, décret-loi n° 264/2002, du 25 novembre 2002, p. 7385-7386. Il est entré en vigueur le 1er janvier 2003. Le décret-loi n° 264/2002, du 25 novembre 2002 qui émanait du ministère des Villes, de l'Aménagement du territoire et de l'Environnement fut adopté après consultation des gouvernements autonomes des archipels des Açores et de Madère,[2] mais aussi de l'Association nationales des *municípios* portugais.

[3] Son influence directe sur les prises de décisions ou les orientations à donner à tel ou tel projet dépendait de son aura et de la place politique que le gouverneur civil occupait au niveau national ou local.

[4] *Diário da República*, I-Série-A, n° 272, 25 novembre 2002, décret-loi n° 264/2002, du 25 novembre 2002, p. 7376-7385.

[5] En cas de litiges entre l'État et la *Câmara municipal*, en ce qui concerne la réalisation de travaux publics ou *lorsqu'il y avait des problèmes de route, voirie ou sécurité le président de la Câmara municipal doit recourir au tribunal administratif.* Madame Teresa Marques, responsable de la direction urbanisme de la *Câmara municipal* du Sabugal, souligne dans le courrier qu'elle nous a adressé en date du 5 janvier 2012 que le principe d'indépendance dont jouissent les collectivités locales, énoncé par l'article 81 de la loi n° 169/99 du 18 septembre 1999 et modifié par la loi n° 5-A/2002 du 11 janvier 2002 démontre qu'elles ne sont pas soumises au pouvoir central. Lorsqu'il y a des conflits d'urbanisme par exemple entre les

nicipais sont dévolues aux présidents des *Câmaras municipais*, qui ont la possibilité de sous-déléguer. Pour sa part, le gouverneur civil s'était vu confier des missions de conseils, et des actions de concertations entre les élus et les acteurs économiques locaux, dans la mesure où il était un intermédiaire entre eux et les ministères. Cependant, le gouverneur civil avait obligation de soutenir les *Câmaras municipais* pour ce qui se référait aux consultations, informations et autorisations diverses. À titre d'illustration le décret-loi n° 264/2002 du 25 novembre 2002, dans son article n° 6 portant sur le « Devoir de coopération », disposait : « Les gouvernements civils doivent fournir aux *Câmaras municipais* toutes les informations et toutes les aides nécessaires afin que les organes municipaux puissent bénéficier des compétences transférées, selon les termes de ce diplôme ». C'est dans cette optique que le ministère des Villes, d'Aménagement du territoire et de l'Environnement avait préalablement procédé à une relégation partielle des missions du gouverneur civil vers les *Câmaras municipais*, en matière de consultation, information et autorisations diverses. Il a révisé l'article 4-C et abrogé l'article 4-B et les alinéas f) et g), de l'article 4-F, décret-loi n° 213/2001, du 2 août 2001.

Dans ses actions le gouverneur civil a accompagné régulièrement l'application de la législation comme l'a disposé l'article-C, du décret-loi n° 264/2002 du 25 novembre 2002, d'autant plus qu'il lui incombait de prendre en charge : « les processus ou traitement des questions suscitées dans le district ou ayant un intérêt pour celui-ci, et en informer le Gouvernement, selon les termes du n° 1 de l'article A°-A. »

La législation a accordé aux deux principales institutions locales, l'une nommée, le gouverneur civil, l'autre élue, le président de la *Câmara municipal*, des secteurs communs de coopérations et de concertations, mais dans lesquels les nouveaux degrés de responsabilités ont été révélateurs d'une fragmentation de la puissance passée du gouverneur civil. La protection civile a été l'un des exemples les plus notoires, car elle a été soumise à l'autorité et coordination du gouverneur civil à l'instar des trois autres principales missions qui relevaient de ses attributions[1], lesquelles intégraient la représentation du gouvernement, le rapprochement entre le citoyen et l'administration et sécurité publique, comme l'a disposé le décret-loi n° 252/92 du 19 novembre 1992.

Par la suite, avec l'adoption de la loi n° 65/2007 du 12 novembre 2007[2] qui a défini l'encadrement institutionnel et opérationnel de la protection

---

collectivités locales et l'État, il incombe au tribunal administratif de les juger. Le gouverneur civil n'intervenait pas dans les litiges entre les collectivités locales et les administrés de la *Câmara municipal*, en prenant par exemple un arrêté d'expulsion ou une enquête publique en vue d'une déclaration d'utilité publique, comme peut le faire le préfet français.

[1] *Diário da República*, I-Série-A, n° 268, décret-loi n° 252/92, du 19 novembre 1992, p. 5334-5338.

[2] *Diário da República*, I-Série-A, n° 217, loi n° 65/2007 du 12 novembre 2007, p. 8353-8356.

civile dans le *município,* le gouverneur civil n'a plus eu qu'une fonction de supervision et d'information, lorsque se déroulaient des événements susceptibles de mettre en danger les personnes et les biens. La loi a établi également le principe d'organisation des services municipaux ayant une action dans le domaine de la protection civile, et détaillé les compétences du responsable opérationnel municipal. L'article 2-1, de la loi n° 65/2007 du 12 novembre 2007 intitulé « Objectifs et domaines d'ingérence », disposait que les objectifs fondamentaux de la protection civile municipale se répartissaient en quatre axes comme suit :

> a) Prévenir sur le territoire municipal les risques collectifs et les accidents graves ou les catastrophes qui en résulteraient,
> b) Atténuer dans la zone du *município* les risques collectifs et limiter leurs effets dans le cas des occurrences décrites à l'alinéa antérieur,
> c) Secourir et assister dans le territoire municipal les personnes et autres êtres vivants en danger et protéger les biens et valeurs culturels, environnementaux et d'un grand intérêt public,
> d) Soutenir le replacement de la normalité de la vie des personnes dans les zones du *município* affectées par un accident grave ou une catastrophe.

Une seule référence a été faite au gouverneur civil dans le texte législatif (article 6-2) qui spécifiait les raisons qui pouvaient justifier les collaborations entre les deux institutions : « Le président de la *Câmara municipal* est compétent pour déclarer l'état d'alerte dans le cadre municipal et il est entendu par le gouverneur civil dès lors qu'il faut déclarer un état général d'alerte au sein du district. » La législation sur l'administration locale a accéléré la dynamique de séparation entre les élus locaux et le représentant de l'État dans le district.

Une législation locale qui a éloigné le gouverneur civil des prises de décisions

La législation a modifié, en en supprimant certains et en en diminuant d'autres, les domaines de compétences du gouverneur civil, par une redistribution des responsabilités mentionnées dans le décret-loi n° 24/84 du 16 janvier 1984 le décret-loi n° 69/90 du 2 mars 1990, la loi n° 32/94 du 29 août 1994 et la loi n° 27/96 du 1er août 1996.

Le décret-loi n° 24/84 du 16 janvier 1984 a approuvé le statut disciplinaire des fonctionnaires et agents de l'administration centrale, régionale et locale[1]. Il est à noter que, suite à l'adoption de la loi n° 10/83 du 13 août 1983, l'Assemblée de la République avait déjà autorisé le gouvernement à engager des procédures de révision du statut disciplinaire des fonctionnaires et agents de l'administration centrale, régionale et locale, dans le

[1] *Diário da República*, I-Série, supplément n° 3, 30 avril 1984.

but de combattre la corruption[1]. C'est pour cela que des mesures ont été prises pour réglementer les attributions des services municipaux de police et fixer les limites de leurs fonctions.

Il y avait en conséquence une volonté certaine du pouvoir central de consolider les fondements d'une législation locale qui empêcherait les éventuelles dérives des élus et/ou des fonctionnaires locaux. Quant à la loi n° 32/94 du 29 août 1994, dans son article 1er, elle a disposé qu'il était de la responsabilité des *municípios* de veiller à la stricte application des lois et des règlements qui touchaient aux prérogatives et compétences des collectivités locales. Il appartenait à chaque assemblée municipale d'approuver la création d'un service municipal de police, sur proposition de la *Câmara municipal* (article 3, al. 2)[2], et d'adopter les règlements municipaux de la police (article 12).

La transposition de ce pouvoir a marqué une perte évidente d'ingérence et d'influence du gouverneur civil sur les *municípios*. Le gouverneur civil n'avait plus la possibilité d'intervenir ouvertement dans la nomination du président de la *Câmara municipal* ni de décider des actions à mener dans tel ou tel *concelho* et *freguesia*. Le représentant local de l'État continuait, une fois de plus, à être le garant de la sécurité dans le district, mais la responsabilité des mesures de prévention et des secours incombait juridiquement et techniquement au président de la *Câmara municipal* dans chaque *município* (article 3) où il existait une Commission municipale de protection civile[3]. Or, la loi n° 27/96 du 1er août 1996[4] a défini les régimes juridiques des tutelles administratives auxquels étaient soumises les collectivités territoriales et les aires métropolitaines (article 1er, al. 1 et 2). La tutelle administrative consistait, dans ce cas de figure, à vérifier la bonne application des lois et règlements, de la part des organismes des collectivités territoriales et aires métropolitaines. Quant au pouvoir de contrôle, il relevait du gouvernement par le biais du ministère des Finances et du ministère de l'Équipement, de la Planification et de l'Administration du territoire.

---

[1] Les associations de syndicats qui représentaient les intérêts des travailleurs de l'administration publique ont collaboré au projet qui a constitué la base du décret-loi, même si leurs amendements n'ont été pris que partiellement en considération.

[2] Le décret n° 20/95, du 18 juillet 1995, a créé la carrière de police administrative municipale.

[3] Elle se composait du président de la *Câmara municipal* qui présidait, du commandant opérationnel municipal, d'un responsable du corps des pompiers du *município*, d'un représentant de chaque entité des forces de sécurité, du responsable des urgences, du directeur de l'hôpital, d'un représentant des services de sécurité sociale et de solidarité, des représentants d'autres institutions et services implantés dans le *município*, dont les activités pourraient participer aux actions de protection civile.

[4] La loi n° 27/96, du 1er août 1996 a abrogé la loi n° 87/89, du 9 septembre 1989, ainsi que les dispositions spécifiques qui prévoyaient les fondements de la perte de mandat ou de dissolution des entités appartenant aux collectivités territoriales. La loi n° 27/96, du 1er août 1996, dans son article 18, alinéa 2, disposait : « Les dispositions incluses au numéro antérieur ne portent pas préjudice aux compétences légalement attribuées au gouverneur civil. »

En ce qui concerne les missions de surveillance du gouverneur civil, elles ont été un trait d'union entre le pouvoir central et les polycentrismes des pouvoirs locaux (Commissions de coordination et de développement régional, présidents des *Câmaras municipais*, *concelhos*, *freguesias*), au-delà des ambiguïtés administratives et politiques. Car, si le gouverneur civil était resté un conseiller auprès des collectivités locales pour ce qui relevait des programmes de développements et coopérations entre *concelhos*[1], il n'intervenait plus qu'à titre consultatif.

Malgré son dévouement au gouvernement, les tentatives désespérées du gouverneur civil de s'ériger en personnage incontournable dans le district font qu'il a toujours été le mal-aimé d'une classe politique qu'il embarrassait, mais qui s'en servait. Elle ignorait comment le réformer, à défaut de ne pas savoir comment le supprimer.

Le rôle croissant de l'institution municipale

Le président de la *Câmara municipal* a été le principal bénéficiaire de l'affaiblissement des fonctions du gouverneur civil. Par ailleurs, la consultation des citoyens lors des élections municipales a suscité un engagement direct des populations dans les programmes généraux de développements de leurs espaces de vie.

Les *municípios* sont devenus les soubassements intermédiaires de la vie administrative et politique portugaise entre les *freguesias* et un district « virtuel ». Or, depuis la législation de 1977, les élus locaux bénéficient d'une autonomie, non seulement celle que leur accorde la législation en matière administrative et financière, mais aussi dans leur propre perception et volonté de contribuer par des programmes locaux au développement global du *concelho*. En cela, les fonctions administratives et politiques qui caractérisent les *municípios* en ont fait des forces de propositions incontournables alors même que les partis politiques étaient constamment divisés sur le devenir du gouverneur civil. C'est ce qui a participé aussi de sa fragilisation, alors que divers projets qui préconisaient sa suppression ou sa réorganisation faisaient régulièrement l'objet de débats au sein de la classe politique, mais aucun n'a jamais abouti[2].

Une situation divisant profondément la classe politique

Si le gouverneur civil était devenu gênant, rien n'était véritablement mis en œuvre pour le remplacer. Dans ce contexte, les critiques à l'égard du gouverneur civil furent nombreuses, acerbes et parfois infondées. Mais jamais

---

[1] C'est l'une des caractéristiques de la fonction dévolue également aux préfets français.

[2] Si l'on fait exception de la destitution définitive des dix-huit gouverneurs civils le 21 juin 2011.

un consensus n'est intervenu au sein des partis politiques pour réformer en profondeur la représentation locale de l'État.

Dans le sens commun, le gouverneur civil personnifiait le symbole d'un État centralisateur, mais éloigné des préoccupations des populations du district. Cependant, on se doit d'admettre qu'il est injuste de ne voir dans l'institution qu'un vecteur coercitif du gouvernement, car les interventions des gouvernements civils dans le domaine social ont été conséquentes, malgré les faibles moyens financiers et humains dont ils disposaient. Quoi qu'il en soit, la Constitution de 1976 en a fait un acteur administratif et politique en sursis[1]. Le gouverneur civil était un point d'équilibre et d'articulations dans la configuration administrative et territoriale du pays, entre l'État et le citoyen, le district et le *concelho,* et entre le *concelho* et la *freguesia*, dans une relation d'appartenance à une même entité nationale.

Or, il était injustement perçu comme la représentation de l'inefficacité des gouvernements centraux, et continuait à polariser les animosités locales à l'encontre de l'État. Dans cette approche, on doit expliciter les motifs pour lesquels le gouverneur civil a perduré à la tête du district, entre perspectives de réformes et hypothèses de suppression.

Les critiques acerbes à l'encontre de l'institution

Le gouverneur civil était plus le représentant du gouvernement que celui de l'État.

De même, il a été dans une situation complexe entre la volonté de servir l'État et les citoyens et une législation inadaptée aux besoins administratifs, économiques et sociaux des dix-huit districts. C'est pour cela qu'il était reproché au gouverneur civil d'être simultanément le commis du pouvoir exécutif qui l'avait nommé, et de se prétendre être le porte-parole des citoyens du district, qui ne l'avaient pas élu. Ce qui posait problème aux élus locaux, ce n'était pas tant que l'institution « gouverneur civil » fut le prolongement du gouvernement dans le district, mais bien qu'il empiétât sur une petite parcelle de leurs attributions. En règle générale les élus locaux estimaient que le gouverneur civil n'avait aucune légitimité pour se prévaloir de tels actes le considérant, parfois de façon abrupte, comme un personnage opportuniste et inutile, mais peut-être ces considérations étaient-elles provoquées par la jalousie.

Il n'était à leurs yeux que le représentant de ceux qui l'avaient placé à ce poste et rien d'autre[2]. Cependant, les attaques dont le gouverneur civil fut victime n'ont été que l'expression des ambitions de certains politiques locaux à l'encontre d'un gouverneur civil divisé entre sa représentation de

[1] *O Público,* 6 avril 2005. Luis Costa, dans son article, prétendait : « Le gouverneur civil est une fonction qui n'a aucune utilité politique et administrative, c'est seulement un emploi pour des amis politiques. »
[2] Association nationale des *municípios* portugais, n° 89, février 2001.

l'État, les critiques politiques et le désintéressement des populations locales à son encontre.

Des critiques pas toujours justifiées

Généralement, les critiques dirigées contre le gouverneur civil ont eu pour conséquence de remettre en cause un cadre administratif local aussi incohérent que conflictuel. La situation demeurait d'autant plus inextricable qu'à l'intérieur de chaque parti les options de substitutions à l'égard de l'institution ne trouvaient pas de consensus.

Par exemple, l'Association nationale des m*unicípios* portugais a estimé comme politiquement inacceptables les décrets-lois qui ont précisé les fonctions et le statut du gouverneur civil (Première partie, Titres I et II). Elle défendait l'idée que les révisions des compétences du gouverneur civil devaient être faites en prenant en compte celles qui relevaient des prérogatives de l'assemblée de district, des aires métropolitaines et des Commissions de coordination et de développement régional. Les critiques qui portaient sur la multiplicité des structures décisionnaires et les confusions de leurs fonctions respectives étaient légitimes, mais ne reposaient pas toujours sur des bases sérieuses.

Par ailleurs, la lecture des articles de presse portugaise est révélatrice des mouvements d'opinion et des tergiversations itératives des partis politiques[1]. La date du mois de mai 2002 est importante, car elle a marqué pour la première fois une prise de décision claire de la part du Parti socialiste portugais, lequel avait suivi en cela la volonté du Parti social-démocrate de supprimer le gouverneur civil lors de la révision constitutionnelle prévue pour le mois de septembre de la même année, mais aucune modification ne fut apportée. Pourtant, au-delà des changements soudains d'opinions, les socialistes ont toujours été majoritairement opposés à la disparition de l'institution.

Pour le député socialiste Vitalino Canas, il n'y avait pas de malentendu sur la question du devenir du gouverneur civil, comme il l'a souligné lors d'une réunion de la commission des Affaires constitutionnelles à l'Assemblée de la République, en présence du ministre de l'Administration interne António Jorge de Figueiredo Lopes (PS). Cela allait à l'encontre des arguments du député Luis Manuel Gonçalves Marques Mendes vice-président du groupe du Parti social-démocrate à l'Assemblée de la République. Pour le Parti socialiste, il était clair que la régionalisation devait devenir réalité, mais les interrogations sur la représentation régionale de l'État demeuraient sans réponse.

---

[1] *Diário de Notícias*, du 23 mai 2002, p. 5. Le quotidien a mentionné que les socialistes étaient prêts à en finir avec les charges des représentants du gouvernement dans les districts, et que ce souhait était celui de la majorité des membres de la coalition du Parti social-démocrate/Centre démocratique et social : « Le PSP admet la suppression des gouverneurs civils. »

Néanmoins, la perspective de supprimer du paysage administratif et politique le gouverneur civil fut, lors des débats politiques qui ont précédé l'élection présidentielle de 2002, l'un des thèmes majeurs du Parti social-démocrate. Il le fut également pour l'ancien Premier ministre António Guterres (Parti socialiste) pour qui seule une configuration intégrant les régions administratives pouvait permettre la disparition du poste du gouverneur civil[1].

Dans le gouvernement d'António Guterres, le ministre de l'Administration interne n'a pas nommé de vice-gouverneur pour des raisons budgétaires[2], mais ces derniers pouvaient être remplacés par des membres du cabinet du gouverneur civil, notamment le secrétaire général. Un an plus tard, par un revirement politique supplémentaire, le Parti socialiste a admis qu'il fallait garder les dix-huit gouverneurs civils, et le *Diário de Notícias*[3], dans un article signé Martim Silva, s'en est fait l'écho. Le gouverneur civil a continué à être pris dans la spirale des changements d'avis concernant sa propre réforme.

La position délicate du gouverneur civil, entre l'État et les populations

Le gouverneur civil défendait tantôt les orientations politiques du gouvernement, tantôt les nécessités administratives et sociales des citoyens du district. De plus, entre une régionalisation du territoire qui se fait attendre et une réforme globale de l'administration publique portugaise, le gouverneur civil n'était sûrement pas « un mystère portugais[4] ».

---

[1] Lors de la prise de fonction des gouverneurs civils, le ministre de l'Administration interne António Jorge de Figueiredo Lopes avait déclaré dans son discours d'investiture : « Qu'il soit bien clair que, si nous préconisons la suppression dans le cadre de la prochaine révision constitutionnelle de la figure du gouverneur civil, cela ne veut pas dire que sa caractéristique de statut transitoire puisse affaiblir sa légitimité politique et démocratique. » Il a souligné par ailleurs que lors de la nomination des dix-huit gouverneurs civils, en 2002, il n'y avait pas eu de pressions politiques, comme s'il devait justifier les choix effectués.

[2] L'argument financier fut l'une des versions officielles évoquées pour mettre fin au gouverneur civil le 21 juin 2011. *Cf.* Titre II de la seconde partie.

[3] *Diário de Notícias*, 23 mai 2003, p. 1 : « Les socialistes continuent à ne pas être enthousiasmés par la fin des gouverneurs civils. Déjà l'année dernière, lorsque le nouveau gouvernement a été nommé et qu'il a fait savoir qu'il prétendait supprimer la charge, le PS avait manifesté des réserves. Et maintenant, la position n'a pas changé [...]. » La même source contactée par le DN [Diário de Notícias] rappelle que le Gouvernement antérieur (Parti socialiste) a approuvé la législation sur les compétences du gouverneur civil, lesquelles ont trait nommément à la compétence de la fonction en matière de décentralisation au niveau du district. »

[4] C'est ainsi que le journaliste Fernando Sobral avait intitulé son article publié le 8 avril 2005, dans le *Jornal de Negócios*. Il a écrit : « Au Portugal il existe bien des choses incompréhensibles. Par exemple, on parle souvent de la modernisation et l'on pratique efficacement la conservation de tout ce qui sent le moisi. C'est le principe du concept "un pays, deux politiques" appliqué aux terres lusitaniennes. Le cas de l'existence de Gouverneurs civils, si ce n'était pas un mystère digne de Nero Wolfe, ce serait une hallucination parfaite. Au XXIe siècle, ils continuent à exister comme des Gremlins déguisés en commissaires politiques du

En fait, la lecture des articles de presse qui rapportent les différents points de vue sur une hypothétique réorganisation des divisions administratives montre à quel point le gouverneur civil a été confronté aux déchirements et aspirations des populations, notamment sur le plan économique et social, et aux aspirations d'indépendance des élus locaux. Fernando Sobral a fait part de son opposition à l'égard de l'institution par un article virulent[1], mais non dépourvu d'humour titré « Centralisme démocratique ». Le gouverneur était conscient de l'image qu'il véhiculait, mais somme toute cela n'était pas le plus important pour lui, surtout lorsqu'il ambitionnait de se porter candidat à un mandat de président de *Câmara municipal* ou de député.

De nos entretiens au Portugal avec des gouverneurs civils en novembre 2007 et avril 2009, il ressort notamment que la récession économique mondiale a engendré de nombreux conflits sociaux locaux, et exacerbé les ressentiments à l'égard de l'institution. Or, le gouverneur civil a été parfois en première ligne dans la lutte contre les fermetures de sociétés dans le district[2]. Chaque gouverneur civil s'impliquait intensément en allant sur le terrain, en écoutant les populations, les partenaires sociaux et les élus. Il faisait ensuite remonter l'information auprès des ministères concernés, proposait des alternatives ou sollicitait des subventions.

En se basant sur des exemples concrets on confirme que la sauvegarde artificielle, mais justifiée du gouverneur civil, par manque d'un schéma de remplacement, n'a été en réalité que l'expression des positions ambiguës des partis politiques qui n'ont pas souhaité instaurer la région administrative, comme le prévoit la Constitution de 1976.

Gouvernement. Comme si nous étions au XIXe siècle. Il est certain que, dans ce pays, il y a des choses qui ont besoin de beaucoup de temps pour être changées, mais les gouverneurs civils sont de véritables momies : aucun gouvernement n'arrive à les faire bouger, ou ne le veut pas. De façon à moderniser et flexibiliser l'action administrative, ne serait-ce pas une bonne idée de les mettre à la poubelle ? Lorsqu'ils ont été créés, les gouverneurs civils étaient importants parce que le pouvoir central portugais n'arrivait pas à contrôler la rue do Alecrim, alors la province… La stabilité politique, au milieu des guerres civiles successives, aurait mérité un grand soutien de la part de l'État central. Mais, avec le temps, les gouverneurs civils sont des médailles de bon comportement politique, accrochées à un corps qui ne cesse de s'ankyloser. »

[1] *Jornal de Negócios*, 18 avril 2005 : « Anciennement les meilleurs politiques combattaient l'opinion publique. Maintenant, ceux qui ont des ambitions politiques se limitent à la suivre. Ce qu'il faut c'est être bien avec « la société ». […]. Pourquoi n'a-t-on pas commencé la réforme par la fin des dinosaures : les gouverneurs civils ? »

[2] Dans le district de Santarém, le gouverneur civil Paulo Fonseca nous a dit, lors de notre entretien du 22 avril 2009 au siège du gouvernement civil, que l'industrie du bois connaissait une situation économique très difficile et qu'il tentait de trouver avec les partenaires sociaux des issues à la crise. Dans le district de Leiria, le gouverneur civil José Humberto Paiva de Carvalho était ravi puisque lors de notre entretien du 23 avril 2009 il a mentionné que les entreprises de son district (entreprises de fabrication de portes et fenêtres, porcelaine), étaient très performantes à l'exportation, alors que dans le district de Guarda les industries textiles fermaient les unes après les autres.

Un maintien compréhensible du gouverneur civil

La question du devenir du gouverneur civil est apparue véritablement dans les programmes politiques dès 1974 au point d'être incluse dans la Constitution de 1976.

La question portant sur la place à accorder ultérieurement au gouverneur civil n'était pas une priorité pour les gouvernements provisoires, ni pour les militaires, ni pour la classe politique[1]. Il s'agissait avant tout de consolider la révolution avant de réfléchir aux futures fonctions des gouvernements civils, d'autant plus que le gouverneur civil fut un rouage essentiel qui a accompagné l'instauration de la démocratie. Car, si la Constitution de 1976 a mis en place un parlementarisme qui s'appuie sur trois piliers, le président de la République[2], l'Assemblée de la République et le gouvernement, la difficulté était, au sein du district, de rechercher un compromis afin de pouvoir réguler la vie politique nationale et locale, juste après la révolution. En fait, les diverses réformes administratives se sont faites, à l'exemple d'un peintre impressionniste, par « petites touches », quand bien même les rapports entre le gouverneur civil et le district avaient de moins en moins de cohérences.

L'absence d'une alternative au gouverneur civil

Après la promulgation de la Constitution de 1976 et ses sept révisions, mais aussi avec les diverses réformes de l'administration territoriale, la justification du maintien du gouverneur civil ne serait, d'une part, que la manifestation de l'inadaptation de l'administration locale et des répartitions des pouvoirs locaux. D'autre part, le gouverneur civil n'a fait qu'appliquer la politique du gouvernement qui l'avait placé à la tête du district.

Dans ce contexte, plus les critiques politiques et sociétales se rapportant au devenir du gouverneur civil étaient acerbes, infondées, illogiques, injustifiées, paradoxales et versatiles, plus les probabilités pour qu'il reste à la tête du district étaient nombreuses. Certes, les attributions du gouverneur civil avaient commencé à s'éparpiller au gré des réformes administratives, depuis la Constitution de 1976. Mais, malgré tout, le gouverneur civil restait une pièce maîtresse du dispositif du pouvoir central au niveau local. Plus récemment, le gouvernement de José Sócrates a voulu réduire le nombre des dix-huit gouverneurs civils en adaptant le territoire dont ils avaient la responsabilité aux régions-plan.

---

[1] Six gouvernements provisoires ont été instaurés entre 1974 et 1979. Le 1er gouvernement provisoire fut nommé le 16 mai 1974 et le VIe gouvernement provisoire le 19 septembre 1979. Il a été remplacé par le 1er gouvernement constitutionnel le 23 septembre 1976.

[2] Au Portugal, le président de la République ne préside pas le Conseil des ministres ; c'est le Premier ministre. Le chef de l'État dispose d'un pouvoir qui fait de lui un arbitre des éventuels conflits politiques.

Et, comme le gouverneur civil était lié aux districts et dans l'hypothèse de la création des régions administratives, les dix-huit gouverneurs civils et districts n'auraient *a priori* plus de raison d'être[1].

Le district et le gouverneur civil, un schéma cohérent, mais inadapté

Depuis bien longtemps le binôme gouverneur civil – district n'avait plus de sens[2], et cela pour trois raisons selon nous.

Premièrement, le district existe essentiellement en tant que circonscription électorale et division territoriale à des fins statistiques, notamment dans le cadre de recensements, et en tant que divisions de fédérations sportives, syndicales, patronales et politiques[3].

Deuxièmement, le gouverneur civil était dépourvu de moyens financiers et humains qui lui auraient permis de porter efficacement les politiques publiques de développements locaux.

Troisièmement, l'attachement des Portugais au président de la *Câmara municipal* contrastait avec le désintérêt évident pour le gouverneur civil.

Ces apparentes contradictions entre perspectives de suppression et maintien durable du gouverneur civil et du district ont trouvé leur expression non seulement dans l'échec du référendum national du 8 novembre 1998, mais aussi dans les politiques économiques et sociales des différents gouvernements centraux qui ont choisi d'opter pour une marginalisation des questions relevant de la réorganisation administrative du territoire.

Il convient toutefois de nuancer cette approche, car, en tout état de cause, cette relation entre gouverneur civil et district a perduré et très bien fonctionné, durant quatre décennies, avec l'adoption de la Constitution de 1933 et le code administratif de 1940.

En revanche, avec la promulgation de la Constitution de 1976, le chef du gouvernement civil était devenu un peu comme un roi sans couronne, marginalisé dans un *imbroglio* constant, entre projets de régionalisation inaboutis et craintes politiques à « prendre à bras-le-corps » la question lancinante du gouverneur civil.

Des propositions de réformes de l'institution sans lendemain

Les multiples propositions de réformes administratives après l'alternance politique du 25 avril 1974 et la promulgation de la Constitution de 1976 ont

[1] La Constitution de 1976 prévoit l'existence d'un « Représentant du gouvernement dans chaque région nommé en Conseil des ministres […] », article 262.

[2] Somme toute aurait-il fallu maintenir les onze provinces créées en 1936 et supprimées en 1959 puis nommer un gouverneur civil dans chacune d'elles.

[3] L'attachement au district demeure dans l'inconscient collectif des Portugais tout à fait évidents, puisque l'on fait régulièrement référence aux fédérations « distrital » des clubs sportifs, des partis politiques, des syndicats, des pompiers ou de l'ordre des médecins, des architectes, des avocats pour ne citer que les plus connues.

préconisé une restructuration des secteurs d'ingérences du gouverneur civil, sa disparition ou une insertion dans des divisions territoriales plus vastes que le district.

Pour autant, elles n'ont pas bouleversé en profondeur l'institution, de plus en plus isolée. Les décrets-lois n° 113/74 et n° 203/74 du 15 mai 1974 qui ont encadré les nouvelles fonctions et le statut du gouverneur civil, mais aussi les missions du nouveau ministère de l'Administration interne[1], puis la loi constitutionnelle n° 1/82 du 30 septembre 1982[2] semblaient vouloir précipiter la fin du gouverneur civil[3]. Des compromis sur la question ont été établis entre les différents partis politiques, mais des dissensions sont immédiatement apparues, au sein de leurs instances dirigeantes. En fait, on se souvient qu'il faut réformer l'institution à chaque consultation électorale nationale, et on profite de cette occasion pour déclarer qu'il faudrait accorder plus de prérogatives aux élus locaux, dans la perspective de les amadouer pendant la campagne électorale. Après les élections, le projet de mettre fin au gouverneur civil était renvoyé aux calendes grecques[4].

Déjà, la loi-cadre n° 56/91 du 13 août 1991 relative à la régionalisation administrative avait précisé que les prérogatives des régions seraient développées ultérieurement[5]. En effet, les régions administratives auraient à exercer leurs pouvoirs, en prenant en considération les fonctions spécifiques de l'État et des *municípios,* sans plus de précisions. La répartition des compétences entre les trois niveaux de l'administration du territoire (gouvernement, régions et *municípios*) n'est pas également très explicite[6]. Le

---

[1] *Diário do Governo,* I-Série-A, du 15 mai 1974.

[2] *Diário da República,* I-Série-A, n° 227, première révision constitutionnelle, 30 septembre 1982, p. 3162-3201.

[3] Le gouverneur civil et le district n'y étaient plus mentionnés. Il y avait déjà un glissement de certaines attributions du gouvernement civil vers les *Câmaras municipais* et les *freguesias.* Par ailleurs, les débats sur les éventuelles réformes du gouverneur civil ont mobilisé l'ensemble des partis politiques et de multiples projets de réorganisations ont été proposés, mais aucun ne s'est concrétisé. Voilà bientôt quatre décennies que les dirigeants politiques portugais s'apostrophent pour savoir comment établir un quadrillage régional du territoire national, et en définir les structures, les moyens d'administration et de représentation du pouvoir exécutif.

[4] On peut démontrer qu'il est possible d'élaborer un modèle basé sur la collaboration, entre les Commissions de coordination et de développement régional et un haut fonctionnaire qui serait la personnification de l'État dans chaque région. *Cf. supra* Titre II, chapitre II.

[5] *Diário da República,* I-Série-A, n° 185, 13 août 1991, loi n° 56/91, p. 4091-4097. La loi-cadre n° 56/91, du 13 août 1991 fut adoptée suite à la deuxième révision constitutionnelle, en 1989. *Cf. Diário da República,* I-Série, n° 155, loi constitutionnelle n° 1/89 du 8 juillet 1989, p. 2734. La loi-cadre n° 56/91, du 13 août 1991 dans son Titre III disposait à l'article 17 : « Dans les termes à définir par la loi d'instauration de chaque région administrative ». La loi-cadre des Régions administratives explicite le processus d'instauration de celles-ci, et de leurs organes administratifs.

[6] En matière fiscale, le gouvernement est resté évasif. Sur les sources et les modalités de financement des régions (le gouvernement rappelle les directives de la loi-cadre de 1991). Il envisage de recourir aux crédits et taxes municipales.

gouvernement a notifié qu'il incomberait aux régions de définir leurs secteurs d'investissements, et qu'il ne devrait pas y avoir de « capitales » régionales dans les futures régions administratives. Malgré cela, les missions des régions administratives n'étaient pas intégralement spécifiées à la veille du référendum national du 8 novembre 1998[1].

D'un côté certaines propositions de réformes étaient cohérentes, les velléités politiques à vouloir réorganiser la représentation locale du pouvoir central demeuraient toujours en suspens.

D'un autre côté, l'instauration de la région administrative ne cessait d'être un sujet de discordes politiques.

Les atermoiements des partis politiques, obstacles à une véritable réforme de l'institution

Le pouvoir politique souhaitait parfois réformer la personnification locale de l'État, mais ne le faisait pas. En fait, la volonté de certains politiques locaux à militer ardemment en faveur de la disparition du gouverneur civil peut s'expliquer aussi par le fait qu'ils le considéraient comme un frein à leurs propres ambitions et un contre-pouvoir.

Il est évident que la perspective politique de ne plus intégrer le gouverneur civil dans le schéma administratif portugais a réjoui bien des élus locaux, notamment les plus charismatiques du district. Ses adversaires défendéfendaient l'idée qu'il était nommé par un gouvernement qui continuait à faire preuve de népotisme.

Il a fallu que la législation sur la décentralisation des collectivités locales commence à être appliquée, pour que l'on reparle publiquement de la suppression du gouverneur civil et que l'on note, une fois de plus, les hésitations des partis politiques, alors que le gouverneur civil continuait à être marginalisé dans une relative immuabilité. Ceci dit, le désintérêt apparent des partis politiques à l'égard du gouverneur civil ne doit pas masquer leur intérêt politique à le garder et à repousser régulièrement sa fin annoncée.

La stabilité du gouverneur civil, un contraste face aux indécisions des partis politiques

La volonté des partis politiques à ne pas revoir en profondeur les fonctions et le statut du gouverneur civil s'est constamment manifestée dans des volte-face politiques savamment entretenues, entre consensus occasionnels, surtout en périodes électorales.

Elles traduisent les inhibitions itératives qui ont jalonné la vie administrative et politique depuis la Constitution de 1976. Les exemples des confronta-

---

[1] *Diário da República*, I-Série, n° 98, 28 avril 1998, p. 1888-1890. Les régions administratives soumises à référendum étaient : Douro et Minho, Trás-os-Montes et Haut Douro, Beira Littorale, Beira Intérieure, Estremadura et Ribatejo, Lisbonne et Setúbal, Alentejo, Algarve.

tions politiques sur le thème du devenir de l'institution et des réformes administratives sont nombreux à l'exemple du député du Parti social-démocrate Rui Rio, actuel maire de Porto, en réponse au député du Parti socialiste Francisco de Assis, lors d'un débat à l'Assemblée de la République[1].

Au demeurant, l'unité nationale passe par le contrôle de la stabilité politique et sociale, dont le gouverneur civil fut un temps le garant, quand bien même on l'avait progressivement éloigné de certaines prises de décisions locales. Or, le territoire du gouverneur civil était avant tout un espace de contrôle politique, d'organisation administrative et de consensus.

En réalité, les partis politiques n'ont pas eu de stratégie claire sur le devenir du gouverneur civil, ni suffisamment de courage à le faire disparaître, par calcul politique, mais aussi parce qu'ils étaient embarrassés par ce problème dont paradoxalement ils ne se souciaient qu'occasionnellement. Par exemple, le Parti social-démocrate a présenté diverses propositions de modifications constitutionnelles, dans la perspective de supprimer le gouverneur civil. Dans un document élaboré par la direction nationale du parti, il était question de prendre des mesures afin de procéder à des transferts de compétences[2] du gouvernement civil vers les *Câmaras municipais*. À titre d'illustration, lors de la campagne électorale, et après sa victoire lors des élections municipales du 16 décembre 2001, José Manuel Durão Barroso, président du Parti social-démocrate, avait promis de renforcer les attributions des associations de *municípios*. Ces derniers se verraient adjoindre les cabinets d'appui technique (*Gabinetes de Apoio Técnico*), après la répartition[3] de certaines fonctions. Mais le Parti social-démocrate a accusé le Parti socialiste

[1] *Diário da República*, I-Série-A, n° 76, 9 juin 2000, p. 2984-2985 : « Il est clair qu'il était possible d'aller de l'avant dans le sens de la décentralisation pour ces niveaux et que l'on aurait dû établir une équation rigoureuse de la question de la rationalisation de toute l'administration périphérique de l'État. Il y a une confusion que vous utilisez, et à la base de laquelle vous voulez illusionner quelques personnes. Et la confusion est entre deux concepts complètement distincts : le concept de déconcentration et le concept de décentralisation. Il vous suffit de lire ce que le professeur Marcelo Rebelo de Sousa, il y a quelques années, a écrit sur ce sujet pour être immédiatement éclairé. Il n'est pas possible de parler de décentralisation au niveau régional, du simple fait qu'il n'y aura pas un quelconque organe doté de légitimité démocratique au niveau régional, parce que les Portugais ont entendu, respectueusement, qu'il devrait en être ainsi […]. »

[2] Il en est de même pour le Parti socialiste portugais qui, lors des élections législatives de 1995 défendait le principe de suppression des représentants locaux du gouvernement dans le district. Cependant, le porte-parole du Parti socialiste portugais, Paulo Pedroso avait déclaré, alors que son parti n'était pas favorable à la disparition du gouverneur civil, quand bien même c'était le souhait du Premier ministre socialiste.

[3] Le programme du Parti social-démocrate préconisait d'accroître les moyens des municípios dans les domaines des transports, de la communication, de l'organisation, traitement et gestion des réseaux d'eau, de l'aménagement du territoire et de rendre plus efficace l'utilisation des fonds communautaires.

et notamment le gouvernement du Premier ministre António Guterres d'avoir intensifié la centralisation administrative.

Or, et si l'on fait mention des tergiversations du Parti social-démocrate qui fut un ardent partisan de la régionalisation, on constate que tous ses dirigeants ne partageaient pas les mêmes avis quant au devenir du gouverneur civil. Par exemple, José Manuel Durão Barroso lorsqu'il était Premier ministre défendait la décentralisation en tant que vecteur d'atténuation des rapports État-citoyen, de réductions des asymétries entre les espaces de l'intérieur et du littoral et des déséquilibres entre les districts les plus urbains et les plus ruraux. Le Premier ministre social-démocrate voulait que la fin du gouverneur civil soit concomitante à l'instauration des régions administratives. Au demeurant, pour le Parti socialiste, la considération à l'égard de l'institution était tout aussi relative.

Les palinodies du Parti socialiste n'étaient que la confirmation des louvoiements politiques généraux. Ce qui tient du paradoxe, c'est qu'au-delà des critiques à l'égard du gouverneur civil, il a été maintenu, pour ne pas dire statufié, à la tête du district comme figé et indifférent aux agitations de la société civile et des partis politiques.

Un désintérêt apparent des partis politiques à l'égard du gouverneur civil

Cette attitude s'explique pour diverses raisons. L'absence de ligne directrice claire n'est que le reflet des atermoiements des politiques d'une part, et d'autre part, il y avait un désintérêt général de la classe politique et une lassitude des populations pour ce qui touchait aux réformes des espaces territoriaux et au gouverneur civil.

Le consensus sur l'instauration d'un schéma avec des régions administratives et un *prefeito* régional semblait donc possible. Et cela, même si les réponses obtenues suite au questionnaire adressé aux députés lors de la IXe législature[1] peuvent faire penser le contraire. Il s'agit avant tout pour les élus à l'Assemblée de la République de défendre les intérêts des *municípios* et des *freguesias* de leur circonscription, face au pouvoir de Lisbonne.

En réalité, il y a eu plusieurs discours à l'égard des électeurs de la part des élus politiques décisionnaires en matière d'instauration des régions administratives et d'un représentant régional de l'État. Ils avaient un discours local qui s'adressait aux responsables des *municípios* et aux électeurs avant les élections à l'Assemblée de la République ou présidentielles, puis un discours plus consensuel, une fois que l'on avait été élu.

Grâce aux réponses obtenues, suite à nos deux questionnaires adressés aux députés, il est possible de démontrer l'absence totale de concertations, et d'établir une synthèse des différentes perceptions politiques sur le devenir de l'institution. Les multiples sensibilités politiques n'ont fait qu'exprimer, en

[1] Elle fut en place du 17 mars 2002 au 20 février 2005.

fin de compte, que les opinions d'une population portugaise désabusée par une certaine incurie politique. Mais, entre les réponses précises et étayées et les commentaires succincts et généraux, il en ressort comme une impression de confusion générale, comme si le désintérêt apparent des partis politiques à l'encontre du gouverneur civil n'avait été que la manifestation visible d'une « entente cordiale » et sous-jacente pour conserver, suspendue dans le vide, l'image animée d'un gouverneur civil qui s'accrochait désespérément à sa parcelle de pouvoir.

Un *modus vivendi* qui convenait aux partis politiques

On sait que la nécessité de conserver impérativement le gouverneur civil a été évidente dès le 25 avril 1974, puisqu'il fut décidé d'en nommer dix-huit autres immédiatement. Depuis, les partis politiques ont su nouer, pour se servir du gouverneur civil, des accords au-delà des oppositions réelles ou de façade[1].

Lors de notre entretien du 9 mai 2006 à la Faculté de droit de Lisbonne, à la question « pourquoi les gouverneurs civils sont-ils toujours en place alors que la Constitution de 1976 les maintient à titre transitoire ? », le professeur Marcelo Rebelo de Sousa a précisé que l'on devait bien considérer le fait qu'« Après 1974, force est de constater que le devenir des représentants locaux de l'État ne constituait pas une priorité absolue pour les différents gouvernements ».

Entre les alternances politiques et l'instauration de la démocratie, on comprend mieux les difficultés des gouvernements centraux à prendre des décisions en vue de réformer les gouvernements civils. Les priorités auxquelles le Portugal a dû faire face, après la transition démocratique, ont reporté les révisions de l'institution.

Les grandes étapes de la vie politique et institutionnelle portugaise qui ont mobilisé les citoyens et les politiques peuvent se synthétiser en quatre faits historiques, économiques, politiques et législatifs majeurs. Pour le professeur Marcelo Rebelo de Sousa il faut diviser chronologiquement l'après 1974 en quatre périodes qui vont de la décolonisation au début de la démocratisation du pays, puis en 1982 avec les négociations d'adhésion à la Communauté économique européenne en 1986, et les privatisations et les révisions constitutionnelles de 1989. C'est pour ces raisons que la question du devenir du gouverneur civil a été reléguée à un second plan et que la réforme de l'administration publique a été une priorité seulement après 1995-1996.

---

[1] On a constaté cet état de fait y compris lors de la suppression du gouverneur civil comme on a pu le voir durant les débats à l'Assemblée de la République qui ont précédé le vote de la loi organique n° 1/2011 du 30 novembre 2011. *Diário da República*, Série I, n° 230, 30 novembre 2011, loi organique n° 1/2011 du 30 novembre 2011, p. 5117-5128. *Cf.* en titre II, p. 520

Or, l'échec du référendum national du 8 novembre 1998 avait encore repoussé l'éventualité d'une réorganisation administrative régionale du territoire et de la représentation locale de l'État. L'explication politique de la « sauvegarde » et de la « neutralisation » du gouverneur civil, au-delà des gouvernements à lui trouver un autre schéma de substitution, résidait dans l'incapacité des politiques à vouloir prendre des risques dans le cadre de nouvelles réformes administratives et à ne pas vouloir perdre une once de leur pouvoir à l'échelon local. Mais y a-t-il réellement des explications cohérentes et probantes eu égard aux virevoltes de certains politiques ?

Le président du Centre démocratique et social/Parti populaire[1], António Pires de Lima, semble avoir apporté un début de réponse à cette question puisqu'il a prétendu qu'il faudrait accorder un réel pouvoir aux régions, alors même que son parti fit campagne en faveur du « Non » durant le référendum sur la régionalisation. Dans un entretien au *Jornal de Notícias*[2], à l'une des questions d'Alexandra Figueira, le leader politique a déclaré : « La décentralisation est souhaitée par les gouvernements successifs, mais elle continue à rester lettre morte. Pourquoi ? » En cela, António Pires de Lima, au-delà de ses grandes qualités humaines, intellectuelles et professionnelles, est l'archétype du politique portugais qui ne cesse de s'interroger et de faire le triste constat qu'il est difficile d'engager une réforme constitutionnelle de l'institution de représentation de l'État, au sein de cinq régions[3].

La question de la région administrative source de divisions politiques

La région administrative et le devenir du gouverneur civil auraient dû être, en principe, intimement liés. Or, il y a de fait une logique de conservation de l'État unitaire au Portugal et une volonté à en faire un État décentralisé, tout en maintenant un pouvoir central fort avec des relais locaux.

---

[1] Le CDS-PP, comme les autres partis politiques portugais, a constamment fait preuve d'inconstance sur les projets de réforme du gouverneur civil.

[2] *Jornal de Notícias*, 22 août 2007, p. 6. De même, lorsque la journaliste Alexandra Figueira lui fait remarquer que « la Constitution admet la réorganisation politique sans consultation populaire », António Pires de Lima a répondu : « C'est là, l'une des idiosyncrasies de la Constitution. Elle va jusqu'à point d'obliger à choisir des modèles déterminés d'organisation politique qui, ensuite, ne sont pas validés par 80 % de la population. Plus que ce qu'il y a d'écrit dans la Constitution, qui a une valeur relative, il convient de convaincre les Portugais de la nécessité et du bien-fondé de cette évolution. Cela vaut la peine de faire un effort pour enlever l'étiquette à la discussion sur la régionalisation, parce qu'elle est très partisane, et la réorienter. Il est limitatif de parler dans les termes employés jusqu'à maintenant, cela finit par dévaloriser le concept et rendre difficile sa vente aux électeurs. »

[3] *Ibid.* « Au fonds, il n'y a pas de volonté politique. Même les politiques qui viennent de l'intérieur ou du Sud, et qui arrivent à des postes au sein du pouvoir central finissent par penser plus au pouvoir qu'ils ont et qu'ils veulent accumuler, plutôt que de le partager ou le distribuer d'une façon plus équilibrée avec les autres régions. Il y a un dysfonctionnement total entre le discours plein de bonnes intentions des politiques, avant qu'ils n'arrivent au pouvoir, et la pratique, lorsqu'ils sont au gouvernement. »

Dans ce contexte, certains élus qui militent en faveur des régions administratives veulent devenir des leaders politiques régionaux, plus ou moins ouvertement[1]. Il est certain que la question de la régionalisation a toujours été extrêmement complexe et ambiguë sur le plan politique, mais pas uniquement.

D'une part, et aujourd'hui encore, les débats techniques sur la régionalisation peuvent être déconcertants pour les citoyens, surtout lorsque leurs priorités sont d'ordre économique et social et non administratif ou politique. Comme le défendait Luis Valente de Oliveira, il paraissait possible de poursuivre l'ancien modèle avec un gouverneur civil par district et de créer un nouveau palier hiérarchique en nommant un gouverneur civil régional[2].

D'autre part, les explications des aspects techniques de la régionalisation par les politiques ont participé à l'incompréhension de certains citoyens, et à leurs craintes, dans l'imaginaire collectif, à se voir inclus dans un cadre territorial autre que celui du *município* ou du district. Il faut que la future institution qui aura à personnifier l'État dans la région administrative vienne se substituer à l'ancien gouverneur civil d'autant plus, comme on le souligne précédemment, que la loi-cadre portant sur les Régions administratives, n° 56/91 du 13 août 1991 précisait : « Dans chaque région administrative il y aura un représentant du gouvernement, désigné gouverneur civil régional[3]. »

Si les premières ébauches de régionalisation se sont faites dès la transition démocratique, notamment avec les régions-plan, le gouverneur civil n'y a pas pris part. Il aurait fallu l'y intégrer et prendre également en considération les propositions des partis politiques portugais, malgré leurs constantes palinodies et les débats portant sur la question du devenir du gouverneur civil, restés sans suite.

Les divers projets des partis politiques

Dans une acception plus générale de notre analyse des divers projets exposés par les partis politiques à l'Assemblée de la République, les réponses obtenues et les observations des débats parlementaires permettent de mettre en évidence le peu d'enthousiasme des députés et des partis politiques à proposer un autre référendum national portant sur la question de l'instauration d'une organisation régionale du territoire national. Pourtant, tous les partis politiques se déclarent, de prime abord, favorables à la régionalisation.

---

[1] Le député José Mendes Bota, membre du Parti social-démocrate, élu dans la circonscription de Faro s'engage activement depuis cinq ans pour l'instauration de ce qu'il nomme « la régionalisation administrative », mais s'il voulait au début un gouverneur régional, il milite actuellement pour un responsable régional qui serait élu, autrement dit lui-même.

[2] Valente de Oliveira (L.), *Regionalização*, Porto, Édition ASA, 1996, p. 154.

[3] *Diário da República*, I-Série-A, n° 185, loi n° 56/91 du 13 août 1991, loi-cadre portant sur les régions administratives, p. 4091-4097.

Les réponses des partis politiques que l'on mentionne dans ce développement font suite à un questionnaire que l'on a adressé aux députés de la IXe législature (2005-2009), afin de connaître leurs positions et/ou celles de leur parti, sur une éventuelle configuration régionale du territoire et une redistribution des pouvoirs de l'État vers les futures régions, les *municípios* et les *freguesias*[1]. On a fait une synthèse de l'ensemble des réponses reçues par parti politique, puis à l'intérieur de chaque parti. Elle reflète les divergences internes aux partis politiques[2] sur les deux questions suivantes :

« Dans quelle mesure les projets de restructuration administrative du territoire peuvent-ils modifier les anciens pouvoirs locaux ? »,

« Quelles sont pour vous, les raisons qui ont justifié ce débat, pour une future division territoriale, en régions, *municípios* et *freguesias* ? ».

Par leurs positions transversales, leurs intérêts particuliers et leurs conceptions sur le devenir de l'institution, les politiques ont provoqué des éclatements au sein même de leur propre parti. Ils admettaient globalement le changement du représentant local de l'État, et préconisaient de maintenir à la tête de la future structure régionale un haut fonctionnaire, selon l'article 262 de la Constitution. Certains députés du Parti socialiste pensaient qu'il devrait être un « président régional », « un représentant du gouvernement comme aujourd'hui » ou « un représentant central de la région ».

Au Parti socialiste, on estimait qu'au gouverneur civil devrait succéder un « représentant du pouvoir central dans les régions administratives » (Guilherme de Oliveira Martins) « un représentant du gouvernement dans la région », « un représentant du gouvernement en parallèle avec le développement du pouvoir autonome » (Jaime Gama). Pour Júlio Henriques il ne devait pas y avoir dans le futur schéma un gouverneur civil, mais « un représentant de l'État, nommé par celui-ci avec des fonctions plus vastes de représentation ». António de Almeida Santos s'est appuyé sur les dispositions de la Constitution de 1976 comme le fit Carlos Candal. Les élus communistes préconisaient aussi la mise en place d'un haut fonctionnaire représentant du gouvernement au niveau régional. Devant ce consensus quasi général, les réponses apportées ne peuvent que nous laisser perplexes puisque l'on s'étonne du manque de volonté des partis politiques à ne pas avoir encore trouvé des accords pour proposer une alternative au gouverneur civil.

---

[1] On n'a pas renouvelé ce questionnaire lors de la XIe législature en place du 27 septembre 2009 au 19 juin 2011 puisque la composition de l'Assemblée de la République était quasiment similaire à la précédente. Quant à la XIIe législature élue le 5 juin 2001 elle a voté la proposition de loi n° 14/XII/1er (Gvt) portant sur le « Transfert des compétences des gouvernements civils et des gouverneurs civils vers d'autres entités de l'administration publique, sous réserve de compétence législative de l'Assemblée de la République ».

[2] À l'exception du Parti communiste qui fut le plus régulier dans ses réponses, mais il ne nous a fait parvenir que des réponses « au nom du parti », puisque chaque député ne peut se prononcer personnellement.

Pour le Parti social-démocrate, Manuel Filipe Correia de Jesus a mis également en avant l'article 262 de la Constitution de 1976[1] et précisé que les prérogatives de la future institution devraient être « certainement celles de représentation du gouvernement et d'exercice des pouvoirs de tutelle dans la zone de la région ». Miguel Relvas a considéré que la fonction de « représentant institutionnel de l'administration centrale » demeurait une constante dans les attributions du haut fonctionnaire ou de l'homme politique, quel que soit le découpage administratif du territoire. Mais, pour José Mendes Bota, « Il cessera d'y avoir un gouverneur civil, tel qu'il existe actuellement. La plus grande partie de ses compétences sera absorbée par la Région et il sera créé un poste de Gouverneur Régional, qui représentera le gouvernement dans la Région. » L'intégralité des réponses reçues n'est pas traduite ici, mais celle de Nuno Ribeiro da Silva (membre du Parti social-démocrate) est révélatrice de l'ambiguïté politique générale[2]. Au sein du même parti et groupe parlementaire, António Barradas Leitão défendait l'idée que le gouvernement devait continuer à être représenté par un homme lige dans les divisions administratives actuelles. *A contrario,* Rui Gomes da Silva a jugé que la mise en place des régions devrait remplacer le gouverneur civil du district par un pouvoir régional.

On le voit dans ces citations, les points de discordes entre le PSD et le PS sur les propositions de mise en place d'un représentant régional de l'État et de la région administrative ne diffèrent pas beaucoup. Ces convergences semblent démentir nos critiques à l'égard des tergiversations des partis politiques. Il convient toutefois de nuancer cette approbation, car pourquoi ne mettent-ils pas en œuvre le processus d'instauration des régions administratives et un schéma de remplacement de l'ancien gouverneur civil ?

On constate que les arguments avancés par les partis politiques pour défendre l'option qu'un représentant régional de l'État est indispensable pourraient laisser penser que l'entente est parfaite. Mais ces allégations ne tiennent pas, car, selon nous, ces discours sont les mêmes depuis l'adoption de la Constitution de 1976. On est donc face à des propositions théoriques de réorganisations administratives et des réformes qui restent, aujourd'hui encore, au stade du discours et du débat purement politique. D'autres réponses présentent le mérite d'esquisser des ébauches générales de remplacement de l'ancien gouverneur civil sans aller plus avant dans les modalités de mise en œuvre et de définitions des moyens.

---

[1] « Dans chaque région il pourra y avoir un représentant du Gouvernement, nommé en Conseil des ministres, dont la compétence s'exercera également auprès des collectivités locales de la région. »

[2] « Il est difficile d'anticiper sans un modèle clairement défini, surtout pour lequel j'ai les plus grands doutes qu'il vienne à être bénéfique pour le pays. Néanmoins, je pense que le rôle de gouverneur civil sera de moins en moins important, même dans le cadre de la structure administrative actuelle du pays. »

Ainsi, à la question « Dans quelle mesure les projets de restructuration administrative du territoire peuvent-ils modifier les anciens pouvoirs locaux ? », les réponses obtenues des députés du Parti social-démocrate admettaient généralement que « La régionalisation créera[it] un pouvoir intermédiaire entre les collectivités locales et le pouvoir central » et que « La régionalisation ne doit pas être faite au détriment des pouvoirs actuels des *municípios* et des *freguesias*, mais sera une réaction face aux pouvoirs de l'État ». Cependant, certains députés du Parti social-démocrate pensaient que cela retirerait des pouvoirs aux *municípios* et dévaloriserait les *freguesias*. En prenant compte de ces citations, l'idée première consiste, comme on le pense, à mettre en évidence le manque de précision dans certaines réponses et l'absence de cohérence au sein du PSD. On peut retenir ici le souci constant de ne pas toucher les politiques locaux dans leur amour-propre.

En revanche, certains députés soutenaient que la régionalisation ne bouleverserait en profondeur ni le schéma en place – avant la suppression du gouverneur civil – de la gestion administrative ni la représentation politique périphérique. À l'opposé, d'autres députés, membres d'un même parti, défendaient l'idée que cela allait enlever des attributions aux *municípios,* car la régionalisation créerait de nouveaux centres de pouvoirs et une autre classe politique. Comme l'a souligné Miguel Relvas à propos d'une éventuelle régionalisation « cela ne sera pas bénéfique à la décentralisation des pouvoirs », alors que Manuel Filipe Correia de Jesus notait : « Cela se fera fondamentalement en trois axes : en amplifiant les pouvoirs des collectivités locales, en augmentant leurs recettes et en améliorant la gestion des ressources humaines et matérielles. » Rui Rio défendait l'idée que c'est essentiellement « Le pouvoir central qui devra céder quelques-unes de ses prérogatives. D'autant plus que le Président de la *Câmara* aura moins de poids politique », alors qu'un autre de ses collègues [qui est resté anonyme] a écrit dans sa réponse : « Les "régionalistes" prétendent que les régions administratives exerceront des compétences et prélèveront des impôts qui incombent maintenant à l'État. Les "centralistes" sont sceptiques sur d'éventuelles absorptions, par l'entité régionale, des tâches exercées maintenant par les *municípios* et par les *freguesias*. »

On ne peut qu'être critiques face à la similitude des discours politiques des députés devant le manque d'entrain à donner une impulsion véritable à la concrétisation d'une intégration de la représentation régionale de l'État. Dans la confrontation politique, l'option de la simplification se limite à entériner les décisions du gouvernement, comme la suppression du gouverneur civil, plus qu'à relancer un débat général pour que le *prefeito* régional devienne réalité. On ne peut que le déplorer.

Pour autant, et parmi les points communs aux partis politiques, les députés sont restés majoritairement convaincus que le *município* devait devenir la base de la structure administrative du territoire. En fait, pour le député du Parti social-démocrate José Mendes Bota : « La régionalisation se construit en transférant des pouvoirs et compétences du niveau central vers les régions, et non par la soustraction de ces mêmes pouvoirs et compétences au niveau local. » On conteste cette réponse qui, comme bien d'autres, demeure imparfaite dans son argumentation et incomplète, somme toute volontairement. Le député José Mendes Bota est cependant un ardent partisan de la régionalisation administrative et se voit fort bien en futur président de la région de l'Algarve, terme que l'on récuse, car le vocable de « président » ne correspond nullement au schéma d'instauration d'un haut fonctionnaire, comme on le propose dans notre schéma théorique de réforme étatique au niveau local[1]. Pour sa part Álvaro Amaro admettait : « S'il y a une régionalisation du pays, il est naturel qu'il y ait des modifications de pouvoirs, vu que l'institutionnalisation des régions implique la création d'un autre niveau de pouvoir qui ne peut se justifier que par la cession de pouvoirs de l'administration centrale. » Son collègue le député Duarte Pacheco a répondu : « Je crois que ces projets vont diminuer les compétences des collectivités locales. » De fait, les députés du Parti socialiste défendent l'idée que le pouvoir central devrait transférer une partie de ses prérogatives, notamment en matière de prélèvements d'impôts. Il s'agirait en conséquence d'accorder des missions aux *municípios* et aux *freguesias* en leur octroyant des compétences dévolues à l'État[2].

Au regard des réponses obtenues, il est difficile de ne pas être critiques face aux interventions des politiques, entre leurs argumentations solides et cohérentes et leurs programmes parfois en contradiction, avec les discours et les réponses obtenues.

À la même question « Dans quelle mesure les projets de restructuration administrative du territoire peuvent-ils modifier les anciens pouvoirs locaux ? », les réponses des députés du Parti socialiste ont été très proches de celles des députés du Parti social-démocrate.

Le député socialiste et ancien secrétaire général du Parti socialiste António de Almeida Santos affirmait :

> La région administrative sera une circonscription de degré supérieur. Il sera de son ressort d'exercer une coordination des collectivités actuelles (*municípios* et juntes de *freguesia*). En ce sens, elle n'entrera pas en conflit avec les compétences actuelles du *município* et de la *freguesia*. Celles-ci doivent néanmoins voir renforcés leurs pouvoirs actuels, et les moyens nécessaires à leur exercice.

Les députés du Parti socialiste étaient alors plus divisés sur cette question que leurs collègues des autres partis représentés à l'Assemblée de la République. Jaime Gama[3] écrivait :

---

[1] *Cf.* Titre II, p. 551 et suiv.

[2] C'est ce que tente de faire l'actuelle réforme de l'administration territoriale engagée depuis septembre 2011 par le XIXe gouvernement constitutionnel.

[3] Jaime Gama a été président de l'Assemblée de la République du 16 mars 2005 au 21 juin 2011.

> En principe, les régions politico-administratives devraient s'appuyer sur le principe de dévolution des compétences au niveau inférieur. Rien ne devrait s'opposer à ce que soient compatibles les régions politico-administratives et les associations intermunicipales, au niveau sous-régional. Cela serait une façon d'éviter la substitution d'un *Terreiro do Paço* [à Lisbonne, quartier des ministères] par d'autres. La tradition portugaise est celle du municipalisme. Les régions risquent d'être rejetées pour des raisons exogènes à la tradition locale.

À la différence des députés du PSD, si les députés socialistes n'ont pas eu une approche commune, ils admettaient que les régions et le pouvoir régional ne pouvaient se faire « au détriment des pouvoirs municipaux », car « ils vont modifier la vitalité des *municípios* et des *freguesias* ». Quant à l'ancien député António REIS, il notait : « Le projet de régionalisation administrative va élargir les compétences et les ressources des *municípios* et *freguesias.* » Certains députés étaient indécis, à l'instar de Maria Celeste Correia qui considérait que « Ces projets pourront modifier les anciens pouvoirs locaux (et nous espérons qu'il en soit ainsi) ou alors ils pourront consolider les pouvoirs en place depuis longtemps. S'ils font surgir de nouvelles générations de dirigeants locaux, nous gagnerons notre pari. S'ils renforcent les caciques habituels, ce sera une occasion perdue. Je suis optimiste. » D'autres répondaient très laconiquement en écrivant par exemple que « Les propositions ne sont pas clairement explicitées », mais ne signaient pas. On voit bien que les positions des uns et des autres à l'intérieur d'un même parti politique entretiennent, encore aujourd'hui, une confusion dont il est difficile d'extraire une ligne de conduite commune et cohérente.

En ce qui se réfère à la question : « Quelles sont pour vous, les raisons qui ont suscité ce débat, pour une future division territoriale, en régions, *municípios* et *freguesias* ? », le député du Parti socialiste António de Almeida Santos précisait : « La région administrative ne possède pas d'antécédent historique. La province ne s'est jamais traduite en une réalité fortement institutionnelle. C'est une création moderne qui traduit l'augmentation des préoccupations décentralisatrices. » Le Parti socialiste insistait surtout sur les liens entre la décentralisation, le pouvoir central et les citoyens. Néanmoins, tous les partis politiques, à l'exception du Parti communiste qui ne s'est pas prononcé, ont admis que les débats sur la question des espaces territoriaux et le devenir du gouverneur civil perduraient. Un député qui n'a pas signé a écrit :

> C'est un débat récurrent. Il date de la Constitution [de 1976]. Pour les uns il s'agit de rapprocher les centres du pouvoir des populations, en organisant la représentation et la mobilisation populaire en conséquence dans la mesure où l'échelle et la nature des problèmes le permettent. Pour d'autres, il s'agit de rendre possible le renforcement de l'interférence des élites locales et régionales. Pour que cela prenne racine, il faudra casser les *lobbies* qui existent au *Terreiro do Paço*.

En synthèse, chaque parti politique continuait à être divisé sur cette question, si l'on fait exception du Parti communiste dont les députés, comme à leur habitude, avaient une position commune. De plus, il ne faut pas oublier les conséquences financières d'une éventuelle réforme qui divisaient aussi les politiques.

Pour le Parti social-démocrate, la régionalisation et le gouverneur civil régional allaient modifier « la gestion des ressources humaines » et engendrer « une augmentation des dépenses ». João Bosco Soares da Mota Amaral[1] défendait l'idée selon laquelle « Les défenseurs de la régionalisation au Portugal évoquent les avantages d'un rapprochement des citoyens et de l'administration. Ses adversaires craignent les tensions régionales et l'augmentation des dépenses publiques ». Pourtant, il n'en demeure pas moins vrai, comme on le démontre au Titre II dans notre proposition de création du *prefeito* régional, que l'argument qui consiste à faire croire que la régionalisation administrative engendrerait un surcoût financier pour l'État portugais n'est pas fondé, pour trois raisons que l'on considère comme essentielles.

En premier lieu, on peut placer à la tête de chaque région administrative un haut fonctionnaire détaché de son ministère pour une durée déterminée.

Dans un deuxième temps, le contrôle de l'État sur les collectivités locales empêcherait, par des procédures d'inspections, que ne se développe la corruption, sans pour autant affaiblir le pouvoir du président de la *Câmara municipal*.

En troisième point, le représentant régional de l'État contribuerait à une meilleure efficacité dans la mise en œuvre des coordinations des politiques publiques et des projets de développements[2]. À cet égard, pour le Parti communiste, cela devrait « renforcer les moyens financiers des *freguesias* », alors qu'un député socialiste, Gustavo Rodigues Pimenta, soutenait « qu'il faut une meilleure efficacité dans la gestion des intérêts publics ».

On peut en conclure qu'une fois de plus il y avait un consensus général apparent sur la question de la régionalisation administrative, mais aussi sur les besoins à mettre en place un représentant régional de l'État, avant que le gouverneur civil ne soit supprimé, mais rien n'a changé. Si tous les partis politiques continuent à mettre en avant la nécessité de réduire les asymétries régionales et créer une structure administrative régionale, ils n'ont jamais réussi à se concerter sur ce sujet.

---

[1] Premier président de la région autonome des Açores en 1976.

[2] *Cf.* Titre II, p. 551 et suiv.

Les sempiternels débats sur la réforme du gouverneur civil

Juste après la révolution du 25 avril 1974[1], puis avec la promulgation de la Constitution de 1976, le pouvoir militaire et politique avait établi les orientations qu'il fallait donner au gouverneur civil. Mais comme l'Arlésienne, les propositions de réformes du statut et des fonctions du gouverneur civil ont été des thèmes récurrents des débats politiques durant plus de quatre décennies, mais dont on ne voyait jamais les changements profonds.

Une huitième révision constitutionnelle serait une opportunité, et peut-être la condition *sine qua non,* pour que puisse se concrétiser un nouvel engagement national autour de la question d'un schéma de représentation régionale de l'État. Il en est de même de l'instauration des régions administratives qui doit passer par une consultation référendaire[2] ou un vote à l'Assemblée de la République, si les 2/3 des députés se prononcent en faveur de la régionalisation.

En l'absence des régions administratives, la configuration administrative du territoire avec les districts a été maintenue[3]. Il faut donc inclure dans les collectivités locales susceptibles de faire appel à des consultations directes des citoyens[4], le principe du référendum[5]. Malgré tout, la réorganisation administrative est déjà bien engagée au Portugal. La résolution du Conseil des ministres n° 124/2005 avait déjà énoncé que l'un des objectifs du gouvernement était de rendre l'administration publique plus proche des citoyens[6]. En même temps, les nominations à la tête du gouvernement civil

---

[1] *Diário do Governo,* II-Série, n° 100, 2 mai 1974. Le *Diário do Governo*, dès le 2 mai 1974 a publié des arrêtés de destitution de présidents des *Câmaras municipais*, progressivement, jusqu'au décret-loi n° 236/74 du 3 juin 1974. Il donnait pouvoir au ministre de l'Administration interne de dissoudre les corps administratifs, et de les remplacer par des commissions administratives. Les dix-huit gouverneurs civils ont été immédiatement démis de leurs fonctions par le décret-loi n° 170/74 du 25 avril 1974.

[2] Au Portugal, les structures délibératives habilitées à demander un référendum sont l'Assemblée de la *freguesia,* l'Assemblée municipale et l'Assemblée de la République. Les structures exécutives sont la Junte de *freguesia*, la *Câmara municipal* et la Junte régionale.

[3] Article 295 de la Constitution de 1976.

[4] Articles 83 et 87 de la loi 79/77 et décret-loi n° 100/84.

[5] *Constitution de la République portugaise de 1976*, Édition de l'Assemblée da République, sixième révision publiée au *Diário da República*, I-Série-A, n° 173, 24 juillet 2004. p.4642-4650. Loi constitutionnelle n° 1/2004. L'article 221 dispose : « Le Tribunal constitutionnel est le tribunal auquel il incombe spécifiquement d'administrer la justice dans des matières de nature juridico-constitutionnelle. » Le Tribunal constitutionnel se compose de treize juges, dont dix sont désignés par l'Assemblée de la République et trois cooptés par eux (article 222, n° 1).

[6] *Diário da República*, I-Série-B, n° 149, 14 août 1996, p. 4502-4503. Le *Diário da República*, du 14 août 1996, a précisé les modalités et les raisons, de restructuration de l'administration publique portugaise dans son ensemble : « Finalement, la politique de modernisation de l'administration publique, selon le programme du Gouvernement, doit être menée de façon à l'adapter aux ressources financières du pays et à améliorer la qualité du service à offrir aux citoyens, entreprises et communautés, par la voie de la décentralisation,

continuaient à se faire par cooptations en fonction de la soumission au parti politique au pouvoir et de la confiance à l'égard de la personne choisie.

Lors des nominations du 19 novembre 2009, sur les dix nouveaux gouverneurs civils qui ont accédé à la direction des districts figuraient des personnes influentes du parti politique au pouvoir, à l'échelon local. Le pouvoir central choisissait des personnes de confiance et suffisamment diplomates pour rechercher le consensus lors des conflits locaux, et pour ne pas froisser les sensibilités des membres de l'opposition, tout en ayant un regard sur les membres de son propre parti. L'institution se perpétuait donc comme un moyen idéal pour « placer », « recaser » ou « gratifier » les amis politiques qui avaient été battus soit aux élections municipales, soit aux élections législatives, ou qui avaient œuvré pour faciliter l'accession au pouvoir d'un député ou d'un ministre[1].

En cela, l'institution portugaise constituait vraiment une particularité, qui convenait parfaitement aux institutions portugaises comme l'a précisé le ministre de l'Administration interne Rui Carlos Pereira[2]. En somme, avec la régionalisation, certains élus nationaux ne craignent-ils pas de « perdre la main » sur les districts.

Une fois de plus, lors des campagnes électorales qui ont précédé les élections législatives du 27 septembre 2009, et municipales du 11 octobre 2009, la régionalisation fut de nouveau mise en avant dans les discours des divers partis politiques, malgré la récession économique et les scandales politiques et financiers qui l'ont reléguée à un second plan. Le Parti socialiste au pouvoir n'a pas obtenu la majorité absolue à l'Assemblée de la République, lors des élections législatives du 27 septembre 2009[3] et le gouvernement qui a été reconduit n'a pas inclus la réorganisation administrative dans ses priorités.

À la suite de ces élections, treize gouverneurs civils sur dix-huit ont été remplacés le 19 novembre 2009. Les cinq gouverneurs civils qui ont été maintenus à la direction de leur district (Beja, Coimbra, Castelo Branco, Évora et Leiria) le sont restés à titre honorifique en attendant leur départ à la retraite (gouverneurs civils des districts de Beja et de Leiria) ou ont été re-

---

déconcentration, fusions ou suppressions de services. De tels propos s'associent également à la nécessité de réduire le volume de la dépense publique, à laquelle contribue de façon sensible l'administration publique, avec ses dimensions actuelles. […]. »

[1] C'est une constante depuis les réformes de José Xavier Mouzinho da Silveira en 1832 et l'instauration du *prefeito* puis du gouverneur civil. Par exemple dans certaines nominations, il s'agissait d'une fonction honorifique, comme par exemple le gouverneur civil du district de Leiria en attendant qu'il prenne sa retraite. En novembre 2009 il est resté à la direction du gouvernement civil, mais il a perdu son poste comme les dix-sept autres gouverneurs civils le 21 juin 2011.

[2] Lors de notre entretien à Lisbonne le 21 avril 2009.

[3] Commission nationale des élections, décembre 2009 : PS 36, 56 % avec quatre-vingt-seize députés sur deux cent trente ; PSD 29, 09 % avec soixante-dix-huit députés ; CDS-PP 10,46 % avec vingt et un députés ; BE (Bloco da Esquerda) 9, 85 % avec seize députés et CDU 7, 88 % avec quinze députés.

conduits pour représenter une pseudo-parité à la direction de certains districts, comme l'exigeait le ministre de l'Administration interne (district de Castelo Branco avec Maria Alzira de Lima Serrasqueiro et district d'Évora avec Fernanda Ramos).

Les cinq gouverneurs civils qui ont conservé leurs fonctions suite aux nominations du 19 novembre 2009 n'ont pas été candidats aux élections législatives ou municipales. La nomination à la direction du gouvernement civil était un moyen de gratifier un membre éminent du parti à l'échelon local, pour ses engagements et ses compétences, mais permettait aussi, et souvent, de donner un emploi à une personne du parti ayant été battue aux élections législatives ou municipales. C'est donc pour éviter que ce schéma ne se reproduise qu'une reconfiguration régionale du territoire doit être administrée par un haut fonctionnaire.

Le Parti social-démocrate va dans ce sens et défend l'idée que le district, en tant que regroupement de *municípios,* n'a désormais qu'une finalité qui est d'être une circonscription électorale[1]. L'alternative consiste à dépasser cet ancien modèle et à évoluer vers l'intermunicipalité[2], car il faut passer d'un objectif qui fut jadis « à long terme » à une action « à court terme ». Pour autant, si le district administratif n'a aucune raison d'être, l'intermunicipalité à l'exemple de l'intercommunalité française[3] ne peut être une circonscription électorale et lors des élections législatives, on pourrait garder le district en tant que circonscription qui semble le mieux correspondre aux consultations électorales, sans qu'il y ait une institution pour l'administrer. C'est d'ailleurs l'idée communément admise par l'ensemble des partis politiques portugais. Après tout, le district peut fort bien garder cette « virtualité » qui le caractérise depuis l'adoption de la Constitution de 1976 et continuer à servir de circonscription électorale, tout en cohabitant avec les regroupements de *municípios*[4]. En cela, la rationalisation et la coo-

---

[1] Le *prefeito* régional garderait sa place dans l'organisation logistique des élections en collaboration avec les présidents des *Câmaras municipais.* Il aurait en charge la tenue des listes électorales, mais aussi l'enregistrement et le contrôle des candidatures, tout en veillant au respect du Code électoral.

[2] On a préféré une traduction littérale, car on ne peut traduire par « communauté de communes »dans la mesure où la réforme des collectivités locales de 2011, et qui doit se poursuivre jusqu'en 2013 prévoit la disparition, le regroupement ou la fusion de certains municípios.

[3] Kerrouche (E.), *L'intercommunalité en France,* Paris, éd. Montchrestien, coll. Clefs-Politiques, 2008, p. 109 : « À cet égard, l'intercommunalité peut aussi être lue comme une volonté marquée d'en arriver à la mise en place de territoires dotés de périmètres « pertinents », c'est-à-dire assez vastes pour constituer des espaces de solidarité [...]. »

[4] Desage (F.) « Intercommunalité », *in* Pasquier (R.), Guigner (S.) et Cole (A.), *Dictionnaire des politiques territoriales,* Paris, éd. Sciences Po Les Presses, coll. Références - Gouvernances, 2010, p. 283-287 : « L'intercommunalité est le mécanisme institutionnel et politique par lequel plusieurs communes s'associent afin de mener des politiques publiques à l'échelle d'un bassin de vie [...]. L'incitation à la coopération intercommunale est l'une des modalités de réorganisation du local par le centre, qui prend des formes et des rythmes variés selon les

pération technique et administrative au sein de l'intermunicipalité devraient rendre plus efficace la réalisation de projets régionaux de développements lorsque les régions administratives auront pris forme.

La personnification de l'État à travers le gouverneur civil a suscité des sentiments passionnés et contradictoires, au sein des partis politiques et de la société portugaise. L'ancien gouverneur civil était symboliquement et physiquement indispensable au pouvoir central qui, bien que l'ayant neutralisé, n'en avait pas moins fait un instrument de surveillance politique. Mais le binôme gouverneur civil-district n'était plus adapté pour que puissent être mis efficacement en œuvre les programmes régionaux de développements.

Conclusion du chapitre premier

En premier lieu, les années 1974-1998 ont marqué une diminution progressive des domaines de compétences du gouverneur civil. Si depuis le 25 avril 1974 les changements politiques ont engagé le Portugal dans une nouvelle voie, en instaurant une alternative à l'État nouveau, le soulèvement militaire a alors cristallisé sur la personne du gouverneur civil une part des récriminations formulées à l'égard de l'ancien pouvoir exécutif.

L'option qui a consisté à vouloir maintenir artificiellement le gouverneur civil a été l'expression d'une attitude politique nationale incohérente, quand bien même l'institution était porteuse de symboles, au-delà de la représentation physique du pouvoir central.

Dans un second temps, de 1998 à 2012, face à une autonomie locale qui n'a cessé de s'affirmer, avant la suppression du gouverneur civil et les débuts de l'actuelle réforme de l'administration territoriale, on note que l'institution a fait l'objet de réorientations politiques. On en veut pour preuve le rôle croissant de la *Câmara municipal*, puisque le système administratif et politique portugais renforce de plus en plus le pouvoir local, surtout municipal. En effet, les *municípios* sont devenus des échelons administratifs et politiques fondamentaux depuis la Constitution de 1976, par l'adoption d'une législation qui favorise les collectivités locales, d'autant plus que leur autonomie financière s'est soldée par une perte supplémentaire des fonctions du gouverneur civil.

La question de la régionalisation administrative demeure substantielle après l'entrée en vigueur de la loi-cadre n° 56/91 du 13 août 1991, l'échec du référendum du 8 novembre 1998 portant sur les régions administratives, puisqu'elle est étroitement liée à un hypothétique schéma de substitution du gouverneur civil.

En résumé, la mise à l'écart du gouverneur civil n'a pas été aussi radicale qu'on pourrait le croire, compte tenu des attributions officielles et partisanes

---

contextes nationaux et les périodes [...]. L'intercommunalité est souvent perçue, aujourd'hui encore comme un objet éminemment technique, domaine réservé des spécialistes. »

qu'il a conservées, malgré la perte progressive de ses pouvoirs entre le référendum du 8 novembre 1998 et sa disparition définitive le 21 juin 2011.

CHAPITRE II

UN GOUVERNEUR CIVIL EXCLU DU DÉBAT SUR LA RÉGIONALISATION

Le gouverneur civil a fait l'objet d'une neutralisation programmée qui a consisté d'abord à le vider de sa substance en tant qu'ancien homme fort du district et à l'isoler, en attendant sa suppression.

Force est de reconnaître que le gouverneur civil n'a jamais été véritablement éloigné de la vie administrative et politique du district. Il a toujours continué à surveiller les adversaires politiques du gouvernement qui l'avait nommé et les membres de son propre parti. De même, si certains gouvernements centraux ont tenté, surtout depuis 1974, de donner du chef du gouvernement civil l'image d'un homme de consensus et de rassemblement, proche de tous les citoyens du district et éloigné des luttes politiques partisanes de la capitale, son cloisonnement dans des missions limitées fut évident. Pourtant la réalité a été un peu plus complexe, même si dans une certaine ambivalence, le gouverneur civil était maintenu par et pour servir le gouvernement et le parti politique au pouvoir.

L'institution n'a jamais été statique. Il suffit de répertorier les fréquentes nominations dans chaque district et à chaque changement de gouvernement ou de ministre de l'Intérieur, puis de l'Administration interne, pour s'en convaincre. On a dû se référer aussi aux polémiques qu'elle a suscitées au sein de la société, car elle a interpellé les électeurs en ce sens que la question de son devenir revenait régulièrement sur le devant de la scène à chaque consultation électorale nationale. Elle a provoqué des dissensions à l'intérieur d'un même parti politique et, si elle a généré des confusions, elle n'a jamais laissé les politiques indifférents ce qui n'était pas le cas des citoyens. Depuis l'adoption de la Constitution de 1976, de multiples propositions de révisions émanant de tous les partis politiques portugais ou d'initiatives personnelles ont alimenté les débats récurrents sur une hypothétique refonte du gouvernement civil. Or, il n'est pas possible de dissocier les fonctions, même secondaires, du gouverneur civil des nouvelles attributions administratives, culturelles, financières et politiques octroyées au président de la *Câmara municipal*, qui en ont fait un véritable contre-pouvoir.

Une fois ceci posé, on doit reconnaître qu'il est quasiment impossible, pour un pays comme le Portugal, d'établir deux structures qui se scinderaient en une entité administrative et une représentation politique. Le schéma qui intégrerait une composante administrative et politique et en parallèle une structure technique avec les Commissions de coordination et de développement régional, qui garderaient leur autonomie financière et administrative, serait plus cohérent avec les besoins de développements du pays. C'est pour cela que certains politiques, notamment les membres du Parti communiste, veulent que le futur représentant régional de l'État soit élu.

Il s'agit là d'une aberration et d'un manque évident de discernement. Que les présidents des Commissions de coordination et de développement régional soient élus par les présidents des *Câmaras municipais* est l'expression d'un pouvoir municipal de plus en plus important et légitime. Mais, il n'est pas concevable que la représentation de l'État à l'échelon régional se fasse par l'intermédiaire d'un acte électoral. La nomination du futur responsable régional doit relever de la compétence exclusive du gouvernement. Pour mieux cerner cette hypothèse il faut aborder deux points.

En premier lieu, la question concernant le devenir du gouverneur civil était, en principe, intimement liée à celle de la création de la régionalisation administrative, comme le dispose la Constitution de 1976.

En second lieu, et concomitamment aux transferts progressifs des anciennes attributions du gouverneur civil, celui-ci était exclu des projets et des débats visant à établir une configuration régionale du territoire.

L'avenir du gouverneur civil lié à la régionalisation

Si la réorganisation ou la substitution du gouverneur civil était censée dépendre de l'acceptation, ou du rejet, du projet d'implantation des régions administratives on sait désormais, après l'échec du référendum national du 8 novembre 1998 et la disparition du gouverneur civil qu'il n'en était rien.

Pour autant, il y a impérativement une nécessité à instaurer une régionalisation administrative du territoire. Ce *leitmotiv* est intimement lié à l'idée que l'on défend d'une alternative à l'ancienne représentation locale de l'État. Les réflexions et propositions sur la régionalisation administrative ont commencé réellement dans le débat politique portugais avant la Constitution de 1976, puisqu'elles s'inscrivaient dans le projet de décentralisation administrative de l'État, déjà soumis à débats dans l'après 1974. Les prémices d'une réorganisation régionale du territoire par une décentralisation de l'État correspondaient à une philosophie politique des gouvernements post-1976.

Mais le plus décevant, après tant d'opportunités manquées et de réformes de l'administration publique, c'est le constat d'une perte d'influence administrative et politique du gouverneur civil, alors qu'il aurait été possible de le remplacer bien avant la victoire du « Non » lors du référendum du 8 novembre 1998.

Les opportunités manquées des réformes administratives régionales

L'analyse ci-dessous se réfère à l'échec du référendum national du 8 novembre 1998 et aux raisons qui ont motivé la non-acceptation d'un schéma qui aurait dû mettre en place une représentation régionale représentant l'État.

Dans les débats qui ont précédé le vote du 8 novembre 1998, le tracé des futures régions et le choix de leurs chefs-lieux ont été les deux points primordiaux de la révision administrative du territoire. Les délimitations des découpages territoriaux ont été des motifs d'achoppements permanents, lesquels ont fait s'opposer les autorités locales élues et les partis politiques qui, au niveau national, non désireux de se confronter aux nombreuses polémiques, ont différé sans cesse les prises de décisions.

On peut considérer que le *concelho* et la *freguesia* sont restés les unités de base du schéma proposé par le ministère de l'Administration interne qui a voulu une configuration régionale du territoire. Nonobstant cela, les Portugais n'ont pas su saisir l'opportunité qui s'est présentée à eux, lors du référendum national du 8 novembre 1998 portant sur la régionalisation.

Les structures des hypothétiques régions administratives

La régionalisation du pays inscrite dans la Constitution de 1976 aurait pu permettre un développement équilibré du territoire. Or, la modification de l'institution personnifiée par le gouverneur civil n'aurait pu se conclure sans une réflexion d'ensemble sur le devenir du district, désormais caduc, peut-être parce qu'il symbolisait une composante administrative et politique dont la Révolution du 25 avril 1974 avait voulu faire table rase[1].

Dans ce contexte politique difficile post-25 avril 1974, le gouvernement[2] dirigé par Francisco José Pereira Pinto Balsemão a voulu entamer le processus de régionalisation et du devenir du gouverneur civil. En fait, le pouvoir local se serait réparti en trois niveaux distincts et complémentaires avec des régions administratives, des *municípios* et des *freguesias*. Pour le gouvernement, la perspective d'une consolidation du régime démocratique impliquait une accélération des réformes administratives. Elles concernaient directement ou indirectement les collectivités locales et suscitaient fréquemment des oppositions politiques dans les districts, même si certaines ont été sans conséquence immédiate sur le gouverneur civil.

---

[1] Le Centre démocratique et social (centre droit) a émis l'idée d'une fragmentation administrative des espaces en régions, *concelhos* et *freguesias*. Le Parti populaire démocratique a proposé de bâtir un plan de division territoriale avec les *concelhos* et les *freguesias*. Le gouverneur civil devait être supprimé ou maintenu, en attendant que l'on procède à un quadrillage régional du territoire, avec un gouverneur civil à la tête de chaque région, même si leurs futures attributions demeuraient confuses.

[2] Dans la perspective de réformer le maillage administratif, le programme du VIIe gouvernement constitutionnel, dirigé par Francisco José Pereira Pinto Balsemão considérait la politique de l'administration interne comme primordiale dans la démocratisation des institutions politiques et administratives.

Des tensions politiques permanentes sur la régionalisation

On ne doit pas s'arrêter à la seule adoption par l'Assemblée de la République des textes législatifs qui ont défini les domaines de compétences des collectivités locales[1]. La volonté d'une révision de la législation, spécifique au pouvoir local, s'est poursuivie après la mise en place d'une commission chargée de rédiger un nouveau code administratif, mais sans se soucier du gouverneur civil.

Avec la résolution n° 1/82 du 16 décembre 1981, la présidence du Conseil des ministres a approuvé la version finale du document de synthèse relatif aux orientations générales du réaménagement du territoire continental, et indiqué les grandes lignes de la régionalisation[2]. Elle a exposé les principes de la régionalisation en tant qu'ensemble de mesures qui devrait aboutir à la création d'institutions régionales[3]. En réalité, la perspective de la régionalisation ne saurait se résumer uniquement à un projet de décentralisation de l'État[4].

Ce n'est qu'en 1998, soit vingt-deux ans après la promulgation de la Constitution de 1976, que la création des régions administratives a été envisagée suite à l'adoption de la loi n° 19/98 du 28 avril 1998[5]. La loi dans son article 1er disposait :

« 1. La présente loi crée les régions administratives.

« 2. Les pouvoirs, la composition et les compétences des régions administratives, et le fonctionnement des leurs services, sont ceux admis par le n° 56/91, du 13 août 1991. »

Il est à noter que la Constitution de 1976, dans son chapitre IV relatif à la Région administrative, s'y est référée dans huit articles (256 à 263) qui ont précisé les secteurs d'intervention des régions et la mise en place des institutions administratives régionales avec l'assemblée et le comité régional. Mais c'est un régime hybride qui est encore en place, puisque le système en vi-

---

[1] Dans le *Diário da República* du 15 septembre 1981 il était écrit : « D'autres propositions de loi seront présentées par le gouvernement, afin de consolider l'objectif plus ambitieux de la régionalisation : ces propositions définiront les poutres maîtresses de la régionalisation, parmi lesquelles le référendum, l'institution des structures de base la électorale, qui donneront une expression aux régions, et assureront le lien entre l'administration centrale et les nouvelles structures du pouvoir local. »

[2] Le VIIIe gouvernement constitutionnel, conformément au programme électoral de l'Alliance démocratique, voulait faire voter une loi portant sur la réforme administrative du territoire.

[3] *Diário da República*, I-Série, n° 2, 4 janvier 1982, p. 5-9.

[4] *Ibid.* p. 42 : « […] une forme de reconnaissance de la dignité des populations en les faisant participer activement, au travers des entités régionales, à un processus réfléchi de développement, évitant ainsi des programmes de croissance économique où la dignité de l'homme et la réalité physique des régions seraient oubliées et évitant encore la macrocéphalie progressive du pays, les asymétries régionales, l'émigration en masse des plus jeunes vers les villes du littoral et vers l'étranger et la désertification du territoire. »

[5] *Diário da República,* I-Série-A, n° 98, loi n° 19/98 du 28 avril 1998 dite « Loi de création des régions administratives », p. 1888-1890, *Cf. supra* p. 156.

gueur a continué à superposer une structure de type départemental avec les districts, prévus par l'article 263 de la Constitution de 1976, au titre des dispositions transitoires et une trame régionale plus technique avec les cinq Commissions de coordination de développement régional. Après des joutes politiques, des projets, des amendements des codes administratifs et de la Constitution de 1976, les régions auraient pu être l'un des grands enjeux de la vie politique nationale, et elles doivent le devenir.

Quoi qu'il en soit, sur le plan politique, tous les partis ont présenté des propositions en vue d'un modèle régional, mais pour le simple citoyen, une région administrative reste quelque chose d'abstrait. C'est cette indifférence et cette crainte d'une grande partie de la population qu'il faut combattre. Les idées paraissaient tellement simples qu'elles ont parfois provoqué la suspicion des secteurs économiques qui affirmaient, à l'opposé de ce que disaient et préconisaient les partis politiques, que la régionalisation créerait une bureaucratie additionnelle[1]. Au Portugal, le conflit ne se jouait plus, avant le référendum, au niveau de l'élaboration d'un schéma décentralisé, mais dans la réalisation d'une division concrète du territoire. Dans ce contexte, si la deuxième révision de la Constitution de 1976, en 1989[2] a explicité les principes généraux du pouvoir local définis au Titre VIII premier Chapitre, articles 237 à 244, il fut toujours fait mention du gouverneur civil et du district.

En ce qui a trait aux collectivités locales, l'article 237 disposait : « L'organisation démocratique de l'État comprend l'existence de collectivités locales. » Les attributions et l'organisation des collectivités locales ont été définies par la Constitution de 1976, laquelle a disposé qu'elles possèdent un patrimoine, des finances et des cadres spécifiques (articles 240 et 244). La structure des organes délibératifs et exécutifs a été décrite à l'article 241 qui précisait : « La structure des collectivités locales est constituée d'une assemblée élue dotée de pouvoirs délibératifs et d'un organe exécutif collégial responsable devant elle. » Quant à la tutelle administrative, l'article 243 soulignait : « La tutelle administrative sur les collectivités locales consiste à vérifier l'application de la loi, de la part des instances administratives supérieures [...]. »

La révision constitutionnelle de 1989 a détaillé les modalités d'appuis techniques et les moyens humains de l'État aux collectivités locales, sans porter préjudice à leur souveraineté, mais a ignoré le gouverneur civil qui n'a plus été intégré dans les procédures de décisions. Cela été également vrai à l'échelon de la *freguesia*. Le Titre VIII, Chapitre II, a traité de la fonction locale et de la définition constitutionnelle de la *freguesia* dans les ar-

[1] *Dictionnaire de la Constitution*, 1985, p. 348. En France : « Le texte constitutionnel ne fait pas mention de l'institution régionale alors que sont énumérées à son article 72 les différentes collectivités territoriales. »

[2] *Diário da República*, I-Série, n° 155, 8 juillet 1989, p. 2734. Loi constitutionnelle n° 1/89 du 8 juillet 1989 portant sur la deuxième révision constitutionnelle.

ticles 245 à 248[1], mais le gouverneur civil ne s'immisçait plus dans les affaires de la circonscription, notamment en décidant ou influençant le choix des présidents des juntes de *freguesia.*

Par ailleurs, la Constitution de 1976 a permis qu'il y ait un transfert de compétences (article 248) dans la mesure où « L'assemblée de la *freguesia* peut déléguer aux associations constituées par ses habitants des tâches administratives qui n'aient pas un caractère autoritaire ».

En cela, les tensions politiques, les nombreux projets se référant à la régionalisation et les craintes des politiques soucieux de ne pas perdre une once de leur pouvoir reflètent les paradoxes et les hésitations portugaises qui ont ralenti les perspectives d'un véritable réaménagement des fonctions et du statut du gouverneur civil.

Des propositions de réformes fréquentes, mais sans effet

On peut affirmer que les partis politiques ont été très dynamiques dans l'élaboration de propositions concernant l'instauration des régions administratives. Pour autant, la délicate question du devenir du gouverneur civil continuait à être source de débats et de tensions.

La justification de la pléthore des sondages sur la régionalisation qui incluaient, parfois, la question du futur du représentant local de l'État ne doit pas masquer l'absence d'une réelle volonté de réformes de la part des partis politiques. C'est le cas notamment du Parti socialiste qui semblait le plus actif en matière d'enquêtes nationales sur les questions des divisions des territoires, mais pas le plus régulier et cohérent dans ses propositions. Au-delà des divergences politiques, il est à noter que bien des citoyens ne comprennent pas le bien-fondé de la régionalisation ce qui explique, en partie, qu'elle tarde à être instaurée. En Espagne, par exemple, la réorganisation du territoire national fut plus rapide[2], puisque les dix-sept régions autonomes ont été créées en 1983, ce qui représente un temps relativement court par rapport au changement de régime politique, après la mort de Francisco Franco y Bahamonde, le 20 novembre 1975.

---

[1] Les organes représentatifs de la *freguesia* sont l'assemblée de la *freguesia* et la junte de la *freguesia* (article 245). L'assemblée de la *freguesia* est élue par les citoyens électeurs résidant dans la limite géographique de la *freguesia* (article 246). La junte de la *freguesia* est l'organe exécutif de la *freguesia*, élu au scrutin secret par tous les membres de son assemblée (article 247).

[2] Drain (M.), « Le pouvoir régional en Espagne », *in O poder regional : mitos e realidades III jornadas de estudo Norte de Portugal-Aquitânia Actas,* Porto, CENPA, Universidade do Porto, 1996, p. 105 : « La force des identités territoriales espagnoles constitue une puissante originalité que l'on chercherait vainement en France ou au Portugal. [...]. La régionalisation espagnole ne fut pas seulement l'effet des nécessités d'aménagement et des besoins administratifs. Elle fut, d'abord, l'expression d'un compromis politique destiné à résoudre un problème lié à la diversité culturelle, économique et sociale de l'Espagne. »

Au Portugal, sans doute faut-il voir dans le processus de décolonisation et la consolidation de la démocratie, puis la préparation à l'adhésion à la Communauté économique européenne, un frein à la mise en place des révisions constitutionnelles portant sur la régionalisation. En fait, les politiques et les citoyens ont été et continuent à être régulièrement en désaccord sur les modes de restructuration administrative du pays et sur les institutions qui pourraient représenter l'État, dans un nouvel espace. Ils n'imaginent pas que le pays puisse être hiérarchisé en plusieurs échelons, ce qui risquerait de provoquer, selon eux des confusions, des rivalités et des coûts supplémentaires pour le contribuable. Dans leurs argumentations, ils mettent en avant l'aspect financier d'une nouvelle réorganisation, car elle induirait directement, d'après certains politiques notamment les membres du Parti communiste portugais, mais aussi des membres du Parti social-démocrate et du Parti socialiste un accroissement du nombre des politiques et des fonctionnaires et de la bureaucratie des collectivités locales.

Cependant, les opportunités manquées depuis la Constitution de 1976, pour que la région administrative et un représentant régional du pouvoir central deviennent réalité ont sensiblement ralenti les dynamiques des réformes concernant le gouverneur civil. Au regard des analyses des déclarations politiques, les gouvernements centraux successifs semblaient vouloir volontairement privilégier une transformation des institutions au niveau des *concelhos* et des *freguesias,* comme pour mieux légitimer et contrôler l'instauration locale du pouvoir démocratique. La priorité n'était pas pour le pouvoir central de « perdre son temps », avec un gouverneur civil soumis et dépendant de la tutelle du ministère de l'Administration interne, mais de consolider le pouvoir municipal.

Or, les tergiversations et les discours politiques sur le thème de la régionalisation et de l'institution qui y personnifierait l'État ont amplement contribué à rejeter ce qui aurait dû être un grand élan réformateur pour le pays, lorsque le « Non » l'a emporté sur la régionalisation dès le référendum du 8 novembre 1998.

Le référendum du 8 novembre 1998, un rendez-vous manqué

Le référendum du 8 novembre 1998 sur la régionalisation du territoire portugais a constitué une défaite notoire, et une occasion manquée de redéfinir les prérogatives du gouverneur civil dans un cadre territorial plus vaste. Il a été une réponse aux interrogations portant sur les atermoiements des partis politiques à vouloir réformer la représentation locale de l'État.

Déjà, la loi-cadre loi n° 56/91 du 13 août 1991 relative aux régions administratives prévoyait que l'institution entre en vigueur, seulement après son approbation par l'Assemblée de la République, à la suite du vote de la majorité des assemblées municipales. Le référendum national sur la régionalisation introduit par la révision constitutionnelle de 1992 s'est conclu par un double échec, marqué par un taux de participation très faible et un rejet des propositions gouvernementales. Le résultat du référendum national du 8 novembre 1998[1] a vu la victoire du « Non » à la question « Êtes-vous d'accord avec l'instauration des régions administratives ?[2] », ce qui était prévisible, compte tenu du désintérêt des citoyens pour cette question, car leurs préoccupations essentiellement d'ordre économique et social. Pour autant, cela ne saurait exonérer les partis politiques de leur responsabilité dans ce revers.

La loi-cadre n° 56/91 du 13 août 1991 portant création des régions administratives

La loi-cadre n° 56/91 du 13 août 1991 sur les principes de création des futures régions administratives[3] concernait la nomination d'un nouveau « magistrat régional » qui serait le représentant du gouvernement dans la région désigné par « gouverneur civil régional ».

L'article 47 disposait : « [...] l'article 41 confère au gouverneur civil régional un pouvoir de tutelle administrative dans la région en tant que garant de la sécurité de la population. » Sur le plan politique, il représenterait le gouvernement au sein des futures régions administratives, comme l'énonce la Constitution de 1976, mais une telle configuration n'a jamais été mise en œuvre. Dans son Titre I « Principes généraux », la loi-cadre n° 56/91 du 13 août 1991 disait : « Les organes représentatifs de la région sont

---

1 *Diário de Notícias*, 9 novembre 1998, p. 2-14. En ce qui concerne les résultats du référendum sur la régionalisation du 8 novembre 1998, le *Diário de Notícias* a communiqué les résultats suivants avec 36,4 % pour le « Oui », 63,6 % pour le « Non » et 51,7 % d'abstentions. Ils ont également été répertoriés dans la synthèse de la déclaration n° 1/99 du 20 janvier 1999, de la Commission nationale d'élection et arrêt du Tribunal constitutionnel n° 1/99 du 6 janvier 1999. L'adoption de la loi portant sur la création et le tracé des régions administratives par l'Assemblée de la République fut adoptée lors de la session du 9 octobre 1997.

2 Quotidien *O Primeiro de Janeiro,* 24 octobre 1997, p. 20. Les éléments ci-dessous servent à enrichir et guider notre réflexion : « Les Portugais ne croient pas à la régionalisation. » C'est ainsi que le quotidien *O Primeiro de Janeiro* du 24 octobre 1997 a titré son article suite à un sondage effectué par la société Metris, pour le compte de l'agence de presse *Agência Lusa*. Il est possible de percevoir un an avant le référendum les prémices d'un rejet de la réorganisation régionale du territoire : « À quelques mois du référendum sur la régionalisation, et quand bien même le plan de découpage des régions a été approuvé, la majorité des Portugais ne croit pas à la concrétisation du processus en 1998. Curieusement, la majorité des gens interrogés ne veut pas ou ne sait pas se prononcer sur le caractère négatif ou positif de la régionalisation. Plus d'un tiers des interrogés (34,5 %), n'ont pas répondu ou ont dit ne pas savoir si la régionalisation "va être bonne ou pas pour le Portugal", dans l'hypothèse où elle se concrétisera en 1998. Environ un quart des interrogés (25,7 %) considère que la régionalisation serait bonne, alors que 31,8 % pensent qu'elle serait mauvaise. [...]. Le "non" aux régions l'emporte sur le "oui" dans presque tous les groupes sociaux, mais c'est parmi les classes les plus élevées que la régionalisation concentre le plus grand rejet. [...]. C'est seulement dans la classe moyenne que le "oui" recueille plus d'adeptes que le "non". »

3 *Diário da República,* I-Série-A, n° 185, 13 août 1991, loi n° 56/91, p. 4091-4097.

l'assemblée régionale et la junte régionale » (Article n° 3). Cependant, le district n'est plus mentionné et : « 1. L'autonomie administrative et financière des régions administratives se fonde sur le principe de subsidiarité des fonctions de celles-ci en rapport avec l'État, les *municípios* et l'organisation unitaire de l'État.

« 2. L'autonomie régionale respecte la sphère des attributions et compétences des *municípios* et de leurs services respectifs » (article n° 4).

De même, en ce qui relève du « principe d'indépendance » : « Les services des régions administratives sont indépendants dans le cadre de leur compétence et leurs délibérations ne peuvent être suspendues, modifiées ou annulées, que par les moyens prévus par la loi. » Par ailleurs, la loi-cadre n° 56/91 du 13 août 1991, dans son titre I, article 1er, précisait les caractéristiques de la région puisque : « La région administrative est une personne collective territoriale, dotée d'autonomie administrative et financière et d'organes représentatifs, qui vise la poursuite d'intérêts spécifiques des populations respectives, en tant que facteur de cohésion nationale. » Les attributions et les compétences des régions administratives et de leurs structures ont été définies par la loi (article 2). Les structures administratives des entités représentatives de la région seraient l'assemblée régionale et la junte régionale (article 3).

En ce qui concerne le principe de subsidiarité, l'article 4, al. 1er et 2) a énoncé :

> 1. L'autonomie administrative et financière des régions administratives se fonde sur le principe de subsidiarité de leurs fonctions en relation à l'État et aux *municípios* et dans l'organisation unitaire de l'État.
> 2. L'autonomie régionale respecte la sphère des attributions et compétences des *municípios* et de leurs organes.

Dans chaque région administrative (article 10) la loi-cadre disposait : « un représentant du gouvernement appelé gouverneur civil régional[1] ». La mise en place légale des régions administratives (article 12) incombe à l'Assemblée de la République, mais il peut y avoir des différenciations dans le régime qui devrait leur être appliqué. Déjà le décret-loi n° 5/91 du 8 janvier 1991 avait établi le nouveau régime juridique de l'Assemblée du district dont a été exclu le gouverneur civil[2]. Cependant, il accordait à l'Assemblée du district une nouvelle structure juridique, avec des fonctions délibératives et un conseil consultatif afin d'assister le gouverneur civil dans ses prises de décisions. Le gouverneur civil présidait le conseil consultatif, mais l'article 1-1 rappelait : « Tant que les régions administratives ne seront pas concrètement instaurées, la division en districts subsiste. » Le processus

[1] Le titre VI de la loi n° 56/91 du 13 août 1991 intitulé « gouverneur civil régional » disposait : « Dans chaque région administrative il y a un représentant du gouvernement, désigné par gouverneur civil régional » (Article 10).
[2] *Diário da República*, I-Série, n° 6, 8 janvier 1991, décret-loi n° 5/91, du 8 janvier 1991, p. 91-93.

d'instauration des régions est extrêmement intéressant à analyser, car il permet de voir à quel point la question de la régionalisation et des structures qui auraient à l'administrer fut complexe dès avant le référendum national du 8 novembre 1998.

Un échec prévisible

Les résultats du référendum portant sur la régionalisation n'ont été que la conclusion et le prolongement de l'écho de ce qui a eu lieu cinq mois auparavant, malgré le projet de loi sur la régionalisation approuvé par l'Assemblée de la République aux 2/3[1].

Les régions administratives auraient pu initier le début d'un réel processus progressif de réorganisation de l'administration publique, et d'une nouvelle hiérarchisation des pouvoirs locaux[2]. Or, le gouverneur civil n'est quasiment pas intervenu, ou tout au moins officiellement, dans les débats sur la régionalisation. Il a par ailleurs été impossible de trouver des documents confirmant les ingérences officieuses du représentant local de l'État, mais rien n'empêche, si l'on se base sur les fonctions qui lui étaient dévolues (Première partie), de penser qu'il a été mis à contribution pour informer son ministère de tutelle des diverses opinions des élus locaux, et des ressentis de la population à l'égard des régions administratives. Il aurait fallu mettre davantage l'accent sur le fait que la régionalisation générera une meilleure amélioration de l'administration publique, réduira la bureaucratie et les dépenses et fera en sorte que les fonds communautaires soient mieux répartis[3].

Certes, le Cabinet du Haut Commissariat de la Commission d'appui à la restructuration de l'équipement de l'administration du territoire définit les dix secteurs où la régionalisation administrative devra bénéficier d'effets immédiats[4] : administration publique, éducation, communication, santé, environnement, aménagement du territoire, tourisme, finances, informations,

---

[1] *O Militante*, n° 237, novembre-décembre, 1998. João Saraiva a écrit quelques jours avant le référendum national du 8 novembre 1998 : « Les fonctions bien rémunérées comme le sont celles des gouverneurs civils (dix-huit), présidents et vice-présidents des Commissions de coordination régionale (quinze) cesseront d'exister [lorsque les régions administratives seront instaurées]. À leur place seront créées des places de gouverneurs régionaux (huit), et des membres des juntes régionales, en nombre équivalent à celui d'une petite *Câmara municipal*, par région. »

[2] Déjà, le 2 avril 1996, lors d'une réunion des instances dirigeantes du Parti social-démocrate, le professeur Marcelo Rebelo de Sousa, qui était alors le président du parti, et en tant que tel leader de l'opposition, a souhaité que les Portugais se prononcent sur la division administrative du territoire par voie référendaire.

[3] En France, en ce qui concerne l'application de la politique communautaire, l'article 9 du décret n° 2010-146 du 16 février 2010 stipule : « Le préfet de département met en œuvre les politiques nationales et communautaires dans les conditions définies à l'article 2. » *Journal officiel de la République française,* n° 0040 du 17 février 2010, texte n° 12.

[4] *Primeiro de Janeiro*, 12 juillet 1998.

transports. Mais il existe encore des oppositions sporadiques, mais non moins tenaces, à l'établissement d'une organisation régionale du territoire.

Les positions des deux principaux partis politiques ne sont pas fondamentalement contradictoires en ce domaine, puisque les conflits continuent à exister aussi à l'intérieur de chaque parti politique[1]. Plus prosaïquement, il s'agit surtout de s'interroger sur les véritables dimensions spatiales et fonctionnelles des régions et de spécifier les modalités de leur gérance administrative. L'explication en est que l'objectif fondamental de tout processus de régionalisation est inclus dans l'obtention d'un système décentralisé où les régions assumeraient des responsabilités aussi vastes que possible, et dont le « gouverneur civil régional » assurerait l'autorité de l'État, en tant que pouvoir suprême et en tant que personne morale de droit public. Lors de la séance du 9 octobre 1997, la majorité Parti socialiste-Parti communiste avait voté la loi relative à la mise en place de huit régions administratives, lesquelles ne pouvaient cependant être instaurées qu'après avoir consulté la population par le biais d'un référendum national. Néanmoins, le projet de loi du 9 octobre 1997 fut rejeté par le Tribunal constitutionnel.

On doit ouvrir ici une parenthèse pour mentionner que c'est lors de la première révision constitutionnelle de 1982, que le Conseil de la Révolution a été supprimé et que le Tribunal constitutionnel fut créé[2]. Il exerçait une action fondamentale de contrôle. Il n'est pas un tribunal comme les autres puisque ses juges, dont la charge est temporaire, ne sont pas des magistrats de carrière[3].

Le gouverneur civil fut parfois en relation avec le Tribunal constitutionnel pour des questions qui se rapportaient au contentieux[4] électoral, mais le Tribunal constitutionnel a parfois été accusé de faire preuve d'impartialité et

[1] Le Parti communiste portugais est le plus discipliné puisque ses communiqués officiels sur la question ne laissent apparaître aucune dissension.

[2] Leite Pinto (R.) et Ferreira de Almeida (J.-M.), (dir.), *O Sistema Político-Administrativo Português*, Lisbonne, Édition de l'INA, 2001, p. 15.

[3] Ils sont nommés par l'Assemblée de la République. La Constitution de 1976 a accordé au Tribunal constitutionnel un véritable organe juridictionnel, avec un pouvoir d'autonomie indéniable, à l'égard des autres tribunaux portugais. Le professeur Jorge Miranda considère que le système de désignation constitue une « véritable bombe à retardement à l'encontre de l'État de droit », *in O Tribunal Constitucional.* Coimbra, Édition Coimbra Editora, 1997, p. 19.

[4] En ce qui porte sur le contentieux administratif, lors de notre entretien avec Monsieur João Carlos Passos e Oliveira responsable du service juridique du gouverneur civil de Leiria, le 15 mars 2011, il nous a confirmé qu'il n'y avait pas de contentieux entre le gouverneur civil nommé et le président de la *Câmara municipal* élu. Ils n'étaient plus placés dans un schéma où les rapports hiérarchiques faisaient que le représentant local du pouvoir exécutif cooptait le responsable du *concelho*. De fait, au gré de nos recherches on n'a pas recueilli de données se référant à la jurisprudence concernant spécifiquement les missions du gouverneur civil ou dans ses relations avec le président de la *Câmara municipal*.

les accusations de politisation sont récurrentes[1]. Or, comme les membres du Tribunal constitutionnel sont nommés par les députés, et sa fonction première est la surveillance de l'action normative de l'Assemblée de la République, le Tribunal constitutionnel est généralement le « reflet » politique, des partis qui composent l'Assemblée de la République[2]. En ce qui concerne les régions autonomes des archipels des Açores et de Madère, et même si l'autonomie politique et administrative est garantie par la Constitution de la République de 1976[3], le Tribunal constitutionnel a pour mission de veiller au contrôle des normes, dans les textes régionaux[4].

De fait, si le « Oui » l'avait emporté lors du référendum national du 8 novembre 1998, deux nouvelles instances administratives et politiques auraient été mises en place avec l'Assemblée régionale et les Juntes régionales. En réalité, tous les partis politiques étaient prêts à accepter cette réforme pour qu'elle accorde à tous un relais politique puissant, à l'échelon de la future région. Ce fut le cas du Parti communiste portugais qui était disposé à sauter le pas dans l'espoir d'obtenir la direction de la future région de l'Alentejo[5].

Les propositions du Parti social-démocrate, avant le référendum du 8 novembre 1998, ont été formulées par le président du Parti social-démocrate le professeur Marcelo Rebelo de Sousa, qui a présenté en août 1998 pour « décentraliser le Portugal ». Les options politiques du Parti social-démocrate en vue du référendum du 8 novembre 1998 ont été multiples[6]. Les évolutions des positions régionalistes et décentralisatrices ont prouvé par ailleurs que si le « Oui » l'avait emporté, lors du suffrage du 8 novembre 1998, les régions administratives que promettait le gouverne-

[1] « Le Tribunal constitutionnel est composé de treize juges. Dix sont désignés par l'Assemblée de la République, et les trois autres cooptés par ceux-ci. » (article 222)

[2] *Ibid.*, p. 524

[3] *Cf.* articles 225 à 234.

[4] Bon (P.), *La justice constitutionnelle au Portugal,* Paris, éd. Economica, collection Droit positif, 1989, p. 27. Dans le cadre d'une approche comparative, en Espagne le Tribunal constitutionnel a pour fonction « de contrôler la conformité des lois des Communautés autonomes au statut de la Communauté de même qu'il peut censurer les lois de l'État qui contreviennent aux statuts des Communautés, lesquels ont valeur de loi organique ».

[5] Les raisons en sont que l'Alentejo représente l'une des principales bases électorales du PCP surtout dans les zones rurales. Le PCP est également très bien implanté dans les banlieues ouvrières de la capitale, à Setúbal et dans la région du Ribatejo.

[6] La première phase consistait à accorder plus de prérogatives aux *municípios* et aux *freguesias.* À l'étage administratif supérieur, quatre grands axes ont été inscrits dans le programme politique avec un renforcement des Associations de *Município*s, avec des compétences plus vastes afin de résoudre les questions intermunicipales
- création de six nouvelles aires métropolitaines, Aveiro, Braga, Coimbra, Faro, Leiria et Viseu,
- tous les présidents des *Câmaras municipais* seraient membres d'office du conseil régional des Commissions de coordination régionale,
- renforcement du rôle de l'Assemblée du district et du Conseil de coordination du district.

ment avant l'année 2000 risquaient de n'avoir guère plus de compétences que les actuelles Commissions de coordination et de développement régional, que les socialistes voulaient supprimer et que les sociaux-démocrates désiraient maintenir.

La différence, c'est qu'elles seraient élues et, en proposant une élection indirecte de leurs nouveaux membres, le Parti social-démocrate se rapprochait du Parti socialiste. L'idée commune des deux partis politiques résidait dans l'intérêt accordé au développement des pouvoirs municipaux. Pour le Parti social-démocrate, il s'agissait d'une donne essentielle de sa plate-forme politique, en matière de décentralisation administrative. Le Parti socialiste défendait l'idée d'un élargissement des pouvoirs concédés aux municipalités. La deuxième base de rapprochement entre les deux partis était la mise en place d'entités régionales qui seraient dirigées par un représentant régional du gouvernement, sans qu'il soit désigné spécifiquement. Il aurait une fonction de surveillance de l'application de la législation en matière administrative et de sécurité du territoire. Les dernières propositions du Parti socialiste portugais avant le référendum du 8 novembre 1998 étaient plus complexes.

En effet, le coordinateur de la Commission permanente du Parti socialiste, António José Seguro avance de nouveaux arguments. Dans l'éventualité de la victoire du « Non » lors d'une prochaine consultation référendaire, le dossier serait classé pour quelques années. Si le « Oui » obtenait la majorité dans les zones de l'Algarve, de l'Alentejo et de Trás-os-Montes, cela signifierait qu'il pourrait y avoir des ajustements dans d'autres régions, même si le « Non » l'emportait dans celles-ci. La crainte du Parti socialiste était de combattre l'idée qu'une reconfiguration administrative régionale engendrerait une multiplication des postes politiques et un accroissement des dépenses publiques.

En somme, il s'agissait plus d'une inconstance propre à chaque parti politique, que d'une crainte des politiques sur les futurs pouvoirs du gouverneur civil, dans un schéma administratif régional. Les similitudes entre les propositions de division administrative en régions du Parti socialiste portugais et la décentralisation du Parti social-démocrate portugais avant le référendum du 8 novembre 1998 ont été plus importantes qu'il n'y paraît.

Il y a eu avant et après le référendum une atomisation du pouvoir local, notamment avec la création de nouveaux *concelhos* et la multiplication exponentielle de demandes soumises à l'approbation de l'Assemblée de la République pour devenir *concelhos*. Depuis la Constitution de 1976, de nombreuses demandes ont été déposées, mais les petits intérêts politiques locaux et les velléités de certains responsables nationaux ont fait perdre au Portugal plusieurs années, dans ce qui aurait dû être une opportunité de développement économique et social.

L'incrimination des responsables politiques

Sur le plan politique, tous les partis ont présenté des propositions en vue de construire un modèle régional d'administration, mais en vain. L'une des raisons de cet échec réside peut-être dans l'absence d'une approche démopédique et de dialogue avec les citoyens afin de leur expliquer le bien-fondé d'une autre représentation locale du gouvernement.

C'est cette absence d'intérêt de la part d'une grande partie de la population pour la régionalisation et son pendant, le représentant de l'État, que l'on doit chercher à combattre. Si régionaliser signifie organiser l'espace national en termes administratifs, pour les politiques, il est synonyme de redistribution de pouvoirs et de fonctions, et c'est là que surgissent de nombreux points de conflits.

On doit bien considérer que les débats engagés de longue date sur le thème de la régionalisation ont été marqués par des contradictions politiques où des intérêts nationaux et locaux se sont opposés et une marginalisation du gouverneur civil. La régionalisation peut néanmoins devenir un puissant facteur de réduction des différences, mais encore faut-il qu'elle s'insère dans un programme qui prenne en compte, les aspirations quotidiennes des citoyens, dans les directives des pouvoirs publics et les exigences des institutions financières[1]. La question essentielle et qui continue de se poser est de savoir si la nomination par le pouvoir central d'un haut fonctionnaire qui le représenterait dans un cadre territorial régional peut être bénéfique, ou préjudiciable, pour le pays et pour les acteurs politiques nationaux et locaux. Le problème est complexe et la victoire du « Non » au référendum national du 8 novembre 1998 n'a pas permis que soit concrétisée une institution administrative qui, par certaines composantes, aurait pu s'inspirer de l'institution préfectorale française.

Les conséquences de la victoire du « Non » au référendum sur l'avenir du gouverneur civil

D'une part, l'échec du référendum a conduit au report d'une division administrative du territoire qui aurait dû redonner à la personnification locale de l'État une véritable dimension symbolique et effective.

D'autre part, le refus d'une restructuration administrative du territoire, avec un pouvoir décisionnaire nommé par le pouvoir central, lors du référendum du 8 novembre 1998 n'a pas établi une clarification du partage des pouvoirs locaux[2].

---

[1] *Cf.* en seconde partie, titre II, Chapitre I.

[2] *Diário da República*, I-Série-A, n° 76, 9 juin 2000, p. 2996. Lors d'un débat à l'Assemblée de la République, le député socialiste José Miguel Medeiros a déclaré : « Comme nous le savons tous, étant donné que le processus d'instauration de la régionalisation ne l'a pas remporté, toutes les négociations indispensables à l'approbation du III QCA furent développées et concrétisées avec un fondement dans l'actuel cadre de déconcentration territoriale des Com-

Les Commissions de coordination régionale, par exemple, étaient tiraillées entre deux ministères, Administration interne et ministère de la Planification. De même, les débats qui ont eu lieu à l'*Assembleia da República* sont révélateurs de l'*imbroglio* constitutionnel et politiques[1], mais aussi des retournements qui perduraient depuis des décennies[2]. S'il y avait une volonté à vouloir régionaliser, il n'y avait pas de redéfinition précise du rôle du gouverneur civil, ou d'un éventuel schéma de substitution.

La déconcentration des missions de l'administration centrale a constitué un changement notoire. Ensuite, elle a suscité de nouvelles interrogations sur les modalités d'ingérences locales de l'État, sans pour autant mettre un terme aux critiques qui prenaient le gouverneur civil pour cible, puisque, en fin de compte, et bien que mis à l'écart, il était indispensable.

Une remise en cause du rôle de l'État

Après quatre décennies marquées par un État centralisateur extrêmement présent et puissant, les élus locaux aspiraient à acquérir plus de pouvoirs locaux, tout en se libérant de la tutelle hiérarchique du gouverneur civil, donc de l'État.

Dès 1975, le Parti populaire monarchique (minoritaire) avait souhaité mettre en pratique quatre orientations incluses dans son programme politique afin de réformer l'État[3]. Dans cette optique, une nouvelle organisation régionale devait déterminer les niveaux de gouvernance, ses modes d'articulation, ses fonctions et ses degrés de responsabilité administrative[4]. De plus, la remise en cause des légères modifications occasionnelles apportées aux attributions du gouverneur civil est caractéristique de l'indifférence générale à

---

missions de coordination régionale, également désignées par NUT II, en ayant en compte les compétences qui leur sont dévolues. »

[1] *Ibid.*, « Monsieur le député Casimiro Ramos, vous avez messieurs, retiré l'aménagement du territoire et l'administration des collectivités locales au Ministère de l'Environnement, ce qui signifie que, en ce moment, le ministère de la Planification est égal au secrétariat d'État à la Planification et au Développement régional du temps du PSD. C'est donc un ministère qui a la dimension dudit secrétariat d'État de notre temps. Entre-temps, les présidents des CCR dépendent de la ministre de la Planification, mais une des fonctions des directions régionales des CCR dépend du ministre de l'Administration interne, le Dr. Fernando Gomes, et l'autre du ministre de l'Environnement et Aménagement du territoire, le Dr. José Sócrates. »

[2] À la fin de la décennie 1970-1980, le débat sur la régionalisation a occupé une place importante dans les programmes politiques des différents partis et on s'est interrogé parfois sur une hypothétique déconcentration des fonctions en faveur du gouverneur civil.

[3] Ceci devait être fait grâce à une rénovation des procédures administratives, une promotion des fonctionnaires et l'établissement d'un dialogue entre eux et l'administration, mais aussi une limitation drastique du pouvoir de l'État et des services publics centraux par rapport à celui des autorités locales.

[4] Leite Pinto (R.) et Ferreira de Almeida (J.-M.), (dir.), *O Sistema Político-Administrativo Português*, Lisbonne, Édition de l'INA (Instituto Nacional de Administração), 2001, p. 21. La discussion publique de 1982 sur le thème de la régionalisation n'a pas suscité un enthousiasme débordant.

son égard. Pour autant, au niveau national, la priorité était de renforcer le pouvoir central de l'État par des restructurations parfois incompréhensibles des ministères.

Une révision en demi-teinte de l'institution

À titre d'illustration, Almeno de Sá avait souligné que le schéma qui reposait sur le concept d'« État-administration locale » ne pouvait être compris, sans une vision d'ensemble du régime politique. On regrette qu'il n'ait pas apporté plus de précisions à ce concept puisque l'on ne sait pas si l'administration locale concerne uniquement la région administrative ou uniquement les *municípios* et les *freguesias* ou alors les trois échelons.

Pour leur part, Guilherme da Fonseca, João Martins Claro, Luís Sá et José Fontes[1] ont expliqué que « La loi organique du XIVe Gouvernement constitutionnel doit donner une expression correcte à l'évolution des politiques et des priorités du gouvernement, et aux nouvelles préoccupations à caractère fonctionnel ».

Déjà, la Constitution de 1976 disposait à l'article 6[2] disposait que le gouvernement décrétait les orientations qui allaient participer d'une nouvelle dynamique d'administration du territoire national. Puis, lors du Conseil des ministres du XVIIe Gouvernement constitutionnel du 31 mars 2005 a été approuvé le décret-loi n° 79/2005 qui a redéfini les modalités de fonctionnement du gouvernement[3]. Par ailleurs, on a régulièrement modifié le nombre des ministères[4], en le réduisant ou en l'augmentant, selon le gouvernement. En fait, on a réorganisé le « sommet » avec les ministères et la « base », les *concelhos* et les *freguesias*, sans toucher à l'échelon intermédiaire constitué par le gouvernement civil.

---

[1] Fonseca da (G.), Fontes (J.), Martins Claro (J.) et Sá (L.), (dir.), *Legislação administrativa básica*, Lisbonne, Édition Cosmos, 3e édition, revue et réactualisée, 2000, p. 17.

[2] « 1. La Présidence du Conseil des ministres comprend les ministres suivants : les ministres d'État ; le ministre de la Présidence ; le ministre adjoint ; le ministre pour l'Égalité ; le ministre adjoint du Premier ministre.

« 2. La Présidence du Conseil des ministres comprend les secrétaires d'État suivants : secrétaire d'État de la Présidence du Conseil des ministres ; secrétaire d'État des Affaires parlementaires ; secrétaire d'État de l'Administration locale ; secrétaire d'État au Sport ; secrétaire d'État à la Communication sociale (nous dirions en français, secrétaire d'État à la Presse et aux Médias sociaux) ; secrétaire d'État à la Défense du consommateur ; secrétaire d'État à la Jeunesse. La Présidence du Conseil des ministres comprend tous les services et organismes qui y sont intégrés par la législation antérieure, ainsi que ceux qui n'auront pas été expressément intégrés dans d'autres départements. »

[3] *Diário da República*, I-Série-A, n° 74, 15 avril 2005, p. 2979.

[4] Le ministère de la Ville, de l'Administration locale, de l'Habitation et du Développement régional, et du Tourisme ont été supprimés et leurs fonctions transférées vers d'autres ministères. Concomitamment, des ministères ont vu un renforcement de leurs compétences et champs d'actions, comme ceux de l'Environnement, de l'Aménagement du territoire et Développement régional, et de l'Économie.

Une réorganisation fréquente des ministères

Ce réaménagement itératif a concerné, et cela continue, tous les gouvernements centraux, en place depuis le 25 avril 1974. On fait le constat que si le gouverneur civil a été progressivement isolé entre 1974 et 1998, puis maintenu à titre transitoire jusqu'à sa disparition, on s'est plus soucié d'adapter les ministères que de faire cas de lui.

Les gouvernements étaient plus soucieux de former des ministères en fonction de leurs priorités que de se préoccuper d'un gouverneur civil qui leur était dévoué. C'est dans cette optique, par exemple, que les actions qui relevaient des anciens ministères de la Ville, de l'Administration locale, de l'Habitation et du Développement régional ont été transférées vers la présidence du Conseil des ministres. Ce fut le cas aussi de l'Inspection générale de l'administration du territoire, de la Direction générale des collectivités locales[1] et du Centre d'études et formation des collectivités qui ont été rattachés au ministère de l'Administration interne. Le Conseil des ministres a entériné également la résolution qui révoquait le gouverneur civil toujours en fonction et nommait le nouveau gouverneur civil dans chacun des dix-huit districts, sur proposition du ministre d'État, ministre de l'Administration interne. La prise de fonction fut extrêmement rapide puisqu'elle avait été fixée au 5 avril 2005, soit moins d'une semaine après la tenue du Conseil des ministres[2].

Il ne convient pas dans cette analyse de faire une compilation des gouvernements centraux portugais, mais on remarque qu'ils se sont toujours légués, à l'instar d'un héritage embarrassant, la délicate question d'un changement de statut et des attributions du gouverneur civil, dans un cadre autre

---

[1] *Diário da República*, I-Série-A, n° 22, 31 janvier 2012, p. 544-545. L'arrêté n° 28/2012 du 31 janvier 2012 émanant de la présidence du Conseil des ministres a fixé « La structure organique » de la nouvelle Direction générale des collectivités locales. Le décret réglementaire n° 2/2012 du 16 janvier 2012 avait défini les prérogatives et les structures de fonctionnement de la nouvelle Direction générale des collectivités locales. Pour résumer, il est de la compétence de la DGCL d'apporter un soutien juridique et financier aux collectivités locales, de leur transmettre toutes les informations ayant trait à l'administration locale, de contrôler leur bonne gestion comptable, économique et financière, mais aussi de former les élus locaux. Or, la DGCL est rattachée au ministère des Finances et à celui des Affaires parlementaires et non au ministère de l'Administration interne.

[2] District d'Aveiro : Carlos Filipe de Andrade Neto Brandão ; district de Beja : Manuel Soares Monge ; district de Beja ; district de Bragança : Jorge Manuel Nogueira Gomes ; district de Castelo Branco : Ana Alzira de Lima Rodrigues Serrasqueiro ; district de Coimbra, Henrique José Lopes Fernandes ; district de Évora : Henrique António de Oliveira Troncho ; district de Faro : António Francisco Ventura Pina ; district de Guarda : Maria do Carmo Pires Almeida Borges ; district de Leiria : José Miguel Abreu de Figueiredo Medeiros ; district de Lisbonne : Maria Adelaide Torradinhas Rocha ; district de Portalegre : Jaime da Conceição Cordas Estorninho ; district de Porto : Maria Isabel Solnado Porto Oneto ; district de Santarém : Paulo Alexandre Homem de Oliveira Fonseca ; district de Setúbal : Mara Teresa Mourão de Almeida ; district de Viana do Castelo : José Joaquim Pita Guerreiro ; district de Vila real : António Alves Martinho ; district de Viseu : Acácio Santos da Fonseca Pinto.

que celui du district. Pourtant, cela n'a jamais mis un terme aux critiques dont le chef du gouvernement civil était l'objet, surtout par les membres de l'opposition politique au gouvernement et en fonction des alternances politiques.

Le gouverneur civil, isolé, mais indispensable

En tant que cible locale des animosités politiques qui visaient plus spécifiquement le pouvoir central, le gouverneur civil semble avoir servi d'exutoire à la politique menée par les gouvernements centraux.

Les controverses émanant des politiques ou des citoyens sur l'utilité d'un maintien du gouverneur civil étaient surtout fréquentes lors des campagnes électorales puis elles s'estompaient, sans disparaître pour autant.

En conséquence, si le gouverneur civil a été sciemment neutralisé par le pouvoir central qui le nommait, cela ne le mettait pas à l'abri des critiques répétées provenant non seulement des instances politiques, mais aussi de la population locale.

Une institution en retrait

Cette ambivalence de la mise en réserve du gouverneur civil et son maintien constitutionnel à titre transitoire laisse supposer qu'il devait être encore présent lorsqu'il aurait été décidé de mettre en place un gouverneur civil régional. Dans l'attente, le gouvernement n'a pu se passer d'une « institution-relais » qui soit un intermédiaire entre, les populations, le territoire national et lui.

Les raisons pour lesquelles on ne s'est pas précipité pour supprimer le gouverneur civil se trouvent somme toute aussi dans l'expectative d'une instauration d'un cadre qui puisse substituer l'ancien schéma, comme on le défend dans cette étude[1]. Par ailleurs, on ne saurait ignorer le fait que le gouverneur civil a toujours fait partie des acteurs locaux qui avaient une parfaite connaissance du district, tant politique qu'économique. Il a été, en permanence, un allié indispensable pour l'ensemble des ministères en plus d'être l'homme de confiance du ministre de l'Administration interne. En tant qu'homme lige du parti politique au pouvoir, il devait s'investir obligatoirement afin de mobiliser l'ensemble des citoyens du district, au-delà des animosités suscitées à son encontre.

Une institution constamment critiquée

Du code administratif de 1940 à la Révolution des Œillets du 25 avril 1974, le gouverneur civil fut tout-puissant dans le district. Mais, si dès le 25 avril 1974 les dix-huit gouverneurs civils ont été destitués, l'institution a basculé vers un nouveau système constitutionnel et politique

---

[1] *Cf. infra* Titre II.

qui a restreint ses fonctions et posé la question de son existence institutionnelle.

Cette décision donne une première réponse aux questions concernant le début de l'affaiblissement administratif et politique du gouverneur civil. Ensuite, et en seconde approche, la liberté de ton à l'égard du gouverneur civil se justifiait par le fait que celui-ci n'avait plus, tout au moins officiellement, de rapports hiérarchiques avec le président de la *Câmara municipal*. On sait que l'adoption de la Constitution de 1976 a accordé de multiples prérogatives au président de la *Câmara municipal* tout en gardant le gouverneur civil.

Après les deux révisions constitutionnelles antérieures au référendum national du 8 novembre 1998 (en 1982 et en 1989), le gouverneur civil était toujours en place. De même, la septième révision constitutionnelle en 2005, a disposé à son article 236-1 : « Sur le continent, les collectivités locales sont les *freguesias,* les *municípios,* et les régions administratives », mais n'a pas touché au gouverneur civil. On peut supposer que cela avait pour conséquence d'exaspérer ses plus farouches adversaires.

L'institution personnifiée par le gouverneur civil était complexe, entre le pouvoir exécutif, les représentants des collectivités locales et les définitions des répartitions de leurs fonctions pas toujours explicites. De plus, les indécisions politiques inhérentes à la place et aux fonctions à concéder à l'institution sont révélatrices des difficultés du gouverneur civil à agir dans une dichotomie où s'insèrent des missions administratives et les ambitions politiques de certains élus locaux, pour qui le gouverneur civil doit disparaître ou, le cas échéant, être éloigné du district en l'intégrant dans une structure régionale.

L'institution du gouverneur civil exclue des débats sur la régionalisation

Le gouverneur civil perdait graduellement ses principales attributions notamment parce qu'il était écarté des discussions politiques partisanes lors des débats interminables sur la régionalisation[1]. Deux arguments contre la régionalisation méritent d'être mentionnés.

Premièrement, un hypothétique redécoupage risquerait d'augmenter la classe politique, la bureaucratie et des dépenses supplémentaires.

[1] Dans le quotidien *Expresso*, du 26 mai 2007, Fernando dos Reis Condesso a écrit : « La réforme administrative et l'urgence de la régionalisation. Les collectivités locales de niveau intermédiaire doivent intervenir dans la programmation et planification des politiques publiques. » L'organisation de l'administration régionale doit précéder et s'articuler autour de la réforme administrative de l'État, ce qui pose de nouveau la question de la régionalisation, puisque : « La réforme administrative de l'État, nommément au niveau périphérique, pour être cohérente et efficace, doit être articulée et, en conséquence, être précédée par l'organisation de l'Administration régionale représentative. Ce qui rend urgent le repositionnement du processus de la régionalisation [...]. »

En second lieu, la crainte de la dégradation de l'unité nationale a été unanimement mise en avant, même si tous les partis politiques étaient généralement favorables à ce qu'il soit accordé plus de démocratie dans un éventuel cadre administratif régional.

Néanmoins, les débats politiques et sociétaux sur la régionalisation administrative portaient sur des structures administratives, techniques et économiques, mais dans un cadre décentralisé. Ce fut là, sur le continent, une autre opportunité manquée de sensibiliser les populations aux besoins de la régionalisation, alors même que les deux régions autonomes des archipels des Açores et de Madère ont vu leurs structures administratives et politiques régionales se mettre rapidement en place.

Une régionalisation délibérément oubliée sur le continent

La question de la régionalisation administrative ne date pas de la Constitution de 1976.

Deux programmes de développements ont constitué les prémices d'un schéma régional de division administrative du territoire, après la suppression des provinces avec pour cadre juridique le décret-loi n° 48905 du 11 mars 1969, qui a institué les régions de planification et le décret-loi n° 49364 du 8 novembre 1969 qui a créé les Commissions de planification régionale[1]. Mais deux événements majeurs ont annihilé toute possibilité de construire une configuration administrative et régionale du territoire.

D'abord, la rupture politique issue du soulèvement militaire du 25 avril 1974 et les gouvernements provisoires, puis les gouvernements constitutionnels, ont réorienté l'idée de division administrative régionale en lui préférant une structure essentiellement technique[2].

Ensuite, l'adoption de la loi n° 79 du 25 octobre 1977[3] a permis que s'effectuent des bouleversements en termes de transferts de pouvoirs financiers, en faveur des collectivités locales, éloignant par là même l'idée de poursuivre une réorganisation administrative du territoire sur le continent, au-delà des orientations politiques entre décentralisation et déconcentration.

Le choix de privilégier les collectivités locales

Si la Constitution de 1976 énonce que les régions administratives sont prévues sur le territoire continental, la loi n° 79 du 25 octobre 1977 sur les

[1] Le deuxième programme (1953-1958) est considéré comme le premier plan portugais de développement, qui a réuni des directives économiques d'ordre public et privé, même si elles ont été simplement indicatives. Le souhait de l'État de réduire les inégalités régionales ne s'est concrétisé qu'avec le troisième plan de développement (1968-1973).

[2] C'est le cas de la mise en place des cinq Commissions de coordination régionale puis des cinq Commissions de coordination et de développement régional.

[3] *Diário da República*, I-Série-A, n° 247, loi n° 79/77, du 25 octobre 1977, p. 2564-2578.

finances locales a sensiblement éloigné cette option pour deux raisons principales.

D'une part, la loi n° 79 du 25 octobre 1977 a précisé les compétences et les attributions des collectivités locales en matière d'autonomie financière[1].

D'autre part, d'aucuns défendaient l'idée que le quadrillage du pays en régions administratives ne serait pas à une panacée[2]. Néanmoins, il ne faut pas se limiter à analyser le principe selon l'équation régionalisation = décentralisation, car la réorganisation administrative et politique du pays doit se réaliser par une participation des responsables politiques et des citoyens plus active par rapport au référendum national du 8 novembre 1998. Les gouvernements centraux ont constamment été indécis entre des politiques de déconcentration et de décentralisation.

Une hésitation entre déconcentration et décentralisation

Les gouvernements provisoires et constitutionnels ont régulièrement tergiversé entre déconcentration et décentralisation. Un mélange des deux est toute à fait possible et souhaitable[3].

Déjà, les gouvernements centraux ont tenté d'établir, mais en vain, et notamment après la Constitution de 1976 et les réformes de l'administration territoriale locale, un équilibre entre centre et périphéries. On craint que désormais l'absence d'un échelon intermédiaire, suite au vide laissé par la suppression du gouverneur civil ne vienne mettre à mal schéma, incohérent et bancal.

La poursuite de la décentralisation administrative est un paramètre essentiel de la vie portugaise qui ne peut être efficacement menée que dans un schéma incluant un représentant régional de l'État. Déjà en 1982 le ministère de l'Administration interne avait synthétisé les trois grandes hypothèses possibles de reconfiguration de l'espace continental en grandes régions, ré-

---

[1] Les grandes options du plan ont été publiées en 1977, suivies, en 1978 et 1980, des programmations constitutionnelles en matière de planification. Pour ce qui est des Plans à Moyen Terme, ils ont été entérinés par le premier gouvernement constitutionnel pour les années 1977-1980. Le deuxième gouvernement constitutionnel a exigé que soient détaillées les grandes options du plan pour le plan quinquennal de 1979-1984, quand bien même elles n'ont pas été approuvées. Seules les directives concernant les années 1981-1984, dites à moyen terme, ont été ratifiées par l'Assemblée de la République. En 1985, le parti populaire monarchique a proposé un partage administratif intégrant quatorze régions provinciales, avec quatorze gouverneurs civils. D'autres projets ont été exposés, à l'exemple des grandes régions du ministère de l'Administration interne qui diviseraient le pays en cinq régions (Nord, Centre, Vallée du Tage, Alentejo et Algarve), avec un gouverneur civil par région.

[2] *Beira Alta*, 16 novembre 1995, p. 2 : « Pour certains partis, la régionalisation, dans un petit pays, uni, culturellement et socialement, et dans lequel se retrouvent les Portugais, du Nord au Sud, dans les mêmes idéaux, n'a aucun sens. La régionalisation apporterait, entre autres choses, l'augmentation de la bureaucratie, de l'inefficacité de l'État et l'exacerbation de l'esprit de clocher. »

[3] *Cf. infra*, Section 2 : La nécessité d'instaurer une représentation régionale de l'État.

gions intermédiaires et régions provinciales[1], mais sans faire allusion à un éventuel délégué régional du pouvoir central.

Mais de façon plus explicite, c'est l'adoption de la loi n° 31/77 du 23 mai 1977[2] qui a précisé les modalités de la planification régionale et la formation du Conseil national du plan[3]. Ce fut un pan du pouvoir du gouverneur civil qui s'était encore fissuré. Et, une fois de plus, la régionalisation était apparue comme une alternative qui devait impérativement établir une meilleure harmonisation entre les projets régionaux de développement et la représentation locale de l'État.

Pourtant, dans les archipels des Açores et de Madère, l'administration du territoire et la représentation de l'État ont évolué différemment. L'implantation d'un cadre administratif et politique régional a longtemps constitué une exigence des autonomistes. La représentation du gouvernement de Lisbonne a trouvé dans la mise en place d'un « ministre de la République », l'expression régionale de son autorité et du symbole de l'unité de la Nation.

Une décentralisation poussée dans les deux régions autonomes

La représentation de l'État dans les archipels des Açores et Madère permet de voir comment s'est poursuivie en parallèle, l'évolution de deux schémas de personnification de l'État.

En fait, le gouverneur civil fut accepté dans les archipels par les élites locales qui y voyaient un interlocuteur privilégié et les prémices d'une régionalisation administrative. Le statut fut élaboré par Marcello Caetano professeur à la faculté de droit de Lisbonne et principal rédacteur du code administratif de 1940. Pour la première fois, un texte législatif a accordé un régime autonome à un district des archipels, celui du district de Horta aux Açores, avec l'adoption du décret-loi n° 37501 du 31 décembre 1940. Celui-ci fut modifié par le décret-loi n° 36453 du 8 août 1947[4] qui est resté en vigueur jusqu'au 3 février 1976, date à laquelle a été instituée la Junte régio-

[1] En décembre 1982, le Département central de la planification du ministère de l'Administration interne dans une étude sur la délimitation des Régions-Plan avait proposé de nouveaux desseins de découpages des espaces. Ils provenaient parfois de plusieurs ministères, comme par exemple, le ministère de l'Administration interne, et le ministère de la Coordination économique et du plan.

[2] *Diário da República*, I-Série-A, n° 171, 27 juillet 1991, p. 3733-3734. La loi n° 31/77 du 23 mai 1977 a été abrogée par l'article 15 de la loi n° 43/91, du 27 juillet 1991.

[3] Dans ses principes fondamentaux, la loi a encadré également l'agencement des mécanismes techniques de planification par des structures centrales, sectorielles et régionales. Les accompagnements des réformes de l'administration locale ont vu la création de structures de contrôle, parallèlement à la mise en place des programmes de développements et de planifications.

[4] *Diário do Governo*, n° 178, 4 août 1947.

nale des Açores et de Madère[1]. Or, avant la mise en place des ministres de la République, les deux gouverneurs civils des archipels des Açores et Madère avaient été également démis lors du soulèvement militaire du 24 avril 1974[2].

La création des régions autonomes revêt une caractéristique fondamentale pour Roxane Garnier[3]. Entre similitudes et différences avec les évolutions des fonctions du gouverneur civil, les régions autonomes ont élaboré une voie intermédiaire avec un gouvernement régional, et une structure de représentation originale en la personne du ministre de la République.

Les particularités de la décentralisation régionale

La gouvernance régionale des archipels de Madère et des Açores a confirmé que l'une des principales nouveautés de la Constitution de 1976 en matière de redéfinition de la gestion des espaces fut la création des deux régions autonomes. Celles-ci ont réclamé la possibilité de détenir des pouvoirs spécifiques dans les domaines législatifs, économiques, financiers et administratifs[4].

---

[1] À titre d'exemple, Cândido Pamplona Forjaz qui fut l'un des idéologues de l'État nouveau a soutenu la dictature militaire et il a été un chef politique et gouverneur civil ; Joaquim de Corte Real e Amaral futur président de la *Câmara municipal* de Angra do Heroísmo, recteur du lycée et gouverneur civil ; Manuel de Sousa Meneses fut médecin, président de la Junte générale et gouverneur civil.

[2] Le décret-loi n° 170/74, du 25 avril 1974 qui a été paraphé par général António de Spínola, en qualité de président de la Junte de sauvegarde nationale précisait : « La Junte de sauvegarde nationale assurant les pleins pouvoirs législatifs qui relèvent du Gouvernement, décrète, pour application, ce qui suit :
« Article 1er - 1. Sont démis de leurs fonctions, les gouverneurs du continent et îles adjacentes ainsi que leurs substituts.
« 2. En attendant les nouvelles nominations, les attributions des gouverneurs civils seront exercées par les secrétaires des gouvernements civils.
« Article 2e - Est suspendue la compétence relevant de l'article 99, n° 4 et n° 10, du Statut des districts autonomes des îles Adjacentes, approuvé par le décret-loi n° 36 453, du 4 août 1947, tant que n'auront pas été nommés les gouverneurs des districts.
« Article 3e- Ce texte entre immédiatement en vigueur.
« Vu et approuvé par la Junte de sauvegarde nationale, le 25 avril 1974. Faire publier. Le président de la Junte de sauvegarde nationale, António de Spínola. »

[3] Garnier (R.), *Un modèle européen de démocratie : le cas portugais*, Paris, Édition Montchrestien, LGDJ, 2005, p. 428 : « Comme, le statut de la région n'est pas une norme constitutionnelle, mais une norme législative, ce contrôle soulève des questions de légalité [...]. Au Portugal, le Tribunal constitutionnel est garant de l'autonomie des régions autonomes, et du respect des règles constitutionnelles de répartition des compétences entre l'État et les régions autonomes. Dans cette optique, le Tribunal constitutionnel sanctionne deux types d'illégalités : les illégalités nées de la violation par le droit régional du statut de la région ou d'une loi générale de la République ; les illégalités nées de la violation par le droit national du statut de la région. »

[4] Depuis 1976, elles ont acquis des prérogatives supplémentaires dans les secteurs fiscaux et législatifs. Les vecteurs fondamentaux de l'intervention directe du gouvernement régional consistent à diriger les services de l'administration régionale, prendre et accompagner la mise en place des mesures indispensables au développement économique et social de chaque ré-

Ceci étant, si la Constitution de 1976 a fixé un cadre délimitant l'administration territoriale des Açores et de Madère, leur compétence législative régionale ne doit pas s'exercer dans des domaines relevant des organes souverains de la République[1]. Le modèle adopté dans les deux archipels avec un gouvernement régional a certes des rouages administratifs et politiques spécifiques, mais cohérents.

Le gouvernement régional

Dans le cadre d'une dimension comparative, et en faisant référence à l'Espagne, on remarque que la régionalisation a suivi quasi chronologiquement la mise en place effective des régions autonomes portugaises.

Pour Jorge Bacelar Gouveia l'expérience espagnole est originale, mais

> Elle est différente aussi de l'italienne, à l'instar de la portugaise. La Constitution espagnole date de 1978, et elle a, évidemment, subi l'influence autant de la Constitution italienne que de la Constitution portugaise. En ce qui concerne la législation régionale, le système espagnol est particulier parce que l'on établit au départ quels sont les domaines d'ingérence des divers échelons politico-territoriaux[2].

En fait, la Constitution espagnole de 1978 a garanti le droit à l'autonomie des régions et des nationalités[3]. Au Portugal, les régions autonomes des archipels des Açores et Madère se sont vues accorder un pouvoir législatif, sous réserve de présenter les propositions de loi à l'Assemblée de la République (article 229, alinéa 3). En conséquence, elles reflètent le dynamisme et la détermination des hommes politiques des deux archipels à mobiliser les populations locales.

L'État portugais exerce son autorité sur les régions autonomes sous l'autorité conjointe du président de la République et du ministre de la République. L'article 236 de la Constitution (deuxième révision de 1989) a disposé : « Les organes du gouvernement des régions autonomes peuvent être dissous par le président de la République s'ils commettent des actes contraires à la Constitution, après avis de l'Assemblée de la République et du

---

gion, exercer son pouvoir sur les collectivités locales, élaborer des projets de plan et de budget et superviser leur exécution, définir les politiques relatives aux eaux territoriales, négocier les accords internationaux et les traités intéressant directement la région.

[1] L'article 115 de la Constitution de 1976 stipule : « La validité des lois et des autres textes législatifs de l'État, des régions autonomes et du pouvoir local dépend de sa conformité avec la Constitution. »

[2] Bacelar Gouveia (J.), « Autonomias regionais, que futuro político, constitucional ? », *in Conférences et débat à l'ALRM* (Assemblée législative régionale de Madère), 1998, p. 6. En Espagne, la Constitution démocratique du 20 décembre 1978 reconnaît dans son article 2, l'autonomie des nationalités et des régions.

[3] La Constitution espagnole de 1978 dispose que les pouvoirs conférés aux Communautés autonomes concernent les attributions qui relèvent de l'organisation des institutions de leur autonomie, contrôle des autorités locales parmi de nombreuses autres compétences.

Conseil d'État[1]. » Les deux archipels ont chacun un parlement élu au suffrage universel et un gouvernement responsable devant celui-ci.

Au demeurant, l'Assemblée législative régionale bénéficie de pouvoirs importants, car ses interventions s'appliquent à « toutes les matières qui touchent spécifiquement les régions, et qui ne sont pas réservées à la compétence propre des organes de souveraineté[2] ». Les aptitudes de l'Assemblée législative régionale rassemblent les domaines de l'adaptation du système fiscal, politique démographique, émigration, statut des résidents, tutelle sur les pouvoirs locaux, transports terrestres, aériens, maritimes, administration des ports et aéroports, politique du sol et aménagement du territoire, travail, formation professionnelle, emploi, enseignement, patrimoine culturel, tourisme, travaux publics, habitat et urbanisme, investissements étrangers et transferts de technologies.

Chaque archipel dispose de recettes fiscales provenant des impôts fonciers et locaux, approuvés par l'Assemblée législative régionale. Les régions autonomes sont aidées par l'État qui compense les coûts engendrés par l'insularité. Les pouvoirs et devoirs accordés aux régions autonomes leur permettent de légiférer, après avoir présenté des propositions de loi à l'Assemblée de la République, et leurs privilèges sont encadrés par des textes législatifs plus restrictifs[3]. Les compétences de l'Assemblée législative régionale sont fixées par l'article 234 de la Constitution qui dit que l'Assemblée législative régionale a autorité pour approuver le budget régional, le plan économique et la comptabilité de la région, et l'adaptation de la règle fiscale nationale aux particularités de la région.

L'article 235 énonce qu'il est du ressort du ministre de la République de parapher et de faire publier les décrets législatifs régionaux. Il est noté à l'article 235, alinéa 2 : « Dans un délai de quinze jours à compter de la réception de tout décret émanant de l'Assemblée législative régionale qui lui ait été adressé pour signature, ou de la publication par le Tribunal constitutionnel qui ne conteste pas la constitutionnalité dudit décret, le ministre de la République doit le signer ou exercer son droit de veto, en demandant une révision du texte et en expliquant les raisons de sa demande. »

Les missions du ministre de la République sont importantes[4]. Il peut contresigner, ou rejeter un décret du gouvernement régional. En somme, le mi-

---

[1] Dans la loi constitutionnelle n° 1/2005, portant sur la septième révision de la Constitution de 1976, il s'agit de l'article 234. *Cf.* le *Diário da República*, I-Série-A, n° 155, loi constitutionnelle n° 1/2005 12 août 2005, p. 4642-4686.

[2] Constitution de 1976, article 229, alinéa 1er.

[3] Les limites des compétences des régions autonomes s'exercent dans les droits légalement reconnus des travailleurs, la libre circulation des personnes et des biens, entre les deux archipels et le reste du territoire national, l'exercice d'une profession ou l'accès à n'importe quelle fonction publique, aux autochtones ou habitants de la région.

[4] En demandant une nouvelle révision du texte, même si l'alinéa 3 énonce qu'il existe une procédure de recours, puisque si l'Assemblée législative régionale confirme le vote à la majo-

nistre de la République pourrait aussi, sous certaines réserves, servir de modèle au *prefeito* régional dans l'hypothèse d'une création de futures institutions administratives régionales sur le continent.

Un schéma cohérent

Le modèle actuellement en place dans les deux régions autonomes des Açores et Madère est adapté aux besoins administratifs, économiques et politiques, d'autant plus que leurs structures administratives, législatives et politiques n'ont pas remis en cause la représentation régionale de l'État.

Le gouvernement régional est constitué par un président, des secrétaires régionaux, et des sous-secrétaires régionaux, s'il y en a (article 42). Il est politiquement responsable devant l'Assemblée législative régionale et ses dépenses publiques sont soumises au contrôle de la Cour nationale des comptes. De même, il a en charge la conduite politique de chaque région autonome, par l'intermédiaire d'un pouvoir administratif et réglementaire. Il convient de souligner que le président du gouvernement régional est nommé par le représentant de la République « après la prise en compte des résultats des élections pour l'Assemblée régionale, et après avoir entendu les partis politiques qui y sont représentés » (article 43).

Certaines fonctions du représentant de la République pourraient fort bien être transférées au *prefeito* régional, une fois les régions administratives créées. On peut citer par exemple, en ce qui concerne l'ordre public, l'arrêté n° 1/95/M du 17 novembre 1995[1] qui avait rappelé les principes de la réglementation policière dans la région autonome de Madère, laquelle était similaire aux règlements du gouvernement civil en matière de sécurité. Mais, avec la promulgation du décret-loi n° 315/95 du 28 décembre 1995, il a été précisé que l'autorisation de mise en place de spectacles, le maintien de l'ordre et la sécurité du territoire, relevaient des domaines de compétences du ministre de la République et non du gouvernement régional.

Ceci dit, le Conseil consultatif de la *Procuradoria* générale de la République a confirmé qu'il n'y avait pas de conflit entre l'arrêté n° 1/95/M du 17 novembre 1995 et le décret-loi n° 316/95, en ce qu'il a modifié le décret-loi n° 252/92[2] dans la compétence et les actes du gouverneur civil puisque, dans les régions autonomes, il n'y avait ni districts, ni gouverneur civil. On a vu par ailleurs[3] que les modifications introduites à l'article 4, n° 3 du décret-loi n° 252/92 du 19 novembre 1992, par l'article 2 du décret-loi n° 316/95 du

---

rité absolue de ses membres, alors le représentant de l'État doit apposer sa signature sur le texte dans un délai de huit jours à compter de sa réception.

[1] *Diário da República*, I-Série-B, n° 266, arrêté n° 1/95/M du 17 novembre 1995, p. 7084/14.

[2] *Diário da República*, I-Série-A, n° 268, décret-loi n° 252/92, du 19 novembre 1992, p. 5334-5338.

[3] *Cf.* première partie, p. 221-229.

28 novembre 1995[1], ont fait que le gouverneur civil s'est vu retirer ses prérogatives en matière policière[2]. Elles étaient mentionnées dans la rédaction de l'alinéa c) de l'article 4, n° 3, dans sa version originelle, mais elles ont dû être transférées au ministère de l'Administration interne. En fait, les règlements émanant du gouverneur civil n'ont pas cessé leur application, du simple fait du transfert de leurs compétences[3] qui ne sont abrogées que dans la mesure où le nouveau titulaire les exerçait dans le même domaine normatif. Quant au Conseil consultatif de la *Procuradoria* générale de la République a précisé dans son compte rendu : « L'actuel statut du gouverneur civil n'est pas clairement défini, et il y a tous les avantages à homogénéiser, dès que possible, l'ensemble varié et diffus des problèmes dans laquelle se traduit l'encadrement légal de son application et de ses compétences[4]. » La confusion administrative sur le continent contraste avec la clarté du schéma administratif et politique mis en place dans les deux régions autonomes. On a mieux et plus rapidement précisé et encadré les fonctions et le statut du ministre de la République, somme toute pour neutraliser les revendications autonomistes des Açores et Madère.

Pour mieux comprendre son utilité et établir un parallèle avec le gouverneur civil dans le district, il est indispensable d'analyser l'évolution de la représentation de l'État dans l'archipel. Le ministre de la République fut créé par la Constitution de 1976 afin de substituer le gouverneur civil dans les régions autonomes. La loi n° 9/87 du 27 janvier 1987 parlait de « souveraineté de la République dans la Région » (Titre III, chapitre I). La loi n° 9/87 du 27 janvier 1987 a entériné la première révision du statut politico-administratif de la région autonome des Açores[5]. Dans les « Principes généraux » (Titre I, article 2, § 1) la loi disposait que : « L'autonomie politique, administrative et financière de la région autonome des Açores n'affecte pas l'intégrité de la souveraineté de l'État [...]. »

Le ministre de la République a été supprimé lors de la révision constitutionnelle de 2004, suite à la promulgation de la loi constitutionnelle n° 1/2004 du 24 juillet 2004[6]. En réalité, il est resté en place jusqu'à la fin du mandat du président de la République Jorge Sampaio et l'approbation de la

[1] Article 2 du décret-loi n° 316/95 du 28 novembre 1995.

[2] Le Conseil Consultatif de la *Procuradoria* générale de la République (Jornal oficial n° 277 du 29 novembre 1996) a déclaré que le décret-loi n° 316/95, du 28 novembre 1995 devait être : « qualifié comme règle générale de la République, constantes du décret législatif régional n° 13/95/M, du 1er juillet, et de l'arrêté n° 1/95/M, du 17 novembre 1995, conflictuel avec les dispositions du même diplôme légal. »

[3] Transfert effectué le 1er octobre 1995.

[4] *Ibid.*

[5] La loi n° 9/87 qui fut votée par l'Assemblée de la République le 27 janvier 1987 a été promulguée par le Président de la République le 11 mars 1987, paraphée par le Premier ministre le 16 mars 1987, puis publiée au *Diário da República*, I-Série, n° 71, 26 mars 1987.

[6] *Diário da República*, I-Série-A, n° 173, 24 juillet 2004, p. 4642-4650. Loi constitutionnelle n° 1/2004 portant sur la sixième révision de la Constitution de 1976.

loi du 30 mars 2006 qui a vu la prise de fonctions du nouveau président de la République et concomitamment du « représentant de la République ».

L'article 33[1] de la loi constitutionnelle n° 1/2004 disposait : « 1. En épigraphe de l'article 230 la Constitution est substituée par : « représentant de la République ». L'article 230 passe à avoir la rédaction suivante :

> 1. Dans chacune des régions autonomes, il y a un représentant de la République, nommé et démis par le président de la République après avoir consulté le gouvernement.
> 2. Sauf en cas de révocation, la durée du mandat de représentant de la République coïncide avec celle du Président de la République et se termine avec la prise de fonctions du nouveau représentant de la République.
> 3. En cas de vacance du poste, ou durant ses absences ou empêchements, le représentant de la République est substitué par le président de l'Assemblée législative[2].

En résumé, la personnification de l'État dans les deux régions autonomes s'est faite dans un souci de rattachement des archipels à la « République » en tant que communauté d'intérêts.

Le maintien de la représentation régionale de l'État

Étant nommés par le président de la République, le ministre de la République et le représentant de la République ont été la manifestation symbolique et physique d'un gouvernement qui avait tout intérêt à contrôler les deux régions autonomes, pour deux raisons.

En premier lieu, le changement de désignation de « ministre de la République » à « représentant de la République » est intéressant sur le plan sémantique, car il traduit la volonté du pouvoir de Lisbonne de ne pas donner l'impression qu'il intervenait directement dans le déroulement des affaires internes des archipels. Le « ministre » ne serait que le symbole visible d'un pouvoir imposé par le gouvernement alors que le vocable « représentant » est plus imprécis, et moins honorifique. En ayant procédé à ce changement, il s'agissait de ne pas réveiller les susceptibilités de certains élus des archipels.

En second lieu, le représentant de la République a non seulement une valeur symbolique, mais il exerce surtout un rôle politique et administratif en tant que coordinateur entre les services de l'État et les institutions régionales. À l'instar du gouverneur civil, le représentant de la République est une personne de confiance du gouvernement, mais qui doit avoir l'assentiment du gouvernement régional pour pouvoir prendre ses fonctions. Mais, à la différence du gouverneur civil, le représentant de la République est généralement

[1] *Ibid.* p. 4647.

[2] *Diário da República*, I-Série-A, n° 155, loi constitutionnelle n° 1/2005 12 août 2005, p. 4642-4686. Dans la loi constitutionnelle n° 1/2005, portant sur la septième révision de la Constitution de 1976, l'article 230 est resté inchangé.

un haut fonctionnaire qui dépend directement du président de la République, même s'il exerce un rôle officieux de surveillance politique à l'instar de l'ancien gouverneur civil.

Le ministre puis le représentant de la République

La modification dans la désignation du ministre de la République confirme une évolution dans les rapports entre les institutions gouvernementales du continent et des régions autonomes.

La loi n° 30/2008 du 10 juillet 2008[1] qui a rappelé le statut du représentant de la République dans les régions autonomes des Açores et Madère dit à l'article 3[2] : « Le représentant de la République est responsable devant le président de la République[3]. »

Pour Diogo Freitas do Amaral, les ministres de la République « ne sont pas des magistrats administratifs, car ils ne sont pas des délégués du gouvernement, mais des représentants de l'État souverain, nommés par le président de la République, après avoir consulté le gouvernement (CRP article 230)[4] ». En effet, la loi dispose à son article 64 que le ministre de la République est nommé par le président de la République « sur proposition du gouvernement et après avoir entendu le Conseil d'État et l'Assemblée régionale ».

Le gouvernement doit en effet « avant de formuler sa proposition consulter le Gouvernement régional » (articles 64-1 et 64-2). Avec la loi constitutionnelle n° 1/82 du 30 septembre 1982 qui correspond à la première révision constitutionnelle, le ministre de la République était nommé et destitué par le président de la République, toujours sur proposition du Premier ministre, après avoir entendu le Conseil d'État.

---

[1] *Cf. infra*, 2 : Un rôle de surveillance politique comme le gouverneur civil.

[2] *Diário da República*, I-Série, n° 132, 10 juillet 2008, p. 4315-4316. La loi n° 40/2006, du 25 août 2006 qui a régulé les préséances du protocole de l'État portugais, a placé le gouverneur civil à la 43e place, sur cinquante-huit entités publiques figurant sur la liste des préséances, entre les présidents des *Câmaras municipais* (41e place), les présidents des Assemblées municipales (42e place) et les chefs de cabinets du président de la République, du président de l'Assemblée de la République et du Premier ministre (44e place). Compte tenu de l'analyse que l'on peut faire de ce schéma protocolaire, on remarque la volonté du pouvoir politique de placer physiquement et symboliquement les présidents des *Câmaras municipais* (41e place) et les présidents des Assemblées municipales (42e) avant le gouverneur civil (43e place).

[3] *Ibid.*, « 1-Au représentant de la République il incombe, pour des motifs protocolaires, d'occuper le lieu qui lui sera attribué par la liste des préséances définies par la loi.
« 2-Lors des cérémonies civiles et militaires qui se dérouleront dans la respective région autonome, le représentant de la République occupe la première préséance, qu'il cède lorsque sont présents le président de la République, le Président de l'Assemblée de la République ou le Premier ministre. » Sur le plan protocolaire, l'article 18 de la loi n° 40/2006, du 25 août 2006 a établi un *distinguo* en termes de positionnements lors des représentations, entre les gouverneurs des districts et les représentants de la République dans les archipels.

[4] Freitas do Amaral (D.), *Curso de Direito Administrativo*, Coimbra, Édition Almedina, 3e éd., vol. 1, 2010, p. 330.

Plus généralement, le ministre de la République avait en charge la coordination des services centraux de l'État avec les intérêts de la région. Le haut fonctionnaire disposait d'un pouvoir de contreseing sur l'ensemble des décrets législatifs et réglementaires régionaux, comme le notait l'article 235, alinéa 1er, de la Constitution de 1976. Il relevait de ses attributions de « superviser les fonctions administratives exercées par l'État dans la région » (article 232, alinéas 2 et 3). Les habilitations du ministre de la République ont été importantes, mais Alberto João Jardim, président de la région autonome de Madère voyait dans le mandat du délégué du pouvoir central : « un vestige du colonialisme dans le droit constitutionnel[1] ».

Plus spécifiquement, les secteurs d'intervention du ministre de la République concernaient sept domaines définis par la loi, dans ses articles 65, 66 et 67[2]. L'article 66 énonçait : « Pour exercer les fonctions prévues à l'aliéna e) de l'article antérieur, le ministre de la République dispose de la compétence ministérielle et il a un siège au Conseil des ministres dans les réunions qui traitent des sujets ayant un intérêt pour la Région. » L'article 67 était ainsi rédigé : « Durant ses absences et empêchements, le ministre de la République est substitué, dans la Région, par le président de l'Assemblée régionale. » Néanmoins, le décret-loi n° 316/95 du 28 novembre 1995,[3] dans son article 4, précisait :

> 1. Dans les régions autonomes des Açores et de Madère, il est de la compétence des ministres de la République de prendre, en accord avec le ministre de l'Administration interne, les mesures nécessaires pour maintenir ou rétablir l'ordre et la sécurité publics, mais aussi l'exercice des compétences établies dans la section I du chapitre I du régime annexé au présent texte.
> 2. Sauf en ce qui est disposé au paragraphe antérieur, et sans préjudice de la compétence de l'Inspection générale des jeux, l'application du régime annexé à ce texte relève des administrations régionales respectives.

[1] Léonard (Y.), *Le Portugal 20 ans après la Révolution des œillets,* Paris, Édition La documentation Française, 1994, p. 117.

[2] L'article 65 précise qu'« Il est du ressort du ministre de la République :

« - Ouvrir, en représentation du président de la République, la première session de chaque législature et diriger des messages à l'Assemblée régionale,

« - Signer et faire publier dans le *Diário da República* les décrets législatifs régionaux et les décrets réglementaires régionaux,

« - Nommer, dans les termes du n° 1 de l'article 43, le président du Gouvernement régional et, sous proposition de ce dernier, les secrétaires et les sous-secrétaires régionaux,

« - Exonérer ou démettre, dans les termes de ce statut, le Président du Gouvernement régional, les secrétaires et les sous-secrétaires régionaux,

« - Coordonner l'activité des services centraux de l'État en ce qui touche aux intérêts de la Région,

« - Superviser les fonctions administratives exercées par l'État dans la Région et les coordonner avec celles exercées par ladite Région,

« - Assurer le gouvernement de la Région en cas de dissolution des instances régionales. »

[3] *Diário da República*, I-Série-A, n° 275, 28 novembre 1995, p. 7376.

Le ministre de la République dans les régions autonomes avait rang de ministre et, en cette qualité, pouvait assister au Conseil des ministres, mais depuis la réforme constitutionnelle de 1997 il ne peut plus y participer[1]. En 1997, il avait uniquement en charge, et de façon irrégulière, la responsabilité de la coordination des services de l'État dans les régions autonomes, comme l'énonçait le n° 3 de l'article 230, de la Constitution de 1976[2].

Le ministre de la République est devenu le représentant de la République lors de la sixième révision constitutionnelle[3]. L'article 38, de la loi constitutionnelle n° 1/2004 du 24 juillet 2004 disposait à l'article 278, n° 2, de la Constitution que la désignation « ministres de la République » était remplacée par celle de « représentants de la République ».

L'Assemblée de la République, selon les pouvoirs de révision constitutionnelle prévus à l'alinéa a) de l'article 161 de la Constitution, a décrété la loi constitutionnelle n° 1/2004, lors de la sixième révision de la Constitution de 1976[4]. L'article 33 précisait que l'épigraphe de l'article 230 de la Constitution était remplacée en ce qui se réfère au ministre de la République par le texte suivant :

> 1. Dans chacune des régions autonomes, il y a un représentant de la République, nommé et révoqué par le président de la République sur proposition du Gouvernement.
> 2. Sauf en cas de révocation, le mandat du représentant de la République a une durée équivalente à celui du président de la République et se termine avec la nomination du nouveau représentant de la République.
> 3. En cas de vacance de la charge, et lors de ses absences ou empêchements, le représentant de la République est substitué par le président de l'Assemblée législative.

Actuellement, le représentant de la République (article 230, de la Constitution de la République de 1976, septième révision constitutionnelle)[5] continue à exercer les fonctions qui étaient dévolues au ministre de la République. Par ailleurs, il nommait le président du gouvernement régional en fonction des résultats électoraux (n° 4 de l'article 233 version de 1976 et n° 3 de l'article 131, dans la révision constitutionnelle de 2001). D'autres missions importantes lui étaient confiées afin qu'il nomme sur proposition du président du gouvernement régional, les membres du gouvernement régional

---

[1] *Diário da República,* I-Série-A, n° 218, 20 septembre 1997, p. 5130. Loi constitutionnelle n° 1/97 portant sur la quatrième révision constitutionnelle.
[2] *Ibid.*
[3] *Diário da República,* I-Série-A, n° 173, 24 juillet 2004, p. 4642-4650. Loi constitutionnelle n° 1/2004 portant sur la sixième révision constitutionnelle.
[4] Elle fait suite aux rédactions issues des lois constitutionnelles, n° 1/82, du 30 septembre 1982, n° 1/89 du 8 juillet 1989, n° 1/92, 25 novembre 1992, n° 1/97 du 20 septembre 1997 et n° 1/2001 du 12 décembre 2001.
[5] *Diário da República,* I-Série A, n° 155, loi constitutionnelle n° 1/2005, du12 août 2005, p. 4642-4686. Septième révision de la Constitution de 1976.

(n° 5 de l'article 233 et version de 1976 ; n° 4 de l'article 231, dans la version de 2001).

Le président du gouvernement régional paraphait et faisait publier la législation régionale (article 235, version de 1976 ; article 233, dans la version de 2001). Il exerçait son droit de veto, en ce qui se réfère à la législation régionale par le truchement d'un message adressé au parlement (article 235 version de 1976 et article 233 dans la version de 2001). Il relève de sa fonction, comme il est mentionné à l'article 234 de : « signer et faire publier les décrets législatifs régionaux et les décrets réglementaires régionaux[1] ».

Désormais, c'est le représentant de la République qui est chargé d'observer la vie politique régionale, mais également les organes du gouvernement de la région qui assurent une part des attributions qui relevaient de la fonction essentiellement politique du ministre de la République[2]. Le représentant de la République, comme le fut le ministre de la République, est le garant de la souveraineté de la République dans la région autonome (n° 1 de l'article 232, dans la rédaction originelle de la Constitution de 1976)[3].

En résumé, si les évolutions des deux institutions « ministre - représentant de la République » et gouverneur civil ont connu différents changements dans leurs prérogatives et statuts, elles sont restées des structures de représentations et de contrôles spécifiquement « politiques ».

Un rôle de surveillance politique comme le gouverneur civil

Les rares points communs des deux délégués du pouvoir central, représentant de la République et gouverneur civil, relevaient de leurs nominations politiques.

Le ministre de la République disposait d'un rôle essentiel de surveillance lors des élections à l'instar du gouverneur civil. À titre d'illustration, la Coalition démocratique unitaire du Funchal avait demandé à la Commission nationale des élections (*Comissão Nacional de Eleições*) de bien vouloir intervenir auprès du ministre de la République, au sujet d'une réunion qui s'était tenue en présence du représentant du gouvernement. La Coalition démocratique unitaire s'était plainte d'être lésée lors des campagnes électorales par manque de salles de réunion, peu d'espaces publics pour pouvoir coller ses affiches de campagne et des inégalités diverses face aux autres partis politiques[4]. Comme le gouverneur civil, le ministre de la République

[1] *Ibid.*

[2] *Diário da República*, I-Série-A, n° 173, 24 juillet 2004, p. 4642-4650. Loi constitutionnelle n° 1/2004 relative à la sixième révision constitutionnelle.

[3] À partir de la révision de 1997, il a assuré la représentation de l'État et devait se prononcer sur l'inconstitutionnalité de textes législatifs régionaux ou qui iraient à l'encontre des pouvoirs spécifiques de la région autonome, article 235, version de 1976 et articles 233 et 238, dans la révision de 2001.

[4] Dans sa session du 21 septembre 1988, la Commission nationale des élections a confirmé que le ministre de la République, le gouvernement régional et les *Câmaras municipais*

devait mettre à la disposition des partis politiques, des édifices publics ou autres personnes collectives de droit public. Il pouvait réquisitionner des salles ou autres espaces indispensables au bon déroulement de la campagne électorale. Par ailleurs, les délibérations de la Commission nationale des élections étaient systématiquement transmises au ministre de la République, à l'ensemble des partis politiques et aux entités concernées.

Après la sixième révision constitutionnelle[1], le représentant de la République a gardé les mêmes fonctions que l'ancien ministre de la République. Il aurait été intéressant de compléter cette analyse sur l'évolution administrative et politique des fonctions et du statut de l'institution qui personnifie le pouvoir central dans les deux archipels des Açores et de Madère par une autre étude universitaire. Il convient de préciser que le changement le plus récent se rapporte au statut clairement défini comme « politique » du représentant de la République.

En effet, la loi n° 30/2008 du 10 juillet 2008 a clarifié le statut du représentant de la République dans les régions autonomes des Açores et Madère puisque : « La République est représentée dans chacune des régions autonomes par un représentant de la République, dont le statut est établi par la présente loi. » La complémentarité de la fonction des deux institutions se trouve donc dans leur spécificité, non pas administrative, mais politique. L'article 10 « Titulaire de la charge politique » est suffisamment clair dans sa définition puisque :

> Le représentant de la République, en tant que titulaire de la charge politique est soumis au régime juridique respectif, à des fins de :
> a) Statut rémunératoire,
> b) Incompatibilité et empêchements,
> c) Contrôle public des riches,
> d) Responsabilité.

Les compétences de l'institution sont définies à l'article 4 qui dit : « Le représentant de la République détient les compétences qui lui sont constitutionnellement conférées par la loi et les exerce, dans l'environnement de la région autonome, en prenant en compte le régime des autonomies insulaires, définit dans la Constitution et dans les Statuts politico-administratifs respectifs. » Ses actions ne se limitent nullement à un simple processus de représentation symbolique. Il intervient en matière d'administration électorale

---

devaient assurer équitablement à l'ensemble des partis politiques, les mêmes moyens de propagande électorale dans les espaces d'affichage et de réunions : « Lorsqu'il s'agit de réunions, comices, manifestations ou défilés, l'utilisation de n'importe quel lieu public par les forces politiques est conditionnée seulement à la représentation de l'avis auquel se réfère l'alinéa a) de l'article 52 du décret-loi n° 318-E/76, les limites imposées par l'interdiction de l'utilisation d'espaces publics ou par la mise à disposition d'un espace déterminé préalablement à l'exception de tous les autres, où les candidatures seraient obligées de développer leurs initiatives durant la campagne électorale, sont interdites. »

[1] *Diário da República*, I-Série-A, n° 173, p. 4642-4650. Loi constitutionnelle n° 1/2004 portant sur la sixième révision constitutionnelle.

selon les lois électorales émises par le président de la République, le président de l'Assemblée de la République, les présidents des Assemblées législatives des régions autonomes, des structures des collectivités locales, du Par-Parlement européen et par le régime du référendum. Au demeurant, il est aussi membre de droit du Conseil supérieur de la défense nationale et du Conseil supérieur de la sécurité intérieure. Il peut également déclarer l'état de siège et l'état d'urgence, en collaboration avec le Gouvernement régional.

En conséquence, le système portugais de représentation locale sur le continent et dans les régions autonomes est caractéristique d'une originalité par rapport aux autres modèles européens, en ce sens qu'il intégrait deux schémas. Bien qu'appartenant à un même État, il n'y avait pas d'homogénéité dans les deux processus de nominations politiques puisque le représentant est proposé par le président de la République et le gouverneur civil était proposé par le ministre de l'Administration interne et nommé en Conseil des ministres.

Les gouvernements centraux nommés depuis le 25 avril 1974 se sont préoccupés plus des revendications des régions autonomes que du gouverneur civil. C'est somme toute légitime et compréhensible par certains égards, mais des réorganisations administratives similaires auraient pu être possibles. En implantant les régions administratives et en y plaçant un responsable régional, il aurait pu, à l'exemple du ministre de la République puis du représentant de la République, être choisi par le président de la République et nommé après consultation et avis du Conseil des ministres.

Conclusion du chapitre II

Si le gouverneur civil a été marginalisé et neutralisé, c'est qu'il n'a jamais été considéré comme une institution impartiale.

Paradoxalement, il est vrai que certains gouvernements centraux ont voulu, notamment après 1974, faire du chef du gouvernement civil le symbole d'une institution capable de faire preuve de consensus, soucieuse de protéger les citoyens du district et de répondre à leurs doléances, tout en le tenant à l'écart des confrontations politiques partisanes qui animaient la capitale. Mais il ne faudrait pas s'y tromper, car l'institution, si elle paraissait statique, en réalité ne laissait pas indifférent.

Parallèlement, la législation a accordé au président de la *Câmara municipal* des fonctions supplémentaires, notamment financières, sociales et administratives. Elles ont fait du responsable du *concelho* un contre-pouvoir à l'action du délégué local du pouvoir central puisqu'il n'y avait plus de liens hiérarchiques entre eux. Au vu de la législation, les prérogatives tutélaires du président de la *Câmara municipal* étaient marquées du sceau du renforcement du pouvoir dévolu au *município.* Cela est perceptible depuis l'adoption de la Constitution de 1976 et la consolidation de l'assise administrative et politique du *município*. La question d'une suppression éventuelle du gouverneur civil était d'autant plus embarrassante que la régionalisation administrative était sans cesse reportée.

Conclusion du titre premier

Entre volontés de suppression et projets de protection, il est parfois difficile de démontrer les raisons politiques qui ont fondé et motivé les propositions de réformes du gouverneur civil. Pourtant, s'il était un symbole qui avait perdu de son prestige, sa fonction hybride politique et administrative fut maintenue.

Sur le plan politique, le gouverneur civil a été le grand perdant des réformes locales successives depuis l'adoption de la Constitution de 1976. Les partis politiques ont souhaité le supprimer ou le réformer, mais cela ne fut fait que par petites touches, comme si finalement, ils craignaient d'ouvrir la boîte de Pandore. Quant aux gouvernements centraux, ils ont constamment vu dans le gouverneur civil un allié soumis et une vigie politique dans le district.

Sur le plan administratif, le référendum national du 8 novembre 1998 représente une opportunité manquée de réformes administratives, alors même que la législation municipale a été plus favorable aux *concelhos*. Les débats sur le devenir du gouverneur civil se sont tenus non seulement au sein des partis politiques, mais à l'Assemblée de la République et au sein de la société portugaise. Les réflexions, propositions de substitutions ou suppressions du gouverneur civil restaient d'actualité, surtout dans la presse qui faisait preuve d'une grande véhémence à l'égard de l'institution considérée comme désuète, bureaucratique et source des dépenses inutiles pour l'État, donc le citoyen.

De fait, la redistribution administrative des pouvoirs locaux a concomitamment accompagné les nouveaux enjeux politiques de la société portugaise. Les *municípios* sont devenus des intervenants actifs de la gestion et de la transformation administrative et politique des espaces, avec la création de nouveaux *concelhos* et par les pouvoirs accordés aux collectivités locales. La démocratie municipale est devenue à bon droit un échelon administratif essentiel qui a vu ses compétences évoluer de façon exponentielle, notamment depuis la promulgation de la loi n° 79/77 du 25 octobre 1977, dite « loi des collectivités locales ».

De plus, la loi-cadre n° 56/91 du 13 août 1991[1] sur les régions administratives a proposé une alternative à la représentation périphérique du pouvoir exécutif. Les Commissions de coordination régionale, puis les Commissions de coordination de développement Régional, ont établi en tant qu'entités

[1] *Diário da República,* I-Série-A, n° 185, 13 août 1991, loi n° 56/91, p. 4091-4097. La loi-cadre n° 56/91, du 13 août 1991 fut adoptée suite à la deuxième révision constitutionnelle, en 1989. *Cf. Diário da República,* I-Série, n° 155, loi constitutionnelle n° 1/89 du 8 juillet 1989, p. 2734.

techniques des structures de pouvoirs complémentaires parallèlement au gouvernement civil.

Malheureusement, on peut craindre que la décision politique hâtive de faire disparaître le gouverneur civil de la scène politique ne vienne retarder ou empêcher qu'un autre schéma de substitution ne se concrétise.

TITRE II

UNE SUPPRESSION ANACHRONIQUE DU GOUVERNEUR CIVIL

Dès sa prise de fonction, le XIXe gouvernement constitutionnel[1] a voulu donner un signal fort au peuple portugais, en révoquant définitivement le gouverneur civil. Mais les seuls arguments financiers ne tiennent pas.

On peut qualifier la suppression d'anachronique, car le XIXe gouvernement constitutionnel n'a pas respecté la chronologie qui prévoyait la substitution du gouverneur civil par un gouverneur civil régional, comme il est énoncé dans la Constitution de 1976 et la loi-cadre du 13 août 1991[2]. Le Premier ministre Pedro Passos Coelho a engagé une réforme territoriale par le bas, puisque l'actuelle réforme de l'administration territoriale aurait dû se faire seulement après et à partir de l'instauration des régions administratives.

Les velléités politiques et les conflits entre les membres d'un même parti, tout a participé de la dynamique d'une indétermination générale qui finalement a empêché l'adaptation harmonieuse, simple et efficace, de la représentation locale du gouvernement aux besoins impérieux d'une société en pleine mutation. De plus, avec la fin du gouverneur civil, qui sera le futur représentant de l'État dans la région administrative, si tant est qu'elle devienne un jour réalité ?

On doit, avant de répondre à ce questionnement, faire un « état des lieux » des multiples projets et débats qui ont précédé « l'effacement » du gouverneur civil du cadre administratif et politique, puis faire une analyse de la réforme administrative territoriale du gouvernement dirigé par Pedro Passos Coelho. On propose ensuite un schéma de réforme théorique de l'État dans lequel le *prefeito* régional en tant que haut fonctionnaire personnifierait pouvoir exécutif dans la région administrative.

Sur le plan constitutionnel, l'adoption de la Constitution de 1976 fut placée sous le signe de l'omniprésence des militaires, garants de la légitimité de la révolution du 25 avril 1974, de l'élection au suffrage universel direct et d'un président de la République issu de leurs rangs[3]. L'avènement d'un État

---

[1] Le 21 juin 2011.

[2] *Diário da República*, I-Série-A, n° 185, loi n° 56/91 du 13 août 1991, loi-cadre portant sur la création des régions administratives, p. 4091-4097.

[3] La Constitution de 1976 a disposé que les Forces armées avaient une autorité qui leur avait été conférée par le peuple. Le général Francisco Gomes da Costa fut nommé 15e président de la République et a exercé son mandat du 30 septembre 1974 au 27 juin 1976. Le général

démocratique après le changement de régime politique, en avril 1974, s'est accompagné de nouvelles bases constitutionnelles[1]. Dans ce contexte et en intégrant le principe de la représentation locale de l'État par l'institution dirigée par le gouverneur civil, de multiples réflexions sont menées afin de l'adapter ou de la supprimer. Dans le domaine politique, malgré tout, l'absence de consensus au sein des partis politiques et à l'Assemblée de la République a considérablement retardé toute perspective d'instauration d'une institution régionale de représentation du gouvernement.

Il est probant que la définition et la régulation du pouvoir au niveau du district, du *município* et de la *freguesia,* qui se sont faites au détriment des anciennes prérogatives du gouvernement civil ont affaibli l'institution. Au Portugal, avec la démocratie locale, les enjeux de la société n'ont pas été prioritairement de supprimer l'échelon intermédiaire entre le pouvoir exécutif et les collectivités locales. Il fallait surtout défendre les acquis constitutionnels et la démocratie puis préparer notamment l'adhésion du Portugal à la Communauté économique européenne. Sur le plan politique, le gouverneur civil devait accompagner l'ensemble des réformes en contrôlant leur bonne application, et en les expliquant aux citoyens et aux élus du district.

Aujourd'hui, après la suppression précipitée et incompréhensible du gouverneur civil, il faut donner une autre orientation à la représentation locale de l'État, par le biais d'un nouveau référendum national et créer une dynamique nationale d'adhésion à la régionalisation administrative. Il convient d'élaborer un système binaire qui intégrerait une collaboration entre les CCDR et le haut fonctionnaire qui représenterait le pouvoir central dans la région. Le Portugal doit se doter d'un cadre administratif et territorial harmonieux. Le *prefeito* régional pourrait y assurer le prolongement de l'État, en ce sens qu'il en serait le symbole et la figure locale, même si la réforme territoriale actuelle se poursuit dans une relative incertitude puisque l'on ne sait pas quelle sera l'évolution de la nouvelle donne de l'administration territoriale portugaise après la disparition du gouverneur civil.

António Ramalho Eanes qui lui a succédé fut le 1er président de la République portugaise à avoir été démocratiquement élu.

[1] Gomes Canotilho (J.-J.) et Moreira (V.), (dir.), *Constituição da República Portuguesa Anotada. Coimbra,* Édition Coimbra Editora, 3e édition, 1993, commentaire à l'article 6, p. 75. À l'article 6, n° 1, de la Constitution de 1976, l'État a intégré un nouveau fonctionnement des collectivités locales puisque : « Le principe d'autonomie locale signifie nommément que les collectivités locales sont des formes d'administration autonome territoriale, de décentralisation territoriale de l'État, dotées de structures spécifiques, et non de simples formes d'administration indirecte ou directe de l'État. »

CHAPITRE PREMIER

LA SUPPRESSION PARADOXALEMENT PRÉCIPITÉE DU GOUVERNEUR CIVIL

La réforme administrative était devenue inévitable après le 25 avril 1974 et les bouleversements politiques qui ont rompu avec l'État nouveau. Mais l'avenir du gouverneur civil n'était pas alors une priorité pour le pouvoir en place[1].

Il en a été ainsi durant presque quatre décennies. Si grandeur et décadence il y a eu dans son statut et ses fonctions, la mise à l'écart de l'institution fut-elle accélérée avec les réformes du code administratif après le 25 avril 1974 ?

Les années de transition ont été marquées par des réformes administratives locales courageuses, mais aussi par un immobilisme politique parfois incompréhensible, notamment en matière de création des régions administratives. La décision de mettre un terme au gouverneur civil fut donc un acte politique fort, inscrit dans une réorganisation de l'administration territoriale qui demeure encore inaboutie.

Une réforme essentiellement politique

Bien que souhaitée depuis des décennies, la disparition du gouverneur civil a été d'autant plus surprenante qu'elle était inattendue. Mais elle se justifie partiellement, car l'institution personnifiée par le gouverneur civil était devenue kafkaïenne.

Les projets politiques concernant la mise en place d'un schéma de décentralisation et de déconcentration sont révélateurs du désir de rompre avec le système administratif et politique issu de la Constitution de 1933 et le code administratif de 1940. Après l'adoption de la Constitution de 1976, il s'agissait de développer prioritairement un espace démocratique dans le *concelho,* afin de faire participer les citoyens aux prises de décision dans le fonctionnement des institutions.

Dès lors, les élus locaux ont pris conscience des opportunités d'exercice du pouvoir qui s'offrait à eux, et des possibilités de représenter légitimement la volonté populaire, et leurs ambitions politiques. Mais il ne faut pas ignorer

[1] Non seulement en raison de la situation politique intérieure, mais aussi des conflits militaires dans les anciennes colonies d'Afrique lusophone et au Timor. Le Portugal était alors le pays d'Occident à ne pas avoir un système administratif décentralisé de ses collectivités locales.

les besoins techniques indispensables à la gestion du district[1] qui caractérisaient la complexité croissante dans les nombreuses articulations de la vie publique.

Le besoin de confronter des avis différents est un vecteur de dynamisme d'une démocratie en action. Mais celle-ci ne pouvait se concrétiser que dans un cadre territorial suffisamment adapté aux prises de décisions, aux coopérations et à la pleine représentation du gouvernement civil. Force est de reconnaître que la suppression du gouverneur civil a marqué la fin d'un symbole, marginalisé et affaibli par un prestige qu'il n'avait plus.

La disparition d'un symbole

La mort politique et symbolique du gouverneur civil s'est inscrite logiquement dans une volonté de faire disparaître une institution locale, de plus en plus appauvrie.

Politiquement, le gouverneur civil a continuellement cherché à défendre, et expliquer, les orientations politiques du gouvernement qui l'avait nommé, mais aussi à utiliser son mandat pour se préparer à être en campagne électorale et se présenter à une éventuelle élection.

Symboliquement, le gouverneur civil avait perdu une partie de ses fonctions régaliennes et de son prestige. Dès lors, il se posait la question de savoir quel était l'intérêt pour l'État portugais à ne pas toucher aux fonctions et au statut d'une institution de plus en plus remise en cause.

Une institution au prestige affaibli

Entre la démocratie représentative et l'État, le gouverneur civil a été un maillon essentiel de la légitimité républicaine.

La volonté constante des gouvernements provisoires puis constitutionnels à reconduire le gouverneur civil à la tête du district a été la traduction de l'expression de l'État qui voulait répartir son autorité sur l'ensemble du territoire en la fragmentant, tout en intégrant la question de l'aménagement du territoire.

Pour l'État, maintenir des divisions pour mieux gouverner

Au-delà du symbole, la volonté politique de ne pas bouleverser en profondeur le statut et les missions dévolues au gouverneur civil tendait à justifier la configuration administrative du territoire en districts[2].

---

[1] Développement des *infra*structures, aides financières et prévisions dans les réalisations des programmes, relations administratives avec les districts limitrophes.

[2] Depuis sa création, le district ne connaît pas de cadre juridique de liberté, même si la proclamation de la République en 1910 avait entamé une amorce de décentralisation, éphémère et relative du district.

Mais dans les districts, il existait d'autres découpages plus nombreux. Une telle pléthore de divisions ayant chacune un statut juridique particulier traduisait les difficultés pour le gouverneur civil à coordonner l'administration qu'il dirigeait en tenant compte des prérogatives des acteurs économiques, politiques et sociaux locaux et des intérêts de l'État. La croissance exponentielle des services, les conflits d'intérêts, la mise en place d'une législation nationale et européenne, tout cela participait de réalités administratives et politiques qui rendaient ardues les missions des gouvernements civils. En somme, les gouvernements centraux portugais pensaient-ils mieux administrer avec une division du pays en dix-huit districts qu'avec huit[1] ou cinq régions[2] ? On défend l'idée qu'il s'agit surtout d'une crainte pour les partis politiques de voir une parcelle de leur autorité menacée par des collectivités locales[3] en créant des régions avec à leur tête des personnalités politiques charismatiques. C'est pour cela que durant la période qui s'est écoulée de l'adoption de la Constitution de 1933 à la Révolution des Œillets du 25 avril 1974, les gouvernements centraux ont eu peur d'une émergence régionaliste qui mettrait en péril l'unité de la nation[4].

On a donc octroyé au gouverneur civil des missions de surveillance qui ne laissaient pas d'équivoque sur ses attributions à garantir l'unité du territoire national et le contrôle des populations, au besoin par la force. Par conséquent, le gouvernement civil était devenu le centre de focalisation de tous les maux des populations du district. De plus, les études qui se réfèrent à la fonction et au statut (cf. Première partie) prouvent que la perception du gouverneur civil par les populations locales ne fut jamais une préoccupation pour le gouvernement. L'important, pour le ministre de l'Intérieur puis de l'Administration interne était que le gouverneur civil applique les directives qui émanaient des ministères, qu'il surveille officieusement les membres de l'opposition et de la majorité, et qu'il garantisse la sécurité des populations et du district.

À titre d'exemple, lors de la prise de fonction des dix-huit gouverneurs civils, le ministre de l'Administration interne António Figueiredeo Lopes a défini les trois principaux domaines dans lesquels devaient s'exercer les attributions du gouverneur civil :

> a) en premier lieu, dans le développement des systèmes responsables de l'assurance et secours des personnes et des biens, lorsque surviennent des accidents graves ou catastrophes qui requièrent des actions immédiates, dans le domaine de la protection civile et de l'assistance.

---

[1] *Cf.* le projet avec les huit régions administratives soumis à référendum le 8 novembre 1998.

[2] Comme on le propose en calquant les cinq régions administratives sur les limites géographiques des actuelles CCDR.

[3] *Divide et impera*, maxime qui est attribuée à Machiavel, Louis XI et Catherine de Médicis.

[4] C'est ainsi que la réticence de l'État nouveau à l'égard des provinces, après les avoir prévues dans le code administratif de 1940, reflète une crainte politique. Elles ont été supprimées en 1959 alors qu'étaient mis en avant des arguments fallacieusement administratifs.

> b) en deuxième lieu, dans le rapprochement entre le citoyen et l'Administration, au travers, notamment, de la prestation d'informations et bien d'autres initiatives qui engendrent des décisions rapides et opportunes.
> c) en troisième lieu, dans la représentation du Gouvernement dans le district et dans la coopération interministérielle, des services publics déconcentrés. [...]. Le gouverneur civil est également le principal et le premier intéressé à prévenir et éviter les situations d'exclusion sociale, pour que la société puisse évoluer de façon équilibrée, et qu'elle puisse maintenir la cohésion nationale et la cohérence entre son propre développement et l'attention portée aux plus défavorisés[1].

Au-delà de l'étiquette et des engagements sociaux et politiques, le gouverneur civil a été lentement isolé au sein d'une administration territoriale locale de plus en plus complexe dans son fonctionnement et dans laquelle il ne pouvait plus s'immiscer et décider.

La question de la coordination de l'aménagement territorial

On a vu que le gouverneur civil avait été depuis ses débuts un agent politique chargé d'établir un *modus vivendi* entre le gouvernement, les populations et les élus du district[2]. Le vide créé par sa suppression et l'absence d'une alternative ne peuvent que nous interpeller sur les moyens qui seront mis en place pour conduire à une relation équitable, cohérente et efficace entre le gouvernement et les collectivités locales, faute d'une structure administrative et politique intermédiaire.

En France, la déconcentration a renforcé le pouvoir du préfet dans le département et la région. L'institution préfectorale française doit-elle être prise comme source d'inspiration pour le Portugal ? On le pense et en défend l'idée,[3] car certaines missions peuvent servir de base à une réflexion d'ensemble, pour bâtir une institution préfectorale portugaise.

Au Portugal, comme en France, le représentant de l'État doit être le garant du bilan sécuritaire du territoire dont il a la responsabilité[4]. Certes, entre gestion sécuritaire des territoires et des populations, et actions de représentation, le gouverneur civil a veillé à la bonne application de la législation. Mais depuis sa promulgation, la Constitution de 1976 a favorisé la création d'une

---

[1] Ministère de l'Administration interne, discours du 30 avril 2002.

[2] *Cf.* en première partie.

[3] *Cf.* p. 91, 95, 131, 182, 197.

[4] Friedérici (G.) et Maestri (E.), (dir.), *La décentralisation, histoire, bilans, évolutions,* Édition L'Harmattan, Université de la Réunion, 2003, p. 42 : « Je n'en suis pas moins convaincu que la réussite du processus lancé il y a plus de vingt ans tient largement aux relations partenariales qu'État et collectivités territoriales ont su édifier selon une architecture modernisée, qui reste en partie à consolider, qui est en tout cas originale. »

multitude de délégations régionales et/ou sous-régionales parfois en supplément des services déjà existants dans le district[1].

Difficile alors pour le délégué local du gouvernement de mener une action cohérente au sein de l'administration publique déconcentrée de l'État laquelle a souffert d'une absence générale de coordination. Et cela, même si la Constitution de 1976 dispose que l'État unitaire respecte dans son organisation, le principe d'autonomie des collectivités locales et de la décentralisation démocratique de l'administration publique (article 6).

Une institution à l'utilité relative

Avant sa disparition et alors qu'il avait été partiellement mis à l'écart, le gouverneur civil n'avait plus de repère au sein d'une administration territoriale de plus en plus dépendante des ministères.

La Constitution de 1976 dit dans son article 182 que le gouvernement est « l'organe supérieur de l'administration publique[2] ». L'article 199, c), énonce qu'il est de la « Compétence administrative » du gouvernement de « Diriger les services et activités de l'administration directe de l'État, civil et militaire, superviser l'administration indirecte et exercer sa tutelle sur elle et sur l'administration autonome ». L'article 267, alinéa 2 reprend les mêmes dispositions en spécifiant que la décentralisation et la déconcentration administrative doivent se concrétiser sans pénaliser « les pouvoirs de direction et superintendance du Gouvernement ».

La Constitution de 1976 établit une différenciation entre l'administration de l'État et l'administration autonome. Elle sous-divise la première en administration directe et indirecte[3], dans une autonomie locale qui prend de plus en plus d'ampleur, mais qui en aucun cas ne doit se passer d'une institution de représentation régionale de l'État.

Les caractéristiques de l'administration de l'État

En gardant le gouverneur civil, tout en l'éloignant des décisions majeures[4], les gouvernements centraux ont voulu garder la main sur la surveillance et le contrôle sur la vie administrative et politique du district.

---

[1] Dans ce capharnaüm administratif, il y a par exemple des schémas calqués sur la division des districts avec quinze Centres du service national de protection civile, vingt Administrations centrales de santé, vingt Centres régionaux de santé, seize Directions régionales de l'environnement, de l'éducation, de l'économie, vingt-six Directions régionales de l'agriculture et vingt-six Régions de tourisme.

[2] *Diário da República*, I-Série A, n° 155, loi constitutionnelle n° 1/2005, du 12 août 2005, p. 4642-4686. Septième révision de la Constitution de 1976.

[3] Sá de (A.), *Administração do Estado, Administração Local e Princípio da Igualdade no Âmbito do Estatuto de Funcionário,* Coimbra, Bulletin de la Faculté de Droit de l'Université de Coimbra, 1985, p. 30-31.

[4] À l'exception des missions de sécurité des personnes et du district telles qu'elles ont été détaillées dans la première partie.

La Constitution de 1976 a soumis l'administration de l'État au pouvoir de « direction » du Gouvernement et comme le dispose l'article 242 à une « tutelle administrative sur les collectivités locales »[1]. Il en a résulté des difficultés de compréhension face à tant de pouvoirs. Parmi les principes particuliers de l'État et de son administration directe Diogo Freitas do Amaral en mentionne dix : « unicité, caractère originaire, territorialité, multiplicité des attributions, pluralisme des organes et services, organisation en ministères, personnalité juridique unique, instrumentalité, structure hiérarchique, suprématie[2] ». Quant à l'administration indirecte de l'État il a écrit : « Nous sommes ici en face de ce que l'on pourrait désigner par *administration centrale déconcentrée* » et « D'un point de vue subjectif ou organique, l'"administration étatique indirecte" se définit comme un ensemble d'identités publiques qui se développent, avec une personnalité juridique propre et une autonomie administrative, ou administrative et financière, une activité administrative destinée à la réalisation des objectifs de l'État[3] ». La révision de la Constitution de 1976 (loi constitutionnelle n° 1/82 du 30 septembre 1982) a introduit un principe d'égalité entre les fonctionnaires de l'administration publique[4] et ceux de l'administration spécifiquement locale, tel que le décrit Fernando Alves Correia.

Désormais, les *municípios* sont les plus importantes des collectivités locales dans la configuration administrative du territoire. La Constitution de 1976, dans sa quatrième révision (loi constitutionnelle n° 1/97 du 20 septembre 1997), les a définis en tant que « personnes collectives territoriales dotées d'organes représentatifs, qui tendent à la poursuite d'intérêts spécifiques des populations respectives ». Les collectivités locales sont par ordre croissant les *freguesias,* les *municípios* et les régions administratives (ces dernières n'étant pas encore concrètement instituées, comme il était prévu à l'article 256, n° 1, de la Constitution de 1976). Elle réserve par ailleurs au « Pouvoir local », (cf. Titre VIII) un titre autonome constitué par les collectivités locales, en tant que structures publiques territoriales.

Les attributions des *municípios* et le droit effectif qu'ils possèdent sont révélateurs de leurs nouveaux pouvoirs selon les termes de la Constitution de 1976 (articles 6 n° 1, 235 n° 2 et 237 n° 1). Le principe d'autonomie locale s'insère conséquemment dans ce cadre législatif en accord avec l'article 3, n° 1, de la Charte européenne d'autonomie locale de 1985 relative à la notion d'autonomie locale.

---

[1] *Diário da República,* I-Série A, n° 155, loi constitutionnelle n° 1/2005, du12 août 2005, p. 4642-4686.

[2] Freitas do Amaral (D.), *Curso de Direito Administrativo*, Coimbra, Édition Almedina, 3e éd., vol. 1, 2010, p. 228-232.

Ibid., p. 347-350

[4] Alves Correia (F.), *Alguns Conceitos de Direito Administrativo,* Coimbra, Édition Almedina, 2e éd., 2001, p. 14 : « L'expression A.P. est utilisée avec une pluralité de sens : matérielle ou objective et formelle. »

Une autonomie locale qui s'affirme

Le principe d'autonomie locale est une donnée fondamentale dans la structure unitaire de l'État portugais comme le dispose l'article 6, n° 1, de la Constitution de 1976[1]. Il est d'autant plus essentiel qu'il semblait, en apparence, pouvoir se passer du gouverneur civil ou de toute autre institution intermédiaire entre les collectivités locales et le pouvoir central.

Un acte qui marque la concrétisation de l'autonomie des *municípios* réside dans la possibilité d'avoir des finances et un patrimoine spécifiques[2]. L'une des caractéristiques de l'autonomie des collectivités locales concerne le fait qu'elles disposent d'un « pouvoir réglementaire qui leur est propre dans les limites de la Constitution, des lois et règlements émanant des collectivités locales de degré supérieur ou des autorités ayant un pouvoir de tutelle » comme l'énonce l'article 241, de la Constitution de 1976[3]. Il ne faut pas oublier deux autres manifestations qui traduisent l'autonomie administrative dans les actes administratifs[4] au sein des services municipaux et des personnels dirigeants, comme le souligne l'article 243 de la Constitution de 1976.

Les transferts de pouvoirs du gouvernement civil vers les collectivités territoriales locales ont confirmé la nécessité d'élaborer de nouveaux enjeux sociétaux, en y incluant les diverses représentations périphériques de l'État et les réformes administratives rendues indispensables, depuis l'intégration du Portugal dans un espace administratif, économique et politique européen. En cela, l'acte politique qui a supprimé la figuration emblématique du pouvoir central en gommant du schéma administratif et politique du district le gouverneur civil fut avant tout une décision arbitraire.

Un symbole devenu anachronique

S'il a été la personnification du pouvoir monarchique puis républicain, le gouverneur civil était devenu, depuis longtemps, un symbole suranné. Il était anachronique puisque ses attributions étaient inadaptées aux nouveaux besoins d'une politique générale de développement, et éloignées des missions de ses homologues européens à l'instar du préfet de région français et du *prefetto* italien.

---

[1] La loi n° 159/99, du 14 septembre 1999 a précisé les prérogatives dévolues aux municípios, article 6, n° 1, et article 237, n° 1, de la Constitution de 1976.
[2] Article 238 de la Constitution de 1976 et article 9 de la Charte européenne de l'autonomie locale, loi n° 42/98 du 6 août 1998 laquelle fut modifiée par la loi n° 87-B/98 du 31 décembre 1998, loi n° 3-B/2000, du 4 avril 2000, loi n° 15/2001 du 5 juin 2001 et loi n° 94/2001 du 20 août 2001.
[3] *Diário da República*, I-Série A, n° 155, loi constitutionnelle n° 1/2005, du 12 août 2005, p. 4642-4686. Septième révision constitutionnelle.
[4] Si l'autonomie des municípios est de nature essentiellement administrative, celle des régions autonomes des Açores et Madère est plus globale car elle est administrative, politique et législative.

Pourtant, avec la nomination du professeur Marcello Caetano à la présidence du Conseil[1], le pays s'était engagé dans un processus d'ouverture et de démocratisation avec les élections législatives d'octobre 1969, la révision constitutionnelle de 1971[2] puis l'élection présidentielle de 1972. Dans ce contexte politique difficile et exacerbé par les guerres coloniales, le gouverneur civil n'a pas eu les moyens financiers et humains de contribuer une politique locale de développement. La rupture issue du mouvement militaire du 25 avril 1974 a accéléré les mouvements de démocratisation et préparé l'adhésion du Portugal à la Communauté économique européenne tout en commençant à isoler le gouverneur civil.

Lors de l'adhésion du Portugal à la Communauté économique européenne,[3] cela faisait déjà dix ans que la Constitution de 1976 avait énoncé que le gouverneur civil était maintenu à titre transitoire[4]. Ce fut là une opportunité manquée de mettre en place une configuration administrative régionale dans laquelle l'État aurait dû nommer un haut fonctionnaire chargé de coordonner et faire appliquer les programmes européens de développements et de coopérations pour répondre aux impératifs administratifs, économiques, législatifs et politiques d'une Europe en construction à l'exemple du préfet français[5].

Après le 1er janvier 1986, une nouvelle ère s'est ébauchée pour le Portugal qui a accompagné et influé sur ses bouleversements législatifs, politiques et économiques. Elle a dépassé l'immobilisme et l'archaïsme relatifs au gouvernement civil, alors qu'il allait être confronté à d'autres schémas européens de représentation locale de l'État.

Le gouverneur civil, neutralisé dans le cadre du district

Il est évident que les rapports entre l'État portugais et ses collectivités locales ne peuvent se limiter à l'espace national portugais, surtout après la disparition du gouverneur civil. Ces relations ne doivent pas être des barrières qui ralentiraient toute action de concertation et de confiance entre le pouvoir exécutif et les élus locaux d'une part et ignoreraient d'autre part les programmes européens de développement.

---

1 Marcello Caetano a participé à la rédaction du code administratif de 1940. Il a remplacé António de Oliveira Salazar à la présidence du Conseil en septembre 1968.

2 Miranda (J.), *Inconstitucionalidade da revisão constitucional de 1971 : um projecto de Francisco Sá Carneiro*, Lisbonne, Édition *Assembleia da República*, 1997, 59 p..

3 Le 1er janvier 1986.

4 La réforme de l'administration territoriale n'était pas une priorité pour les gouvernements provisoires puis constitutionnels. Entre 1974 et 1986, ils étaient plus préoccupés par la décolonisation, l'instauration de la démocratie et les négociations en vue d'adhérer à la Communauté économique européenne.

5 Larvaron (B.), *Le Préfet au XXIe siècle*, Paris, éd. Economica, 2001, p. 146 : « Le préfet, rouage grandissant de la construction européenne. »

À titre d'illustration, l'approbation et la ratification de la Charte européenne de l'autonomie locale ont[1] été d'autant plus importantes[2] qu'elle avait placé l'institution du gouvernement civil au centre d'une redéfinition de ses prérogatives, mais elle est restée sans suite malgré la loi-cadre n° 56/91, du 13 août 1991 concernant les régions administratives[3].

Au demeurant, les réformes portant sur l'administration locale portugaise et adoptées depuis la promulgation de la Constitution de 1976, tant en matière administrative que financière, puis l'adhésion à la CEE et l'application des fonds structurels européens ont ignoré le gouverneur civil. Indubitablement, les pouvoirs du gouverneur civil se sont trouvés réduits d'autant dans leurs anciennes prérogatives, même si l'autonomie locale[4] n'a pas remis fondamentalement en cause la représentation symbolique de la principale institution administrative du district.

L'Europe, une opportunité manquée pour l'institution

Si les débuts d'une régionalisation européenne ont eu pour cadre le traité de Rome du 25 mars 1957 et le traité de Maastricht du 7 février 1992, le Portugal fut longtemps tenu à l'écart de cet espace européen auquel il a adhéré le 1er janvier 1986.

Le président du Conseil António de Oliveira Salazar considérait que toute perspective d'adhésion européenne devait être abordée avec beaucoup de circonspection[5]. La réticence tenace du président du Conseil a retardé l'intégration du Portugal dans la Communauté économique européenne. En fait, et malgré les *a priori* négatifs du président du Conseil quant à l'éventualité d'une « Union européenne », les contacts ont toujours été main-

[1] *Diário da República,* I-Série, n° 245, 23 octobre 1990, p. 4344. Le décret du président de la République, n° 58/90, du 23 octobre 1990, et la résolution de l'Assemblée de la République n° 28/90 ont approuvé par ratification, la Charte européenne de l'autonomie locale.

[2] Conclue à Strasbourg le 15 octobre 1985, elle a été ratifiée au Portugal le 23 octobre 1990, mais n'est entrée en application que le 1er avril 1991.

[3] *Diário da República,* I-Série-A, n° 185, 13 août 1991, p. 4091-4097. La loi-cadre sur les Régions administratives, n° 56/91 du 13 août 1991 précisait : « Dans chaque région administrative il y aura un représentant du gouvernement, désigné gouverneur civil régional. »

[4] *Diário da República,* I-Série, n° 245, n° 58/90 du 23 octobre 199023, p. 4344. Ce décret du président de la République, dans son article 3 relatif au « Concept d'autonomie locale » disposait : « 1. Par autonomie locale, on entend le droit et la capacité effective pour les collectivités locales à réguler et de gérer, dans le cadre de la loi, sous leur propre responsabilité et au profit de leurs populations, une part importante des affaires publiques. »

[5] Siqueira Freire de (A.) et Calvet de Magalhães (J.), (dir.), *Os Movimentos de Cooperação e integração Europeia no Pós-guerra e participação de Portugal nesses movimentos*, Oeiras, Instituto Nacional da Administração, Departamento de Integração Europeia, 1981, p. 61-65. Dans la « Circulaire sur l'intégration européenne, pour les missions diplomatiques, du président du Conseil des ministres du 6 mars 1953 », le président du Conseil António de Oliveira Salazar avait défendu l'idée qu'une intégration à l'Europe relevait d'une « simplicité d'esprit ».

tenus[1]. L'option européenne fut envisagée comme une approche indispensable aux relations économiques et politiques, mais qui ne devait guère remettre en cause les fondements de l'État nouveau. Elle aurait pu représenter une opportunité pour construire un nouveau dessein dans le processus de reconfiguration de l'administration territoriale en s'inspirant du préfet de région français ou du *prefetto* italien.

C'est pour tout cela que la prise en compte du cadre territorial européen est absolument indispensable si l'on veut comprendre la place de l'institution personnifiée par le gouverneur civil dans une grille de comparaison avec d'autres pays d'Europe dont certains ont déjà une division de leur territoire en régions. Déjà, l'Acte unique européen qui est entré en vigueur le 1er juillet 1987 a constitué une étape fondamentale (un an et demi après l'adhésion de l'Espagne et du Portugal à la Communauté économique européenne) dans la mise en œuvre de participations communes des régions aux nouvelles politiques communautaires[2]. C'est le 24 juin 1988 que la Commission européenne a instauré un Conseil consultatif des collectivités régionales et locales chargé de lui porter assistance sur ses projets de politique de développement régional[3].

Le professeur Francisco António Lucas Pires[4] considérait que le Conseil consultatif des collectivités régionales et locales était le premier pas vers une Europe des régions[5]. En tant que structure interne de la Commission, le Conseil consultatif des collectivités régionales et locales a une fonction consultative et vient en aide à la préparation des Cadres communautaires d'appui[6]. Pourtant, il a fallu attendre le traité de Maastricht du 7 février 1992 pour que les régions puissent bénéficier d'un principe statutaire dans la Communauté européenne. Malgré cela, le Portugal, lors du référendum national du 8 novembre 1998, sur la régionalisation a refusé d'établir une configuration du pays en huit régions, donc l'idée d'un gouverneur civil régional, alors même que l'Assemblée de la République et le gouvernement auraient dû trouver un consensus sur la question lors de cette consultation pour bénéficier de l'opportunité européenne[7].

---

1 *Diário do Governo*, I-Série, 11 avril 1933. Avec l'adoption du décret-loi n° 22 465 du 11 avril 1933, l'Acte colonial de 1930 fut intégré à la Constitution politique de la République de 1933.

2 C'est l'Acte unique européen qui a instauré le Fonds européen de développement économique régional.

3 L'article 198-A du traité de l'Union européenne a instauré un Comité des régions de cent quatre-vingt-neuf membres, mais ils n'ont qu'un rôle consultatif. Il est généralement considéré comme l'un des principes de base de la subsidiarité spécifiée dans le Traité de Maastricht.

4 Avocat, professeur de droit et député européen du Parti social-démocrate (décédé en 1998).

5 Lucas Pires (F.-A.), *Regionalização e Europa*, Lisbonne, Universidade Autónoma de Lisboa, 1996, p. 31.

6 Il est à l'origine de l'actuel Comité des régions créé en 1990.

7 Au Portugal, il y a cohabitation d'un système mixte, présidentiel et parlementaire, qui trouve son origine dans la Constitution de 1933.

La question était de savoir si, dans un futur plus ou moins proche, les représentants locaux des différents États pourraient parvenir à établir un schéma commun dans la gestion administrative des espaces. La réponse risque de se faire attendre, tellement cela paraît lointain. Néanmoins, ce qui semble irréalisable finit parfois par se concrétiser au-delà des procédures de refus, d'expectatives ou d'adhésions des divers pays au sein de l'Union européenne. Le système administratif et politique portugais a renforcé de plus en plus le pouvoir local, surtout municipal. Or, si le rôle qui a été dévolu aux *municípios* depuis la Constitution de 1976, avec des attributions administratives et financières de plus en plus importantes, comme on l'a démontré, la décision politique d'en finir avec l'épineuse question du gouverneur civil n'a fait qu'impulser une réforme de l'administration territoriale qui se prolonge depuis des décennies.

Les projets de regroupements de *municípios* et de *freguesias* élaborés le 22 septembre 2011 par le XIXe gouvernement constitutionnel et présentés dans un ouvrage[1] qui expose les grandes lignes de la réforme de l'organisation territoriale ne font aucune mention des régions administratives ni d'un hypothétique schéma qui placerait un représentant de l'État à l'échelon régional. On peut craindre, face à la volonté de renforcer les pouvoirs des collectivités locales[2], sans se préoccuper de savoir par qui et comment l'État va être représenté au niveau régional, que cela n'isole le Portugal, par exemple dans la mise en œuvre des programmes européens de développements de type FEDER.

On peut supposer que la réforme de 2011 et 2012 portant sur l'organisation territoriale ne puisse être pleinement efficace. Elle a fait l'impasse sur les besoins administratifs et politiques susceptibles de créer une « institution relais » entre le pouvoir central et les collectivités locales. Ou alors, comme on peut l'espérer, ce réaménagement partiel et déséquilibré de la configuration administrative territoriale ne serait qu'un prélude à une future institution supramunicipale, dans un cadre régional.

---

[1] « Livre vert de l'administration locale. Une réforme de gestion, une réforme du territoire et une réforme politique » publié par le cabinet du ministre adjoint et des Affaires parlementaires, le 22 septembre 2011.

[2] *Ibid.* « La réforme administrative du pouvoir local s'impose, actuellement, comme un pilier fondamental pour l'amélioration d'une gestion du territoire et de prestation de service aux citoyens. Le pouvoir local démocratique a engendré des améliorations dans la qualité de vie de la population dans tout le territoire national et a élargi sa sphère de compétences. Pourtant, nous traversons une période où le modèle de gestion doit être analysé et amélioré structurellement, permettant de cette façon un renforcement bénéfique du Municipalisme. » Le quatrième paragraphe est encore plus explicite puisque : « Le Gouvernement portugais reconnaît dans les collectivités locales un vecteur de la décentralisation de politiques qui visent au développement économique et social des populations, de la même façon qu'il considère comme évidente sa volonté politique de réaliser, conjointement avec les élus locaux et la société portugaise, une réforme de gestion, une réforme du territoire et une réforme du pouvoir local. »

Une réforme inachevée

L'absence de représentation locale du pouvoir central risque de mettre en péril la quintessence même de la souveraineté d'État. Au thème d'une analyse de la suppression du gouverneur civil, cette section ne se limite pas seulement à démontrer qu'il s'agit d'une action longuement souhaitée, mais que la décision de faire disparaître le gouverneur civil a été prise de façon abrupte et injustifiée.

Elle prouve que la fin annoncée du gouverneur civil prise dans l'urgence n'a pas proposé, pour l'instant, des alternatives sérieuses de remplacement au représentant local de l'État. On a assisté à ce curieux phénomène d'une destitution-suspension du gouverneur civil, décidée *ex abrupto,* mais qui en réalité le sauvegardait constitutionnellement[1]. Le Portugal est peut-être entré dans une phase de déterritorialisation de son espace administratif avant d'engager une phase de reconstruction de son administration locale et de la représentation effective de l'État au niveau local[2]. La réforme de l'administration locale portugaise s'inclut-elle dans un processus d'instauration du *new public management* ? On défend l'idée que cela n'est pas le cas puisque les régions administratives n'existent pas encore et que l'État n'a plus de représentant dans le district.

Au thème d'un constat sur la disparition réelle de l'ancien chef du gouvernement civil, et si on s'accorde sans mal à reconnaître que le gouverneur n'existe plus, la situation est un peu plus complexe. Il convient donc de lever toute ambiguïté et supposer que s'il n'est plus présent physiquement dans le district, c'est en principe la VIIIe révision de la Constitution de 1976 qui devra le rayer définitivement des structures administratives et politiques. Pourtant, comme on le rappelle à diverses reprises, le gouvernement et les élus à l'Assemblée de la République considèrent qu'il n'est pas opportun de réviser la Constitution avant la fin de l'année 2013. Pour faciliter la compréhension générale des développements *infra,* on admet qu'il a été supprimé[3], jusqu'à la preuve du contraire. Étrangement, aucun texte législatif ne parle de « suppression », mais de « transferts de compétences », de « fin » et de « révocation »[4]. Pour bien percevoir avec quelle célérité le gouverneur civil a été supprimé, il est indispensable de retracer les étapes du rapide processus politique et législatif qui a conduit à cet état de fait.

[1] Comme on le rappelle dans divers développements la suppression définitive passe par un vote des 2/3 des députés de l'Assemblée de la République et une révision de la Constitution de 1976.

[2] Brenner (N.) et Theodore (N.), *Spaces of Neoliberalism: Urban Restructuring* in *North America and Western Europe,* Oxford, Wiley-Blackwell Publishers, 2002, 294 p..

[3] *Diário da República,* I-Série, n° 230, 30 novembre 2011, loi organique n° 1/2011 du 30 novembre 2011, p. 5117-5128.

[4] *Ibid.*

Après les élections législatives du 5 juin 2011[1] et l'accession au pouvoir de la coalition composée des partis de centre droit et conservateurs PPD/PSD et CDS/PP[2], le XIXe gouvernement constitutionnel est entré en fonction le 21 juin 2011. Il fut immédiatement décidé de mettre un terme au mandat de chaque gouverneur civil. Lors de son discours de prise de fonction, le Premier ministre Pedro Passos Coelho avait la ferme intention de régler, rapidement et une fois pour toutes, le problème du gouverneur civil[3]. Il voulait par cette mesure radicale donner l'exemple en matière de rigueur budgétaire dans un pays fortement frappé par une crise économique, financière et sociale[4]. Ceci étant dit, la détermination à faire disparaître le gouverneur civil fut une mesure partielle sur le plan administratif et politique. Elle fut prise juste après l'accession au pouvoir qui tendait à calmer les élus locaux et une

---

1 PPD/PSD = 108 députés ; CDS/PP = 24 députés ; PS = 74 députés ; PCP/PEV = 16 ; BE = 8.

2 *Diário da República*, I-Série, n° 116, 17 juin 2011. Résultats officiels des élections législatives du 5 juin 2011. Supplément avec les résultats de la CNE, n° 6-A/2011, p. 3300-3300 (7). *Cf.* également le *Diário da República*, I-Série, n° 129, 7 juillet 2011, p. 3967 qui porte sur la déclaration de rectification n° 18/2011 concernant les résultats officiels des élections législatives du 5 juin 2011.

3 Discours de prises de fonction du Premier ministre portugais Pedro Passos Coelho le 21 juin 2011 (extrait) : « À la menace sociale et à la souffrance provoquées par les actuelles difficultés nous répondons avec un Programme d'Urgence sociale, orienté vers les personnes les plus nécessiteuses et vers ceux qui sont le plus sévèrement frappés. Personne ne doit être laissé pour compte. Nous ne voulons pas d'une société qui abandonne ses pauvres, qui ignore les personnes handicapées, qui ne porte pas secours à ceux qui sont dans la peine, qui oublie ses émigrés, qui rejette ceux qui veulent venir dans notre pays pour vivre et travailler, qui ignore ses personnes âgées, qui se ferme à ses sans-emploi. Personne ne sera laissé sur le bord du chemin. La valeur incommensurable de la dignité de la personne humaine oblige à ce qu'il y ait une préoccupation pour apporter une aide aux plus vulnérables et une juste répartition des coûts et des sacrifices nécessaires pour surmonter la crise et au propre projet de changement d'orientation de la politique du gouvernement. L'État donnera l'exemple de rigueur et d'exigence pour qu'il y ait des ressources pour ceux qui en ont le plus besoin : mon Gouvernement sera le leader de cet exemple, comme le prouve du reste la décision de ne pas nommer de nouveaux gouverneurs civils [...]. »

4 Dès le lendemain, dans un entretien à l'agence de presse *Lusa*, le professeur de droit Pedro Bacelar de Vasconcelos a rappelé que le maintien du gouverneur civil n'était pas une obligation constitutionnelle. Dans le quotidien *Correio do Minho* du 22 juin 2011, un article émanant de l'agence de presse *Lusa* notait : « le constitutionnaliste Pedro Bacelar de Vasconcelos a considéré que la Constitution n'oblige pas à ce que soient nommés des gouverneurs civils et a défendu l'idée que le gouvernement devrait à court terme, distribuer les compétences que ceux-ci possèdent encore. Selon ce constitutionnaliste, l'unique référence constitutionnelle concernant les gouverneurs civils est incluse dans l'article 291 de la Constitution (CRP) dans les "dispositions finales et transitoires", [...]. Mais cela n'oblige pas le Gouvernement à nommer des gouverneurs civils. Maintenant, s'il n'est pas obligatoire de les nommer, il est obligatoire de procéder à une adaptation législative, dans un délai relativement court, nommément en ce qui concerne le transfert de l'ensemble de compétences qui relèvent encore des fonctions des gouverneurs civils [...]. Pour Bacelar Vasconcelos l'article [291] pourrait être purement et simplement éliminé lors de la prochaine révision constitutionnelle, "parce qu'il n'a aucune raison d'y être". »

réelle volonté d'en finir avec les atermoiements politiques concernant le devenir du gouverneur civil[1]. Pour autant, on défend l'idée que le projet politique qui a supprimé le gouverneur civil reste inachevé alors même que l'actuelle réforme de l'administration territoriale locale ignore sciemment la mise en place d'un représentant de l'État dans chacune des futures régions administratives.

Une réforme inaboutie sur le plan politique

D'aucuns pourraient objecter que cette suppression était souhaitable et prévisible. L'idée de ce choix inattendu et surprenant, par sa célérité, fut avant tout un acte politique. Là est certainement l'une des principales raisons pour lesquelles le XIXe gouvernement constitutionnel a voulu, dès le 21 juin 2011, frapper les esprits par une prise de décision politique et symbolique forte, plus que par une réforme administrative mûrement préparée et réfléchie. On en veut pour preuve l'absence de schéma de substitution.

Dès le 8 septembre 2011, le ministre de l'Administration interne a rédigé la proposition de loi n° 14/XII/1er (Gvt) sur le « Transfert des compétences des gouvernements civils et des gouverneurs civils vers d'autres entités de l'administration publique, sous réserve de compétence législative de l'Assemblée de la République ». Elle fut transmise à la commission parlementaire des Affaires constitutionnelles, Droits, Libertés et Garanties[2] pour être soumise aux représentants des autres partis politiques.

---

[1] On peut se poser la question pour savoir pourquoi les gouvernements centraux maintiennent-ils les 230 députés à l'Assemblée de la République ? Ne serait-il pas opportun, pour des motifs d'une meilleure efficacité et de représentation, de faire élire trois ou 5 députés par district, selon la densité de population ? Cela serait un moyen de réduire sensiblement la masse salariale de l'Assemblée de la République et transférer l'argent ainsi économisé, vers les écoles, les hôpitaux, par exemple. Mais peut-on demander aux députés de prendre de telles mesures de rigueur à leur encontre ? Chaque parti politique portugais est-il disposé à mettre une telle réforme à l'ordre du jour et à passer sous les fourches caudines de certains de ses adhérents qui ambitionnent de se présenter aux élections législatives ? Rien n'est moins sûr. Pourtant, on pense que la représentation à l'Assemblée de la République avec 230 députés pour 10,555 millions d'habitants est pléthorique (source *Instituto Nacional de Estatísticas*, recensement juin 2011). À titre de comparaison, l'Assemblée nationale française est composée de 577 députés pour 65,8 millions d'habitants au 1er janvier 2011 (source INSEE, thème « population »), et l'Italie avait une population estimée en mai 2011 à 61 millions d'habitants en mai 2011 (source : *Istituto Nazionale di Statistica*) et 630 députés représentants du peuple à la Chambre des députés.

[2] Elle fut mise en place le 6 juillet 2011 suite aux élections législatives du 5 juin 2011. La commission parlementaire était présidée par le député du PSD Fernando NEGRÃO assisté de deux vice-présidents : Sérgio Sousa Pinto du PS et Telmo Correia du CDS-PP. Elle se composait de vingt députés permanents et de vingt-trois suppléants qui se répartissaient comme suit : vingt membres permanents (dix PSD ; six PS ; un CDS-PP ; un PCP ; un du Bloc de Gauche, le BE ; un écologiste, du PEV le Parti des Verts) et vingt-trois suppléants (onze du PSD ; sept du PS ; deux du CDS-PP ; un PCP ; un BE ; un PEV).

C'est essentiellement dans les pages économiques que la presse portugaise a relaté les mesures drastiques prises par le gouvernement dans le cadre de la réorganisation administrative[1]. Cette volonté de réduire les dépenses de l'État a été confirmée par le Premier ministre portugais dans un entretien au quotidien *Le Figaro*[2].

On peut désormais admettre que les impératifs de la rigueur financière d'un pays en pleine récession économique l'ont emporté sur les nécessités de créer les régions administratives, schéma indispensable à un développement harmonieux du territoire, tant dans les domaines économiques que sociaux et politiques, au point d'accepter une réforme administrative élaborée à la hâte. Cependant, la résolution du Conseil des ministres n° 13/2011 du 27 juin 2011[3] qui a approuvé la suppression des dix-huit gouverneurs civils et la proposition de loi n° 14/XII/1er (Gvt) du 8 septembre 2011 ont accéléré le processus de transfert des anciennes compétences du gouverneur civil.

Une révocation précipitée du gouverneur civil

La restructuration qui vise à faire disparaître, fusionner ou réduire des institutions publiques ne s'est pas limitée aux seuls gouvernements civils, mais elle touche l'ensemble des ministères[4].

Ainsi, le ministère des Finances est également soumis à une réduction drastique de ses structures[5]. La fin des dix-huit gouverneurs civils a été confirmée par la résolution du Conseil des ministres n° 13/2011 du 27 juin 2011 puis la proposition de loi n° 14/XII/1er (Gvt) du 8 septembre 2011. Les textes

---

[1] Le *Jornal de Negócios*, du 16 septembre 2011, a titré en page 6, dans sa rubrique économique portant sur la réforme de l'État : « Sachez quelles sont les coupures prévues pour chacun des ministères. » L'article non signé a résumé les mesures du gouvernement en mettant en avant : « Il y a des coupures pour tous les goûts et les couleurs. Des plus petites et des plus grandes. Dans tous les ministères. Avec un objectif unique : économiser. » En ce qui concerne le ministère de l'Administration interne, le quotidien soulignait : « Les 64 dirigeants qui disparaissent de sa structure, parmi lesquels 25 sont de haut niveau, équivalent à des directeurs-généraux [...]. La réduction des dirigeants est de 31 %. Des 28 entités qui existent actuellement, le MAI espère n'en garder que sept. Des 21 qui sont supprimées, 18 correspondent aux gouverneurs civils. Dans les trois autres, on intègre le Service de Sécurité intérieure, qui cesse d'être rattaché au MAI et est placé sous la dépendance directe du Premier ministre Passos Coelho. »

[2] Le Figaro, 18 septembre 2011. Dans un article titré « Premier ministre du Portugal depuis le mois de juin, Pedro Passos Coelho, social-démocrate, analyse la crise de la zone euro, défend son plan de rigueur et les réformes engagées pour redresser le pays, placé sous la tutelle du FMI et de l'UE », le chef du gouvernement a déclaré : « Ma vision est très pragmatique : nous devons faire tous les efforts nécessaires pour mener à bien les réformes et l'assainissement financier. »

[3] *Diário da República*, II-Série, partie C, n° 124, 30 juin 2011, p. 27 429

[4] Agence de presse Lusa, 16 septembre 2011. Par exemple, on peut citer le cas du ministère de l'Agriculture et de l'Environnement qui s'est vu « supprimer le plus d'entités ».

[5] *Plano de Redução e Melhoria da Administração Central do Estado*, (Plan de réduction et amélioration de l'administration centrale de l'État (PREMAC).

législatifs sont entrés en vigueur dans la dynamique d'une nouvelle coalition qui accède au pouvoir central. La proposition de loi n° 14/XII/1er (Gvt) du 8 septembre 2011 fut discutée et adoptée en première lecture lors de la session plénière de l'Assemblée de la République le 16 septembre 2011, sans enthousiasme de la part des opposants à la suppression du gouverneur civil. Et cela, malgré le vote « contre » du Parti socialiste, ce qui est pour le moins surprenant, pour un parti politique qui, depuis des décennies, souhaitait la disparition du gouverneur civil et la mise en place des régions administratives.

Les prémices d'une suppression prématurée

Avant les élections législatives du 5 juin 2011, des tensions existaient entre le gouverneur civil et d'autres entités locales et d'autres élus politiques[1]. La décision du Premier ministre a pris de court la société portugaise et la classe politique.

À titre d'illustration, le gouverneur civil de Bragança Jorge Gomes s'est opposé aux affirmations faites à la presse par António Fernandes qui, en tant que commandant de la GNR du district, se plaignait que ses services ne disposaient pas de carburant suffisant pour effectuer leurs rondes jusqu'à la fin de l'année. Le gouverneur civil a considéré que ces communications publiques d'un officier de la GNR étaient d'ordre politique et a rappelé le commandant de la GNR de son district à respecter son devoir de réserve[2].

Comme tant d'autres, Manuel Serrão, dans un article intitulé « Le gouverneur civil est un corps étranger », s'interrogeait sur « la justification du maintien de cette charge ». Il avait alors posé trois questions[3], qui revenaient de façon itérative dans les propos des partisans de la suppression et qui allaient servir d'arguments supplémentaires au gouvernement de Pedro Passos Coelho pour ne plus placer le gouverneur civil à la tête du district :

> 1. Existe-t-il quelque chose qui fasse partie des compétences actuelles des gouverneurs civils et qui ne puisse pas être résolu sans leur existence ? Non. [...]
> 2. Y aura-t-il un sens à maintenir la charge une fois que la régionalisation aura été instaurée ? Non. La charge de gouverneur civil est l'antithèse du concept de régionalisation.
> 3. L'État actuel peut-il se permettre le luxe de dilapider 30 millions [d'euros] par an pour que le gouvernement garde ces représentants dans le district ? Non. [...]. En finir avec les gouverneurs civils serait un bon exemple que l'État donnerait à la société civile dans la lutte contre le gaspillage et dans l'incitation à l'économie. Les deux pre-

---

[1] On peut se demander si le gouvernement de Pedro Passos Coelho n'y a pas vu un moyen de donner suite aux oppositions locales et saisir cette opportunité pour supprimer le gouverneur civil, dès sa prise de fonction.

[2] *Jornal Nordeste*, 11 mai 2011.

[3] *Jornal de Notícias*, 1er décembre 2010.

mières réponses donnent le contexte. La troisième fournit le prétexte. Finissons-en avec les gouverneurs civils. Maintenant !

Avant les élections législatives, Pedro Miguel de Santana Lopes avait déjà « ouvert la route » au futur Premier ministre en exposant ses arguments en faveur de la suppression du gouverneur civil, en exprimant sa volonté d'en finir avec « l'État dépensier »[1]. L'homme politique avait préconisé que les affaires courantes soient assurées par le secrétaire du gouvernement civil en attendant une révision constitutionnelle qui mettrait un terme au gouverneur civil. Il soutenait également que si le gouverneur civil n'était pas révoqué définitivement par le futur gouvernement dirigé par Pedro Passos Coelho alors : « Cela conduira à une inertie et à ce que la charge ne soit plus jamais supprimée[2]. » Le 9 juin 2011, soit quatre jours après les élections législatives, Pedro Miguel de Santana Lopes[3] dans un entretien à l'agence de presse *Lusa*, avait mis au défi le futur chef du XIXe gouvernement constitutionnel d'en finir définitivement avec le gouverneur civil. Son intervention sur ce thème aurait pu être perçue comme une déclaration politique sans effet, après des décennies de discours similaires. Contre toute attente, ce qui aurait pu être perçu comme un discours de plus sur la perspective de mettre un terme définitif au mandat du gouverneur civil a fait que les propos de l'ancien Premier ministre ont eu des conséquences immédiates sur la fin de l'ancienne représentation du gouvernement dans le district.

Après la prise de fonctions du XIXe gouvernement constitutionnel, l'ancien Premier ministre s'était déclaré heureux de l'initiative prise par le gouvernement et d'avoir mis fin aux mandats des dix-huit gouverneurs civils et de ne pas en nommer d'autres, puisque « les gouverneurs civils datent du temps de la monarchie. Ils n'ont plus aucun sens[4] ». Dans un tel moment d'effervescence politique si le Premier ministre Pedro Passos Coelho avait pris le pari de se passer des gouverneurs civils, officiellement pour des questions de rigueur budgétaire, certains d'entre eux avaient anticipé leur destitution officielle.

---

[1] Agence de presse Lusa, 9 juin 2011. « À moi il ne me serait pas choquant qu'il y ait dès maintenant une première révision constitutionnelle, seulement en vue de cet objectif. Parce que cela serait hautement symbolique. Cela montrerait la volonté de changement de ce nouveau cycle politique [...]. Il serait dégradant qu'un Premier ministre issu d'une nouvelle génération de politiques nomme de nouveaux gouverneurs civils qui n'ont pratiquement rien à faire si ce n'est participer à des cérémonies, et envoyer des papiers. »

[2] *Ibid.*

[3] Pedro Miguel de Santana Lopes a été président du Parti social-démocrate du 30 juin 2004 au 10 avril 2005 ; maire de Lisbonne du 6 janvier 2002 au 12 juillet 2004 puis du 15 mars 2005 au 28 octobre 2005 ; Premier ministre du 12 juillet 2004 au 12 mars 2005. On doit noter que lorsqu'il était chef du XVIe gouvernement constitutionnel il n'a jamais proposé une quelconque réforme visant à supprimer définitivement les gouverneurs civils, ni suggéré et défendu un autre schéma de représentation locale de l'État, dans le district ou dans un cadre territorial régional.

[4] Entretien accordé à la chaîne de télévision portugaise TVI le 25 juin 2011.

Plusieurs exemples de fin de mandat sont révélateurs des acrimonies que cela a suscitées. Le gouverneur civil de Lisbonne António Galamba[1] fut le premier à adresser sa lettre de démission au nouveau ministre de l'Administration interne Miguel Macedo, après l'avoir publiée sur son site Facebook. De même, sept autres gouverneurs civils ont annoncé leurs départs sur le site internet de leur gouvernement civil respectif : le gouverneur civil du district de Bragança Jorge Gomes, Manuel Monge, gouverneur civil du district de Beja, Fernando Moniz,[2] gouverneur civil du district de Braga, Alzira Serrasqueira, gouverneur civil du district de Castelo Branco, Santinho Pacheco, gouverneur civil du district de Guarda[3], José Humberto Paiva de Carvalho, gouverneur civil du district de Leiria et le gouverneur civil du district de Santarém Sónia Isabel Sanfona. De fait, les gouverneurs civils en place ont fort mal pris leur destitution, même si elle était prévue comme à chaque changement de gouvernement. Elle les a surpris par sa célérité, comme en attestent les textes législatifs pris en ce sens.

---

[1] *Portal Alverca, Nacional*, 22 juin 2011. Extrait de la lettre de démission du gouverneur civil de Lisbonne : « Cher Monsieur,
« Ministre de l'Administration interne, Docteur Miguel Macedo,
« Lisbonne, 20 juin 2011.
« Le gouverneur civil est, dans les termes de la Constitution, le représentant du Gouvernement dans la circonscription du district, et y exerce les fonctions et compétences que la loi lui attribue.
« Le gouverneur civil, sans porter préjudice à d'autres missions octroyées par une législation spécifique, exerce des compétences dans les domaines suivants :
« Représentation du Gouvernement,
« Rapprochement entre citoyens et administration,
« Sécurité publique,
« Protection civile.
« Tout au long des derniers mois, les gouverneurs civils en fonctions ont été confrontés à une campagne médiatique populiste orchestrée par des partis politiques tels que le PSD et le CDS-PP, centrée sur la suppression des gouverneurs civils [...]. » Le gouverneur civil poursuit en soulignant que la fonction est basée sur la « confiance politique et la représentation du gouvernement ».

[2] Le quotidien régional *Correio do Minho* du 22 juin 2011 a relaté cette démission en mentionnant qu'elle avait été transmise au ministre de l'Administration interne par fax.

[3] Dans un entretien accordé à des journalistes locaux et retransmis le 29 juin 2011 par le site *Notícias Guarda.pt Multimédia*, dans un article intitulé « Le dernier gouverneur civil veut assumer un nouveau mandat politique ». L'ancien gouverneur civil Santinho Pacheco a déclaré ne pas vouloir se présenter aux prochaines élections municipales pour prendre la présidence de la *Câmara municipal* de Guarda, mais il a confirmé sa volonté de postuler à un autre poste politique local, sans préciser lequel. En l'espèce, on devine que deux alternatives s'offrent à lui : la direction du Parti socialiste dans le district ou la députation.

La résolution du 27 juin 2011 et la proposition de loi du 8 septembre 2011

La résolution n° 13/2011 du 27 juin 2011[1] adoptée en Conseil des ministres a marqué une étape essentielle dans la réorganisation de la représentation locale de l'État.

Le texte mit un terme à plusieurs décennies d'hésitations politiques[2]. La résolution n° 13/2011 du 27 juin 2011 énonce :

> Lors de son instauration[3], le Gouvernement a affirmé son intention de ne pas procéder aux nominations de nouveaux gouverneurs civils. En assumant cet engagement politique au nom du Gouvernement, le Premier ministre a affirmé la volonté de changement qui anime le Gouvernement et que réclame la difficile situation du pays. Il y a des années que le gouverneur civil n'avait plus de sens, utilité et raison d'être.

Deux arguments majeurs expliquent ce choix.

D'un côté, le maintien en activité du gouverneur civil n'a été qu'un moyen d'entretenir le clientélisme politique des partis au pouvoir.

De l'autre, également sur le plan politique, on a assisté, plus ou moins explicitement, à sa réorientation dans la perspective d'une extinction formelle et définitive, ce qui, cependant, ne peut se concrétiser que par la voie « d'une révision constitutionnelle, une fois que sa consécration est expressément gravée dans l'article 291 de notre loi fondamentale[4] », et de poursuivre :

> La majorité politique qui soutient le XIXe Gouvernement constitutionnel va proposer cette suppression dans le cadre d'un futur projet de révision de la Constitution. Il avait été admis comme possible le fait de confier transitoirement les compétences diminuées que les gouverneurs civils exerçaient encore transitoirement aux secrétaires respectifs des districts et approuver rapidement des mécanismes légaux adéquats en vue d'un transfert de ses fonctions vers d'autres organes et entités de l'administration publique[5].

---

[1] *Diário da República*, II-Série, partie C, n° 124, 30 juin 2011, p. 27429.

[2] Agence Lusa, 30 juin 2011 : « Aujourd'hui c'est le dernier jour de travail pour les 18 gouverneurs civils. »

[3] *Diário da República*, II-Série, partie C, n° 124, 30 juin 2011, p. 27429.

[4] *Ibid.*

[5] *Ibid.* De plus, lors de sa séance du 5 septembre 2011 le Conseil des ministres avait approuvé des mesures visant à réduire de façon drastique le nombre des postes d'encadrement dans l'administration publique. Le 14 septembre 2011 le *Jornal de Negócios* a annoncé : « Il y aura une réduction significative des postes de dirigeants. On vise 27 % dans l'administration centrale, donc au-delà des 15 % qui avaient été annoncés. Il y aura 1712 postes en moins dans l'administration centrale. » Le quotidien a annoncé que ces diminutions de postes allaient représenter une économie de 100 millions d'euros en supprimant « 167 entités administratives et en créer 25 autres en procédant à des fusions », ce qui fait un solde négatif de moins 137 structures administratives.

Mais en supprimant le gouverneur civil, le gouvernement a donné de cette façon, l'exemple qu'il s'impose, particulièrement en tant de crise, d'exigence et de rigueur dans l'emploi de l'argent public.

En conséquence, avec l'adoption de la résolution n° 13/2011 du 27 juin 2011, et dans les termes des alinéas *d*) et *e*) de l'article 199 de la Constitution, le Conseil des ministres a décidé de révoquer l'ensemble des dix-huit gouverneurs civils et de mettre un terme à leurs nominations. Simultanément, il a confirmé qu'en attendant la redistribution légale des fonctions dévolues aux anciens gouverneurs civils, il relevait du domaine de compétences des secrétaires généraux des gouvernements civils de gérer les affaires courantes. Pour cela, il a été demandé au ministre de l'Administration interne d'élaborer puis de présenter au Conseil des ministres des projets de textes légaux relatifs :

> a) Au transfert des compétences des gouvernements vers d'autres entités de l'administration publique ;
> À la liquidation du patrimoine des gouvernements civils ;
> À la définition du régime légal applicable aux fonctionnaires des gouvernements civils.
> Les textes légaux mentionnés au numéro antérieur doivent être approuvés à temps, de façon à produire leurs effets à partir du 15 octobre 2011.
> La présente résolution prend effet à compter de la date de sa publication.
> Juin 2011 - Le Premier ministre, Pedro Passos Coelho[1].

Or, comme l'a rappelé le professeur Filipe Teles, s'il est prévu de ne plus nommer de gouverneur civil qu'après une révision constitutionnelle[2], « le risque réside dans une précipitation politique[3] ».

Le transfert des compétences résiduelles des gouvernements civils, un processus rapide

Pour autant, le 8 septembre 2011 le Conseil des ministres a approuvé la proposition de loi n° 14/XII/1er (Gvt) et le décret-loi 51/2011 qui font suite à la résolution n° 13/2011 du 27 juin 2011 adoptée également en Conseil des ministres[4]. En analysant ces textes, on note qu'aucune allusion n'est faite à

[1] *Diário da República*, II-Série, partie C, n° 124, 30 juin 2011, p. 27 429

[2] Enseignant chercheur au Département des Sciences sociales, politiques et du territoire de l'Université d'Aveiro.

[3] Article du professeur Filipe Teles paru sur le site de l'Université d'Aveiro le 7 juillet 2011.

[4] Présidence du Conseil des ministres. Communiqué du Conseil des ministres du 8 septembre 2011. « Les deux textes ont précisé les moyens de liquidation du patrimoine des gouvernements civils ainsi que la définition légale du régime applicable à leurs fonctionnaires. Ces textes permettent d'obtenir des gains d'efficacité notoires, soit au travers de la réaffectation du patrimoine vers de différents services, surtout les Forces et services de sécurité et protection civile, soit au travers d'une répartition judicieuse des ressources humaines antérieurement allouées aux gouvernements civils. On conclut ainsi le processus de transfert des compétences

une éventuelle création des régions administratives ou à la nomination d'un responsable régional qui y représenterait l'État.

Dans l'exposé des motifs de la proposition de loi n° 14/XII/1er (Gvt) il est énoncé :

> La résolution du Conseil des ministres n° 13/2011 du 27 juin, publiée au *Diário da República* 2e série, du 20 juin, a procédé à la destitution de tous les gouverneurs civils existants et a mandaté le ministre de l'Administration interne pour présenter au Conseil des ministres les projets et textes légaux relatifs au transfert de compétences des gouvernements civils vers d'autres entités de l'administration publique, à la liquidation de leur patrimoine et à la définition du régime légal applicable à leurs travailleurs exerçant des fonctions publiques.

En premier lieu, le gouvernement a mis en avant deux arguments pour bien démontrer sa réactivité à vouloir réformer puisque :

> Un premier pas a été fait, avec l'adoption du décret-loi n° [Reg. DL 15/2011] de [...], en ce qui concerne la compétence pour la concession de passeports, celle-ci ayant été transférée vers le Service des étrangers et des frontières, ce qui permet d'avoir un réseau d'accueil plus large et plus proche des citoyens, mais aussi une meilleure offre et efficacité dans le service dévolu par l'administration en ce qui concerne cette compétence concrète attribuée antérieurement aux gouverneurs civils[1].

des gouvernements civils vers d'autres entités de l'administration publique, y compris en matière de réserve de la compétence législative de l'Assemblée de la République, renonçant ainsi à une structure désajustée et onéreuse, ce qui permettra d'atteindre les mêmes résultats voir même des meilleurs avec moins de ressources en ce qui concerne les services rendus par l'État aux citoyens. »

Une autre décision importante concerne les orientations de la nouvelle réforme de l'administration locale. En effet, le communiqué a annoncé : « Le gouvernement définit comme principes d'orientation de la réforme de l'administration des collectivités locales une meilleure proximité et la décentralisation administrative, le renforcement du municipalisme et de l'intervention des *freguesias*, l'efficacité dans la gestion et affectation des ressources publiques, le renforcement du soutien de la structure locale, dans une perspective de dimension et échelle, la valorisation de la prestation du service public, les spécificités locales et le renforcement de la cohésion et de la compétitivité territoriale. La réforme de l'administration des collectivités locales aura encore comme axes structurants le secteur entrepreneurial local, l'organisation du territoire, la gestion municipale et le financement, ainsi que la promotion de la démocratie locale. »

[1] Le 4 juillet 2011 dans une communication adressée à l'agence de presse *Lusa*, Fernando Ruas [Président de la *Câmara municipal* de Viseu et président de l'Association nationale des *municípios* portugais] a souligné que les fonctions de l'ancien gouverneur civil pourraient être transférées vers d'autres services de l'administration publique : « Elles pourront être redistribuées entre les aires métropolitaines consolidées, les communautés intermunicipales et même le service du SEF (Service des étrangers et frontières [notamment en ce qui concerne les délivrances ou renouvellements des passeports]), sans que l'on s'aperçoive que les gouverneurs civils ont disparu. »

En second lieu, a été approuvé le décret-loi n° 51/2011[1] « [...], au travers duquel il a été procédé au transfert de diverses compétences des gouvernements et des gouverneurs civils, fixées par des textes légaux de la compétence du gouvernement [central], vers d'autres organes de l'Administration et a été institué le régime juridique concernant le patrimoine et le personnel des gouvernements civils [...][2] ». Il convient d'ouvrir ici une parenthèse et faire une digression concernant l'ancienne fonction du gouverneur civil en matière de délivrance de passeports[3].

En effet, l'arrêté interministériel n° 270/2011 du 22 septembre 2011 des ministères des Finances, des Affaires étrangères, de l'Administration interne et de la Justice[4] a rappelé :

> La résolution du Conseil des ministres n° 13/2011, du 30 juin 2011, a mandaté le ministre de l'Administration interne afin qu'il présente au Conseil des ministres les projets des textes légaux relatifs au transfert de compétences des gouvernements civils vers d'autres entités de l'administration publique. En conséquence, le Gouvernement approuve le décret-loi n° 97/2011[5], du 20 septembre, qui modifie le décret-loi n° 83/2000[6], du 11 mai, qui approuve le régime légal de la concession et émission de passeports.
>
> Les compétences antérieurement attribuées aux gouvernements civils relativement à la concession du passeport commun[7] sont dévolues, maintenant, au directeur national du Service des étrangers et des fron-

[1] *Diário da República*, II-Série-A, n° 31, 19 septembre 2011. Le décret-loi n° 51/2011 de la présidence du Conseil des ministres a entériné les modalités de transfert de compétences du gouvernement civil et du gouverneur civil désormais dévolues à diverses entités de l'administration publique.

[2] La présidence du Conseil des ministres a noté dans l'exposé des motifs de la proposition de loi n° 14/XII/1er (Gvt) : « Qu'il avait été procédé à l'audition des organes spécifiques des régions autonomes, de l'Association nationale des *municípios* portugais, de l'Association nationale des *freguesias* et du Conseil supérieur de la magistrature. »

[3] La Commission des Affaires constitutionnelles, Droits, Libertés et Garanties dans une note technique publiée au *Diário da República*, II-Série-A, n° 31, 19 septembre 2011 a rappelé les anciennes fonctions du gouverneur civil et souligné qu'elles seraient « redistribuées ou supprimées ».

[4] *Diário da República*, I-Série, n° 183, 22 septembre 2011, p. 4530-4532.

[5] *Ibid.*, p. 4518-4519 : « La concession du passeport commun était l'une des compétences des gouvernements civils qui avait la meilleure visibilité auprès des citoyens [...]. Cette fonction est attribuée au directeur national du Service des étrangers et des frontières et à l'Institut des registres et du notariat ». L'article 1er du décret-loi n° 97/20 du 20 septembre 2011 a abrogé le décret-loi n° 83/2000 du 11 mai 2000. *Cf. infra*.

[6] *Diário da República*, I-Série-A, n° 109, 11 mai 2000, p. 2038-2044. Il définissait les attributions du Service des Étrangers et des Frontières du ministère de l'Administration interne, en tant que service compétent pour gérer « la base de données de l'émission des passeports », les caractéristiques du nouveau passeport électronique, ainsi que les lieux et les modalités d'obtention.

[7] *Diário da República*, I-Série-A, n° 109, décret-loi n° 83/2000 du 11 mai 2000, p. 2038-2044. On désigne le passeport « commun » par différence avec le passeport diplomatique, spécial ou accordé aux étrangers.

> tières, avec la possibilité de déléguer et sous-déléguer, ce qui, allié à l'utilisation des services des conservatoires du registre civil de l'Institut des registres et du notariat, correspond à une augmentation immédiate du nombre de locaux dans lesquels le citoyen peut demander que lui soit concédé un passeport [...]. Les procédures à adopter entre le Service des étrangers et des frontières et l'Institut des registres et du notariat seront établies par un protocole entre ces deux entités[1].

Mais les fonctions de l'ancien gouverneur civil n'ont pas été réparties seulement vers des échelons politiques nationaux et locaux. Par conséquent, pour bien comprendre les arguments qui ont été exposés pour supprimer le gouverneur civil, il convient de prendre acte des débats se rapportant à la proposition de loi n° 14/XII/1er (Gvt) du 8 septembre 2011, lors de la séance plénière du 16 septembre 2011. Mais on a dû attendre l'adoption de la loi organique n° 1/2011 du 30 novembre 2011 pour que soit supprimé officiellement le gouverneur civil.

Des fonctions réparties à l'échelon national et local

L'énumération de l'article 1er de la proposition de loi n° 14/XII/1er (Gvt) peut paraître fastidieuse, mais elle est indispensable pour bien comprendre les réformes voulues par le XIXe gouvernement constitutionnel et les nouvelles attributions accordées au président de la *Câmara municipal*.

La proposition de loi n° 14/XII/1er (Gvt) dans son article 1er intitulé « Objet » dispose :

> La présente loi détermine le transfert des compétences des gouvernements civils, en procédant à une seconde modification du décret-loi n° 406/74, du 29 août, qui garantit et réglemente le droit de réunion, la dix-neuvième modification du décret-loi n° 319-A/76, du 3 mai, qui réglemente l'élection du Président de la République, la treizième modification de la loi n° 14/79, du 16 mai, qui approuve la loi électorale pour l'Assemblée de la République, la cinquième modification de la loi n° 28/82, du 15 novembre, de la loi de l'organisation, du fonctionnement et procès du Tribunal constitutionnel, la première modification de la loi n° 44/86, du 30 septembre, qui approuve le régime de l'état de siège et de l'état d'urgence, la quatrième modification de la loi n° 14/87, du 29 avril, qui approuve la loi électorale pour le Parlement européen, la huitième modification de la loi n° 64/93, du 26 août, qui établit le régime juridique d'incompatibilité et empêchements des titulaires des charges politiques et les hautes charges publiques, la seconde modification de la loi n° 20/95, du 13 juillet, qui régule la mobilisation et la réquisition dans l'intérêt de la défense nationale, la troisième modification de la loi n° 15-A/98, du 3 avril, de la loi organique du Régime du Référendum[2], la troisième modification de la loi

---

[1] *Ibid.*

[2] *Diário da República*, I-Série-A, n° 79, loi organique du régime du référendum 15-A/98 du 3 avril 1998, p. 1496-(2)-1496(29). La loi organique 15-A/98 du 3 avril 1998 disposait au Titre

n° 169/99, du 18 septembre, qui établit le cadre des compétences et le régime juridique du fonctionnement des organes des *municípios* et des *freguesias,* la seconde modification de la loi organique n° 4/2000, du 24 août, qui approuve le régime juridique du référendum local, la quatrième modification de la loi n° 1/2001, du 14 août, qui régule l'élection des organes des collectivités locales, la cinquième modification de la loi n° 25/2006, du 30 juin, qui approuve le régime des sanctions applicables aux transgressions survenues en matière d'infrastructures routières, et la seconde modification à la loi n° 27/2006, du 3 juillet qui approuve la loi de Bases de la protection civile.

Au demeurant, si l'on analyse les changements apportés aux textes législatifs mentionnés et qui répartissent les anciennes prérogatives du gouverneur civil, l'article 2 de la proposition de loi n° 14/XII/1er (Gvt) intitulé « Modification du décret-loi n° 406/74, du 29 août » énonçait : « Les personnes ou entités qui veulent organiser des réunions, comices, manifestations ou défilés dans des lieux publics ou ouverts au public doivent le communiquer par écrit et avec un délai d'information préalable de deux jours ouvrables au président de la *Câmara municipal* territorialement compétent. »

Dans la révision du décret-loi n° 319-A/76 du 3 mai, qui concernait l'élection du président de la République, le nouvel article 23 disait :

> Les candidatures définitivement admises sont immédiatement affichées à la porte du Tribunal et envoyées, pour copie, au directeur général de l'administration interne ou, dans les régions autonomes, au représentant de la République, et des *Câmaras municipais*, qui les publient, dans un délai de deux jours, par des affiches fixées à la porte de toutes les *Câmaras municipais*, juntes de *freguesia*, ambassades, consulats et annexes consulaires.

Pour sa part, l'article 55 pose :

> 1. Les propriétaires de salles de spectacles ou autres lieux d'utilisation publique normale qui réunissent les conditions pour être utilisés durant la campagne électorale doivent le déclarer au président de la *Câmara municipal* jusqu'à dix jours avant l'ouverture de la campagne, en indiquant les dates et horaires durant lesquels les lieux ou salles peuvent être utilisés à cette fin. En cas de non-déclaration ou en cas de manquement avéré, le président de la *Câmara municipal* peut réquisitionner les lieux et salles qu'il considère comme nécessaires à la campagne électorale, sans préjudice de leur activité normale programmée pour ces effets […].

I « Nature et objet du référendum », article 1er « Nature de la présente loi » que : « 1. La présente loi organique régit les cas et les termes de la réalisation du référendum de nature nationale prévu par l'article 115 de la Constitution. »

L'article 59 énonce qu'il relève de la fonction du président de la *Câmara municipal* de mettre à la disposition des candidats les édifices publics appartenant à l'État en veillant à ce qu'ils soient utilisés de manière équitable[1].

La commission des Affaires constitutionnelles, Droits, Libertés et Garanties s'est réunie le 14 septembre 2011 pour débattre de la proposition de loi n° 14/XII/1er (Gvt) du 8 septembre 2011[2]. Les discussions se rapportant à cette proposition de loi n'ont pas suscité des échanges passionnés entre députés, comme si la disparition du gouverneur civil était inévitable. Cette entente à entériner une suppression annoncée et souhaitée de longue date n'a somme toute été que l'expression d'une lassitude politique, comme si, en fin de compte, on ne pouvait qu'accepter cette fatalité ou ce geste miséricordieux face à une institution moribonde.

Des débats parlementaires consensuels[3]

Il convient, avant d'analyser les interventions des députés à l'Assemblée de la République lors de la proposition de loi n° 14/XII/1er (Gvt) du 8 septembre 2011, de souligner qu'ils étaient tous acquis à la cause de la suppression définitive, prématurée et menée dans l'indifférence générale, du gouverneur civil[4].

On fonde nos analyses et commentaires en prenant également en compte les interventions des députés au sein de l'Assemblée de la République, lesquelles constituent un précieux complément aux réponses qui nous ont été adressées. Nous avons lu et entendu lors des débats à l'Assemblée de la République qui ont précédé le vote de la proposition de loi n° 14/XII/1er (Gvt) des prises de paroles qui frappent par leur absence soit de conviction soit d'arguments concernant la disparition du gouverneur civil.

La proposition de loi n° 14/XII/1er (Gvt) du 8 septembre 2011 fut approuvée sans avoir rencontré une véritable opposition. Les débats à l'Assemblée de la République concernant la suppression du gouverneur civil sont avant tout le reflet d'un désintérêt général pour la fin du gouverneur civil. Ils sont le témoignage d'une vie politique qui a relégué le gouverneur civil à un rang secondaire, d'autant plus que les politiques locaux se trouvent libérés de la tutelle de contrôle et d'ingérence du gouverneur civil, surtout lorsque celui-ci avait été président de la fédération du parti dans le district. Lors du vote,

[1] L'article 97 dans son alinéa 1er précise que le dépouillement des bulletins de vote est fait par une assemblée dans chacun des dix-huit districts. Le district continue donc à être une circonscription électorale après la fin du gouverneur civil.

[2] *Jornal de Notícias*, 14 septembre 2011 : « La Commission parlementaire approuve le transfert de compétences des gouverneurs civils. »

[3] Les extraits des interventions du ministre de l'Administration interne et des députés proviennent du site www.canal.parlamento.pt de l'Assemblée de la République portugaise.

[4] À l'exemple du médecin de Molière, le gouvernement et les députés ont préféré tuer le malade plutôt que de réfléchir et appliquer un traitement adapté.

deux députés du Parti socialiste se sont abstenus[1]. Il en a été de même pour l'ensemble des députés du groupe parlementaire du PCP[2]. Cela n'empêche que la suppression du gouverneur civil fut remarquable, tant par la célérité dont a fait preuve le gouvernement que par la précipitation des députés à valider ce choix. Cette adhésion se rapprochait plus de l'indifférence, puisque l'on n'a pas perçu de pression particulière de l'opposition à l'Assemblée de la République à l'encontre du ministre de l'Administration interne qui portait le projet du gouvernement sur la fin du gouverneur civil.

Dans la déclaration adressée aux députés réunis en session plénière le 16 septembre 2011, le ministre de l'Administration interne Miguel Macedo a rappelé : « Il y a des années que les gouvernements civils n'avaient plus de raison d'être […]. Ils n'étaient plus que des structures politiques et clientélistes […]. Nous venons, en tant que responsables politiques, nous présenter, la tête haute, devant ce Parlement pour défendre ce compromis politique, car ce texte est une bonne base de travail[3]. » En réalité, on peut s'étonner que ces déclarations n'aient pas été prononcées des années plus tôt avec la même éloquence politique, lorsque le PSD était au pouvoir, car comment « se présenter, la tête haute » alors même que durant des décennies le PSD a participé du désir de maintenir en place le gouverneur civil ? On pense que ces débats ont été superficiels dans la mesure où les politiques se sont limités à débattre de questions secondaires sans aborder la perspective d'un schéma de substitution au gouverneur civil. De fait, certaines interventions permettent de constater à quel point les points de vue entre les députés sur la ques-

---

[1] *Diário da República*, I-Série, n° 26, 1er octobre 2011, p. 49-50. Lors de la session plénière qui s'est tenue le 30 septembre 2011, les deux députés du PS qui se sont abstenus de prendre part au vote n'ont pas été cités puisque le vote n'était pas nominal, comme cela est prévu par l'article 98 du règlement de l'Assemblée de la République. De plus, le vote en session plénière a été effectué selon les dispositions énoncées aux alinéas a) et b) de l'article 164 « Réserve absolue de la compétence législative » et au n° 4 de l'article 168 « Discussion et vote », de la Constitution de 1976. Cela implique concrètement que si le vote est obligatoire, les députés sont libres de ne pas suivre les directives de leur parti politique, si l'on fait exception du PCP.

[2] *Diário da República*, I-Série, n° 26, 1er octobre 2011, p. 49-50. En effet, même si le PCP a toujours souhaité la suppression du gouverneur civil, il s'est abstenu lors du vote final de la proposition de loi n° 14/XII/1er (Gvt) du 8 septembre 2011. Trois arguments ont motivé ce refus de prendre part au vote. D'abord, le groupe parlementaire du PCP considérait que la fin du gouverneur civil aurait dû être conditionnée à la création des régions administratives. Ensuite, la question du futur statut des personnes qui travaillaient au sein du gouvernement civil n'était pas abordée, raison pour laquelle « Pour le PCP, la mutation de ce personnel vers d'autres services de l'administration publique (ce qui n'est pas contesté) ne doit pas signifier la perte des droits acquis par ces travailleurs ». La troisième justification concernait l'usage qui serait fait du patrimoine du gouvernement civil dans chaque district n'était pas abordée et le PCP soutenait l'idée qu'« Enfin, l'affectation du patrimoine des gouvernements civils dépendra du pouvoir discrétionnaire du gouvernement […] ».

[3] Il s'agit aussi pour le ministre de l'Administration interne « de rationaliser les coûts financiers ».

tion de la suppression du gouverneur civil étaient plus ténus qu'ils n'y paraissaient de prime abord.

À la différence du PSD, et en réponse au ministre de l'Administration interne, le député socialiste Luís António Pita Ameixa[1] a considéré pour sa part : « Le gouvernement n'a pas honoré une institution centenaire ni ceux qui l'ont servi durant presque deux siècles. Le gouvernement n'a honoré ni l'État ni cette institution. » Il a ensuite posé deux questions au ministre de l'Administration interne pour savoir ce que le gouvernement comptait faire de « l'important patrimoine historique des gouvernements civils ? [...] » et « Quelle est la cohérence territoriale avec laquelle le gouvernement voit le pays ? » Le ministre de l'Administration interne lui a répondu :

> Vos critiques sont de celles qui m'incommodent le moins. Aujourd'hui, les gouvernements civils n'ont rien à voir avec la conception territoriale du pays. Rien. Nous avons prévu un accord, un contrat avec les universités pour qu'elles s'occupent de façon adéquate des inventaires documentaires des gouvernements civils qu'il convient de préserver en collaboration avec les Archives nationales[2].

Au-delà des divergences politiques légitimes, on note surtout le manque d'élan des députés du PSD à soutenir le ministre de l'Administration interne, comme si la défense de la suppression du gouverneur civil relevait de l'exclusive compétence du gouvernement et non des députés à qui on demandait surtout de voter, simplement, la suppression du gouverneur civil.

Or, le député socialiste Luís António Pita Ameixa a rétorqué au ministre de l'Administration interne : « Le gouvernement PSD et CDS-PP en attaquant l'autonomie du pouvoir local d'un côté et en prétendant vouloir en finir avec les directions régionales d'un autre côté me paraît ne vouloir que le recul de l'État. » Luís António Pita Ameixa a été aussi virulent dans ses interventions suivantes puisque :

> L'initiative politique du Gouvernement qui, selon lui, veut la suppression des Gouvernements civils, ne repose sur aucun fondement ! Ni financièrement, ni juridiquement, ni politiquement. La non-nomination des gouverneurs civils va dans le sens d'une violation directe de la Constitution et le dégonflement des compétences paraît enfermer une espèce de révision constitutionnelle subreptice. Deux inconstitutionnalités d'une traite !

[1] Luís António Pita Ameixa député du Parti socialiste dans la circonscription de Beja a estimé au sujet de la suppression du gouverneur civil, lors d'une déclaration à l'Assemblée de la République le 14 septembre 2011 : « cet événement politique se traduit par un nouveau recul de l'État en faveur du Terreiro do Paço [sièges des ministères à Lisbonne]. Sans un État fort, structuré et présent sur le territoire, aucune société ne peut ambitionner de donner à ses citoyens la sécurité, garantir la justice et promouvoir l'équilibre social. »

[2] Le ministre de l'Administration interne a rappelé qu'il coordonnait « les services de sécurité dans le district avec des pouvoirs de délégation » sans préciser vers qui, et comment, ces délégations allaient se faire.

En fait, on a réutilisé encore les mêmes arguments et discours que ceux prononcés avant chaque échéance électorale nationale, lorsque la question du gouverneur civil refaisait son apparition. Les partis politiques ont continué à ne pas avoir d'argumentation spécifique, en ce sens que les propos des uns et des autres étaient interchangeables. Et cela, parce qu'il y avait un double discours de la classe politique sur les raisons de la suppression définitive du gouverneur civil, comme s'il y avait une volonté commune des partis politiques à reprendre les allégations des adversaires selon que l'on était dans l'opposition ou au gouvernement.

Les discours prononcés pour critiquer le gouvernement dans sa détermination à mettre fin au gouverneur civil nous paraissent relever essentiellement des interventions « de pure forme », tant dans leurs diversités politiques que dans leur manque de virulence à défendre l'ancienne institution. On peut se demander à bon droit si cela ne dissimule pas une entente tacite entre la majorité parlementaire et l'opposition. On peut admettre cette hypothèse comme probable pour les raisons que l'on mentionne dans ce développement en prenant appui sur les citations des interventions des députés.

Par exemple, l'élu de la circonscription de Beja a affirmé : « Les arguments du gouvernement à vouloir supprimer les gouverneurs civils n'ont aucune justification, ni financièrement, ni juridiquement, ni politiquement » :

> Les gouvernements civils sont liés aux districts et la Constitution de la République oblige à l'existence de l'un et de l'autre, pour la bonne administration de l'État, tant que les régions administratives ne sont pas instaurées. [...]. Même en cas de régionalisation le gouverneur civil doit continuer à exister comme c'est le cas dans d'autres pays. Le gouverneur civil en tant que magistrat civil de l'État connaît le terrain, résout des conflits sociaux et sécuritaires. Le gouverneur civil est la porte ouverte déconcentrée du gouvernement [central] dans le territoire et cela ne se confond pas avec les collectivités locales.

C'est ensuite au tour du député du Bloc de Gauche (BE : *Bloco da Esquerda*) João Semedo[1] de prendre la parole. Dans son intervention, il a plaidé en faveur de la suppression considérant que :

> Les gouvernements civils ne vont pas laisser de nostalgies », mais « le gouvernement ne prend pas cette décision avec beaucoup de conviction. Il la prend face aux difficultés financières et pour aller au-devant de certaines manifestations populistes [...]. La régionalisation aurait été pour le BE une grande réforme démocratique de la politique portugaise.

La députée du Parti social-démocrate Francisca Almeida a bien évidemment loué « la véritable réorganisation de l'administration centrale [...] dans le cadre d'une stratégie réformiste ». Elle n'a fait que reprendre ce qui figure dans la proposition de loi n° 14/XII/1er (Gvt) du 8 septembre 2011. À la dif-

[1] Député élu dans l'une des circonscriptions de Porto.

férence des autres partis, le Parti communiste par la voix de son député António Filipe a insisté surtout sur l'aspect clientéliste du gouverneur civil :

> Nous avons des exemples de clientélismes pratiques à l'ombre des gouvernements civils. Promotions de clientèles partisanes. Nous avons eu des situations extraordinaires. Par exemple le gouverneur civil de Braga qui était membre d'une présidence de *concelho* et utilisait sa position de gouverneur civil pour faire campagne afin d'être élu à la *Câmara municipal* de Famalicão. On a assisté aussi à des situations où des gouverneurs civils pensaient qu'ils avaient la possibilité d'autoriser ou interdire des manifestations [...] parce que le ministère de l'Administration interne les soutenait [...]. Aujourd'hui on discute d'un texte instrumentalisé. La Constitution prévoyait, prévoit, la suppression de la charge du gouverneur civil comme conséquence de la création des régions administratives. Ce gouvernement est manifestement contre les régions administratives et ça, c'est une disposition constitutionnelle. La suppression du gouverneur civil aurait dû être une conséquence de la création des régions administratives et le gouvernement a ignoré cette disposition constitutionnelle.

S'agissant des députés du parti politique CDS-PP, leurs interventions sont complexes parce qu'il y a, comme on le pense, un double discours sur la validation de la disparition du gouverneur civil. Le député du Telmo Correia a argué du fait que :

> la crise est une opportunité pour le changement. En temps et en heure, nous avançons avec cette réforme [...]. Les gouverneurs civils n'étaient pas si importants ou si déterminants comme on le démontre, mais comme le dit le ministre de l'Administration interne, ils avaient beaucoup de petites compétences. [...] Il est possible de gouverner et gouverner mieux sans la figure du gouverneur civil.

Le député socialiste Luís António Pita Ameixa lui a répondu que : « le peuple n'aura plus de gouvernement de proximité », mais le député du CDS-PP Telmo Correia s'est opposé à cette allégation, car : « Les députés et les présidents des *Câmaras municipais* peuvent assurer des fonctions mieux que les gouverneurs civils. » On considère qu'il s'agit là, d'une intervention intempestive, inopportune et irréfléchie et on ne peut que contester cette confusion des genres puisqu'il appartient aux députés de représenter les citoyens et nullement l'État dans leur circonscription.

Pour conclure les débats, le ministre de l'Administration interne a rappelé de nouveau que : « le patrimoine le plus important des gouvernements civils va aller aux Archives nationales. Il faut préserver cette mémoire [des gouvernements civils]. » On pense que les politiques portugais ont manqué de courage politique en passant délibérément sous silence la question majeure du futur représentant de l'État dans la région administrative. Les partis politiques ont l'obligation d'expliquer aux citoyens, dans un processus démopédique, la nécessité d'instaurer un projet de réforme en profondeur de l'organisation administrative régionale. Pour cela, trois phases auraient dû précéder la fin administrative et politique du gouverneur civil.

En premier lieu, on défend l'idée qu'il aurait été souhaitable de mener une réflexion au sein de la société sur la suppression du gouverneur civil.

Dans un deuxième temps, il aurait été opportun politiquement de planifier un nouveau référendum national sur la question de la régionalisation administrative.

Dans une troisième phase, il aurait fallu engager dans des débats politiques de fond des argumentations sur les avantages à instituer un représentant régional de l'État, en rappelant les dispositions incluses à ce sujet dans la Constitution de 1976.

En résumé de ces analyses, après des débats policés à l'Assemblée de la République, et sans avoir rencontré une véritable opposition, la proposition de loi n° 14/XII/1er (Gvt) du 8 septembre 2011 fut adoptée après que les députés[1] du PSD, CDS-PP et BE se soient prononcés « pour ». Chose étrange et paradoxale, le PS a voté « contre » plus pour embêter le gouvernement que par réelle conviction et volonté à faire obstacle à la suppression du gouverneur civil. Le PC s'est abstenu, par tradition, mais il a toujours été un ardent partisan de la fin du gouverneur civil. L'abstention des écologistes (PEV) paraît également surprenante, mais aucun député n'a pris part aux débats.

La proposition de loi n° 14/XII/1er (Gvt) est retournée ensuite en seconde lecture à la première commission, celle des Affaires constitutionnelles, Droits, Libertés et Garanties pour d'éventuels amendements, mais elle fut adoptée sans qu'il y eût des changements significatifs. C'est la loi organique n° 1/2011 du 30 novembre 2011 qui a disposé que les attributions de l'ancien gouverneur civil, les immeubles et le personnel de l'ancien gouvernement civil allaient être transférés vers diverses entités de l'administration publique[2].

La confirmation de la suppression du gouverneur civil

Le Conseil des ministres du 8 septembre 2011 avait décidé du processus de transfert des attributions du gouverneur civil. La loi organique n° 1/2011

[1] 206 députés sur 230 étaient présents dans l'hémicycle le 16 septembre 2011.

[2] *Público,* 13 février 2012, p. 22. C'est ainsi qu'à Braga il est question de rénover un bâtiment de style baroque construit au XVIIIe siècle (Maison des Converties) qui appartient à la Direction générale des infrastructures et équipements du ministère de l'Administration interne. La question immobilière qui consisterait à trouver des locaux pour y installer les structures des futures régions administratives ne poserait pas problème. En effet, l'État continue, par le truchement du ministère de l'Administration interne, à installer dans des régions qui n'existent pas encore des services régionaux, à l'exemple du Service des étrangers et des frontières, et dans les districts les services de la protection civile. Au-delà du constat que le gouvernement poursuit le transfert des services qui appartenaient ou étaient rattachés aux anciens gouvernements civils en les éparpillant à travers le pays, on pense qu'un regroupement des directions des différents services au sein d'une *prefeitura* régionale ne serait pas illogique. Cela assurerait une meilleure coordination, efficacité et réactivité des services généraux et de gestion de la sécurité des populations et du territoire.

du 30 novembre 2011[1] adoptée par l'Assemblée de la République, et entrée en vigueur le jour même, a mis un terme au gouverneur civil dans le district, somme toute de façon définitive.

Pourtant, ni l'objet, ni l'ensemble des articles, ni la disposition transitoire (article 16) ne mentionnent expressément la « suppression » du gouverneur civil. La loi organique n° 1/2011 du 30 novembre 2011 énonce seulement : « Les transferts de compétences des gouvernements civils et des gouverneurs civils vers d'autres entités de l'administration publique en matière de réserves de la compétence législative de l'Assemblée de la République. » L'article 1er « Objet » stipule : « La présente loi détermine le transfert des compétences des gouvernements civils », et mentionne l'ensemble des textes législatifs modifiés suite à l'adoption de la loi organique n° 1/2011 du 30 novembre 2011 et les structures qui se voient attribuer les anciens domaines de compétences dévolus au gouverneur civil.

L'article 2 dit : « Les personnes ou entités qui prétendent tenir des réunions, comices, manifestations ou défilés dans des lieux publics ou ouverts au public doivent en informer par écrit et en respectant un délai préalable minimum de deux jours ouvrables le président de la *Câmara municipal* territorialement compétente[2]. » En ce qui concerne les procédures électorales « Le directeur général de l'Administration interne remettra à chaque président de *Câmara municipal* les bulletins de vote afin qu'il accomplisse ce qui est précisé au n° 2 de l'article 43, et en informer pour cet effet le Tribunal de *comarca* ayant sa juridiction dans le chef-lieu du district ou dans la région autonome »[3].

L'article 16 relatif à la « Disposition transitoire » dispose :

> Toutes les attributions ou compétences incombant aux gouvernements civils ou aux gouverneurs civils et résultant d'actes législatifs non mentionnés dans la présente loi et qui s'incluent dans le cadre de la compétence législative de l'Assemblée de la République sont attribuées au membre du Gouvernement responsable de l'aire de l'administration interne [le ministre de l'Administration interne], avec la faculté de délégation ou sous-délégation.

Avec la promulgation de la loi organique n° 1/2011 du 30 novembre 2011, les trois fonctions principales du gouverneur civil ont été confiées à la Direction générale de l'administration interne, à l'Autorité nationale de la protection civile et au Service des étrangers et des frontières[4].

---

[1] *Diário da República*, I-Série, n° 230, 30 novembre 2011, loi organique n° 1/2011 du 30 novembre 2011, p. 5117-5128.

[2] Cette autorisation relevait du gouverneur civil depuis l'adoption du décret-loi n° 406/74, du 29 août 1974.

[3] Le district est maintenu en tant que division judiciaire.

[4] Désormais, c'est la Direction générale de l'administration interne qui gère l'ensemble des procédures électorales en adressant les bulletins de vote au président de la *Câmara municipal*, au président de la *freguesia* et dans les régions autonomes des archipels des Açores et de Madère au représentant de la République. La gestion sécuritaire dépend du commandement

À la lecture et à l'analyse des discours politiques, des textes législatifs et de la presse, on note avec quelle célérité le pouvoir central et l'Assemblée de la République ont mis un terme définitif à la personnification de l'État à l'échelon du district par le gouverneur civil. Il en est de même pour les réformes annexes qui ont accompagné les redistributions des anciennes fonctions octroyées au délégué local du gouvernement[1]. Il s'agissait essentiellement d'une procédure de restructuration qui répondait plus à des impératifs budgétaires qu'à une réorganisation administrative[2] en profondeur, puisqu'elle a fait l'impasse sur un schéma qui aurait dû créer une configuration régionale du territoire[3].

Une réforme des collectivités locales en cours

D'une part, la réorganisation du pouvoir périphérique de l'État n'a pas pris acte du principe de création des régions administratives qui figure dans la Constitution de 1976[4].

---

opérationnel du district, mais c'est l'Autorité nationale de la protection civile qui a en charge la déclaration de l'état d'urgence après avoir entendu les présidents des *Câmaras municipais* concernées (article 34). L'émission des passeports relève désormais de la responsabilité du directeur du Service des Étrangers et des Frontières même si l'on peut en faire la demande auprès du Conservatoire du registre civil du *concelho*.

[1] Le *Diário de Notícias*, 16 septembre 2011 a titré : « L'Assemblée de la République approuve le transfert des compétences vers diverses entités. » Le quotidien a repris la déclaration du ministre de l'Administration interne Miguel Macedo faite aux députés lors de la séance plénière du 16 septembre 2011.

[2] *Ibid.* La fin du gouverneur civil devrait permettre d'économiser annuellement : « 3,5 millions d'euros, dont 2,8 millions d'euros qui concernent les cabinets des gouverneurs civis et les loyers qui étaient payés jusqu'à maintenant. Les immeubles qui appartiennent à l'État et qui seront libérés vont être occupés par les commandements des forces de sécurité et de la protection civile du district, économisant ainsi, dans ce cas, un montant estimé à 40 millions d'euros dans les prochaines années. Les 316 fonctionnaires des cadres des gouvernements civils vont être disponibles pour effectuer des travaux administratifs dans les forces de sécurité, libérant ainsi plus de policiers pour maintenir la sécurité dans les rues. »

[3] Teles (F.), « A Reforma da Governação Municipal - Uma Visão Integrada ou a Morte Anunciada », *Nova Cidadania*, été 2011, p. 46-49. Filipe Teles a écrit au sujet de la réforme de la gouvernance locale : « Une profonde réforme ne sera possible que si elle est accompagnée d'une redéfinition des fonctions et du rôle de l'État et des collectivités locales en vue d'assurer les mécanismes qui permettront de renforcer, ou réaviver, les conditions nécessaires qui justifient la participation civique, la confiance et les réseaux volontaires. Les gouvernements locaux sont de plus en plus vus comme des facilitateurs de ces processus de participation, favorisant l'action de collaboration et coopération au niveau local. »

[4] Dans sa septième révision qui a été adoptée en 2005, la Constitution de 1976 dispose dans son titre VIII intitulé « Pouvoir local », au chapitre IV, qui porte sur la « région administrative », à l'article 255 concernant sa « création légale » que : « Les régions administratives sont créées simultanément, par la loi, laquelle définit les pouvoirs respectifs, la composition, la compétence et le fonctionnement de leurs organes, pouvant établir des différenciations quant au régime applicable à chacune. » *Cf. Diário da República*, I-Série A, n° 155, loi constitutionnelle n° 1/2005, du12 août 2005, p. 4642-4686.

D'autre part, la suppression du gouverneur civil devait se faire après une révision de la Constitution, non souhaitée par le gouvernement dirigé par Pedro Passos Coelho.

La priorité pour le XIXe gouvernement constitutionnel était d'engager immédiatement des réformes locales qui puissent avoir un impact direct auprès des citoyens. Elles ont été prises et continuent à être menées dans une conjoncture difficile, celle d'un pays en crise soumis aux impératifs financiers du Fonds monétaire international, de l'Union européenne et de la Banque centrale européenne. Dans un tel contexte, la volonté d'attribuer plus de prérogatives aux *municípios* est louable, mais elle fait l'impasse sur l'instauration des régions administratives et risque, à terme, de rendre inefficace la suppression du gouverneur civil.

Par ailleurs, il aurait été opportun d'inclure dans la proposition de loi n° 14/XII/1er (Gvt) du 8 septembre 2011 la chronologie de la création des régions, puis de procéder à la huitième révision constitutionnelle[1]. Actuellement, la grande gagnante de ces réformes administratives est l'administration locale, malgré des incohérences évidentes.

Une législation encore plus favorable à l'administration locale

La fin du gouverneur civil a eu pour conséquence une atomisation dans les redistributions de ses domaines d'interventions, laquelle s'est accompagnée d'un renforcement et d'une multiplication des missions du président de la *Câmara municipal*[2].

L'annonce de la suppression du gouverneur civil a suscité chez les élus locaux une volonté de récupérer ses anciennes fonctions sécuritaires. Le 21 juin 2011, dans une déclaration adressée à l'agence de presse *Lusa,* Duarte Caldeira en tant que président de la Ligue nationale des pompiers avait rappelé : « La fin des gouverneurs civils va engendrer une restructuration du système de la protection civile, compte tenu du rôle de ces institu-

[1] Elle était envisagée depuis octobre 2010, mais le gouvernement socialiste dirigé par José Sócrates n'en a pas fait une priorité compte tenu des élections législatives prévues pour le 5 juin 2011.

[2] *Diário da República*, I-Série, n° 18, 22 septembre 2011, p. 4530-4532. La résolution du Conseil des ministres n° 40/2011 du 22 septembre 2011 a approuvé les principes d'orientation de la réforme de l'administration locale dans la perspective de réduire le nombre de *freguesias* puisque : « La réalité économique, financière et budgétaire impose l'adoption de nouveaux modèles de gestion et de développement [...]. Dans une telle conjoncture et en ce qui concerne spécifiquement le pouvoir local, le gouvernement prétend introduire un agenda marqué par son réformisme qui repose sur la proximité entre les citoyens et la décentralisation administrative [...] ». Il a énoncé également : « Sont axes structurants de la réforme administrative locale :
« 4.1 Le secteur entrepreneurial local [...],
« L'organisation du territoire [...],
« La gestion municipale, la gestion intermunicipale et le financement [...],
« 4.4 La démocratie locale [...]. »

tions en tant que pont entre le gouvernement et les élus locaux[1]. » Ceci étant dit, les discours politiques étaient suffisamment explicites tant au niveau national que local. Il s'agissait de demander pour les uns et d'accorder pour les autres, plus de pouvoirs au *município* au risque d'engendrer de nouvelles asymétries locales. En conséquence, il était primordial de créer ou réorganiser des structures administratives et techniques afin d'éviter l'émergence d'inégalités entre *municípios*.

Le renforcement des prérogatives du *município*

Le président de la *Câmara municipal* est devenu le véritable responsable local lors des élections dans leur préparation, leur déroulement et la remise des bulletins de vote à l'assemblée qui doit procéder à leur dépouillement dans le district.

En faisant preuve de neutralité et en mettant à la disposition de chacun des candidats les mêmes moyens, le président de la *Câmara municipal* acquiert donc une fonction essentielle en tant que magistrat administratif. Le député de Madère Manuel Filipe Correia de Jesus, membre du Parti social-démocrate, dans ce qu'il désigne par « approfondissement du municipalisme[2] » précise :

> « la décentralisation ne s'épuise pas avec le processus de la régionalisation. Le Portugal est un pays où le municipalisme a une tradition historique suffisamment enracinée et dont le PSD s'enorgueillit. Pour cela, il convient de poursuivre les transferts de compétences de l'administration centrale vers les *municípios* et vers les autres formes d'association volontaire[3].

Déjà, lors des journées parlementaires du Parti social-démocrate, le ministre délégué aux Affaires parlementaires Miguel Relvas a mis en avant cette volonté de donner plus de prérogatives au pouvoir local :

> La réforme qui démarre maintenant assume dans son code génétique le renforcement du municipalisme comme moteur du développement du pays, dans une nouvelle approche à laquelle sont appelés tous les acteurs du pouvoir local. C'est une stratégie qui parie sur la décentra-

---

[1] *Diário Económico,* 23 septembre 2011, p. 22. Le ministre de l'Administration interne Miguel Macedo a confirmé sa volonté de maintenir à leurs postes le directeur du Service des Étrangers et des Frontières [Manuel Jarmela Palos], le président de l'Autorité nationale de la sécurité routière [Paulo Marques] et le président de la protection civile [Arnaldo Cruz] afin qu'ils puissent exercer certaines des anciennes fonctions sécuritaires du gouverneur civil.

[2] Dans un courrier que l'on a reçu en date du 4 février 2012.

[3] Quant au maintien ou suppression des districts, Manuel Filipe Correia de Jesus considère qu'il convient de les maintenir « tant que les régions administratives n'auront pas été instaurées » (article 291, n° 1, de la Constitution de 1976). La décentralisation au Portugal ne devra pas oublier les trois principes principaux d'autonomies. En premier lieu, l'autonomie fonctionnelle dans la gestion des affaires locales ; en deuxième lieu l'autonomie organique avec les structures décentralisées et, en troisième lieu, la troisième autonomie matérielle avec la possibilité de bénéficier de structures spécifiques et adaptées de fonctionnement tout en disposant de biens patrimoniaux qui lui sont propres.

> lisation administrative et la proximité [...]. Cette réforme est constituée par quatre axes d'actions : la réforme du secteur entrepreneurial local ; la réorganisation du territoire ; la définition du nouveau modèle de gestion municipale, intermunicipale[1] et de financement des *municípios* et des associations intermunicipales et la réforme de la loi des collectivités locales dans le cadre de la démocratie locale.

Et de poursuivre, en mentionnant enfin les Commissions de coordination et de développement régional puisque : « Nous devons encourager les politiques transversales à divers ministères, englober les universités, les CCDR, les élus locaux et les entrepreneurs. » On note par ailleurs que lors de la discussion de la proposition de loi n° 14/XII/1er (Gvt) en séance plénière, le 16 septembre 2011, aucun député n'a fait mention des Commissions de coordination et de développement régional[2]. Néanmoins, il a fallu attendre les débats concernant la proposition de loi n° 14/XII pour que l'on aborde la question de la régionalisation administrative.

La nouvelle Direction générale des collectivités locales, une volonté d'harmoniser l'administration territoriale

Les domaines de compétences de la Direction générale des collectivités locales ont été redéfinis afin d'apporter aux collectivités locales des soutiens en matière de conseils et de formations[3].

L'ensemble des collectivités locales devrait bénéficier d'une seule structure de conseils juridiques, financiers, de transmission d'informations et de formations. Pourtant, on pense qu'il y a là deux inconvénients majeurs. Le premier en est l'éloignement puisque le siège social est à Lisbonne. Le second désavantage est l'absence d'une structure déconcentrée régionale dans laquelle la Direction générale des collectivités locales pourrait avoir une annexe. De fait, on peut fort bien admettre que des services régionaux de la Direction générale des collectivités locales soient un jour créés et placés sous l'autorité du président de chacune des cinq Commissions de coordination et de développement régional.

En effet, des doutes subsistent dans l'hypothèse où un tel schéma deviendrait réalité quant à l'efficacité de cette réorganisation. Il se pose aussi la question des éventuels conflits d'intérêts et confusions de compétences avec les services actuels des Commissions de coordination et de développement régional. Une fois de plus, on est intimement persuadés que la clarification et

---

[1] On garde la traduction littérale. La traduction « communauté de communes » n'aurait aucun sens au Portugal.

[2] Le programme du XIXe gouvernement constitutionnel ignore les régions administratives. *Cf.* présidence du Conseil des ministres, Programme du XIXe gouvernement constitutionnel, 129 p.

[3] *Diário da República,* I-Série, n° 22, 31 janvier 2012, arrêté n° 28/2012 du 31 janvier 2012, p. 544-545. Cet arrêté a fixé « La structure organique » de la nouvelle Direction générale des collectivités locales.

l'harmonisation de l'administration territoriale portugaise ne peuvent devenir réalité que dans l'instauration d'une organisation régionale dans laquelle l'État sera représenté et dans laquelle il exercera un rôle de véritable coordinateur des politiques publiques.

De fait, la restructuration actuelle de l'administration territoriale qui se focalise sur le *município* et la *freguesia* ne peut pas se poursuivre et se faire correctement, en l'absence d'un représentant régional du pouvoir central.

Une réforme incohérente de l'administration locale

La réforme de l'administration locale engagée par le XIXe gouvernement constitutionnel manque de bon sens pour trois raisons principales.

Primo, elle ne saurait se limiter à la seule intermunicipalité, au risque que les populations se focalisent sur un pouvoir municipal qui n'aurait plus de comptes à rendre qu'aux ministres ou à des directions générales ayant leur siège dans la capitale. On ne sait pas par quels moyens ni dans quels délais les dossiers seront traités.

Secundo, le point qui concerne l'argument financier et budgétaire, mis en avant pour justifier la suppression du gouverneur civil, ne saurait expliquer à lui seul la disparition du délégué local du pouvoir central.

Tertio, la décision incompréhensible de se passer de l'Inspection générale de l'administration locale dont les activités prirent fin avec l'instauration du XIXe gouvernement constitutionnel[1] est susceptible de favoriser la corruption politique locale sans un organisme tutélaire de contrôle.

Dans l'actuelle réforme des collectivités locales, le projet de mettre en place les régions administratives ne fait pas partie des priorités du XIXe gouvernement constitutionnel. On peut craindre que, par manque d'un pouvoir régulateur régional, les asymétries locales ne s'accentuent, au point de laisser le champ libre aux relations entre les élus politiques locaux les plus influents et les ministères, au détriment des élus les moins charismatiques. De même, on sait que la huitième révision constitutionnelle de 2010 a été abandonnée officiellement en mars 2011[2] et que le gouvernement issu des élections législatives du 5 juin 2011 l'a reportée.

Les régions administratives ignorées

Dans son discours de clôture lors des journées parlementaires du Parti social-démocrate le 13 septembre 2011 le Premier ministre Pedro Passos Coel-

---

[1] Le *Jornal de Notícias* du 23 septembre 2011 a titré : « L'ANMP se félicite de la révocation de l'inspecteur de l'IGAL. »

[2] L'élection présidentielle du 23 janvier 2011, la réélection du Président Aníbal Cavaco Silva et la perspective d'une dissolution de l'Assemblée de la République ont fait que la commission parlementaire qui avait été mise en place le 22 octobre 2010 pour procéder à la huitième révision de la Constitution de 1976 a été dissoute.

ho a déclaré : « les députés de l'Assemblée de la République ont aussi une importante mission pédagogique[1] ».

Ceci étant dit, s'il a parlé des régions de l'intérieur qui se désertifient, il n'a pas fait allusion à une hypothétique création des régions administratives. Il a déclaré cependant : « Il faut un compromis politique. Un compromis politique afin de réaliser une coordination efficace des politiques publiques de l'État central en collaboration avec le pouvoir local plus souple et efficace », et « L'État est, l'État doit être, au service des citoyens. Et c'est ce service, par sa qualité, qui donne la règle et la mesure de son efficacité, de sa fonctionnalité et, en dernière instance, de la dignité de l'État [...]. Nous voulons un État meilleur[2]. »

Au regard des discours politiques, si la concrétisation des régions administratives n'est pas prévue[3] à court terme et si un représentant régional de l'État n'est pas nommé, les citoyens risquent de se rapprocher du président de la *Câmara municipal* et de s'éloigner de plus en plus du pouvoir de Lisbonne.

Les risques d'émergences de déséquilibres locaux

Le renforcement des pouvoirs locaux forts est susceptible de se traduire par une politique qui ferait abstraction des priorités nationales de développements, faute d'une institution intermédiaire porteuse des politiques publiques de l'État.

D'abord, on peut supposer qu'une telle procédure ne se traduise par de probables situations conflictuelles entre *municípios* et le risque d'un retour du caciquisme politique local. Ensuite, il est possible que des regroupements intermunicipaux plus importants dans certaines régions du pays puissent accroître les disparités entre les territoires économiquement plus riches et les zones défavorisées.

Il appartient donc à l'État, par l'intermédiaire de son représentant régional, lorsqu'il aura été instauré[4], d'interférer dans la vie locale en tant que régulateur des asymétries[5]. La présence significative d'un haut fonctionnaire nommé en Conseil des ministres garantirait une égalité en droit entre les régions administratives. On aurait plus de cohérences et de convergences dans les relations entre le pouvoir central et sa périphérie.

Ainsi, on peut craindre que le refus politique d'établir une organisation du territoire en régions administratives et de les placer sous la responsabilité d'un haut magistrat administratif, au sens juridique portugais du terme[6],

---

[1] Discours obtenu auprès du siège national du Parti social-démocrate, le 14 septembre 2011.
[2] *Ibid.*
[3] Pour rappel, elles sont prévues dans la Constitution de 1976.
[4] *Cf.* Titre II, chapitre II, section 2, § 2.
[5] *Ibid.*
[6] *Cf.* en introduction la définition de « magistrat administratif » au Portugal.

n'ouvre la boîte de Pandore en donnant l'illusion au président de la *Câmara municipal* qu'il est désormais le chef tout-puissant du *município*. Pour cette raison, on doit repenser en profondeur non seulement la représentation régionale de l'État, mais aussi la coordination de la superposition des trois échelons avec la région, le *município* et la *freguesia*. Dans cette perspective on propose une réforme théorique dans laquelle le *prefeito* régional serait le représentant de l'État dans chacune des cinq régions.

Une huitième révision constitutionnelle encore reportée

La décision politique de ne pas procéder à une révision de la Constitution de 1976 dans les deux années à venir a été clairement annoncée trois mois après sa prise de fonction par le XIXe gouvernement constitutionnel.

Ce choix reflète la réalité des dissensions sur ce sujet entre le gouvernement, sa majorité parlementaire et le représentant de la région autonome de Madère. Le chef du groupe parlementaire du Parti social-démocrate à l'Assemblée de la République, le député Luis Montenegro, a annoncé le 12 septembre 2011 lors des journées parlementaires du Parti social-démocrate que les députés de son parti ne présenteraient pas de projet de révision constitutionnelle avant la fin de la première année de l'actuelle législature, soit juin 2012.

Le 13 septembre 2011, le Premier ministre qui assistait aux journées parlementaires du Parti social-démocrate a répondu aux journalistes que la révision constitutionnelle n'était pas à l'ordre du jour. La journaliste Ana Paula Correia avait titré un de ses articles : « La révision constitutionnelle ouvre un conflit à l'intérieur du PSD[1]. » En effet, dès le 14 septembre 2011 le président du gouvernement régional de l'archipel de Madère Alberto João Jardim, membre du Parti social-démocrate, a répondu indirectement au Premier ministre Pedro Passos Coelho : « Si ces messieurs du continent se décident à reporter et ne pas faire la révision constitutionnelle, les députés du PSD de Madère vont convoquer quand même l'Assemblée de la République, et même si elle n'est pas adoptée [la révision constitutionnelle] ensuite, nous pourrons recourir aux instances internationales[2]. »

Avec l'adoption des réformes sur l'administration locale mises en œuvre par le XIXe gouvernement constitutionnel, on pense que les transferts des missions principales et secondaires qui incombaient au gouverneur civil ne seront pas sans conséquence néfaste.

Conclusion du chapitre premier

Après le 25 avril 1974 et l'adoption de la Constitution de 1976, le gouverneur civil a commencé à perdre de son influence alors même que les

---

[1] *Diário de Notícias*, 14 septembre 2011.
[2] *Ibid.*

fonctions octroyées au président de la *Câmara municipal* étaient de plus en plus nombreuses. Cependant, la question du devenir du gouverneur civil n'était pas prioritaire.

Or, la décision de supprimer précipitamment le gouverneur civil le 21 juin 2011 a été d'autant plus incompréhensible qu'elle ne répondait pas à une logique constitutionnelle. En décidant de ne plus nommer de gouverneur civil, le nouveau gouvernement a voulu surtout montrer, par un acte politique concret et visible immédiatement, sa détermination à procéder rapidement à des réorganisations administratives locales pour réduire le déficit budgétaire national. Cette action politique fut avant tout une mesure symbolique. Cependant, elle trouve une justification partielle dans le fait que l'institution dirigée par le gouverneur civil était inadaptée et maintenue à titre transitoire.

D'une part, avant sa disparition, le gouverneur civil qui avait été isolé dans le district n'exerçait plus que des fonctions secondaires si l'on fait exception de sa responsabilité dans la gestion sécuritaire du territoire et des populations du district.

D'autre part, la disparition du gouverneur civil n'a pas pris en compte le fait qu'il devait être remplacé par un gouverneur civil régional et des régions administratives comme cela est inscrit dans la Constitution de 1976 et rappelé dans la loi-cadre n° 56/91 du 13 août 1991 portant sur les régions administratives[1].

Après la promulgation de la Constitution de 1976, il fallait réorganiser prioritairement l'administration territoriale dans le *concelho*. Il est incontestable que le gouverneur civil a été progressivement marginalisé et ses fonctions réduites, alors que se renforçaient les attributions dévolues au président de la *Câmara municipal* et la coordination de l'aménagement territorial.

Ceci étant dit, la suppression du gouverneur civil demeure pour l'essentiel une décision inaboutie sur le plan politique et incohérente sur le plan administratif. En conséquence, il est donc indispensable et urgent de mener une réflexion politique au sein de la société portugaise sur le futur schéma de la représentation régionale de l'État.

---

[1] *Diário da República*, I-Série-A, n° 185, loi-cadre n° 56/91 du 13 août 1991, p. 4091-4097.

CHAPITRE II

LA DISPARITION DE LA REPRÉSENTATION LOCALE DE L'ÉTAT

La disparition du gouverneur civil pose avant tout la question de ses conséquences directes et indirectes, immédiates et futures. La réforme de l'organisation territoriale, engagée juste après la nomination du XIXe gouvernement constitutionnel, est une œuvre ambitieuse, dont on ne peut prévoir quand elle prendra fin, et si elle aboutira. On regrette qu'elle ne fasse aucune référence au devenir du district et à la création de la région administrative.

Bien évidemment il y avait une incohérence à sauvegarder une institution administrative et politique inadaptée, dans le cadre d'un district qui peut être maintenu, mais uniquement en tant que circonscription électorale[1]. C'est somme toute du côté de l'Assemblée de la République qu'il faudrait réduire le nombre des députés, pour transférer les économies réalisées vers les structures des futures régions administratives et le *prefeito* régional. Mais il est peu probable que les députés et la classe politique acceptent une telle mesure.

Ceci dit, le maillage actuel du territoire en districts ne doit pas représenter un problème supplémentaire et venir compliquer le débat sur la régionalisation ni la mise en place d'une institution de représentation locale de l'État. Au demeurant, les tergiversations et les divergences des partis politiques ont empêché une véritable réforme en profondeur de l'institution. L'ensemble des partis politiques n'a pas eu de stratégie suffisamment explicite sur le

---

[1] En mars 2011, le « Mouvement civique, Régions Oui » dirigé par le député José Mendes Bota, qui en est le président fondateur, et actuel président du Parti social-démocrate dans l'Algarve, a organisé dans le district de Faro des débats sur le thème de la régionalisation. Son objectif vise à convaincre l'ensemble des partis politiques représentés à l'Assemblée de la République de réviser la Constitution de 1976 et adopter une division administrative du territoire avec cinq régions. Dans un discours en date du 22 septembre 2009, il a voulu persuader, mais sans succès, ses collègues députés de créer une commission parlementaire afin de réfléchir à l'instauration de cinq régions administratives. Comme il est mentionné dans le courrier électronique que l'on a reçu le 7 mars 2011 du « Mouvement civique, Régions Oui », il s'agit de mettre en œuvre une : « Redéfinition des attributions et compétences entre les différents niveaux de décision politico-administrative ; redéfinition organique de l'organisation administrative ; réduction effective des dépenses de l'administration publique et des collectivités locales ; réduction effective de la classe politique ; délimitation territoriale ». D'autres « mouvements » existent à l'instar du « Mouvement régionaliste Nord Oui » ou « Régions Oui » qui se proclament apolitique. Ils essayent d'avoir des actions de lobbying auprès des députés, élus locaux et citoyens.

devenir du gouverneur civil et les rivalités à l'échelon des *concelhos* y ont aussi contribué. En fait, toutes ces divisions semblaient convenir à tous les partis politiques[1]. Dès à présent, il est possible et souhaitable d'établir une structure duale dans laquelle les cinq Commissions de coordination et de développement régional collaboreraient avec un responsable régional référant nommé par le pouvoir central, après avoir procédé à une huitième révision constitutionnelle.

Les plans d'austérité décidés par le gouvernement et qui accompagnent les remodelages des collectivités locales, au même titre que les changements législatifs qui doivent redéfinir leurs compétences risquent de ralentir sensiblement l'actuelle réforme de l'administration locale, mais dont la cohérence est à certains égards discutable, puisque, une fois de plus, ils ignorent les régions administratives.

Pour preuve, le 22 septembre 2011 le XIXe gouvernement constitutionnel a publié un ouvrage[2] dans lequel il a exposé les grandes lignes de sa réforme administrative du pouvoir local, sans mentionner pour autant les régions administratives ou un éventuel schéma qui intégrerait un représentant de l'État à l'échelon régional. C'est cette volonté de réorganiser le pouvoir local portugais sans se soucier de savoir avec qui et comment l'État va être représenté au niveau périphérique qui pose questions. Dans le préambule de l'ouvrage qui fixe les objectifs généraux de la réforme de l'administration locale, le Premier ministre a clairement énoncé sa volonté d'accorder plus de pouvoirs aux collectivités locales[3]. Pour le gouvernement dirigé par Pedro Passos Coelho il faudrait prévoir un consensus politique qui impliquerait

---

[1] Le Parti social-démocrate avait pourtant promis la suppression du gouverneur civil, lors de la campagne électorale présidentielle du 14 janvier 2001. Déjà, en 1995, le Parti socialiste avait mis son souhait de créer des régions administratives et conséquemment, de gommer la structure de représentation de l'État dans le district.

[2] « Livre vert de l'administration locale. Une réforme de gestion, une réforme du territoire et une réforme politique » publié par le cabinet du ministre adjoint et des Affaires parlementaires, le 22 septembre 2011.

[3] *Ibid.* « La réforme administrative du pouvoir local s'impose, actuellement, comme un pilier fondamental pour l'amélioration d'une gestion du territoire et de prestation de service aux citoyens. Le pouvoir local démocratique a engendré des améliorations dans la qualité de vie de la population dans tout le territoire national et a élargi sa sphère de compétences. Pourtant, nous traversons une période où le modèle de gestion doit être analysé et amélioré structurellement, permettant de cette façon un renforcement bénéfique du Municipalisme ». Le quatrième paragraphe est encore plus explicite puisqu'il confirme : « Le Gouvernement portugais reconnaît dans les collectivités locales un vecteur de la décentralisation de politiques qui visent au développement économique et social des populations, de la même façon qu'il considère comme évident sa volonté politique de réaliser, conjointement avec les élus locaux et la société portugaise, une réforme de gestion, une réforme du territoire et une réforme du pouvoir local. »

toute la société portugaise. On craint que cela ne soit sans réelle portée pour le sujet qui nous intéresse dans cette étude[1].

Pour autant, la réforme de l'administration locale se poursuit sans qu'il y ait une institution intermédiaire entre le pouvoir central et les collectivités locales. C'est pour pallie ce manque que l'on prétend qu'il est impératif d'instaurer un schéma d'administration étatique régionale, dans lequel un haut fonctionnaire porterait les politiques publiques de l'État, et constituerait un relais entre le gouvernement et les populations locales.

La situation engendrée par l'absence de gouverneur civil

La décision radicale qui a consisté à faire disparaître le gouverneur civil pose problème pour deux raisons.

En premier lieu, et après avoir analysé les évolutions, les fonctions et le statut du *prefeito* puis du gouverneur civil, il est difficile de comprendre les raisons qui motivent le fait que sa suppression se soit faite sans qu'une autre institution la remplace, laquelle aurait eu à personnifier l'État dans un cadre territorial régional.

En second lieu, le gouvernement a fait le choix d'une réforme de « gestion », du « territoire » et « politique » de l'administration locale[2]. On défend l'idée qu'il aurait été somme toute plus approprié de mettre en place des structures administratives régionales qui auraient aidé, région par région, à mener une réforme locale équilibrée.

Lors de la sortie du « Livre vert de l'administration locale. Une réforme de gestion, une réforme du territoire et une réforme politique » le Premier ministre Pedro Passos Coelho a résumé, dans une formule lapidaire qu'il fallait « Rénover l'alliance stratégique entre l'administration centrale et l'administration locale »[3]. Mais, on se doit d'analyser les arguments en faveur de la réforme et en dénoncer les éventuelles lacunes, les illogismes, mais aussi les avantages.

---

[1] Le « Livre vert de l'administration locale. Une réforme de gestion, une réforme du territoire et une réforme politique » (*Livro Verde da Administração Local. Uma reforma de gestão, uma reforma do território e uma reforma política*) a été publié le 22 septembre 2011 par le cabinet du ministre Adjoint et des Affaires parlementaires. Cela concerne essentiellement :
La loi n° 159/99, du 14 septembre qui porte sur les transferts des attributions et compétences vers les collectivités locales,
La loi n° 169/99, du 18 septembre, relative au cadre de compétences et régime juridique du fonctionnement des organes des municípios et des *freguesias*,
La loi n° 2/2007, du 15 janvier, sur les finances locales,
La loi n° 45/2008, du 26 août, régime juridique des associations de municípios,
La loi n° 46/2008, du 26 août, régime juridique des aires métropolitaines de Lisbonne et Porto.

[2] *Ibid.*

[3] Entretien accordé par le Premier ministre Pedro Passos Coelho à la TSF-Rádio Notícias, le 26 septembre 2011, lors de la présentation du *Livro Verde da Administração Local. Uma reforma de gestão, uma reforma do território e uma reforma política*.

Dans le processus de mise en place de la réorganisation de l'administration territoriale au sein des *municípios* et des *freguesias* la résolution du 22 septembre 2011[1] en a défini les grandes lignes. La confirmation de « l'effacement » du gouverneur civil du paysage administratif et politique avec la promulgation de la loi organique du 30 novembre 2011 a créé, comme on le pense, et même si l'on cherche à garder une neutralité axiologique et situation incompréhensible.

Un tournant majeur, la résolution du 22 septembre 2011

Lors de sa réunion du 22 septembre 2011, le Conseil des ministres a approuvé dans la résolution n° 40/2011 du 22 septembre 2011 les principes généraux d'orientation de la réforme de l'administration territoriale locale. À la lecture de la résolution n° 40/2011 du 22 septembre 2011 on note que le Conseil des ministres a insisté sur le fait que :

> Le Programme du Gouvernement est structuré autour de l'idée d'un pacte de confiance avec les Portugais [...]. La réalité économique, financière et budgétaire impose l'adoption de nouveaux modèles de gestion et de développement [...]. Dans une telle conjoncture et en ce qui concerne spécifiquement le pouvoir local, le gouvernement prétend introduire un agenda marqué par son réformisme qui repose sur la proximité entre les citoyens et la décentralisation administrative [...][2].

Dans le cadre du processus général qui tend à réaménager les structures de l'administration locale, le gouvernement portugais semble vouloir s'effacer en instaurant plus de décentralisation. Cependant, on a une perception mitigée à l'égard des réformes, car elles font l'impasse sur ce qui est prévu dans la Constitution de 1976 en matière de suppression du district et de création de la région administrative.

La volonté de l'État de rester en retrait

Parallèlement à la mise en œuvre de l'actuelle réforme de l'administration territoriale, le gouvernement poursuit le transfert de certaines des anciennes prérogatives du gouverneur civil vers les Communautés intermunicipales et les *municípios*. Pour autant, le « moins d'État » ne signifie pas qu'il faille absolument faire abstraction d'une institution qui le personnifierait dans chacune des cinq nouvelles régions administratives, une fois qu'elles auront été instaurées[3].

---

[1] *Diário da República*, I-Série-A, n° 183, Résolution n° 40/2011 du 22 septembre 2011 du Conseil des ministres, p. 4530-4532.

[2] *Ibid.*

[3] Contrairement aux fonctions attribuées à l'institution préfectorale française. En effet, le décret n° 2010-146 du 16 février 2010 a été publié au *Journal officiel de la République française*, n° 0040 du 17 février 2010, texte n° 12. Le décret n° 2010-146 promulgué par le ministère de l'Intérieur, de l'outre-mer et des Collectivités territoriales a modifié le décret n° 2004-

Dans cette expectative, on peut espérer que le XIXe gouvernement constitutionnel réussisse à remanier un modèle[1] inadapté en dépassant le cadre territorial du district. Mais comment réformer et gérer efficacement les *municípios* alors même que la perspective de la création de la région administrative ne cesse d'être reportée et que le district est encore maintenu ? Certaines discordances contribuent à rendre le projet de réorganisation quelque peu contradictoire, et somme toute inefficace, une fois de plus par manque d'une structure administrative intermédiaire entre les *municípios* et le pouvoir central.

Vers une autre gestion municipale

Le président de la *Câmara municipal* sera certainement le grand gagnant de l'actuelle réforme de l'administration territoriale. Il le sera non seulement par les compétences supplémentaires qui lui sont accordées, mais aussi par le fait que les *municípios* et les élus locaux seront moins nombreux[2], ce qui devrait engendrer, en principe, une diminution des dépenses publiques.

Ce souci de réduire les dépenses des services publics concerne également les nouveaux mécanismes financiers à prévoir dans le cadre d'une politique de décentralisation. Si l'objectif général est d'établir « une meilleure articulation entre l'administration centrale et l'administration locale »[3], on peut s'étonner que presque rien ne soit dit quant aux structures qui assureraient le lien entre les deux administrations. En cas de litiges ou de demandes de soutiens juridiques et techniques, les élus locaux et les collectivités locales devront en référer uniquement à leur Commission de coordination et de développement régional, à la DGAL, aux ministres ?

Ce questionnement confirme que l'absence d'une « courroie de transmission » entre le pouvoir central et local est un problème récurrent. Paradoxalement, l'actuel gouvernement veut « parier sur le renforcement de la cohésion nationale et la promotion de la solidarité interrégionale[4] ». C'est l'unique fois où il fait mention d'une coopération entre régions, mais de façon évasive, puisque l'on ignore comment la « solidarité interrégionale »

374 du 29 avril 2004 relatif aux pouvoirs des préfets, à l'organisation et à l'action des services de l'État des régions et des départements.

[1] Guichard (F.), *Géographie du Portugal*, Paris, éd. Masson, 1990, p. 97 : « Le Portugal est donc doté d'une structure administrative parfaitement égalitaire et pyramidale, caractéristique des pays à tradition centralisatrice. Elle est particulièrement défavorable à l'épanouissement d'un réseau urbain polycentrique sur lequel pourraient s'appuyer des ensembles régionaux plus cohérents et plus harmonieux. »

[2] Somme toute une autre thèse de doctorat en droit public viendra-t-elle analyser, en détail, les répercussions de la réforme de l'administration territoriale locale et de la fin du gouverneur civil sur les changements du statut et des attributions du président de la *Câmara municipal*.

[3] « Livre vert de l'administration locale. Une réforme de gestion, une réforme du territoire et une réforme politique » publié par le cabinet du ministre Adjoint et des Affaires parlementaires, 22 septembre 2011.

[4] *Ibid.*, p. 26.

va pouvoir s'exercer et avec quels moyens, puisque tout cela est passé sous silence.

La réforme irrationnelle de l'organisation territoriale

Certes, il est indispensable de lancer les bases de discussions au niveau local entre les élus et les populations, mais la réforme structurelle, si elle est louable n'en demeure pas moins complexe, lacunaire et sera difficile à mener. Il est probable que l'organisation de l'administration territoriale locale demeurera inaboutie pour trois raisons.

La première raison en est que tant que les régions administratives n'auront pas été instaurées, soit par un référendum national soit par un vote au sein de l'Assemblée de la République, ce qui requiert le vote favorable de 2/3 des députés, il y aura nécessairement une incompatibilité avec ce qui est prévu par la Constitution de 1976 en matière de régionalisation[1].

La deuxième raison réside dans le fait, qui découle du premier argument, car tant qu'il n'y aura pas un représentant régional de l'État auprès des élus locaux et des populations, les mesures adoptées auront plus d'impacts financiers qu'administratifs et politiques.

En ce qui concerne la troisième raison, le district qui était placé sous la protection du gouverneur civil ne fait pas partie des priorités de réaménagements des collectivités locales[2]. Il convient ici de rappeler que ce que l'on cherche à démontrer et comprendre, après analyses, ce sont leurs incohérences[3] et leur irrationalité apparente ou véritable.

---

[1] Dans un courrier que l'on a reçu en date du 4 février 2012, le député Manuel Filipe Correia de Jesus du Parti social-démocrate écrit : « Le PSD considère que le processus de création des régions administratives prévu par la Constitution ne bénéficie pas des dispositions requises pour être déclanché dans cette phase critique de la vie nationale. Le fait que nous ayons besoin de réduire le poids de l'État et de garantir la réduction du déficit public ne peut supporter une quelconque incertitude qui puisse engager un processus aussi complexe comme celui de la régionalisation. Cependant, le PSD pense qu'il serait possible de lancer une expérience-pilote dans le pays, dans laquelle on doit chercher à étudier et évaluer les modèles de compétences, de financement et de transferts de ressources (humaines et autres) qui pourraient être à l'origine d'un futur processus de régionalisation. » Pour autant que l'idée paraisse séduisante, on ne peut que s'interroger sur l'opportunité et la possibilité d'une "expérimentation" et se poser la question de savoir par qui elle serait autorisée ?

[2] Cela signifie-t-il que les communautés intermunicipales [ont a gardé ici la traduction littérale que l'on préfère à celle de « communauté de communes »] viendront à terme substituer les districts ? On a adressé des questionnaires aux députés de la XIIe législature [depuis le 5 juin 2011] afin d'obtenir des réponses à cette question. Les réponses font apparaître majoritairement que le district doit être maintenu en tant que circonscription électorale. Or, la réforme actuelle tend à fusionner et réduire des municípios et des *freguesias*.

[3] On rappelle ici les volontés politiques de chaque parti à vouloir créer les régions administratives après le 25 avril 1974, de ce qui est inscrit dans la Constitution de 1976, des débats et projets qui ont précédé le référendum du 8 novembre 1998, et de la volonté de supprimer le gouverneur civil pour le substituer par un responsable régional.

Une réforme en demi-teinte

L'étude des programmes portant sur la réforme générale des statuts et attributions des collectivités locales et de leurs dirigeants que l'on a mentionnés *supra* dans divers développements, induit également que l'on aborde, au-delà de leur faisabilité, la question de leurs hypothétiques répercutions.

Mais, on se doit d'être prudent, car on ne saurait tirer de conclusion hâtive et définitive sur ces changements administratifs ni sur leurs impacts réels sur les finances publiques. Néanmoins, on peut élaborer une grille de lecture en commençant par exposer les points faibles et les aspects les plus constructifs de la réforme, alors même que des interrogations qui s'y réfèrent demeurent sans réponse.

Les éventuelles conséquences négatives de la réforme de l'administration territoriale

Elles sont multiples et touchent à plusieurs domaines. Elles sont surtout le fruit d'une réflexion qui repose sur des questionnements et des doutes, dont il est extrêmement difficile de savoir quand il sera possible d'y répondre.

On peut espérer que la réforme sera menée à son terme, malgré la rigueur budgétaire qui impose ce changement et la conviction politique du gouvernement selon laquelle il est fondamental de réorganiser les collectivités locales.

On peut aussi supposer que cette restructuration n'est, en fin de compte, que le prélude à la préparation d'une implantation à venir des régions administratives.

Mais en l'état, l'absence d'un délégué régional du pouvoir central pose la question de la difficulté à gérer harmonieusement l'autonomie locale sur l'ensemble du territoire. Un exemple, parmi tant d'autres, des inconvénients engendrés par l'absence d'un représentant régional de l'État concernent la gestion de la sécurité des biens et des personnes dans les *municípios*. En effet, après la suppression du gouverneur civil, le président de la *Câmara municipal* en est désormais réduit à en référer directement aux ministères créant par là même des situations difficiles[1]. On ignore qui pourra garantir « les cohésions et les compétitivités du territoire »[2] sans un interlocuteur régional qui personnifie l'État au risque d'intensifier les déséquilibres, non

---

[1] *Jornal de Notícias,* 15 mars 2012 : « Le président de la *Câmara* [Municipale] de Viana do Castelo, José Maria Costa, a adressé, hier, une nouvelle demande de renforcement des effectifs de la PSP et de la GNR au ministre de l'Administration interne face à ce qu'il considère être "une augmentation de la criminalité et des agressions dans les principales artères commerciales de la ville". En décembre dernier, l'élu local était déjà intervenu auprès de Miguel Macedo [ministre de l'Administration interne] pour un renforcement des effectifs des deux forces de sécurité, demande à laquelle il n'a pas encore été donné suite. »

[2] « Livre vert de l'administration locale. Une réforme de gestion, une réforme du territoire et une réforme politique » publié par le cabinet du ministre adjoint et des Affaires parlementaires, le 22 septembre 2011.

seulement à l'intérieur du pays, mais aussi avec les deux régions autonomes des archipels des Açores et de Madère. Au regard des analyses qui font suite à la fin du gouverneur civil, on ignore encore quelles vont être les conclusions précises des débats souhaités par le gouvernement auprès d'une population plus préoccupée par la crise économique que traverse le pays que par une réorganisation administrative du territoire.

Sur le plan budgétaire, il y a aussi des risques de dysfonctionnements puisque l'on ne sait pas encore qui va décider des répartitions des budgets concernant les programmes locaux de développements ni quels sont les critères et les paramètres qui devront être pris en considération. Il est dit que le transfert de compétences du *município* vers ses *freguesias* « devra être supporté exclusivement par le budget du *município*[1] », mais il faut encore réviser la loi sur les finances locales. Un autre aspect important de la réforme est le facteur temps. Car comment engager efficacement une réorganisation nationale de cette importance en si peu de temps, si ce n'est dans la précipitation due aux exigences imposées par la Commission européenne, la Banque centrale européenne et le Fonds monétaire international ?

Sur le plan législatif, la création d'une nouvelle *freguesia* et d'un nouveau *município* doit faire l'objet de discussions entre leur population et les élus locaux puis, une fois qu'un accord aura été trouvé, la proposition de changement devra être soumise à l'Assemblée de la République. À cet égard, la proposition de loi n° 44/XII du 8 février 2012 vise à « réduire significativement » le nombre des collectivités locales et rappelle dans ses motifs que « la réorganisation administrative des collectivités territoriales constitue l'un des piliers de la réforme de l'administration locale [...][2] ».

Compte tenu des « guerres de clochers » qui opposent certaines collectivités locales, on peut redouter que les débats politiques et les conflits d'intérêts n'exacerbent les rivalités locales et portent préjudice à la réforme de l'administration locale.

On peut craindre également que les innombrables demandes déposées auprès de l'Assemblée de la République ne tendent à ralentir les procédures de votation lors des demandes d'une collectivité qui veut devenir *freguesia* ou *município*, donc de l'application finale de la réforme. Mais ces restructurations peuvent aussi avoir des effets bénéfiques.

---

[1] Troisième chapitre « gestion municipale, intermunicipale et financement », § 3.5 « Critères de base », du « Livre vert de l'administration locale. Une réforme de gestion, une réforme du territoire et une réforme politique » publié par le cabinet du ministre adjoint et des Affaires parlementaires, le 22 septembre 2011, p. 28.

[2] *Diário da República*, II-Série, n° 116/XII, 8 février 2012, p. 140-167.

Les probables conséquences positives

A contrario des développements précédents, on doit admettre que la réforme de l'administration locale comporte aussi des orientations réalistes qui peuvent se répartir en quatre axes.

En premier lieu, on pense que la première mesure positive est sans conteste la réduction du nombre des petites *freguesias*[1] et de certains *municípios*[2]. L'idée de les regrouper afin d'en créer de nouveaux et de les insérer au sein de communautés intermunicipales doit favoriser leurs développements, tant au niveau des infrastructures que du point de vue économique.

Dans une deuxième phase, il y aura une diminution du nombre d'élus locaux. Mais ce choix du gouvernement de donner plus de compétences aux aires métropolitaines de Lisbonne et Porto, mais aussi aux communautés intermunicipales, peut avoir pour conséquences d'accentuer les asymétries entre le littoral et l'intérieur du pays.

Dans un troisième temps, la révision prévue de la loi des finances locales est révélatrice de la volonté du pouvoir central d'améliorer la gestion publique. En témoignent les implications de la Direction générale des collectivités locales[3], des Commissions de coordination et de développement régional et de deux communautés intermunicipales dans un projet test afin d'analyser les transferts de ressources, de définir les compétences au sein de

---

[1] En 2011, le nombre de *freguesias* est de 4 259 et celui des municípios est de 308. Source : Instituto Nacional de Estatística, septembre 2011.

[2] On retrouve cette préoccupation à vouloir réduire le nombre de communes en France puisque : « La France possède trop de communes. Cette critique, au demeurant fort ancienne, réapparaît périodiquement, quels que soient d'ailleurs les courants politiques. » Lerousseau (B.), « L'intercommunalité », *in* Bourjol (M.) (dir.), *La commune, l'État et le droit*, Paris, Collection décentralisation et développement local, 1990, p. 315.

[3] *Diário da República*, I-Série-A, n° 22, 31 janvier 2012, arrêté n° 28/2012 du 31 janvier 2012 p. 544-545. L'arrêté pris par la présidence du Conseil des ministres a fixé « La structure organique » de la nouvelle Direction générale des collectivités locales. Les domaines de compétences de la Direction générale des collectivités locales ont été redéfinis dans le souci d'apporter aux collectivités locales des soutiens en matière de conseils et de formations. C'est ainsi que les collectivités locales devraient bénéficier d'une seule structure de conseils juridiques, financiers, de transmission d'informations et de formations. Pourtant, on pense qu'il y a deux inconvénients majeurs. Le premier en est l'éloignement puisque le siège social est à Lisbonne. Le second désavantage est l'absence d'une structure déconcentrée régionale dans laquelle la Direction générale des collectivités locales pourrait avoir une annexe. De fait, on peut fort bien admettre que des services régionaux de la Direction générale des collectivités locales soient un jour créés et placés sous l'autorité du président de chacune des cinq Commissions de coordination et de développement régional. Néanmoins, des interrogations subsistent quant à l'efficacité de cette réorganisation, car il se pose la question des éventuels conflits et enchevêtrements de compétences avec les services actuels des Commissions de coordination et de développement régional. On pense que la clarification et l'harmonisation de l'administration territoriale portugaise ne peuvent devenir réalité que dans la mise en place d'une organisation régionale dans laquelle l'État sera représenté et dans laquelle il exercera un rôle de coordinateur.

chaque entité locale d'administration et de gestion en ce qui concerne les finances locales.

Le quatrième point que l'on admet comme potentiellement positif réside dans la perspective de promouvoir davantage de décentralisation et octroyer de nouvelles attributions aux collectivités locales. Mais il faut aussi que la déconcentration soit effective avec la représentation locale de l'État. Les répartitions des compétences administratives, financières, techniques, sociales et politiques peuvent être plus efficaces, dans l'intérêt de l'État, des *municípios,* des *freguesias* et des citoyens. C'est la raison pour laquelle on défend l'idée de la création impérative et de la cohabitation d'un double schéma de décentralisation et de déconcentration, même si on ne peut prévoir quand et s'il deviendra un jour réalité.

Des questions en suspens

L'objectif n'est pas seulement d'assainir les finances publiques en restructurant les collectivités locales, et en diminuant le nombre des élus locaux notamment dans les *Câmaras municipais* et les juntes de *freguesias*. Les moyens à mettre en application pour y parvenir ne sont pas tous explicitement mentionnés. Dès lors, on peut en conclure qu'au-delà des programmes politiques, il s'agit de savoir combien de temps il faudra à la société portugaise pour concrétiser un réaménagement de son administration territoriale locale.

Dans la résolution n° 40/2011[1] adoptée en Conseil des ministres le 22 septembre 2011 le pouvoir central n'a pas précisé les modalités de financement de la réforme, ni les entités qui allaient élaborer et valider les plans de financements dans le cadre des projets de développements locaux. On peut s'interroger également sur les répartitions et priorités des investissements locaux et se demander qui va contrôler leurs applications. De même, dans l'hypothèse d'éventuels litiges entre *municípios* on ne sait pas qui va arbitrer, du ministère des Finances et de l'Administration publique, du ministère de l'Administration interne, du gouvernement, le Premier ministre ou chacun des ministères concernés.

Par ailleurs, si les dix-huit districts sont encore en place, notamment pour servir de circonscriptions électorales lors des élections législatives, leur existence est somme toute comptée dans l'hypothèse où les communautés intermunicipales viendraient les substituer. Or, on ne sait pas combien il devrait y avoir de communautés intermunicipales dans l'ensemble du pays après les regroupements qui concernent les 308 *municípios* et dont on ignore encore, exactement, lesquels seront concernés. Le 6 octobre 2011, le secrétaire d'État de l'Administration locale Paulo Júlio avait pourtant déclaré que dans la perspective de la réorganisation territoriale « Le nombre de *freguesias* que

[1] *Diário da República*, I-Série, n° 183, 22 septembre 2011, p. 4530-4532. Résolution n° 40/2011 du 22 septembre 2011 du Conseil des ministres.

nous aurons à la fin va résulter d'au moins 308 débats [1 par *município*] tenus au niveau des *municípios,* parce que cela n'est pas un processus fermé[1] ». Selon lui les motifs de ces réductions s'expliquent par les impératifs d'une « rationalité de gestion[2] ».

En conséquence, il faut bien admettre qu'en l'état de l'avancée de la réforme et des débats politiques on ne saurait tirer de ces constats une conclusion rapide. L'absence de données précises et disponibles complique toute analyse qui se voudrait rigoureuse. Elle ne permet pas de démontrer, à date, si la réforme de l'organisation territoriale a été une velléité politique ou une œuvre audacieuse. On aurait souhaité qu'avant les élections municipales d'octobre 2013, des avancées significatives aient été apportées à ces questionnements et aux conséquences de la suppression du gouverneur civil.

Les conséquences pratiques des implications de la loi organique du 30 novembre 2011

La loi organique n° 1/2011 du 30 novembre 2011 a précisé les modalités du transfert des domaines de compétences qui relevaient du gouverneur civil. L'empressement avec lequel elle a été élaborée, discutée et votée contraste avec la lenteur et les inconstances dont ont fait preuve les gouvernements centraux à prendre une telle décision.

Si la disparition du gouverneur civil était souhaitée, elle a quand même pris de court les élus locaux. À ce titre, on peut se demander si cela n'a pas été sciemment voulu par le nouveau gouvernement qui a préféré mettre les élus locaux face aux impératifs d'une réforme de l'administration locale. Il a somme toute voulu leur donner le sentiment, non seulement qu'il comptait sur eux, en les impliquant davantage dans la vie administrative et politique locale, mais qu'il lui fallait très rapidement consolider son assise municipale, dans le cadre d'un objectif politique qui n'est autre que les élections municipales de 2013. Cependant, au-delà des projets prioritaires concernant le *município,* l'épineuse question du devenir du district et de l'instauration de la région administrative continue au mieux à diviser la classe politique et au pire à être reléguée au rang des projets politiques secondaires.

Les élus locaux face à l'actuelle réforme de l'administration territoriale

Deux constats peuvent être faits. D'une part, les partis politiques de l'opposition et les élus locaux, en général ceux du Parti socialiste, sont les plus critiques à l'égard de la réorganisation territoriale et des répartitions des prérogatives des collectivités locales. D'autre part, on note à la lecture de la

[1] *Jornal de Notícias*, 6 octobre 2011 : « Le gouvernement admet la suppression de 1500 *freguesias* en 2012 », p. 32.
[2] *Diário Económico,* 6 octobre 2011, p. 12.

presse portugaise que les élus de l'opposition se sont aussi prononcés sur la réforme voulue par la coalition politique du PSD/CDS-PP.

Les élus qui soutiennent le XIXe gouvernement constitutionnel préfèrent aborder brièvement la question de la régionalisation et réclamer des budgets pour mener à bien les programmes de développements dans leurs *municípios*[1]. Les élus locaux membres de l'opposition politique sont plus actifs que les députés de leurs partis à l'Assemblée de la République, lesquels ont été relativement discrets notamment lors des débats parlementaires portant sur la proposition de loi n° 14/XII/1er (Gvt) du 8 septembre 2011, session plénière du 16 septembre 2011.

En ce qui concerne les doléances les plus récurrentes émanant des présidents qui dirigent des *Câmaras municipais* socialistes on trouve également des arguments en faveur de la régionalisation et surtout de la décentralisation, à commencer par celui de la capitale puisque « Le président de la *Câmara municipal* de Lisbonne réclame à l'État la gestion du système des transports et du contrôle du trafic routier dans la capitale[2] ». Pour sa part, Mário de Almeida a souligné, en sa qualité de président de la *Câmara municipal* de Vila do Conde et membre du Parti socialiste « En ce moment où le pays vit avec difficultés, la décentralisation est le chemin le plus correct[3] ». On constate dès lors que les intérêts des élus politiques, et cela quel que soit le parti politique, se tournent essentiellement vers la vie politique locale.

Pourtant les actuelles réformes territoriales demeurent encore confuses à l'échelon local et les critiques à l'encontre du gouvernement se poursuivent. À titre d'illustration, Francisco Soares Mesquita Mamchado, président de la *Câmara municipal* de Braga et membre du Parti socialiste, a été particulièrement virulent puisque « Ce livre vert, que certains appellent déjà le livre noir, désignation avec laquelle je suis d'accord, va vers le chemin de la centralisation. La véritable réforme dont le pays a besoin ce ne sont pas ces extravagances, mais bien l'institution des régions administratives[4] ». Un autre élu socialiste Rui Solheiro, président de la *Câmara municipal* de Melgaço a souligné que « La proposition du gouvernement de renforcer les compétences des CIM [communautés intermunicipales] et des *freguesias* laisse un doute sur ce qui sera à la charge des *municípios*. Il est pourtant nécessaire que, qui que ce soit qui présente des idées, fasse des propositions crètes[5] ». Au sein de l'ensemble de la classe politique, les dissensions se poursuivent sur l'après-gouverneur civil. Elles perdurent même y compris à l'intérieur des partis politiques. En réalité, on redoute que l'absence d'un cadre territorial avec à sa tête un représentant régional de l'État aille favori-

---

[1] *Jornal de Notícias*, 6 octobre 2011, p. 3. Le président de la *Câmara municipal* António Costa est membre du Parti socialiste.

[2] *Ibid.*

[3] *Ibid.*

[4] *Ibid.*

[5] *Ibid.*

ser l'émergence de situations conflictuelles au sein des *freguesias* et des *municípios* par manque de directives précises, en exacerbant les ambitions politiques locales, et cela au détriment des citoyens et du territoire. Il y a aussi une opposition flagrante entre les exigences des élus locaux, qui réclament l'instauration des régions administratives et le silence du gouvernement à ce sujet.

Une classe politique divisée sur la question

Dans un questionnaire adressé aux députés de l'Assemblée de la République,[1] les réponses obtenues en septembre et octobre 2011 ont révélé les oppositions politiques qui perdurent depuis l'échec du référendum national du 8 novembre 1998.

Plusieurs avis confirment que le consensus sur la régionalisation risque encore de se faire attendre. Le député du BE, João Semedo,[2] a répondu que : « la régionalisation n'a pas été concrétisée parce que, à la suite du référendum, qui a vu la victoire du non, le PS et le PSD (avec l'appui du CDS) n'ont pas engagé les mesures nécessaires au démarrage d'un nouveau processus. En réalité, ces partis ne veulent pas de la régionalisation. Les partis qui gouvernent le pays préfèrent la division en districts à la régionalisation, maintenant de ce fait leurs commissaires politiques dans chaque district, car, à l'opposé de ce qui arriverait avec des organes régionaux, ils ne sont pas soumis à des élections ». En ce qui concerne la suppression du district, elle aurait dû accompagner celle du gouverneur civil, mais il demeure une circonscription électorale[3]. Quant au fait de savoir si le futur représentant régional de l'État devrait être élu ou nommé, le député a écrit : « Tant l'organe exécutif que le délibératif doivent être élus par la population de la région. »

---

[1] Les trois questions posées concernaient premièrement les motifs pour lesquels la régionalisation administrative n'a pas été mise en œuvre par le XIXe gouvernement constitutionnel. En deuxième point on devait obtenir des explications concernant les raisons du maintien du district alors que le gouverneur civil a été supprimé. En troisième interrogation il s'agissait d'obtenir l'avis des députés sur les modalités de nomination ou d'élection d'un éventuel responsable de la région administrative.

[2] Courrier reçu le 7 octobre 2011. João Semedo est député élu dans la circonscription de Porto.

[3] La sauvegarde du district trouve bien sa justification en tant que découpage électoral puisque, comme le souligne la députée socialiste Isabel Oneto dans le courrier que l'on a reçu le 7 novembre 2011 : « La plus grande difficulté dans la suppression des districts est dans la Loi électorale qui concerne l'élection des députés (au-delà de la question politique de l'institutionnalisation de la régionalisation). C'est que les députés à l'Assemblée de la République sont élus dans des circonscriptions qui correspondent aux 18 districts (chaque cercle électoral correspond à un district). La modification de la loi électorale, par obligation constitutionnelle, exige une majorité des 2/3 de l'Assemblée de la République. À plusieurs reprises le débat sur la réforme du système électoral portugais a été abordé, mais certainement cela n'est pas une question qui fait actuellement partie des priorités de l'agenda politique. »

Pour sa part, Hugo Soares, député du Parti social-démocrate, note que « les régions administratives n'ont pas été instaurées pour des raisons d'options politiques des gouvernements successifs[1] ». Il considère que « les districts au Portugal sont de simples circonscriptions géographiques dépourvues d'un quelconque organe de gestion et servent seulement de "circonscriptions électorales" ». Pour lui « les régions administratives devraient être dirigées par un élu », mais aucune allusion n'est faite quant à une représentation régionale de l'État.

La réponse de Luís António Pita Ameixa[2] a été plus laconique, car « La Constitution est claire. C'est par référendum que les régions administratives doivent être créées ». Depuis que le gouverneur civil a été supprimé, l'élu justifie le maintien du district au motif qu'il faut se reporter une fois de plus à la Constitution puisque « Tant que les régions administratives n'auront pas été instaurées, la division en districts subsiste (article 291) ». À la troisième question, deux options sont possibles selon lui :

> Afin d'implanter le processus de la décentralisation administrative, avec un transfert de pouvoirs de l'État, les régions administratives doivent être dirigées par des organes élus. Il est aussi possible de donner la direction des régions administratives à un fonctionnaire[3] de l'État, nommé, mais là on en resterait seulement à une simple déconcentration[4].

À l'opposé, sa collègue la députée Isabel Oneto[5], qui est aussi membre du Parti socialiste considère que les raisons pour lesquelles les régions administratives n'ont pas encore été instituées résultent du

> manque de consensus au sein de la société quant à la nécessité de l'instauration des régions administratives, ce qui, associé au fait que leur réalisation doit passer obligatoirement et constitutionnellement par un référendum, a empêché leur concrétisation. Je crois que les

[1] Courrier reçu le 8 octobre 2011. Hugo Soares est député élu dans la circonscription de Braga.

[2] Courrier reçu le 10 octobre 2011. Luís António Pita Ameixa est député du Parti socialiste dans la circonscription de Beja.

[3] Au Portugal le terme « fonctionnaire » peut désigner également un employé du secteur privé. On peut aussi traduire ce vocable par employé ou salarié.

[4] *Público*, 10 juillet 2010, p. 36. Dans un entretien accordé à ce quotidien le député Luís António Pita Ameixa a défendu le principe d'instauration des régions administratives en mettant en avant ses arguments en faveur de la régionalisation : « Je pense que la régionalisation modérée serait la meilleure, peut-être la plus viable. La régionalisation sur le continent est une réforme qui peut avoir un intérêt si c'est pour promouvoir la décentralisation administrative (c'est ce que dit simplement la Constitution), et non si c'est pour créer des entités politiques spécifiques, à la façon du modèle espagnol, comme certains semblent le jalouser. [...] Elle pourrait avoir un intérêt si elle est historiquement et culturellement représentative du peuplement du territoire portugais, et non si elle est une création abstraite, technocratique et politique. »

[5] Courrier reçu le 7 novembre 2011. Députée du Parti socialiste, Isabel Oneto est élue dans la circonscription de Porto. Elle est une militante active d'une réforme territoriale incorporant les régions administratives.

défenseurs de la "régionalisation" n'ont pas réussi à expliquer clairement les avantages pour les populations locales de l'existence d'un gouvernement régional, avec une légitimité propre pour décider dans des aires spécifiques en relation avec la vie des citoyens. Cette difficulté est associée à l'idée générale que la société a actuellement de la classe politique, l'idée que la régionalisation est associée à la création de nouveaux postes politiques et à plus de dépenses publiques, sans pour autant que les avantages soient évidents.

Pour sa part, le CDS-PP, qui fait partie de la coalition au pouvoir, paraît quelque peu éloigné des débats relatifs à la nouvelle proposition de réorganisation territoriale, ou bien ne désire pas prendre directement et officiellement position. La députée Teresa Caieiro[1] s'est limitée à souligner la suppression du gouverneur civil par le nouveau gouvernement et à rappeler les articles de la loi-cadre n° 56/91, du 13 août 1991 portant sur les régions administratives[2].

En réalité, comme l'écrit le député João Semedo dans son courrier du 15 octobre 2011, « la proposition du gouvernement ne supprime pas le gouverneur civil, car cela serait inconstitutionnel. Il n'a distribué que ses compétences ». En face d'une telle confusion, on a du mal à comprendre pourquoi l'actuel gouvernement n'a pas décidé, dès septembre 2011, de réviser la Constitution afin de gommer le gouverneur civil du district et le cas échéant de donner vie aux régions administratives. En fait, on sait qu'il a voulu dès son accession au pouvoir frapper les esprits par une décision politique forte en prenant pour exemple de la nouvelle politique d'austérité, la destitution générale de son homme lige dans le district.

Les réponses rédigées par le député José Mendes Bota[3] donnent un bref aperçu de tous les revirements et des velléités de la classe politique portugaise[4]. Dans sa troisième réponse, le député est favorable à une division ad-

---

[1] La députée Teresa Caieiro est élue dans la circonscription de Lisbonne. Dans le courrier reçu le 12 octobre 2011 et rédigé par son attaché parlementaire il est écrit : « La suppression des représentants des gouvernements dans les districts a toujours été liée à la création des régions administratives, et celles-ci, ne peuvent être instaurées que par référendum, comme cela est arrivé en 1998 date à laquelle les Portugais se sont prononcés contre la régionalisation. » On n'a pas obtenu de réponses à la première ni à la troisième question.

[2] *Diário da República,* I-Série-A, n° 185, 13 août 1991, p. 4091-4097. Pour rappel, la loi-cadre sur les Régions administratives, n° 56/91 du 13 août 1991 dans son article 40 disposait : « Dans chaque région administrative il y aura un représentant du gouvernement, désigné gouverneur civil régional. »

[3] Courrier reçu le 16 octobre 2011. José Mendes Bota est député du Parti social-démocrate et élu dans la circonscription de Faro depuis le 31 mars 1983.

[4] a) Les régions administratives n'ont pas été instituées par manque de volonté politique des deux principaux partis politiques, le PSD et le PS, lesquels n'ont jamais convergé dans ce sens au même moment. Les volontés ont alterné. Lorsque l'un le voulait, l'autre ne trouvait pas cela opportun. Et même lorsque, apparemment, ils semblaient converger, ils ont inventé un référendum obligatoire avec des règles absurdes, et une carte régionale qui a provoqué la réaction négative de l'électorat en 1998.

ministrative du territoire en régions administratives, mais dirigées par une personne qui serait élue par les citoyens au suffrage universel. « Les régions administratives, comme exemple de décentralisation, n'ont de sens que si elles sont placées sous la responsabilité de personnes élues directement par les populations, au suffrage universel, tel que l'énoncent la Constitution et la Loi de bases de la régionalisation[1]. Elle existe sur le papier, mais n'a jamais été appliquée. Elle existe, mais c'est comme si elle n'existait pas ». Pour sa part, la députée Isabel Oneto est favorable à ce que le futur dirigeant de la région administrative soit élu :

> Selon moi, les régions administratives doivent être dirigées par des élus. Leur légitimité doit découler du vote populaire qui valide les décisions qui concernent la vie du citoyen. Un haut fonctionnaire nommé par le pouvoir exécutif est toujours quelqu'un qui est placé à un poste pour exécuter une politique définie par le pouvoir central. Le fondement de la régionalisation, de mon point de vue, est, précisément, la capacité de négociation avec le pouvoir central, dans l'intérêt des populations qu'il représente.

Pour le parti politique écologiste *Os Verdes*[2], on est toujours dans l'expectative de la création des régions administratives « car il n'y a pas eu évidemment de volonté politique de la part des deux partis politiques qui se partagent le pouvoir (PS et PSD) durant ces dernières décennies. La régionalisation est un dessein constitutionnel fondamental pour le développement du pays et un combat aux asymétries régionales [...][3] ». Pour diriger la future région administrative, le parti écologiste défend l'idée que le responsable doit être élu par les populations de la région, mais ne se prononce pas sur la figure qui aurait à y représenter l'État.

En fait, le gouverneur civil est supprimé, mais pas tout à fait. Il n'est plus nommé, mais il existe constitutionnellement puisque seule une révision de la Constitution de 1976 peut y mettre fin *de jure*. Or, la révision ne serait prévue que pour la fin de l'année 2013 ou 2014 selon les discours officiels. Les réponses obtenues alors que se mettent en place les bases d'une réorganisation de l'administration territoriale à l'échelon des *concelhos* après la fin du gouverneur civil traduisent les divergences et convictions des partis politiques, ce qui est compréhensible. Mais, elles expriment aussi l'absence de

---

b) « Les gouvernements civils ne peuvent être supprimés tant que les régions administratives n'auront pas été créées, comme en dispose la Constitution portugaise. Étant donné que celles-ci ne sont pas créées, ni que la Constitution sera modifiée, l'actuel Gouvernement a opté pour retirer aux gouvernements civils leurs compétences, transférées entre temps vers d'autres services, et n'a pas nommé de nouveaux gouverneurs civils. Ils sont des « zombies » de la politique. Ils ne sont ni vivants ni morts. »

[1] *Diário da República,* I-Série-A, n° 185, 13 août 1991, p. 4091-4097

[2] Réponse collective reçue le 7 décembre 2011 dans un courrier signé de la chef de cabinet du président du parti Natividade Moutinho.

[3] En ce qui concerne les raisons qui peuvent expliquer le maintien des dix-huit districts, le parti politique n'apporte pas de réponse et propose que l'on s'adresse directement au gouvernement.

projets en matière de représentation de l'État dans l'hypothèse où les régions administratives deviendraient réalité. Après avoir fait un « état des lieux » de l'évolution de l'institution, et après sa disparition, on propose et défend un autre schéma.

La nécessité d'instaurer une représentation régionale de l'État

Une telle perspective est indispensable. Elle pourrait implanter un *prefeito* régional au centre de la région administrative ce qui permettrait d'aboutir incontestablement à un véritable processus d'harmonisation des politiques locales de développements.

Il n'est certainement pas illusoire de penser que la mise en place d'un *prefeito* régional contribuerait à une meilleure harmonisation des politiques régionales dans l'utilisation et le contrôle des investissements régionaux de l'État. C'est la raison pour laquelle on propose de redessiner un projet de société en cherchant d'abord à savoir comment élaborer une alternative à la représentation du gouvernement à l'échelon local.

Sur le plan sémantique, en instaurant un « gouverneur civil régional » ou un « administrateur civil régional » on risquerait de raviver les animosités des élus locaux à l'égard de celui qui a personnifié le gouvernement. On pourrait le désigner par « délégué régional du gouvernement », mais la connotation politique aurait été trop importante. La désignation de « *prefeito* régional » est susceptible de renvoyer probablement à une francisation de l'institution et ne serait certainement pas bien comprise des populations. Pourtant, on pense que « le *prefeito*[1] régional » au sens français du terme, et de l'institution qui personnifie l'État dans la région serait le mieux approprié[2].

Au-delà de ce critérium et de la théorie, la création du *prefeito* régional est de l'ordre du possible. Mais une telle suggestion doit s'insérer dans un projet ambitieux dans lequel le président de la Commission de coordination et de développement régional serait partie prenante.

---

[1] On retient ce terme pour trois raisons. Premièrement le vocable *prefeito* existe dans la langue portugaise. La deuxième justification renvoie aux origines même de l'instauration du *prefeito* lors des décrets du 16 mai 1832. Le décret-loi n° 23 du 16 mai 1832 dans son titre I, chapitre II « De l'organisation générale de l'administration » énonçait à l'article 4 : « La province est administrée par un chef unique, lequel a le nom de *prefeito*. Dans les *comarcas* où ne réside pas le *prefeito*, il y aura un délégué désigné par sous-*prefeito*. » En troisième point, on se place dans l'optique de la nécessité d'établir au Portugal une déconcentration des services de l'État au sein des futures régions administratives.

[2] Cependant, au titre II « Des magistrats administratifs », chapitre I « Du *prefeito*», il ressortait de l'article 29 : « Le *prefeito* est l'unique chef de toute l'administration de la province, et le délégué de l'Autorité du Roi, et en tant que tel, il est investi de toutes les attributions afin qu'il puisse veiller au bien-être et aux besoins des populations. Ses fonctions qui sont toutes administratives et de bienfaisance ne participeront en rien du pouvoir judiciaire, ou fiscal, ou de n'importe quel autre. »

***Une solution possible : le* prefeito régional**

L'enjeu d'une mise en œuvre réussie de la réforme administrative avec pour corollaire le *prefeito* régional apparaît comme une nécessité administrative et politique, mais aussi économique et juridique, pour combler une absence de personnification locale de l'État.

En conséquence, il est tout à fait possible d'appliquer un schéma simple et cohérent avec un « mini-corps » composé de cinq *prefeitos* régionaux. Le rapprochement de chacun des cinq *prefeitos* régionaux et des cinq présidents des Commissions de coordination et de développement régional serait d'autant plus efficace qu'il établirait une dynamique de développement économique local sans précédent, et un renforcement des relations bilatérales entre le pouvoir central et les régions, mais aussi entre les régions et les *municípios.* Dans un tel organigramme, rien n'empêcherait une collaboration active entre le représentant régional de l'État et les élus politiques locaux, puisque ces derniers auraient un interlocuteur plus proche de leurs préoccupations que ne le sont actuellement les ministres.

Les actions publiques partenariales entre le *prefeito* régional, le président de la Commission de coordination et de développement régional et les élus politiques locaux auraient à établir une nouvelle donne dans des schémas de régulations croisées et complémentaires avec les populations. Dès lors que l'on veut comprendre et démontrer l'intérêt du *prefeito* régional[1], on admet l'hypothèse qu'il aurait pu être instauré dès la promulgation de la Charte constitutionnelle de 1822.

Une digression s'impose, car, comme on l'a souligné en introduction, la Charte constitutionnelle de 1822 dans son article 212[2] avait déjà pour projet de créer un « administrateur général » nommé par le roi, après avoir consulté le Conseil d'État pour avis[3]. L'administrateur général aurait eu pour mission de diriger l'institution supramunicipale désignée par « district », mais ce fut là une occasion manquée d'établir un cadre administratif « provincial »[4]. Somme toute le pouvoir royal a-t-il craint d'être fragilisé, en plaçant un représentant administratif à la tête de chaque province[5] ou bien n'a-t-il pas eu

---

[1] On aurait pu instaurer alors un « administrateur provincial ».

[2] Charte constitutionnelle du 23 septembre 1822. *Cf.* Titre VI « Du gouvernement administratif et économique », chapitre I « Des administrateurs généraux et des juntes de l'administration ».

[3] Il serait assisté dans ses missions par une « junte administrative » (article 213).

[4] Le district serait placé en dessous des six provinces (Minho, Trás-os-Montes, Beira, Estremadura, Alentejo, Royaume de l'Algarve) qui composaient la division administrative du territoire sur le continent. Le district doit être pris ici, non pas comme une division administrative et politique du territoire, tout au moins officiellement, mais comme un « espace fiscal » qui devait permettre une meilleure perception des impôts.

[5] On doit se placer dans le contexte de l'époque où la monarchie cherchait surtout à consolider son pouvoir.

le temps de concrétiser ce projet. Aujourd'hui, un autre schéma est possible dans le courant du *new public management.*

Pour préciser davantage les intérêts qu'il y aurait à instaurer un *prefeito* régional, des causes tant structurelles que conjoncturelles sur le plan administratif, économique, politique et social font qu'il faut donner un « visage régional » à l'État et renforcer une coopération égalitaire[1] entre ce dernier et les collectivités locales.

Le législateur portugais doit se mobiliser afin de créer de nouvelles dynamiques puisque, comme l'écrit Jacqueline Morand-Deviller : « Réfléchir au rôle de l'État, à sa place dans la gestion publique, à l'efficacité de ses méthodes, à l'évaluation de ses résultats est une démarche récurrente actuellement relancée par la ferveur accordée aux bienfaits de la régulation et des méthodes libérales de concertation et de consensus[2]. » En conséquence, l'État portugais doit œuvrer à une réforme originale capable de supplanter l'asymétrie de l'actuelle division administrative de son territoire et repenser les cadres de sa représentation. Il n'est pas question de créer un « État autonomique[3] », comme en Espagne[4] ou en Italie[5]. De même, il faudrait prendre garde à ne pas chercher à vouloir imiter à tout prix l'institution préfectorale française[6], au risque que cela soit fait maladroitement, d'autant qu'en cherchant à trop se référer au modèle français, l'échec serait probablement garanti. Le *prefeito* régional ne doit pas être une pâle copie du préfet de région français.

Le législateur portugais peut fort bien prendre exemple sur d'autres modèles de représentation locale de l'État, tout en gardant une spécificité portugaise. Les arguments en faveur d'un schéma théorique de réforme étatique imposent la création du « *prefeito* régional portugais », d'autant plus qu'ils

---

[1] Lerousseau (B.), « L'intercommunalité », *in* Bourjol (M.) (dir.), *La commune, l'État et le droit*, Paris, Collection décentralisation et développement local, 1990, p. 335. Bernard Lerousseau a mis en avant qu'à l'échelon des communes françaises : « La problématique du pouvoir dans les institutions de coopération intercommunale s'organise également autour des deux thèmes précédemment évoqués : autonomie et égalité. Au thème de l'autonomie se rattache essentiellement le problème des rapports du groupement avec l'État. [...]. Au thème de l'égalité se rattache la question de la représentation des communes membres dans les instances du regroupement et de leur participation au processus de décision communautaire. »

[2] Morand-Deviller (J.), *Droit administratif, Cours, Thèmes de réflexion, Commentaires d'arrêts avec corrigés*, Paris, Montchrestien, Lextenso éditions, 11e éd., 2009, p. 133.

[3] Gicquel (J.) et Gicquel (J.-E.), *Droit constitutionnel et institutions politiques,* Paris, éd. Montchrestien, Domat Droit public, 24e éd., 2010, p. 83.

[4] *Ibid,* p. 83. En Espagne, « l'autonomie est reconnue constitutionnellement : le droit à l'autonomie des nationalités et des régions qui la composent et la solidarité entre elles, est garanti en Espagne (art. 2 C) ».

[5] *Ibid.*, p. 83. En Italie « le texte italien reconnaît et favorise les autonomies locales (art. 5 C) ».

[6] Les attributions du préfet ont été révisées par le décret n° 2010-146 du 16 février 2010. *Cf. Journal officiel de la République française*, n° 0040 du 17 février 2010, texte n° 12.

reposent sur les besoins d'établir une équité, mais aussi un équilibre administratif et politique régional.

Les sources d'inspiration

Ceci étant dit, il faut reconfigurer l'archétype du représentant local de l'État dans un cadre territorial qui intègre la région administrative. Force est donc de reconnaître que l'on ne peut pas vouloir instaurer les régions administratives et ne pas placer à leur tête un responsable régional nommé par le gouvernement.

Dans le cas contraire, les régions ne seraient alors que des divisions virtuelles du territoire qui n'auraient « d'administratives » que le nom[1]. La nomination d'un haut fonctionnaire à la direction de chacune des cinq régions provoquerait une dynamique dans les relations triangulaires État-élus locaux-populations.

D'une part, l'absence d'un représentant régional du pouvoir exécutif engendrerait indubitablement un renforcement des asymétries entre les régions.

D'autre part, le *prefeito* régional devrait être plus qu'un simple relais régional du pouvoir central. Au-delà de ses fonctions interministérielles, ce « généraliste » disposerait des moyens humains pour lui permettre d'harmoniser, en collaboration avec les quatre autres administrateurs régionaux, les programmes de développements régionaux. Le *prefeito* régional serait le garant de l'égalité entre les cinq régions et de l'impartialité de l'État sans qu'il soit nécessaire de créer un « État des régions » comme « l'État des autonomies » ou « l'autogouvernement » en Espagne[2].

À dire vrai, l'interrogation principale est de savoir où situer le point d'équilibre entre une nouvelle trame de représentation étatique à l'échelon régional et les collectivités locales qui seraient représentées par les cinq Commissions de coordination et de développement régional. Cette observation revêt une importance capitale puisque les deux structures qui constitueraient une « polysynodie régionale » ne se neutraliseraient pas, mais seraient complémentaires et collaboreraient[3], à l'exemple du schéma français avec l'existence du Conseil régional[4] et de la préfecture de région[1].

---

[1] Par exemple, ce fut le cas *des provinces qui* étaient des circonscriptions placées au-dessus du district. Elles ont été mises en place après l'adoption de la loi 1940 du 6 avril 1936. Suite à la promulgation de la loi n° 2100 du 29 août 1959, la révision constitutionnelle de 1959 a mis un terme à la division du territoire en provinces. Aristides de Amorim Girão dans *A Divisão Provincial do Novo Código Administrativo* (*Cf.* bibliographie) avait précisé qu'en 1936, les provinces avaient été créées à titre expérimental.

[2] Camby (J.-P.), « La suppression de la publicité télévisée sur les chaînes publiques : de la Constitution à la compétence législative », *RDP*, 2011, n° 4, p. 943 et p. 957.

[3] *Cf. infra.*

[4] La Constitution de 1976 lors de sa promulgation le 25 avril 1976 disposait à l'article 261 : « Le Conseil régional est l'organe consultatif de la région et sa composition sera définie par la loi, de façon à garantir une représentation adéquate des organisations culturelles, sociales, économiques et professionnelles existant dans la région. » Dans sa septième révision constitu-

Préalablement, il convient de bien considérer que chaque pays a « son » modèle de représentation locale de l'État, dans l'Union européenne et au-delà de ses frontières. Puis dans un second temps de proposer une proposition de réforme en s'inspirant du préfet de région français.

Une diversité de modèles étrangers dans la représentation régionale de l'État

Chaque pays a un schéma de représentation régionale de l'État *sui generis.* Les sources d'inspiration ne doivent donc pas être prises dans l'acceptation d'une simple transposition.

Si aucune des institutions ne ressemble à une autre, force est de constater que la plupart d'entre elles ont l'institution préfectorale française comme source d'inspiration. Certes, il y a quelques points communs puisque le représentant local de l'État est le symbole du pouvoir central et son agent politique[2]. De même, sur le plan de son statut, il est soit un haut fonctionnaire, comme en Espagne, en France[3], en Grèce, en Italie, en Roumanie[4] ou Turquie, soit il peut aussi se consacrer, parallèlement à ses missions, à une activité professionnelle, comme c'est le cas du préfet en Suisse ou être coopté dans le secteur privé comme cela fut le cas au Portugal.

D'autres disparités portent sur l'espace dans lequel chaque représentant local du pouvoir central exerce ses fonctions. En Grèce ce cadre territorial est divisé en régions administratives[5] alors qu'en Italie ce sont les provinces, en France les régions et les départements, en Suisse les cantons, en Espagne les provinces et au Portugal les districts.

---

tionnelle, en 2005, l'article 259 énonce : « Les organes représentatifs de la région administrative sont l'assemblée régionale et la junte régionale. » *Cf. Diário da República*, I-Série A, n° 155, loi constitutionnelle n° 1/2005, du12 août 2005, p. 4642-4686

[1] Le décret n° 2010-146 du 16 février 2010 a modifié le décret n° 2004-274 du 29 avril 2004 relatif aux fonctions des préfets, ainsi qu'à la structuration et aux missions des services de l'État dans les départements et les régions. À cet égard, le décret n° 2010-146 du 16 février 2010 dans le chapitre II qui porte sur l'« Organisation des services de l'État dans la région et le département », dispose à l'article 23-1 : « En conformité avec les orientations nationales, le préfet de région dans la région, le préfet de département dans le département arrêtent un schéma organisant la mutualisation des moyens entre services de l'État [...]. » *Cf. Journal officiel de la République française,* n° 0040 du 17 février 2010, texte n° 12.

[2] En Turquie le préfet est un agent politique du pouvoir central dans la province. *Cf.* Ula Bayraktar et Cemil Yldzcan.

[3] Le décret n° 2010-146 du 16 février 2010 a été publié au *Journal officiel de la République française* n° 0040 du 17 février 2010, texte n° 12.

[4] Sora (A.-F.), *Servir l'État roumain, le corps préfectoral, 1866-1940,* Bucarest, editura Universitătii din Bucuresti, 2011, p. 310. En ce qui concerne le préfet roumain Andrei-Florin Sora le qualifie de : « fonctionnaire politique » c'est-à-dire un fonctionnaire public et un homme politique.

[5] Les treize régions administratives ont été instaurées en 1986 dans la perspective de favoriser la mise en place des Programmes intégrés méditerranéens.

Les dissemblances et similitudes concernent principalement le processus de cooptation-nomination. Au Japon, le gouverneur[1] est élu au suffrage universel direct, à l'exemple du préfet grec[2], alors que le préfet suisse est élu ou nommé par le gouvernement cantonal selon les cantons[3]. De même, le préfet en France, le délégué du gouvernement en Espagne[4], le *prefetto* en Italie et le secrétaire général de la région en Grèce sont nommés en Conseil des ministres, comme l'était le gouverneur civil au Portugal.

Mais il existe encore d'autres différences en ce qui concerne la structure hiérarchique de rattachement. Par exemple, le préfet français dépend du ministère de l'Intérieur, de l'outremer, des Collectivités territoriales et de l'Immigration. En Espagne, le délégué du gouvernement a été rattaché[5] au ministère de la Politique territoriale pour l'exercice des fonctions d'administration générale de l'État et au ministère de l'Intérieur pour les domaines de compétences qui relèvent de la sécurité publique.

On constate, face à une telle palette de schémas de déconcentrations du pouvoir central et compte tenu de leur hétérogénéité, que tous les modèles étrangers ne peuvent servir de source d'inspiration au législateur portugais. Il est impératif que le Portugal puisse garder sa spécificité en imaginant sa propre structure administrative et politique de représentation régionale de l'État. Il serait dangereux pour les politiques portugais de chercher à plaquer sur les institutions portugaises un schéma étranger importé « clefs en main ». Dans cette optique, on défend l'idée que l'institution préfectorale française serait le modèle de référence le plus adéquat pour répondre à l'actuelle absence de structure administrative régionale, pour deux raisons.

Premièrement, elle se rapproche de ce qui est énoncé dans la Constitution de 1976[6] et la loi-cadre n° 56/91 du 13 août 1991 sur les principes

---

[1] Seizelet (É.), « La fonction préfectorale au Japon », *RFAP*, 2000, n° 96, p. 639-649.

[2] Spanou (C.), « L'institution préfectorale en Grèce : de la déconcentration à la décentralisation », *RFAP*, 2000, n° 96, p. 598-600. Notons qu'il conviendra d'attendre les résultats de la réforme Kallikratis entrée en vigueur le 1er janvier 2011 et portant sur la réforme de l'administration territoriale pour juger de son bien-fondé.

[3] En Suisse le préfet représente le gouvernement cantonal dans le district.

[4] Il s'agit de l'ancien gobernador civil.

[5] Depuis 1997.

[6] *Diário da República,* I-Série A, n° 155, loi constitutionnelle n° 1/2005, du 12 août 2005, p. 4642-4686. Pour rappel, la Constitution de la République portugaise de 1976, septième révision au chapitre IV, qui porte sur la « région administrative », l'article 255 concernant sa « création légale » dispose : « Les régions administratives sont créées simultanément, par la loi, laquelle définit les pouvoirs respectifs, la composition, la compétence et le fonctionnement de leurs organes, pouvant établir des différenciations quant au régime applicable à chacune. » Or, l'article 256 énonce : « 1. L'instauration concrète des régions administratives, avec l'approbation de la loi instituant chacune d'elles, dépend de la loi prévue à l'article antérieur et du vote favorable exprimé par la majorité des citoyens électeurs qui se seront prononcés en consultation directe, à l'échelon national et relative à chaque aire régionale. »

d'instauration des futures régions administratives[1]. L'article 47 de la loi-cadre n° 56/91 du 13 août 1991 concernait la nomination d'un nouveau « magistrat régional » qui serait le représentant du gouvernement dans la région et désigné par « gouverneur civil régional ». Mais, on émet certaines réserves, car cette dénomination ne semble pas appropriée pour les raisons que l'on mentionne[2]. C'est pour cela que l'on propose la désignation de *prefeito* régional[3].

En second lieu, la création *ex nihilo* du *prefeito* régional serait une option tout à fait plausible, idoine et cohérente. Elle le serait également en tant que base de réflexion et de travail pour le législateur portugais.

En fait, près de deux siècles plus tard, on doit revenir, presque naturellement et logiquement, à l'institution préfectorale française laquelle a contribué à établir les fondements de l'œuvre réformatrice de José Xavier Mouzinho da Silveira[4].

L'exemple du préfet de région

En établissant un cadre comparatif avec l'institution préfectorale française, on remarque deux choses essentielles dans cette approche.

Tout d'abord, le modèle français a institué à l'échelon de la région[5] diverses structures de coordination, non seulement interrégionales, mais aussi interministérielles. Cela n'est pas le cas de la réforme territoriale portugaise engagée en septembre 2011. Ensuite, cette configuration assure une égalité de droit entre les régions administratives[6].

À la suite de ce constat, il s'agit essentiellement de faire ici des propositions concernant certaines attributions qui incombent au préfet de région en France et qui pourraient être confiées également au *prefeito* régional et de savoir qui est l'actuel préfet français[7]. Le chapitre Ier du décret n° 2010-146

---

[1] *Diário da República*, I-Série-A, n° 185, 13 août 1991, loi n° 56/91, p. 4091-4097.

[2] On pense que la désignation de « gouverneur civil régional » serait inopportune et aurait une connotation péjorative. Elle renverrait à une institution « le gouverneur civil » qui fut tellement décriée qu'il ne conviendrait pas que les citoyens aient le sentiment que l'on instaure de nouveau un modèle supprimé, mais dans un cadre territorial plus vaste.

[3] *Cf.* la section 2 : La nécessité d'instaurer une représentation régionale de l'État, p. 549.

[4] En 1832 et 1835. *Cf.* Introduction et première partie.

[5] Ce sont surtout les transcriptions des missions dévolues au préfet de région que l'on aborde puisque le gouverneur civil n'existe plus et que l'on suggère une substitution par le *prefeito* régional.

[6] On peut s'interroger sur le devenir des communautés intermunicipales portugaises, car celles qui se développeront le plus seront celles qui seront dirigées par des élus charismatiques ou ayant leurs réseaux à Lisbonne. Une telle situation ne peut conduire, à terme, qu'à établir des déséquilibres supplémentaires entre *concelhos*, en absence d'une présence de l'État qui garantisse une neutralité entre eux, au sein d'une même région.

[7] *Journal officiel de la République française*, n° 0040 du 17 février 2010, texte n° 12 décret n° 2010-146 du 16 février 2010 du ministère de l'Intérieur, de l'outre-mer et des Collectivités territoriales. Il a modifié le décret n° 2004-374 du 29 avril 2004 relatif aux pouvoirs des préfets, à l'organisation et à l'action des services de l'État des régions et des départements. La

du 16 février 2010 qui porte sur les « Pouvoirs des préfets ». L'article 2, à l'alinéa premier, dispose :

> Le préfet de région est le garant de la cohérence de l'action de l'État dans la région. Il autorise les préfets de département, sauf dans les matières définies aux articles 10, 11 et 11-1. L'autorité du préfet de région sur les préfets de département ne peut être déléguée. Le préfet de région est responsable de l'exécution des politiques de l'État dans la région, sous réserve des compétences de l'agence régionale de santé, et de l'exécution des politiques communautaires qui relèvent de la compétence de l'État[1].

Or, si en France le préfet est un passeur de droit communautaire, au Portugal, en l'absence d'un représentant régional du pouvoir central qui va exercer cette fonction essentielle ?

Il faut donc s'inspirer de cette personnification régionale de l'État français afin d'esquisser les plans d'une configuration territoriale portugaise dans laquelle il y aurait un « responsable de l'exécution des politiques de l'État dans la région[2] ». Pour Xavier Marchand Tonel, le préfet de région en France bénéficie d'une double capacité puisqu'il favorise la coordination des fonds structurels et veille aux respects des règlements nationaux et communautaires[3]. Comme le préfet français, le *prefeito* régional orienterait l'action publique territoriale et ferait travailler ensemble les différents acteurs régionaux, dans divers domaines. Par exemple, le décret n° 2010-146 du 16 février 2010 l'article 23[4] dispose :

> Le préfet de région est responsable de la stratégie immobilière de l'État dans la région, sous réserve des dispositions des articles L. 1142-1 et R.* 1142-1 du Code de la défense. À ce titre :
> 1° Il définit les modalités d'application par les préfets de département des instructions reçues du ministre chargé du domaine de l'État ;
> 2° Il est responsable de la valorisation du patrimoine immobilier et de la préservation des intérêts patrimoniaux de l'État dans la région ;

---

fonction de coordination des activités du préfet a été confirmée par le décret 2010-146 du 16 février 2010, article 35, qui dispose : « Le préfet de région associe, en tant que de besoins, les responsables d'établissements publics et services de l'État ayant leur siège dans la région ou dont l'activité s'exerce au-delà de la région. Il peut proposer aux chefs de cour et de juridiction d'assister aux travaux du comité de l'administration régionale. Il peut inviter toute personne qualifiée à être entendue ».

[1] *Code général des collectivités territoriales*, Paris, éd. Dalloz, 15e éd., 2012, 3357 p..

[2] *Ibid.*

[3] Xavier Marchand Tonel, « La nodalité relative du préfet de région dans la mise en œuvre des Fonds structurels. L'exemple du FEDER objectif 2 Midi-Pyrénées et d'INTERREG IIIa France-Espagne », Colloque international organisé par le Laboratoire des Sciences sociales du Politique de l'Institut d'Études politiques de Toulouse les 17 et 18 novembre 2011 sur le thème *Figures du préfet. Une comparaison européenne.*

[4] *Journal officiel de la République française,* n° 0040 du 17 février 2010, décret n° 2010-146 du 16 février 2010, texte n° 12. *Cf. supra.*

> 3° Il approuve les schémas pluriannuels de stratégie immobilière mentionnés à l'article 42 élaborés par les préfets de département de la région.

Il en est de même pour les répartitions des budgets à l'échelon de la région lesquelles pourraient être soumises à l'avis d'un comité à l'instar de ce qui existe en France[1]. Cela permettrait de renforcer sans conteste le rôle de l'État, sans atténuer pour autant les compétences des *concelhos* en tant « qu'unités territoriales essentielles ; c'est là qu'est le véritable siège du pouvoir municipal[2] ». Telles sont les idées directrices dont on cherche à démontrer la pertinence afin de bâtir un schéma de réforme étatique territoriale. On souhaiterait bien évidemment qu'il devienne réalité, compte tenu des avantages qui en résulteraient et que l'on va exposer, même s'il se pose bien évidemment la question de la faisabilité constitutionnelle, puisque, comme le souligne Raymond Carré de Malberg, « La Constitution ne construit pas une théorie fonctionnelle, mais bien un système organique des pouvoirs[3] ».

De plus, le préfet de région assure en France une action de coordination que l'on n'a pas dans les projets de réorganisation territoriale au Portugal. L'article 59-1 énonce « Le préfet est le délégué territorial des établissements publics de l'État comportant un échelon territorial et figurant sur une liste établie par un décret en Conseil d'État[4] ».

Au Portugal, il est certain que l'absence d'une structure régionale sur laquelle le gouvernement puisse réellement s'appuyer va ralentir toute perspective d'élaboration, adoption et concrétisation d'une politique nationale de développement. On peut craindre que la bonne application de l'ensemble des politiques centrales ne soit remise en cause. Mais pour cela, le statut du *prefeito* régional aura à préciser, sans ambiguïté, le cadre normatif et la place du représentant local de l'État, à la fois au sein des nouvelles structures administratives, financières et politiques régionales[5].

---

[1] Comme le dispose l'article 36.1 du décret n° 2010-146 du 16 février 2010 : « Le comité de l'administration régionale assiste le préfet de région dans l'exercice de ses attributions. Il est consulté sur les orientations stratégiques de l'État dans la région. Il examine les moyens nécessaires à la mise en œuvre des politiques de l'État ». On pourrait fort bien envisager de créer un comité identique au sein de chacune des régions administratives, lequel collaborerait avec chacune des cinq Commissions de Coordination et de Développement régional aux motifs qu'elles sont aussi des structures techniques et de conseils. À la suite de l'alinéa premier, l'article 36 énonce « II - À ce titre, il est consulté sur l'utilisation de tous les crédits ouverts au profil des services de l'État en région [...]. »

[2] Guichard (F.), *Géographie du Portugal*, Paris, éd. Masson, 1990, p. 94.

[3] Carré de Malberg (R.), *Contribution à la Théorie générale de l'État*, Paris, éd. Dalloz, 2004, p. 286.

[4] Décret n° 2010-146 du 16 février 2010 publié au *Journal officiel de la République française*, n° 0040 du 17 février 2010, texte n° 12.

[5] Par exemple, sur le plan juridique, le *prefeito* régional pourrait se voir attribuer un droit de contrôle dans l'application de la législation par les collectivités locales par l'intermédiaire du déféré préfectoral à l'exemple du préfet français. *Cf.* « Déféré préfectoral » *in Lexique des termes juridiques*, Paris, éd. Dalloz, 19e éd., 2012, p. 279 : « Dans le cadre du contrôle admi-

Les propositions pour instaurer un prefeito régional

Le *prefeito* régional devra être disposé de moyens qui lui permettront d'impulser une dynamique, en tant que force de propositions et de mobilisations, et non pas se limiter à un rôle secondaire. Il ne saurait être qu'un simple faire-valoir ou *factotum* du pouvoir central.

Dans cette optique, l'implantation d'une institution déconcentrée avec un *prefeito* régional participerait d'une représentation locale de l'État plus rationnelle, et ferait du *prefeito* régional la « clef de voûte » de la politique régionale en matière de coordination des programmes de développements et d'expansion économique. Certaines prérogatives du *prefeito* régional et du président de la Commission de coordination et de développement régional pourraient être « codécrétales[1] », dans l'hypothèse de fonctions convergentes, qu'elles soient administratives, politiques et sécuritaires. Cela suppose que l'on procède à la mise en place de mécanismes régulateurs entre les deux, comme les actuelles fonctions de sécurité des biens et des personnes, lesquelles reposaient sur une collaboration entre le gouverneur civil et les présidents des *Câmaras municipais* du district.

In casu, on pourrait également envisager une procédure de codécision entre le *prefeito* régional, après avoir obtenu l'accord du gouvernement et le président de la Commission de coordination et de développement régional, après qu'il se soit concerté avec les présidents des *Câmaras municipais* des *concelhos* de la région.

En cas de conflits entre le *prefeito* régional et le président de la Commission de coordination et de développement régional, la fonction d'arbitrage serait dévolue au ministre de l'Administration interne[2], ou au gouvernement, selon l'importance du litige et des ministères concernés. Pour autant, ne vouloir accorder au futur *prefeito* régional que des missions administratives ne seraient que pure illusion. On mentionne *infra* les modalités de sa nomination et de son statut puis de ses missions lesquelles viennent étayer les futures prérogatives du *prefeito* régional.

La nomination et le statut du *prefeito* régional

Le *prefeito* régional doit être nommé en Conseil des ministres et en aucun cas être élu. En étant doté de fonctions interministérielles, on peut fort bien envisager la possibilité de placer hiérarchiquement le *prefeito* régional sous

---

nistratif exercé par l'État sur l'activité juridique des communes, départements et régions, acte par lequel le préfet défère au tribunal administratif les décisions de ces collectivités locales qu'il considère comme illégales. »

[1] Gicquel (J.) et Gicquel (J.-E.), *Droit constitutionnel et institutions politiques*, Paris, éd. Montchrestien, Domat Droit public, 24e éd., 2010, p. 586.

[2] On propose que le ministère des Finances et de l'Administration publique devienne le ministère de l'Économie et des Finances et que son administration publique soit rattachée au ministère de l'Administration interne, pour plus de cohérence et d'efficacité.

l'autorité directe du Premier ministre. C'est une hypothèse qui est d'autant plus plausible que la superficie du pays le permet. Il pourrait débuter son mandat après la constitution du gouvernement. Mais, cela aurait somme toute pour conséquence directe d'en faire un acteur politique régional[1].

La solution la plus appropriée serait de placer à la tête des cinq régions des hauts fonctionnaires reconnus pour leurs compétences professionnelles et une très bonne connaissance de la région. En assurant la fonction de relais régionaux du pouvoir central, chacun des cinq gouverneurs civils appliquerait et contrôlerait les programmes du pouvoir exécutif, tout en étant un « récepteur » des doléances des populations locales et des entreprises. C'est pour cela que l'ingérence du *prefeito* régional dans la vie administrative et politique du *concelho* pourrait se faire en cas de manquement d'un président de *Câmara municipal* et dans l'hypothèse d'une suspicion de corruption, en alertant les services d'inspection du ministère de l'Administration interne ou les forces de l'ordre. Quant à la responsabilité administrative du *prefeito* régional, elle ne saurait se limiter à la sécurité des populations et du territoire. Il est indispensable qu'elle s'inscrive dans une optique plus globale de déconcentration des pouvoirs de l'État central. Par conséquent, les fonctions juridiques, techniques et économiques du *prefeito* régional impliqueraient qu'il soit investi d'une réelle autorité en tant que symbole de la légitimation du pouvoir exécutif. Il aurait vocation à être un contre-pouvoir face aux notables locaux, tout en ayant un rôle consultatif auprès de ces derniers.

Il est primordial de supprimer le principe selon lequel on coopte des amis politiques[2]. Le népotisme ne doit plus être de mise, afin de promouvoir les compétences et non plus entretenir un système partisan qui fonctionne en autarcie et ne tend pas vers la neutralité et impartialité qui doit caractériser la fonction. Le processus de nomination pourrait continuer à être fait, après avoir procédé à l'audition du futur *prefeito* régional, par le Conseil des ministres, puis suivi ou pas d'un vote. De même, en cas de cohabitation entre le président de la République et le Premier ministre, le choix du *prefeito* régional continuerait à être effectué selon l'ancien processus, par le ministre de

---

[1] Mais, en étant nommés par le pouvoir central on n'imagine pas que celui-ci ne puisse pas demander à ses représentants régionaux de surveiller la vie politique dans la région. Cela pourrait se faire par des enquêtes à l'instar des sondages effectués par les renseignements généraux en France ou par la création au sein des services de la future région d'une cellule informant régulièrement le Premier ministre et le ministère de l'Administration interne des activités politiques de la région : réunions publiques, manifestations, mise en place des élections, contrôle de leur régularité, mettre à la disposition des partis des locaux afin que puissent s'y dérouler leurs meetings et en garantir la sécurité.

[2] Pour rappel, on sait que la Constitution de 1976 demeure particulièrement silencieuse quant au processus de nomination du représentant régional du pouvoir central. Le titre VI de la loi n° 56/91 du 13 août 1991 intitulé « gouverneur civil régional » précisait : « Dans chaque région administrative il y a [le temps présent est à noter] un représentant du gouvernement, désigné par gouverneur civil régional. » (article 10) *Diário da República*, I-Série-A, n° 185, loi n° 56/91 du 13 août 1991, p. 4091- 4097.

l'Administration interne, puis accepté et validé par le Premier ministre et le président de la République.

La durée de sa nomination à la tête de la région administrative coïnciderait avec le mandat du président de la République, soit cinq ans et il serait inamovible durant ce temps, pour bien accompagner les plans régionaux de développements. On ne saurait, pour des raisons d'efficacité, tout au moins dans les premières années de la nouvelle institution régionale, confier les responsabilités d'une région à une personne qui exercerait ses fonctions seulement durant une période de deux à trois ans.

Pour ce qui relève des collaborateurs du *prefeito* régional, il serait souhaitable de maintenir en place les actuels secrétaires du gouvernement civil puisqu'ils sont les meilleurs connaisseurs du fonctionnement du gouvernement civil au plan administratif et juridique. Certains fonctionnaires pourraient être détachés de leur ministère d'origine pour une période donnée, en fonction des besoins et priorités du *prefeito* régional. Il pourrait donc disposer d'experts qui l'assisteraient et le conseilleraient, ce qui aurait pour finalité de garantir une égalité au sein des cinq régions. Par ailleurs, on peut fort bien admettre l'éventualité d'un partage des compétences des fonctionnaires qualifiés dans tel ou tel domaine lors de réunions interrégionales entre le président de la Commission de coordination et de développement régional et le *prefeito* régional, sans que cela atténue les principales fonctions du *prefeito* régional[1]. Cependant, il convient avant tout de bien préciser le statut du *prefeito* régional. Le *prefeito* régional en tant que représentant local du gouvernement et dépositaire de l'autorité de l'État garderait son statut de magistrat administratif, placé à l'épicentre de la future région administrative.

Mais une autre place doit être attribuée au *prefeito* régional dans un cadre pluri-échelons qui prendrait en compte non seulement la région, mais aussi son intégration dans le paysage administratif de l'Union européenne avec l'instauration d'un europréfet[2]. Il veillerait à la bonne application du droit communautaire et à la mise en œuvre des programmes européens de développements. En qualité de serviteur du pouvoir central, il serait investi de prérogatives pluridisciplinaires juridiques, politiques, économiques et financières[3], afin d'assumer une fonction d'administration générale[1]. Le réalisme

---

[1] *Cf. infra* § 2.

[2] Mosser (M.), *L'Europréfet ; essai sur une Europe de proximité,* Paris, éd. Vrin, 2000, 188 p..

[3] Le décret n° 2010-146 du 16 février 2010 publié au *Journal officiel de la République française*, n° 0040 du 17 février 2010, texte n° 12, au chapitre III « Attributions des préfets relatives aux investissements civils exécutés ou subventionnés par l'État », dans la rédaction de son article 47, confirme le rôle du préfet de région en matière de suivi des investissements publics puisque « Le préfet de région est tenu informé de l'élaboration des programmes et des projets d'investissements publics à caractère national ayant un impact régional pour lesquels des autorisations d'engagement sont affectées par un ordonnateur principal. Après avis du comité de l'administration régionale, il présente ses observations aux ministres intéressés. » On peut approfondir les rapports entre le représentant régional de l'État et les services de

constitutionnel portugais permet tout à fait une consultation en vue de créer les régions administratives, après avoir procédé à un nouveau référendum national. L'évocation d'une réforme étatique dans laquelle on intégrerait enfin un représentant régional du pouvoir central incite à deux remarques principales.

D'abord, le *prefeito* régional ne saurait être un simple exécutant, mais un véritable décideur, dans la mesure où il doit être doté de pouvoirs et responsabilités effectifs. Il incomberait au *prefeito* régional d'exercer une fonction arbitrale si besoin, entre les élus locaux et de se positionner en tant que pouvoir modérateur.

Ensuite, il exprimerait, au-delà de la souveraineté de l'État et de l'unité de la nation, une même impartialité tant à l'égard de tous les élus locaux, que dans la mise en œuvre des programmes régionaux de développement. Dans cette perspective, il est impératif que le gouvernement ne l'associe pas aux événements politiques locaux, tout au moins officiellement, à l'exception de la mise en place des élections et du contrôle de leur déroulement[2], et lors d'inaugurations ou de déplacements de personnalités.

Au demeurant, entre conception et application d'une réforme étatique dans le cadre d'une représentation locale de l'État, il faut surmonter les contraintes juridiques et financières de la mise en place des cinq régions administratives. Cela n'aurait qu'un coût relatif compte tenu du fait que les locaux administratifs existent déjà et, par voie de corollaire, il en est de même pour les actuelles cinq Commissions de coordination et de développement régional.

---

l'État en ce référant au chapitre IV « Relations des préfets avec les services de l'État, les collectivités territoriales, les établissements et les entreprises publics ».

[1] Lascombe (M.) et Vandendriessche (X.), *Les finances publiques,* Paris, éd. Dalloz, Connaissance du droit, 7e éd., 2009, 200 p.. Au Portugal la crise économique et financière va ralentir très fortement les transferts budgétaires de l'État vers les *municípios,* cependant, le modèle français de la DGD serait tout à fait adapté à un développement équilibré des *municípios* et des *freguesias* puisque « *La dotation globale de décentralisation* (DGD) est destinée à compenser les surcharges financières engendrées par les transferts de compétences opérés depuis 1982, dans la mesure où ces surcharges n'auraient pas été compensées par un transfert de recette fiscale […]. En dehors de ces recettes communes à toutes les collectivités, d'autres dotations sont versées par l'État à certaines collectivités ». Pour autant, on peut s'interroger pour savoir comment il sera possible à l'État portugais de trouver les ressources financières afin de procéder à des dotations et quels seront les critères pour pouvoir bénéficier des dépenses d'investissements. Or, si le renforcement de l'autonomie financière des collectivités locales est souhaitable, on peut craindre néanmoins certaines dérives en matière de corruption, sans une surveillance par l'État des finances publiques et de leur emploi à l'échelon du *município.*

[2] Il aura à prêter une oreille attentive, et avoir l'œil bien aiguisé, pour faire remonter à son ministre de tutelle les informations générales sur la vie de la région administrative.

Les fonctions du *prefeito* régional

Les blocs de compétences du *prefeito* régional passent avant tout par leur insertion d'une structure de coordination des orientations et programmes interministériels et d'autorité, comme le préfet français[1]. Finalement, il relève de l'État d'accepter de transférer certaines de ses compétences de l'administration centrale vers le *prefeito* régional en tant que structure déconcentrée.

Le désengagement de l'État à l'échelon régional serait bien évidemment un non-sens[2]. La nécessité fonctionnelle avec les cinq Commissions de coordination et de développement régional exige que l'État impose son autorité de régulation des projets de développement et assure l'unité du territoire. Le *prefeito* régional aurait à assurer une double attribution répartie entre la défense de l'intérêt politique et la mission de service public. La dimension administrative de ses fonctions doit être complémentaire de la connotation politique de sa fonction[3]. Par ailleurs, les missions du *prefeito* régional seraient jugées selon le degré d'implication dans le cadre d'un développement général de la région.

Or, comment faire en sorte que le responsable de la région nommé par le pouvoir politique puisse faire preuve de neutralité[4], alors même que le gouvernement qui l'aura nommé pourra le révoquer *ad nutum* ? D'autant plus que le *prefeito* régional serait appelé, par obligation et dépendance à l'égard du pouvoir exécutif, à exercer des fonctions officieuses de surveillance politique. Malgré tout, on peut supposer que la mise en place d'un *prefeito* régional faciliterait la mise en œuvre de contrats de projets État-régions[5]. Il

---

[1] Lerousseau (B.), « L'intercommunalité », *in* Bourjol (M.) (dir.), *La commune, l'État et le droit*, Paris, Collection Décentralisation et Développement local, 1990, p. 335 : « Ce rôle de l'autorité préfectorale, chargée au nom de l'État, « de préserver l'harmonie des actions et garantir la solidarité » est notamment mis en lumière par le Préfet Paul Bernard. Pour cet éminent praticien, il se justifie par la considération que « les collectivités locales sont partie intégrante de la République dont l'État est le garant et le serviteur ».

[2] Code général des collectivités territoriales, Paris, éd. Dalloz, 15e éd., 2012. En France, comme le dit le décret n° 2010-146 du 16 février 2010 dans son article 59 : « Le préfet de région est seul habilité à négocier et conclure au nom de l'État toute convention avec la région ou ses établissements publics […]. »

[3] De fait, comme l'écrit Raymond Carré de Malberg, l'instauration d'un administrateur s'explique aussi par ce motif que : « L'administrateur, en exécutant la loi, n'a pas habituellement pour but d'assurer la réalisation de la loi pour elle-même : mais, la vérité est qu'il se sert de la loi pour atteindre un résultat déterminé, résultat qui correspond à des intérêts d'ordre administratif. » Carré de Malberg (R.), *Contribution à la Théorie générale de l'État*, Paris, éd. Dalloz, 2004, p. 759.

[4] La neutralité politique du *prefeito* régional devra être réelle, non seulement vis-à-vis des populations, mais aussi des partis politiques et des représentations syndicales, économiques et cultuelles.

[5] Pontier (J.-M.), « Les contrats de projet État-régions 2007-2013 », *La Revue administrative*, n° 359, 2007, p. 523-534. En France par exemple, les contrats de projet État-régions ont

conviendrait de définir les grandes lignes d'une réorganisation de la représentation régionale de l'État dont l*e prefeito* régional serait le véritable « fer de lance » de la montée en puissance de l'échelon régional et de son développement économique. Ainsi, nous aurions un niveau d'organisation optimale avec la région, le *concelho* et la *freguesia,* comme le dispose la question de 1976.

Le futur haut fonctionnaire responsable de la région bénéficierait d'un élargissement de prérogatives, par rapport à celles de l'ancien gouverneur civil. II veillerait dans le cadre de ses pouvoirs de tutelle, à la bonne application de la loi par les collectivités locales. Dans cette perspective, il relèverait de sa compétence, et l'on prend ici appui sur l'institution préfectorale française[1], d'exercer ses fonctions d'autorité policière[2] dans sept domaines :

- prendre des mesures nécessaires pour maintenir l'ordre et la sécurité publique[3],
- diriger, en collaboration avec le service régional de protection civile et définir les programmes respectifs,
- exercer, lors des réunions et manifestations publiques, les attributions que lui conférerait la loi,
- délivrer des passeports, dans les termes des lois et règlements, et viser ceux qui lui seraient présentés à cette fin,
- requérir, aux commandants de la Police de la sécurité publique et de la Garde nationale républicaine, l'intervention des forces de police installées dans la région, pour maintenir l'ordre et faire appliquer la loi,
- concéder des autorisations de police administrative qui ne soient pas de la compétence du Gouvernement, des juntes régionales, des *Câmaras municipais* ou de leurs présidents,
- élaborer des règlements obligatoires dans toute la région sur des matières de sa compétence policière qui ne soient pas objet de loi ou règlement général, à publier dans le *Diário da República*, après approbation du Gouvernement.

---

remplacé les anciens contrats de plan État-régions généralement désignés par l'abréviation CPER.

[1] Le décret n° 2010-146 du 16 février 2010 a modifié le décret n° 2004-274 du 29 avril 2004 relatif aux fonctions des préfets, ainsi qu'à la structuration et aux missions des services de l'État dans les départements et les régions. Ainsi, le décret n° 2010-146 du 16 février 2010 dans le chapitre II sur l'« Organisation des services de l'État dans la région et le département » dispose à l'article 23-1 : « En conformité avec les orientations nationales, le préfet de région dans la région, le préfet de département dans le département arrêtent un schéma organisant la mutualisation des moyens entre services de l'État [...]. » *Journal officiel de la République française*, n° 0040 du 17 février 2010, texte n° 12.

[2] Code administratif, Paris, éd. Dalloz, 35e éd., 2012, p. 2738. *Cf.* décret n° 68-839 : « Délégation de pouvoirs au préfet de police - décret portant délégation de pouvoirs au préfet de police (*JO* 27 sept.) ». Le *prefeito* régional pourrait se voir attribuer les fonctions de police compte tenu de la superficie qu'auraient les régions administratives portugaises.

[3] Code administratif, Paris, éd. Dalloz, 35e éd., 2012, p. 2919.

De plus, il pourrait disposer d'un pouvoir de délégation de ses fonctions énumérées précédemment, notamment en matière « d'autorité policière ». La loi n° 56/91 du 13 août 1991[1] disposait : « Chaque gouverneur civil régional peut être assisté, dans l'exercice de ses fonctions, par des vice-gouverneurs régionaux, nommés en Conseil des ministres, dont le nombre reste à définir par décret-loi »[2]. Le responsable administratif de la région engagerait des démarches pour mettre en place, les actes nécessaires à l'installation de la région et, nommément, procéder à l'installation de la première assemblée régionale[3] puisque :

> 1. Après la nomination du gouverneur civil régional, seront supprimés les gouverneurs civils basés dans l'espace de ladite région.
> 2. Le patrimoine, les droits et obligations et le personnel du gouverneur civil sont transférés automatiquement vers les services dépendants du gouverneur civil régional[4].

L'article 48, qui est aussi le dernier de la loi, se réfère à l'incorporation provisoire de certaines aires des districts puisque : « Dans les cas où l'on vérifie la non-intégration de parties de districts dans des régions concrètement instituées, il faudra déterminer dans quel district sera intégrée transitoirement l'aire du district non comprise dans la région. »

Dans sa fonction de direction des services du gouvernement régional, les missions générales de son dirigeant se répartiraient en quatre priorités :

- diriger et coordonner les services du gouvernement civil régional, dans les termes de la respective loi organique,
- superviser la gestion et direction du personnel du gouvernement civil régional,
- exercer la compétence qui lui sera déléguée par le Conseil des ministres, le Premier ministre ou par les ministres,
- exercer tous les autres pouvoirs qui lui seront conférés par la loi ou règlement.

Sur le plan économique, il serait une force de propositions lors des rencontres entre les présidents des *Câmaras municipais* et des investisseurs nationaux et internationaux. Le pouvoir exécutif en place quelle que soit sa tendance, ne doit pas faire les mêmes erreurs que celles commises lors des débats qui ont précédé le référendum sur la régionalisation du 8 novembre 1998. Il en va de la responsabilité des politiques de faire acte de pédagogie auprès des citoyens habitués à tant de longanimité, et aux élus locaux de s'impliquer activement pour trouver une réponse à cette question.

---

[1] *Diário da República*, I-Série-A, n° 185, loi n° 56/91 du 13 août 1991, loi-cadre portant sur les régions administratives, p. 4091-4097.
[2] Loi n° 56/91, du 13 août 1991, articles 42 et 43. *Cf.* le décret n° 210-224 du 4 mars 2010 « pouvoirs des préfets de zone de défense et de sécurité ».
[3] Loi n° 56/91, du 13 août 1991, article 46.
[4] *Ibid.*, article 47.

Le temps est venu de donner une nouvelle impulsion à l'institution depuis trop longtemps en léthargie.

À bon droit, et dans l'hypothèse d'un schéma qui inclurait le *prefeito* régional, il conviendrait de dissocier les liens étroits, officiels et officieux susceptibles de le lier à un parti politique. Le fait qu'il puisse continuer à être nommé par le gouvernement induit directement des soupçons de politisation de la fonction. C'est la raison pour laquelle les régions administratives devraient être placées sous l'autorité d'un haut fonctionnaire capable de prendre en charge l'intérêt général et une nouvelle personnification de l'État, en toute neutralité. Avec le *prefeito* régional, l'État garderait son pouvoir de tutelle, son rôle d'arbitre et d'interlocuteur[1] avec les collectivités locales. Cependant, le contrôle politique du *prefeito* régional subsisterait conjointement à ses missions administratives et économiques[2]. Il continuerait officieusement à ausculter la vie politique locale.

Le *prefeito* régional garderait cette attribution essentielle de transmission ascendante et descendante des informations, entre le pouvoir central par le biais de son ministre de tutelle, les populations locales et leurs élus. En parallèle, les relations entre le président de la Commission de coordination et de développement régional et le *prefeito* régional créeraient au sein de chacune des cinq régions une dynamique dans la mise en pratique de programmes de développements économiques et sociaux, mais encore faudrait-il que les politiques s'engagent davantage afin que les régions administratives prennent corps.

Un dualisme cohérent : le président de la Commission de coordination et de développement régional et le prefeito régional

La confusion entre les missions du *prefeito* régional et les fonctions du président de la Commission de coordination et de développement régional pourrait engendrer certaines appréhensions de la part des citoyens et des élus locaux, par crainte d'une bureaucratie supplémentaire[3].

---

[1] *Code général des collectivités territoriales*, Paris, éd. Dalloz, 15e éd., 2012, p. 3369. L'article 58 « Des relations avec les collectivités territoriales » dispose : « Seuls peuvent s'exprimer au nom de l'État le préfet de région devant le Conseil régional, le préfet de département devant le conseil général, ou la personne qu'ils ont désignée pour le représenter [...]. »

[2] *ibid.*, p. 3368-3369. Une fois de plus, on peut fort bien s'inspirer de l'institution préfectorale française puisque dans les « Compétences en matière d'investissements civils exécutés ou subventionnés par l'État » l'article 47 du décret n° 2010-146 du 16 février 2010 énonce : « le préfet de région est tenu informé de l'élaboration des programmes et des projets d'investissements publics à caractère national ayant un impact régional pour lesquels les autorisations d'engagement sont affectées par un ordonnateur principal. »

[3] De simples cabinets techniques d'études en 1969, les Commissions de planification régionale sont devenues, avec l'entrée en vigueur du décret-loi n° 494/79, du 21 décembre 1979 les « Commissions de coordination régionale » pour soutenir les collectivités locales. Elles ont été désignées ensuite, avec l'article 2 du décret-loi 104/2003 du 23 mai 2003 « Commission

Les rapports entre déconcentration et décentralisation peuvent être un modèle idéal. L'organisation du territoire national en cinq Commissions de coordination et de développement régional servirait d'esquisse aux cinq futures régions administrées chacune par un *prefeito* régional. Un tel modèle aurait l'avantage de bénéficier d'une structure technique et financière, mais aussi une institution administrative et politique. Et cela, même si, les Commissions de coordination et de développement régional ne peuvent être considérées comme des collectivités territoriales, dans la mesure où elles n'ont pas de corps élus. Depuis la Révolution du 25 avril 1974, elles ont représenté les uniques structures pouvant prétendre à mener une réelle politique régionale d'aménagement.

Par ailleurs, ces institutions techniques étaient-elles devenues des contre-pouvoirs au gouverneur civil ou se limitent-elles à être des appuis techniques aux collectivités locales ? La structure administrative et politique qui serait établie parallèlement au schéma de représentation régionale de l'État pourrait aussi bien se désigner : le Conseil régional[1], le Comité de développement régional ou le Conseil de développement régional. Ou alors, pourquoi ne pas garder simplement la dénomination actuelle des cinq Commissions de développement et de coordination régionale ?

Cette interrogation incite à deux remarques importantes sur le plan de la sémantique. D'une part, on met en exergue la fonction d'expertise par les termes de « commission de coordination », en tant que pouvoir collégial, et d'autre part on précise les caractéristiques de la nouvelle structure en tant que pôle de « développement », puis on délimite le cadre territorial « régional » d'exercice de ses attributions. Le président de chaque Commission de coordination et de développement régional aurait un mandat représentatif et serait élu par un collège électoral formé par les présidents des *Câmaras municipais* des *concelhos* des cinq régions administratives. Il assurerait la représentation des collectivités locales de la région et défendrait leurs intérêts[2].

---

de coordination et de développement régional » et acquis progressivement des pouvoirs intermédiaires avec une délégation d'autorité du pouvoir central.

[1] À l'exemple du Conseil régional français.

[2] Dans un courrier de Monsieur le Gouverneur civil de Portalegre, reçu le 31 janvier 2005 et signé de son chef de cabinet le Dr. Roberto Grilo sur la « Demande d'informations - Gouverneurs civils - Commissions de Coordination et Développement régional », il nous a été répondu : « En ce qui se réfère à votre demande par lettre du 15 du mois présent, Monsieur le gouverneur civil me charge de transmettre à votre excellence l'information suivante : le gouverneur civil a son secteur d'intervention défini essentiellement dans le statut du Gouvernement civil, approuvé par le décret-loi n° 252/92, du 19 novembre, avec des modifications introduites par le décret-loi n° 316/95, du 28 novembre, par le décret-loi n° 213/2001, du 2 août, et par l'arrêté n° 948/2001, du 3 août. Avec le décret-loi n° 264/2002, du 25 novembre, les compétences constantes de l'annexe au décret-loi n° 316/95 furent transférées vers les *Câmaras municipais*. Le gouverneur civil intervient particulièrement dans les matières relevant : de la représentation du Gouvernement dans le district ; de l'articulation des activités ayant une relation avec la sécurité intérieure, comme la police de proximité, les actions de fiscalité, le maintien et la répartition de l'ordre, de la sécurité et de la tranquillité

Les projets de révisions constitutionnelles d'octobre 2010 et les réformes de l'administration locale du XIXe gouvernement constitutionnel ont tous fait l'impasse sur une réorganisation de la représentation locale du pouvoir central. De fait, en maintenant les cinq Commissions de coordination et de développement régional et en créant le *prefeito* régional on aurait une structure binaire rationnelle et complémentaire.

Les cinq Commissions de coordination et de développement régional

Les Commissions de planification régionale avaient pour mission de promouvoir le développement du territoire, par un rôle de conseil et de suivi des plans mis en œuvre, tout au moins jusqu'en 1974[1].

Leur évolution s'est inscrite dans une perspective de réforme et de soutien technique aux collectivités locales[2]. Ce cadre structurel et fonctionnel a rendu réelle la représentation régionale des attributions dévolues au ministère des Villes, Organisation du territoire et environnement, actuellement désigné dans le XIXe gouvernement constitutionnel par ministère de l'Agriculture, de la Mer, de l'Environnement et de l'Aménagement du territoire. On défend l'idée que les délimitations des découpages géographiques des cinq Commissions de coordination et de développement régional pourraient correspondre aux tracés des cinq futures régions administratives.

Le gouvernement disposerait de deux institutions parallèles et complémentaires, l'une technique et l'autre administrative et politique. Cela créerait non seulement une organisation cohérente du territoire et, on peut le penser, plus efficace, par le fait que l'hypothétique *prefeito* régional aurait un inter-

---

publiques ; coordination des actions de protection civile de prévention, secours et assistance ; processus électoraux pour des entités de souveraineté et émissions de passeports. Quant au président des CCDR - Commissions de Coordination et de Développement régional, il lui incombe, notamment : de participer dans la commission d'accompagnement des cadres communautaires d'appui ; d'assurer la coordination entre la CCDR, les services régionaux d'autres départements gouvernementaux, les collectivités locales et leurs associations ; la structure et les attributions des CCDR, et les compétences du Président relevant du décret-loi n° 104/03, du 23 mai (articles 4, 10 et 11), dont le texte intégral se trouve sur le site du gouvernement : www.portugal. gov. pt. Avec mes meilleurs compliments. »

[1] Actuellement elles sont structurées en Commission de coordination et de développement régional du Nord (siège à Porto), Commission de coordination et de développement régional du Centre (siège à Coimbra), Commission de coordination et de développement régional de Lisbonne Vallée du Tage (siège à Lisbonne), Commission de coordination et de développement régional de l'Alentejo (siège à Évora) et Commission de coordination et de développement régional de l'Algarve (siège à Faro). Leurs limites géographiques correspondaient aux niveaux II des NUTs, lesquels étaient désignés par « régions » composées de « sous-régions ». C'est l'article 2 du décret-loi 104/2003 du 23 mai 2003 qui a institué, en lieu et place, cinq Commissions de coordination et de développement régional.

[2] Les GAT (*Gabinetes de Apoio Técnico*-Cabinets d'appui technique) ont été mis en place en 1979 et cette même année, les Commissions de planification régionale sont devenues des Commissions de coordination régionales. Le décret-loi n° 494/79, du 21 décembre 1979 a créé les Commissions de coordination régionale pour soutenir les collectivités locales.

locuteur et conseiller direct en la personne du président de la CCDR de sa région administrative[1], et réciproquement.

Il est regrettable que le gouverneur civil ait été relégué au second plan, une fois de plus, lors de la mise en place des Commissions de coordination et de développement régional. La loi n° 16-A/2002 du 31 mai 2002[2] et le décret-loi n° 104/2003 du 23 mai 2003[3] ont clarifié les attributions administratives et techniques des cinq Commissions de coordination et de développement régional, lesquelles n'ont été que rarement en phase avec les intérêts politiques du gouverneur civil. Malheureusement, les propositions de révisions constitutionnelles ont ignoré toute probabilité de création des régions administratives, donc d'un délégué régional du pouvoir central.

Les structures administratives, juridiques et techniques des Commissions de coordination et de développement régional

Si les Commissions de coordination et de développement régional[4] doivent continuer à être des soutiens aux collectivités locales, elles auraient aussi à collaborer avec le *prefeito* régional.

Elles se composent de techniciens et de services répartis en deux pôles que sont le Conseil consultatif régional, au sein duquel siègent les représentants des regroupements des *municípios* et le Conseil de coordination régionale qui est dirigé par le président et vice-président de la Commission de coordination et de développement régional assisté des directeurs des G.A.T.

---

[1] *Cf.* supra les arguments que l'on expose en faveur d'un tel schéma dans la section 2 : La nécessité d'instaurer une représentation régionale de l'État, p. 549.

[2] *Diário da República*, I-Série-A, n° 125, loi n° 16-A/2002, du 31 mai 2002, p. 4776-4776 (17). La loi n° 16-A/2002 du 31 mai 2002 a approuvé le budget annuel de l'État pour l'année 2002 en modifiant la loi n° 109-B/2001 du 27 décembre 2001 qui approuvait le budget de l'État pour 2002 (V. *Diário da República*, I-Série-A, n° 298, loi n° 109-B/2001 du 27 décembre 2001, p. 8496 (280)-8496 (510).

[3] *Diário da República,* I-Série-A, n° 119, 23 mai 2003, article 6 du décret-loi 104/2003, du 23 mai 2003, p. 3222-3229. Les attributions des Commissions de Coordination et de Développement régional ont été précisées par la loi n° 16-A/2002 du 31 mai 2002 et le décret-loi n° 104/2003 du 23 mai 2003. Elles interviennent non seulement dans l'élaboration du Plan de développement régional, les cadres communautaires d'appui et le Programme d'investissements et dépenses de développement de l'administration centrale de la Région, elles doivent aussi intervenir en matière de « coopération interrégionale et assurer l'articulation entre institutions de l'administration européenne de l'espace régional ». D'autres domaines d'ingérence des CCDR concernent les programmes de restructuration urbaine, l'environnement, la biodiversité, le secteur hydrique, le traitement des déchets urbains et industriels non dangereux, la conservation du maillage hydrologique des bassins régionaux et la biodiversité. Il leur incombe aussi de veiller à l'état de l'environnement de la région, créer et maintenir des bases de données cartographiques et cadastrales d'appui aux différentes activités et assurer leur disponibilité, collaborer avec l'Institut national de statistiques,

[4] C'est ainsi que la Commission de coordination régionale d'Évora supervise l'espace de l'Alentejo, plus homogène, car dépourvu de ses marges du Ribatejo, mais dont l'étendue se prolonge jusqu'au bassin du Sado. En 1979, l'Algarve est déjà une Commission de coordination régionale, à part entière.

de sa zone, et des représentants régionaux des ministères[1]. Les Commissions de coordination et de développement régional ont été les cibles de critiques récurrentes, car elles ne sont pas élues, ce qui provoquait certaines confrontations avec le gouvernement civil.

Le décret-loi n° 494/79 du 21 décembre 1979 (modifié par le décret-loi n° 224/2001 du 9 août 2001)[2] a confirmé l'organisation des espaces en cinq zones et détaillé leurs prérogatives. Elles avaient à gérer un budget qui leur était octroyé pour mener à bien des programmes de développement des infrastructures, de formation continue, d'aide aux collectivités locales et d'accompagnement des directives prises dans le secteur de la planification régionale. Après 1979, elles ont disposé de directions consultatives dans lesquelles collaboraient des fonctionnaires ou élus des collectivités locales. Il n'en demeure pas moins vrai qu'elles ont continué à appliquer les instructions émanant de différents ministères.

Leurs fonctions et leurs pouvoirs d'intervention se sont élargis progressivement[3], « grignotant » au fur et à mesure une partie du pouvoir du gouverneur civil. Par ailleurs, les cinq Directions régionales de l'environnement et de l'aménagement du territoire[4] n'ont pas été supprimées en 1979, mais elles le furent lors de l'entrée en vigueur de la loi n° 16-A/2002 du 31 mai 2002 portant sur les attributions des Commissions de coordination et de développement régional et le décret-loi n° 104/2003 du 23 mai 2003[5] qui a précisé leurs missions. De même, on a procédé au transfert général des biens mobiliers et immobiliers des Commissions de coordination régionale et Directions régionales de l'environnement et de l'aménagement du territoire vers les

---

[1] *Diário da República*, I-Série-A, n° 188, décret-loi n° 260/89, du 17 août 1989, p. 3312-3332. Le décret-loi n° 260/89 du 17 août 1989 avait défini les nouvelles structures et attributions des Commissions de coordination régionale, afin qu'elles puissent atteindre plus efficacement leurs objectifs de coordination, de soutiens techniques, financiers et administratifs aux collectivités locales.

[2] *Diário da República*, I-Série-A, n° 184, 9 août 2001, p. 5019. La DRAOT est la *Direcção Regional do Ambiente et Ordenamento do Território* créée par le décret-loi n° 127/2001 du 17 avril 2001.

[3] Les programmes nationaux, ayant une incidence régionale ou locale, sont directement gérés par elles. Les synergies des différents départements ministériels sur le terrain viennent renforcer ce processus. En outre, il leur incombe d'accroître la formation continue des élus et des membres des collectivités locales. Sur le plan des investissements financiers, émanant par exemple de l'Union européenne, elles ont en charge le contrôle de la bonne utilisation des finances publiques, en suivant les plans de financement et en réalisant des audits.

[4] Leur zone d'influence fut définie par le décret-loi n° 46/89, du 15 février, le décret-loi n° 163/99 du 13 mai et le décret-loi n° 317/99 du 11 août 1999. Le décret-loi n° 120/2000, du 4 juillet 2000 met en place les Directions régionales de l'environnement et de l'aménagement du territoire, lesquelles coïncident géographiquement avec les cinq Commissions de coordination régionale.

[5] *Diário da República,* I-Série-A, n° 119, 23 mai 2003, article 6 du décret-loi 104/2003, du 23 mai 2003, p. 3222-3229.

Commissions de coordination et de développement régional[1]. Cela est important puisque l'on constate une mise en place des structures régionales puissantes, sur le plan technique tout au moins, même si le décret-loi n° 104/2003 du 23 mai 2003 a modifié les orientations et l'organisation des anciennes Commissions de coordination régionale[2]. Les organes qui composent les Commissions de coordination et de développement régional regroupent plusieurs services[3], notamment une Direction des Services d'appui juridique et de l'administration locale[4].

En tant que division juridique, la DSAJAL apporte son soutien non seulement à la CCDR, mais aussi aux différentes entités de l'administration locale. Elle intervient en matière de contentieux administratif et en cas de non-respect de la législation dans les domaines de protection de la nature, de l'environnement et du territoire. Elle émet des avis, diffuse les informations portant sur les questions juridiques aux autres directions de la CCDR, aux élus locaux et aux fonctionnaires des différents organes de l'administration locale, et elle peut, sur demande de leurs responsables participer à leurs réunions. Il relève aussi de ses attributions de procéder à des études en matière d'analyses pour répondre aux besoins financiers et affectations de nouvelles

---

[1] Pour faire une comparaison avec l'institution préfectorale française, le décret n° 2010-146 du 16 février 2010 dans son article 37 énonce : « le préfet de région est responsable de la stratégie immobilière de l'État [...]. » *Journal officiel de la République française*, n° 0040 du 17 février 2010, texte n° 12.

[2] *Diário da República,* I-Série-A, n° 119, 23 mai 2003, p. 3222-3229. L'encadrement de leurs activités découle du décret-loi 73/2003 du 7 mai 2003, loi organique du ministère des Villes, Aménagement du territoire et Environnement. Le décret-loi n° 104/2003 du 23 mai 2003 a ainsi supprimé les anciennes Commissions de coordination régionale et les Directions régionales de l'environnement et de l'aménagement du territoire. Elles ont été remplacées par les Commissions de coordination et de développement régional placées sous la tutelle du ministère des Villes suite à la loi n° 16-A/2002 du 31 mai 2002. Les Commissions de coordination et de développement régional ont pour but de promouvoir un modèle de développement régional et l'aménagement de l'espace, en fonction des besoins et ressources de la région[2]. Les cinq Commissions de coordination et de développement régional s'insèrent également dans un processus de déconcentration et décentralisation administratives dans le cadre d'un plan national de démocratisation et de modernisation de l'administration publique.

[3] Elles se composent du Centre de documentation et d'information qui doit recueillir, sélectionner, traiter, archiver et diffuser les informations nécessaires aux activités de la CCDR. Il recueille et diffuse l'information, mais s'occupe aussi de programmes de formation, d'information et de séminaires. Pour sa part, le cabinet des Technologies d'information et des Statistiques a en charge l'élaboration des plans de développements informatiques de la région ; la connaissance, le soutien et le développement technique des systèmes informatiques, à l'échelon local, notamment dans le schéma des regroupements des *municípios*. Le Département régional de prospective et planification a pour fonctions de mener à bien des études, ainsi que des projets et des programmes dans le cadre de planification régionale. Il se compose de la Division des études et de la planification qui élabore et collabore à la réalisation d'études dans le secteur de la planification régionale et locale et de la Division d'accompagnement des dynamiques territoriales.

[4] *Direcção de Serviços de Apoio Jurídico e à Administração Local,* (Direction des services d'appui juridique et de l'administration locale).

prérogatives aux collectivités locales dans le cadre de la décentralisation. Les Commissions de coordination et de développement régional définissent également les modalités financières d'application du PIDDAC, et les stratégies régionales de développement dans le cadre du PDR[1].

Les relations entre le gouverneur civil et les Commissions de coordination régionale puis les Commissions de coordination et de développement régional auraient dû « être en harmonie avec les investissements à réaliser dans le district, une fois que celui qui connaît le mieux le terrain est le gouverneur civil et que ce sont les Commissions de Coordination et de Développement qui donnent leur accord[2] ». Pour autant, les pouvoirs spécifiques des Commissions de coordination et de développement régional et leurs rapports avec les actions menées par le gouverneur civil[3] traduisaient non seulement les incompatibilités entre ces deux institutions, mais l'absence de concertation et de dialogue.

Les Commissions de coordination de développement régional et le gouverneur civil, un schéma inadapté

Les présidents des cinq Commissions de coordination et de développement régional n'avaient pas un interlocuteur régional qui représentait l'État, mais plusieurs gouverneurs civils et présidents de *Câmaras municipais*, ce qui rendait difficile l'application des programmes locaux de développements.

Pour autant, les Commissions de coordination et de développement régional ne sont pas de véritables centres décisionnaires, mais des structures qui permettent de faire appliquer les programmes et les directives du gou-

---

[1] La DADT collabore à la réalisation d'études dans le secteur de la planification régionale et locale. Elle regroupe le Cabinet de coordination des services d'appui local, le Département régional de gestion de programmes et projets, le Département de promotion du développement régional et de la coordination, la Direction régionale de l'administration locale, le Cabinet de coordination des services d'appui local doivent aider le président de la CCDR dans ses fonctions de coordination des instances locales, et assurer la liaison entre l'ensemble des services régionaux ayant pour objectifs de favoriser la croissance économique de la région et les GAT. Le Département régional de gestion de programmes et projets a en charge la gestion, le suivi et l'expertise des programmes régionaux. Il est constitué de la Division d'appui à la gestion de programmes et projets et la Division d'accompagnement et expertise. Mais, il y a aussi le Département de promotion de développement régional et de coopération, le Département de gestion administrative et financière qui se scinde en deux pôles : la Division de gestion financière et patrimoniale et la Division des ressources humaines, les Centres d'appui local qui collaborent avec les services centraux de la CCDR notamment dans le cadre du suivi du 3e cadre communautaire d'appui. Dans la CCDR de la région Centre nous avons cinq centres d'appui local basés à Aveiro, Castelo Branco, Guarda, Leiria, Viseu. Les GAT sont aussi inclus dans le schéma de composition de la CCDR. Le décret-loi n° 134/2007 a confirmé leurs statuts et leurs fonctions en tant que soutiens techniques aux collectivités locales.

[2] Batista Maria José, chef de cabinet du gouverneur civil de Castelo Branco, courrier du 14 avril 2009.

[3] *Ministério das Cidades Ordenamento do Território e Ambiente* (MCOTA).

vernement. Leurs techniciens et/ou fonctionnaires sont nommés ou détachés par l'État. La définition d'une stratégie d'essor économique et des infrastructures constitue le point central de leurs programmes[1]. C'est le décret-loi n° 130/86 du 7 juin 1986 qui a approuvé la loi organique du ministère du Plan et de l'Administration du territoire et qui a modifié les structures des Commissions de coordination régionale[2]. Dès lors, on leur a attribué des compétences en matière d'aménagement du territoire et de protection de l'environnement, mais aussi les directions régionales de l'aménagement du territoire, de l'environnement et des ressources naturelles. En fait, la création des directions régionales a conduit à un système de transfert de fonctions de l'échelon central (ministère du Plan et de l'Administration du Territoire), vers les Commissions de coordination régionale. Ce sont autant de prérogatives qui ont échappé au gouverneur civil[3].

Force est de constater que les Commissions de coordination et de développement régional semblent bien fonctionner. C'est la raison pour laquelle une collaboration avec cinq institutions régionales dirigées par cinq *prefeitos* régionaux constituerait un cadre favorable à une meilleure concertation entre services techniques et objectifs économiques de développement, et permettrait de mieux « porter » les politiques publiques de l'État. Les domaines de compétences des deux institutions seraient certes différents, mais complémentaires. D'autant plus, que la technicité des programmes de développements a nécessité une spécialisation des procédures d'aide aux secteurs économiques et techniques, afin de soutenir la coordination et la réalisation des projets. Les structures qui composent la Commission de coordination et de développement régional peuvent paraître pléthoriques de prime abord, mais elles se justifient. Leur organigramme se scinde en quatre pôles avec le Président, le Conseil administratif, la Commission de financement et le Conseil régional.

---

[1] Gaspar (J.), « Regionalização-Uma Perspectiva sócio-geográfica », *in Problemas de Regionalização*, Sociedade de Geografia de Lisboa, 1982, p. 17 : « Dans la perspective qui vise à intégrer diverses composantes du territoire, cette division en cinq régions nous paraît comme la plus pertinente, parce qu'elle prend en compte la convergence des caractéristiques physiques, historiques et fonctionnelles, dans un large cadre spatial. D'un autre côté, les unités régionales ont été constituées à partir d'agrégations de sous-régions polarisées, ou avec des problèmes spécifiques [...]. »

[2] Dès 1986, avec l'adhésion du Portugal dans la Communauté économique européenne, alors que Luis Valente de Oliveira est leur ministre de tutelle, une réorientation de l'action des Commissions de coordination régionale a été mise en œuvre, avec une augmentation de leurs dotations.

[3] *Diário da República*, I-Série-A, n° 188, 17 août 1989, décret-loi n° 260/89, p. 3312-3332. Le décret-loi n° 2600/89 du 17 août 1989 a introduit des modifications structurelles au sein de chacune des cinq Commissions de coordination régionale afin de mieux les adapter, en fonction des critères géographiques, économiques et sociaux.

Le président[1] représente l'exécutif de la Commission de coordination et de développement régional. Il est nommé par le gouvernement pour trois ans par ordonnance conjointe du Premier ministre, du ministre des Finances et du ministre des Villes, de l'Organisation du territoire et de l'Environnement. Sa nomination est précédée d'un choix d'après une liste de trois personnes, reconnues pour leurs compétences et choisies en réunion du Conseil régional convoqué à cette fin, dans un délai maximum de huit jours après la sollicitation du ministre des Villes, de l'Organisation du territoire et de l'Environnement.

Le président de la Commission de coordination et de développement régional assure les conditions favorables au bon fonctionnement du Conseil régional en lui facilitant l'accès aux services techniques et administratifs. Quant aux vice-présidents des Commissions de coordination et de développement régional, ils exercent leurs responsabilités dans les zones d'application qui leur sont attribuées. Le Conseil administratif constitue quant à lui l'entité de délibération de la Commission de coordination et de développement régional en ce qui se réfère à l'administration financière et patrimoniale. Il est dirigé par le président de la Commission de coordination et de développement régional et l'un des deux vice-présidents choisis par le président et le responsable du pôle de la gestion administrative et financière.

Les missions dévolues au Conseil administratif s'exercent dans neuf domaines[2]. Quant à la Commission financière[3] nommée pour trois ans, elle est garante du suivi budgétaire et de l'administration patrimoniale. Pour sa part, la Commission de contrôle est l'organe responsable du contrôle en matière d'administration financière et patrimoniale[4]. Dans ce cadre institutionnel, le

[1] Le président de la Commission de coordination et de développement régional pourrait être le pendant du gouverneur civil régional.

[2] Il relève de ses attributions de superviser la gestion financière et patrimoniale de la Commission de coordination et de développement régional, se prononcer sur les plans annuels et pluriannuels de nature financière, préparer et approuver les projets budgétaires, percevoir les recettes propres, autoriser les dépenses prévues dans le budget selon les termes définis par la loi, et se prononcer sur leur légalité, lorsqu'elles excéderont leurs compétences, mais aussi promouvoir l'élaboration et approbation des bilans de gestion et les remettre à la Cour des comptes, approuver la constitution de fonds de roulement et se prononcer sur n'importe quel autre sujet qui lui soit soumis par le président.

[3] La Commission financière se compose d'un président et de deux membres, dont l'un doit être, obligatoirement, commissaire aux comptes et nommé par décret du ministre des Finances et du ministre des Villes, de l'Organisation du territoire et de l'Environnement.

[4] La Commission de contrôle se réunit généralement une fois par semestre et elle le fait de façon extraordinaire chaque fois que le président la convoque, soit de sa propre initiative, soit à la demande de l'un de ses membres. Les membres de la Commission de contrôle exercent leurs fonctions avec une indépendance technique et fonctionnelle, dans le strict respect des devoirs d'impartialité, désintéressement et secret sur les faits dont ils ont connaissance dans l'exercice de leurs missions. Comme la Commission financière, elle se compose aussi d'un président et de deux membres, dont l'un doit être obligatoirement « contrôleur officiel des comptes ». Il doit être nommé conjointement par le ministre des Finances et le ministre des Villes, de l'Organisation du territoire et de l'Environnement.

Conseil régional[1] est la structure consultative de la Commission de coordination et de développement régional[2].

Le décret-loi n° 224/2001 du 9 août 2001, dans son article 9, relatif au « Conseil consultatif » de la Commission de coordination régionale[3] disposait : « Les gouverneurs civils des districts regroupés dans les Commissions de coordination régionale peuvent assister aux réunions du conseil consultatif et, à cet égard, il doit leur être donné, obligatoirement, connaissance des convocations respectives. » À titre de comparaison, la Constitution italienne[4], dans son article 121, dispose : « Sont organes de la Région : le Conseil régional, la Junte et son Président[5] ». Pourtant, « le *prefetto* préposé à l'office territorial du gouvernement à la tête de la région assure la fonction de commissaire du gouvernement[6] ».

On peut penser qu'avec l'instauration des régions administratives, le Conseil régional renforcerait son rôle d'interlocuteur technique privilégié du *prefeito* régional, par l'intermédiaire des branches qui composent l'organigramme des Commissions de coordination et de développement régional[7]. Des révisions ont été faites avec l'entrée en vigueur du décret-loi n° 134/2007 du 27 avril 2007[8], portant sur l'organisation et les attributions du ministère de l'Environnement, de l'Aménagement du territoire et du Développement régional lequel a abrogé (article 18) le décret-loi n° 104/2003 du 23 mai 2003, puis l'arrêté n° 528/2007 du 30 avril 2007 a déterminé la composition et les compétences des structures organiques des CCDR[9]. Le décret-loi n° 134/2007 portant sur l'organisation des CCDR dispose dans son article 1er : « Les commissions de coordination et de développement régional, désignées en abréviation par CCDR, sont des services périphériques de

[1] Le Conseil régional est composé de sept services, mais d'autres personnes peuvent y participer, mais sans avoir le droit de vote. Il s'agit d'un représentant des services régionaux des ministères de la Défense nationale, de l'Administration interne, de l'Agriculture, du Développement rural et de la Pêche, de l'Économie, de l'Éducation, de la Culture, de la Science et Enseignement supérieur, des Travaux publics, des Transports et de l'Habitation, de la Santé, de la Sécurité sociale et du Travail, et d'un membre de la direction régionale des statistiques de l'Institut national de la statistique. Il est toutefois possible, sur proposition et/ou invitation du président de la Commission de coordination et de développement régional, de convier des personnes extérieures dont la formation et l'expérience peuvent contribuer à améliorer l'application des actions menées par l'entité régionale.

[2] Article 15, alinéa 1er, du décret-loi n° 104/2003, du 23 mai 2003.

[3] *Diário da República*, I-Série-A, n° 184, décret-loi n° 224/2001 du 9 août 2001, p. 5019-5047.

[4] La Constitution de la République italienne fut promulguée le 22 décembre 1947. Elle est entrée en vigueur le 1er janvier 1948. À date, elle a été révisée à quatorze reprises.

[5] L'article 121 de la Constitution de la République italienne fut modifié suite à la publication de la loi constitutionnelle du 22 novembre 1999 (*Giornale ufficiale* du 22 décembre 1999, n° 299).

[6] Article 11.3 du décret législatif (*decreto legislativo*) du 30 juillet 1999, n° 300.

[7] *Ibid.*

[8] *Diário da República*, I-Série, n° 82, décret-loi n° 134/2007, du 27 avril 2007, p. 2663.

[9] *Diário da República*, I-Série, n° 83, arrêté n° 528/2007, du 30 avril 2007, p. 2848-2851.

l'administration directe de l'État, dans les secteurs du ministère de l'Environnement, de l'Aménagement du territoire et du Développement régional, dotés d'autonomie administrative et financière[1] ». L'arrêté n° 590/2007 du 10 mai 2007 émanant du ministère de l'Environnement, de l'Aménagement du territoire et du Développement régional a fixé ensuite le nombre maximum des unités organiques flexibles pour chacune des cinq CCDR[2].

En cherchant à exclure le gouverneur civil des Commissions de coordination et de développement régional, il s'agissait *in fine,* comme le mentionne le quotidien *Público*[3], d'une volonté politique visant à renforcer les pouvoirs des présidents des *Câmaras municipais*[4]. Le député communiste Honório NOVO[5] a soutenu :

> Ce décret-loi [décret-loi n° 265/2001 du 28 septembre 2001] s'est limité à donner plus de pouvoirs aux présidents des Commissions de coordination régionale. Ce n'est pas une déconcentration avec la participation des collectivités locales. C'est une déconcentration gouvernementale, parce que la légalité de statuts des présidents des Commissions de coordination régionale, qui est comparable à celle des sous-secrétaires d'État, leur donne une interprétation politique qui n'a rien à voir avec le processus démocratique[6].

---

[1] L'article 2, alinéa f) précise qu'elles ont pour objectifs : « Dynamiser la coopération interrégionale et transfrontalière et assurer l'articulation entre les institutions de l'administration directe de l'État, les collectivités locales et les entités similaires [...]. » L'article 8, paragraphe 1er dispose : « Le conseil de coordination intersectorielle est l'organe qui promeut la coordination technique de l'exécution des politiques de l'administration centrale, à l'échelle de la région. » Il faut aussi appréhender dans sa globalité, les rapports entre les gouvernements civils et les Commissions de coordination et de développement régional qui relèvent d'un souci légitime de percevoir les différents pôles de compétences réciproques et les relations communes.

[2] *Diário da República*, I-Série, n° 90, arrêté n° 590/2007, du 10 mai 2007, p. 3084-3085. La répartition des unités organiques se fait comme suit : CCDR du Nord = 16 ; CCDR du Centre = 16 ; CCDR de Lisbonne = 14 ; CCDR de l'Alentejo = 15 ; CCDR de l'Algarve = 13.

[3] Público, 17 mai 2002, p. 10.

[4] *A Capital*, 17 mai 2002, p. 8 : « Le PCP veut des modifications dans les Commissions de coordination régionale » et de poursuivre : « Le PCP va présenter vendredi des propositions d'amendements au décret-loi qui crée les Commissions de coordination régionale afin de retirer aux gouverneurs civils toute possibilité d'ingérence au sein de ces dernières. En contrepartie, les communistes veulent voir se renforcer les pouvoirs des présidents des *Câmaras* [municipales] dans chaque région qui coordonne chaque région du pays. » Cette mesure fait suite à la modification du décret-loi n° 265/2001 du 8 septembre 2001, qui avait pour but de faire en sorte, que la décentralisation administrative soit plus effective. Le Parti communiste portugais voulait que les présidents des Commissions de coordination régionale soient assimilés à des sous-secrétaires d'État, dépendant directement du Premier ministre.

[5] *Jornal de Notícias*, 17 mai 2002, p. 12.

[6] Le souhait des députés du Parti communiste portugais était d'obtenir l'appui et le vote des membres du Parti social-démocrate. La critique principale visait la création de deux organismes à l'intérieur des Commissions de coordination régionale : le Conseil de coordination et les forums régionaux. Seul le gouverneur civil pouvait siéger dans les Conseils de coordina-

La collaboration des présidents des Commissions de coordination et de développement régional et du gouverneur civil a pourtant favorisé la concrétisation de programmes de développements et leur coopération a été renforcée avec le décret-loi n° 332/99 du 20 août 1999.

Le décret-loi n° 332/99 du 20 août 1999 a créé les Conseils économiques et sociaux régionaux[1] qui doivent être des institutions de concertation au sein de l'espace régional, placées sous la dépendance directe du président de la Commission de coordination régionale. Mais si les chefs des gouvernements civils participaient aux réunions, ils ne pouvaient avoir toutefois le droit de vote[2]. Pourtant, l'engagement du gouverneur civil[3] au développement du territoire s'est renforcé avec la résolution n° 11/2004 du Conseil des ministres[4].

En effet, plusieurs ministères ont été impliqués dans les programmes réduction des disparités au sein des diverses régions du pays[5], mais il était du ressort des Conseils économiques et sociaux régionaux de mettre en place des réunions au niveau régional avec les différents acteurs économiques et sociaux, et de définir les zones prioritaires de développements. Les collaborateurs qui participaient aux définitions des orientations stratégiques et aux propositions et qui prenaient part aux débats et réunions publiques étaient : les ministres concernés, le gouverneur civil du district ou des districts limitrophes, et les présidents des *Câmaras municipais*[6]. Aujourd'hui, les cinq Commissions de coordination et de développement régional représentent le niveau technique de référence intermédiaire entre les districts et l'État.

Le décret-loi n° 265/2001 du 28 septembre 2001 du ministère de la Réforme de l'État et de l'administration publique soulignait déjà la volonté de

---

tion et les présidents des *Câmaras municipais* ne participaient qu'aux débats des forums régionaux.

[1] Ils sont des soutiens au Conseil de la région. Dans son intervention à l'*Assembleia da República*, le 26 novembre 1999, le député Lino de Carvalho (membre du groupe communiste) a proposé que les gouverneurs civils et les présidents des cinq Commissions de coordination régionale ne soient plus membres du Conseil de la région.

[2] *Apreciação Parlamentar* n° 1/VIII, décembre 1999.

[3] *Diário da República*, I-Séri-B, n° 40, 17 février 2004, p. 892.

[4] *Diário da República*, I-Série-B, 26 mars 2003. La publication de la résolution n° 42/2003 du Conseil des ministres visait à créer le Programme de récupération des aires et secteurs défavorisés.

[5] Ministères de l'Économie, de la Sécurité Sociale, du Travail, de l'Administration interne, de l'Agriculture, du Développement rural et de la Pêche, de la Science et de l'Enseignement supérieur, des Travaux publics, des Transports, de l'Habitation et des Villes, de l'Aménagement du territoire et de l'Environnement.

[6] Assistaient également à ces réunions les partenaires sociaux, les dirigeants des principales entreprises de la région, les associations d'entrepreneurs, les représentants des universités, le délégué régional de l'Institut de l'emploi et de la formation professionnelle, le président de la Commission de coordination et de développement régionale, les organisations non gouvernementales à vocation économique, et le directeur du centre de solidarité et sécurité sociale du district.

coordonner les secteurs de l'administration de l'État[1] d'autant plus que le XIVe gouvernement constitutionnel, dans sa résolution n° 146/2001, du 29 septembre 2001 déclarait vouloir ordonnancer l'ensemble de ses services à tous les échelons, dans la perspective de rendre plus efficaces les actes de son administration. Or, les alternances politiques n'ont pas permis que soient appliqués ces projets[2].

En définitive, avec la redéfinition des compétences des conseils régionaux, la loi qui instaure les Commissions de coordination et de développement régional avait disposé qu'il faudrait créer d'authentiques pôles de réflexions stratégiques dans chaque région du pays.

Par ailleurs, si les Conseils régionaux peuvent se prononcer sur la nomination des candidats à la fonction de président de la Commissions de coordination et de développement régional, c'est le gouvernement qui décide toujours en dernière instance. Les fonctions des Commissions de coordination et de développement régional en tant qu'institutions de conseil et de coordination des politiques locales ont eu un rôle primordial dans la planification et l'aménagement régional[3]. Il n'en demeure pas moins vrai qu'elles ont participé de la décentralisation de l'État, mais aussi de la perte d'influence et d'ingérence du gouverneur civil.

Les Commissions de coordination et de développement régional peuvent être une solution intermédiaire entre la division administrative actuelle du territoire en dix-huit districts et la régionalisation prévue par la Constitution de 1976.

Les propositions de révision constitutionnelle

Elles ont constamment ignoré la mise en œuvre d'un représentant régional du pouvoir central. La dernière en date chargée de réviser pour la huitième fois la Constitution de 1976[4] s'est soldée par un échec général[1].

---

[1] *Diário da República,* I-Série-A, n° 226, décret-loi n° 265/2001 du 28 septembre 2001, p. 6165-6167.

[2] Les élections législatives du 17 mars 2002 ont modifié le paysage de l'Assemblée de la République en portant au pouvoir le Parti social-démocrate. L'une des priorités mentionnées dans le programme du XVe gouvernement constitutionnel était la réorganisation de la gestion de l'articulation du territoire national.

[3] Le décret-loi n° 104/2003 du 23 mai 2003 énonçait dans son préambule : « L'adoption de ces concepts implique, aussi, que le modèle organique à adopter ne devra pas être, face à la spécificité de la diversité des territoires régionaux, le même pour toutes les Commissions de Coordination et de Développement régional, sous peine, en créant une structure administrative uniforme, de perdre le cadre réel des spécificités dans lesquelles chacun des nouveaux services va agir. »

[4] Elle se composait de trente députés : douze du Parti socialiste, dix du Parti social-démocrate, trois du Parti centre démocratique et social, deux du Parti communiste [c'est la première fois qu'un député communiste préside une commission parlementaire en vue d'une révision de la Constitution de 1976], 2 du Parti bloc de gauche et 2 du Parti Les Verts. La commission fut

En effet, dans leurs projets concernant la huitième révision constitutionnelle prévue pour 2011, les partis politiques ont repoussé une nouvelle fois toute option de création des régions administratives, de réformes du statut et des fonctions du gouverneur civil.

La campagne électorale en vue de l'élection présidentielle du 23 janvier 2011, puis la réélection du Président Aníbal Cavaco Silva et la perspective d'une dissolution de l'Assemblée de la République ont mis un terme aux travaux de la commission parlementaire qui avait été mise en place le 22 octobre 2010, pour procéder à la huitième révision constitutionnelle. De plus, et même si certains projets de révision constitutionnelle ont employé les vocables « régionalisation » et « référendum » force est de constater qu'il ne s'agissait pas pour les groupes parlementaires d'une priorité.

Par ailleurs, les partis politiques ont délibérément choisi de faire l'impasse sur une éventuelle alternative au gouverneur civil. Ils se sont focalisés sur les changements à apporter au statut du représentant du président de la République dans les régions autonomes des Açores et Madère et ignoré les régions administratives prévues par la Constitution de 1976. Malgré tout, la fin du gouverneur civil doit représenter, à terme, une opportunité pour établir une structure administrative et politique régionale.

Dans ce consensus politique de façade, les députés ont souhaité s'ériger en force de propositions. Le premier parti politique qui avait déposé un projet de révision constitutionnelle intitulé « Une Constitution pour le XXIe siècle » fut le Parti social-démocrate. Dans son exposé des motifs, le Parti social-démocrate avait fixé trois priorités : supprimer de la Constitution de 1976 toute allusion idéologique, crédibiliser le système politique et administratif « en le rendant plus proche des citoyens » et renforcer « l'État social »[2].

Le groupe parlementaire du Parti communiste a rappelé dans le préambule de son projet, et en réaction au texte du Parti social-démocrate : « la Constitution de 1976 a incorporé dans son texte les souhaits et conquêtes du peuple portugais lors de la Révolution d'avril. En cela elle est la Constitution d'avril[3]. » Le Parti communiste a été le parti politique le plus actif en matière

---

constituée pour une période de 120 jours, mais elle pouvait demander une prolongation à l'Assemblée de la République.

[1] *Diário da República*, II-Série-RC, n° 14, 31 mars 2011. En effet, lors de la réunion de la commission éventuelle pour la révision constitutionnelle du 30 mars 2011, le président António Filipe Gaião Rodigues [député du Parti communiste portugais élu dans l'une des circonscriptions de Lisbonne puis de Santarém] a suspendu les travaux de la commission dont il était président compte tenu des futures élections législatives du 5 juin 2011. « Par l'initiative de M. le Président [de la commission éventuelle pour la révision constitutionnelle] et avec l'accord de tous les groupes parlementaires, la suspension de la présentation et discussion des projets de révision constitutionnelle a été décidée, en première lecture, jusqu'à la décision de M. le Président de la République quant à la dissolution ou non de l'Assemblée de la République ».

[2] *Diário da República*, II-Série-A, n° 2/XI/2, 16 septembre 2010, p. 2-25.

[3] *Diário da República*, II-Série-A, n° 14/XI/2, 13 octobre 2010, p. 2-22.

de propositions de réformes de l'administration locale. On pense qu'il avait trouvé là un moyen de rester sur le devant de la scène politique et d'intervenir régulièrement dans les débats à l'Assemblée de la République. Par exemple, il avait rédigé 36 propositions de réformes dans son projet de révision constitutionnelle 2/XI-2e du 13 octobre 2010, mais en ce qui concerne le sujet de notre thèse si aucune allusion ne fut faite au gouverneur civil. Le Parti communiste a demandé que la procédure référendaire pour la création des régions administratives soit supprimée, sans préciser pour autant les modalités de leur création.

Pour sa part le Parti du centre démocratique et social - Parti populaire a intitulé son projet de révision constitutionnelle n° 5/XI de « neutralité idéologique[1] ». On pense que ce parti politique a préféré s'occuper du secondaire plutôt que de l'essentiel en appelant ses cadres et ses électeurs à adhérer au projet de la régionalisation administrative et en faisant des propositions d'instauration d'un représentant régional de l'État. Il exigeait que soient retirées du texte constitutionnel « certaines expressions d'aspect idéologique accentué qui n'ont plus rien à voir avec la réalité de la société portugaise d'aujourd'hui[2] ». Le CDS-PP proposait également que l'on supprime de la Constitution de 1976 les termes « autogestion », « appropriation des moyens de production », « suppression des *latifundios* », « abolition de l'impérialisme », « dissolution des blocs politico-militaires ». On ne peut que regretter, presque quarante ans après l'adoption de la Constitution de 1976 que les partis politiques en soient réduits à prioriser des questions de sémantique, faute de grands projets qui viendraient bouleverser en profondeur la représentation régionale de l'État. Or, si dans ce projet de révision constitutionnelle n° 5/XI rien n'a été dit sur le gouverneur civil, l'article 230 intitulé « Représentant du président de la République[3] » disposait :

> 1. Dans chaque région autonome, il y a un représentant du président de la République nommé et démis par le président de la République, après avoir consulté les organes respectifs du gouvernement des régions autonomes.
> 2. [...] le mandat du représentant du président de la République a la même durée que le mandat du président de la République et prend fin avec la prise de fonction du nouveau représentant du nouveau président de la République.

---

[1] *Diário da República*, II-Série-A, n° 18/XI/2, 18 octobre 2010, p. 22-45

[2] *Diário da República*, I-Série A, n° 155, loi constitutionnelle n° 1/2005, du 12 août 2005, p. 4642-4686 et *Constituição da República Portuguesa*, Lisbonne, éd. Assembleia da República, septième révision constitutionnelle, juillet 2007, 2e éd., p. 25. De fait, le CDS-PP s'opposait au principe inséré dans le préambule de la Constitution de 1976 selon lequel le peuple portugais « doit ouvrir le chemin vers une société socialiste ».

[3] Le CDS-PP avait demandé à ce qu'un siège au Conseil d'Etat soit attribué au représentant du président de la République dans chacune des deux régions autonomes.

> 3. Dans le cas d'une vacance de la charge, d'absences ou empêchements, le représentant du président de la République est remplacé par le président de l'Assemblée législative [de la région autonome][1].

Dans son projet de révision constitutionnelle n° 4/XI du 18 octobre 2010[2], le Parti *Bloco de Esquerda* (Bloc de gauche) a noté, dans son exposé des motifs, que la régionalisation administrative du continent n'était envisageable que « si les pouvoirs de décision sont dévolus au Parlement[3] ». On se demande alors pourquoi les députés, tous partis confondus, n'ont pas souhaité donner vie aux régions administratives après l'échec du référendum du 8 novembre 1998. Paradoxalement, le BE a dénoncé le « référendum piège[4] » qui n'existerait que dans la perspective de prolonger l'absence de volonté à mettre en œuvre une configuration du territoire en régions. Cette attitude est d'autant plus étonnante pour un parti d'extrême gauche puisqu'il préfère en débattre à l'Assemblée de la République plutôt que de consulter les populations. Pour sa part et dans son exposé des motifs, le Parti écologique Les Verts a tenu à préciser qu'il considérait le projet de révision constitutionnelle n° 3/XI-2e[5] comme un acte « inopportun », juste avant les élections présidentielles du 23 janvier 2011[6]. Cette absence de consensus traduit une incohérence générale de la classe politique sur la question de la mise en œuvre d'une véritable réforme de la représentation régionale de l'État. Ce fut, là encore une opportunité manquée de planifier la mise en place des régions administratives. Deux éléments sont à intégrer dans les digressions qui se réfèrent à l'administration du territoire et à la représentation locale du pouvoir central même si cela n'abordait pas la question du devenir du gouverneur civil.

Premièrement, la régionalisation du pays n'a pas été mentionnée, mais il y était spécifié que l'État devrait réduire « les asymétries des régions du continent et le caractère ultrapériphérique des archipels des Açores et de Madère » tel que cela est rédigé à l'article 9 du projet de révision constitutionnelle n° 3/XI-2e[7].

En second lieu, si le Parti écologique Les Verts défend l'idée qu'il doit y avoir dans chaque région autonome un représentant de la République nommé et révoqué par le président de la République. Il souhaite que les processus de nomination et remplacement soient préalablement soumis au gouvernement, au Conseil d'État et aux partis politiques représentés au sein des Assemblées

---

[1] *Diário da República*, II-Série-A, n° 18/XI/2, 18 octobre 2010, p. 22-45.
[2] *Ibid.*, p. 10-22.
[3] *Ibid.*.
[4] *Ibid.*
[5] *Ibid.*, p. 2-10.
[6] À l'instar du Parti communiste, le Parti écologique - Les Verts a repris également le terme de « Constitution d'avril » pour désigner la Constitution de 1976.
[7] *Ibid.*

législatives des deux régions autonomes comme il est disposé à l'article 145 du projet de révision constitutionnelle n° 3/XI-2e[1].

Le Parti socialiste dans son projet de révision constitutionnelle n° 9/XI[2] a souligné dans son exposé des motifs que la « Constitution unit les Portugais et ne les divise pas ». Selon lui, deux points essentiels devaient être pris en compte : « le renforcement des garanties constitutionnelles de l'État social et le renforcement des instruments favorables à la promotion de la stabilité politique et financière[3] ». Quant à la création des régions administratives, le Parti socialiste a voulu qu'elles soient soumises à un nouveau référendum national.

Le gouvernement de José Sócrates a abrogé le code administratif de 1940[4], en fusionnant les quelques articles encore en vigueur avec d'autres textes juridiques en les transférant vers les ministères. Il a présenté à l'Assemblée de la République une proposition de loi le 23 septembre 2010 afin d'abroger un ensemble de 433 lois qui n'avaient, selon lui, plus de raison d'être, et le code administratif de 1940[5]. Dans son exposé des motifs, le gouvernement a rappelé que ces annulations s'inséraient dans le programme Simplegis/Simplex qui avait pour finalité de clarifier la législation portugaise et faciliter sa compréhension. La proposition de loi n° 40/XI/2, du 23 septembre 2010[6] disposait à son article 1er, alinéa 1 : « La présente loi a pour objectif la révocation expresse de décrets-lois publiés en 1975[7]. » Il s'agissait de modifier le décret-loi n° 460/77 du 7 novembre 1977[8] et le décret-loi n° 305/2009 du 23 octobre 2009[9]. Les députés du Parti socialiste ont

---

[1] *Ibid.*

[2] *Diário da República*, II-Série-A, n° 19/XI/2, 21 octobre 2010, p. 25-36.

[3] *Ibid.*

[4] Depuis le 25 avril 1974, de nombreux articles du code administratif de 1940 avaient été abrogés.

[5] *Diário da República,* I-Série-A, n° 17, 22 octobre 2010, p. 43-51. Discussion portant sur la proposition de loi n° 40/XI/2 du 23 septembre 2010 émanant du Conseil des ministres et concernant la suppression de 433 lois et du code administratif de 1940. La proposition de loi n° 40/XI/2 du 23 septembre 2010 a été signée par le Premier ministre, le ministre de la Présidence et le ministre des Affaires parlementaires, mais pas par le ministre de l'Administration interne

[6] *Ibid.* L'article 20 « Révocation du code administratif » disposait « Le code administratif est révoqué, ainsi que les actes normatifs qui ont approuvé ses versions initiales, le décret-loi n° 27 424 du 31 décembre 1936, et le décret-loi n° 31 095 du 31 décembre 1940 ».

[7] Durant l'année 1975 lors de la réforme agraire et des grèves générales qui ont eu lieu dans tout le pays.

[8] Proposition de loi n° 40/XI/2, article 21, alinéa 3 « Sont considérés comme personnes collectives d'utilité publique administrative les associations de bienfaisance et humanitaire et les instituts d'assistance ou d'éducation [...]. »

[9] *Ibid.* L'article 22 énonçait qu'il fallait rajouter au décret-loi n° 305/2009 du 23 octobre 2009, article 12 « Seuls les élus locaux peuvent être désignés membres des conseils d'administration des services municipaux. »

voté en faveur de la proposition de loi n° 40/XI/2 sauf un[1]. L'ensemble des députés du Parti social-démocrate, du Centre démocratique et social, et ceux du Parti écologiste « Les Verts ». L'ensemble des députés du Parti communiste et du Bloc de Gauche ont voté contre. En fait, le Portugal n'a plus de code administratif.

Au regard de ce que l'on a analysé et développé précédemment, et avec la fin du gouverneur civil, on peut engager une réflexion sur un éventuel réaménagement des cinq Commissions de coordination et de développement régional, afin qu'elles se rapprochent dans leurs attributions des Conseils régionaux français.

En parallèle, la *prefeitura* régionale serait une institution chargée non seulement de porter les politiques publiques de l'État, mais aussi de maintenir un lien solide avec le président de la Commission de coordination et de développement régional, les présidents des *Câmaras municipais*, les présidents des juntes de *freguesias* et les populations.

Un nouveau modèle d'organisation administrative régionale

Les arguments qui plaident en faveur d'un nouveau modèle d'organisation administrative régionale résident dans le fait qu'il est impératif d'établir une représentation régionale du pouvoir central.

Au demeurant, les structures techniques, administratives et immobilières existent déjà. Il faudrait seulement y nommer les présidents des *Câmaras municipais* pour éviter une augmentation des acteurs politiques au sein de la région et le cumul des mandats[2]. Cela n'engagerait pas des coûts supplémentaires pour un pays qui est en pleine récession économique. Mais, dans l'hypothèse d'un schéma avec le *prefeito* régional et le président de la Commission de coordination et de développement régional y aurait-il suprématie de l'un des deux organes ? Il semble que la question se pose moins en termes hiérarchiques qu'en termes de répartitions des attributions.

Un schéma cohérent et solide

La complémentarité du binôme avec un *prefeito* régional nommé et les politiques locaux élus formeraient un cadre harmonieux de répartition des compétences, entre déconcentration et décentralisation.

Le représentant régional de l'État aurait en charge la responsabilité des affaires publiques par sa connaissance des procédures administratives et

---

[1] *Diário da República,* I-Série-A, n° 18, 23 octobre 2010, p. 39. Publication des votes des partis politiques qui portent sur la proposition de loi n° 40/XI/2 du 23 septembre 2010.

[2] *Diário da República,* I-Série A, n° 155, loi constitutionnelle n° 1/2005, du 12 août 2005, p. 4642-4686 et *Constituição da República Portuguesa,* septième révision constitutionnelle, éd. *Assembleia da República,* juillet 2007, 2e éd., p. 179. Cela pourrait coïncider avec l'instauration de juntes régionales puisque l'article 261 de la Constitution de 1976 dispose : « La junte régionale est l'organe exécutif collégial de la région. »

techniques alors que les élus locaux seraient les défenseurs politiques des citoyens. Cela existait déjà, mais à l'état embryonnaire lorsque le gouverneur civil était en place.

En instaurant un *prefeito* régional au sein de chacune des cinq régions administratives, l'État souverain y exercerait son droit régalien d'intervention dans la vie locale. En cela, il assurerait, d'une part, le fonctionnement régulier des institutions et interférerait auprès des élus en tant qu'arbitre. D'autre part, il serait un partenaire lors de l'élaboration et le suivi de contrats de plan impliquant plusieurs *municípios* ou régions. On peut envisager que cette coopération soit surtout basée sur des engagements financiers, soutiens et partages de compétences humaines et techniques. On pourrait élargir l'éventail de ses fonctions à l'influence que devrait exercer le représentant local de l'État pour faire appliquer les actions locales de développement et veiller à la stricte égalité juridique entre *municípios*. Le *prefeito* régional serait le garant non seulement de l'autorité de l'État, mais aussi d'une neutralité qui garantirait, de fait et en droit, une égalité entre les *municípios*. Il est évident que le *prefeito* régional ne pourra difficilement être un acteur parfaitement neutre du pouvoir politique qui l'aura nommé. Il en est ainsi dans toute administration[1]. Mais une autre question demeure en suspens, car sans un niveau intermédiaire entre les *municípios* et le pouvoir central comment va pouvoir vivre efficacement l'actuelle réforme de l'administration locale ? Il serait présomptueux d'en tirer ici des conclusions hâtives, mais on peut supposer que cela va accroître les disparités économiques entre territoires.

C'est pour cela qu'il est important, en ce qui concerne les futures collectivités territoriales portugaises, comme on le mentionne *supra*, de s'inspirer du principe français de partage des compétences et des services entre les conseils régionaux et généraux et les préfectures. Cela peut passer par un détachement des fonctionnaires nationaux et locaux, dès que cela est nécessaire à l'intérêt du développement général des cinq futures régions et Commissions de coordination et de développement régional.

Sur ce point, les réponses aux questionnaires que l'on a adressés aux députés sont quasiment identiques quels que soient les partis politiques au pouvoir ou dans l'opposition. Elles se limitent souvent à transcrire et commenter les structures existantes sans faire de propositions de réformes. Par exemple, dans le questionnaire adressé à chacun des dix-huit gouverneurs civils, les réponses données par Monsieur João Paulo Ramôa[2] ont permis de bien comprendre les arcanes administratifs et les domaines d'ingérence, nombreux et divers, qui régissent les deux institutions. À la première question « Quels sont les secteurs spécifiques d'intervention des gouverneurs civils et des

[1] Dreyfus (F.) et Eymeri (J.-M.), *Science politique de l'administration - Une approche comparative*, Paris, éd. Economica, coll. Études politiques, 2006, 307 p.
[2] Ingénieur civil de formation et gouverneur civil de Beja de 2005 à 2011.

présidents des Commissions de coordination et de développement régional ? » Monsieur João Paulo Ramôa a répondu :

> Ce sont des domaines d'intervention totalement distincts et complémentaires. Les Commissions de coordination et de développement régional sont des entités décentralisées de l'État, lesquelles ont comme mission fondamentale, la définition stratégique de développement du territoire, et la gestion des fonds communautaires[1]. Ils ont une activité apolitique et de connexion avec le pouvoir central dans ce qui touche à la définition stratégique du développement des *concelhos*, non une logique individuelle de chaque *concelho*, mais bien une logique d'évolution intégrée d'une région. Les gouverneurs civils sont des structures politiques. Ils sont les représentants du gouvernement dans les régions, dans ses différents secteurs : santé, éducation, sécurité sociale, *etc.*. Et ils sont les coordinateurs des services publics de la région. Nous avons [les gouverneurs civils] des compétences spécifiques directes dans les secteurs de la sécurité et de la protection civile. Nous avons un champ d'action très vaste (et un champ très ouvert de compétences indirectes). Nous pouvons exercer notre fonction en tant que médiateur du citoyen. Nous sommes le dernier recours auquel fait appel le citoyen dans la région, lorsqu'il ne réussit pas à résoudre ses problèmes auprès des services décentralisés de l'État. Nous sommes aussi, bien des fois, l'ultime recours auquel recourent aussi les entreprises pour espérer voir se résoudre certains de leurs problèmes, principalement lorsqu'ils englobent l'intervention de plusieurs ministères. » Son analyse est tout à fait réaliste au-delà du plaidoyer *pro domo* du gouverneur civil qui défend sa fonction, mais se limite, et cela est aisément compréhensible compte tenu du fait qu'il occupe son poste en tant que personne nommée par le pouvoir central auquel il ne saurait s'opposer, à faire un simple « état des lieux.

À la deuxième question « Serait-il opportun d'instaurer un *prefeito* régional, dans un schéma administratif parallèle aux Commissions de coordination et de développement régional ? La réponse fut la suivante : « Je n'y vois rigoureusement aucun intérêt. » La troisième et dernière question est « Faut-il maintenir le *statu quo* de la structure administrative actuelle ? ». Le gouverneur civil de Beja répond :

> Oui. Le gouvernement PSD/PP a débuté son mandat en disant que, dans le cadre de révision de la structure administrative actuelle, les gouverneurs civils seront supprimés. Mais la représentation du gouvernement ne serait jamais éteinte, laquelle aurait un autre nom dans une autre structure administrative. Dans la composante administrative actuelle, cette mission est impossible. Il est impossible au gouvernement de faire abstraction de la représentation qu'il avait dans les dis-

[1] Dans la région, le *prefeito* régional devrait avoir pour mission d'être un intervenant majeur dans l'application des budgets européens et des politiques communautaires.

tricts, d'autant plus qu'il a besoin d'une entité qui soit ses yeux et ses oreilles dans la région[1].

En fait, le gouverneur civil est resté généralement dans son devoir de réserve, préférant par là même exprimer son apparente neutralité, en attendant de retourner à la vie politique « active ».

Maintenant, au regard des développements précédents, on ne peut que reconnaître que la volonté de ne plus nommer de gouverneur civil fut une action qui était prévisible, même si lors des divers projets de révision constitutionnelle aucune allusion ne fut faite quant à une hypothétique réforme ou substitution du gouverneur civil. La Constitution de 1976[2] Par cette conclusion, on se trouve confronté à un vide que l'on propose de combler avec un *prefeito* régional, dont les principaux arguments en sa faveur viennent d'être démontrés. En ce qui concerne les nominations à la présidence des Commissions de coordination et de développement régional

Les élus locaux pourraient continuer à participer au choix du président de la Commission de coordination et de développement régional[3]. À titre d'illustration, on peut citer l'exemple de la nomination de Carlos Duarte à la présidence de la CCDR du Nord[4]. Au Portugal il est reconnu comme l'un des meilleurs experts des fonds communautaires. Comme l'a écrit Paulo Ferreira « Carlos Duarte, actuellement l'un des deux membres du conseil d'administration[5] en charge de gérer les importants budgets de l'ON 2 - Nouveau Nord, programme opérationnel du Nord, a remporté la course à la direction beaucoup à cause de la pression des élus du Nord, notamment les

[1] En ce qui concerne la région et à titre de comparaison, la Constitution de la République Fédérative du Brésil énonce dans son chapitre VII « De l'administration publique », section IV « Des régions », article 43 : « À des fins administratives, l'Union pourra articuler son action en un même complexe géoéconomique et social en vue de son développement et de la réduction des inégalités régionales ». *Cf. Constituição da República Federativa do Brasil*, publiée au *Diário Oficial da União*, n° 191-A, le 5 octobre 1988.

[2] *Diário da República*, I-Série-A, n° 155, la loi constitutionnelle n° 1/2005 du 12 août 2005, p. 4642-4686, portant sur la révision constitutionnelle de 2005. Dans les « Dispositions finales et transitoires », l'article 291 dispose : « 1. Tant que les régions administratives n'auront pas été instaurées, la division en districts subsistera, dans l'espace qu'elles n'englobent pas,
« 2. Il y aura dans chaque district, selon les termes à définir par la loi, une assemblée délibérative, composée de représentants des municípios,
« 3. Il est de la compétence du gouverneur civil, assisté d'un conseil, de représenter le gouvernement et d'exercer les pouvoirs de tutelle dans l'aire du district. »

[3] Durant le XVIe gouvernement constitutionnel [17 juillet 2004-12 mars 2005] dirigé par Pedro Santana Lopes le président de la Commission de coordination et de développement régional était nommé directement par le pouvoir central.

[4] Ingénieur agronome de formation, il a été député social-démocrate entre 1987 et 1999. Entre 2002 et 2004, il a présidé la Commission de la réserve agricole. Il fut également secrétaire d'État adjoint au ministère de l'Agriculture et des Pêches du gouvernement dirigé par José Manuel Durão Barroso.

[5] L'ON 2 était géré par deux administrateurs choisis l'un par le pouvoir exécutif en la personne de l'économiste Mário Rui Silva et l'autre Carlos Duarte par les élus locaux.

élus des listes du PSD, qui ont fait pression auprès du gouvernement [central].

Carlos Duarte est considéré par les présidents des *Câmaras* [municipales] « un allié des élus », dans la mesure où, en ce qui concerne l'ON2, il est celui qui, dès 2007, a eu en charge l'investissement municipal et le territoire. Or, en temps de crise, les élus savent que les budgets communautaires seront décisifs pour leurs *concelhos.* C'est pour cela qu'ils ont insisté (il y en a même qui ont adressé des lettres au gouvernement pour réclamer la nomination) sur le nom de Carlos Duarte[1].

Il n'y aurait pas d'incohérence à garder un tel schéma qui respecterait la volonté des élus locaux à choisir un dirigeant de CCDR[2] et qui favoriserait les bonnes relations entre la région et les *municípios,* avec un *prefeito* régional qui serait le représentant exclusif du pouvoir central. Il reste à passer de la théorie au cadre pratique.

Un projet de réforme étatique à mettre en œuvre

Le *prefeito* régional devrait le chef de l'administration déconcentrée, en tant que facteur de régulation face aux pouvoirs émergents, et qui doivent se poursuivre, des collectivités locales. Néanmoins, il ne faut pas voir l'option de la déconcentration comme un contre-pouvoir à l'égard des présidents des *Câmaras municipais,* mais un moyen susceptible de répondre efficacement aux attentes des élus locaux et aux besoins des populations[3].

On accorderait au délégué régional du pouvoir central la possibilité de parapher au nom de l'État des contrats de projet État-région. Pour l'heure, la Constitution de 1976[4] est particulièrement laconique en ce qui concerne la déconcentration administrative, dont elle ne fait pas mention, et la décentralisation. Dans son titre VIII « Pouvoir local » et article 237 « Décentralisation administrative » elle dispose :

> 1. Les attributions et organisation des collectivités locales, et la compétence de ses organes, seront précisées par la loi, en harmonie avec le principe de décentralisation administrative.

---

[1] *Jornal de Notícias*, 5 octobre 2011, p. 36.

[2] Les CCDR ne gèrent pas les conflits entre *concelhos,* car elles n'émettent que des avis. Les élus locaux consultent régulièrement les CCDR afin qu'ils puissent prendre une décision en fonction des avis émis par elles.

[3] Villiers de (M.) et Berranger de (T.) (dir.), *Droit public général, Institutions politiques, administratives et communautaires. Droit administratif - Finances publiques,* Paris, éd. LexisNexis, Litec, 4e éd., 2009, p. 177 : « Du point de vue de l'administration étatique, et en dépit de ces quelques réserves, le préfet reste la principale autorité déconcentrée du département. Détenteur du pouvoir de direction des services déconcentrés des administrations civiles de l'État, il a la charge sous l'autorité du Premier ministre et de chacun des ministres, d'en conduire l'action dans un souci constant de cohérence, d'unité et d'efficacité. »

[4] *Diário da República*, I-Série A, n° 155, loi constitutionnelle n° 1/2005, du12 août 2005, p. 4642-4686 et *Constituição da República Portuguesa*, éd. Assembleia da República, 2e éd., 7e révision constitutionnelle, juillet 2007, p. 171.

2. Il est de la compétence de l'assemblée de la collectivité locale d'exercer les pouvoirs attribués par la loi, y compris l'approbation des options du plan et du budget.
3. Les polices municipales coopèrent au maintien de la tranquillité publique et à la protection des communautés locale.

La structure ternaire qui rassemblerait le *prefeito* régional, le président de CCDR et les élus locaux serait la plus égalitaire, car le principe de prises décisions collégiales, même si les domaines de compétences restent à définir avec exactitude, établirait un équilibre entre la décentralisation demandée par les élus locaux et la présence de l'État au niveau de la région administrative. Dans l'hypothèse contraire, l'absence d'une institution supérieure qui représenterait l'État et son pouvoir fait qu'il ne pourra pas y avoir de liant véritable entre les *municípios.* Ce vide administratif et politique pose également le problème de l'égalité entre *municípios* et de leurs développements harmonieux.

C'est pour cela que le futur *prefeito* régional aurait à exercer ses missions dans un cadre juridique qui définirait, avec précision, son statut et le champ de ses compétences. Il serait reconnu en tant que personnification de l'État, au service de tous les citoyens de la région, dans une optique plus administrative et économique que politique[1].

Les conditions de réussite de la réforme

Elles sont soumises au besoin d'élaborer, à court terme, un consensus politique général. Elles doivent prendre officiellement acte que le processus de création des régions administratives et d'un représentant régional de l'État est une évidence et une nécessité.

Les motifs financiers et économiques évoqués pour repousser la réforme visant à la concrétisation des régions administratives ne reposent pas sur des arguments valables et cela pour trois raisons.

Premièrement, il incombe au gouvernement et aux partis politiques d'imposer la régionalisation, en faisant pression sur les députés les plus récalcitrants. Au besoin, on peut fort bien envisager de placer au-dessus de leur tête une épée de Damoclès, en les menaçant de ne pas leur accorder l'investiture du parti aux prochaines élections législatives. Cette suggestion ne serait pas difficile à appliquer. L'idéal serait certainement de faire un nouveau référendum national, mais dans cette hypothèse, il serait difficile de convaincre les populations de s'intéresser à une telle réforme compte tenu de la situation économique du pays.

---

[1] Morand-Deviller (J.), *Droit administratif,* Cours, Thèmes de réflexion, Commentaires d'arrêts avec corrigés, Paris, Montchrestien, Lextenso éditions, 11e éd., 2009, p. 21. Jacqueline Morand-Deviller note à cet égard : « L'idée de service public est liée à une conception ample des missions de l'administration laquelle, au-delà du maintien de l'ordre public, doit organiser la vie économique, sociale, culturelle, en fournissant et gérant les biens et services utiles à la collectivité. »

Deuxièmement, il ne resterait plus qu'à détacher de leurs ministères les fonctionnaires qui seraient nommés dans les cinq régions administratives et les affecter au service du *prefeito* régional. On peut envisager une structure relativement souple qui serait constituée dans un premier temps par un secrétaire général qui coordonnerait l'ensemble des services des trois directions générales. Un tel schéma comprendrait un directeur général à qui serait confiée la responsabilité de la sécurité de la région, un directeur général qui serait le responsable de la concrétisation des contrats plans État-région, et de la promotion nationale et internationale de la région par l'organisation, en collaboration avec les élus de la région, de manifestations économiques et culturelles. Le troisième directeur général pourrait fort bien se voir confier des missions de dialogue avec les élus locaux et les populations de la région[1].

Troisièmement, le succès de la régionalisation administrative doit passer avant tout par une concertation nationale, une responsabilité générale et une prise de conscience que la réforme actuelle de l'administration territoriale ne prendra réellement sens, et ne sera pleinement efficace, que dans l'optique de l'instauration d'une structure administrative intermédiaire entre le pouvoir central et les collectivités locales.

Conclusion du chapitre II

Dans sa réforme de l'administration territoriale locale, qui est somme toute la plus importante depuis celle réalisée par José Xavier Mouzinho da Silveira, le gouvernement dirigé par Pedro Passos Coelho n'a pas souhaité remplacer le gouverneur civil après l'avoir supprimé.

Les motifs financiers invoqués par le XIXe gouvernement constitutionnel, et imposés par la BCE, le FMI et la C-E, pour justifier de la disparition du paysage administratif et politique du gouverneur civil ne reposent pas sur des arguments solides, cohérents et valables. La décision politique a abouti à une réorganisation administrative, hâtive et encore en cours[2] des collectivités locales au sein des *concelhos* et des *freguesias* dans la perspective de réduire le nombre des élus locaux et les coûts financiers, créant un vide à l'échelon du district puisque le pouvoir exécutif n'y est plus personnifié. En privilé-

[1] Si l'on ajoute aux cinq principaux postes deux collaborateurs pour chacun, plus deux secrétaires pour chacun et deux chauffeurs pour chaque service (deux pour le *prefeito* régional, deux pour le secrétaire général, deux pour chaque direction régionale), il y aurait dans chaque structure administrée par le *prefeito* régional trente-et-une personnes. Certes, ce chiffre est arbitraire, mais il correspond à un schéma rationnel qui n'engendrerait pas un surcoût financier supplémentaire puisque les fonctionnaires seraient affectés à de nouveaux emplois.

[2] Il en est de même en France puisque, comme l'écrit Éric Kerrouche : « L'intercommunalité, réforme inachevée - Malgré les agissements évoqués précédemment, trois dimensions restent problématiques : celle des périmètres et du territoire, celle de la fiscalité et, enfin, celle du transfert de personnel. » Kerrouche (E.), *L'intercommunalité en France,* Paris, éd. Montchrestien, coll. Clefs-Politiques, 2008, p. 108.

giant la décentralisation administrative, il accorde des pouvoirs supplémentaires aux élus locaux et souhaite que cela suscite une dynamique politique générale au niveau local, somme toute dans la perspective de remporter les élections municipales de 2013.

Cependant, en jouant exclusivement la carte du « municipalisme[1] » et de la démocratie locale, sans pour autant définir les moyens financiers qui devront participer du développement des regroupements de *municípios,* ni des procédures de contrôle, on peut considérer que le pouvoir exécutif cherche à s'attirer les bonnes grâces des élus locaux. Certes, en leur accordant plus de prérogatives, mais il reste à définir par quels moyens elles seront mises en œuvre. *A contrario* de ce schéma, on propose et défend l'idée qu'une alternative est possible en instaurant un schéma d'administration étatique régionale avec la création du *prefeito* régional, et cela pour deux raisons.

En premier lieu, le *prefeito* régional sera le garant de la souveraineté de l'État. Pour s'en convaincre, il faut instituer le *prefeito* régional et lui donner du prestige afin que l'État soit physiquement présent et visible.

En second lieu, le Portugal est à la croisée des chemins et il lui appartient de choisir sa voie, mais on considère qu'il est indispensable d'établir une structure intermédiaire entre l'administration centrale et de l'administration locale, afin qu'elle constitue un axe de liaisons entre les populations et l'État.

Conclusion du titre II

Malgré leurs multiples engagements, les partis politiques et les gouvernements centraux successifs n'ont pas réussi, ou souhaité, réformer le gouverneur civil préférant le supprimer. Le pays est toujours dans l'expectative d'une division en régions administratives et d'un délégué régional du gouvernement depuis la promulgation de la Constitution de 1976.

Pourtant, la Constitution de 1976 fut très précise quant aux raisons qui participent d'un maintien du gouverneur civil à titre « transitoire », en liant son sort à celui d'une création des régions administratives qui se font attendre. En fin de compte, les dirigeants politiques portugais semblaient s'accommoder d'une institution qu'ils souhaitaient réorganiser, voir supprimer pour certains. Ce manque de détermination et de coopération des partis politiques à revoir, en profondeur et une bonne fois pour toutes, les fondements d'une autre représentation de l'État en la plaçant dans un cadre territorial régional nuit certainement à la société portugaise. En prenant en considération les évolutions des attributions du gouverneur civil, lesquelles ont été progressivement transférées vers les ministères et les présidents des

---

[1] « Livre vert de l'administration locale. Une réforme de gestion, une réforme du territoire et une réforme politique » publié par le cabinet du ministre adjoint et des Affaires parlementaires, 22 septembre 2011. Déjà, François Guichard définissait le Portugal comme une démocratie « municipaliste ». *Cf.* Guichard (F.), *Géographie du Portugal*, Paris, éd. Masson, 1990.

Câmaras municipais, il est temps d'engager de nouvelles réflexions. Certains partis politiques, à l'instar du Parti communiste, préconisent une substitution du gouverneur civil par un représentant des élus locaux, qui serait élu par eux.

D'abord, on affirme que cela n'a évidemment aucun sens puisque cela compliquerait davantage une situation déjà confuse. Ensuite, le manque de concertations au sein des partis politiques en général et à l'Assemblée de la République en particulier a retardé durablement le projet de concrétisation d'une configuration régionale de représentation du pouvoir central.

Au demeurant, et malgré les bouleversements politiques engendrés par les événements du 25 avril 1974, la question du gouverneur civil n'a pas été prioritaire. Il a été marginalisé et maintenu artificiellement même si, de temps à autre, on avait besoin de lui, notamment pour mettre en place les recensements de la population, la préparation des élections et garantir la sécurité du territoire et des populations. Mais il faut dépasser cette perception réductrice de l'institution, car, en l'isolant progressivement de la vie administrative locale on lui a octroyé des fonctions secondaires, celles-ci masquaient cependant des missions politiques essentielles de surveillance de la vie politique du district. C'est pour cela qu'il est primordial de redonner à l'État et aux Portugais, une institution porteuse de symboles et d'autorité. Le *prefeito* régional doit être un point de jonction entre l'État, les élus locaux et les populations.

Au-delà des tergiversations politiques, des réformes sporadiques et des pouvoirs, officiels et officieux, il y a la considération due à l'État et l'unité de la Nation, face au rôle croissant d'une autonomie locale qui s'affirme de plus en plus. On doit désormais faire preuve d'imagination et d'audace, en transformant par exemple les cinq Commissions de coordination et de développement régional en cinq Conseils régionaux afin d'engager un processus de coopération pleinement efficace avec les cinq *prefeitos* régionaux, et en rapprochant les deux institutions.

Conclusion de la seconde partie

L'institution administrative et politique a joué alors un rôle extrêmement important en ce sens qu'elle était le « bras armé » du gouvernement dans le district. Les orientations centralisatrices de la politique administrative de l'État nouveau ne cessèrent de se renforcer, au fur et à mesure que s'intensifiait le phénomène de l'émigration et des conflits militaires dans les colonies. Avec les guerres coloniales menées en Angola, en Guinée Bissau, au Mozambique et au Timor au début des années 1960, et les relations conflictuelles au sein de l'État corporatiste, le gouverneur civil s'est vu attribuer des missions de contrôle et de surveillance, en collaboration avec les diverses entités policières.

Les années 1940-1974 ont marqué l'apogée du gouverneur civil. Du 25 avril 1974 au référendum du 8 novembre 1998, les gouvernements centraux, provisoires et constitutionnels, l'ont pourtant maintenu à titre transitoire avant que le XIXe gouvernement constitutionnel n'ait décidé de le supprimer le 21 juin 2011. Lorsqu'il était en place, le gouverneur civil a constamment été l'objet d'oppositions politiques pour deux raisons.

La première raison est que le gouverneur civil a été sauvegardé alors qu'il était remis en cause, par l'ensemble des partis politiques qu'il embarrassait et des élus locaux, pour qui il représentait un contre-pouvoir. La seconde raison était l'efficacité qu'il avait à tisser des liens avec des décideurs locaux. Le renforcement de son pouvoir et le contrôle de l'opposition politique contribuaient à faire du gouvernement civil un poste d'observation privilégié pour celui qui était à sa tête.

Il n'était pas rare que certains gouverneurs civils fussent nommés à plusieurs reprises à la tête d'un même district, parfois pour de brèves périodes[1]. Il arrivait régulièrement qu'un gouverneur civil devienne député ou l'inverse. Il était fréquent qu'un président de *Câmara municipal* soit nommé gouverneur civil ou qu'un gouverneur civil soit élu président de *Câmara municipal*. D'autres fonctions ou professions comme avocat, médecin, militaire, enseignant ou administrateur de *concelho*[2] étaient des tremplins pour accéder au poste de chef du district, exprimant par là l'importance des caciques et des réseaux tissés dans et à la périphérie du gouvernement civil. Avec la disparition du gouverneur civil et les débuts de la nouvelle réforme de l'administration locale engagée par le XIXe gouvernement constitutionnel, la difficulté majeure consiste, désormais, à s'interroger sur les probabilités et capacités du Portugal à dépasser une situation administrative et politique incohérente et paradoxale. À ce titre, trois options sont possibles.

En premier lieu, il lui faut concevoir un autre schéma d'administration régionale dans lequel le *prefeito* régional serait, comme on en défend l'idée, l'expression symbolique de l'État et la représentation physique du gouvernement.

En second lieu, la future région administrative devrait impérativement être dirigée par un haut fonctionnaire nommé par le pouvoir central.

En troisième lieu, le *prefeito* régional y personnifierait l'État, non seulement lors des cérémonies patriotiques, mais aussi dans le contrôle de la légalité. Il aurait à porter les politiques publiques, les projets et la parole de

[1] Ainsi, António Joaquim Ferreira Margarido (médecin, procureur, député) fut nommé six fois à la tête du district de Bragança, entre 1890 et 1909, parfois seulement pour un mois. L'instabilité politique explique une telle situation de fait. Avec les promulgations de la Constitution de 1933 et du code administratif de 1940, la fonction du gouverneur civil est devenue plus stable.

[2] Dans le district de Guarda, après les élections municipales du 9 octobre 2005, l'ancienne présidente de la *Câmara municipal*, Maria do Carmo Pires Almeida Borges fut nommée gouverneur civil.

l'État. La création du *prefeito* régional s'impose comme indispensable en tant que légitimation de l'État.

L'échelon régional doit devenir le « fer de lance » du pouvoir central dans un processus de déconcentration avec une territorialisation de l'action publique dans le cadre d'une administration régionale du pays. Ainsi, et loin d'avoir la prétention de fournir dans ce travail scientifique, un modèle idéal, on espère susciter une réflexion sur les nécessités d'établir d'autres outils de gouvernance. Le Portugal en est capable. Gageons que les politiques sauront, à plus ou moins long terme, établir des divisions administratives territoriales, dans l'intérêt général de l'État et des populations.

CONCLUSION GÉNÉRALE

Empiriquement, le *prefeito* portugais a été une « bouture » de l'institution préfectorale française. Le décret n° 23 du 16 mai 1832 a instauré le *prefeito* pour administrer les provinces. Puis, le décret du 25 juillet 1835 a entériné la nomination des premiers gouverneurs civils, pour substituer les *prefeitos* et diriger les districts.

Les codes administratifs[1] n'ont pas bouleversé, fondamentalement, les attributions de celui qui fut un magistrat administratif et un délégué politique du pouvoir central[2]. Les trois traits capitaux de l'institution portugaise ont été sans conteste son originalité, sa diversité et sa pérennité. Malgré ces affirmations, le gouverneur civil a été supprimé *de facto* le 21 juin 2011, par le XIXᵉ gouvernement constitutionnel, puis cette suppression a été confirmée *de jure* par la loi organique n° 1/2011 du 30 novembre 2011.

Il suit de là que les codes administratifs ont disposé que le *prefeito*, le gouverneur civil, l'administrateur général puis de nouveau le gouverneur civil étaient les premiers magistrats administratifs de la province, puis du district. Cependant, la définition juridique du statut du gouverneur civil a été particulièrement laconique. Pour cette raison, la seule approche juridique du sujet aurait été réductrice et en aurait dénaturé le sens. Il ne suffisait donc pas d'analyser le gouverneur civil seulement d'après ses fonctions et son statut. L'étude juridique du gouverneur civil et son histoire politique ont mis à jour une perception de l'institution qui nous a surpris. C'est donc à dessein que l'on parle de « spécificité » portugaise, tellement la représentation locale du gouvernement a été le symbole exceptionnel, et unique, d'une personnification locale de l'État.

Qui plus est, les codes administratifs n'ont jamais spécifié le rôle politique officieux du chef du gouvernement civil. Il aura fallu l'entrée en vigueur de la loi n° 34/87 du 16 juillet 1987, alinéa j) de l'article 3 portant sur les « Crimes de responsabilité des titulaires de charges politiques », et la loi n° 64/93 du 26 août 1993 relative au « Régime juridique d'incompatibilité et empêchements des titulaires des charges politiques et hautes fonctions pu-

---

[1] Pour rappel, les codes administratifs furent promulgués en 1836, 1842, 1867, 1870, 1878, 1886, 1895, 1896, 1900, 1902 et 1936-1940.

[2] Les véritables réorganisations administratives ou tentatives de divisions du territoire portugais et de l'institution sont dues pour l'essentiel à José Xavier Mouzinho da Silveira. Il fut le véritable artisan et pivot de la transition entre la configuration des espaces sous l'Ancien Régime et l'aspiration des libéraux à plus de décentralisation, du code administratif de 1836 à celui de 1940 lequel a marqué un renforcement de la centralisation administrative, et à la démocratie locale issue du suffrage universel, après le 25 avril 1974.

bliques », article 2, pour que le gouverneur civil soit cité dans la liste mentionnant les titulaires de fonctions politiques.

La praxéologie du gouverneur civil, en tant que magistrat administratif et délégué du gouvernement, prouve qu'il a été un intervenant essentiel de la vie politique locale. De même, il y a lieu de noter que les codes administratifs successifs ont défini ses fonctions et son statut, entre déconcentration et décentralisation des pouvoirs politiques et administratifs, lors des alternances politiques. Ils ont permis de mieux définir le statut et les prérogatives du représentant local de l'État, en tant que magistrat administratif. À ce titre, on perçoit mieux les rapports multiples et les influences directes, ou sous-jacentes et hétérogènes, de ses engagements, dans les relations avec les collectivités locales, notamment après l'adoption du code administratif de 1940. Les rapports hiérarchiques, dans le schéma dichotomique gouverneur civil et président de la *Câmara municipal*, ont connu des changements majeurs au gré des réformes politiques et administratives qui ont accordé plus de compétences aux élus locaux.

À l'évidence, le schéma de l'administration territoriale portugaise et la représentation locale de l'État ne pouvaient perdurer tels quels. En fait, il y avait un paradoxe à vouloir sauvegarder une institution administrative et politique affaiblie, dans le cadre territorial d'un district inadapté, si l'on fait exception de sa fonction en tant que circonscription électorale. Une suppression du nombre des districts ne doit pas poser, en principe et en pratique, un problème supplémentaire dans le débat sur la régionalisation administrative, ni sur celui d'une institution de représentation régionale de l'État.

Par conséquent, il convient de réviser la Constitution de 1976, en tant que condition *sine qua non* pour créer un *prefeito* régional. Pour ce faire, les dirigeants politiques nationaux doivent faire preuve de démopédie auprès des citoyens, pour leur expliquer les avantages qu'il y aurait à instaurer une régionalisation administrative.

Il faut qu'une institution intermédiaire puisse continuer à personnifier le pouvoir exécutif et l'État, pour donner tout son sens à l'action du futur représentant du gouvernement, dans des circonscriptions plus vastes qui seraient calquées sur les délimitations géographiques des Commissions de coordination et de développement régional. La question se pose aussi d'une articulation harmonieuse et efficace des eurorégions du Portugal[1], sans une institution régionale dans laquelle le représentant du gouvernement central serait un intermédiaire entre l'Union européenne, l'État et les CCDR. Le *prefeito* régional pourrait assurer cette mission en tant que coordinateur et porteur des politiques européennes de développement.

Les réformes administratives passées et les réorganisations administratives en cours, ou en devenir, ne sauraient aboutir efficacement sans

[1] C'est le cas de l'eurorégion de la Galice et du Nord du Portugal, et de l'Algarve-Alentejo et Andalousie.

l'implication directe du *prefeito* régional. Le changement de régime politique, le 25 avril 1974, après un demi-siècle de centralisme administratif, a été suivi d'une réflexion sur le devenir du gouverneur civil, avec une double interrogation qui revenait de façon itérative dans les débats et les projets politiques en vue d'une réforme de la Constitution de 1976.

Toutefois, il est certain que le manque d'intérêt des partis politiques pour la question, considérée comme secondaire, de la révision de l'institution a empêché une véritable réforme en profondeur, non seulement du gouverneur civil, mais aussi de la régionalisation, et cela pour deux raisons. D'une part, on doit se rendre à l'évidence que les partis politiques n'ont pas eu de stratégie suffisamment claire, volontairement ou pas, selon les périodes électorales, sur le devenir du gouverneur civil. D'autre part, les oppositions au niveau des *concelhos* ont amplement participé de la confusion générale. Les débats politiques, souvent virulents, sur ce sujet n'étaient pas propices à une approche sereine de la question de la révision de l'institution, dans la perspective d'établir un véritable dialogue entre les politiques et les citoyens, afin d'aboutir à un consensus national qui permettrait la mise en œuvre d'une réelle représentation régionale de l'État. Mais la tâche est ardue, car la population portugaise dans son immense majorité ne semble pas trop se soucier du remplacement du gouverneur civil, puisque sa préoccupation est surtout d'ordre économique et social, compte tenu de la récession générale que traverse le pays. Il est important néanmoins de ne pas isoler, pour mieux l'ignorer, la question de l'instauration d'un *prefeito* régional.

Il est nécessaire également de bien prendre en compte les contextes sociologiques des nominations dans le district, lesquelles se déroulaient conformément aux volontés des décideurs locaux. On doit convenir qu'il y a toujours eu, depuis l'institution du *prefeito* puis du gouverneur civil, des relations très actives et étroites avec le parti politique au pouvoir, les caciques locaux et les ministères. C'est au sein de ces synergies que le représentant local de l'État tirait sa légitimité et affirmait son pouvoir symbolique et effectif. Or, si l'évolution vers plus de décentralisation administrative semble progresser depuis la promulgation de la Constitution de 1976, laquelle dispose qu'il faut mettre en place les régions administratives, le référendum national du 8 novembre 1998 les a rejetées.

L'échec du référendum s'explique surtout par l'absence de projets distinctement définis, compréhensibles par tous, et par le manque de consensus de la classe politique sur la concrétisation d'une configuration administrative régionale qui aurait pu donner une impulsion à l'institution. Ce revers électoral a constitué un rendez-vous manqué entre les politiques nationaux, les élus locaux et les citoyens qui, dans leur ensemble, n'ont pas saisi l'opportunité qu'il y avait à revoir les fondements de personnification périphérique de l'État. Aujourd'hui, paradoxalement, après la suppression du gouverneur civil, la question de l'organisation administrative régionale du territoire ne figure pas dans les programmes des partis politiques. Ceci étant dit, dans l'analyse systémique de la représentation locale du gouvernement, le gouverneur civil ne laisse pas indifférent.

Au grand désarroi de certains élus et personnages locaux, il a parfois inhibé leurs ambitions politiques. On le respectait, on le critiquait, on l'invitait, on le sollicitait, on manifestait sous ses fenêtres, on l'appelait à l'aide, on s'en méfiait et on souhaitait sa disparition. Ceci indiqué, la quintuple signification du rôle du gouverneur civil, en tant qu'auxiliaire du gouvernement dans le district, magistrat administratif, ordonnateur et coordinateur des activités des *concelhos*, responsable de la sécurité des citoyens et du district, et acteur politique, ne doit pas être limitée à la seule perception d'un pouvoir administratif et politique dépourvu d'envergure. Certes, le gouverneur civil fut plus un commis du gouvernement et du parti politique au pouvoir qu'il ne fut un serviteur de l'État. Sur les orientations à donner à l'institution du gouvernement civil, chaque parti politique et chaque gouvernement avait son idée, entre palinodies, certitudes et intérêts politiques. Désormais, il faut un engagement collectif, dynamique et responsable pour trouver une alternative à l'ancien gouverneur civil.

Cela est tout à fait possible puisque le Portugal a su faire preuve de dynamisme dans l'adoption d'une législation qui a accordé davantage d'autonomie aux collectivités locales, surtout depuis la Constitution de 1976, les lois sur les finances locales[1], et l'actuelle réforme de l'administration territoriale engagée par le XIXe gouvernement constitutionnel, dès le 21 juin 2011. La régionalisation administrative devrait réguler le pouvoir local, malgré deux handicaps majeurs.

Le premier, de portée générale, réside dans l'explication politique du maintien pérenne du gouverneur civil, au-delà de la difficulté ou de l'absence de volonté des gouvernements à lui trouver une solution de substitution, par crainte de devoir perdre une once de leurs pouvoirs au niveau local.

Le second, plus administratif et politique, trouve sa justification dans la suppression du gouverneur civil. Le XIXe gouvernement constitutionnel a

---

[1] On peut citer à titre d'exemple le *Diário da República*, décret-loi n° 258/79, du 28 juillet 1979 qui porte sur les emprunts municipaux. Mais aussi le décret-loi n° 118/82, du 19 avril 1982 (*Diário da República*, I-Série, n° 90, 19 avril 1982) qui a fixé les règles et les conditions relatives aux investissements municipaux conçus en tant qu'instruments politiques, en vue d'améliorer la cohabitation entre l'administration centrale et locale. Il a renforcé la coopération entre les *municípios* dans le but de réaliser des financements d'investissements communs. *Cf.* aussi le *Diário da República*, I-Série, décret-loi n° 334/82, du 19 août 1982. Les plans annuels des activités, des budgets, des comptes et des rapports de gestion des *Câmaras municipais*, assemblées de district et juntes de *freguesias* peuvent ne plus être inscrits dans les comptes rendus des réunions, du moment où les originaux sont paraphés par l'ensemble des membres présents.

voulu marquer le début de ses réformes, une fois parvenu au pouvoir, par une action politique forte, mais a fait l'impasse sur la régionalisation[1].

Au regard des difficultés économiques actuelles que traverse le Portugal, et à l'impossibilité présente de créer les régions administratives, il faut garder espoir que les convergences des intérêts de l'État, et des citoyens, aboutiront à la concrétisation d'un autre cadre territorial, avec les régions administratives, les *concelhos* et les *freguesias*. Les nouvelles structures représentatives de l'État central, dans le cadre territorial de la région administrative, devraient être capables de s'adapter aux directives de leurs ministères de tutelle, et prendre en compte l'intégration européenne, en matière de législation et de programmes inhérents aux développements des régions. Ceci indiqué, on avance l'idée qu'avec la fin du schéma intégrant le gouverneur civil, deux difficultés majeures demeurent.

In primis, et après plus d'un siècle et demi de réformes administratives, l'une est avant tout un problème de société et de temps. La gestion des flux administratifs des espaces et de la représentation périphérique de l'État, à l'échelon de la future région administrative, passe par un renforcement de la perception de chaque citoyen à l'égard d'une démocratie, apparemment statique à l'échelon local, mais qui doit garder pour le développer son contenu libéral actuel.

In secundis, l'autre difficulté consiste, assurément, à savoir si les partis politiques prendront conscience de la nécessité, et de l'urgence, à créer une souveraineté étatique régionale et franchiront le Rubicon. Partant de là, il faut imaginer et théoriser de nouveaux mécanismes d'administration locale dont le *prefeito* régional, dans sa définition syntagmatique de « commis de l'État », en constituerait l'axe central.

Item, les partis politiques doivent dépasser leurs propres difficultés à repenser la personnification régionale de l'État. Gageons qu'un référendum national, ou une nouvelle révision de la Constitution de 1976, accordera au futur délégué régional du pouvoir central, dès que les régions administratives auront été instaurées, la pleine expression de sa symbolique et de ses pouvoirs. À l'instar du phénix d'Hésiode et d'Hérodote, le gouverneur civil doit renaître au sein de nouvelles structures administratives.

La région administrative et le *prefeito* régional, en tant que haut fonctionnaire nommé par le pouvoir central et porteur des politiques publiques d'un État régulateur, doivent devenir réalité. L'influence de la crise économique et financière actuelle au niveau des réformes administratives locales va très certainement retarder toute perspective d'instauration d'un schéma d'administration régionale du territoire. Mais à terme, un nouveau tableau

[1] Le « Document Vert de la Réforme de l'administration locale. Une réforme des gestions, une réforme du territoire et une réforme politique » publié le 22 septembre 2011 par le cabinet du ministre délégué aux Affaires parlementaires n'a pas fait référence à une quelconque instauration de la région administrative comme il est prévu dans la Constitution de 1976.

administratif prendra vie dans de nouveaux rapports entre l'État et les pouvoirs locaux. Pour ces raisons, une déconcentration horizontale et verticale devra être mise en place tout en élaborant une décentralisation renforcée.

BIBLIOGRAPHIE

Ouvrages

Ouvrages généraux

- BOURDIEU (P.), *Sur l'État : Cours au Collège de France (1989-1992)*, Paris, Éditions du Seuil, 2012, 656 p.
- BOURDIEU (P.), *La Noblesse d'État. Grandes écoles et esprit de corps*, Paris, Les Éditions de Minuit, coll. « Le sens commun », 1989, 576 p.
- BOURDIEU (P.) CHAMBOREDON (J.-C.) et PASSERON (J.-C.), *Le métier de sociologue*, Berlin, New York, Mouton de Gruyter, 5e éd., 1983, p. 24.
- BRENNER (N.) et THEODORE (N.), *Spaces of Neoliberalism : Urban Restructuring in North America and Western Europe,* Oxford, Wiley-Blackwell Publishers, 2002, 294 p.
- Castro de CALDAS (E.) et Santos LOUREIRO de (M.), *Regiões homogéneas no Continente português. Primeiro ensaio de delimitação,* Lisbonne, édition de la Fondation Calouste Gulbenkian, 1966, 216 p.
- CORDEIRO (J.-A.), *As Divisões Administrativa, Judicial, Militar e Eclesiástica, do Continente e Ilhas*, Lamego, S/édition, 1952, 315 p.
- Dinis (J.), *A Morgadinha dos Canaviais,* Porto, Porto Editora, 1993, 526 p.
- EÇA DE QUEIROZ (J.-M.), « Textos do Distrito de Évora », *in As Farpas*, Porto, Livraria Clássica Editora, 1988, 286 p.
- EÇA de Queiroz (J.-M.), *O Primo Bazílio*, Lisbonne, Édition Livros do Brasil, 2e éd., (s/date), 456 p. [1re éd. 1878]. Traduit du français par Paul Teyssier : *Le cousin Bazílio.* Paris, Édition La Différence, 1989, 472 p.
- EÇA DE QUEIROZ (J.-M.), *Os Maias*, Mira-Sintra, Édition Europa América, 1980, 576 p. [1re éd.1888], traduction française effectuée par Paul Teyssier, *Les Maias,* Paris, Édition Chandeigne/Unesco, série Lusitane, 1996, 797 p.
- EÇA DE QUEIROZ (J.-M.), *A Ilustre Casa de Ramires,* Mem Martins, 2e éd., éd. Publicações Europa-América, 1991, 296 p.
- ESTEVES PEREIRA (A.), *Dicionário de Portugal,* Lisbonne, Tome VI, 1912.
- FERREIRA (V.), *Alegria Breve,* Paris, Édition Gallimard, 1990, 311 p.
- FERREIRA DE ALMEIDA (J.), FERREIRA DO AMARAL (J.), BORRÊGO (A.), CAPUCHA (L.) et FERRÃO (J.), (dir.), *Regiões rurais periféricas : que desenvolvimento ? Uma experiência no concelho de Almei-*

da, Lisbonne, Centro de Acolhimento e Integração Social-Centro de Investigação e Estudos de Sociologia, 1994, 140 p.
- FIGUEIREDO Soares de (E.-V.), *Portugal : que regiões ?* Braga, Instituto Nacional de Investigação Científica, 1988, 332 p.
- FOUCAULT (M.), *L'archéologie du savoir,* Paris, Gallimard, 288 p.
- GASPAR (J.), *As Regiões portuguesas*, Lisbonne, Ministério do Planeamento e da Administração do Território, Secretariado de Estado do Planeamento e Desenvolvimento Regional, 1993, 237 p.
- GONÇALVES LOPES (R.), *Planeamento Municipal e Intervenção Autárquica no Desenvolvimento Local,* Lisbonne, Édition Escher, 1990, 157 p.
- GUICHARD (F.), *Géographie du Portugal,* Paris, Masson, 1990, 224 p.
- KOSELLECK (R.), *Le Futur passé, Contribution à la sémantique des temps historiques,* Paris, éd. de l'EHESS, 1990, 334 p.
- LABORIER (P.) et TROM (D.) (dir.), *Historicités de l'action publique*, Paris, PUF, 2003, 540 p.
- LOCKE (J.), *Traité du gouvernement civil,* Paris, Édition GF-Flammarion, 2e édition, 1992, 381 p.
- LOURENÇO (E.), *Mythologie de la Saudade-Essais sur la mélancolie portugaise*, Paris, Édition Chandeigne, 206 p.
- MAMCHADO (J.-P.), *Dicionário Etimológico da Língua Portuguesa,* Lisbonne, Édition Horizontes, 8e éd., 1977.
- OFFERLÉ (M.), *Sociologie des groupes d'intérêts*, Paris, éd. Montchrestien, 2e éd., 1998, 158 p.
- ORTIGÃO (R.), *Farpas,* Lisbonne, Édition *Círculo de Leitores*, 1988, 160 p.
- ROTBERG I. (R.), *When States Fail : Causes and Consequences*, Princeton, Princeton University Press, 2003, 336 p.
- ROTH (J.), *La Marche de Radetzky,* Paris, éd. Du Seuil, coll. Points Grands Hommes, 2008, 397 p.
- TAGUIEFF (P.-A.), *Résister au « bougisme ». Démocratie forte contre mondialisation techno-marchande,* Paris, Fayard, Mille et une nuits, 2010, 159 p.
- TAVARES CASTILHO (J.-M.), *A Ideia de Europa no Marcelismo (1968-1974),* Lisbonne, Edições Afrontamento, Colecção Parlamento, 4, 2000, 561 p.
- TORGA (M.), *La Création du monde*, Paris, GF Flammarion, 1999, 585 p.
- SCHUTZ (A.), « Selective Attention : Relevances and Typification », *in On phenomenology and social relations*, Chicago, The University of Chicago Press, 324 p.
- WEBER (M.), *Le Savant et le Politique,* Paris, Édition La Découverte, 2003, 210 p.

Droit portugais et gouverneur civil

Droit portugais

- AFONSO Martins (A.), *Princípios fundamentais de organização política e administrativa da nação,* Lisbonne, 1965, 242 p.
- ALBUQUERQUE de (R.) et ALBUQUERQUE de (M.), *História do Direito Português,* Cacém, Édition Pedro Ferreira, 8e éd., 1993, 651 p.
- ALMEIDA Costa de (M.-J.), *História do Direito Português,* Coimbra, Édition Almedina, 3e édition, 2001, 497 p.
- ALVES CORREIA (F.), *Alguns Conceitos de Direito Administrativo,* Coimbra, Édition Almedina, 2e édition, 2001, 70 p.
- AMORIM GIRÃO de (A.) , *A Divisão Provincial do Novo Código Administrativo,* Coimbra, Édition Coimbra Editora, 1938, 39 p.
- ARAÚJO de (A.), *O Tribunal Constitucional,* Coimbra, Coimbra Editora, 1997, p. 19-23.
- AROSO de Almeida (M.), *Teoria Geral do Direito Administrativo : temas nucleares,* Coimbra, éd. Almedina, 2012, 302 p.
- BACELAR GOUVEIA (J.), *Manual de Direito Constitucional,* Coimbra, Édition Livraria Almedina, 2 volumes, 2005, 768 p.
- BACELAR GOUVEIA (J.), *Manual de Direito Constitucional,* Coimbra, Édition Livraria Almedina, vol. I, 4e éd., 2011, 786 p. ; vol. II, 4e éd., 2011, 792 p.
- BAPTISTA Coelho (M.), *Portugal : o sistema político e constitucional, 1974-1987*, Lisbonne, Universidade de Lisboa, Instituto de Ciências Sociais, 1989, 1044 p.
- BAPTISTA Mamchado (J.), *Participação e Descentralização, Democratização e Neutralidade na Constituição de 1976,* Coimbra, Édition Almedina, 1982, 149 p.
- BORGES COELHO (A.), *Comunas ou concelhos*, Lisbonne, Édition Prelo, 1973, 212 p.
- BRANDÃO FERREIRA PINTO (F.), *Código de Procedimento Administrativo Anotado,* Trofa, Editora Digital Jurisbook, 2012, 416 p.
- CADILHA Fernandes (C.-A.), Silva PAIXÃO da (J.) et ALARCÃO SEIA (J.-A.), (dir.), *Código Administrativo-actualizado e anotado. Legislação complementar,* Coimbra, LivrariaAlmedina, 2e édition, 1981, 826 p.
- CADILHA Fernandes (C.-A.) et Silva PAIXÃO da (J.), (dir.), *Legislação da Administração Local,* Coimbra, Édition Almedina, 1997, 913 p.
- CAETANO (M.), *Ciência Política e Direito Constitucional*, Coimbra, Coimbra Editora, 6e éd., 1955, 398 p.
- CAETANO (M.), *Problemas de administração local,* Lisbonne, *Centro de Estudos Político-Sociais*, 1957, 564 p.
- CAETANO (M.), *Os Antecedentes da reforma administrativa de 1832, Mouzinho da Silveira,* Lisbonne, éd. Petrony, 1967, p. 20-21.

- CAETANO (M.), *História Breve das Constituições portuguesas,* Lisbonne, Édition Palas Editores, 4e éd., 1978, 299 p.
- CAETANO (M.), *Manual de Direito Administrativo,* Coimbra, Livraria Almedina, vol. II, 9e éd., 1980, 1150 p.
- CAETANO (M.), *Princípios Fundamentais de Direito Administrativo,* Coimbra, Livraria Almedina, 10e édition, 2 volumes, 1980, 783 p.
- CAETANO (M.), PESSOA (V.), BARATA (J.-P.) et ESTEVES (M. do C.), (dir.), *Regionalização e Poder Local em Portugal,* Lisbonne, *Instituto de Estudos Demográficos*, 1982, 157 p.
- CAETANO (M.), *Manual de Direito Administrativo,* Coimbra, Réimpression revue et actualisée par Diogo Freitas do Amaral, Édition Almedina, 1984, p. 257-262.
- CAETANO (M.), *Constituições portuguesas,* Lisbonne, Édition Verbo, 6e édition, 1986, 157 p.
- CAETANO (M.), *Estudos de História da Administração Pública Portuguesa,* Coimbra, Organização e prefácio de Diogo Freitas do Amaral, Coimbra, éd. Coimbra Editora, 1994, 507 p.
- CAETANO (M.), *A construção de uma doutrina portuguesa de Direito Público - Artigos doutrinais n'O Direito,* (Coord. Jorge MIRANDA), Coimbra, éd. Almedina, 2012, 319 p.
- CAETANO (M.) et GALVÃO Teles (M.), *Manual de Ciência Política e Direito Constitucional*, Lisbonne, Édition Coimbra Editora, 6e éd., 1970, 405 p.
- CAMACHO BRANCO (A.), *O distrito no Código Administrativo de 1940 e no Estatuto dos Distritos Autónomos das Ilhas Adjacentes,* Lisbonne, 2e édition [s/n], 1947.
- CANOTHILO Gomes (J.-J.) et MOREIRA (V.), (dir.), *Constituição da República Portuguesa de 2 de Abril de 1976*, Coimbra, Édition Coimbra Editora, 3e éd., 1993, 1135 p.
- CASALTA NABAIS (J.), *A Autonomia Financeira das Autarquias Locais*, Coimbra, Édition Almedina, 2007, 90 p.
- CASALTA NABAIS (J.), *Procedimento e Processo administrativo*, Coimbra, Édition Almedina, 7e éd., 2012, 322 p.
- CASTANHEIRA NEVES (M.-J.), *Governo e Administração Local,* Coimbra, Édition Coimbra Editora, 2004, 364 p.
- CAUPERS (J.), *Leis da Organização administrativa,* Lisbonne, Édition Lisboa Editorial Notícias, 1992.
- CAUPERS (J.), *A Administraçao Periférica do Estado,* Lisbonne, Édition Livraria Petrony, 1994, 753 p.
- CAUPERS (J.), *A administração periférica do Estado. Estudo de Ciência da Administração,* Lisbonne, Editorial Notícias, 1994, 753 p.
- CAUPERS (J.), *Introdução ao direito administrativo,* Âncora Editora, 10e éd., 2009, 564 p.

- *Código Administrativo de 1836*, Lisbonne, Imprensa da rua de São Julião, n° 5, 110 p.
- *Código Administrativo de 1842*, Lisbonne, *Imprensa Nacional*, 1842, 110 p.
- *Código Administrativo de 1842*, Coimbra, Presses de l'Université, 1849, 285 p.
- *Código Administrativo de 1842*, Nouvelle édition officielle annotée de 1865, Lisbonne, Imprimerie Nationale, 542 p.
- *Código Administrativo de 1867.* Il s'agit en réalité de la *loi sur l'administration civile du 26 juin 1867*, Porto, Typographie du *Jornal do Porto,* 1867.
- *Código Administrativo de 1870,* décret du 21 juillet 1870, Lisbonne, Imprimerie Nationale, 53 p.
- *Código Administrativo aprovado por carta de lei do 8 de Maio de 1878,* Coimbra, Édition Livraria Central, 98 p.
- *Código Administrativo de 1886*, décret du 17 juillet 1886, décret du 29 juillet 1886 et décret du 12 août 1886, Coimbra, Imprensa da Universidade, 2e éd., 1892, 197 p.
- *Código Administrativo de 1892*, Coimbra, Imprensa da Universidade, 1892, 189 p.
- *Código Administrativo de 1895,* décret du 2 mars 1894, Porto, Livraria Portuense Editora, 1895, 163 p.
- *Código Administrativo de 1896 aprovado por Lei de 4 de Maio de 1896,* Coimbra, 5e éd. officielle, Imprensa da Universidade, 1907. Université de Harvard, collection Americana, numérisé le 10 mars 2008, 362 p.
- *Código Administrativo de 1896*, Lisbonne, Imprensa Nacional, 7e éd. officielle, 1916, 139 p.
- *Código Administrativo de 1900*, du 21 juin 1900 in *Diário do Governo,* n° 158, 25 juin 1900, p. 230-275.
- *Código Administrativo de 1910*, du 13 octobre 1910, Porto, Magalhães et Moniz, 1910, p. 69.
- *Código Administrativo de 1935,* Lisbonne, Empresa Jurídica Editora, 1937, 248 p.
- *Código Administrativo de 1940*, Coimbra, Coimbra Editora, 1956, 350 p.
- *Código Administrativo de 1940. Diário do Governo,* I-Série, décret-loi n° 31095, 31 décembre 1940.
- *Código Administrativo*, Coimbra, Édition Livraria Almedina, 6e édition, actualisée et commentée, 1998, 451 p.
- *Código de direito canónico*, Braga, Editorial Apostolado da Oração, 1983, 665 p.
- *Collecção de Leis e outros documentos officiais publicados desde 15 de Agosto 1834 até 31 de Dezembro de 1835*, 4e Série, Lisbonne, Imprimerie Nationale, 1837, p. 148-149.

- *Constituição da República Portuguesa*, Lisbonne, publication du *Diário da República,* n° 173, I-Série-A, 24 juillet 2004, 239 p.
- *Constituição da República Portuguesa*, Lisbonne, éd. Quid Juris, 2012, 176 p.
- CORTE-REAL (I.), *Descentralização e Reforma Administrativa,* Oeiras, Édition Celta Editora, 2003, 82 p.
- Costa Lobo (M.), *Governar em Democracia*, Lisbonne, Édition de l'ICS (*Instituto de Ciências Sociais*), 2005, 290 p.
- CUNHA MORAIS (M.-M.), *Constituição da República Portuguesa*, Lisbonne, Édition Don Quixote, 1983, 405 p.
- ESPINOSA Gomes da Silva (N.-J.), *História do direito português-Fontes de Direito*, Lisbonne, Fundação Calouste Gulbenkian, 2000, 593 p.
- ESTEVES de Oliveira (M.), (dir.), *Código de Procedimento Administrativo Comentado*, Coimbra, Édition Almedina, 2e éd., 2003, p. 698-713
- ESTEVES RATO (A.), *Administração local e corporativismo*, Coimbra, Édition Coimbra Editora, 1962, 22 p.
- ESTORNINHO (M.-J.), *Direito Administrativo*, Coimbra, Édition Coimbra Editora, 1997, 30 p.
- FERNANDES (M.-R.), *A Problemática da Regionalização,* Coimbra, Édition Livraria Almedina, 1996.
- FERNANDES RAMIRES (M.), *A problemática da regionalização,* Coimbra, Livraria Almedina, 1996, 294 p.
- FERRÃO (J.), *Poder Central, Poder Regional, Poder Local-Uma perspectiva histórica,* Lisbonne, Édition Cosmos, 1997, 142 p.
- FERRAZ (D.) et MADUREIRA (C.), *Políticas Públicas. Modelos de Formação de Dirigentes Públicos,* Oeiras, Instituto Nacional de Administração, 2006, 104 p.
- FERREIRA (A.-A.), *Regionalização*, Lisbonne, Édition Livraria Petrony, 1997, 656 p.
- FERREIRA (F.-A.), *As Regiões Autónomas na Constituição Portuguesa,* Coimbra, Édition Almedina, 1980, 168 p.
- FERREIRA DA CUNHA (P.), *Para uma história constitucional do direito português*, Coimbra, Édition Livraria Almedina, 3e édition, 1996, 456 p.
- FERREIRA DE ALMEIDA (F.), *Direito Internacional Público*, Coimbra, Édition Coimbra Editora, 2e éd., 2003, p. 353-354.
- FERREIRA PINTO DIAS GRACIA (M. da G.), *Da Justiça Administrativa em Portugal sua origem e evolução,* Lisbonne, Universidade Católica Editora, 1994, 687 p.
- FERREIRA PINTO DIAS GRACIA (M. da G.), *Do Conselho de Estado ao Actual Supremo Tribunal Administrativo,* Coimbra, Édition Almedina, 2006, 153 p.
- FOLQUE (A.), *A tutela administrativa nas relações entre o Governo e os Municípios-Condicionalismos Constitucionais*, Coimbra, Édition Coimbra Editora, 2004, 484 p.

- FONTES (J.), DA FONSECA (G.) et MARTINS CLARO (J.), *Código de Processo nos Tribunais Administrativos e Legislação Complementar,* Coimbra, Coimbra Editora, 5e éd., 2011, 440 p.
- FREITAS de (J.-A.), *Instituições de Direito Administrativo Português,* Coimbra, Université de Coimbra, 2e édition, 1861, 415 p.
- FREITAS DO AMARAL (D.), *Curso de Direito Administrativo,* Coimbra, Édition Almedina, 3e éd., vol. 1, 2010, 926 p.
- FREITAS DO AMARAL (D.), *Curso de Direito Administrativo,* Coimbra, Édition Almedina, 2e éd., vol. II. 2011, 809 p.
- FREITAS DO AMARAL (D.), MACHETE (P.) et TORGAL (L.), *Curso de Direito Administrativo,* Coimbra, Édition Almedina, vol. 2, réimpression de la 2e éd., coll. Manuais Universitários, 2012, 812 p.
- GOMES CANOTILHO (J.-J.), *Direito Constitucional e Teoria da Constituição*, Coimbra, Édition Almedina, 7e édition, 2003, p. 51-60.
- GOMES CANOTILHO (J.-J.) et MOREIRA (V.) (dir.), *Constituição da República Portuguesa Anotada,* Coimbra, Édition Coimbra Editora, 3e édition, 1993, p. 75.
- GONÇALVES PEREIRA (A.) et QUADROS de (F.) (dir.), *Manual de Direito Internacional Público*. Coimbra, Édition Coimbra Editora, 3 eédition, 2003, p. 402-404.
- LEAL CASTANHEIRA NEVES (M.-J.), *Governo e Administração Local,* Coimbra, Édition Coimbra Editora, 2004, 362 p.
- LEITE PINTO (R.), *Referendo Local e Descentralização Política-Contributo para o estudo do referendo local no constitucionalismo português*, Coimbra, Édition Livraria Almedina, Coimbra, 1988, 112 p.
- *Loi sur l'administration civile du 26 juin 1867*, Porto, Typographie du *Jornal do Porto,* 1867, 89 p.
- LOPES DIAS (J.), *Código Administrativo,* Lisbonne, Édition Editorial Império, 1941, 807 p.
- LOPES DIAS (V.-M.), *Contencioso administrativo. Auditorias Administrativas Supremo Tribunal Administrativo,* Coimbra, Édition à compte d'auteur, Coimbra Editora, 1957, 447 p.
- LUCAS PIRES (F.), *Regionalização e Europa,* Lisbonne, Universidade Autónoma de Lisboa, 1996, 54 p.
- MAMCHADO (B.), *Participação e Descentralização Democratização e Neutralidade na Constituição de 1976,* Coimbra, Édition Coimbra Almedina, 1982.
- MARQUES REIS (M.), *Références françaises et allemandes dans la formation du droit administratif portugais ; juhruch fur Europaïsche Verwaltungsgeschihte,* Baden-Baden, vol. 2, 1990, p. 235-255
- MARTINS GOMES (H.), *Código administrativo, 1940*, Coimbra, Coimbra Editora, 7e édition, 1968, VI 590 p.
- MIRANDA (J.), *As Constituições Portuguesas (1822 a 1976),* Lisbonne, Édition Petrony, 1976, 508 p.

- MIRANDA (J.), *Fontes e Trabalhos preparatórios da Constituição,* Lisbonne, Édition I.N.C.M., Volume II, 1978.
- MIRANDA (J.), *Manual de direito constitutional, Estrutura Constitucional do Estado,* Coimbra, Coimbra editora, 1983, 239 p.
- MIRANDA (J.), *Manual de Direito Constitucional-Preliminares à experiência constitucional,* Coimbra, Coimbra Editora, tome I, 3e éd., 1985, 403 p.
- MIRANDA (J.), *As Constituições Portuguesas-1822 ao Texto Actual da Constituição*, Lisbonne, Édition Livraria Petrony, 7e éd., 1997, 891 p.
- MIRANDA (J.), *Inconstitucionalidade da revisão constitucional de 1971 : um projecto de Francisco Sá CARNEIRO,* Lisbonne, Édition Assembleia da República, 1997, 59 p.
- MIRANDA (J.), *Manual de Direito Constitucional*, Coimbra, Édition Coimbra Editora, 7e éd., Tome I, 2003, 444 p.
- MIRANDA (J.) et MEDEIROS (R.), (dir.), *A Constituição Portuguesa Anotada*, Coimbra, Édition Coimbra Editora, Tome I (articles 1er à 79), 2005, 756 p.
- MOREIRA da Costa (J.-M.), *A evolução constitucional no quadro da constituição da República de 1976*, Lisbonne, Tribunal Constitucional, 1994.
- NOGUEIRA (J. A. D.), *As Instituições e o Direito,* Lisbonne, Publicações Alfa, vol. I, p. 782-789.
- OLIVEIRA DE (A.-C.), *A Democracia Local-Aspectos Jurídicos,* Coimbra, Coimbra Editora, 2005, 192 p.
- OLIVEIRA DE (A.-C.), *30 anos de poder local na Constituição da República Portuguesa, Ciclo de Conferências na Universidade do Minho,* Coimbra, Coimbra Editora, 2007, 384 p.
- OLIVEIRA DE (A.-C.), VIANA (C.) et FREITAS DA ROCHA (J.), *Legislação de Direito Regional e Local,* Braga, Publication du CEJUR (*Centro de Estudos Jurídicos do Minho*), vol. I, 2008, 640 p.
- OLIVEIRA ROCHA (J.-A.) et FILIPE (A.), *Legislação Fundamental de Governo Local e Administração Autárquica*, Coimbra, Édition Coimbra Editora, 2003, 617 p.
- *Organização Administrativa Pública, Decreto n° 23 do 16 de Maio de 1832,* Lisbonne, *Arquivos da Torre do Tombo.*
- OTERO (P.), *Legalidade e Administração Pública : O Sentido da Vinculação Administrativa à Juridicidade ?* Coimbra, Édition Almedina, 2003, 1192 p.
- PEREIRA (A.-M.), *Organização Política e Administrativa de Portugal desde 1820. Bases gerais*, Porto, Édition Livraria Fernando Machado, 1949, 347 p.
- PEREIRA (A.-M.), *Evolução da Divisão Administrativa de Portugal,* Porto, Édition Rotary Clube, 1959, 131 p.
- PINTO (E.), *Direito administrativo das Autarquias Locais,* Coimbra, Coimbra Editora, 2010, 408 p.

- PRATA (A.), *Dicionário Jurídico*, Coimbra, Édition Livraria Almedina, 5e édition, 2011, 1544 p.
- QUADROS de (F.), *A Nova Dimensão do Direito Administrativo,* Coimbra, Édition Livraria Almedina, 1999, 52 p.
- QUADROS de (F.) et CABRAL (M.), *Direito Administrativo,* Coimbra, Coimbra, Coimbra Editora, 2002, 86 p.
- REBELO DE SOUSA (M.), *Os Partidos Políticos no Direito Constitucional Português,* Braga, Livraria Cruz, 1983, 718 p.
- REBELO DE SOUSA (M.), *O sistema de governo português,* Lisbonne, *Associação Académica da Faculdade de Direito de Lisboa*, 1992, 109 p.
- REBELO DE SOUSA (M.), *Lições de Direito Administrativo*, Lisbonne, Édition Lex-Edições Jurídicas, vol. I, 1999, 543 p.
- REBELO DE SOUSA (M.), *Legislação administrativa fundamental,* Lisbonne, Édition Lex-Edições Jurídicas, 2000, 949 p.
- REBELO DE SOUSA (M.) et GALVÃO (S.), *Introdução ao Estudo do Direito,* Lisbonne, Édition Lex, 2000, 412 p.
- REBELO DE SOUSA (M.) et MELO ALEXANDRINO de (M.), (dir.), *Constituição da República Portuguesa Comentada*, Lisbonne, Édition Lex, 2000,436 p.
- REBELO DE SOUSA (M.) et SALGADO DE MATOS (A.), *Direito Administrativo Geral, Actividade administrativa,* Lisbonne, éd. Dom Quixote, Tome III, 2e éd., 2009, 606 p.
- REIS CONDESSO DOS (F.), *Ordenamento do Território, Administração e Políticas Públicas, Direito Administrativo e Desenvolvimento Regional,* Lisbonne, Édition de *l'Instituto Superior de Ciências Sociais e Políticas,* 2005, 964 p.
- REIS NOVAIS (J.), *Os Princípios Constitucionais Estruturantes da República Portuguesa,* Coimbra, éd. Coimbra Editora, 2011, 344 p.
- RIBEIRO (J.-S.), *Resolução do Conselho de Estado na Secção do Contencioso Administrativo,* vol. 1 à 18, années 1858-1974, Lisbonne, Imprensa Nacional.
- RIBEIRO TELLES (G.), *Administração Pública e Ordenamento Territorial,* Lisbonne, Instituto Democracia e Liberdade, 1980, 25 p.
- RODRIGUES MIRANDA (A.), *A Nova Justiça Administrativa*, Lisbonne, Édition du Centre des Études Judiciaires, 2001, 262 p.
- RODRIGUES QUEIRÓ (A.), *O novo direito Constitucional português (Algumas ideias fundamentais),* Coimbra, Bulletin de la Faculté de Droit de Coimbra, 1946, p. 44-66.
- RODRIGUES QUEIRÓ (A.), *O poder discricionário da administração,* Coimbra, Coimbra Editora, 2e éd., 1948, 300 p.
- RUIVO (F.), *O Estado Labiríntico : O poder relacional entre Poderes Local e Central em Portugal,* Porto, Édition Afrontamento, 2000, 278 p.
- SÁ (L.), *Regiões Administrativas-O Poder Local que falta*, Lisbonne, Édition Caminho, 1989, 166 p.

- SÁ (L.), *A Crise das Fronteiras. Estado, Administração Pública e União Europeia,* Lisbonne, Édition Cosmos, 1997, 654 p.
- SÁ (L.), SERRANO (A.) et BRANCO (D.), *As Regiões Administrativas-Democracia e Desenvolvimento,* Lisbonne, Édition Caminho, 1998, 186 p.
- SÁ CARNEIRO (F.), *As revisões da Constituição Política de 1933,* Porto, Édition Brasília Editora, 1971, 196 p.
- SÁ DE (A.), *Administração do Estado, Administração Local e Princípio da Igualdade no Âmbito do Estatuto de Funcionário,* Coimbra, Bulletin de la Faculté de Droit de l'Université de Coimbra, 1985, 100 p.
- SANTOS (J.-A.), *Antologia do Poder Local,* Lisbonne, Édition Mosaíco Editores, 2e éd., 1988, 222 p.
- SILVA LEITÃO DE ALMEIDA GARRET (J.-B.), *Relatório e bases para a reforma administrativa,* Lisbonne, Session de la *Câmara* des Paires, 21 janvier 1854, 21 p.
- SILVA PAIXÃO DA (J.), ARAGÃO SEIA (J.A.) et FERNANDES CADILHA (C.-.A), (dir.), *Código administrativo,* Coimbra, Édition Livraria Almedina, 1998, 452 p.
- SILVA RODRIGUES (B.), *Constituição da República Portuguesa,* Lisbonne, éd. Rei dos Livros, 2011, 384 p.
- A DE (A.-F.), *Direito Administrativo das Autarquias Locais*, Lisbonne, Édition Lusolivro, 3e édition, 1993, 501 p.
- SOUSA DE (A.-F.), *Fundamentos Históricos de direito administrativo,* Lisbonne, Édition Lda., 1995, 437 p.
- TEIXEIRA FERNANDES (A.), *Poder autárquico e poder regional*, Porto, Édition Brasília Editora, 1997, 294 p.
- VIEIRA DE ANDRADE (J.-C.), *Justiça Administrativa,* Coimbra, Édition Almedina, 8e édition, 2006, 509 p.
- VIEIRA (L.), *Autarquias : atribuições e competências; roteiro do poder central e local,* Lisbonne, Édition Editorial Notícias, 2000, 301 p.

Gouverneur civil

- AFONSO (A.-M.), SOUSA DE (F.) et ROCHA (R.), *Os Governadores Civis do Distrito de Bragança,* Lisbonne, Édition du Governo civil do distrito de Bragança, 2005, 133 p.
- *Governos civis. Correspondência expedida, para ministérios e repartições centrais* (19 novembre 1943 au 30 juin 1944), Livre, n° 4, Gouvernement civil de Coimbra, 1re Répartition, in *Arquivo da Universidade de Coimbra,* Département II-D, AUC/GCC/GID/E1/T5/347.
- *Governadores Civis da Guarda desde a criação do cargo em 1935 até 1983*, in *Revista Altitude*, Assembleia Distrital da Guarda, 3, 2e série, (7-8), décembre-mars 1982-1983, p. 121-126.

- *Governos Civis. Mais de um século de história*. Bibliothèque du ministère de l'Administration interne ; secrétariat général du ministère de l'Administration interne, Lisbonne, 1994.
- *Guarda um distrito bem diferente*, Guarda, édition du gouvernement civil du district de Guarda, 1986, 63 p.
- Inventaire de la correspondance générale du gouvernement civil du district de Guarda, de 1837 à 1973. Les autres années ne sont pas encore disponibles à la consultation.
- *Inventário do Arquivo do Governo Civil de Coimbra*, Governo Civil de Coimbra, 1996, 166 p.
- *Inventário do Fundo do Governo Civil da Guarda e Fundos Relacionados*, Guarda, mars 2005.
- LAPA (A.), *Governadores Civis de Portugal,* Lisbonne, s/éd., 1962, 250 p.
- *O Governador Civil : colecção de legislação, contendo o estatuto dos governadores civis, suas atribuições e matérias de interesse para o exercício das funções confiadas aos governos civis,* Lisbonne, *Ministério da Administração Interna*, 1° vol., 1981.
- PEREIRA (A.-M.), *Os Governadores Civis do distrito do Porto*, Porto, Édition Maranus, 1951, 29 p.
- PEREIRA (A.-M.), *Governantes de Portugal desde 1820 até ao Dr. Salazar,* Porto, Édition Manuel Barreira, 1959, 146 p.
- SANTOS (H.), *O Governo Civil de Lisboa, subsídios para a sua História,* Lisbonne, Édition du Gouvernement Civil de Lisbonne, 1984.
- SANTOS LAPA DOS (A.), *1898-1968 : Para a história dos governadores civis de Portugal,* Guimarães (s. éd.), *Biblioteca Nacional*, 14 p.
- SOUSA PEREIRA DE (F.-A.) et SILVA GONÇALVES (M.-J.), *0s governadores civis do Distrito de Vila Real,* Prosopographie, Vila Real, Édition du Gouvernement civil de Vila Real, 2002, 702 p.
- TENGARRINHA (J.), *História do Governo Civil de Lisboa*, Lisbonne, Édition du Gouvernement Civil de Lisbonne, volume I, 378 p. ; vol. II, 2002, 387 p.

Droit comparé et droit étranger

- ARDANT (Ph.) et MATHIEU (B.), *Institutions Politiques et Droit Constitutionnel,* Paris, LGDJ, Lextenso - Éditions, 23e éd., 2011, 668 p.
- AUBY (J.-B.), AUBY (J.-F.) et NOGUELLOU (R.), *Droit des collectivités locales*, Paris, Édition PUF Thémis, Droit public, 5e édition, 2009, 395 p.
- AUBY (J.-M.), AUBY (J.-B.), BON (P.) et TERNEYRE (P.), *Droit administratif des biens*, Paris, éd. Dalloz, Coll. Précis-Droit public, 2011, 742 p.
- AUTIN (J.-L.) et RIBOT (C.), *Droit administratif général,* Paris, Édition Lexis Nexis, 5e éd., 2007, 415 p.
- BEAUD (O.), *La puissance de l'État,* Paris, éd. PUF Léviathan, 1994, 512 p.

- BIOY (X.), *Droits fondamentaux et libertés publiques*, Paris, éd. Lextenso-Montchrestien, 2011, 894 p.
- BJØRNA (H.) et SYNNØVE (J.), *Prefectoral systems and central-local government relations in Scandinavia,* Scandinavian Political Studies, 2006, p. 285-422
- BLANC (R.) et RÉMOND (B.), *Les collectivités locales : structures et finances,* Paris, Édition Dalloz Presses de la Fondation Nationale des Sciences Politiques, 1995, 782 p.
- BŒUF (J.-L.) et MAGNAN (M.), (dir.), *Les collectivités locales et la décentralisation,* Paris, Édition La documentation Française, Découverte de la vie publique, 4e éd., 2011, 166 p.
- BON (P.), *La Justice constitutionnelle au Portugal,* Paris, Édition Economica, collection Droit positif, 1989, 418 p.
- BON (P.) et MODERNE (F.), (dir.), *Études de droit constitutionnel franco-portugais*, Paris, Éditions Économica, 1992, 472 p.
- BONNAUD-DELAMARE (R.), *Attributions juridiques des Préfets et Sous-Préfets,* Paris, Éditions du Livre, 1951.
- BRAIBANT (G.) et STIRN (B.), (dir.), *Le droit administratif français,* Paris, Édition Presses de la Fondation Nationale des Sciences Politiques, Dalloz, Paris, 2005, 652 p. Nouvelle édition à paraître en décembre 2012.
- BRICAULT (J.-M.), *Montée en puissance du préfet de région : se poser la question du maintien de son dédoublement fonctionnel,* in « Administration », n° 226, juin-juillet 2010, p. 122-127.
- BURDEAU (F.), *Histoire de l'administration française du XVIIIe au XXe siècle*, Paris, Édition Montchrestien, Collection Précis Domat-Droit public, 2e éd., 1998, 384 p.
- BURDEAU (F.), *Histoire du droit administratif*, Paris, Édition PUF, collection Thémis, Droit public, 1995, 494 p.
- BURDEAU (G.), *L'État*, Paris, Édition du Seuil, Points Essais, n° 244, 2011, 204 p.
- CARRÉ de MALBERG (R.), *Contribution à la Théorie générale de l'État*, Paris, éd. Dalloz, 2004, 837 et 638 p.
- CAPACCIOLI (E.), *Manuale de Diritto Amministrativo*, Padoue, vol. I, 2e édition, 1983.
- CARBASSE (J.-M.), *Manuel d'introduction historique au droit,* Paris, Presses Universitaires de France, 4e éd., 2011, 320 p.
- CHAGNOLLAUD (D.), *Droit constitutionnel contemporain.* Tome I, *Théorie générale des grands régimes étrangers* et Tome II, *Le régime politique français*, Paris, Édition Dalloz-Sirey, 6e éd., 2009, 457 p.
- CHANTEBOUT (B.), *Droit constitutionnel et science politique*, Paris, Éditeur Dalloz-Sirey, 27e éd., 2010, 654 p.
- CHEVALLIER (J.), *Science administrative*, Paris, Édition PUF, Collection Thémis, 4e éd., 2007, 628 p.

- CHEVALLIER (J.), *L'État,* Paris, Édition Dalloz, collection Connaissance du droit, droit public, 2e éd., 2011, 144 p.
- CHEVALLIER (J.), *L'État de droit,* Paris, Édition Montchrestien, Collection Clefs, 5e éd., 2010.
- CHEVALLIER (J.), *L'État post-moderne,* Paris, LGDJ, Droit et Société, Série politique, n° 35, 2008, 232 p.
- *Code administratif,* Paris, éd. Dalloz, 35e éd., 2012, 2949 p.
- *Code général des collectivités territoriales*, Paris, éd. Dalloz, 15e éd., 2012, 3504 p.
- *Constituição da República Federativa do Brasil,* publiée au *Diário Oficial da União,* n° 191-A, 5 octobre 1988.
- *Constituição da República Federativa do Brasil,* Brasília, Edição do Senado Federal, 1990, 169 p.
- CORNU (G.), *Linguistique juridique,* Paris, Édition Montchrestien, coll. Domat droit privé, 3e éd., 2005, 443 p.
- CORNU (G.), *Vocabulaire juridique,* Paris, Édition Quadrige P.U.F., collection Grands dictionnaires, 9e édition, 2011, 1095 p.
- CROZIER (M.) et TROSA (S.), (dir.), *La décentralisation-Réforme de l'État,* Paris, Éditions Pouvoirs Locaux, 1992, 220 p.
- CRUZ (F.), *L'acte législatif en droit comparé franco-portugais,* Aix-Marseille, Édition Économica, collection Droit public positif, Presses Universitaires d'Aix-Marseille, P.U.A.M, 2004, 746 p.
- DELAMARRE (M.), *L'administration déconcentrée : histoire, actualité, difficultés ; le préfet, histoire et rôle,* in « Leçons d'institutions administratives », Paris, Ellipses édition marketing, 2009, p. 57-100.
- DELVOLVÉ (P.), *Le droit administratif,* Paris, Connaissance du droit, Dalloz, 5e éd., 2010, 152 p.
- DESAGE (F.) « Intercommunalité » in PASQUIER (R.), GUIGNER (S.) et COLE (A.), *Dictionnaire des politiques territoriales,* Paris, éd. Sciences Po Les Presses, coll. Références - Gouvernances, 2010, 584 p.
- DUBOUIS (L.) et PEISER (G.), *Droit public,* Paris, Édition Dalloz-Sirey, Mémento Droit Public, 20e éd., 2011, 321 p.
- DUVERGER (M.), *Institutions politiques et droit constitutionnel-1. Les grands systèmes politiques*, Paris, Édition P.U.F., 1980, 603 p.
- EYMERI-DOUZANS (J.-M.) et PIERRE (J.) (dir.), *Administrative Reforms and Democratic Governance,* Londres, Routledge, ECPR Studies in European Political Service, 1e éd., 2011, 272 p.
- FRIER (P.-L.) et PETIT (J.), *Précis de droit administratif,* Paris, Édition Montchrestien, 6e éd., 2010, 570 p.
- FROMONT (M.), *Droit administratif des États européens*, Vendôme, Édition PUF, collection Thémis droit, 2006, 362 p.
- GARNIER (R.), *Un modèle européen de démocratie : le cas portugais,* Paris, Édition Montchrestien, LGDJ, 2005, 582 p.

- GICQUEL (J.) et GICQUEL (J.-É.), *Droit constitutionnel et institutions politiques,* Paris, éd. Montchrestien, 24e éd., coll. Domat droit public, 2010, 802 p.
- GONDOUIN (G.) et INSERGUET-BRISSET (V.) et VAN LANG (A.), (dir.), *Dictionnaire de droit administratif,* Paris, Éditions Dalloz, Armand Colin, 6e éd., 2011.
- GREWE (C.) et RUIZ FABRI (H.), (dir.), *Droits constitutionnels européens,* Paris, Édition PUF, collection Droit fondamental, 1995, 661 p.
- GUTAN (M.), *Istoria administratiei publice românesti,* Bucarest, 2e éd., Hamangiu, 2006.
- HEPAS (N.), *L'administration locale en Grèce - La concurrence dialectique entre déconcentration et décentralisation,* Athènes, Édition Sakkoulas, 1999, p. 95
- KERROUCHE (E.), *L'intercommunalité en France,* Paris, éd. Montchrestien, coll. Clefs- Politiques, 2008, 156 p.
- LASCOMBE (M.) et VANDENDRIESSCHE (X.), *Les finances publiques,* Paris, éd. Dalloz, Connaissance du droit, 7e éd., 2009, 200 p.
- LAVROFF (D.-G.), *Le droit constitutionnel dela Ve République,* Paris, Édition Précis Dalloz, 3e édition, 1999, 1100 p.
- LEBRETON, (G.), *Droit administratif général*, Paris, Édition Dalloz, coll. Cours Dalloz, 6e éd., 2011, 583 p.
- *Lexique des termes juridiques*, Paris, éd. Dalloz, 19e éd., 2012, 918 p.
- MAESTRI (E.), *La décentralisation, histoire, bilans, évolutions*, Édition L'Harmattan, Université de la Réunion, 2010, 416 p.
- MILLER (H.-T.) et FOX (C.-J.), *Postmodern public administration,* New York, éd. M. E. Sharpe, 2006, 176 p.
- MODERNE (F.), *Les expériences régionalistes en Espagne et au Portugal : analyse comparative, gouverner, administrer, Mélanges offerts à Jean WALINE,* Paris, Édition Dalloz, 2002, 319 p.
- MORAND-DEVILLER (J.), *Droit administratif, Cours, Thèmes de réflexion, Commentaires d'arrêts avec corrigés*, Paris, Montchrestien, Lextenso éditions, 11e éd., 2009, 943 p.
- MOREAU (J.), *Administration régionale, départementale et municipale,* Paris, Édition Dalloz, Mémentos Droit public-Science politique, 14e édition, 2004, 288 p.
- PACTET (P.) et MÉLIN-SOUCRAMANIEN (F.), *Droit constitutionnel,* Paris, Édition Dalloz-Sirey, Sirey Université, 30e édition, 2011, 628 p.
- PEISER (G.), *Droit administratif général*, Paris, Édition Mémentos Dalloz, Droit public, 25e édition, 2011, 314 p.
- PONTHOREAU (M.-C.), *Droit (s) constitutionnel (s) comparé (s),* Paris, éd. Economica, 2010, 401 p.
- QUILLIEN (P.-J.), *Les collectivités territoriales en 15 leçons,* Paris, Édition Ellipses, 4e édition actualisée, 2008, 254 p.

- RICCI (J.-C.), *L'administration publique française*, Paris, Édition Hachette Les Fondamentaux, 4e édition, 2004,159 p.
- RICHARD (P.), *Le jeu de la différence. Réflexions sur l'épistémologie du droit comparé,* Laval, Les Presses de l'Université, Québec, 2007.
- RIVERO (J.), *Droit administratif,* Paris, Éd. Dalloz-Sirey, 2011, 550 p.
- ROUSSEAU (D.) et VIALA (A.), *Droit constitutionnel*, Paris, Édition Montchrestien, collection Pages d'amphi, 2004, 480 p.
- SADRAN (P.), *Le système administratif français,* Paris, Éditions Montchrestien, Collection Clef Politique, 2e édition, 1997, 157 p.
- SEILLER (B.), *Droit administratif : les sources et le juge* (Tome 1), Paris, 4e éd., Flammarion, coll. Champs Université, 2011, 345 p.
- Silva (J.-A.), *Curso de direito constitucional positivo,* São Paulo, Malheiros Editores, 34e éd., 2011, 928 p.
- Silva NETO de (M.-J.), *Curso Básico de Direito Constitucional,* Rio de Janeiro, Édition Lumen Juris Editora, Tome II, 2004, 349 p.
- TURK (P.), *Les institutions de la Ve République*, Paris, Édition Gualino, Coll. Mémentos - LMD, 4e éd., 2011, 235 p.
- TURK (P.), *Théorie générale du droit constitutionnel,* Paris, Édition Gualino, Coll. Mémentos - LMD, 4e éd., 2011, 216 p.
- VAN LANG (A.), GONDOUIN (G.) et INSERGUET-BRISSET (V.), (dir.), *Dictionnaire de droit administratif,* Paris, Éditions Dalloz, 6e édition, 2011, 500 p.
- VERGOTTINI de (G.), *Diritto costituzionale,* Padova, Edizioni CEDAM, settima edizione, 2010, 830 p.
- VIALA (A.), *Philosophie du droit,* Paris, éd. Ellipses, coll. Cours magistral, 2010, 240 p.
- VILLIERS de (M.) et LE DIVELLEC (A.), *Dictionnaire du droit constitutionnel*, Paris, Édition Dalloz-Sirey, 8e édition, 2011, 400 p.
- VILLIERS de (M.) et BERRANGER de (T.) (sous la direction de), *Droit public général, Institutions politiques, administratives et communautaires. Droit administratif - Finances publiques,* Paris, éd. LexisNexis, Litec, 4e éd., 2009, 1384 p.
- VITAL-DURAND (E.), *Les collectivités territoriales en France*, Paris, Édition Hachette Supérieur, 8e édition, 2011, 157 p.
- ZANOBINI (G.), *Corso di diritto amministrativo*, Milano, Édition Giufre, 9e éd., 1959.
- ZOLLER (E.), *Introduction au droit public,* Paris, Édition Dalloz-Sirey, coll. Précis Dalloz, 1re éd., 2006, 230 p.

Ouvrages historiques

- ABREU de (D.), FERRÃO (J.), GASPAR (J.) et JENSEN-BUTLER (C.), (dir.), *Os próximos 20 anos.* Vol. 1, *Ocupação do espaço. Análise retrospec-*

tiva e tendências evolutivas, Lisbonne, Fondation Calouste Gulbenkian, 344 p.
- AGUIAR (J.), *O Pós-Salazarismo : As fases políticas no período 1974-1984*, Lisbonne, Publicações Dom Quixote, 1985, 205 p.
- ALARCÃO (A.), *Mobilidade geográfica da população de Portugal (Continente e Ilhas adjacentes). Migrações internas 1920-1960,* Lisbonne, Fondation Calouste Gulbenkian, 1969, 346 p.
- ALARCÃO (A.), *Divisão regionalizada e evolução demográfica em Portugal,* Oeiras, Instituto Gulbenkian de Ciências, Centro de Estudos de Economia Agrária, 1982, 91 p.
- ALLINE (J.-P.), *Préfet et développement local,* Paris, Édition Dalloz-Sirey, collection Thèmes et Commentaires, 2002, 291 p.
- AMORIM GIRÃO de (A.), *Esbôço duma Carta Regional de Portugal-Com indicação das Bases para a classificação das sub-regiões portuguesa,* Coimbra, Coimbra Editora, 1930, 38 p.
- AUBERT (J.), GUIRAL (P.), LE CLÈRE (B.) et MACHIN (H.), (dir.) *Les préfets en France1800-1940,* Genève, Édition Droz, 1978, 181 p.
- AZIMI (V.), *Les élites administratives en France et en Italie,* Paris, éd. Panthéon-Assas, 280 p.
- BARGETON (R.), *Dictionnaire biographique des préfets, septembre 1870-mai 1982,* Paris, Archives Nationales, 1994, 555 p.
- BIDEGARAY (Ch.) et EMERI (Cl.), (dir.), *La responsabilité politique,* Paris, Édition Dalloz-Sirey, Connaissance du droit public, 1998, 137 p.
- BERNARD (P.), *Le Préfet de la République. Le chêne et l'olivier,* Paris, Édition Economica, 1992, 262 p.
- BESNIER (J.-M.), *Tocqueville et la démocratie, égalité et liberté,* Paris, Collection Les Classiques Hatier de la Philosophie, 2002, 158 p.
- BONNIN (C.-J.-B.), *De l'importance et de la nécessité d'un code administratif,* Paris, chez Garnery, 1808,70 p.
- BONNIN (C.-J.-B.), *Principes d'administration publique pour servir à l'étude des lois administratives et considérations sur l'importance et la nécessité d'un code administratif, suivies du projet de ce Code,* Paris, Aux Archives du Droit Français, 2e éd., 1809, 308 p.
- BONNIN (C.-J.-B.), *Principes d'administration publique,* Paris, Chez Renaudière, Imprimeur-Libraire, 3e éd., vol. I 497 p., vol. II 379 p., 1812, 538 p.
- BONNIN (C.-J.-B.), *Abrégé des Principes d'Administration,* Paris, Amable-Costes, Libraire-Éditeur, 3e éd., 1829, 538 p.
- BOUQUET (J.-J.), *Histoire de la Suisse,* Paris, éd. Presses Universitaires de France, 8e éd., 2011, p. 45
- BOURDELIER (D.) et LABORIT (M.), *Le Portugal au seuil du XXIe siècle,* Paris, Édition Ellipses, 1990, 141 p.
- BOURDON (A.-A.) : *Histoire du Portugal,* Paris, Édition Chandeigne, 1994, 183 p.

- BRAGA da CRUZ (M.), *O Partido e o Estado no Salazarismo,* Lisbonne, Editorial Presença, 1988, 294 p.
- BRAGA da CRUZ (M.) et COSTA PINTO (A.), (dir.), *Dicionário Biográfico Parlamentar 1834-1910*, Lisbonne, Éditions de l'ICS (Instituto de Ciências Sociais), vol. I, A-C, 2004, 955 p., vol. II, D-M, 2005, 1028 p. et vol. III, N-Z, 2006, 1119 p.
- BRAGA DA CRUZ (M.) et COSTA PINTO (A.), (dir.), *Dicionário Biográfico Parlamentar 1935-1974*, Lisbonne, Éditions de l'ICS (Instituto de Ciências Sociais), vol. I, A-L, 2004, 864 p. et vol. II, M-Z, 2005, 783 p.
- CARRÈRE (G.), « Le préfet et les grandes crises républicaines » in BORELLA (F.), *Le préfet, 1800-2000, gouverneur, administrateur, animateur,* Nancy, Presses Universitaires de Nancy, 2000, p. 27-28
- CHARLE (C.), *Les hauts fonctionnaires en France au XIXe siècle,* Paris, éd. Gallimard-Julliard, « Archives », 1980, 270 p.
- CHARLE (C.), *Les élites de la République, 1880-1900,* Paris, éd. Fayard, 1987, 556 p.
- CHESNELONG (C.), *Salazar*, Paris, Édition Baudinière, visa de la Censure n° 145, 1939, 222 p.
- CHEVALLIER (J.), (dir.), *La loi du 28 pluviôse an VIII deux cents ans après : survivance ou pérennité ?*, Paris, Édition PUF, 2000, 291 p.
- COELHO (M.-B.), *Portugal Político : O Sistema político e constitucional, 1974-1987,* Lisbonne, Instituto de Ciências Sociais, 1989.
- COLAS (D.), *Sociologie politique,* Paris, Édition P.U.F., Coll. « Quadrige Manuels », 2006, 568 p.
- COSTA PINTO (A.) et FREIRE (A.), (dir.), *Elites, Sociedade e Mudança Política,* Oeiras, Celta Editora, 2003, 332 p.
- DOUGLAS WHEELER (L.), *Republican Portugal, A political history 1910-1926,* Wisconsin, The Board of Regents of the University of Wisconsin System, 1978.
- DREYFUS (F.) et EYMERI (J.-M.), *Science politique de l'administration - Une approche comparative*, Paris, éd. Economica, coll. Études politiques, 2006, 307 p.
- DUVERGER (M.), *Le système politique français,* Paris, Édition P.U.F., Thémis, Science Politique, 16e édition, 1980, 603 p.
- ESPINHO DA SILVEIRA (L.-N.), *Território e Poder-Nas Origens do estado Contemporâneo em Portugal,* Cascais, Patrimónia, 1997, 170 p.
- EYMERI-DOUZANS (J.-M.), *La fabrique des énarques,* Paris, Economica, 2001, 243 p.
- EYMERI-DOUZANS (J.-M.), « La fonction publique aux prises avec une double européanisation », *Serviteurs d'État,* in *Pouvoirs,* n° 117, 2006, p. 121-135.
- FARELO LOPES (F.), *Poder Político e Caciquismo na I República Portuguesa,* Lisbonne, Édition Estampa, 1993, 173 p.
- GEORGEL (J.), *Le Salazarisme*, Paris, Édition Cujas, 1982, 303 p.

- GEORGEL (J.), *La République portugaise, 1974-1995*, Rennes, Édition Apogée, 1998, 127 p.
- GINESTAL TAVARES DE ALMEIDA (P.), *Eleições e caciquismo no Portugal oitocentista (1868-1890). Memória e Sociedade,* Lisbonne, Difusão Editora Lda., 1991, 309 p.
- GLEIZAL (J.-J.), (dir.), *Le retour des préfets* ? Grenoble, PUG-Presses Universitaires de Grenoble, Collection École doctorale, Droit, Science politique, Relations internationales, 1995, 254 p.
- HALPERN PEREIRA (M.), *Mouzinho da Silveira-Obras*, Lisbonne, Fondation Calouste Gulbenkian, 2 vol., 1989, 2035 p.
- HENRY (P.), *Histoire des préfets. Cent cinquante d'administration provinciale1800 - 1950*, Paris, éd. Nouvelles Éditions Latines, 1950, 377 p.
- HERCULANO (A.), « Mouzinho da Silveira ou La Révolution portugaise », in *Opúsculos*, tome II, 5e éd., Livraria Bertrand, s/d, p. 167-218.
- HUBER (L.), « Préfet » *in Dictionnaire historique de la Suisse*, http://www.hls-dhs.dss.ch/textes/f/F10357.php, version du 25 août 2010.
- JAILLARD (P.), *Le Portugal vers la démocratie locale,* Paris, Édition du CNRS, 1991, n° 389, p. 37-39
- KIOUSSIR (P.), *Les fonctions des représentants de l'État, l'équivalent du Préfet français, dans les pays de la C.E.E, étude comparative,* Paris, Université de Droit, Économie et de Sciences Sociales de Paris, 1976, 215 p.
- LABOURDETTE (J.-F.), *Histoire du Portugal,* Paris, Édition Fayard, 2000, 703 p.
- LARVARON (B.), *Le Préfet face au XXIe siècle,* Paris, Édition Economica, 2001, 276 p.
- LAS CASES (E.), *Mémorial de Sainte-Hélène*, Paris, De l'Imprimerie de Lebègue, tome septième, réimpression, 1824, 459 p.
- LE BIHAN (J.), *Au service de l'État. Les fonctionnaires intermédiaires au XIXe siècle*, Rennes, Presses Universitaires de Rennes, 2008, 365 p.
- LE CLÈRE (B.) et WRIGHT (V.), *Les préfets du second Empire,* Paris, Édition Armand Colin, collection Travaux et recherches politiques de la FNSP, 1973, 411 p.
- LEGENDRE (P.), *Trésor historique de l'État en France. L'Administration classique,* Paris, Éditions fayard, 1992, p. 396.
- LEITE PINTO (R.) et FERREIRA DE ALMEIDA (J.-M.), (dir.), *O Sistema Político-Administrativo Português,* Lisbonne, Édition de l'Instituto Nacional de Administração, 2001, 103 p.
- LÉONARD (Y.), *Le Portugal 20 ans après la Révolution des Œillets*, Paris, Édition La Documentation française, 1994, 238 p.
- MANIQUE (A.-P.), *Mouzinho da Silveira, Liberalismo e Administração Pública*, Lisbonne, Édition Livros Horizonte, 1989, 221 p.
- MANSUR DA SILVA (D.), *A Oposição ao Estado Novo no exílio brasileiro 1956-1975*, Lisbonne, Édition de l'ICS (*Instituto de Ciências Sociais*), 2006.

- MARQUES DE OLIVEIRA (A.-H.), *História da Primeira República Portuguesa*, Porto-Lisbonne, Édition Figueirinhas, 1978, 709 p.
- MARTINS (A.-A.), *Princípios fundamentais de organização política e administrativa da nação,* Lisbonne, 1965, 242 p.
- MATTOSO (J.), *História de Portugal-vol. IV, O Antigo Regime (1620-1807)*, Lisbonne, Édition Estampa, 1993, 471 p.
- MOSSER (M.), *L'Europréfet ; essai sur une Europe de proximité,* Paris, éd. Vrin, 2000, 188 p.
- NOGUEIRA (F.), *História de Portugal, 1933-197 : II suplemento,* Porto, Édition Livraria Civilização, 1981, 559 p.
- OHNET (J.-M.), *Histoire de la décentralisation française*, Paris, Édition Livre de Poche, collection Références, n° 527, 1996, 352 p.
- OLIVEIRA DE (M.), *As Paróquias Rurais Portuguesas, Sua Origem e Formação*, Lisbonne, Édition União Gráfica, 1950, 220 p.
- OLIVEIRA MARQUES DE (A.-H.), *A Maçonaria portuguesa e o Estado Novo*, Lisbonne, Édition Dom Quixote, 2e édition, 1983, 397 p.
- OLIVEIRA MARQUES DE (A.-H.), *História da Maçonaria em Portugal. Das origens ao Triunfo*, Lisbonne, Édition Presença, volume I, 1989, 480 p.
- OLIVEIRA MARQUES DE (A.-H.), *Histoire du Portugal,* Lisbonne, Édition Imprensa Nacional, Casa da Moeda, 1991, 169 p.
- OLIVEIRA SALAZAR DE (A.), *Le Portugal et la crise européenne,* Paris, Édition Flammarion, 1940, 246 p.
- OLIVEIRA SALAZAR DE (A.), *Une révolution dans la paix,* Paris, Édition Flammarion, 2e édition, 1941, 293 p.
- PATRIARCA (F.), *A Questão Social no Salazarismo (1930-1947)*, Lisbonne, Volumes I et II, Colecção Análise Social, ICS, 1995, 672 p.
- PINA MANIQUE e ALBUQUERQUE (J.), *Regionalismo histórico*, Porto, Édition Casa Regional de Beira-Douro, 1971, 33 p.
- PIRES DE ALMEIDA (M.-A.), *O poder local do Estado Novo à Democracia : recrutamento e composição das elites municipais antes e depois do 25 de Abril de 1974*, Lisbonne, III Congresso da Associação Portuguesa de Ciência Política, 30 e 31 de Março de 2006, 25 p.
- PLONCARD d'ASSAC (J.), *Le Dictionnaire Politique de Salazar*, Paris, Édition S.N.I., 1964, 261 p.
- PORTELLI (H.), *Les régimes politiques européens-Étude comparative,* Paris, Édition Librairie générale française, n° 504, 2002, 212 p.
- RAWLS (J.), *Libéralisme politique,* Paris, P.U.F, coll. « Quadrige », 2006, 464 p.
- REIS (A.), *Portugal contemporâneo,* Lisbonne, Édition Alfa, Volume II p. 392 et volume V, p. 110, 1993.
- RONDIN (J.), *Le Sacre des notables. La France en décentralisation,* Paris, Édition Fayard, 1985, 335 p.

- ROSAS (F.), *O Estado Novo nos anos trinta : elementos para o estudo da natureza económica e social do salazarismo 1928-1938*, Lisbonne, Édition Estampa, 1985.
- ROUBAN (L.), *Les Préfets de la République 1870-1997*, Paris, Les Cahiers du Cevipof, Centre de recherches Politiques de Science Po, n° 26, janvier, 2000, 59 p.
- RUDEL (C.), *La liberté couleur d'œillets-Histoire du XXe siècle portugais,* Paris, Éditions Fayard, 1980, 360 p.
- SANTOS (J.-A), *Regionalização, processo histórico,* Lisbonne, Édition Horizonte, 1986, 178 p.
- SANTOS (J.-A.), *As Freguesias-História e actualidade,* Oeiras, Édition Celta, 1995, 110 p.
- SARAIVA (J.-H.), *Evolução dos Municípios Portugueses*, Lisbonne, Édition *Centro de Estudos Político-Sociais,* 1956, 98 p.
- SAVANT (J.), *Les Préfets de Napoléon*, Paris, éd. Hachette, 1958, 331 p.
- SAVREUX (M.), *Le Préfet-L'homme à tout faire de la République*, Nice, Édition Alain Lefeuvre, collection Témoignages, 1977, 296 p.
- SCHMITTER (P.), *Portugal* : *do Autoritarismo à Democracia,* Lisbonne, Édition *Instituto de Ciências Sociais*, 1999, 498 p.
- SCHREIBER (É.), *Le Portugal de Salazar,* Paris, Édition Denöel, 1938, 145 p.
- SEGUR (Ph.), (dir.), *Gouvernants : quelle responsabilité ?* Paris, Édition L'Harmattan, collection Logiques juridiques, 2001, 314 p.
- SIWEK-PUYDESSEAU (J.), *Le corps préfectoral sous la IIIe et IVe République,* Paris, Édition Presses de la Fondation Nationale de Sciences Politiques, 1969, 181 p.
- TAVARES CASTILHO (J.-M.), *A Assembleia Nacional (1934-1974),* Lisbonne, Instituto Superior de Ciências do Trabalho e da Empresa, 2007, 390 p.
- TAVARES DE ALMEIDA (P.-G), *Eleições e caciquismo no Portugal oitocentista (1868-1890). Memória e Sociedade,* Lisbonne, Difusão Editora, 1991, 309 p.
- TEIXEIRA DA CRUZ (J.-M.), *A Função Pública e o Poder Político*, Lisbonne, Universida de Técnica de Lisboa, 2002, 790 p.
- TOULEMONDE (G.), *Institutions politiques comparées,* Paris, Édition Ellipses, Coll. Mise au point, 2e éd., 2011, 160 p.
- VERÍSSIMO SERRÃO (J.), *História de Portugal*, Lisbonne, volumes VIII à XIII, Verbo, (1986/1997), p. 418, p. 421, p. 543 et p. 719.
- VIANA FRANÇA (P.-C.), *O Governo Civil do distrito de Viseu : nota histórica e documentação*, Viseu, Édition du Gouvernement Civil de Viseu, 1992, 143 p.
- VIDIGAL (L.), *Cidadania, Caciquismo e Poder, Portugal 1890-1916,* Lisbonne, Édition Horizonte, 1988, 119 p.

- VIDIGAL (L.), *O Municipalismo em Portugal no Século XVIII*, Lisbonne, Édition Horizonte, 1989, 88 p.
- ZELDIN (T.), *Histoires des passions françaises 1848-1945. Volume 4- Colère et Politique,* Paris, Collection Points-Nouvelle Histoire de la France contemporaine, 1981, 485 p.

II - TRAVAUX UNIVERSITAIRES
THÈSES

- AMET (J.), *L'évolution des attributions des préfets de 1800 à nos jours,* Paris, Thèse, 1953, 259 p.
- BOURDON (A.-A.), *Idées et politiques au Portugal sous la Première République, 1910-1926, la crise portugaise et l'idéologie de Salut national,* Aix-en-Provence, Université de Provence, 1976, 4 volumes, 1107 p.
BRAS (H.), *L'évolution de la fonction préfectorale depuis 1982,* Montpellier, Université de Montpellier I, Faculté de droit, 1996, tome 1, 386 p ; tome 2, 443 p.
- CONTET (P.), *Les Préfets de la Cinquième République ; le recrutement social et politique d'un corps d'État (1958-1995),* Montpellier, Université de Montpellier I, Science politique, CERTE (Centre d'Études et de Recherche sur la Théorie de l'État), 2000, 404 p.
- EYMERI-DOUZANS (J.-M.), *Les gardiens de l'État. Une sociologie des énarques de ministère.* Thèse de doctorat en Sciences Politiques, Paris, Université Paris 1, Panthéon-Sorbonne, 1999, 936 p.
- HOURQUEBIE (F.), *Le juge sous la Ve République, entre pouvoir et contre-pouvoir. Contribution au débat sur la notion de contre-pouvoir,* Bordeaux, Université Montesquieu-Bordeaux IV, Droit, Sciences sociales et politiques, Sciences économiques et de gestion. 2003, 938 p.
- KERROUCHE (E.), *Corps préfectoral et représentations de l'État.* Thèse de doctorat en Sciences politiques, sous la direction de Pierre SADRAN, Institut d'Études Politiques de Bordeaux-CERVL - Pouvoir, Action Publique, Territoire, Bordeaux, Université Montesquieu Bordeaux IV. Tome I 249 p., tome II 224 p. et annexes, 1997.
- NABAIS-RAMOS (M.), *Structurations et mutations territoriales au Portugal XIXe et XXe siècles. Pour une gestion administrative et politique des espaces.* Thèse de doctorat en Histoire contemporaine, Bordeaux, Université Michel de Montaigne Bordeaux III, 2003, 579 p.
- SAUSSAY DU (C.), *L'évolution constitutionnelle du Portugal contemporain - De la révolution de 1820 à l'Estado Novo,* Nice, Thèse pour le doctorat en droit, Université de Nice, Faculté de droit et des Sciences Économiques, mai, 1973, 710 pages.
- SORA (A.-F.), *Servir l'État roumain, le corps préfectoral, 1866-1940,* Thèse pour le doctorat en Histoire, EHESS-Bucarest, editura Universitãtii din Bucuresti, 2011, 435 p.

- TANGUY (G.), *Corps et âme de l'État. Socio-histoire de l'institution préfectorale (1880-1940)*. Thèse pour le doctorat en science politique, Paris, Université Paris 1 Panthéon-Sorbonne, 2009, 946 p.

Articles

- AGUIAR (J.), « A sociedade política : o exercício do poder como acção condicionada », *Análise Social,* Lisbonne, Instituto de Ciências Sociais da Universidade de Lisboa, n° 94, 1986.
- AIRES (D.-A.), « Beira Interior-Notícia Histórica », *Revista Oppidana,* Guarda, Édition de la *Câmara municipal* da Guarda, 1995, p. 37-38.
- ALBERTINI (J.-B.), BERENGUER (C.) et MARX (J.-L.), (dir.), « Les pouvoirs locaux », *in Dictionnaire juridique*, Paris, Édition Dalloz, 1993.
- ALMEIDA DE CARVALHO (R.) et FERNANDES (T.), (dir.), « A elite política do marcelismo : ministros, secretários, subscretários de Estado e deputados (1968-1974) », in Costa PINTO (A.) (dir.), *Elites, Sociedade e Mudança Política*, Oeiras, Édition Celsa Editora, 2003, p. 67-96.
- AMARAL (M.-L.), « Questões regionais e jurisprudência constitucional : para o estudo de uma actividade conformadora do Tribunal Constitucional », *in Estudos em memória do Professor Doutor João de Castro Mendes,* Lisboa, Lex, Faculdade de Direito de Lisboa, s/d, p. 511-552.
- AUBY (J.-F.), « L'évolution du corps préfectoral », *RFDA*, Paris, 1990, p. 447
- AZIMI (V.), « De la suppression des préfets, chronique d'une mort ajournée », *in* BARUCH (M.-O.), DUCLERT (V.) (dir.), *Serviteurs de l'État,* Paris, Édition La Découverte, 2000, p. 245-260.
- BARATA (J.-F.-N.), « Governador civil », *in Dicionário Jurídico da Administração Pública*, Lisbonne, vol. V, 1993, p. 7-16.
- BARRET-KRIEGEL (B.), « L'État et le droit », *in* COLAS (D.) (dir.), *L'État de droit*, Paris, Édition P.U.F., 1987, p. 21-33.
- BARRETO (A.), « Estado e Descentralização : antecedentes e evolução, 1974-1984 », *Análise Social*, n° 81-82, Lisbonne, 1984, p. 191.
- BARRETO (A.), « Centralização e decentralização em Portugal », *Análise Social*, Lisbonne, Universidade de Lisboa, Instituto de Ciências Sociais, n° 81-82, 1984.
- BENTO CALDEIRA (M.), « Contencioso eleitoral Eleições », *Revista de Assuntos Eleitorais*, Lisbonne, n° 5, 1999, p. 30-54.
- BERGEROT (B.), « Le corps préfectoral de 1940 à 1944 », *Administration*, Paris, octobre 1987, p. 6-18.
- BERNARD (P.), « La fonction préfectorale, originalité française à l'épreuve de l'histoire », *in L'État et la décentralisation. Du préfet au commissaire de la République,* Paris, La Documentation française, 1983, 279 p.
- BLANCHET (B.), « La robe et l'olivier. Les rapports entre le procureur et le préfet », *RFDA*, Paris, n° 6, 2010, p. 1187-1196.

- BONNARD (M.), « La déconcentration », *in Les collectivités territoriales,* Paris, La Documentation française, 2009, p. 33-43.
- BRAGA DA CRUZ (M.), « A oposição eleitoral ao salazarismo », *Revista História das ideias,* Lisbonne, volume V, tome 2, 1983.
- BRAGA DA CRUZ (M.), « A revolução nacional de 1926 : da ditadura militar à formação do Estado Novo », *Revista História das ideias* Lisbonne, volume VII, 1985.
- BRAGA DA CRUZ (M.), « A Participação Social e Política », *Portugal Hoje,* Lisbonne, Instituto Nacional de Administração, 1995, p. 351-368.
- CARDOSO DA COSTA (J.-M.), « La justice constitutionnelle dans le cadre des pouvoirs de l'État, à la lumière des modalités du contenu et des effets des décisions sur la constitutionnalité des normes juridiques-Rapport général », *Documentação e Direito Comparado,* Lisbonne, Boletim do ministério da Justiça, 1987, n° 27-28.
- CAETANO (M.), « A Codificação Administrativa em Portugal-Um século de experiência : 1836-1935 », *Revista da Faculdade de Direito de Lisboa,* Lisbonne, 1934, 326 p.
- CAMBY (J.-P.), « La suppression de la publicité télévisée sur les chaînes publiques : de la Constitution à la compétence législative », *Revue du Droit Public et de la Science Politique en France et à l'étranger*, Paris, L.G.D.J., juillet-août 2011, p. 943 et p. 957.
- CAMPOS (B.), « Os Municípios, o Financiamento das Suas Actividades e as Relações com o Poder Central », *Revista Crítica de Ciências Sociais,* Coimbra, Édition du *Centro de Estudos Sociais*, n° 25/26, s/d, p. 115-126.
- CARRAPATOSO MORAIS DE (A-J.), « Le président de la *Câmara municipal* organe singulier représentatif du *município* », *Revista de Administração Local-Legislação, Jurisprudência, Doutrina e Estudos,* Lisbonne, n° 125, septembre-octobre 1991, p. 833.
- CASSESE (S.) « Il prefetto nella storia administrativa », *Rivista trimestriale di diritto publico*, n° 4, Milano, 1983, p. 1449-1457.
- CAYLA (O.), « Le coup d'État de droit », *Le débat,* Paris, n° 100, 1998, p. 123.
- CHAUVIN (F.), « La nouvelle administration régionale de l'État », in *AJDA* (15), Paris, 2010, p. 825-830.
- CHAUVIN (F.), « L'administration territoriale de l'État ; le point sur le décret n° 2004-374 du 29 avril 2004 relatif aux pouvoirs des préfets, à l'organisation et à l'action des services de l'État dans les régions et départements », *RFAP,* Paris, 1er octobre 2004, n° 110, p. 394-399.
- CHEVALLIER (J.), (dir.) « Le modèle centre / périphérie dans l'analyse politique », *in Centre, Périphérie, Territoire*, Paris, Édition PUF, 1978, p. 3-131.
- CHEVALLIER (J.), (dir.), « La région dans le système politico-administratif français », *in L'Institution régionale*, Paris, Édition PUF, 1984, p. 15-71.

- COELHO DE LIMA (J.), « *Tutela Administrativa* », *Revista do Ministério Público, Ano VI,* Lisbonne, 1985, vol. 23, p. 9 et suivantes et vol. 24, p. 9.
- COIMBRA (L.), « Regionalização do vazio ou requiem pelos municípios ? », *in Regionalizar ou não ?,* Lisbonne, Édition Nova Arrancada, 1998, p. 97-108
- CORKILL (D.), « The consolidation of democracy in Portugal », *Parliamentary Affairs*, vol. 46 (4), octobre 1993.
- Correia (S.), « Polícia », *in Dicionário Jurídico da Administração Pública,* Lisbonne, vol. VI, 1994, p. 394.
- Costa PINTO (A.), « *As elites políticas e a consolidação do salazarismo : o nacional sindicalismo e a União Nacional* », in *Análise Social,* Lisbonne, vol. XXVII (116-117), 1992, p. 575-613.
- COULBOIS (P.) et JUNG (J.), (dir.), « L'aménagement du territoire : une méthode (Allemagne, Autriche, Suisse) », in *La documentation Française,* Paris, 1994,172 p.
- COUTINHO (L.), « Novas Tendências do Processo de Urbanização », *in Portugal Hoje,* Lisbonne, Édition Instituto Nacional de Administração, 1995, p. 99-126.
- DATAR/ASP, *La capitalisation des programmes plurirégionaux et leurs perspectives dans le cadre de l'avenir de la politique de cohésion post 2013*, Strasbourg, Viaregio-rapport final, mai 2011, 166 p.
- DRAIN MOTHRÉ (M.), « Les identités territoriales du Portugal-Le poids des imaginaires », *in Lusotopie.* Paris, Khartala, 2002, p. 159-163
- DUARTE (J.), « Le rôle du RTE dans la cohésion sociale-XIIe Journées Européennes des représentants territoriaux de l'État, Birmingham », *Oeiras*, Édition de l'Instituto Nacional de Administração, 2005.
- DUPUY (F.) et THŒNIG (J.-C.), « La loi du 2 mars 1982 sur la décentralisation. De l'analyse des textes à l'observation des premiers pas », *Revue française de science politique*, n° VI, 1983, p. 965
- EHRHARDT SOARES (R.), « Administração Pública, Direito Administrativo e Sujeito Privado », *Boletim da Faculdade de Direito,* Lisbonne, vol. XXXVII, 1962, p. 15-18 et p. 21-24.
- FERREIRA DE ALMEIDA, (J.-M.), MAMCHADO PAIS (J.) et VILLAVERDE CABRAL (M.), (dir.), « Materiais para a história do advento do fascismo em Portugal », *Análise Social,* Lisbonne, n° 58, vol. XV, 1979, p. 393-450
- FLAESCH-MOUGIN (C.), « L'Espagne et le Portugal dans la CEE, interrogations et enjeux », *Notes et études documentaires*, n° 4819, 1986.
- FREITAS DO AMARAL (D.), « O governo e os ministérios : estudo da ciência da administração e direito público », *Revista de Ciência Política*, Lisbonne, n° 4, 1986.
- GALVÃO TELES (M.), « *A revolução portuguesa e a teoria das fontes de direito* », *in* COELHO (M.-B.) (dir.), *Portugal : O Sistema Político e Constitucional, 1974-1987*, Lisbonne, Instituto de Ciências Sociais, 1989.

- GARNIER (R.), « Inspirons-nous du modèle portugais. Comment le modèle portugais peut nous aider à rénover la Ve République », *in* Jorge MIRANDA (dir.), *Perspectivas constitucionais,* Lisbonne, vol. III, 1999.
- GÉRARD (P.), « La répartition des tâches gouvernementales au Portugal », *Revue Administrative,* Paris, mai-juin, 1991.
- GIUILY (É), « La décentralisation Defferre : une méthode de transformation de l'État », *in* CROZIER (M.) et TROSA (S.), (dir.), *La décentralisation, réforme de l'État*, Paris, Édition Pouvoirs locaux, 1992, p. 17.
- GOMES (C.-A.), « Pistas de investigação para o estudo do controlo jurídicional das operações materiais da Administração Pública », *RFDUL*, Lisbonne, n° 2, 1996, p. 453.
- GOMES (C.-A.), « *Operações materiais administrativas* », *DJAP*, Lisbonne, 1er supplément, 1998, 205 p.
- GUELLEC (A.), GUELLEC (J.), (dir.), « Le Département-espace et institution », Paris, Édition Dunod, Centre National de la Fonction Publique Territoriale, 1993, 296 p.
- GUETTIER (C.), « Droit administratif », Paris, Édition Montchrestien, collection Focus droit, 1998, 216 p.
- GUSTAPANE (E.), « Il rapporto centro-periferia e l'istituto prefettizio », in *Amministrazione pubblica*, n° 28, 2002, p. 16.
- HESPANHA (A.-M.), « *Historiografia juridical e política do direito-Portugal1900-1950* », *Análise Social*, Lisbonne, vol. 18, n° 72-74, 1982, p. 795-812.
- HOUSER (M.), « *La péréquation entre départements* », *RFDA*, Paris, n° 1, janvier-février 2011, p. 157-167.
- HUGUES DE (P.), « La fin des préfets », *La Grande Revue,* Paris, n° 360, mai 1935, p. 47-55.
- Institut de décentralisation, « Quels préfets ? Pour quel État ? », *Pouvoirs locaux*, Paris, janvier-mars, n° 44, 2000, 128 p.
- KAUFFER (R.), « Préfets sous l'Occupation : se soumettre, se démettre… ou résister », in *Historia,* Paris, n° 610, octobre 1997, p. 36-46.
- KERROUCHE (E.), « Les préfets et la construction de l'État républicain : du modèle militaire au modèle managérial », *in L'Institution préfectorale, RFAP*, Paris, n° 96, 2001, p. 545-546.
- KOVÁCS (P.), « La Hongrie et ses instances de droit public similaires aux préfets français », *in* BORELLA (F.), *Le préfet, 1800-2000, gouverneur, administrateur, animateur,* Nancy, Presses Universitaires de Nancy, 2000, p. 69-77
- LAVILLA RUBIRA (J.-L.), « Autonomía », *in Enciclopedia Jurídica Básica*, Madrid, Édition Civitas, 1995, p. 675.
- LAVROFF (D.-G.), « La Constitution Espagnole de 1978 dans l'évolution du constitutionnalisme », *in 10 ans de démocratie Constitutionnelle en Espagne : Actes du Colloque de Bordeaux-Paris,* Paris, Centre National de la Recherche Scientifique, N. 25.271, p. 23-33.

- LAVROFF (D.-G.), « L'instrumentalisation de la Constitution », *in La Constitution dans la pensée politique, Actes du XIVe Colloque de l'AFHIP*, Bastia, 7-8 septembre 2000, PUAM, 2001, p. 424-443.
- LE LIDEC (P.), « L'Impossible renouveau du modèle préfectoral sous la quatrième République », *RFAP,* Strasbourg, ENA, n° 120, 2006.
- LÉONARD (Y.), « Le référendum au Portugal, quel avenir ? », *Lusotopie,* Paris, Karthala, 2000, 238 p.
- LEROUSSEAU (B.) et BOURJOL (M.) (dir.), « L'intercommunalité », *in La commune, l'État et le droit,* Paris, Collection décentralisation et développement local, 1990, p. 335.
- « Les préfets de la Ve République de 1958 à 1981, et 1985 », *Administration*, Paris, n° 126, 1985.
- « Les recours contentieux du préfet contre les actes des collectivités territoriales », Centre interdépartemental de gestion de la petite couronne de la région Île-de-France. *Informations administratives et juridiques* n° 3, Paris, La ocumentation Française, 2004, 52 p.
- « L'histoire du corps préfectoral, 1940-1944 », *Administration,* n° 140, 2003.
- « L'interministérialité au niveau local : analyse comparée du rôle des préfets et des représentants territoriaux de l'État en Europe ». Séminaire d'administration comparée de la promotion Mandela (1999-2001), *RFAP*, Strasbourg, ENA, 2001, 55 p.
- LOBO ANTUNES (M.) et BRAGA DA CRUZ (M.), « Parlamento, partidos e governo, acerca da institutionalização política », *in* COELHO (M. B.), (dir.), *Portugal, o sistema político constitucional,* Lisbonne, Instituto de Ciências Sociais da Universidade de Lisboa, 1989.
- MACÃS (M.-F.), « A relevância constitucional da suspensão judicial da eficácia dos actos administrativos », *in Estudos sobre a jurisprudência do Tribunal Constitucional*, Lisbonne, Édition Aequitas-Editorial Notícias, 1993, p. 325-370.
- MARCOU (G.), « Le représentant territorial de l'État et le fait régional dans les États européens », *RFAP*, Paris, 2010, n° 135, p. 567-582.
- MENDES (J.-A.), « *O contributo da biografia para o estudo das elites locais : alguns exemplos* », *Análise Social*, vol. XXVII (116-117), Lisbonne, 1992, p. 357-365.
- MENDES RIBEIRO (A.), « A jurisprudência do Tribunal Constitucional em matéria eleitoral. Eleições », *Revista de Assuntos Eleitorais*, Lisbonne, décembre 1997, p. 9-28.
- MERÊA (P.), « Organização social e Administração Pública », in História de Portugal, *Barcelos*, Portucalense Editora, vol. II, 1929, p. 445-524.
- MIRANDA (J.), « La Constitution portugaise du texte de 1976 à la révision de 1989 », *RFDC*, Paris, n° 12, 1992.
- MIRANDA (J.), « Sobre as regiões administrativas », *in* « Regionalizar Sim ou Não ? », Porto, Édition Publicações Dom Quixote, 1998, p. 171-180.

- MONTEIRO (N.), « Elites e Poder. Entre o Antigo Regime e o Liberalismo », *Análise Social*, Lisbonne, Instituto de Ciências Sociais, 2003, 333 p.
- NUNES BARATA (J.-F.), « Governador Civil », *in Dicionário Jurídico da Administração Pública*, Lisbonne, Volume V, 1993, p. 7
- NUNES DE ALMEIDA (L.), « Les effets des arrêts du Tribunal Constitutionnel », *in La justice constitutionnelle au Portugal,* Paris, Édition Economica, Droit public positif, 1987.
- OLIVEIRA (C.), « Os Municípios no Liberalismo Monárquico Constitucional », *in História dos Municípios e do poder local*, Lisbonne, Actividades Editoriais, 1996, p. 201-212.
- OSÓRIO DE CASTRO (Z.), « Soberania e Política. Teoria e Prática do Vintismo », *Cultura. Revista de História e Teoria das Ideias,* Lisbonne, vol. III, 1996, p. 183-213.
- PERROT (H.), « L'action internationale du corps préfectorale », *Administration*, n° 186, 2000, 86 p.
- PIERRÉ-CAPS (S.), « Le statut constitutionnel du préfet », *in* BORELLA (F.), *Le préfet, 1800-2000, gouverneur, administrateur, animateur,* Nancy, Presses Universitaires de Nancy, 2000, p. 35-52.
- PINHEIRO (R.), « Les conséquences de l'article 6 de la convention européenne de sauvegarde des droits de l'homme (CEDH) pour le travail des conseils d'État et des juridictions administratives suprêmes ». Rapport portugais présenté par Rui PINHEIRO, Conseiller à la Cour Suprême Administrative, XVIIe colloque entre les Conseils d'État et les juridictions administratives suprêmes de l'Union européenne, les 8-10 mai, Vienne, 2000, 49 p.
- PIWNIK (M.-H.), « Oligarchie et caciquismo, quelques regards du XIXe siècle », *in III jornadas de estudo Norte de Portugal-Aquitânia. O poder regional : mitos e realidades*, Bordeaux-Porto, CENPA, Universidade do Porto, 1996, p. 415-425.
- PONTIER (J.-M.), « Les contrats de projet État-régions 2007-2013 », *Revue administrative*, septembre 2007, p. 523-534
- PONTIER (J.-M.), « Le nouveau préfet », *AJDA* (15), 2010, p. 819-824.
- PUJAS (V.), « Carences et nouvelles dimensions de la responsabilité politique : éléments de politiques comparées. La responsabilité des gouvernants », *Pouvoirs*, n° 92, 2002, p. 165-180.
- REBORDÃO MONTALVO (A.), « L'évolution des collectivités locales au Portugal », *Revue administrative,* n° 246, 1998, p. 556-558.
- RIBEIRO (J.-F.), « Trois économies sud-européennes dans la CEE à douze : l'Italie, l'Espagne et le Portugal », *Économie Prospective Internationale*, n° 23, 3e trimestre, 1985, p. 35-64.
- RICCI (J.-C.), « Droit administratif », *in L'Administration publique en Europe*, Paris, 1988, p. 83.

- ROUBAN (L.), « Les préfets et la construction de l'État républicain : du modèle militaire au modèle managérial », *L'Institution préfectorale, RFAP,* n° 96, 2001, p. 537-538.
- ROUHIER (D.), « La France et ses territoires : le Sous-Préfet d'arrondissement et le système politico-administratif local », *Administration,* n° hors série, mars 1995, p. 75-77.
- RUDEL (C.), « Le Portugal en 1986 », *in Les pays d'Europe occidentale,* n° 4337-38, Paris, La documentation Française, 1987.
- RUIVO (F.), « Local e Política em Portugal : o Poder Local na Mediação entre Centro e Períferia », *Revista Crítica de Ciências Sociais,* Coimbra, Centro de Estudos Sociais, n° 30, p. 75-95.
- SANTOS (J.-A.), « *Poder Local-Antologia* », citant Almeida GARRETT « Discursos parlamentares », *in Relatório e bases para a reforma administrativa,* Lisbonne, Empresa da História de Portugal, 1904, p. 141-145.
- SARMIENTO LARRAURI (J.-I.), « El surgimiento historico del Gobernador Civil », *in El gobernador civil en la historia y en la administración de la España contemporanea,* Madrid, Ministère de l'Intérieur, 1997, p. 243-291.
- SAUVÉ (J.-M.), « Quel modèle d'administration territoriale pour demain ? », colloque organisé par l'Institut Français des Sciences Administratives, Paris, 13 décembre 2010.
- SCHMITTER (P.), « Portée et signification des élections dans le Portugal autoritaire 1933-1974 », *RFSP,* Paris, 27 février 1977, p. 92-122.
- « Sept études pour servir à l'histoire du corps préfectoral », *Administration,* n° 119, 1983.
- SERRÃO (J.), *Dicionário de História de Portugal,* Figueirinhas, Lisbonne, Porto, Iniciativas Editoriais, 2e éd., 6 vol. ; V. en particulier les articles *Aldeia,* volume I, p. 85-89, et *concelho,* volume II, édition, 1975-1978, p. 137-139
- SERRÃO (J.), « *Dicionário de História de Portugal* », Porto, Édition Livraria Figueirinhas, Porto, 1979.
- SILVA (D.), « *As ineligibilidades nas eleições autárquicas* », in *Estudos sobre a jurisprudência do Tribunal Constitucional,* Lisbonne, Édition Aequitas Editorial Notícias, 1993, p. 149-194.
- SILVA BRANDÃO DA (M.-F.) et FEIJÓ (R.-G.), (dir.), « *O discurso reformador de Mouzinho da Silveira* », *Análise Social,* vol. XVI, n° 61/62, Lisbonne, 1980, p. 237-258.
- SILVESTRO (C.), ROMANO (F.) « La riforma della carriera prefettizia », *Giornale di diritto amministrativo,* 2001, p. 1103.
- « Six études pour servir à l'histoire du corps préfectoral, 1940 à 1958, 1986 », *Administration,* n° 133, 2001.
- SORA (S.-F.), « Être préfet en Roumanie, 1866-1916. Stratégies de carrières », *Arhivele Olteniei,* nouvelle série, n° 21/2007, p. 52-69.
- SOUSA SANTOS DE (B.), « A crise e Reconstituição do Estado em Portugal », *Revista Crítica de Ciências Sociais,* Lisbonne, n° 14, 1984, p. 8.

- TANGUY (G.), « Les préfets face à la grève : faire savoir, savoir-faire et “expertise de gouvernement” », *in* LABORIER (P.), AUDREN (F.), NAPOLI (P.) et VOGEL (J.) (dir.), *Les sciences camérales : activités pratiques et histoire des dispositifs publics*, Paris, PUF, 2011, p. 268-295.
- TAVARES RIBEIRO (M.-M.), « A construção do estado liberal-o poder e o municipalismo em Portugal », *in Anais-I Colóquio de estudos Históricos Brasil Portugal*, Porto, Universidade Portucalense, p. 185-194.
- TEIXEIRA FERNANDES (A.), « Poder Local e Democracia », *Revista da Faculdade de Letras do Porto, Línguas e Literatura,* Porto, n° 9, 1re série, volume 2, 1992, p. 29-59.
- TELES (F.), « *A Reforma da Governação Municipal - Uma Visão Integrada ou a Morte Anunciada* », *Revista Nova Cidadania*, Lisbonne, éd. Instituto de Estudos Políticos da Universidade Católica Portuguesa, 2011, p. 46-49.
- THORAVAL (J.) et TRUCHE (P.), (dir.), « Le préfet et le juge, L'État devant le juge pénal », in *Justices,* n° 2, 2000, p. 7-33.
- TORRES (M.), « Le constitutionnalisme », *in Documentação e Direito Comparado, Boletim do Ministério da Justiça,* XIIe Congrès International de droit Comparé, Rapport portugais, Montréal-Canada, n° 37/38, août 1990.
- TROPER (M.), « Le droit, la raison, le politique », *Le Débat*, n° 64, 1991, p. 187-192.
- TROPER (M.), « Le concept d'État de droit », *Droits*, Paris, n° 1, 1992, p. 51-63.
- VIANA FRANÇA (P.-C.), « *Governo Civil-nota histórica, 1832-1994* », *in Governos Civis, mais de um século de história,* Lisbonne, Ministério da Administração Interna, 1994, p. 9-32.
- WORMS (J.-P.), « Le préfet et ses notables », *Sociologie du travail,* vol. 8, n° 3, 1966, p. 249-275.
- ZOLLER (E.), « Que faire du droit constitutionnel comparé », in *Droits,* Paris, n° 32, 2000, p. 120.
- ZORRINHO (C.), « *Regionalização e Partidos políticos* », *in Economia e Sociologia,* Lisbonne, *Instituto Superior Economico e Social*, n° 62, 1996.

INDEX ANALYTIQUE

INDEX ONOMASTIQUE

TABLE DES MATIÈRES

Questions juridiques aux éditions L'Harmattan

Dernières parutions

DROIT ADMINISTRATIF
L'angle jurisprudentiel (5e édition)
Gros Manuel
Traitant du programme de 2e année en droit administratif général, cet ouvrage donne également un éclairage particulier au pouvoir du juge administratif sur la fixation du droit administratif français et sur son rôle prédominant dans l'essence même du droit administratif. Utilisable comme un manuel classique, voici également une réflexion approfondie sur l'évolution et l'adaptation d'un droit spécifique à son environnement.
(Coll. Logiques Juridiques, 36.50 euros, 374 p.)
ISBN : 978-2-343-03798-1, ISBN EBOOK : 978-2-336-35432-3

DROIT DE LA CHASSE ET DE LA PROTECTION DE LA FAUNE SAUVAGE
Guide des infractions (2e édition)
Redon Michel
Le droit de la chasse et de la protection de la faune sauvage est parfois complexe. Il est devenu difficile pour les non-spécialistes de se repérer dans une législation abondante, en constante évolution du fait de son imprégnation croissante par la réglementation européenne progressivement intégrée dans notre droit. Cet ouvrage, à jour de la jurisprudence et des textes les plus récents, propose une approche complète mais particulièrement aisée des dispositions pénales et des règles de procédure.
(Coll. La justice au quotidien, 16.00 euros, 162 p.)
ISBN : 978-2-343-03362-4, ISBN EBOOK : 978-2-336-35627-3

OPPOSABILITÉ (L') DES CONVENTIONS DE DROIT PRIVÉ EN DROIT FISCAL
Dal Vecchio Frédéric - Préface de Thierry Lambert
Les conventions, supports indispensables aux échanges économiques des sujets de droit privé, ont des conséquences en droit fiscal. Le concept d'opposabilité des conventions de droit privé oscille entre deux tendances opposées : le respect de la volonté des parties contractantes et leur sacrifice au nom de l'intérêt général. Dans quelle mesure les conditions et les effets de l'opposabilité des conventions de droit privé sont-ils transposables en droit fiscal ?
(Coll. Finances publiques, 46.00 euros, 472 p.)
ISBN : 978-2-343-03911-4, ISBN EBOOK : 978-2-336-35655-6

ARCHITECTURE (L') NORMATIVE DU RÉSEAU INTERNET
Esquisse d'une théorie
Bamdé Aurélien
Comment un réseau de la dimension d'Internet a-t-il pu être édifié sans maître d'œuvre ? Ses bâtisseurs, de nationalités différentes et donc soumis à des droits différents, ont malgré tout globalement œuvré dans le même sens, ce qui laisse à penser qu'ils ont observé les mêmes normes. Quelles sont ces normes ? Quelle est leur nature ? Peuvent-elles être qualifiées de juridiques ? Sont-elles en contradiction avec le droit des États ?
(Coll. Le Droit aujourd'hui, 49.00 euros, 624 p.)
ISBN : 978-2-343-03463-8, ISBN EBOOK : 978-2-336-35350-0

ÉTABLISSEMENTS (LES) PUBLICS D'AMÉNAGEMENT
Cocquière Alexandra - Préface de Jean-Pierre Lebreton
Les EPA, bras urbanistique de l'État, ont été créés dans les années 50 pour conduire des opérations d'urbanisme d'envergure. Avec le ralentissement de l'urbanisation, les EPA se sont mis au service de nouveaux objectifs. Ce livre dresse leur portrait, au regard des motifs divers conduisant au recours à l'EPA, et au regard des évolutions institutionnelles.
(Coll. Logiques Juridiques, 49.50 euros, 518 p.)
ISBN : 978-2-343-04166-7, ISBN EBOOK : 978-2-336-35683-9

ENFERMEMENTS, JUSTICE ET LIBERTÉS
Aujourd'hui et hier, ici et ailleurs
Sous la direction de Christian Chevandier, Jean-Manuel Larralde et Pierre V. Tournier
Les objectifs de l'enfermement, hier comme aujourd'hui, en France comme ailleurs, sont complexes et ambigus : entre inclusion et exclusion, ordre et insertion, soin et sanction. Dans des lieux aussi divers que les locaux de garde, les centres éducatifs fermés, les prisons, les centres médicaux fermés (etc.), la dignité des personnes peut être mise en cause, leurs droits fondamentaux non respectés, leur état physique et mental menacé.
(Coll. Criminologie, 32.00 euros, 316 p.)
ISBN : 978-2-343-04198-8, ISBN EBOOK : 978-2-336-35621-1

ÉVOLUTIONS (LES) DES MODES DE FINANCEMENT DE L'ACTION PUBLIQUE
Sous la direction de Fabien Bottini
La crise de 1929 avait conduit les États à faire preuve d'imagination pour pouvoir financer leur politique. Les chocs pétroliers des années 1970 et la crise de 2008 ayant fait peser des contraintes supplémentaires sur les budgets nationaux, la question se pose des évolutions qu'ont connues les modes de financement de l'action publique depuis près d'un siècle. Est-il possible, à partir de l'exemple français, de dégager des lignes de force permettant de redonner une cohérence d'ensemble à ces évolutions ?
(26.00 euros, 242 p.)
ISBN : 978-2-343-03655-7, ISBN EBOOK : 978-2-336-35507-8

POUVOIR (LE) DE PUNIR
Qu'est-ce qu'être frappé d'une peine ?
Ferri Tony
Qu'est-ce qu'être frappé d'une condamnation pénale aujourd'hui ? Quelles logiques président à sa mise en œuvre ? Ce livre décrit la réalité, les caractéristiques, les mécanismes et les rationalités des pénalités contemporaines afin d'en révéler les rouages, les structures, les dérives. Est-il désormais envisageable de déplacer la frontière entre le possible et l'impossible dans le champ pénal et donc d'explorer, dans ce champ, de nouvelles possibilités ?
(Coll. Logiques des pénalités contemporaines, 14.50 euros, 144 p.)
ISBN : 978-2-343-04004-2, ISBN EBOOK : 978-2-336-35440-8

CRIMINALITÉ (LA) FÉMININE
Ménabé Catherine
Malgré une égalité pénale formelle entre hommes et femmes, leurs criminalités ne se confondent pas. Pour autant, elles ne sont pas non plus totalement dissociables, les facteurs criminogènes étant semblables. Contrairement au droit pénal qui s'illustre par son indifférence au sexe des auteurs d'infractions, la réaction pénale à la criminalité n'est pas totalement neutre. L'homme et la femme font l'objet d'un traitement judiciaire et pénitentiaire différencié.
(Coll. Bibliothèques de droit, 40.00 euros, 424 p.)
ISBN : 978-2-343-04036-3, ISBN EBOOK : 978-2-336-35419-4

EUROCOPTER SAVAIT
La vérité sur un crash mortel
Henrion Blaise
En avril 2003, un hélicoptère s'écrase sur l'aérodrome de Tarbes, entraînant la mort d'un passager. Le pilote est inculpé d'homicide involontaire. Blaise Henrion, propriétaire de l'appareil, n'a cessé de

mettre en cause un vice caché. Il nous entraîne dans un musée des horreurs aéronautiques et nous fait découvrir un réseau institutionnel effarant de truquages administratifs, de connivences souterraines, de mensonges à la justice, de faux certificats, d'incompétence et de désinvolture criminelle...
(Coll. Questions contemporaines, 29.00 euros, 292 p.)
ISBN : 978-2-343-04324-1, ISBN EBOOK : 978-2-336-35700-3

PUNIR, AMNISTIER OU NIER : LE CRIME INTERNATIONAL DE NUREMBERG À LA HAYE
Lingane Zakaria
La diversité actuelle des mécanismes de répression pénale des crimes de droit international ou l'établissement de processus de justice transitionnelle témoignent incontestablement de l'érosion de la «culture de l'impunité». Dans cette réponse planétaire aux crimes graves, la compétence universelle connaît un renouveau juridique, où parfois le réalisme diplomatique le dispute à l'idéal judiciaire. Quelle place accorder à la justice, à la vérité, à l'État de droit, au pardon, à la réconciliation, à la mémoire, mais aussi à l'oubli ?
(36.00 euros, 344 p.)
ISBN : 978-2-343-01782-2, ISBN EBOOK : 978-2-336-35519-1

VERS UN DROIT INTERNATIONAL DES RÉFUGIÉS ÉCOLOGIQUES
Banwitiya Ntekangi Adrien - Préface de Mwayila Tshiyembe ; Postface de Juakaly Mbumba
La menace écologique pousse les individus à franchir la frontière internationale des États pour se mettre à l'abri du sort et sauver leur vie. Le droit international ignorant cette réalité, cet essai est un plaidoyer pour l'avènement d'un droit international des réfugiés écologiques. Il est également une invitation à une mobilisation générale en faveur de la protection des victimes des catastrophes écologiques.
(Coll. Géopolitique mondiale, 15.00 euros, 144 p.)
ISBN : 978-2-343-02551-3, ISBN EBOOK : 978-2-336-35409-5

DROIT (LE) DES SÛRETÉS DANS L'ESPACE OHADA
Amboulou Hygin Didace - Préface de Martin Ndendé
Ce livre aborde de manière claire l'étude du droit des sûretés suivant la pratique notariale dans l'espace OHADA : innovations principales dans le secteur, classification des sûretés, inscription des sûretés au registre du commerce etc.
(Coll. Études africaines, 15.50 euros, 142 p.)
ISBN : 978-2-343-04189-6, ISBN EBOOK : 978-2-336-35589-4

DROIT (LE) DU DÉVELOPPEMENT ET DE L'INTÉGRATION ÉCONOMIQUE DANS L'ESPACE OHADA
Amboulou Hygin Didace
Le débat sur le développement et l'intégration économique de l'Afrique n'a jamais autant pris d'ampleur. Ce livre classifie les nouveaux choix des politiques et clarifie les pistes de réussite. Il convainc sur la nécessité d'une réglementation adaptée aux enjeux et sur l'implication de tous les partenaires au plan intérieur et extérieur.
(Coll. Études africaines, 32.00 euros, 306 p.)
ISBN : 978-2-343-04188-9, ISBN EBOOK : 978-2-336-35590-0

DROITS (LES) FONDAMENTAUX DES PERSONNES MORALES DANS LA CONVENTION EUROPÉENNE DES DROITS DE L'HOMME
De l'impensable à l'indispensable (Tome 1)
Koki Hubert Kouamé
Les groupements sont partout et l'impact de leurs actions est considérable sur le mode de fonctionnement de la société. Les organes de surveillance de la Convention européenne l'ont intégré et érigent en ce sens une véritable protection des missions et des activités essentielles des personnes morales : les garanties liées à la naissance et à la subsistance des groupes et organisations sont assurées par le juge européen et les conditions d'exercice de leurs opinions et convictions sont rendues meilleures.
(30.00 euros, 294 p.)
ISBN : 978-2-343-02713-5, ISBN EBOOK : 978-2-336-35658-7

DROITS (LES) FONDAMENTAUX DES PERSONNES MORALES DANS LA CONVENTION EUROPÉENNE DES DROITS DE L'HOMME
Réalisme et activisme du juge européen (Tome 2)
Koki Hubert Kouamé
La Cour européenne séduit de par sa volonté farouche de garantir aux personnes morales des droits effectifs et concrets nécessaires aux fondations d'une société démocratique. Dans une approche pragmatique dont s'imprègne l'ouvrage, se distinguent les droits fondamentaux élémentaires des droits complémentaires des personnes morales. Les premiers, développés dans le volume précédent, garantissent l'existence et la raison d'être des groupements. Quant aux autres droits, procéduraux principalement, ils assurent un complément de protection fort précieux.
(29.00 euros, 276 p.)
ISBN : 978-2-336-30130-3, ISBN EBOOK : 978-2-336-35657-0

QUESTION (LA) PÉNALE AU FIL DE L'ACTUALITÉ
Chroniques d'outre-nombre
Tournier Pierre V.
Pierre V. Tournier a assuré, pendant la campagne présidentielle de 2012, une veille régulière sur les questions de sécurité, de justice et de prison pour le site Le Plus Nouvelobs.com. Ses chroniques mises en ligne sont le point de départ de cet ouvrage, complété par d'autres textes diffusés entre juillet 2011 et fin 2013. Cinq semestres donnant lieu à cinq chapitres qui vont rythmer la conception hésitante du projet de loi porté par Christiane Taubira, sur la prévention de la récidive et l'individualisation des peines.
(Coll. Criminologie, 31.00 euros, 320 p.)
ISBN : 978-2-343-04169-8, ISBN EBOOK : 978-2-336-35470-5

CRIMINALITÉ, POLICE ET SÉCURITÉ PUBLIQUE EN RÉPUBLIQUE D'IRLANDE
Meynard Eric
La politisation de la question sécuritaire en Irlande est ici resituée dans le contexte de «panique morale» provoquée par les assassinats, à quelques jours d'intervalle, de la journaliste Veronica Guérin et du policier Jerry McCabe en juin 1996. Les circonstances politiques depuis la création de l'État irlandais ont fait de la défense des institutions son objectif central ; il s'agit désormais de revisiter cette posture pour mieux relever le défi de la sécurité des Irlandais.
(Coll. Logiques Juridiques, 15.50 euros, 152 p.)
ISBN : 978-2-343-03899-5, ISBN EBOOK : 978-2-336-35427-9

DROIT (LE) DE L'EXÉCUTION DES PEINES
Espoirs ou désillusions ?
Sous la direction de Fabienne Ghelfi
Les contributions proposent une analyse du droit actuel de l'exécution des peines et apportent une réflexion pertinente sur la mise en œuvre de ce droit. La promotion des aménagements de peine, comme le bracelet électronique ou la libération conditionnelle, est-elle une solution appropriée ? Est-il opportun de faire sortir les condamnés avant l'heure, sachant qu'ils ne sont pas suffisamment suivis ? Le juge d'application des peines et le ministère public sont-ils en mesure de prendre les «bonnes décisions» ?
(Coll. Droit privé et sciences criminelles, 17.50 euros, 160 p.)
ISBN : 978-2-343-03378-5, ISBN EBOOK : 978-2-336-35313-5

MÉDECINE (LA) À L'ÉPREUVE DU RISQUE PÉNAL
Sous la direction de Lina Williatte-Pellitteri
L'exercice médical offre un fort potentiel de contentieux pénal. Ce potentiel, les professionnels du droit comme les professionnels de la santé en ont conscience. Les premiers dénoncent l'absence de procédure pénale propre au monde de la santé, les seconds dénoncent une justice qu'ils ne comprennent pas. Le contexte rendant difficile une discussion efficace et constructive, ces réflexions s'efforcent de renouer le dialogue et de construire une communication intelligible pour tous.
(Coll. Droit, Société et Risque, 13.50 euros, 126 p.)
ISBN : 978-2-343-00774-8, ISBN EBOOK : 978-2-336-35266-4

L'HARMATTAN ITALIA
Via Degli Artisti 15; 10124 Torino

L'HARMATTAN HONGRIE
Könyvesbolt ; Kossuth L. u. 14-16
1053 Budapest

L'HARMATTAN KINSHASA
185, avenue Nyangwe
Commune de Lingwala
Kinshasa, R.D. Congo
(00243) 998697603 ou (00243) 999229662

L'HARMATTAN CONGO
67, av. E. P. Lumumba
Bât. – Congo Pharmacie (Bib. Nat.)
BP2874 Brazzaville
harmattan.congo@yahoo.fr

L'HARMATTAN GUINÉE
Almamya Rue KA 028, en face
du restaurant Le Cèdre
OKB agency BP 3470 Conakry
(00224) 657 20 85 08 / 664 28 91 96
harmattanguinee@yahoo.fr

L'HARMATTAN MALI
Rue 73, Porte 536, Niamakoro,
Cité Unicef, Bamako
Tél. 00 (223) 20205724 / +(223) 76378082
poudiougopaul@yahoo.fr
pp.harmattan@gmail.com

L'HARMATTAN CAMEROUN
BP 11486
Face à la SNI, immeuble Don Bosco
Yaoundé
(00237) 99 76 61 66
harmattancam@yahoo.fr

L'HARMATTAN CÔTE D'IVOIRE
Résidence Karl / cité des arts
Abidjan-Cocody 03 BP 1588 Abidjan 03
(00225) 05 77 87 31
etien_nda@yahoo.fr

L'HARMATTAN BURKINA
Penou Achille Some
Ouagadougou
(+226) 70 26 88 27

L'HARMATTAN SÉNÉGAL
10 VDN en face Mermoz, après le pont de Fann
BP 45034 Dakar Fann
33 825 98 58 / 33 860 9858
senharmattan@gmail.com / senlibraire@gmail.com
www.harmattansenegal.com

L'HARMATTAN BÉNIN
ISOR-BENIN
01 BP 359 COTONOU-RP
Quartier Gbèdjromèdé,
Rue Agbélenco, Lot 1247 I
Tél : 00 229 21 32 53 79
christian_dablaka123@yahoo.fr

Achevé d'imprimer par Corlet Numérique - 14110 Condé-sur-Noireau
N° d'Imprimeur : 116213 - Dépôt légal : février 2015 - *Imprimé en France*

www.ingramcontent.com/pod-product-compliance
Lightning Source LLC
LaVergne TN
LVHW021135061026
849535LV00002B/250
* 9 7 8 2 3 4 3 0 5 2 4 4 1 *